中國國家圖書館編

國家圖書館藏敦煌遺書

第一百六册　北敦〇九四八〇號——北敦〇九八七一號

北京圖書館出版社

圖書在版編目(CIP)數據

國家圖書館藏敦煌遺書・第一百六册/中國國家圖書館編;任繼愈主編.—北京:北京圖書館出版社,2008.12

ISBN 978-7-5013-3668-5

Ⅰ.國… Ⅱ.①中…②任… Ⅲ.敦煌學—文獻 Ⅳ.K870.6

中國版本圖書館 CIP 數據核字(2008)第 138982 號

書　　名　國家圖書館藏敦煌遺書・第一百六册
著　　者　中國國家圖書館編　任繼愈主編
責任編輯　徐　蜀　孫　彦
封面設計　李　璀

出　　版　北京圖書館出版社　(100034　北京西城區文津街 7 號)
發　　行　010-66139745　66151313　66175620　66126153
66174391(傳真)　66126156(門市部)
E-mail　cbs@nlc.gov.cn(投稿)　btsfxb@nlc.gov.cn(郵購)
Website　www.nlcpress.com
經　　銷　新華書店
印　　刷　北京文津閣印務有限責任公司

開　　本　八開
印　　張　57
版　　次　2008 年 12 月第 1 版第 1 次印刷
印　　數　1-250 册(套)

書　　號　ISBN 978-7-5013-3668-5/K・1631
定　　價　990.00 圓

目錄

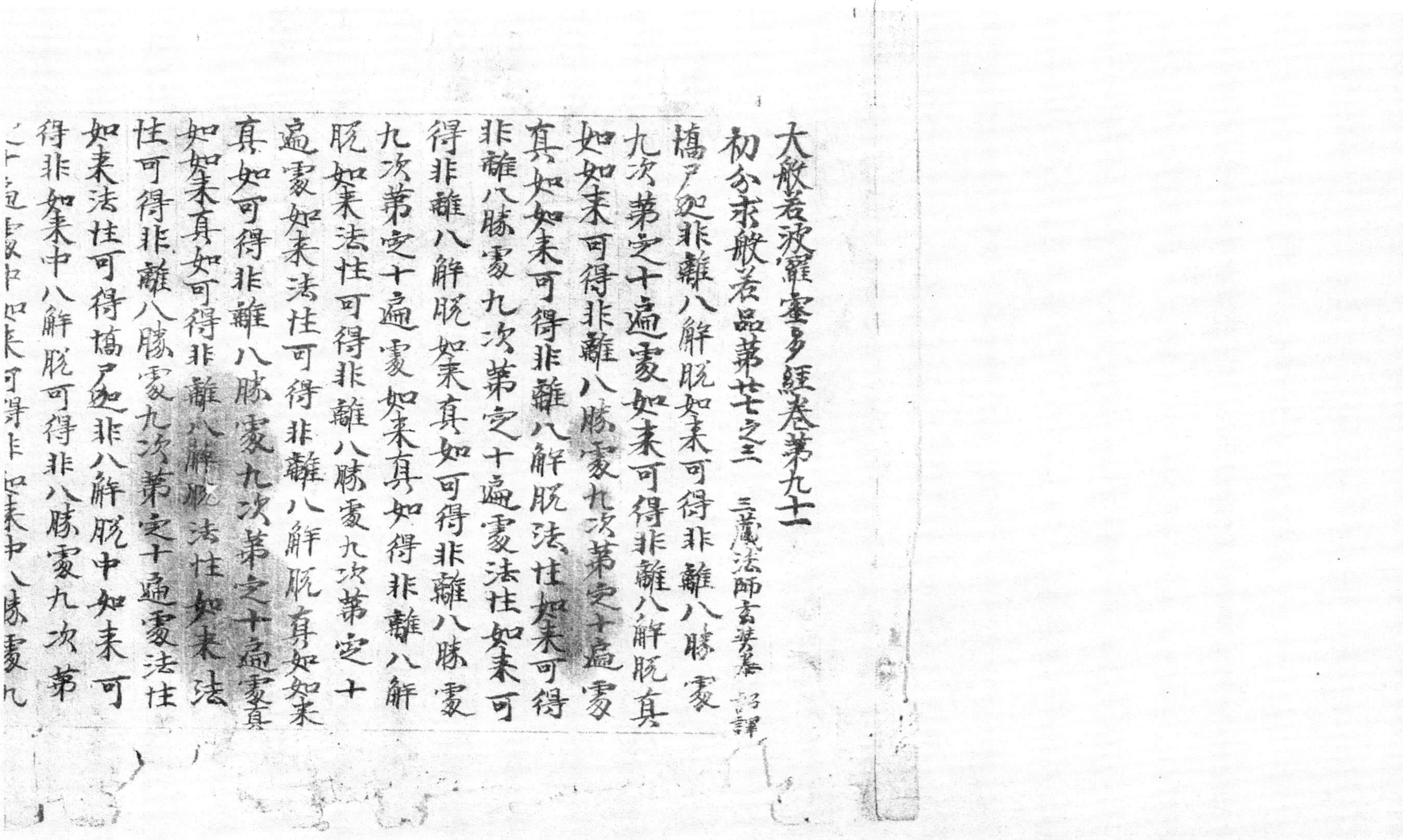

大般若波羅蜜多經卷第九十一
初分求般若品第廿七之三　三藏法師玄奘奉　詔譯
憍尸迦非離八解脫如來可得非離八勝處
九次第定十遍處如來可得非離八解脫真
如如來可得非離八勝處九次第定十遍處
真如如來可得非離八解脫法住如來可得
非離八勝處九次第定十遍處法住如來可
得非離八解脫如來真如可得非離八勝處
九次第定十遍處如來真如得非離八解
脫如來法住可得非離八勝處九次第定十
遍處如來法住可得非離八解脫真如如來
真如可得非離八勝處九次第定十遍處真
如如來真如可得非離八解脫法住如來法
住可得非離八勝處九次第定十遍處法住
如來法住可得憍尸迦非八解脫中如來可
得非如來中八解脫可得非八勝處九次第
之十遍處中如來可得非如來中八勝處九

BD09480 號　大般若波羅蜜多經（兑廢稿）卷九一　（2–1）

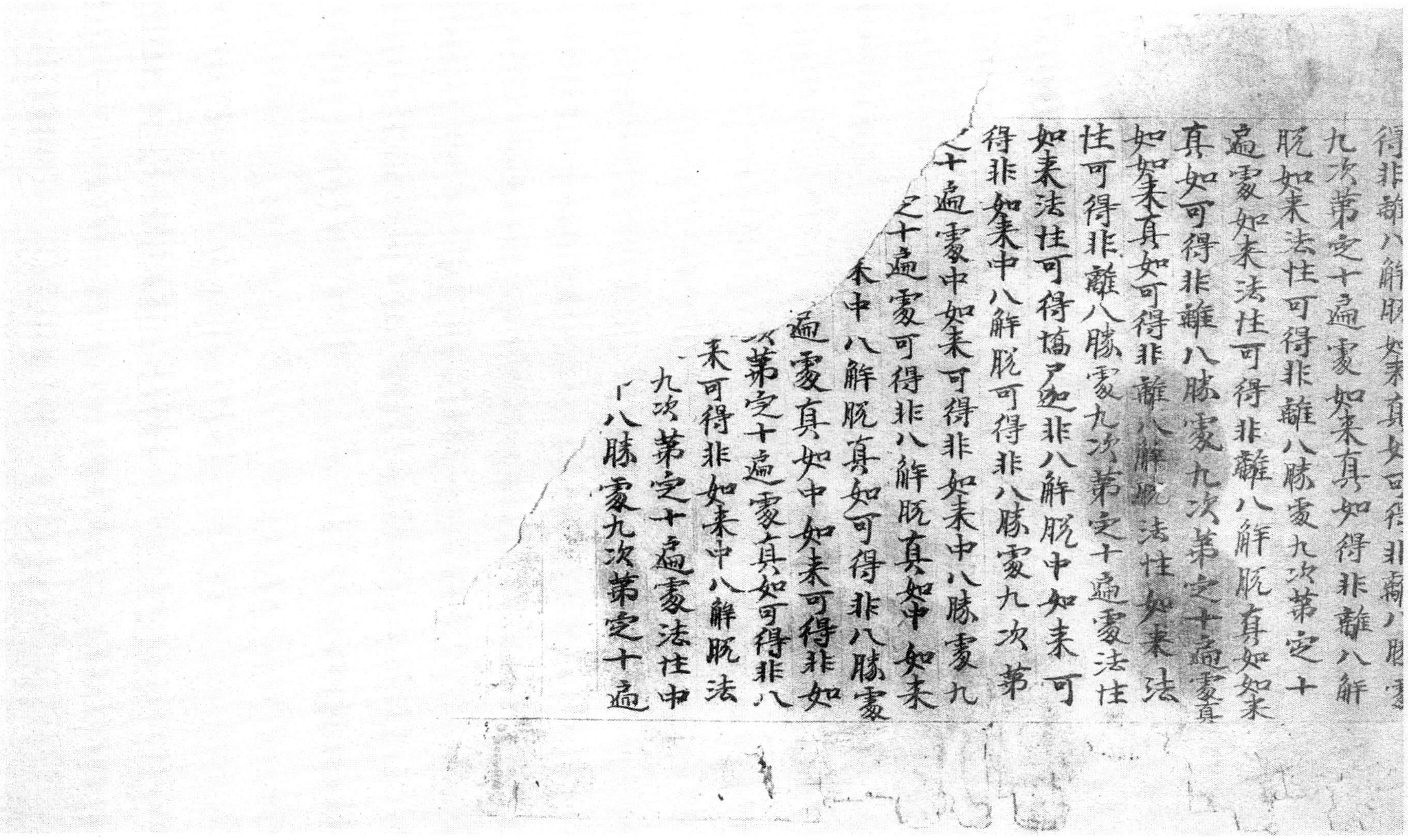

BD09480 號　大般若波羅蜜多經（兑廢稿）卷九一　（2–2）

斷四神足五根五力七等覺支八聖道支無
染亦無散失舍利子空解脫門無染亦無散
失無相無願解脫門無染亦無散失舍利子
五眼無染亦無散失六神通無染亦無散失
舍利子佛十力無染亦無散失四無所畏四
無礙解大慈大悲大喜大捨十八佛不共法
無染亦無散失舍利子一切智無染亦無散
失道相智一切相智無染亦無散失舍利子
無忘失法無染亦無散失恒住捨性無染亦
無散失舍利子一切陀羅尼門無染亦無散

BD09481號　大般若波羅蜜多經卷六九　（2–1）

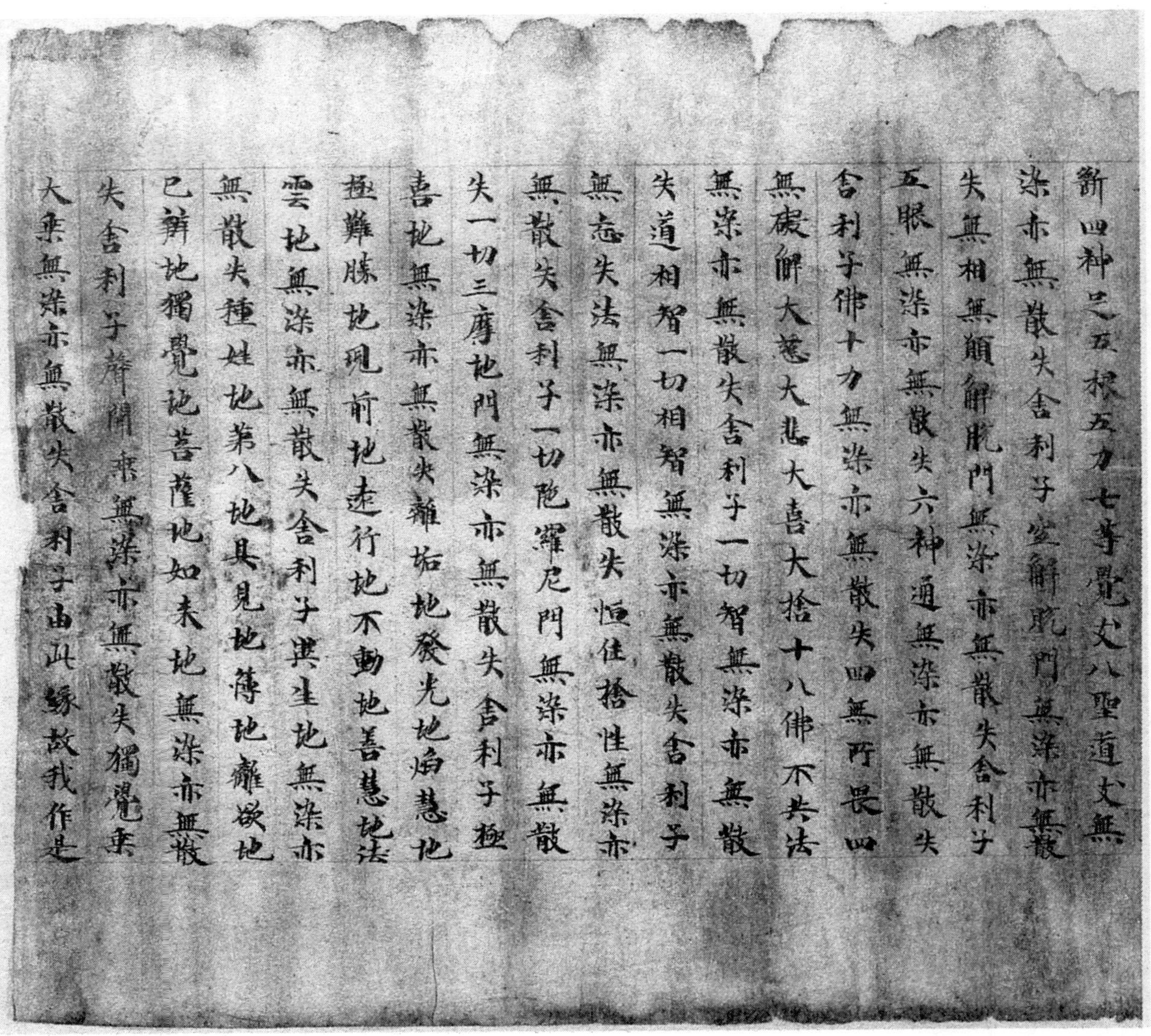

斷四神足五根五力七等覺支八聖道支無
染亦無散失舍利子空解脫門無染亦無散
失無相無願解脫門無染亦無散失舍利子
五眼無染亦無散失六神通無染亦無散失
舍利子佛十力無染亦無散失四無所畏四
無礙解大慈大悲大喜大捨十八佛不共法
無染亦無散失舍利子一切智無染亦無散
失道相智一切相智無染亦無散失舍利子
無忘失法無染亦無散失恒住捨性無染亦
無散失舍利子一切陀羅尼門無染亦無散
失一切三摩地門無染亦無散失舍利子極
喜地無染亦無散失離垢地發光地焰慧地
極難勝地現前地遠行地不動地善慧地法
雲地無染亦無散失舍利子異生地無染亦
無散失種姓地第八地具見地薄地離欲地
已辦地獨覺地菩薩地如來地無染亦無散
失舍利子聲聞乘無染亦無散失獨覺乘
大乘無染亦無散失舍利子由此緣故我作是

BD09481號　大般若波羅蜜多經卷六九　（2–2）

觸眼觸為緣所生諸受清淨色界乃至眼觸
為緣所生諸受清淨故一切智智清淨何以
故若一切三摩地門清淨若色界乃至眼觸
為緣所生諸受清淨若一切智智清淨無二無
二分無別無斷故

大般若波羅蜜多經卷第二百卌

BD09482號　大般若波羅蜜多經卷二四〇　（1–1）

BD09483號背　護首　（1–1）

大般若波羅蜜多經卷第五百一十九
三藏法師玄奘奉　詔譯
第三分巧便品第廿三之三
尒時具壽善現白佛言世尊甚深般若波羅
蜜多用何為相佛告善現甚深般若波羅蜜
多用空為相无著為相无相為相寂靜為相
遠離為相所以者何如是般若波羅蜜多甚

BD09483 號　大般若波羅蜜多經卷五一九　（2–1）

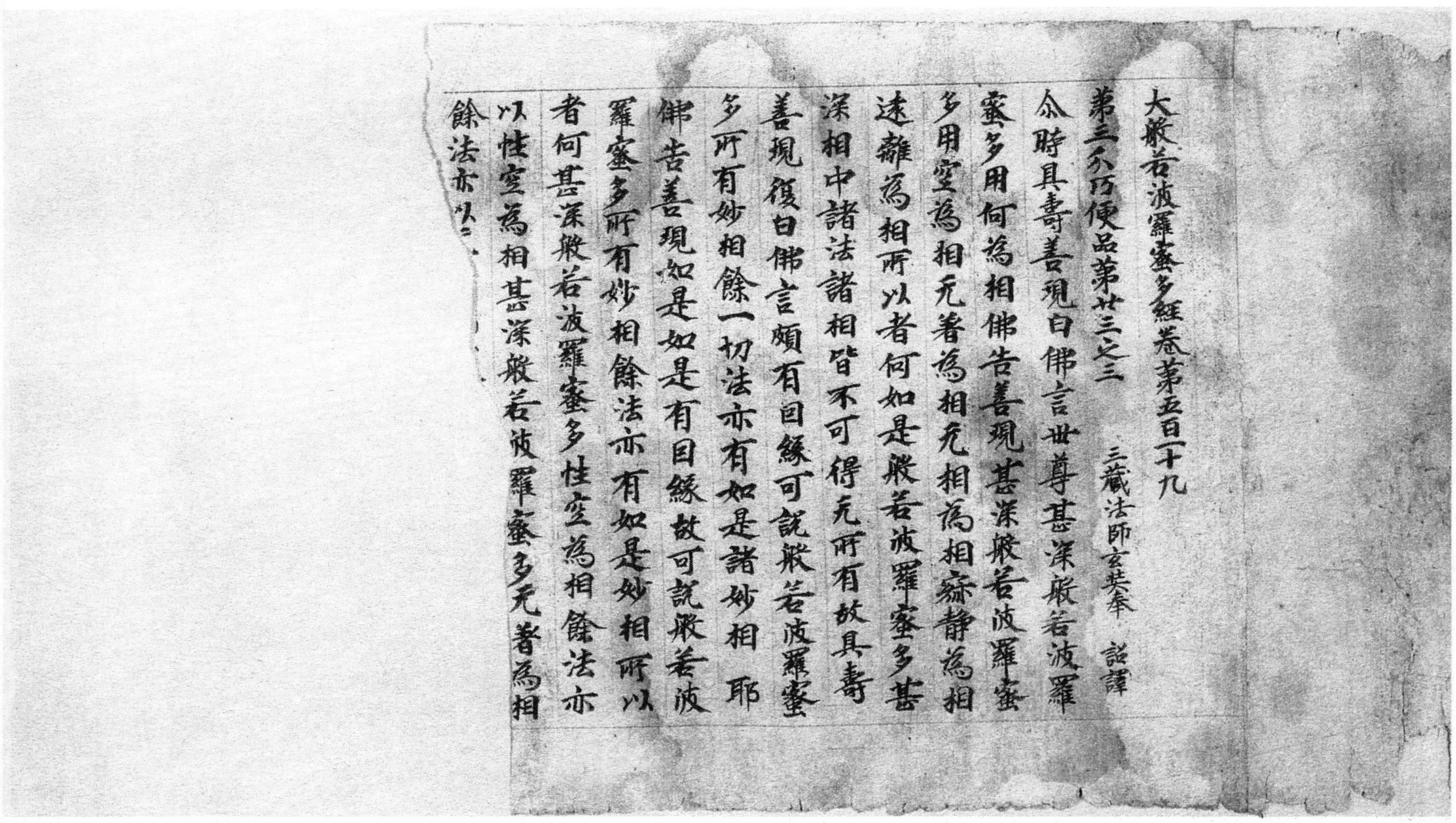
大般若波羅蜜多經卷第五百一十九
三藏法師玄奘奉　詔譯
第三分巧便品第廿三之三
尒時具壽善現白佛言世尊甚深般若波羅
蜜多用何為相佛告善現甚深般若波羅蜜
多用空為相无著為相无相為相寂靜為相
遠離為相所以者何如是般若波羅蜜多甚
深相中諸法諸相皆不可得无所有故具壽
善現復白佛言頗有因緣可說般若波羅蜜
多所有妙相餘一切法亦有如是諸妙相耶
佛告善現如是如是有因緣故可說般若波
羅蜜多所有妙相餘法亦有如是妙相所以
者何甚深般若波羅蜜多性空為相餘法亦
以性空為相甚深般若波羅蜜多无著為相
餘法亦以

BD09483 號　大般若波羅蜜多經卷五一九　（2–2）

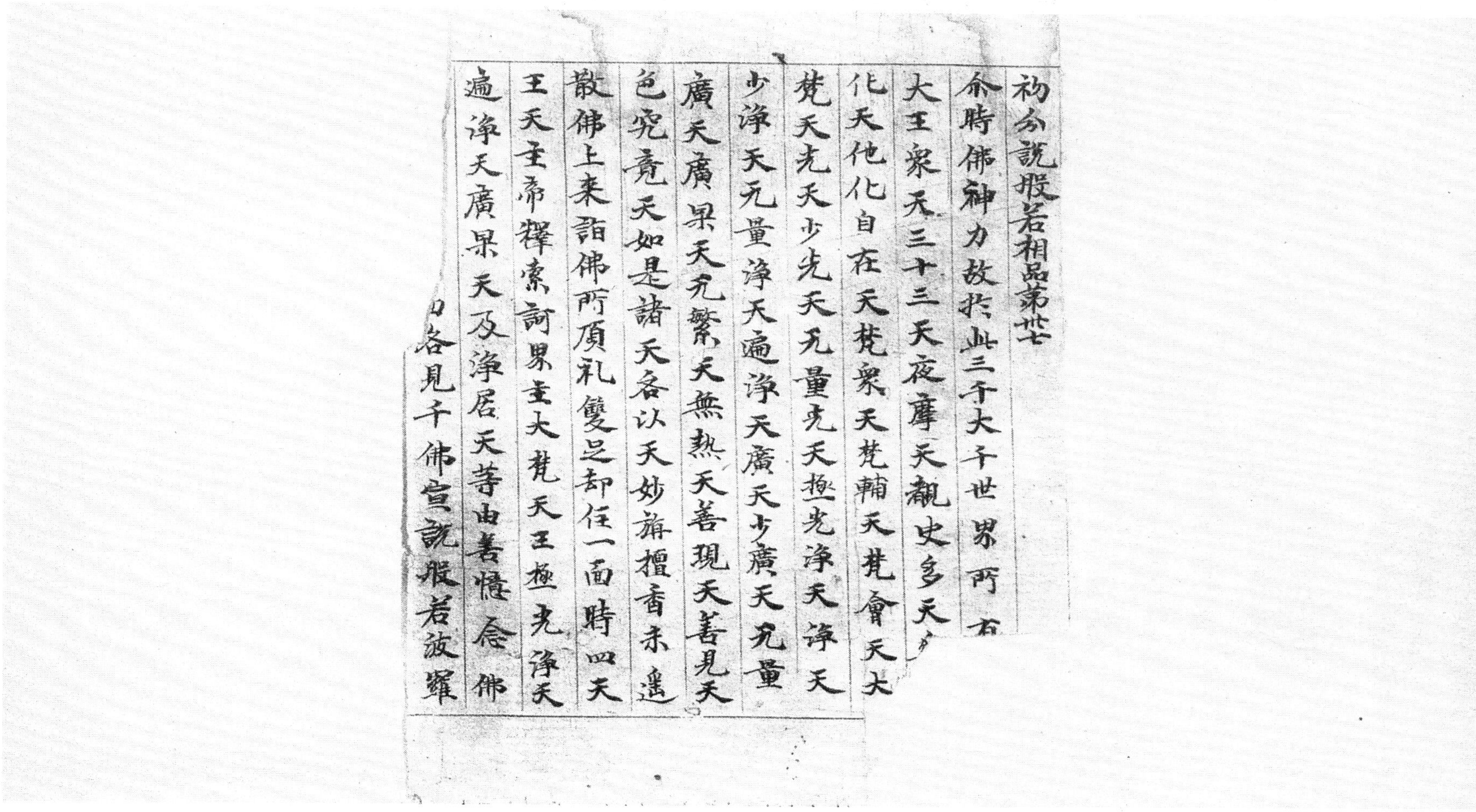
初分說般若相品苐卌七
尒時佛神力故於此三千大千世界所有
大王衆天三十三天夜摩天覩史多天
化天他化自在天梵衆天梵輔天梵會天大
梵天光天少光天无量光天極光淨天淨天
少淨天无量淨天遍淨天廣天少廣天无量
廣天廣果天无繁天無熱天善現天善見天
色究竟天如是諸天各以天妙旃檀香末遙
散佛上來詣佛所頂礼雙足却住一面時四天
王天王帝釋索訶界主大梵天王極光淨天
遍淨天廣果天及淨居天等由善根念佛
各見千佛宣說般若波羅

BD09484號　大般若波羅蜜多經卷二九二　（1-1）

蜜多經卷苐五百六十九
三藏法師玄奘奉　詔
苐六分法性品苐六
尒時最勝復從座起偏覆左肩右膝著地
掌恭敬而白佛言希有世尊善說諸佛微
㓛德及大威神諸佛如來曰何得此微妙
德及大威神唯願世尊分別解說
天王當知如來所行及所得果甚
可思議最勝白言佛行何法說爲不可
思議佛言如來法性甚深微妙不可
議㓛德威神及所說法利樂他事亦復
最勝復言云何法性甚深微妙不可思議
言天王如來法性在有情類蘊界處中從無
始來展轉相續煩惱不染本性清淨諸心意
識不能緣慮遠離邪念無明不生是故不從十
二緣起說名無相非所作法無生無滅無邊
無盡自相常住天王當知諸菩薩摩訶薩行
深般若波羅蜜多能知法性清淨如是無染
無著遠離垢穢從諸煩惱超然解脫此性即
名諸佛法本福德智慧由之而起本性明淨
不可思議天王我今當說譬喻汝應諦聽善
思念之王言世尊唯然願說佛告最勝天王
當知辟如

BD09485號　大般若波羅蜜多經卷五六九　（1-1）

大般若波羅蜜多經卷第五百六十五
第五分根栽品第廿二之二　三藏法師玄奘奉
尒時善現便白佛言此諸菩薩行甚深義
告善現如是如是此諸菩薩行甚深義
當知此諸菩薩能為難事謂所行義雖復
深而於聲聞獨覺地法能不作證具壽
復白佛言如我解佛所說義者此諸菩薩
作不難不應說彼能為難事所以者何此
菩薩所證深義既不可得能證般若波羅
多亦不可得證法證者證處證時亦不可
若諸菩薩聞如是語心不沉沒亦不憂悔
驚不怖是行般若波羅蜜多此諸菩薩
行時不見眾相亦復不見我行般若波
多而近無上正等菩提遠離聲聞獨覺
此諸菩薩於如是事亦不分別譬如虛空
是念我去彼事若遠若近所以者何虛空
無動無分別故甚深般若波羅蜜多亦復
[illegible]念聲聞獨覺去我為遠無上菩提

BD09486號　大般若波羅蜜多經卷五六五　（2–1）

深而於聲聞獨覺地法能不作證具壽
復白佛言如我解佛所說義者此諸菩薩
作不難不應說彼能為難事所以者何此
菩薩所證深義既不可得能證般若波羅
多亦不可得證法證者證處證時亦不可
若諸菩薩聞如是語心不沉沒亦不憂悔
驚不怖是行般若波羅蜜多此諸菩薩
行時不見眾相亦復不見我行般若波
多而近無上正等菩提遠離聲聞獨覺
此諸菩薩於如是事亦不分別譬如虛空
是念我去彼事若遠若近所以者何虛空
無動無分別故甚深般若波羅蜜多亦復
如是不作是念聲聞獨覺去我為遠無上菩提
去我為近所以者何甚深般若波羅蜜多於
一切法無分別故譬如幻士不作是念幻質
幻師去我為近傍觀眾等去我為遠所以者
何所幻化者無分別故甚深般若波羅蜜多
亦復如是不作是念聲聞獨覺去我為遠無
上菩提去我為近所以者何甚深般若波羅
蜜多於一切法無分別故影像等喻應知亦
然譬如如來應正等覺於一切法無愛無憎

BD09486號　大般若波羅蜜多經卷五六五　（2–2）

……一百八
三藏法師玄奘奉　詔譯
為方便無生為方便
一切智智脩習八解脫
遍處以色界眼識界及
諸受無二為方便無生
便迴向一切智智脩習
定十遍處慶喜當知
方便無生為方便無所得為
智脩習八解脫八勝處九
以聲界耳識界及耳觸耳觸
二為方便無生為方便無
一切智智脩習八解脫八
十遍處慶喜當知以鼻界无
便无所得為方便迴向
脫處九次第定十
鼻觸鼻觸為緣所生
為方便无所得為方
解脫八勝處九次
以舌界无二為方便
一切智智
遍處以味
諸受无二
便一
第定

BD09487 號　大般若波羅蜜多經卷一〇八　　　　(1–1)

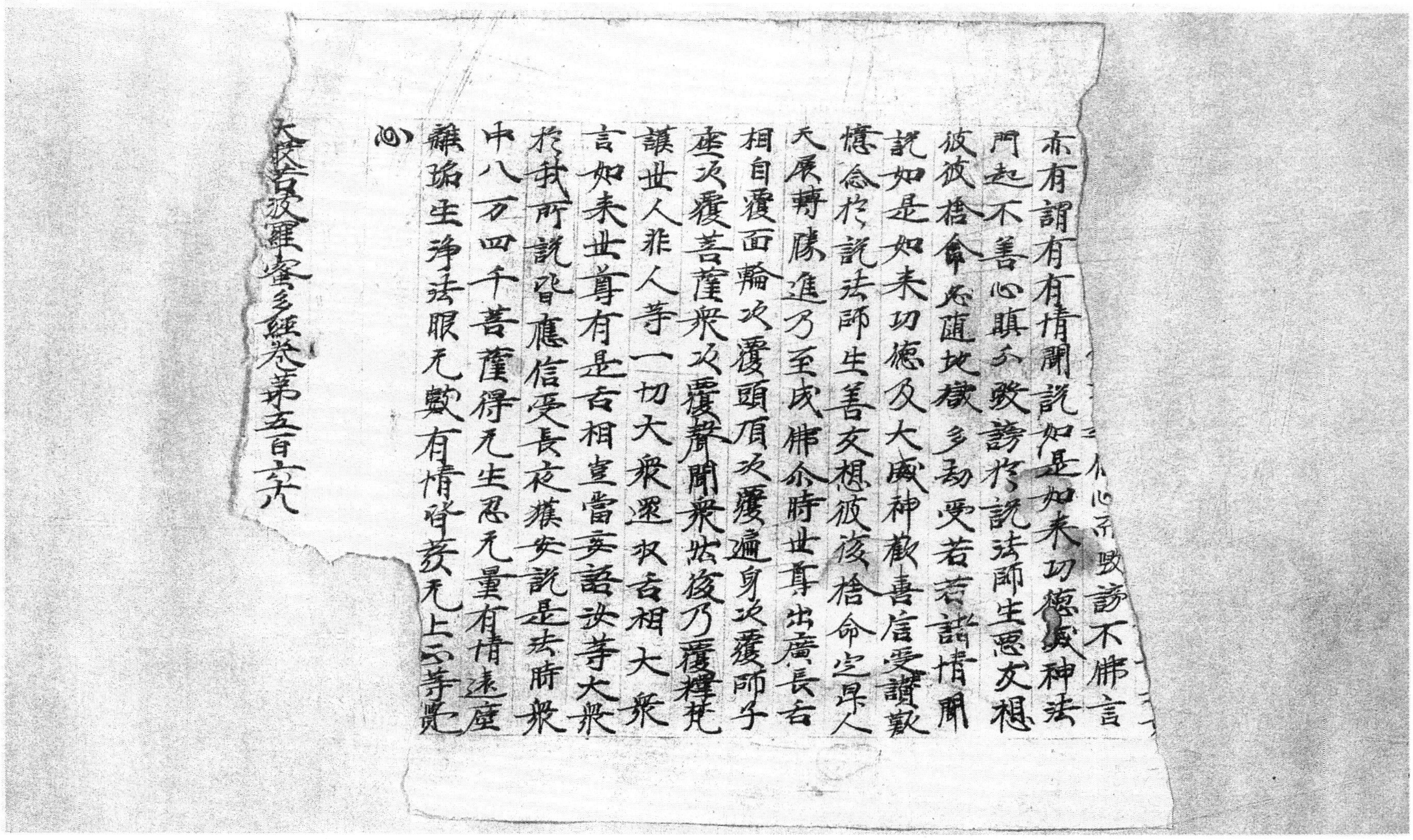

……毀謗不佛言
亦有謂有有情聞說如是如來功德威神法
門起不善心瞋忿毀謗於說法師生惡友想
彼彼捨命必墮地獄多劫受苦若諸有情聞
說如是如來功德及大威神歡喜信受讚歎
憶念於說法師生善友想彼後捨命定得人
天展轉勝進乃至成佛尒時世尊出廣長舌
相自覆面輪次覆頭頂次覆遍身次覆師子
座次覆菩薩眾次覆聲聞眾然後乃覆釋梵
護世人非人等一切大眾還攝舌相大眾
言如來世尊有是舌相豈當妄語汝等大眾
於我所說皆應信受長夜獲安說是法時眾
中八万四千菩薩得无生忍无量有情遠塵
離垢生淨法眼无數有情皆發无上正等覺
心
大般若波羅蜜多經卷第五百六十八

BD09488 號　大般若波羅蜜多經卷五六八　　　　(1–1)

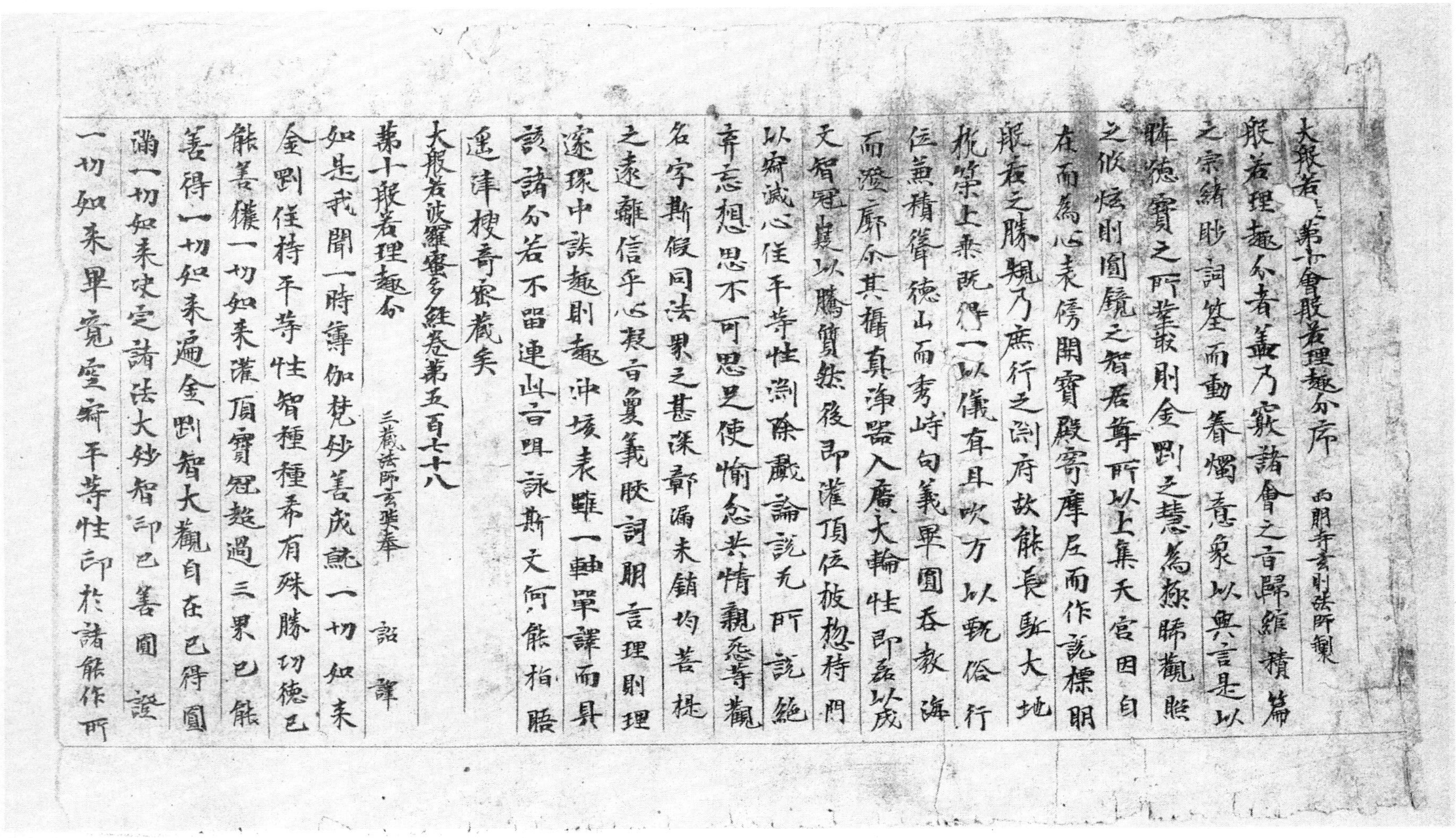

大般若經第十會般若理趣分序　西明寺玄則法師製
般若理趣分者蓋乃竅諸會之旨歸綜積篇
之宗緒眇詞筌而動睿燭意象以興言是以
瞬德寶之所叢則金剛之慧為稱睇觀照
之依炫則圓鏡之智居尊所以上集天宮因自
在而為心表傍開寶殿寄摩尼而作說標明
般若之勝規乃庶行之淵府故能長驅大地
旄築上乘既得一以儀有且吹万以甄俗行
位兼積聳德山而秀峙句義畢圓吞教海
而澄廓介其攝真淨器入廣大輪性即磊以成
天智冠冕以騰質然後即灌頂位被總持門
以窮滅心住平等性渕除戲論說无所說絕
希忘想思不可思是使愉忿共情親惡等觀
名字斯假同法界之甚深鄙漏未銷均菩提
之遠離信乎心凝音覆義股詞朋言理則理
邃環中談趣則趣沖域表雖一軸單譯而具
該諸分若不留連此旨唄詠斯文何能指瞻
遐津搜奇寶藏矣
大般若波羅蜜多經卷第五百七十八
三藏法師玄奘奉　詔譯
第十般若理趣分
如是我聞一時薄伽梵妙善成就一切如來
金剛住持平等性智種種希有殊勝功德已
能善攝一切如來灌頂寶冠超過三界已能
善得一切如來遍金剛智大觀自在已得圓
滿一切如來決定諸法大妙智印已善圓證
一切如來畢竟空寂平等性印於諸能作所

BD09489 號 1　大般若波羅蜜多經第十會般若理趣分序　（1–1）
BD09489 號 2　大般若波羅蜜多經卷五七八

BD09489 號背　勘記　（1–1）

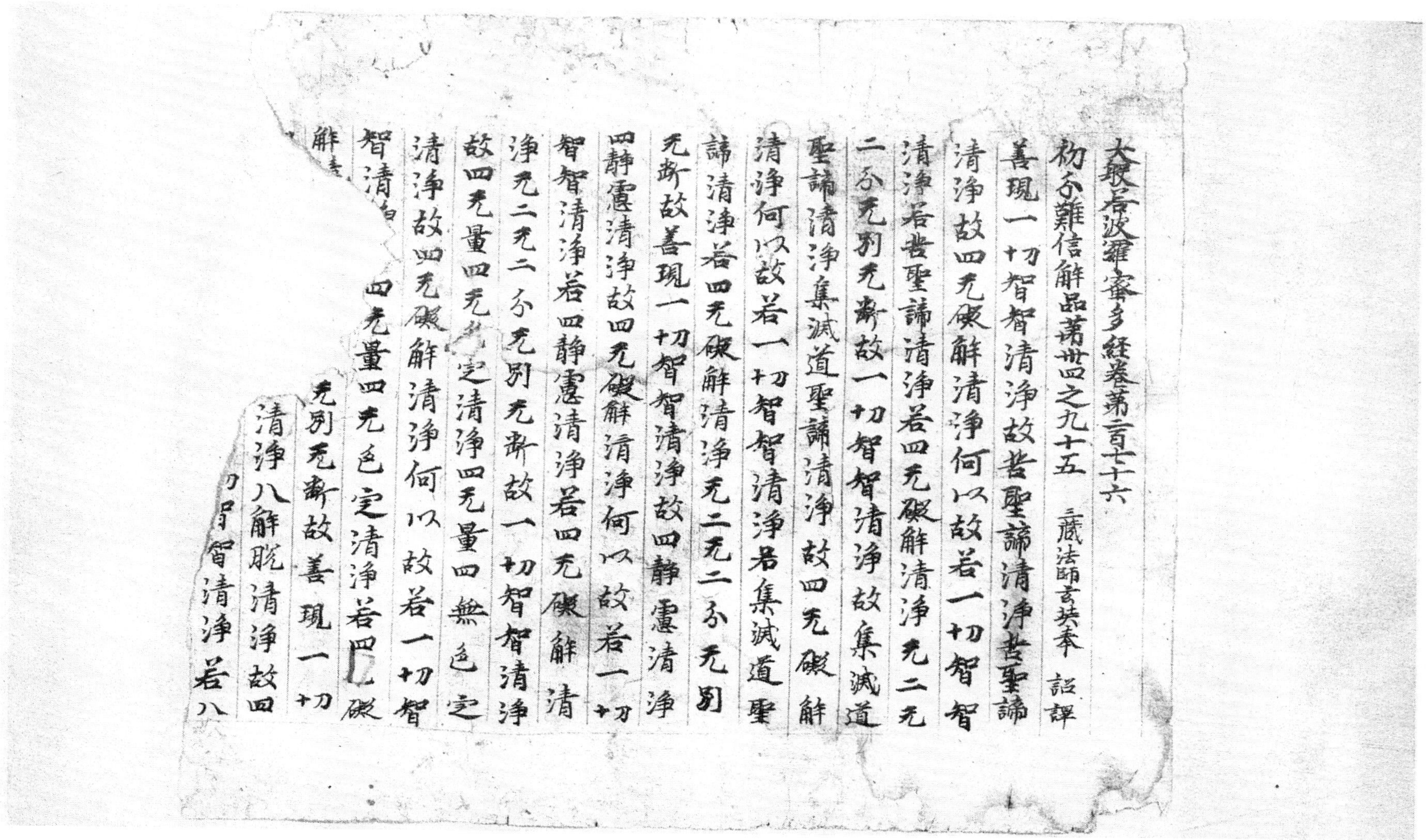

大般若波羅蜜多經卷第二百七十六
初分難信解品第卅四之九十五　三藏法師玄奘奉　詔譯
善現一切智智清淨故苦聖諦清淨苦聖諦
清淨故四无礙解清淨何以故若一切智智
清淨若苦聖諦清淨若四无礙解清淨无二无
二分无別无斷故一切智智清淨故集滅道
聖諦清淨集滅道聖諦清淨故四无礙解
清淨何以故若一切智智清淨若集滅道聖
諦清淨若四无礙解清淨无二无二分无別
无斷故善現一切智智清淨故四靜慮清淨
四靜慮清淨故四无礙解清淨何以故若一切
智智清淨若四靜慮清淨若四无礙解清
淨无二无二分无別无斷故一切智智清淨
故四无量四无色定清淨四无量四無色定
清淨故四无礙解清淨何以故若一切智
智清　四无量四无色定清淨若四无礙
解清　无別无斷故善現一切
清淨八解脫清淨故四
切智智清淨若八

BD09490號　大般若波羅蜜多經卷二七六　（1–1）

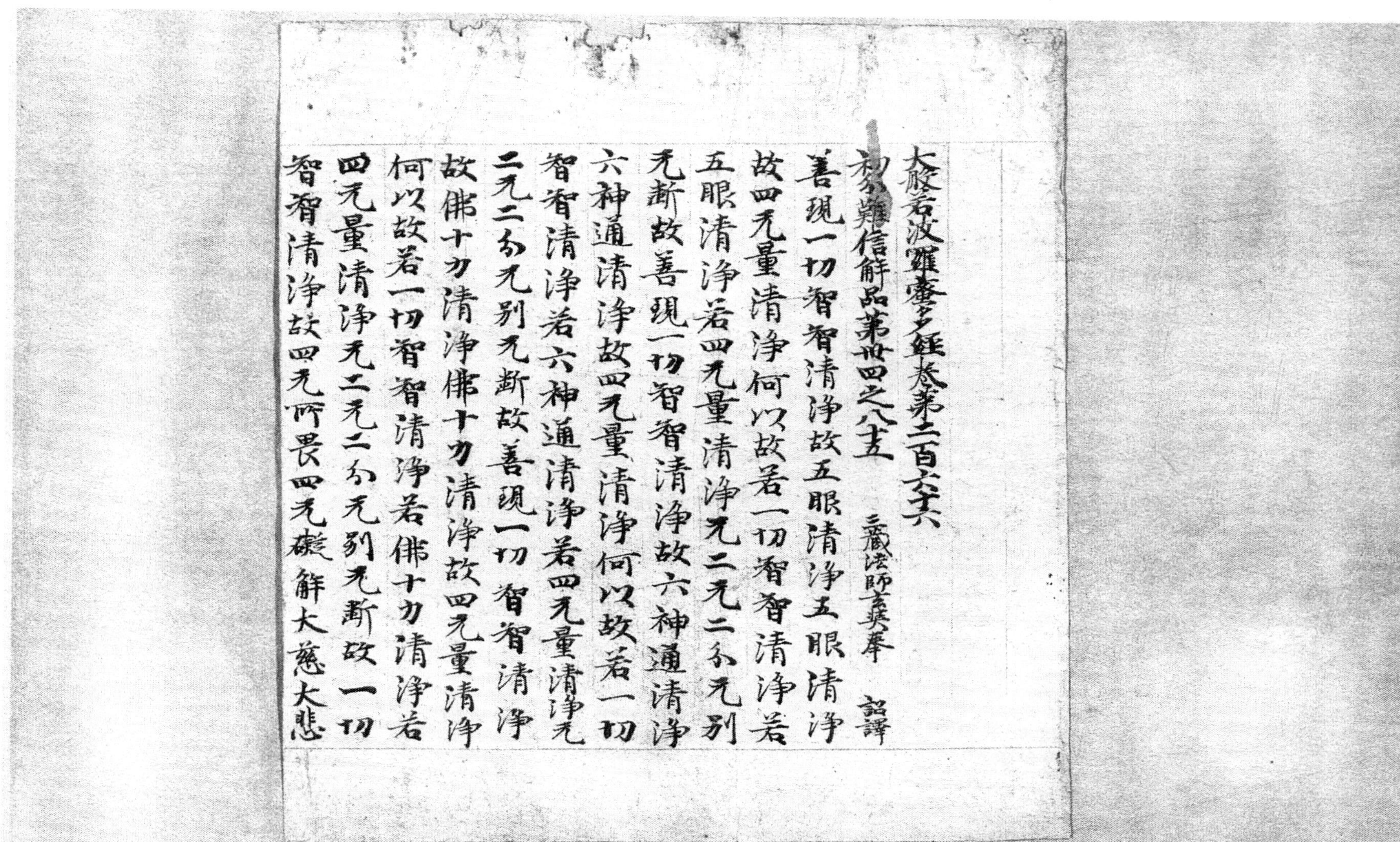

大般若波羅蜜多經卷第二百六十六
初分難信解品第卅四之八十五　三藏法師玄奘奉　詔譯
善現一切智智清淨故五眼清淨五眼清淨
故四无量清淨何以故若一切智智清淨若
五眼清淨若四无量清淨无二无二分无別
无斷故善現一切智智清淨故六神通清淨
六神通清淨故四无量清淨何以故若一切
智智清淨若六神通清淨若四无量清淨无
二无二分无別无斷故善現一切智智清淨
故佛十力清淨佛十力清淨故四无量清淨
何以故若一切智智清淨若佛十力清淨若
四无量清淨无二无二分无別无斷故一切
智智清淨故四无所畏四无礙解大慈大悲

BD09491號　大般若波羅蜜多經卷二六六　（1–1）

BD09491 號背　墨痕　（1–1）

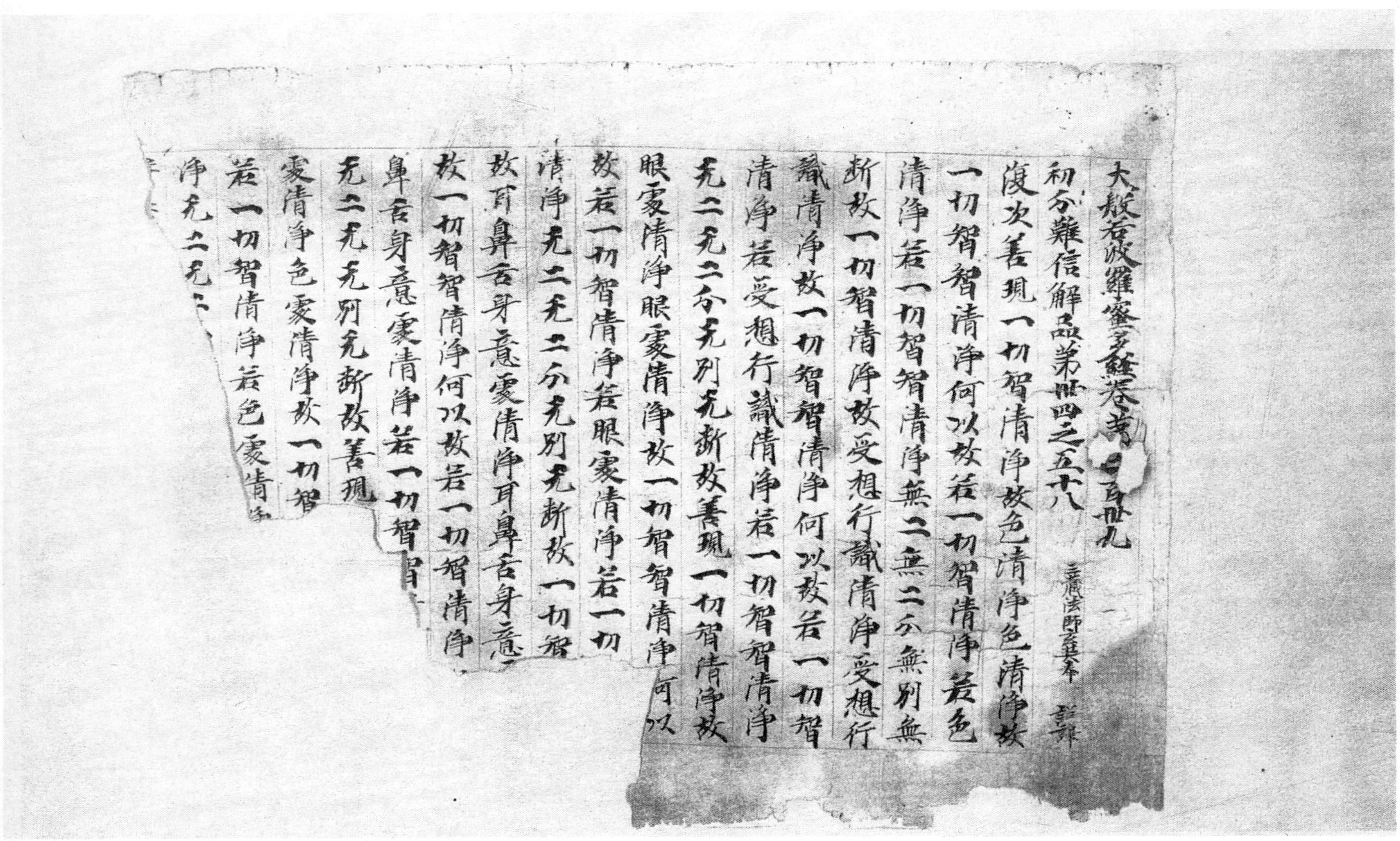

大般若波羅蜜多經卷第二百卌九
初分難信解品第卅四之五十八　三藏法師玄奘奉　詔譯
復次善現一切智清淨故色清淨色清淨故
一切智智清淨何以故若一切智清淨若色
清淨若一切智智清淨無二無二分無別無
斷故一切智清淨故受想行識清淨受想行
識清淨故一切智智清淨何以故若一切智
清淨若受想行識清淨若一切智智清淨
无二无二分无別无斷故善現一切智清淨故
眼處清淨眼處清淨故一切智智清淨何以
故若一切智清淨若眼處清淨若一切
清淨无二无二分无別无斷故一切智
故耳鼻舌身意處清淨耳鼻舌身意
故一切智智清淨何以故若一切智清淨
鼻舌身意處清淨若一切智智
无二无无別无斷故善現
處清淨色處清淨故一切智
若一切智清淨若色處清
淨无二无二

BD09492 號　大般若波羅蜜多經卷二三九　（1–1）

色六處觸受
見行乃至老死
可無明空於無……學不可行……行乃
觸受愛取有生老死愁歎苦……
至老死愁歎苦憂惱空學故……迦內空內
空性空故菩薩摩訶薩不見內空外空內外
空空空大空勝義空有為空無為空畢竟空
無際空散空無變異空本性空自相空共相
空一切法空不可得空無性空自性空無性
自性空外空乃至無性自性空……
摩訶薩不見外空乃至無性自性、
菩薩摩訶薩不見內空故不於內
外空乃至無性自性空故不於外
性自性空學何以故憍尸迦不可、
內空空不可外空乃至無性自性……
空乃至無性自性空空故憍尸迦不可
空……自空空學不可外空乃至無性自

BD09493號　大般若波羅蜜多經卷八六

（3–1）

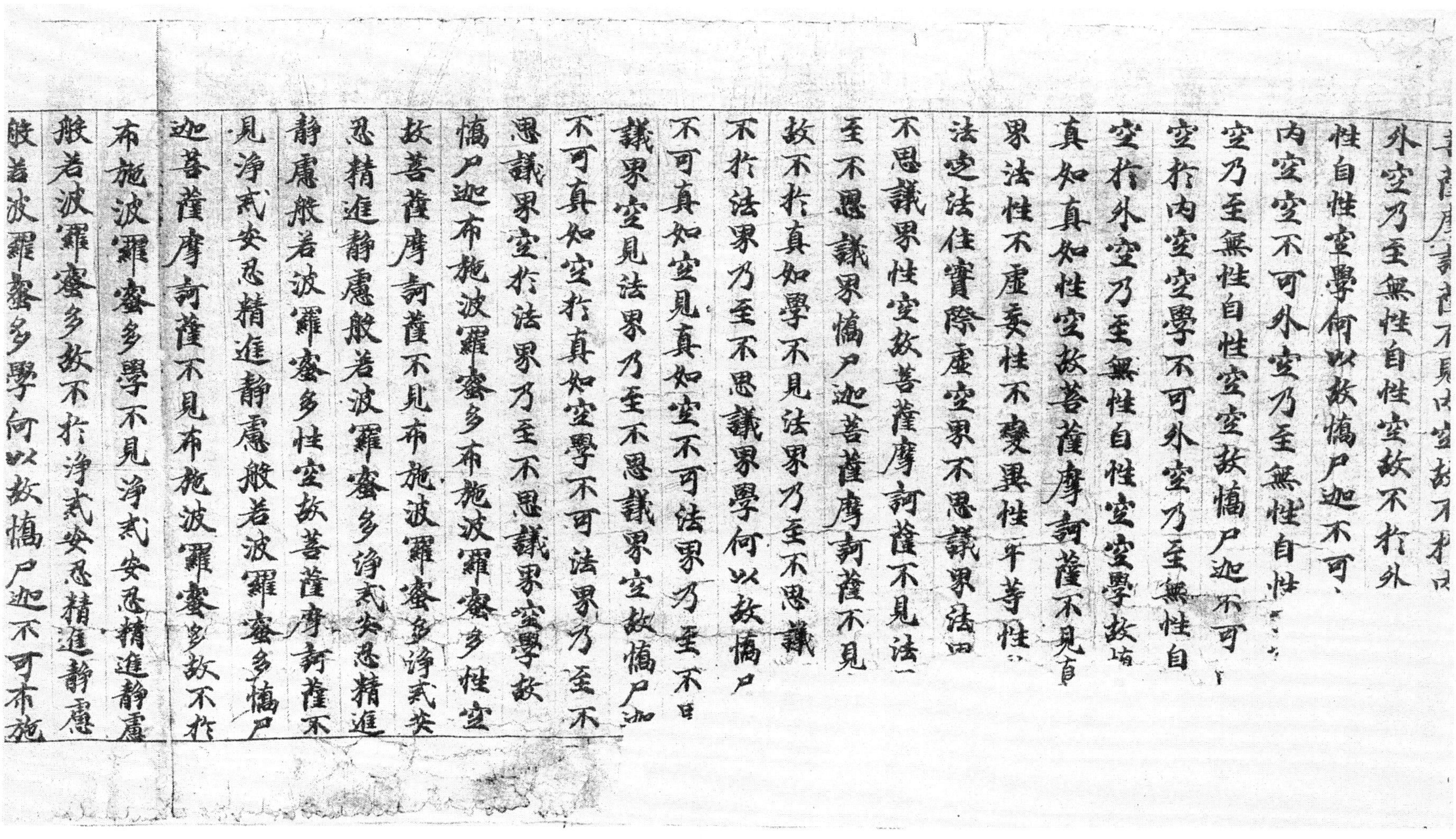

菩薩摩訶薩不見內空故不於內
外空乃至無性自性空故不於外
性自性空學何以故憍尸迦不可、
內空空不可外空乃至無性自性……
空乃至無性自性空空故憍尸迦不可
空於內空空學不可外空乃至無性自
空於外空乃至無性自性空空學故……
真如性空故菩薩摩訶薩不見真……
界法性不虛妄性不變異性平等性……
法定法住實際虛空界不思議界法……
不思議界性空故菩薩摩訶薩不見法……
至不思議界憍尸迦菩薩摩訶薩不見
故不於真如學不見法界乃至不思議
不於法界乃至不思議界學何以故憍尸
不可真如空見真如空不可法界乃至不……
議界空見法界乃至不思議界空故憍尸迦
不可真如空於真如空學不可法界乃至不
思議界空於法界乃至不思議界空學故
憍尸迦布施波羅蜜多布施波羅蜜多性空
故菩薩摩訶薩不見布施波羅蜜多淨戒安
忍精進靜慮般若波羅蜜多淨戒安忍精進
靜慮般若波羅蜜多性空故菩薩摩訶薩不
見淨戒安忍精進靜慮般若波羅蜜多憍尸
迦菩薩摩訶薩不見布施波羅蜜多故不於
布施波羅蜜多學不見淨戒安忍精進靜慮
般若波羅蜜多故不於淨戒安忍精進靜慮
般若波羅蜜多學何以故憍尸迦不可布施

BD09493號　大般若波羅蜜多經卷八六

（3–2）

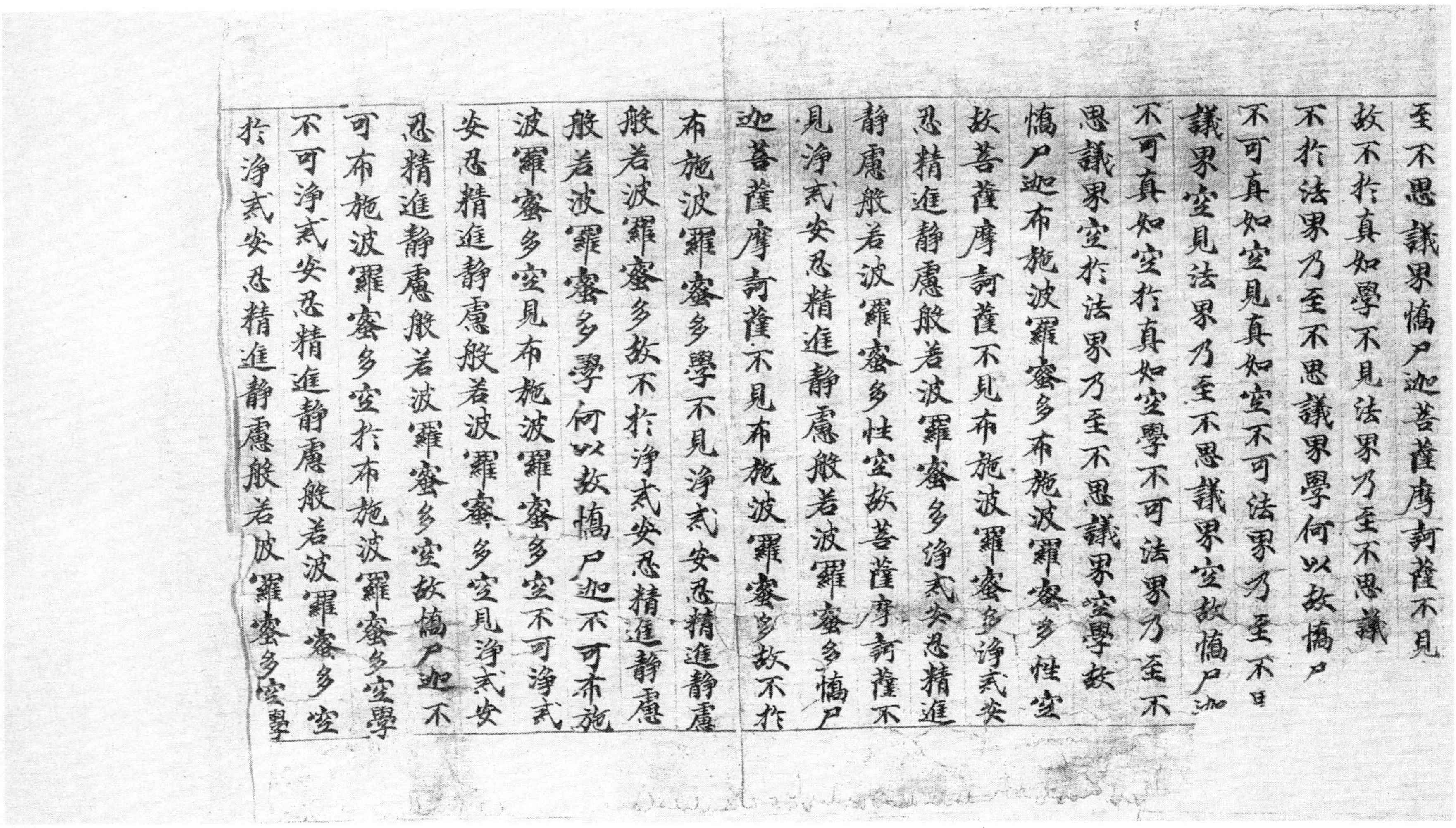

至不思議界憍尸迦菩薩摩訶薩不見
故不於真如學不見法界乃至不思議
不於法界乃至不思議界學何以故憍尸
不可真如空見真如空不可法界乃至不日
議界空見法界乃至不思議界空故憍尸迦
不可真如空於真如空學不可法界乃至不
思議界空於法界乃至不思議界空學故
憍尸迦布施波羅蜜多布施波羅蜜多性空
故菩薩摩訶薩不見布施波羅蜜多淨戒安
忍精進靜慮般若波羅蜜多淨戒安忍精進
靜慮般若波羅蜜多性空故菩薩摩訶薩不
見淨戒安忍精進靜慮般若波羅蜜多憍尸
迦菩薩摩訶薩不見布施波羅蜜多故不於
布施波羅蜜多學不見淨戒安忍精進靜慮
般若波羅蜜多故不於淨戒安忍精進靜慮
般若波羅蜜多學何以故憍尸迦不可布施
波羅蜜多空見布施波羅蜜多空不可淨戒
安忍精進靜慮般若波羅蜜多空見淨戒安
忍精進靜慮般若波羅蜜多空故憍尸迦不
可布施波羅蜜多空於布施波羅蜜多空學
不可淨戒安忍精進靜慮般若波羅蜜多空
於淨戒安忍精進靜慮般若波羅蜜多空學

BD09493號　大般若波羅蜜多經卷八六　（3–3）

BD09493號背　勘記　（1–1）

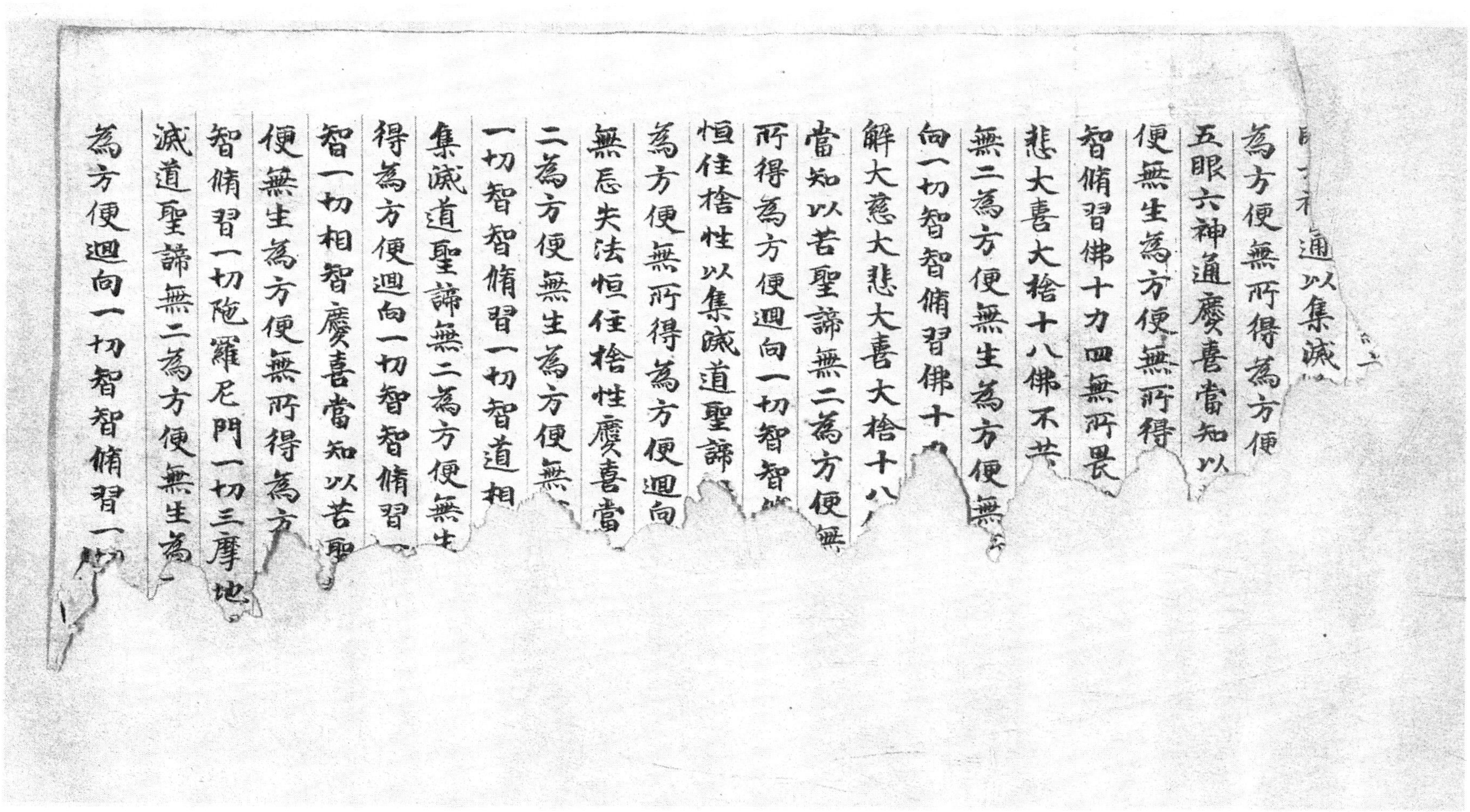
通以集滅
為方便無所得為方便
五眼六神通慶喜當知以
便無生為方便無所得
智脩習佛十力四無所畏
悲大喜大捨十八佛不共
無二為方便無生為方便無
向一切智智脩習佛十
解大慈大悲大喜大捨十八
當知以若聖諦無二為方便無
所得為方便迴向一切智智
恒住捨性以集滅道聖諦
為方便無所得為方便迴向
無忘失法恒住捨性慶喜當
二為方便無生為方便無
一切智智脩習一切智道相
集滅道聖諦無二為方便無生
得為方便迴向一切智智脩習
智一切相智慶喜當知以若聖
便無生為方便無所得為方
智脩習一切陁羅尼門一切三摩地
滅道聖諦無二為方便無生為
為方便迴向一切智智脩習一切

BD09494 號　大般若波羅蜜多經卷一〇九　　(1–1)

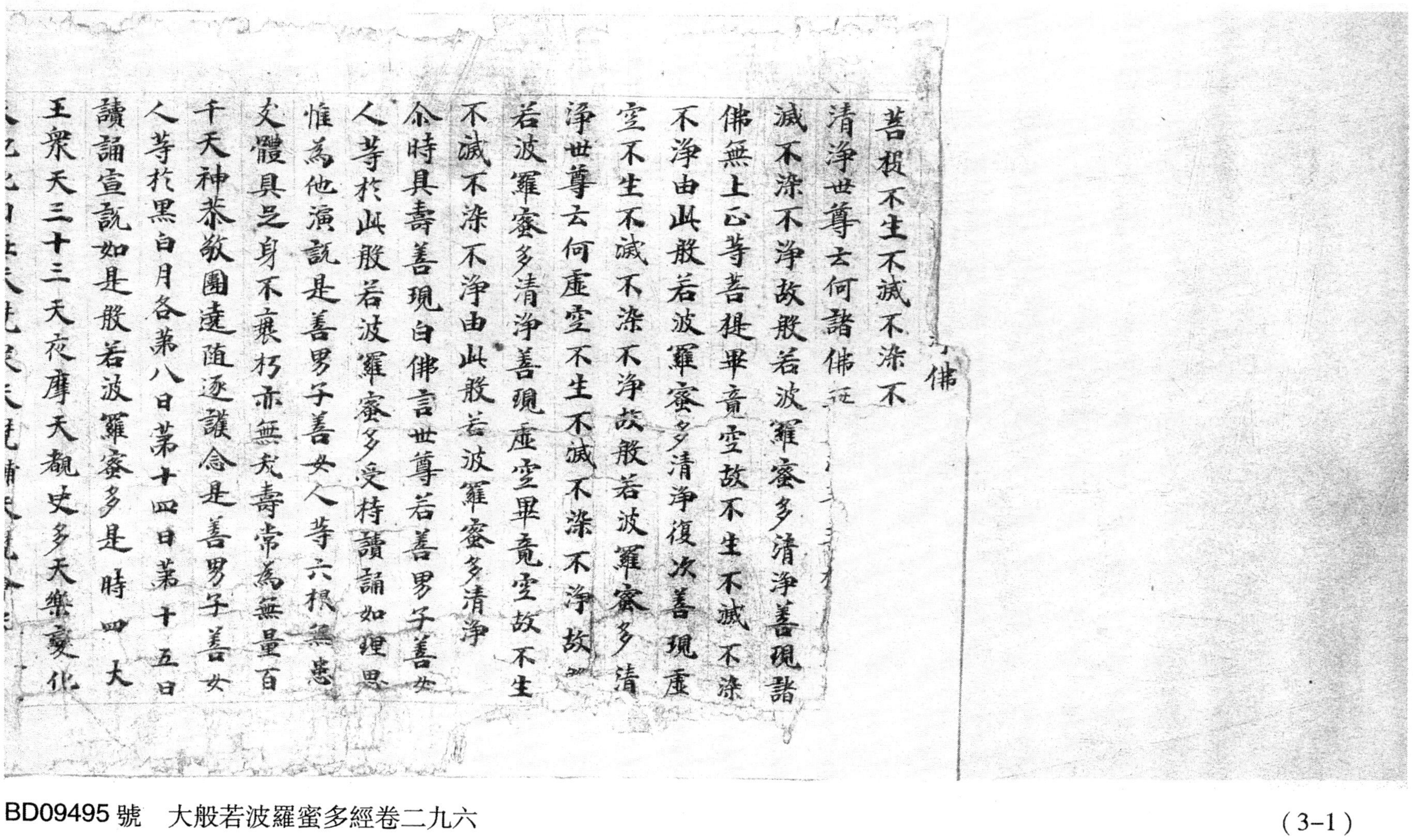
佛
善根不生不滅不染不
清淨世尊云何諸佛
滅不染不淨故般若波羅蜜多清淨善現諸
佛無上正等菩提畢竟空故不生不滅不染
不淨由此般若波羅蜜多清淨復次善現虛
空不生不滅不染不淨故般若波羅蜜多清
淨世尊云何虛空不生不滅不染不淨故
若波羅蜜多清淨善現虛空畢竟空故不生
不滅不染不淨由此般若波羅蜜多清淨
尒時具壽善現白佛言世尊若善男子善女
人等於此般若波羅蜜多受持讀誦如理思
惟為他演說是善男子善女人等六根無患
支體具足身不衰朽亦無夭壽常為無量百
千天神恭敬圍遶隨逐護念是善男子善女
人等於黑白月各第八日第十四日第十五日
讀誦宣說如是般若波羅蜜多是時四大
王衆天三十三天夜摩天覩史多天樂變化

BD09495 號　大般若波羅蜜多經卷二九六　　(3–1)

支體具足身不衰朽亦無夭壽常爲無量百
千天神恭敬圍遶隨逐護念是善男子善女
人等於黑白月各第八日第十四日第十五日
讀誦宣說如是般若波羅蜜多是時四大
王衆天三十三天夜摩天覩史多天樂變化
天他化自在天梵衆天梵輔天梵會天
天光天少光天無量光天極光淨天淨天少
淨天無量淨天遍淨天廣天少廣天無量廣
天廣果天無繁天無熱天善現天善見天色
究竟天是諸天衆俱來集會此法師所聽
受般若波羅蜜多是善男子善女人等由於無
量大集會中讀誦宣說甚深般若波羅蜜多便
獲無量無數無邊不可思議不可稱量殊勝功
德佛言善現如是如是如汝所說若善男
善女人等於此般若波羅蜜
理思惟爲他演說是善男
無恚支體具足身不衰朽
量百千天神恭敬圍遶隨
善女人等於黑白月各第
十五日讀誦宣說如是般若波羅蜜多是（十四日）
四大王衆天乃至色究竟天俱來集會此
師所聽受般若波羅蜜多是善男子善女
等由於無量大集會中讀誦宣說甚深（般若）
波羅蜜多便獲無量無數無邊不可思議不
可稱量殊勝功德
何以故善現如是般若波羅蜜多是大寶藏
由此般若波羅蜜多大寶藏故能勝無量無

BD09495號　大般若波羅蜜多經卷二九六　（3–2）

善女人等於此般若波羅蜜
理思惟爲他演說是善男
無恚支體具足身不衰朽
量百千天神恭敬圍遶隨
善女人等於黑白月各第
十五日讀誦宣說如是般若波羅蜜多是（十四日）
四大王衆天乃至色究竟天俱來集會此
師所聽受般若波羅蜜多是善男子善女
等由於無量大集會中讀誦宣說甚深（般若）
波羅蜜多便獲無量無數無邊不可思議不
可稱量殊勝功德
何以故善現如是般若波羅蜜多是大寶藏
由此般若波羅蜜多大寶藏故能勝無量無
邊有情地獄傍生鬼界人天趣貧窮大苦能與
無量無邊有情剎帝利大族婆羅門大族長
者大族居士大族富貴快樂能與無量無邊
有情四大王衆天三十三天夜摩天覩史多
天樂變化天他化自在天富貴快樂能與無
量無邊有情梵衆天梵輔天梵會天大梵天
光天少光天無量光天極光淨天淨天少淨

BD09495號　大般若波羅蜜多經卷二九六　（3–3）

BD09495 號背　勘記　　（1–1）

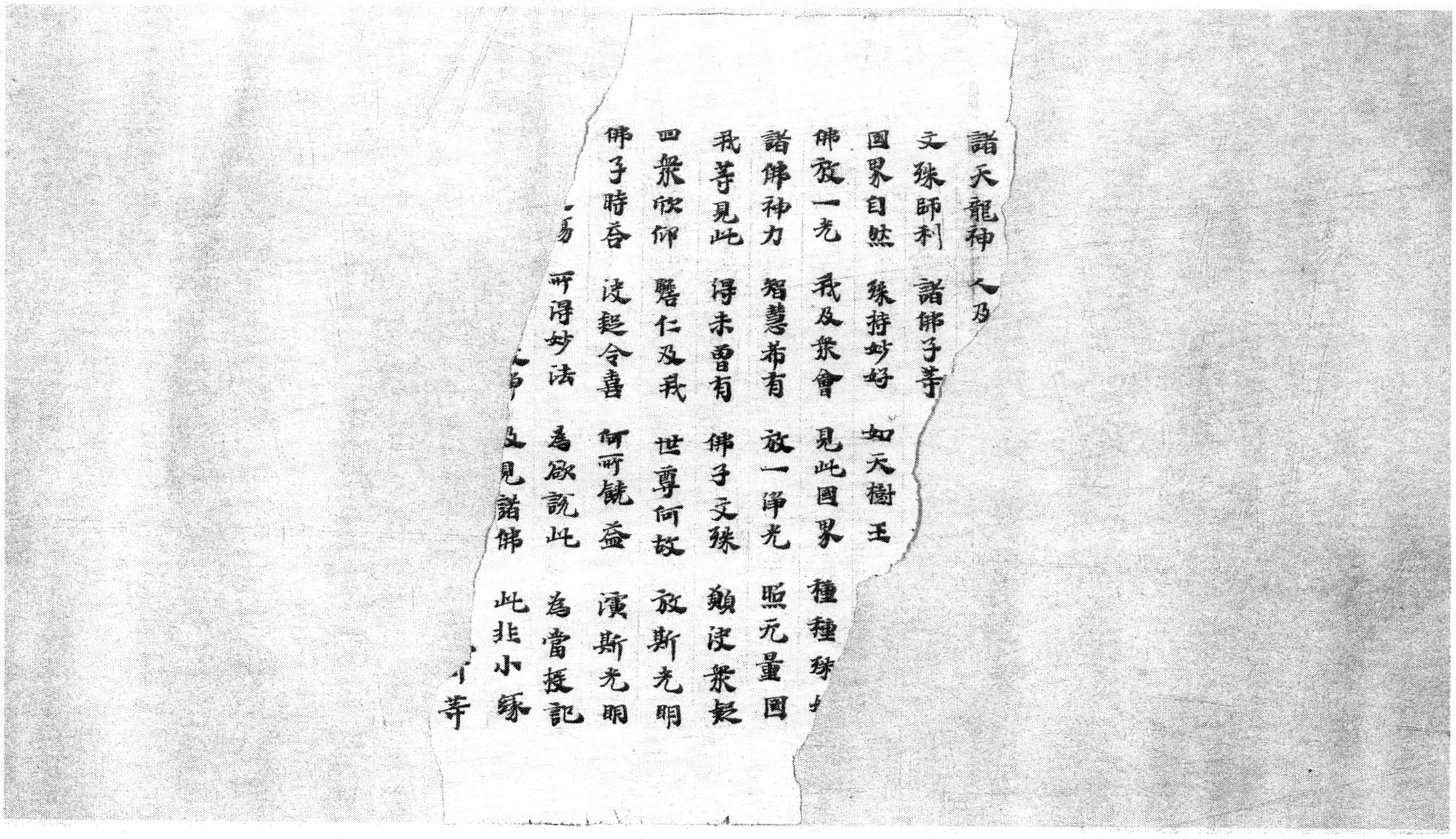

諸天龍神　人及
文殊師利　諸佛子等
國界自然　殊特妙好　如天樹王
佛放一光　我及眾會　見此國界　種種殊……
諸佛神力　智慧希有　放一淨光　照元量國
我等見此　得未曾有　佛子文殊　願決眾疑
四眾欣仰　瞻仁及我　世尊何故　放斯光明
佛子時答　決疑令喜　何所饒益　演斯光明
……場　所得妙法　為欲說此　為當授記
……及見諸佛　此非小緣
……等

BD09496 號　妙法蓮華經卷一　　（1–1）

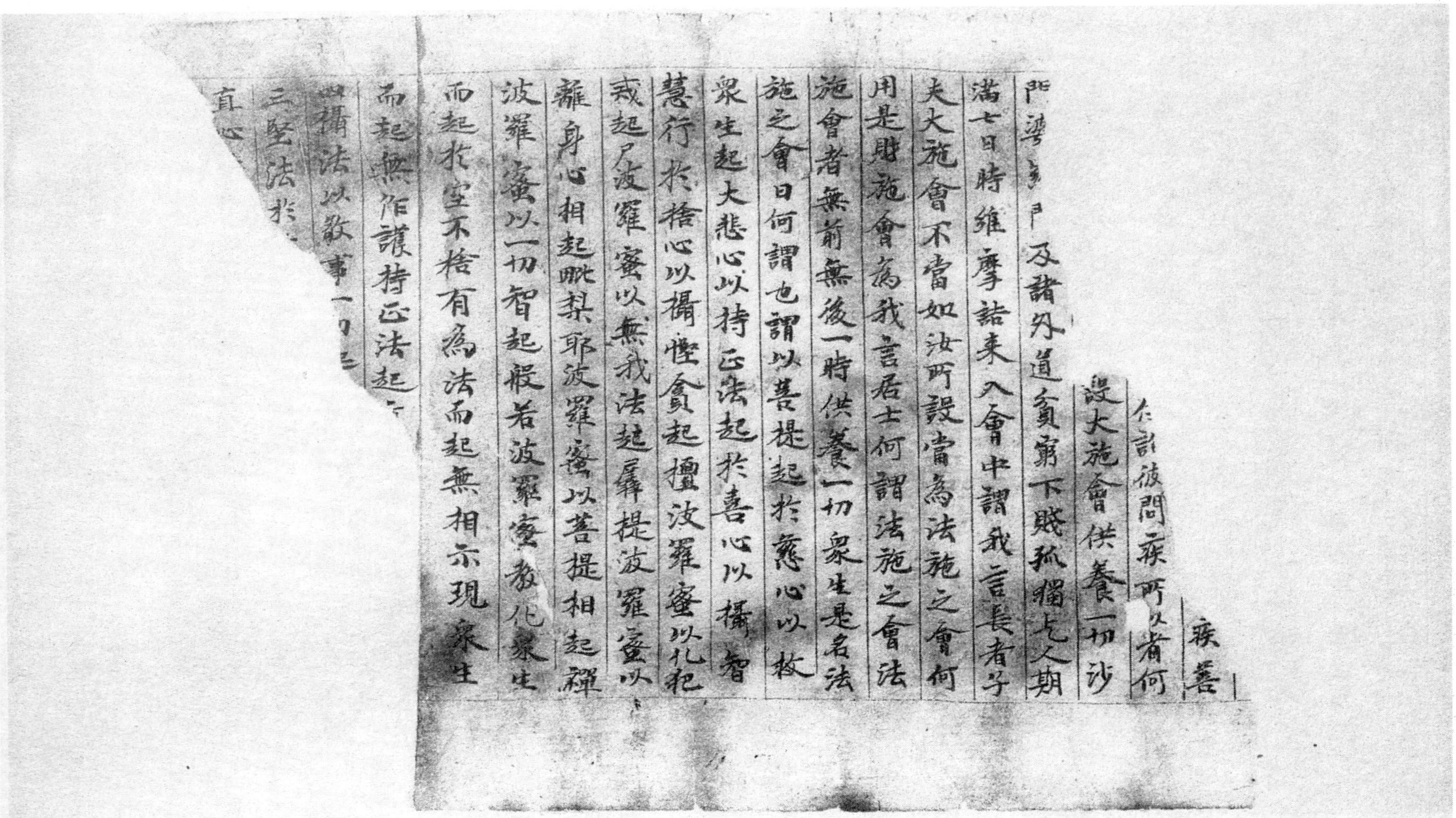

疾菩
右詣彼問疾所以者何
設大施會供養一切沙
門婆羅門及諸外道貧窮下賤孤獨乞人期
滿七日時維摩詰來入會中謂我言長者子
夫大施會不當如汝所設當為法施之會何
用是財施會為我言居士何謂法施之會法
施會者無前無後一時供養一切衆生是名法
施之會曰何謂也謂以菩提起於慈心以救
衆生起大悲心以持正法起於喜心以攝智
慧行於捨心以攝慳貪起檀波羅蜜以化犯
戒起尸波羅蜜以無我法起羼提波羅蜜以
離身心相起毗梨耶波羅蜜以菩提相起禪
波羅蜜以一切智起般若波羅蜜教化衆生
而起於空不捨有為法而起無相示現衆生
而起無作護持正法起
四攝法以敬事一切
三堅法於
直心

BD09497 號　維摩詰所說經卷上　（1–1）

淨　於彼
稽首礼无上尊　說偈發願　願此功德
普及於一切我等与衆生皆共成佛道
一切恭敬自歸依佛當願衆生體解大道
發无上意自歸依法當願衆生深入經藏
智恵如海自歸依僧當願衆生統理大衆
願諸衆生諸惡莫作諸善奉行自淨其意
是諸佛教和南一切賢聖　白衆等聽說黄昏偈
常偈人間忩忩營衆務不覺年命日夜去如燈
風中滅難期忙忙六道無定趣未得解脫出苦海
何安然不驚懼各聞強健有力時自策自勵
求常住　次發願念佛念佛已了唱隨意散

BD09498 號　七階禮懺文（擬）　（1–1）

悔。又復无始以來，至於今日，或因九惱造一切罪，或因九結造一切罪，或
因九上緣造一切罪，或因十煩惱造一切罪，或因十纏造一切罪，或因十一遍
使造一切罪，或因十六知見造一切罪，或因十八界造一切罪，或因
廿二根造一切罪，或因廿五我造一切罪，或因六十二見造一切罪，或因見諦思惟九十八使
百八煩惱晝夜熾然，開諸漏門，造一切罪，惱亂賢聖及以四生，遍滿三界，
彌亘六道，无處可藏，无處可避。今日至到，向十方佛尊法聖衆，
慙愧發露，皆悉懺悔。　願弟子承是懺悔三毒等一切煩惱，生
生世世三慧明，三達朗，三苦滅，三願滿。願弟子承是懺悔四識等一切
煩惱所生功德，生生世世廣四等心，立四信業，四惡趣滅，得四无畏。
願弟子承是懺悔五蓋等諸煩惱及五道樹，五根淨，五眼成，五分
法身。願弟子承是懺悔六受等諸煩惱所生功德，生生世世具足
六神通，滿足六度業，不爲六塵所惑，常行六妙行。又願弟子承是懺
悔七漏八垢九結十纏等一切諸煩惱等所生功德，生生世世坐七淨華，
洗八解水，具九斷智，成十地行。願以懺悔十一遍使及十二入十八
界等一切諸煩惱所生功德，願十一空解常用栖心，自在能轉十二行輪，
具足十八不共諸法，无量功德一切圓滿。至心歸命常住三寶。
夫論懺悔者，本是改往修來，滅惡興善。人生居世，誰能無過？學
人失念，尚起煩惱；羅漢結習，動身口業；豈況凡夫而當無
過？但智者先覺，便能改悔；愚者覆藏，遂使滋蔓，所以
積習長夜，曉悟無期。若能慙愧發露懺悔者，豈惟止
是滅罪而已，亦復增長无量功德，豎立如來涅槃妙果。若
欲行此法者，先當外

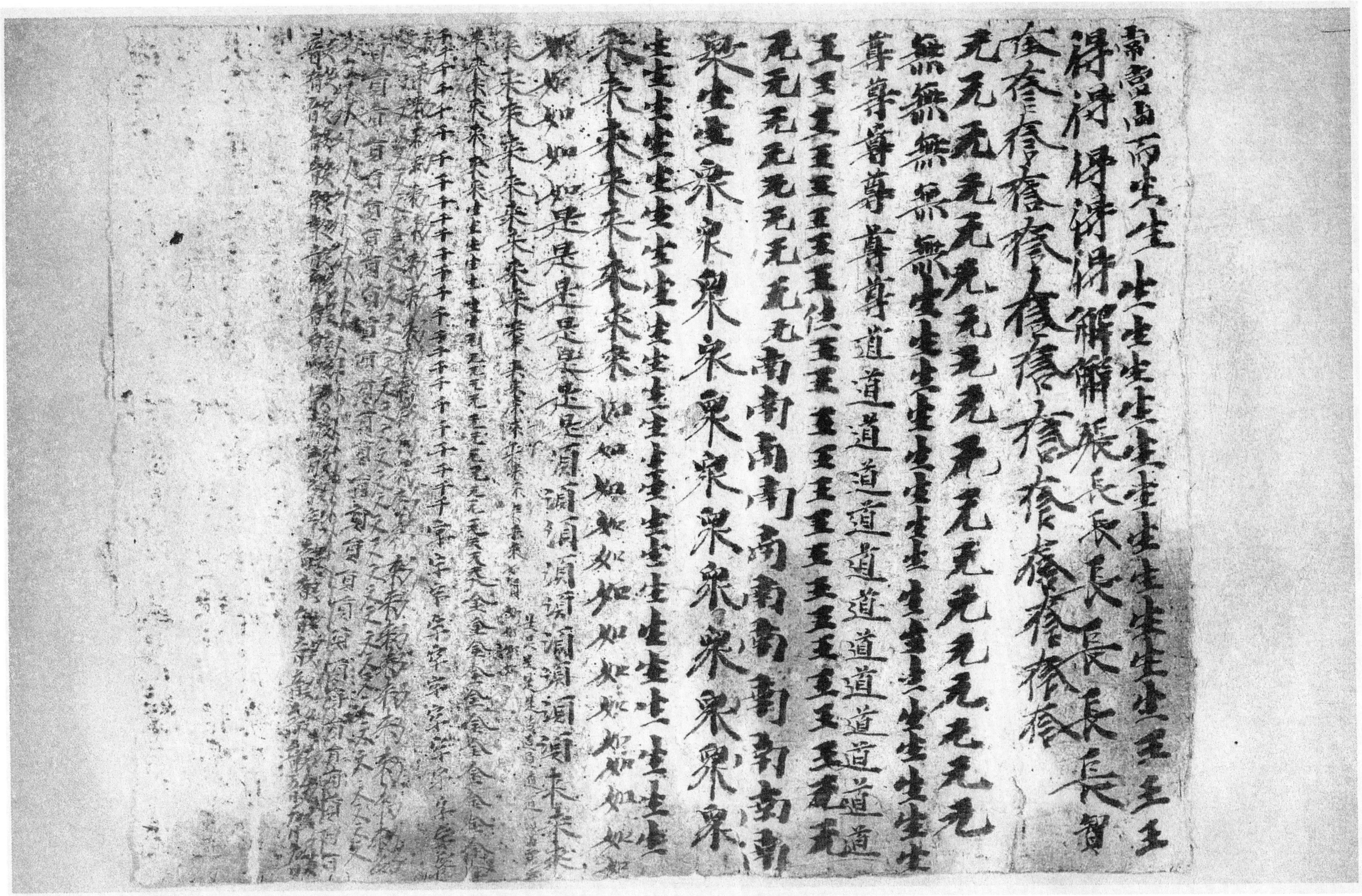

BD09499號背　習字雜寫（擬）

（1–1）

…優婆塞優婆夷
迦樓羅緊那羅摩睺
…弗於佛前受阿耨多羅
喜踊躍无量各各脫
…佛釋提桓因梵天王等
…妙衣天曼陁羅華摩訶
…於佛所散天衣住虛空中
…樂百千万種於虛空中一時
…作是言佛昔於波羅柰初
…上最大法輪尒時諸天子
偈言
…法輪 分別說諸法 五眾之生滅
…上大法輪 是法甚深奧 少有能信者
我等從昔來 數聞世尊說 未曾聞如是 深妙之上法
世尊說是法 我等皆隨喜 大智舍利弗 今得受尊記
我等亦如是 必當得作佛 於一切世間 最尊无有上
佛道叵思議 方便隨宜說 我所有福業 今世若過世
及見佛功德 盡迴向佛道
尒時舍利弗白佛言世尊我今无復疑悔親

BD09500 號　妙法蓮華經卷二　（2–1）

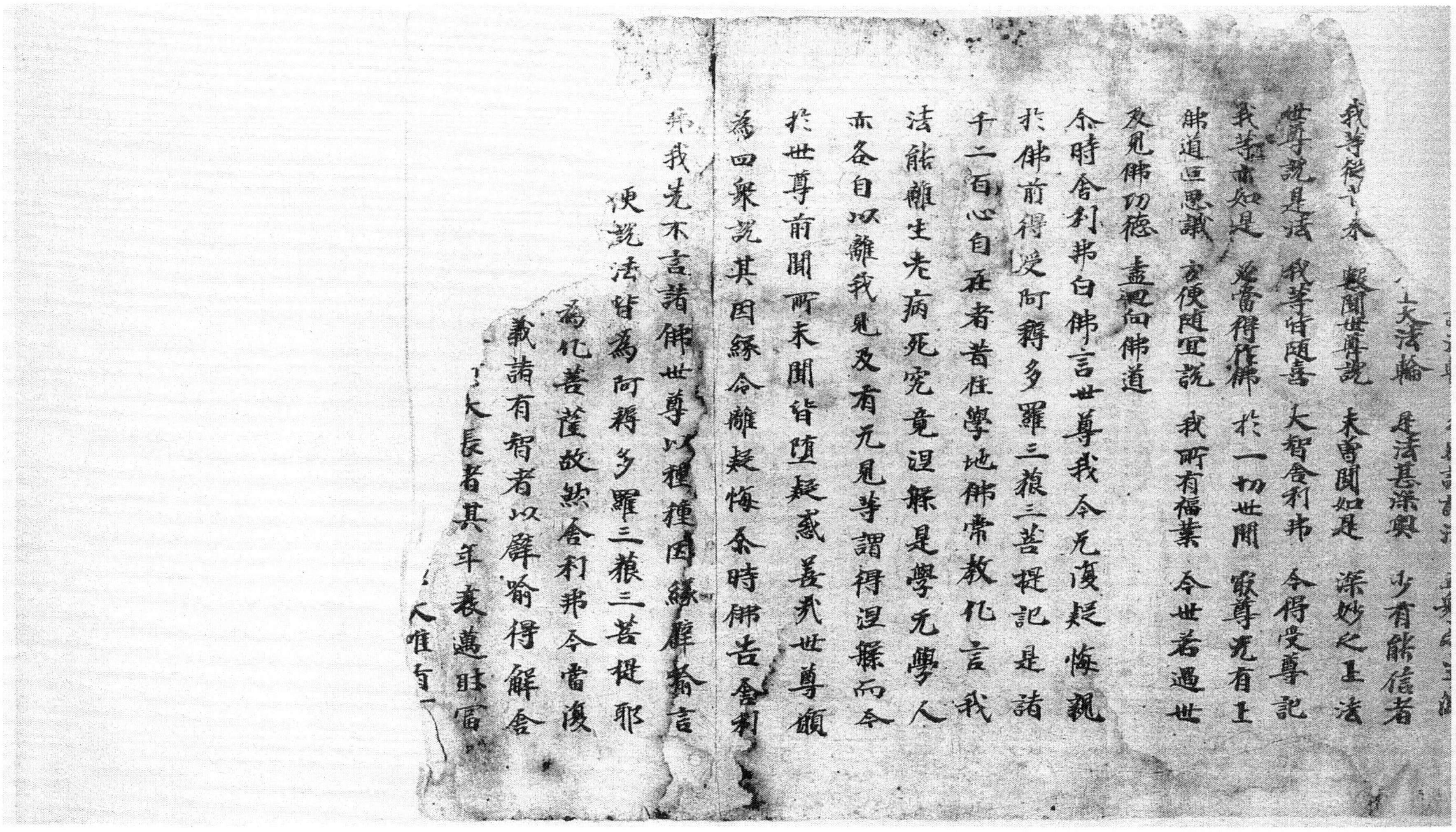
…上大法輪 是法甚深奧 少有能信者
我等從昔來 數聞世尊說 未曾聞如是 深妙之上法
世尊說是法 我等皆隨喜 大智舍利弗 今得受尊記
我等亦如是 必當得作佛 於一切世間 最尊无有上
佛道叵思議 方便隨宜說 我所有福業 今世若過世
及見佛功德 盡迴向佛道
尒時舍利弗白佛言世尊我今无復疑悔親
於佛前得受阿耨多羅三藐三菩提記是諸
千二百心自在者昔住學地佛常教化言我
法能離生老病死究竟涅槃是學无學人
亦各自以離我見及有无見等謂得涅槃而今
於世尊前聞所未聞皆墮疑惑善哉世尊願
為四眾說其因緣令離疑悔尒時佛告舍利
弗我先不言諸佛世尊以種種因緣譬喻言
便說法皆為阿耨多羅三藐三菩提耶
為化菩薩故然舍利弗今當復
義諸有智者以譬喻得解舍
…大長者其年衰邁財富
…人唯有一

BD09500 號　妙法蓮華經卷二　（2–2）

於…
遍知…
天人師…
正頗梨為地
便利之穢寶華
處寶臺珎妙樓
譬喻所不能知諸
他佛壽十二小劫
亦住二十小劫其佛
脫无量菩薩及聲聞
義而說偈言
諸比丘衆　今告汝等
我大弟子　須菩提者
當供无數　万億諸佛
冣後身得　三十二相

BD09501 號　妙法蓮華經卷三　（1–1）

思議法　多有所饒益　如虛空无…
摩訶曼陁羅　釋梵如恒沙　无數佛土來
…沈香　繽紛而亂墜　如鳥飛空下　供散於諸…
鼓虛空中　自然出妙聲　天衣千万種　旋轉而來下
…寶妙香鑪　燒无價之香　自然悉周遍　供養諸世尊
其大菩薩衆　執七寶幡蓋　高妙万億種　次第至梵天
一一諸佛前　寶幢懸勝幡　亦以千万偈　歌詠諸如來
如是種種事　昔所未曾有　聞佛壽无量　一切皆歡喜
佛名聞十方　廣饒益衆生　一切具善根　以助无上…
尒時佛告弥勒菩薩摩訶薩阿逸多其有衆
生聞佛壽命長遠如是乃至能生一念信解
所得功德无有限量若有善男子善女人為
阿耨多羅三藐三菩提故於八十万億那由
他劫行五波羅蜜檀波羅蜜尸羅波羅蜜羼
提波羅蜜毗梨耶波羅蜜禪波羅蜜除般若

BD09502 號　妙法蓮華經卷五　（1–1）

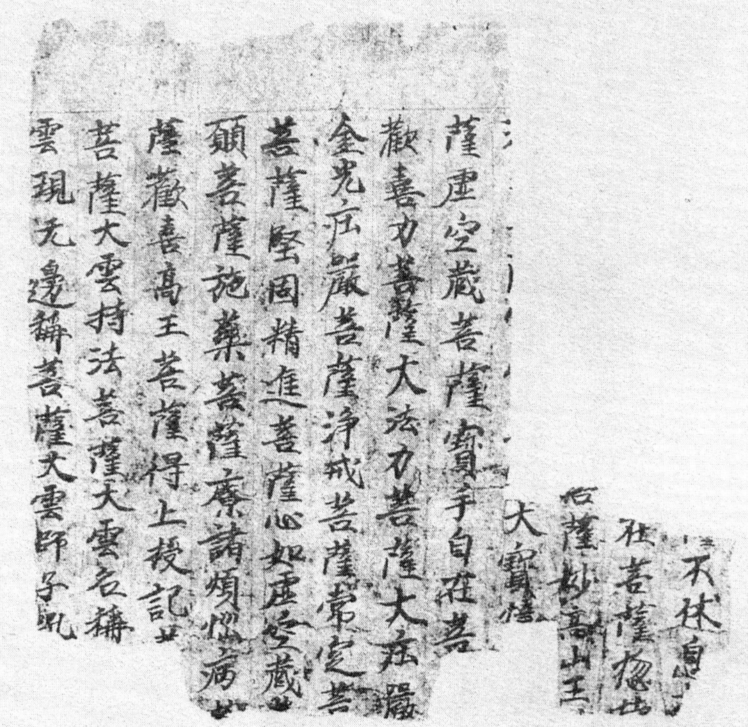

BD09503號　金光明最勝王經卷一　　　　(1–1)

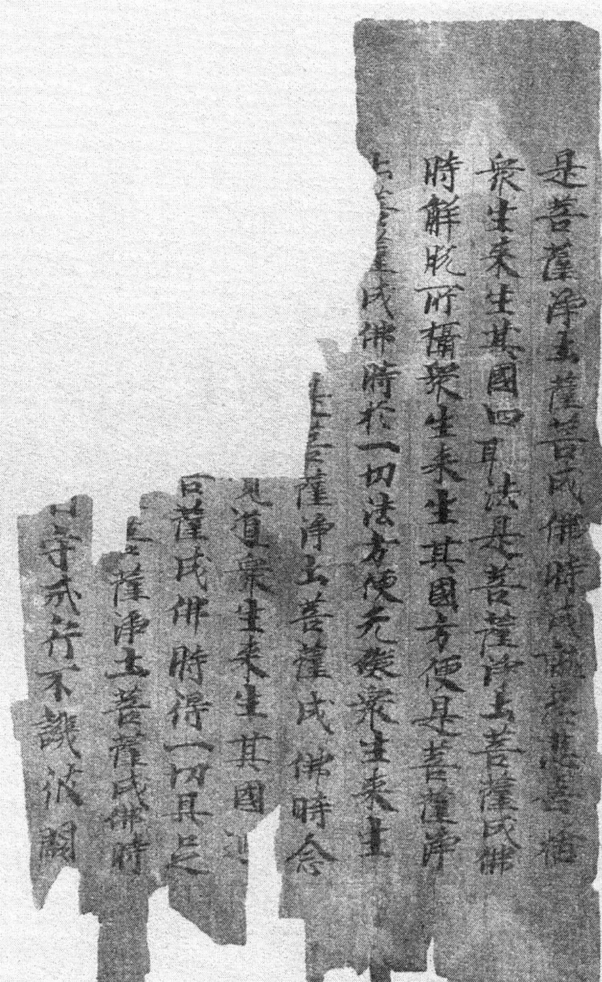

BD09504號　維摩詰所說經卷上　　　　(1–1)

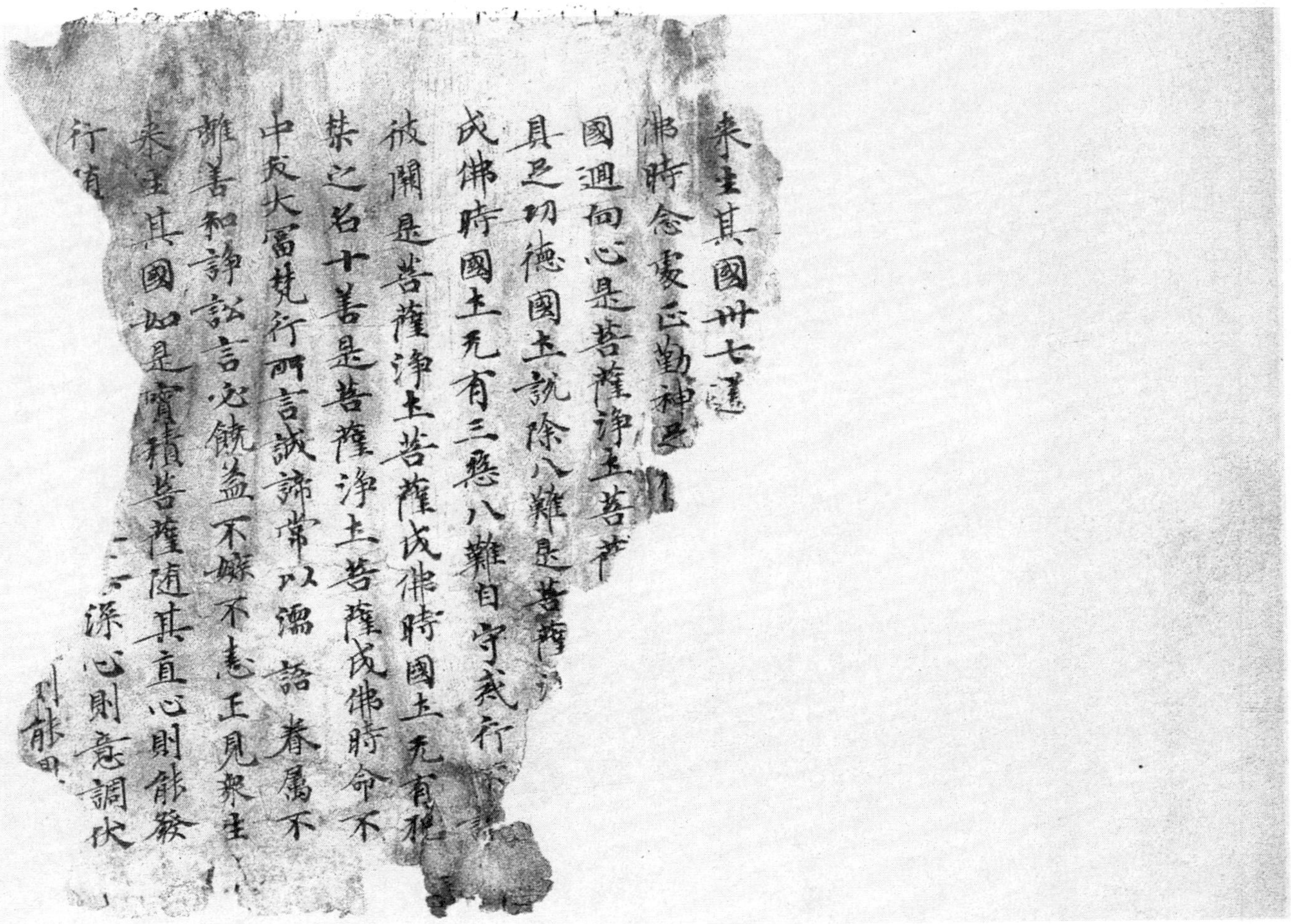

來生其國卅七道
佛時念處正勤神足
國迴向心是菩薩淨土菩薩
具足功德國土說除八難是菩薩
成佛時國土无有三惡八難自守戒行
彼闕是菩薩淨土菩薩成佛時國土无有犯
禁之名十善是菩薩淨土菩薩成佛時命不
中夭大富梵行所言誠諦常以濡語眷屬不
離善和諍訟言必饒益不嫉不恚正見衆生
來生其國如是寶積菩薩隨其直心則能發
行隨……深心則意調伏
……則能……

BD09505 號　維摩詰所說經卷上　　（1–1）

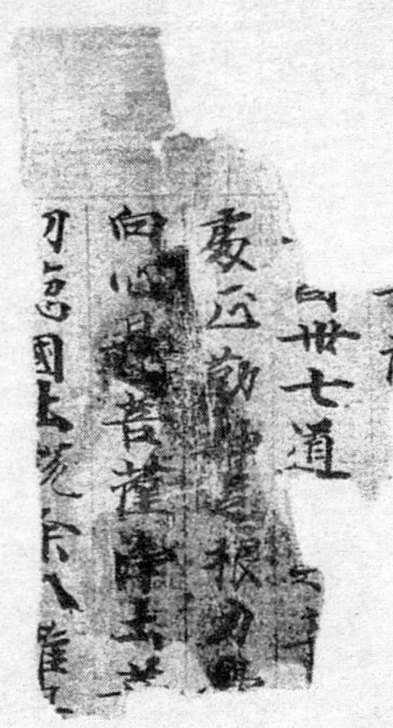

下者
……卅七道
處正勤神足根力
向心是菩薩淨土菩
功德國土說除八難

BD09506 號　維摩詰所說經卷上　　（1–1）

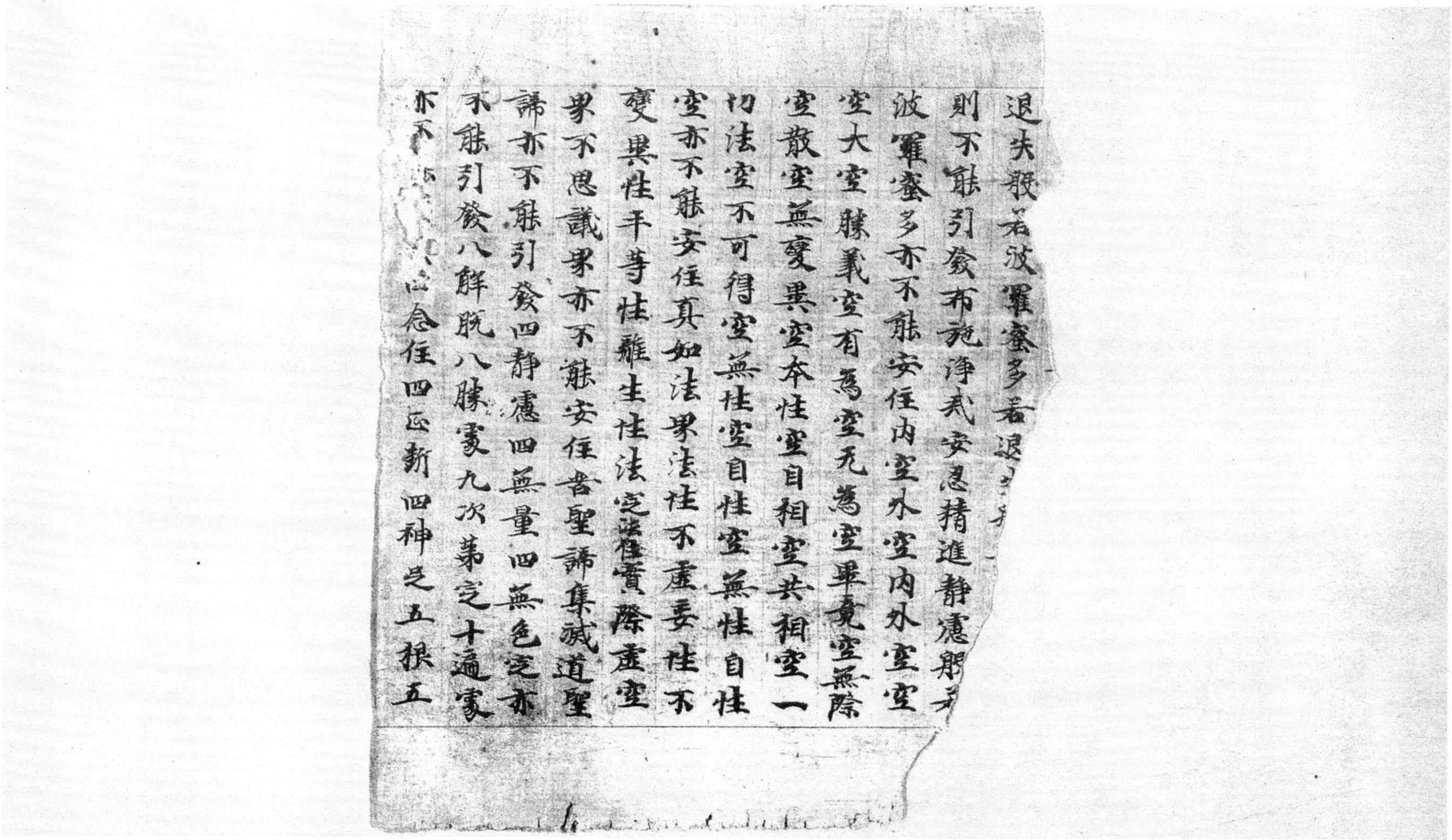
退失般若波羅蜜多若退失般
則不能引發布施淨戒安忍精進靜慮般若
波羅蜜多亦不能安住內空外空內外空空
空大空勝義空有為空无為空畢竟空無際
空散空無變異空本性空自相空共相空一
切法空不可得空無性空自性空無性自性
空亦不能安住真如法界法性不虛妄性不
變異性平等性離生性法定法住實際虛空
界不思議界亦不能安住苦聖諦集滅道聖
諦亦不能引發四靜慮四無量四無色定亦
不能引發八解脫八勝處九次第定十遍處
亦不[illegible]念住四正斷四神足五根五

BD09507 號　大般若波羅蜜多經卷三五四　（1–1）

三百五十四

BD09507 號背　勘記　（1–1）

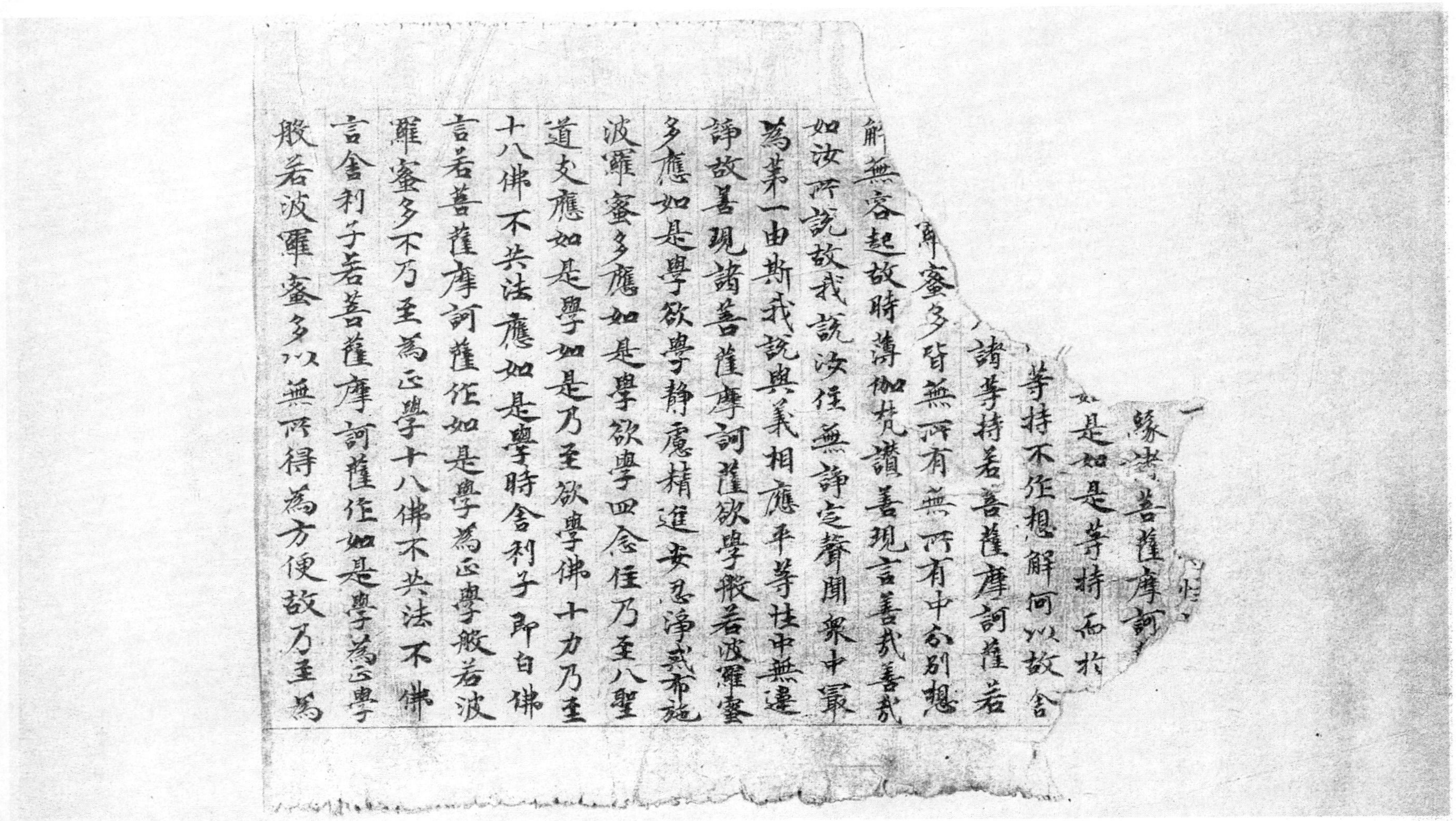

緣諸菩薩摩訶
如是如是等持而於
等持不作想解何以故舍
諸等持若菩薩摩訶薩若
羅蜜多皆無所有無所有中分別想
解無容起故時薄伽梵讚善現言善哉善哉
如汝所說故我說汝住無諍定聲聞衆中最
為第一由斯我說與義相應平等性中無違
諍故善現諸菩薩摩訶薩欲學般若波羅蜜
多應如是學欲學靜慮精進安忍淨戒布施
波羅蜜多應如是學欲學四念住乃至八聖
道支應如是學如是乃至欲學佛十力乃至
十八佛不共法應如是學時舍利子即白佛
言若菩薩摩訶薩作如是學為正學般若波
羅蜜多不乃至為正學十八佛不共法不佛
言舍利子若菩薩摩訶薩作如是學為正學
般若波羅蜜多以無所得為方便故乃至為

BD09508 號　大般若波羅蜜多經卷四一〇　　（1–1）

四百一十

BD09508 號背　勘記　　（1–1）

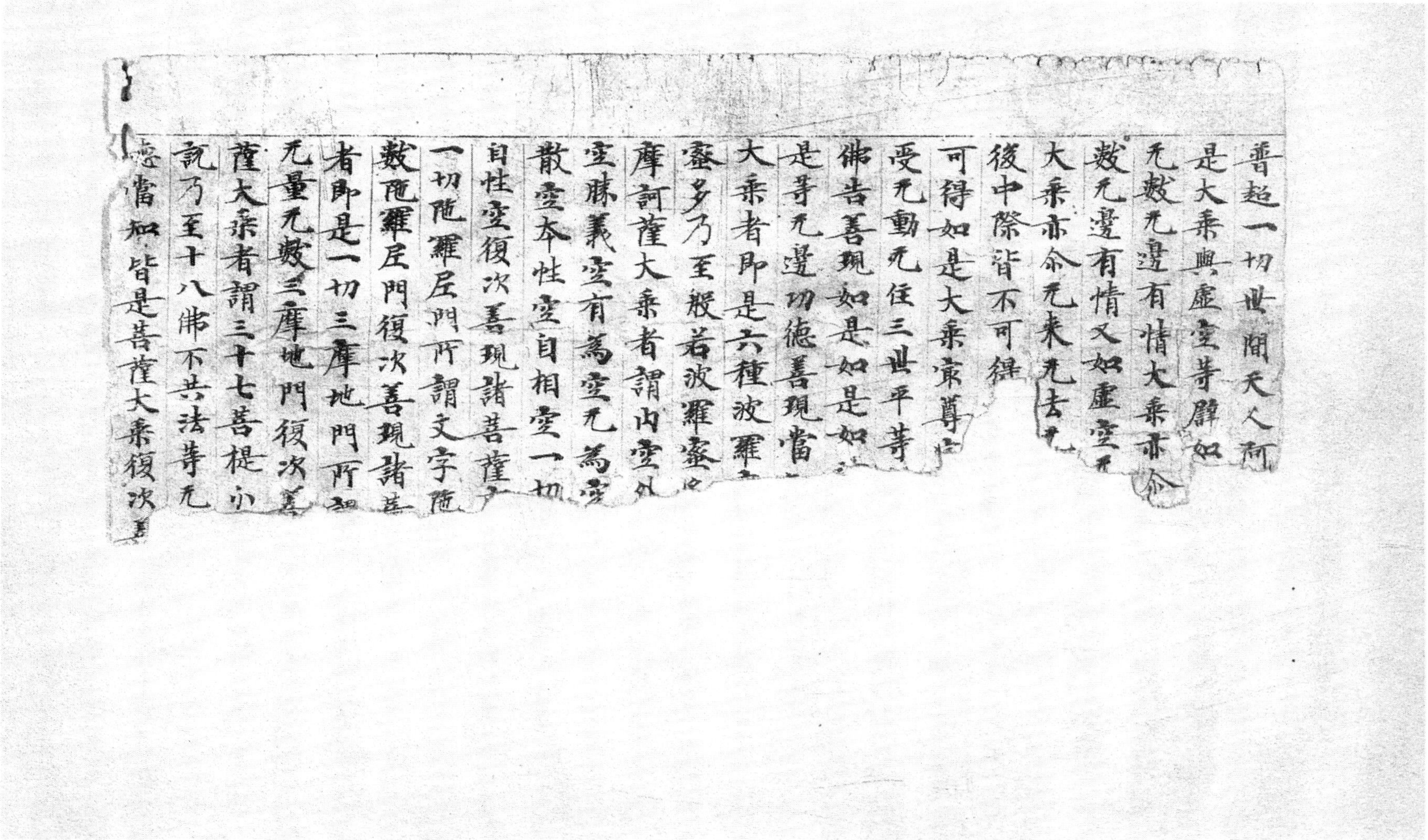

普超一切世間天人阿
是大乘與虛空等譬如
无數无邊有情大乘亦尒
數无邊有情又如虛空无
大乘亦尒无來无去
後中際皆不可得
可得如是大乘尊
受无動无住三世平等
佛告善現如是如是
是等无邊功德善現當
大乘者即是六種波羅
蜜多乃至般若波羅蜜
摩訶薩大乘者謂内空外
空勝義空有為空无為空
散空本性空自相空一切
自性空復次善現諸菩薩
一切陁羅尼門所謂文字陁
數陁羅尼門復次善現諸菩
者即是一切三摩地門所
无量无數三摩地門復次善
薩大乘者謂三十七菩提分
説乃至十八佛不共法等无
應當知皆是菩薩大乘復次善

BD09509 號　大般若波羅蜜多經卷四九三　（1–1）

四百九十三

BD09509 號背　勘記　（1–1）

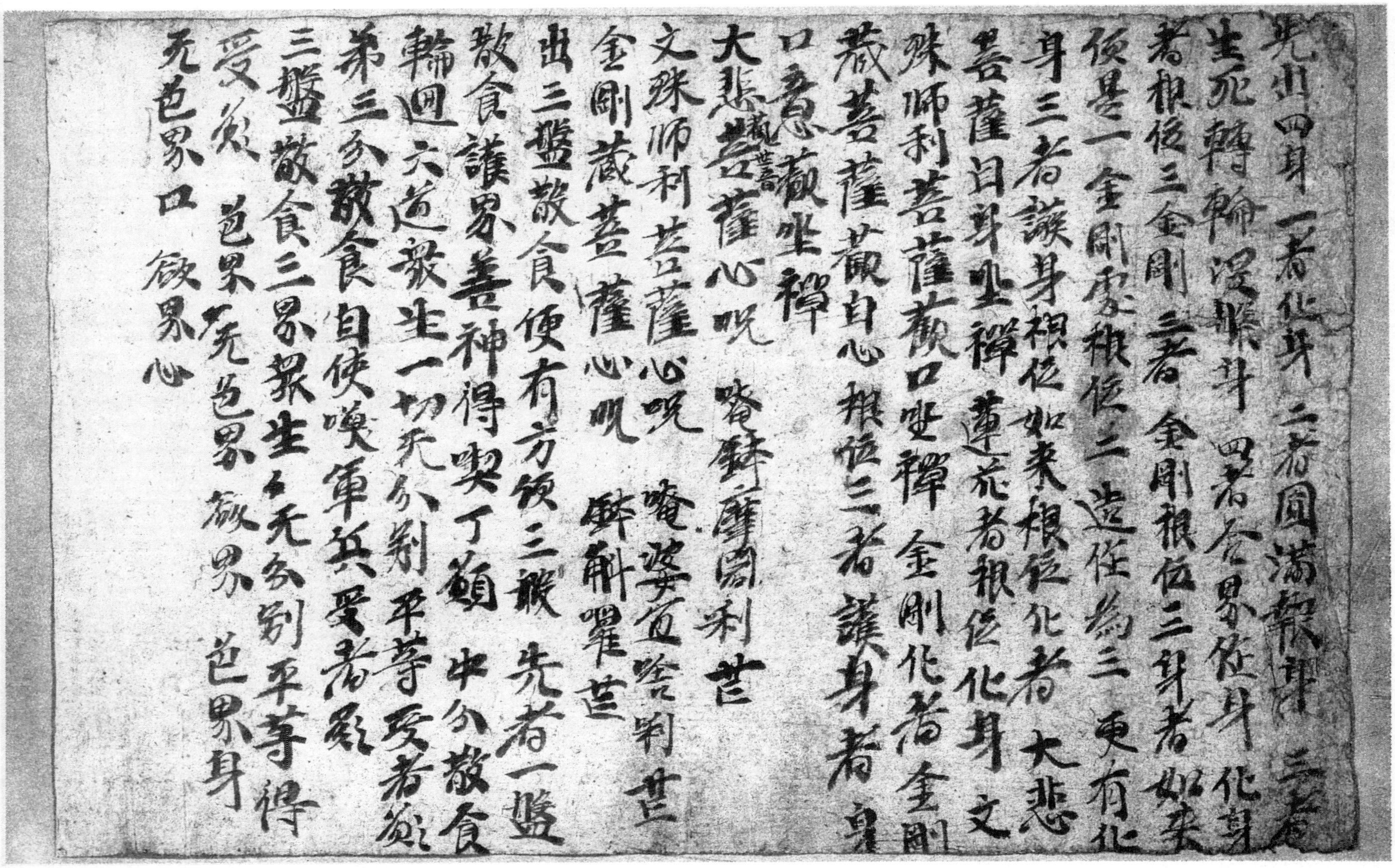
光出四身 一者化身 二者圓滿報身 三者
生死轉輪沒胝身 四者法界住身 化身
者根從三金剛 二者 金剛根從三身者 如來
復是一金剛 愛根從二 遶從為三 更有化
身三者 讓身根從如來根從化者 大悲
菩薩自身坐禪 蓮花者根從化身 文
殊師利菩薩觀口坐禪 金剛化者金剛
藏菩薩觀自心 根從三者 讓身者 身
口意觀坐禪
大悲（觀世音）菩薩心呪 唵鉢摩闍利 芑
文殊師利菩薩心呪 唵婆筮唫判 芑
金剛藏菩薩心呪 鉢觓囉 芑
出三盞散食 便有方飯三甑 先者一盞
散食 讓界善神得喫了頓 中分散食
輪迴六道眾生 一切無分别 平等受者簽
第三分散食 自使嘆軍兵 受者簽
三盞散食 三界眾生 無分别 平等得
受簽 色界 無色界 欲界 色界身
無色界口 欲界心

BD09510號　密教法會散食儀軌（擬）　（1–1）

BD09510號背　殘筆痕　（1–1）

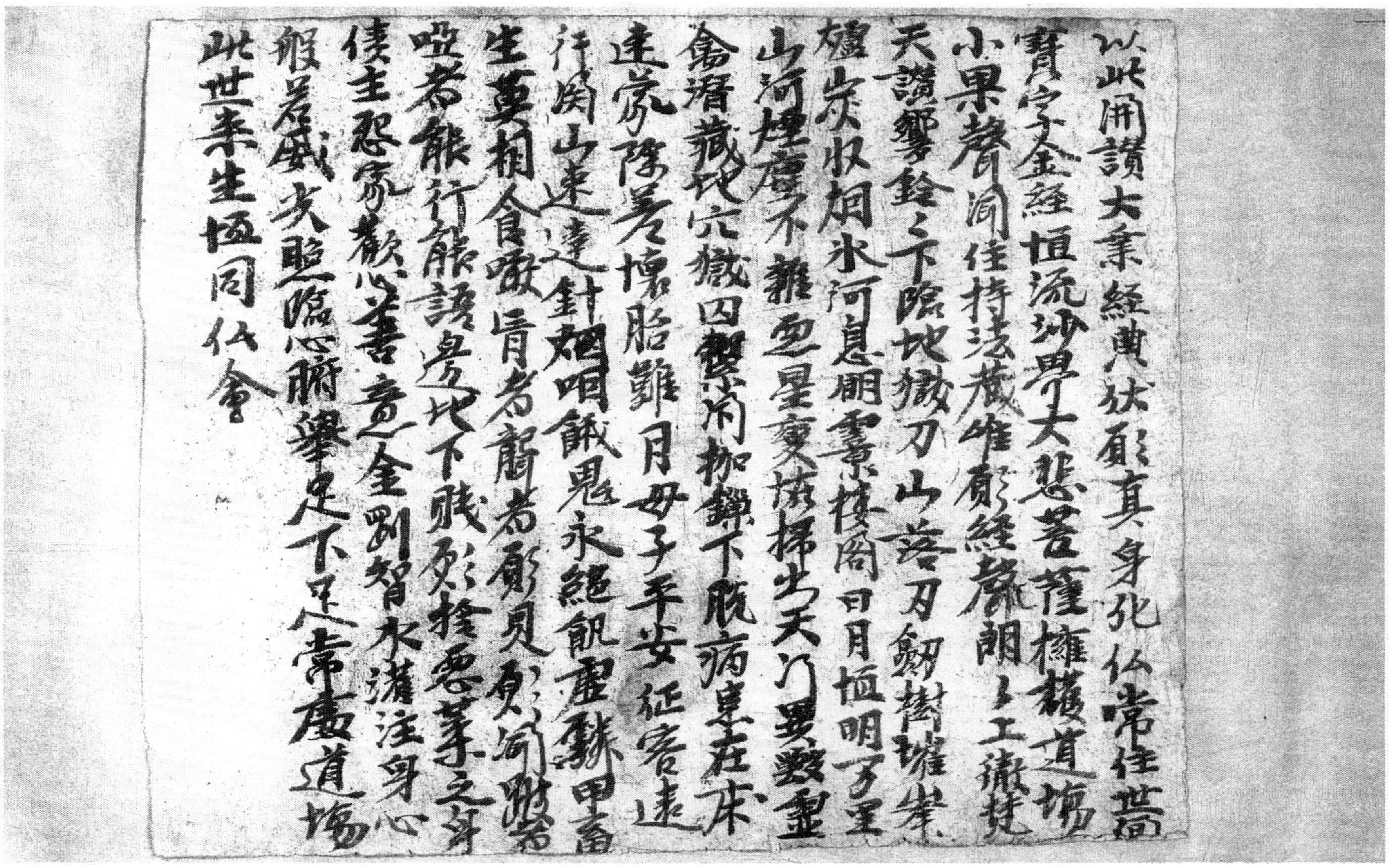

BD09511 號　密教法會轉經文（擬）　（1–1）

BD09511 號背　殘筆痕　（1–1）

夫欲修行最上乘者法先須安心淨住良久禪悄出定念淨三業真
言三遍真言曰 唵娑嚩婆嚩輸陁娑嚩達理摩 娑嚩婆嚩戍度三遍
然後淨心想念遍觀十方盡虛空界普皆諸佛菩心中想念散花供養遍
礼供養諸佛普礼真言曰 唵娑理嚩 毋陁達理磨僧伽喃 南无蘇觀底
三遍 然後心想燒大寶香誦香供養真言曰 唵娑嚩達他蘖多怒婆布嗟種
伐三曼哆囉 薩普囉拏三昧耶吽三遍 想出无量繒幡幢幡香花飲食
菩種種供養誦善供養真言曰 唵哦哦曩三婆嚩 伐囉斛三遍 然後淨
心遍觀十方諸佛自身放大光明遍照三千大千世界想自身作觀世音菩
頭上五佛 身四臂兩手合掌右手把數珠左手把蓮花端身正座放大光明想
我身即是觀音菩薩更不得異緣所放光明遍照法界三塗見苦地獄亭
酸无一有情受苦之者如此後口念真言曰 唵尼鉢特磨吽隨心多少
一百八遍一千八十一万八百心力加者了後數珠捧於手中合掌當心迴施
法界衆中悉皆成佛 然後念觀身真言 唵鉢嚕地耶嚩囉吽摩吽嗟隨心取
散

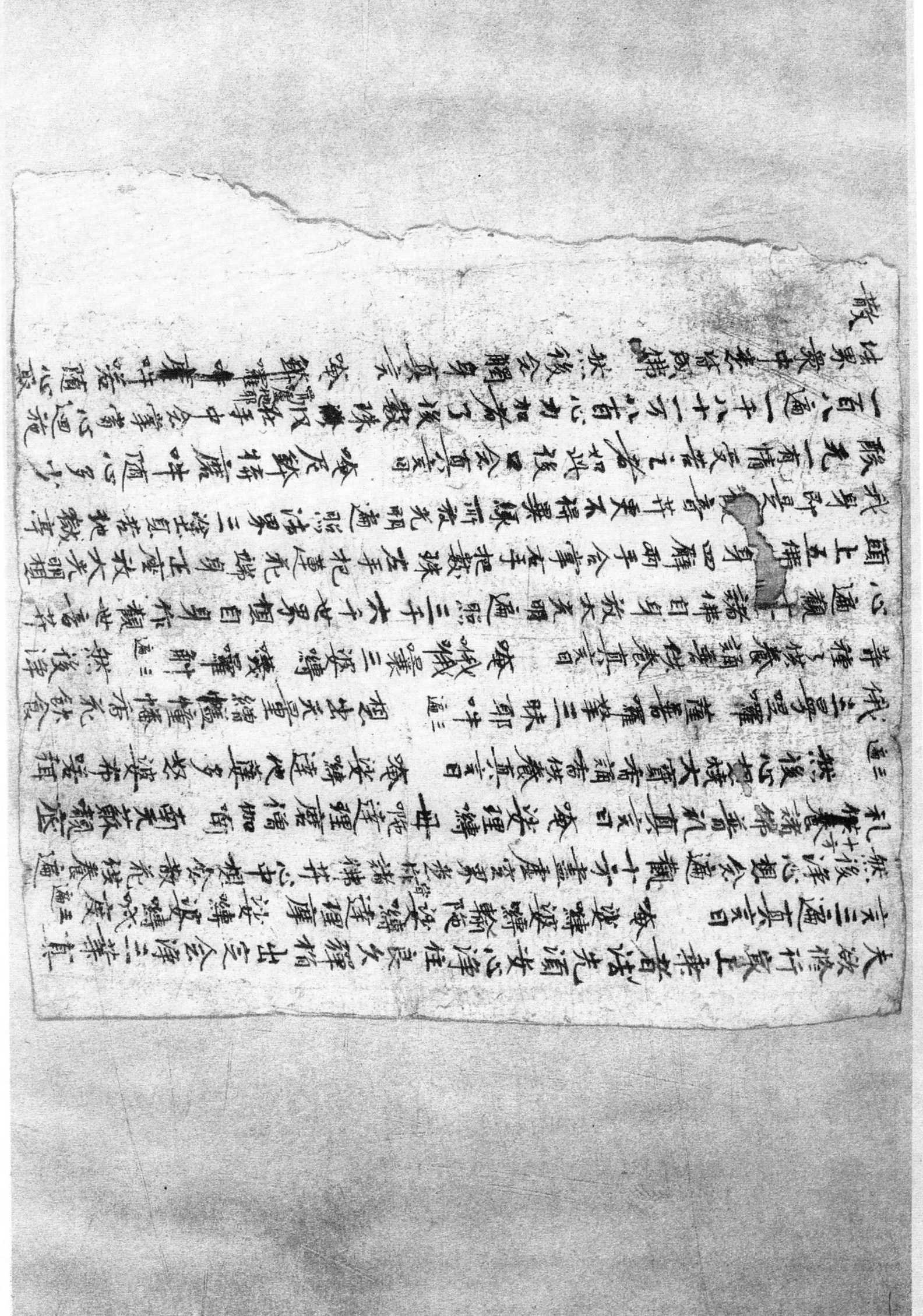

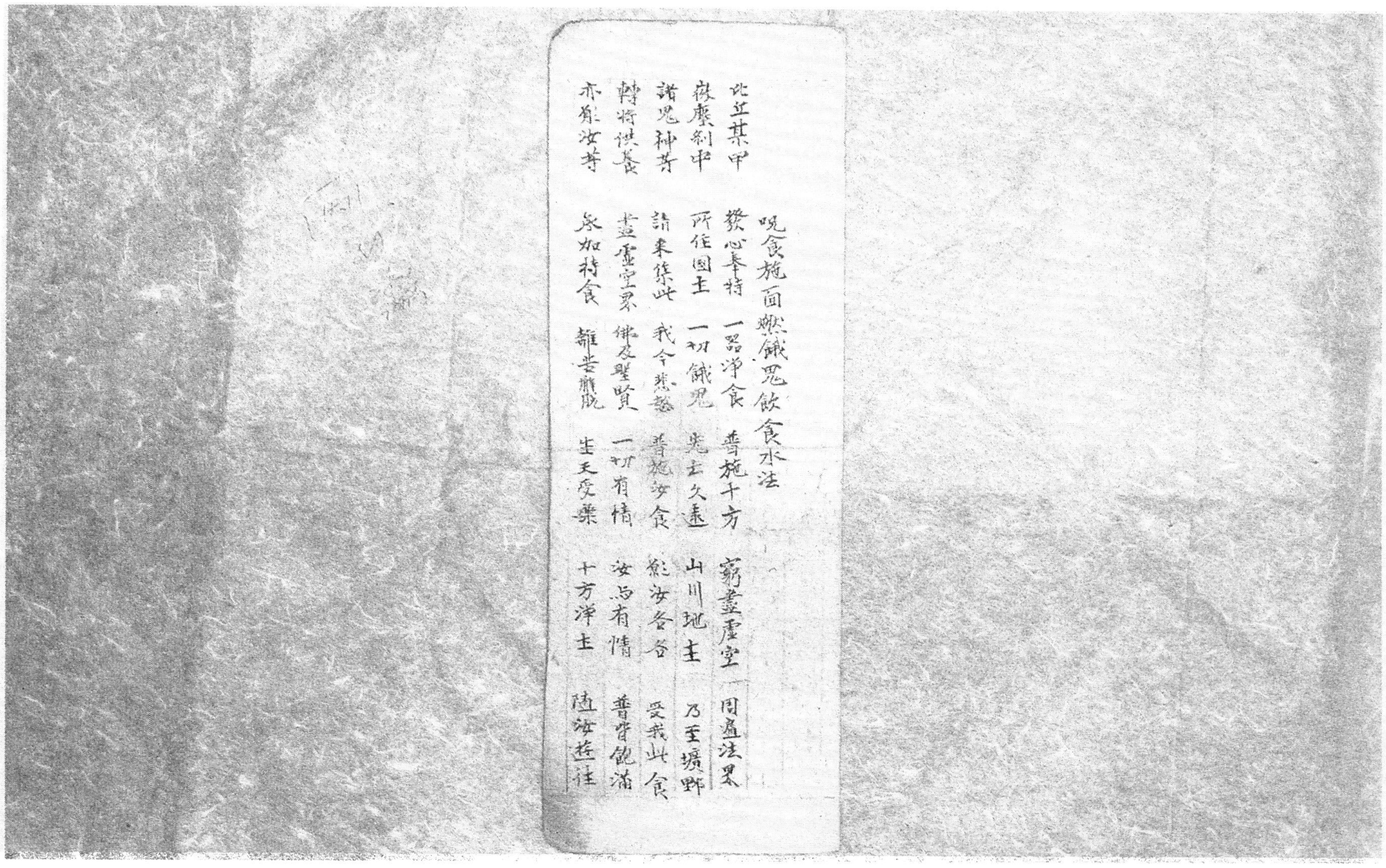

呪食施面燃餓鬼飲食水法
比丘某甲 發心奉持 一器淨食 普施十方 窮盡虛空 周遍法界
微塵剎中 所在國土 一切餓鬼 先亡久遠 山川地主 乃至曠野
諸鬼神等 請來集此 我今悲愍 普施汝食 願汝各各 受我此食
轉將供養 盡虛空界 佛及聖賢 一切有情 汝與有情 普皆飽滿
亦願汝等 承加持食 離苦解脫 生天受樂 十方淨土 隨汝遊往

BD09513 號 1　施諸餓鬼飲食及水法　　（3–1）

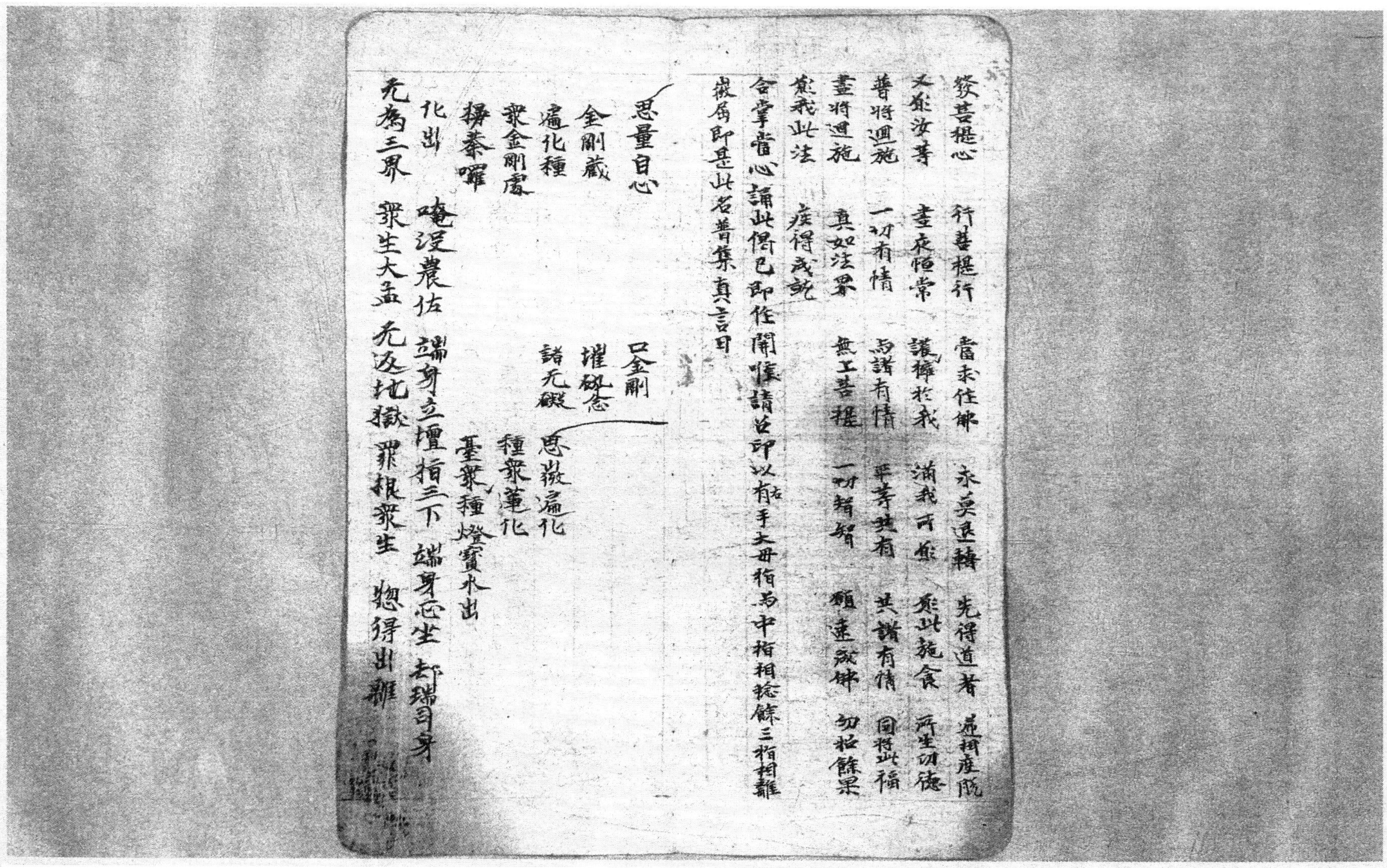

發菩提心 行菩提行 當來作佛 永莫退轉 先得道者 遞相度脫
又願汝等 晝夜恒常 擁護於我 滿我所願 願此施食 所生功德
普將迴施 一切有情 與諸有情 平等共有 共諸有情 同將此福
盡將迴施 真如法界 無上菩提 一切種智 願速成佛 勿招餘果
願我此法 疾得成就
合掌當心 誦此偈已 即作開喉嚨印 以左手大母指與中指相捻 餘三指相離
微屈 即是此名普集真言曰

思量自心 口金剛
金剛藏 摧破惑
遍化種 諸無礙 思歎遍化
衆金剛處 種衆蓮花
揮奉囉 臺衆種 燈寶水出
化出 唵涅槃佉 端身立壇 指三下 端身正坐 却歸自身
無為三界 衆生大盂 無及地獄 罪根衆生 總得出離

BD09513 號 1　施諸餓鬼飲食及水法　　（3–2）
BD09513 號 2　密教最上乘法觀行法（擬）

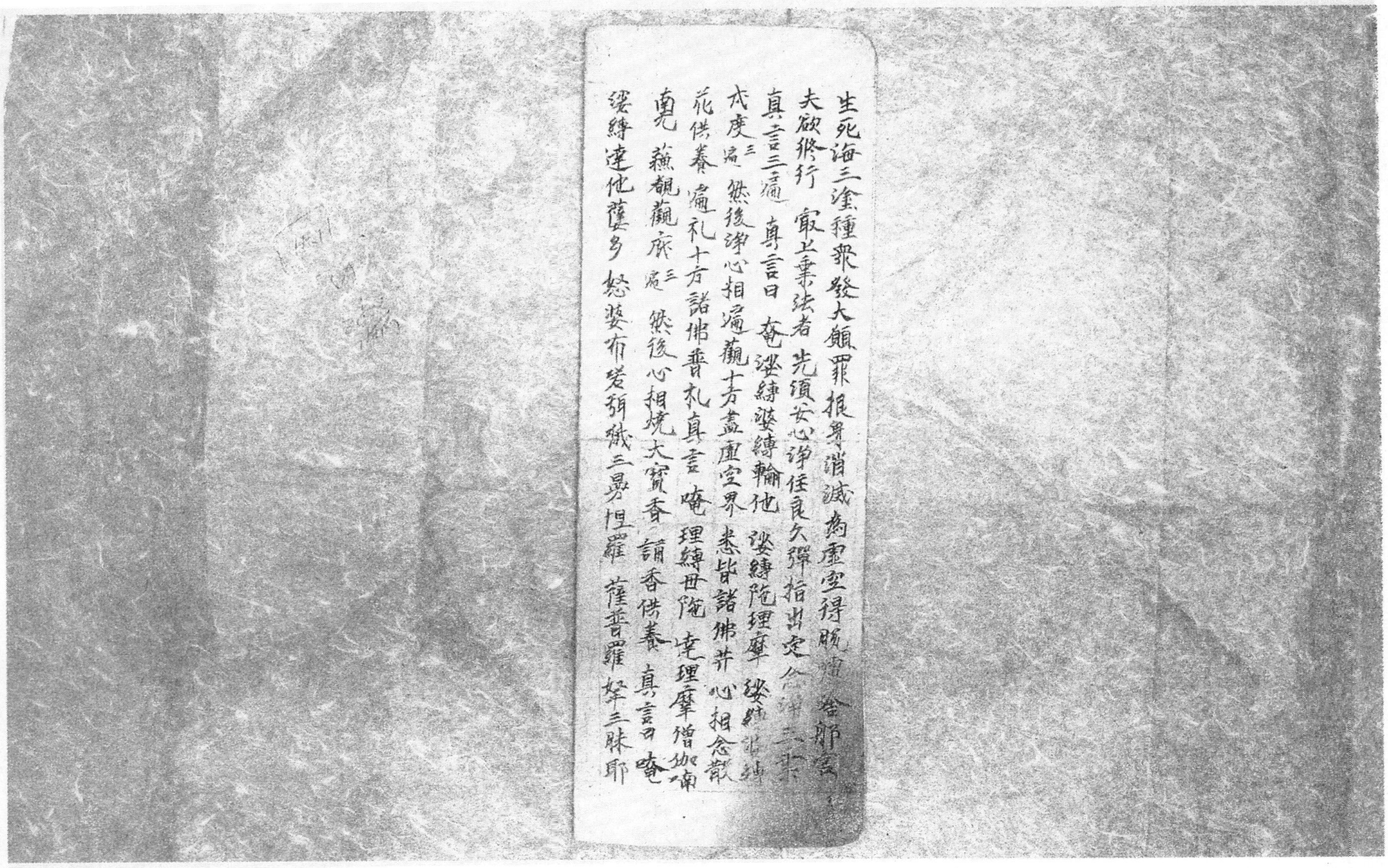
生死海三塗種衆發大願罪根身消滅為虛空得[illegible]
夫欲修行 最上乘法者 先須安心諍住良久彈指出定合掌三業
真言三遍 真言曰 奄娑縛婆縛輪他 娑縛陀理摩 娑縛[illegible]
戍度三遍 然後諍心相遍觀十方盡虛空界悉皆諸佛菩心相念歡
花供養遍礼十方諸佛普礼真言 唵 理縛毋陀 達理摩僧伽喃
見 蘇觀觀底三遍 然後心相燒大寶香 誦香供養 真言曰 唵
婆縛達他蘗多 然婆布若弥撼三慕怛羅 薩普羅 拏三昧耶

BD09513 號 2　密教最上乘法觀行法（擬）　　（3–3）

BD09514 號　自心印陀羅尼鈔（擬）　　（1–1）

慈氏菩薩真言 普勸諸三十方遍空生兜率內院親礼慈氏如来龍花會中得授菩提之記
曩謨阿絲野 梅底哩拽 冐地薩埵野 但你也他
唵 梅底哩 梅底哩 梅怛囉 摩曩洗 薩嚩訶
郎特來轉念功徳迴向無上菩提，真如實際，法界衆生
離障解脫，未離苦者願令離苦，未得樂者願令得樂，未
發菩提心者願發菩提心，已發菩提心者，願同生兜率
內院，礼奉慈氏如来，隨佛下生，龍花三會，得授菩提
之記。然，願弟子某甲，自從無量劫生死已來，至於今日
今時所有一切殺、盜、婬、妄言、綺語、惡口、兩舌、貪嗔、邪見
如是等罪，無量無邊，今對諸佛、諸大菩薩，至誠懺悔
願罪消滅。礼佛三拜礼。更願師僧父母，速離十纏三途
地獄息苦，亭酸，天地龍神，何護弟子，一切時中，無諸災
障，為上因緣，念清淨法身毗盧遮那佛、圓滿報身盧
舍那佛、千百億化身釋迦牟尼佛、當來下生彌勒尊
佛、十二上願藥師瑠璃光佛、十方三世一切諸佛、大聖文殊
師利菩薩、大聖普賢菩薩、消災息灾菩薩、大悲
觀世音菩薩、大勢至菩薩、兜率天宮慈氏菩薩
念三遍 清涼寶山一万菩薩摩訶薩。
戒罪真言 離婆離婆諦 求訶求訶諦 陁羅
尼諦 離訶羅諦 毗摩羅諦 莎訶

BD09515號　慈氏真言附廻向功德文（擬）　（1–1）

復次善男子若善男子善女人等无有不求男子身者
何以故一切女人皆是衆惡之所住處復次善男子如蚊子
尿不能令此大地潤洽其女人者婬欲難滿亦復如是譬
如大地一切作丸如葶藶子如是等男與一女人共為欲事
猶不能足善男子譬如大海一切天雨百川衆流皆悉
投歸而彼大海未曾滿足女人之法亦復如是假使一切
能為男子與一女人共為欲事而亦不足復次善男子
如阿叔迦樹波吒羅樹迦尼迦樹春華開敷有蜂唼
取色香細味不知猒足女人欲男亦復如是不知猒
足佛般泥洹經云佛告柰女好邪婬者有五自妨一名聲不
好二王法所疾三懷畏多疑四死入地獄五地獄罪竟受畜
生形皆罪所致能自滅心不邪婬者有增福一多人稱譽
二不畏縣官三身得安隱四死上天生五從意清淨得
泥洹道

BD09516號　論女人婬慾經文鈔（擬）　（2–1）

如阿叔迦樹波吒羅樹迦[illegible]
取色香細味不知猒足女人欲男亦復如是不知猒
足佛般泥洹經云佛告柰女好邪婬者有五自妨一名聲不
好二王法所疾三懷畏多疑四死入地獄五地獄罪竟受畜
生形皆罪所致能自滅心不邪婬者有增福一多人稱譽
二不畏縣官三身得安隱四死上天生五從意清淨得
泥洹道

BD09516號　論女人婬慾經文鈔（擬）　（2–2）

佛藏經諸法實相品第一　亦名選諸法卷第
尒時舍利弗從三昧起行詣佛所偏但右肩頭面作礼
无生无滅无相无為令人信解舍利弗譬如巧畫師畫㠯
師者為希有不希有世尊舍利弗如來所得阿耨多
无為令人信解倍為希有舍利弗譬如藕絲懸須弥山
尊舍利弗如來所說一切諸法无生无滅无相无為令人信
无所有一切世間所難信解何以故是法无想離諸想无念
量所能得知无行无想无有熱惱无念過諸念无心過諸心无向无背
无說无不說舍利弗我此聖法皆能降伏一切貪著者說有者說
者皆違逆佛与佛共諍舍利弗乃至於法少許得者皆与佛諍与佛
若我弟子即与涅槃共諍与佛共諍与法共諍与僧共諍舍利弗如是見人
利弗如是見人我則不聽受一飲水以自供養但勤脩習无相三昧於无相三昧亦不取相
達一切諸法相皆是一相所謂无相　佛藏經念佛品云惡知識
佛告舍利弗若有比丘教餘比丘汝當念佛念法念戒念僧念施念天唯受涅槃畢竟
清淨如是教者名為耶教謂是正教而是耶教舍利弗如是教者名為惡知識是人名
為誹謗於我助於外道亦為他人說耶道法如是我乃不聽受一飲水以自供養舍利弗
是念佛法斷語言道過出諸念不可得念是名念佛舍利弗一切諸念皆寂滅相隨順是法
即名為念佛不可以色念佛何以故念色取相貪味為識无形无色无緣无性是名念佛是故
知无有分別无取无捨是真念佛　佛藏經念法品云善知識
舍利弗是人尒時都无所有寂滅无性不集諸想滅一切法是則名為脩習念佛念
破善不善一切覺觀无覺无觀寂然无想名為念佛何以故不
无觀名為清淨念佛舍利弗隨所念起一切諸想皆是耶見舍利
无生无滅通達者是名為念佛如是念中无貪无著无違无順无名
中乃无微細念何況麁身口意業處无念无分別空寂无相生
[illegible]有分別何以故是法皆空

是念佛……
即名為念佛不可以色念佛何以故念色取相貪味為識无形无色无緣无性是名念佛是故藏
知无有分別无取无捨是真念佛　佛藏經念法品云善知識
舍利弗是人尒時都无所有寂滅无性不集諸想滅一切法是則名為脩習念佛念
破善不善一切覺觀无覺无觀寂然无想名為念佛何以故不
无觀名為清淨念佛舍利弗隨所念起一切諸想皆是耶見舍利
无生无滅通達者是名為念佛如是念中无貪无著无違无順无名
中乃无微細念何況麤身口意業處无念无分別空寂无相生
念佛時莫取小相莫生戲論莫有分別何以故是法皆空
……實念佛何以故如來不名為色不名為相不名為念不
……是人於佛由尚不得何況其念舍利弗如是教者是名
……有得不顛倒真實見故名為邪見復次舍利弗邪見者
顛倒如實而見是故如來說名邪見若生我相人相衆生相者當知
佛藏經云惡知識　舍利弗人以清淨信等諸根出家學道
戲輕躁无著言語散亂不攝諸根心不專一癡如白羊親近如是惡
含果阿那含果阿羅漢果乃至失於生天之樂況涅槃道舍利弗
母生離死亡喪失親里衆惱國土破壞失八難中捨於樂處遇惡知識
不善見不善聞法不与佛衆而共和合　念誦經護法普通諸部　三藏金剛
凡念誦先須護身結界證相觀察本尊聖者起慈悲心愍念有情發大誓願迴向菩提方可
念誦持四種念珠作四種念誦一者音聲念誦二者金剛念誦合口動舌默然誦是三者是三摩地
念誦心念誦是也四者實真念誦如字義修行是也能令行者速證无上菩提具一切智此心真
言是一切諸佛第一義如智中流出是非住法顯現如巧色摩尼能滿諸願一切諸佛同聲共說
思惟之時唯是明朗亦不見身之与心況無一物法非空故若久能熟當自證智住是觀時誦密言曰
念此明者即能證入一切灌頂曼荼羅位於諸菩薩秘密法門隨意无㝵住是觀時不復延促
脩在證入若能一与心相應方大成就一切時處任意任運相應无所罣㝵一切妄想貪嗔癡等
行除自然不起性常清淨此真實法門是一切衆生自性清淨心名為大圓鏡智上從諸佛
下悉皆同等无有增減但為无明妄想所覆令其法身不得顯現住是觀者便證解脫
三昧名位地前三賢位所有動住運相應自然進入初地生大觀喜所以然者以觀月為方
便具有三義一月清淨義離貪欲垢故二清淨涼義離貪嗔熱惱故三者光明義離愚
癡故所以取月為喻然莫住月解世間月者四大所成畢竟破壞衆生自性清淨心无生
滅故此是佛菩薩內證非二聲聞外道所知境界住此觀者一切佛法恒沙功德不由他悟此
一法攝无量剎那悟入諸法中自在无㝵從地至地漸漸昇進覺此觀者不得專守念以為
究竟當須正法進脩方便然後證入清淨究竟法海　般若波羅蜜多心經
三世諸佛依般若波羅蜜多故得阿耨多羅三藐三菩提故知般若波羅蜜多是大神呪是
大明呪是无上呪是无等等呪能除一切苦真實不虛　金剛三昧經真性空品第六
舍利弗言如尊所說在事之先取以本利是念寂滅寂滅是如惣持諸德該羅万法圓融不二不
可思議當知是法即是摩訶般若波羅蜜多是大神呪是大明呪是无上呪是无等等呪佛
言如是如是真如空性性空智火燒滅諸結平等等等覺三地妙覺三身於九識中皎然明
淨无有諸影若有衆生无餘雜念尒時菩薩常住化身擁護是人不離左右
大般若經摩訶品　若有衆生脩行般若波羅蜜者与不憶不念相應一切摩家眷屬悉皆
愁憂不樂　佛藏經云　舍利弗我法无諸難事不乏飲食臥具醫藥汝等但當勤行佛道莫
……舍利弗汝今善聽我當語汝若有一心行道比丘千億天神皆共同心以諸樂具

[illegible]
一法攝无量剎那悟入諸法中自住无导從地至地漸漸昇進覺此觀者不得專守念以爲
究竟當須正法進脩方便然後證入清淨究竟法海　般若波羅蜜多心經
三世諸佛依般若波羅蜜多故得阿耨多羅三藐三菩提故知般若波羅蜜多是大神呪是
大明呪是无上呪是无等等呪能除一切苦真實不虛　金剛三昧經真性空品第六
舍利弗言如尊所說在事之先取以本利是念寂滅寂滅是如惣持諸德該羅万法圓融不二不
可思議當知是法即是摩訶般若波羅蜜多是大神呪是大明呪是无上呪是无等等呪佛
言如是如是真如空性性空智火燒滅諸結平等平等等覺三地妙覺三身於九識中皎然明
淨无有諸影若有眾生无餘雜念尒時菩薩常住化身擁護是人不離左右
大般若經摩訶品　若有眾生脩行般若波羅蜜者与不憶不念相應一切摩家眷屬悉皆
愁憂不樂　佛藏經云　舍利弗我法无諸難事不乏飲食臥具醫藥汝等但當勤行佛道莫
貴世間財利供養舍利弗汝今善聽我當語汝若有一心行道比丘千億天神皆共同心以諸樂具
欲共供養舍利弗諸人供養坐禪比丘不及天神假佛一切形像是　金剛經云
凡是有相皆是虛妄若以色見我以音聲求我是人行邪道不能見如来　佛藏經云
佛告舍利弗我餘經說若人見法是爲見我如来非法亦非非法（不論有相不依无相即是見法見法者見本性）何以故謂
違愚人及諸外道皆以色見佛舍利弗如来不應以色身見亦復不應以音聲見舍利弗若人
以色身見佛是法去遠所以者何佛不名見名爲見佛（不依有見不依无見即是正見）　維摩經云
夫求法者不著佛求不著法求不著眾求法名无染若染於法乃至涅槃是即染著非
求法也法名无爲若行有爲是求有爲非求法也唯舍利弗法離見聞覺知若行見聞覺知
是則見聞覺知非求法也唯舍利弗夫求法者於一切法應无所求　法華經云
无上寶聚不求自得（若人不求種種世法亦不求佛法即是真求法人）　真佛者（識心見性悟理之人即是佛）　金剛經云
離一切諸相即名諸佛（雖有離无欲不染不）　法身礼　入佛境界經云
佛常在世間　而不染世法（淨故无生无躰故　以不分別世間故）　敬礼无所觀　虛空无中邊　諸佛身亦然　心同虛空故
敬礼无所觀　一切平等礼　无礼无不礼　一礼遍含識　同歸實相躰（實相者不相有相不依无相是）　楞伽經云
尒時大慧白佛言世尊願爲我說諸佛躰性佛言大慧覺二无我除二種障離二種死斷二種煩惱
是佛躰性大慧聲聞緣覺得此法已亦名爲佛我以是
善知二无我除二障二惱及不思議死是故名如来　假三寶
剃髮披袈裟受二百五十戒是僧寶（若不識心不見性惣无寶）　真
覔根菩薩曰佛法眾爲二佛則是法法則是眾是三寶
行者是爲入不二法門（不隨有行不依无行即是隨法之人）　思益經云
[illegible]是觀中不見二相不見不二相如是現前智

BD09517號　七祖法寶記卷下　（3–3）

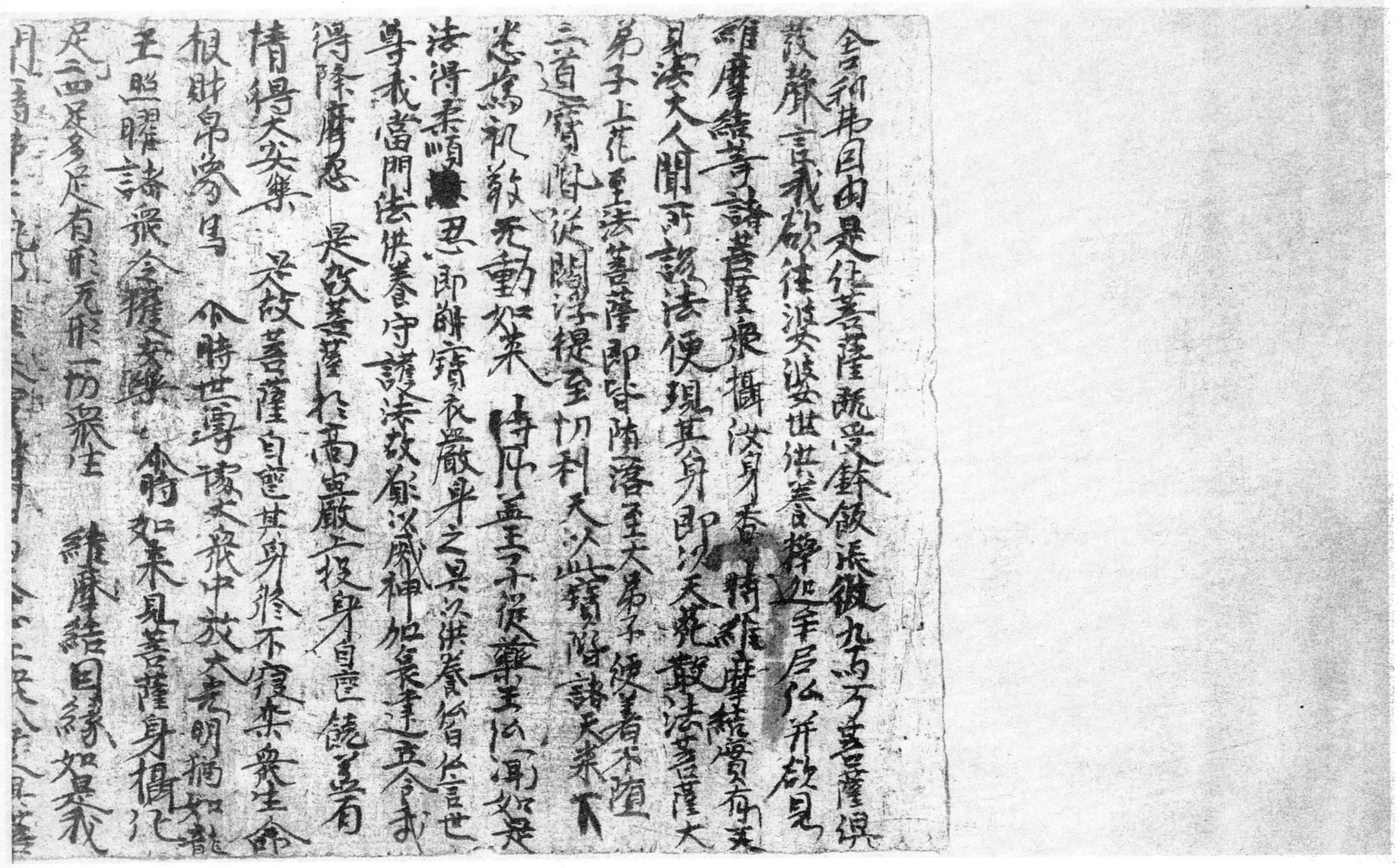

舍利弗白由是往菩薩疏受鉢飯張鉢九百万菩薩俱
菽靜言我欲往娑婆世供養釋迦牟尼仏并欲見
維摩詰等諸菩薩衆攝汝身香時維摩詰實有天
見諸大人聞所說法便現其身即以天花散法菩薩大
弟子上花至諸菩薩即皆隨落至大弟子便着不墮
三道寶階從閻浮提至忉利天以此寶階諸天來下
迷惑礼敬无動如来 持尸羅王子從蘂王仏聞如是
法得柔順[illegible]忍即解寶衣嚴身之具以供養仏白仏言世
尊我當門法供養守護法故願以威神加哀建立令我
得除魔怨 是故菩薩於高安嚴六投身自莊饒益有
情得大安樂 是故菩薩自現其身修不復楽衆生命
根財帛常留 尒時世尊讃大衆中放大光明猶如龍
王照曜諸衆令獲安樂 尒時如来見菩薩身攝化
足二四足多足人有形无形一切衆生 維摩詰因緣如是我

BD09518 號　維摩詰因緣（擬）　（2–1）

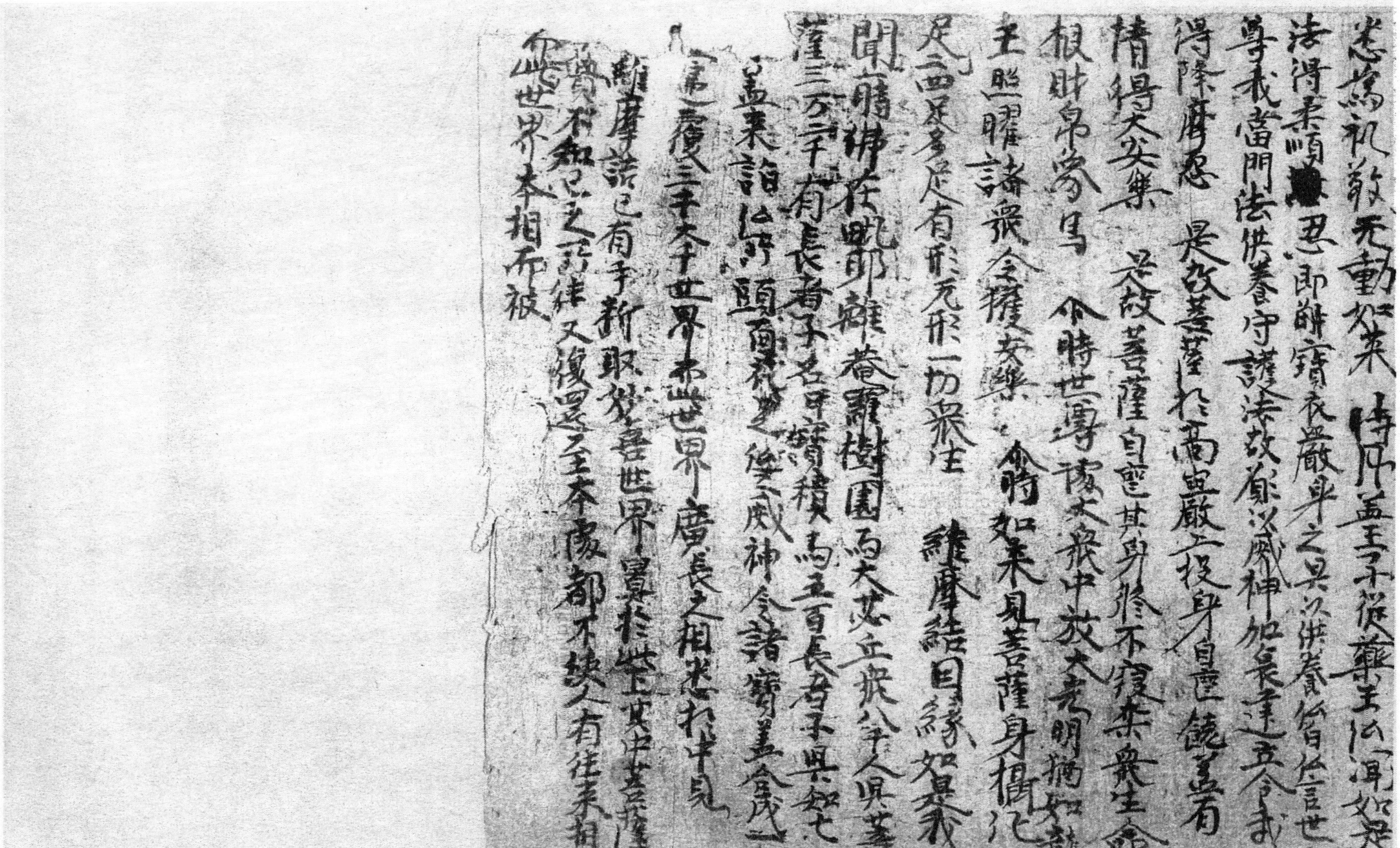

迷惑礼敬无動如来 持尸羅王子從蘂王仏聞如是
法得柔順[illegible]忍即解寶衣嚴身之具以供養仏白仏言世
尊我當門法供養守護法故願以威神加哀建立令我
得除魔怨 是故菩薩於高安嚴六投身自莊饒益有
情得大安樂 是故菩薩自現其身修不復楽衆生命
根財帛常留 尒時世尊讃大衆中放大光明猶如龍
王照曜諸衆令獲安樂 尒時如来見菩薩身攝化
足二四足多足人有形无形一切衆生 維摩詰因緣如是我
聞一時仏在毗耶離菴羅樹園与大比丘衆八千人俱菩
薩三万二千有長者子名曰寶積与五百長者子俱知七
寶蓋来詣仏所頭面礼足各以其蓋共供養仏仏之威神令諸寶蓋合成一
蓋遍覆三千大千世界而此世界廣長之相悉於中現
維摩詰已有手断取妙喜世界置於此土其中菩薩
自不知已之所往又復還置本處都不使人有往来相
亦此世界本相不被

BD09518 號　維摩詰因緣（擬）　（2–2）

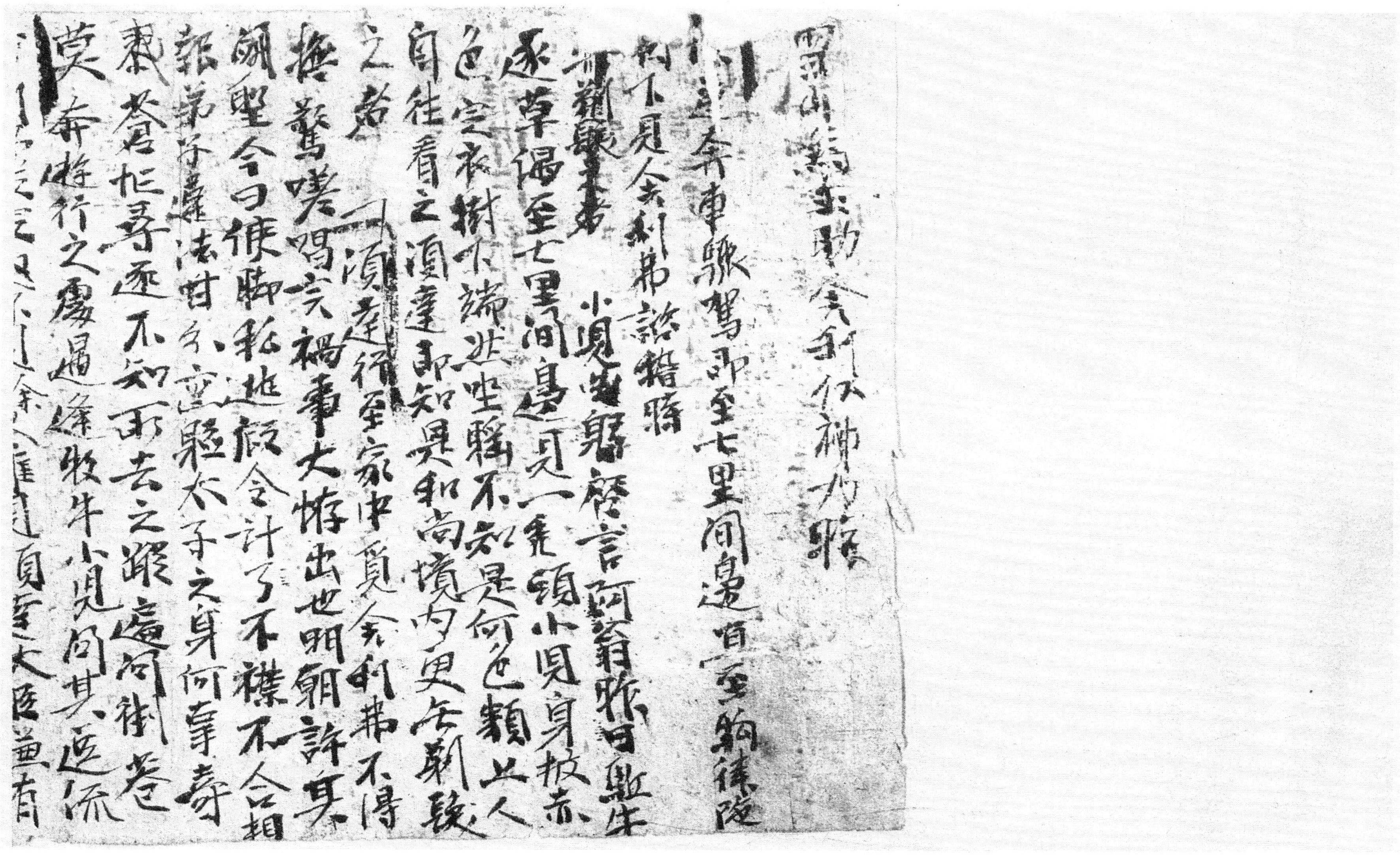

BD09518 號背　降魔變文　　（2–1）

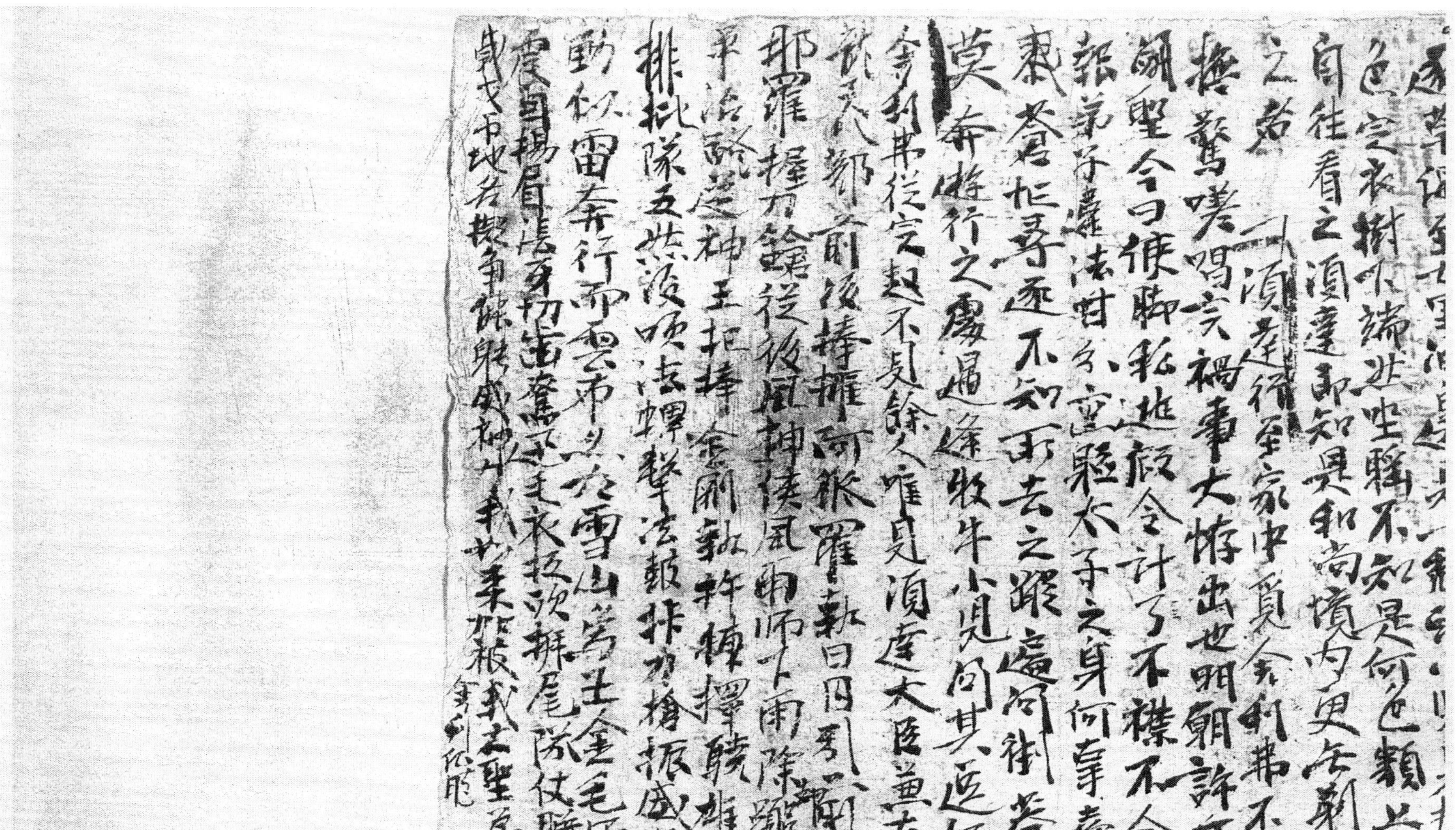

BD09518 號背　降魔變文　　（2–2）

BD09519 號　絹畫（擬）　　（1–1）

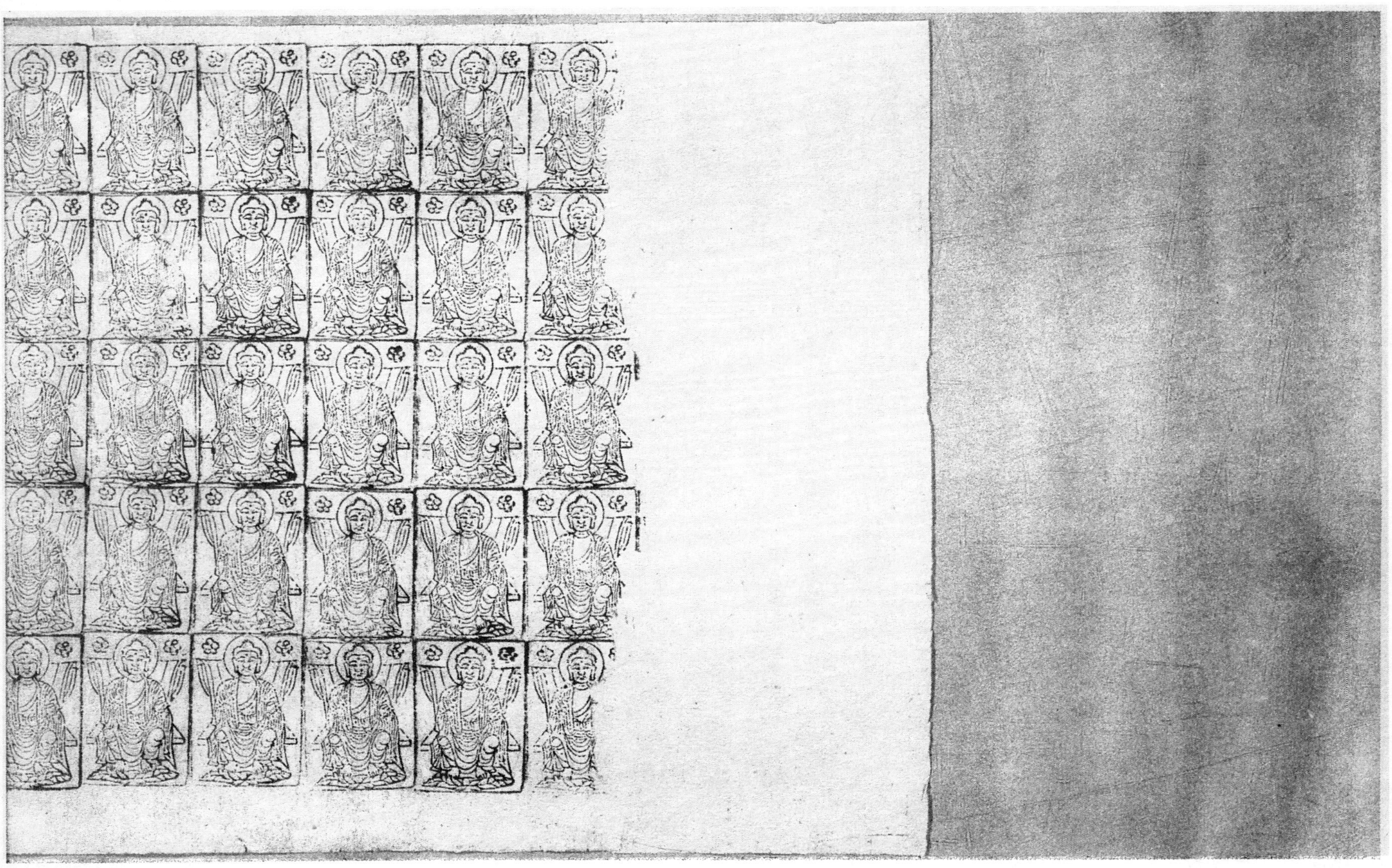

BD09520 號　木捺佛像（擬）　　（23–1）

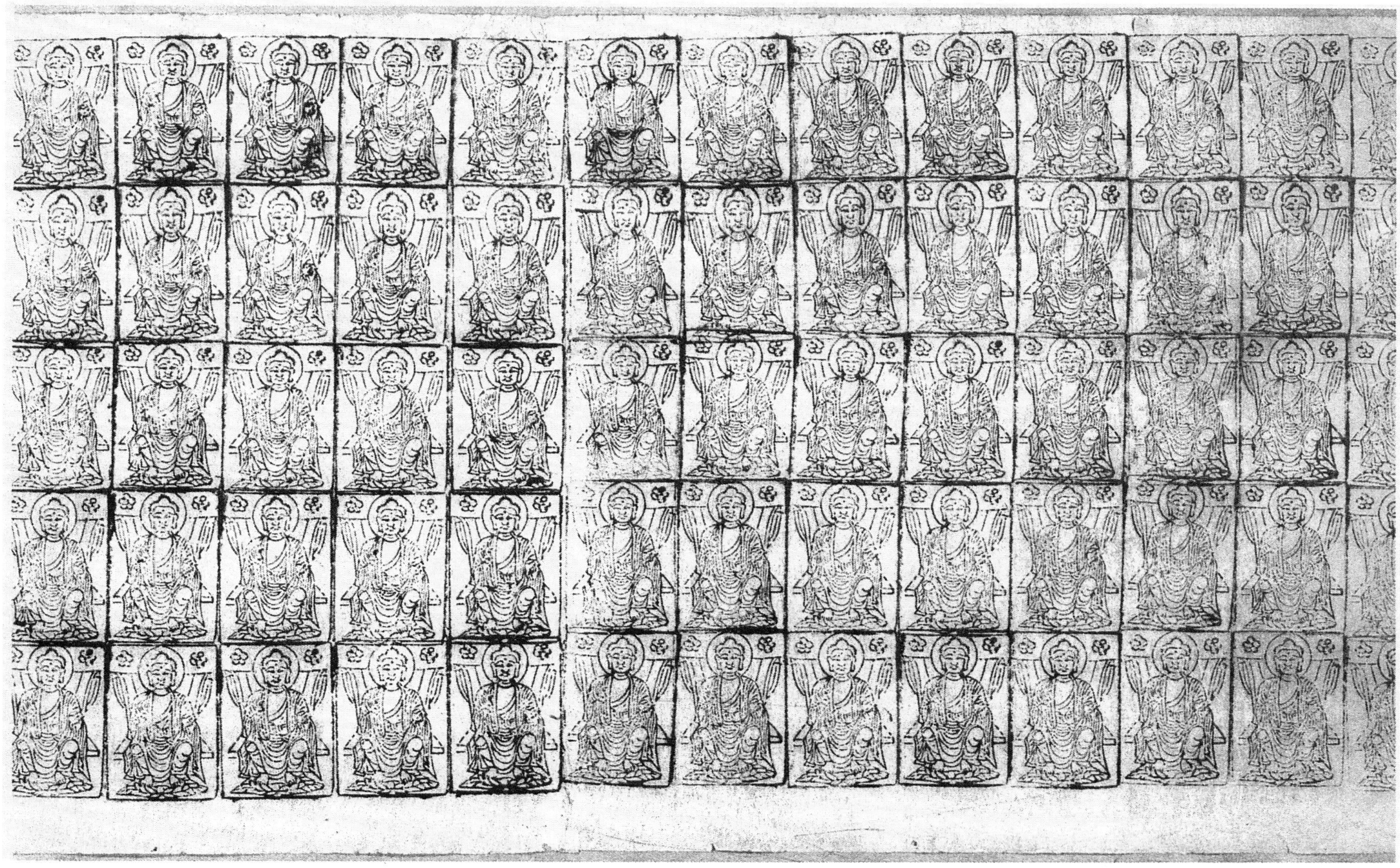

BD09520號　木捺佛像（擬）　（23–2）

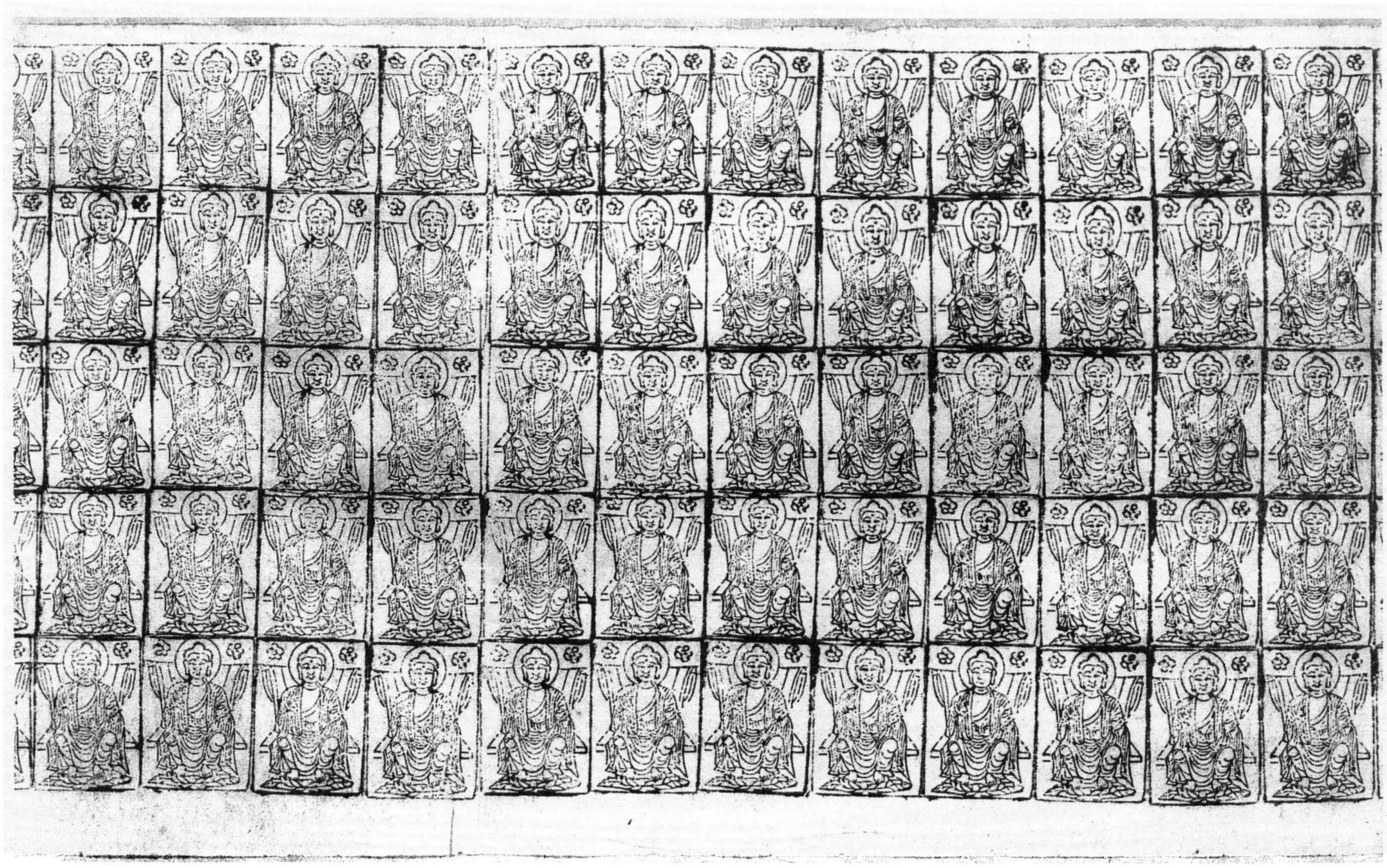

BD09520號　木捺佛像（擬）　（23–3）

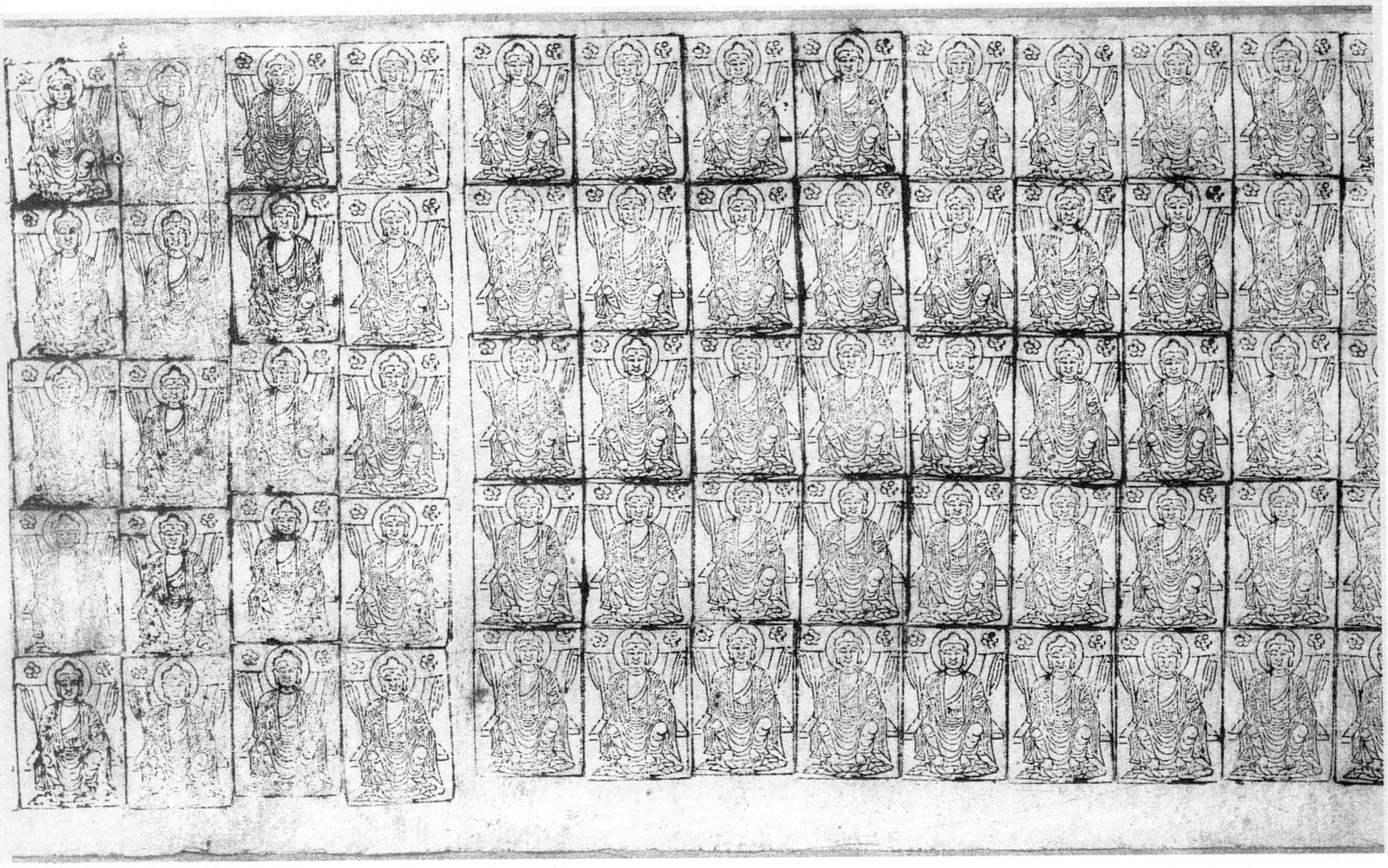

BD09520 號　木捺佛像（擬）　　（23–4）

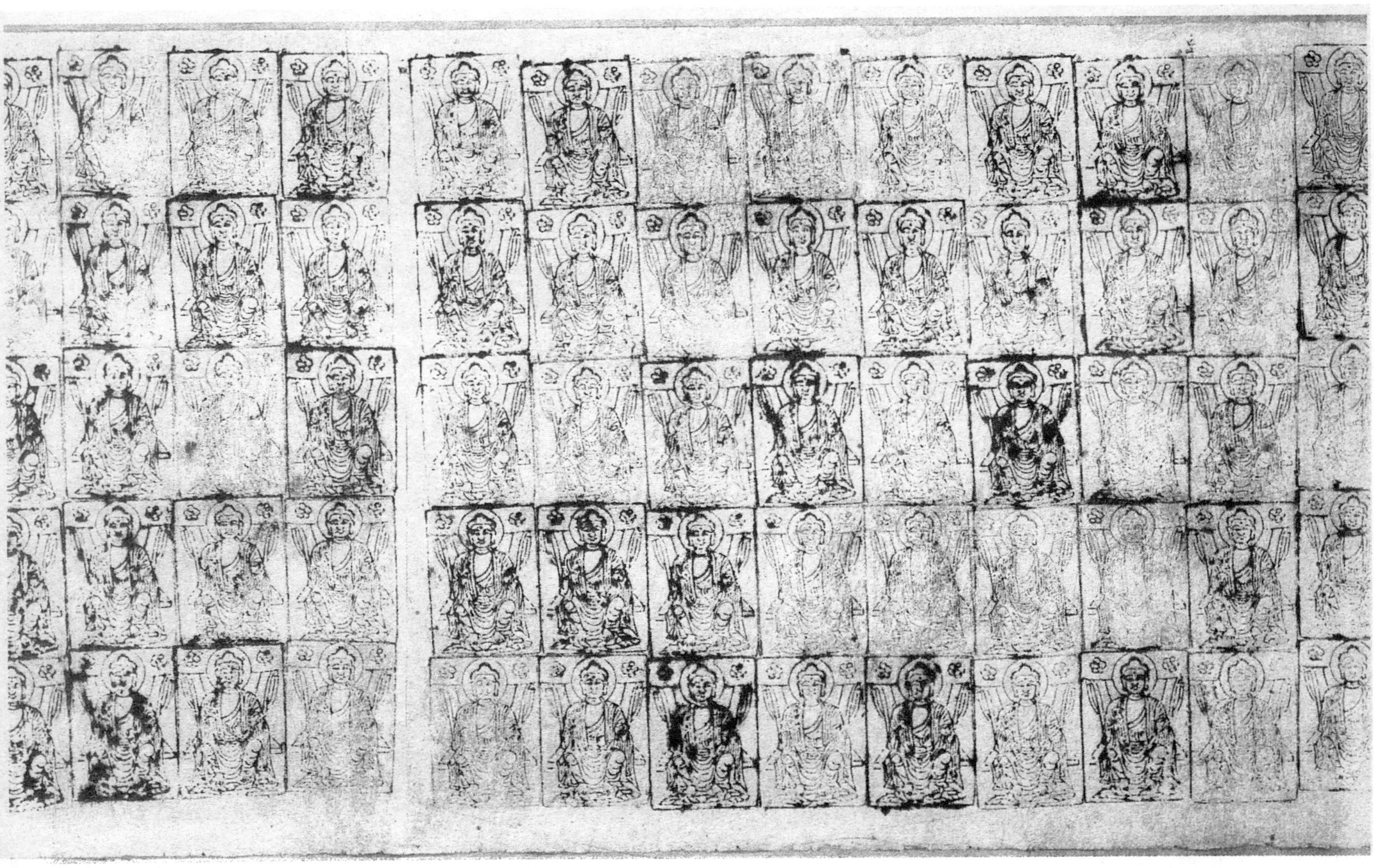

BD09520 號　木捺佛像（擬）　　（23–5）

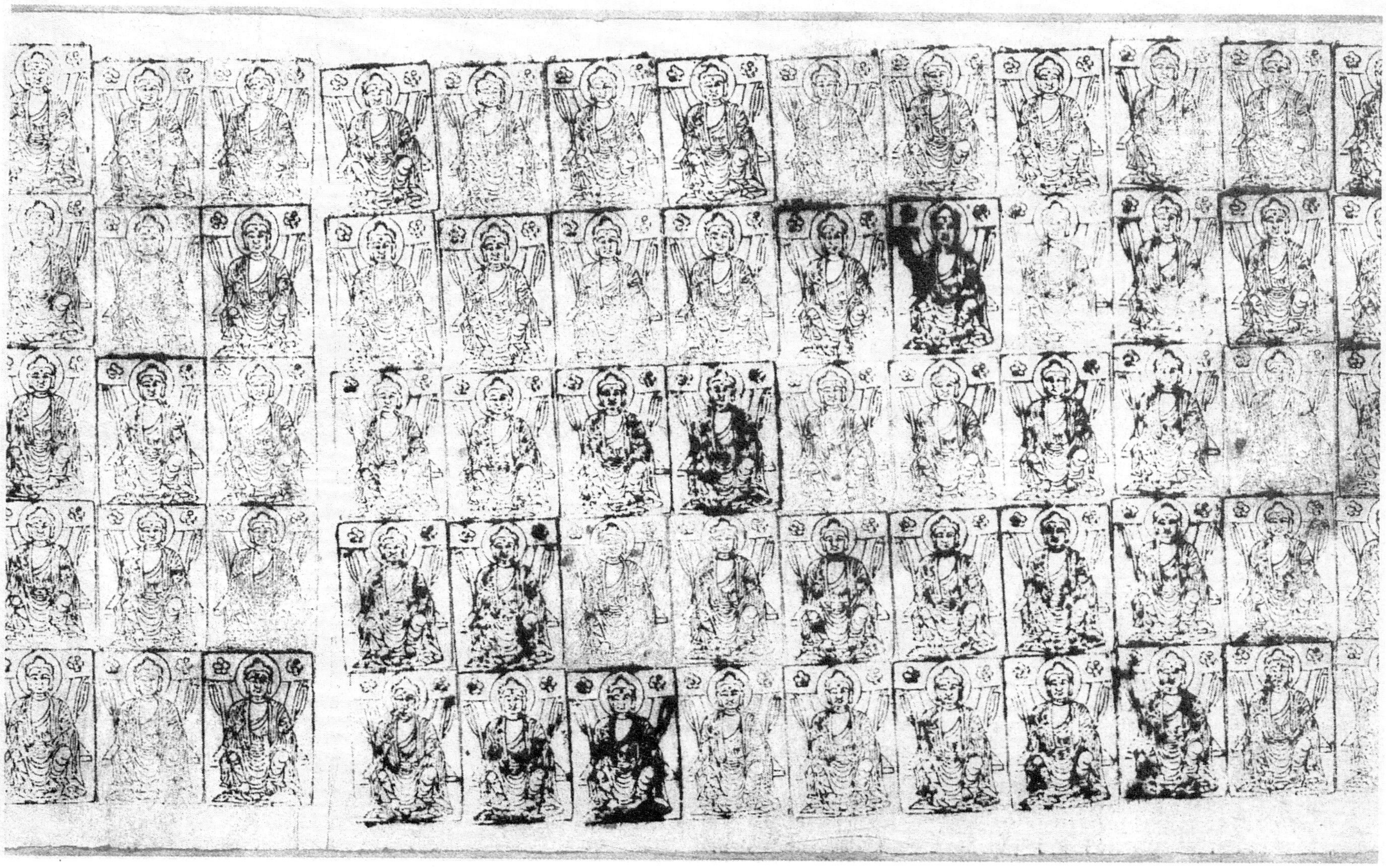

BD09520 號　木捺佛像（擬）　（23–6）

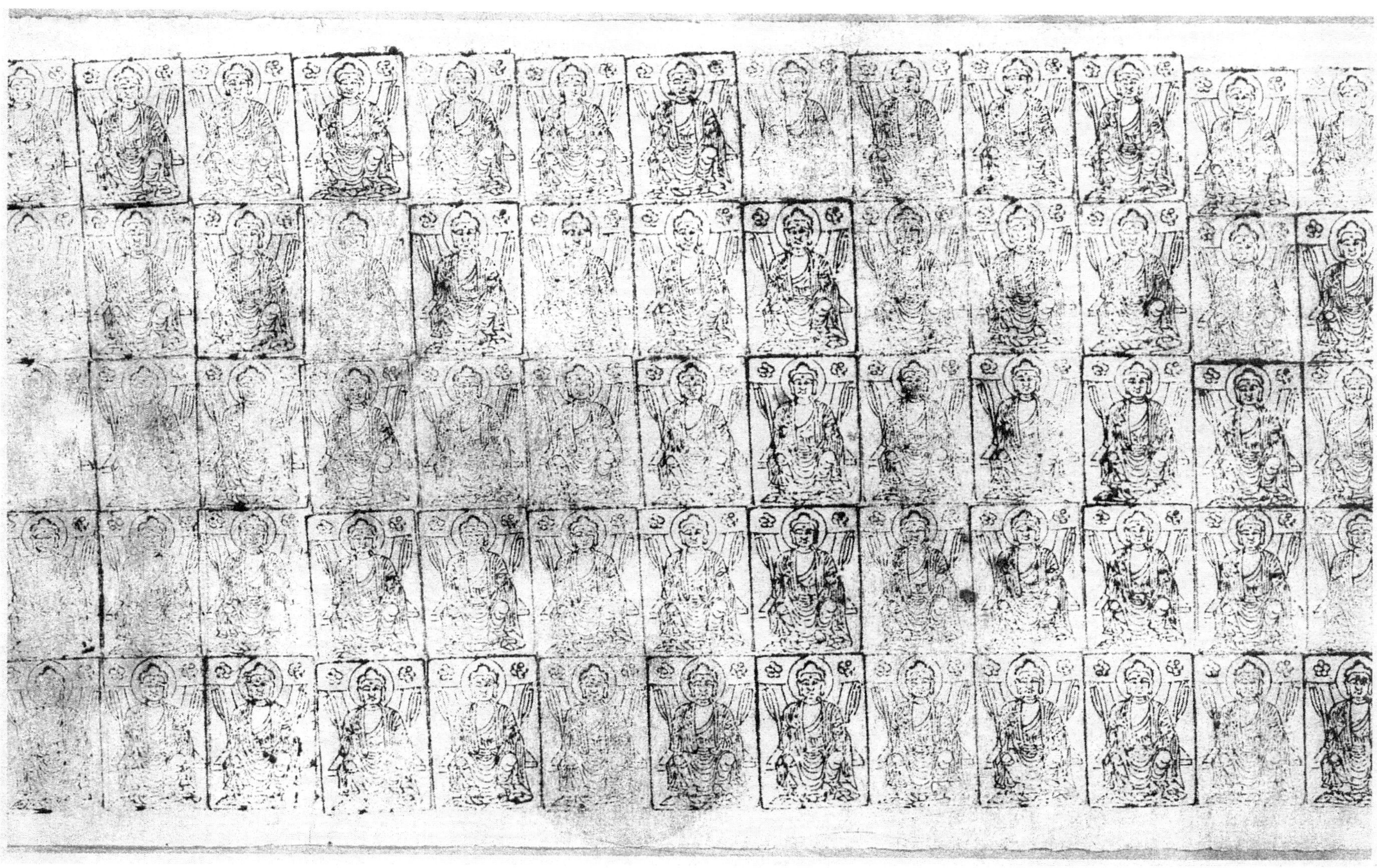

BD09520 號　木捺佛像（擬）　（23–7）

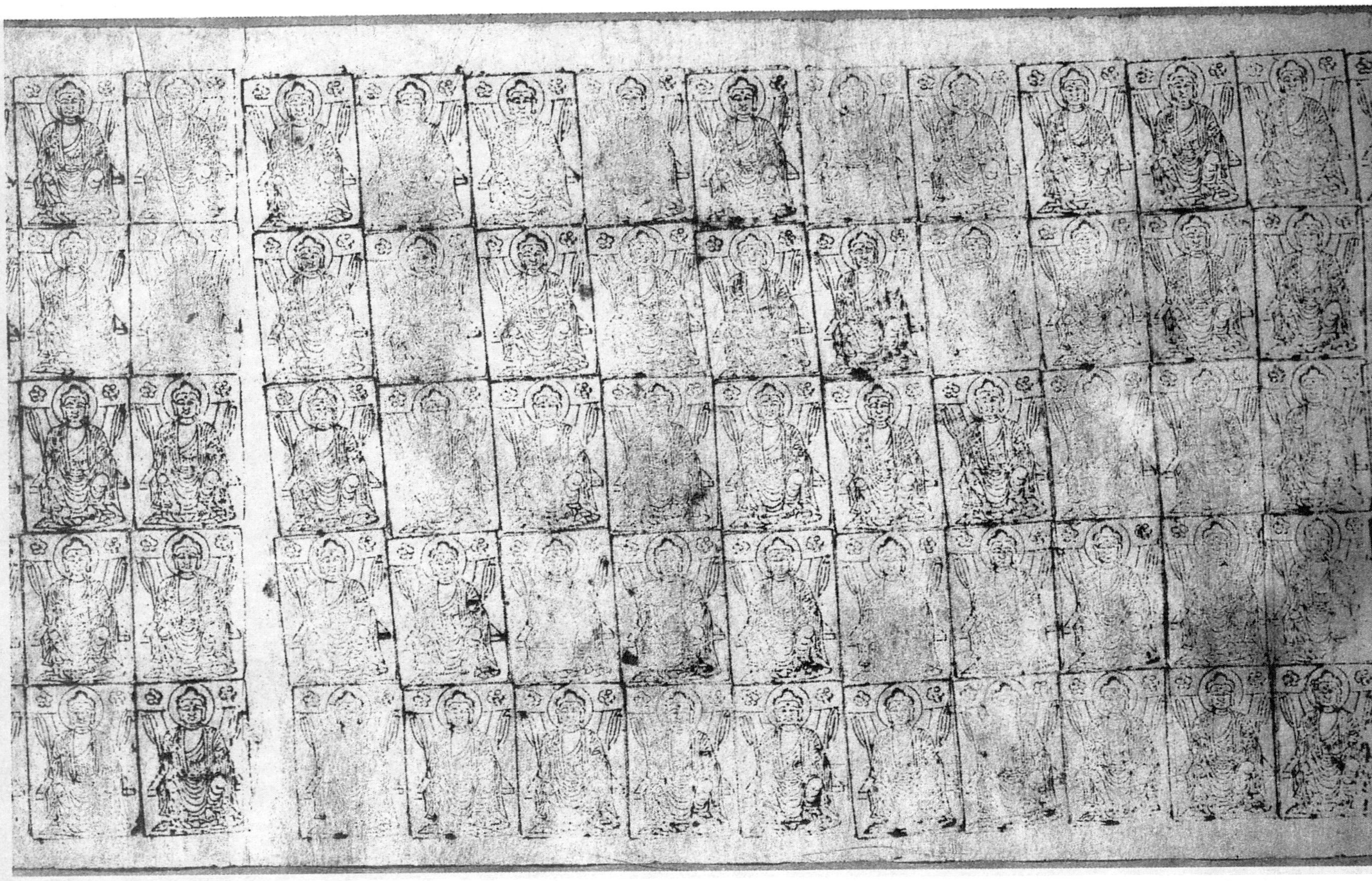
BD09520號　木捺佛像（擬）　（23–8）

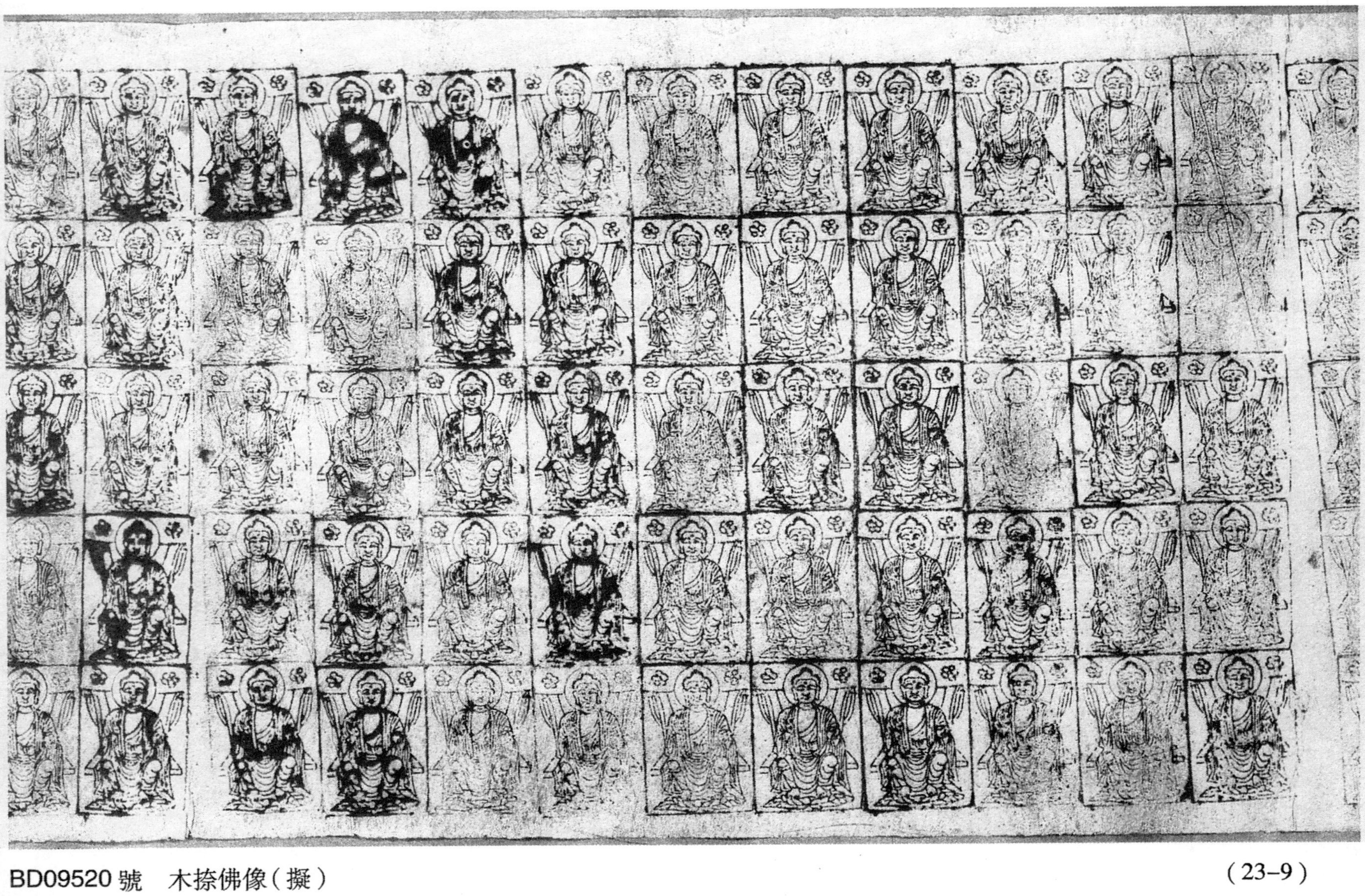
BD09520號　木捺佛像（擬）　（23–9）

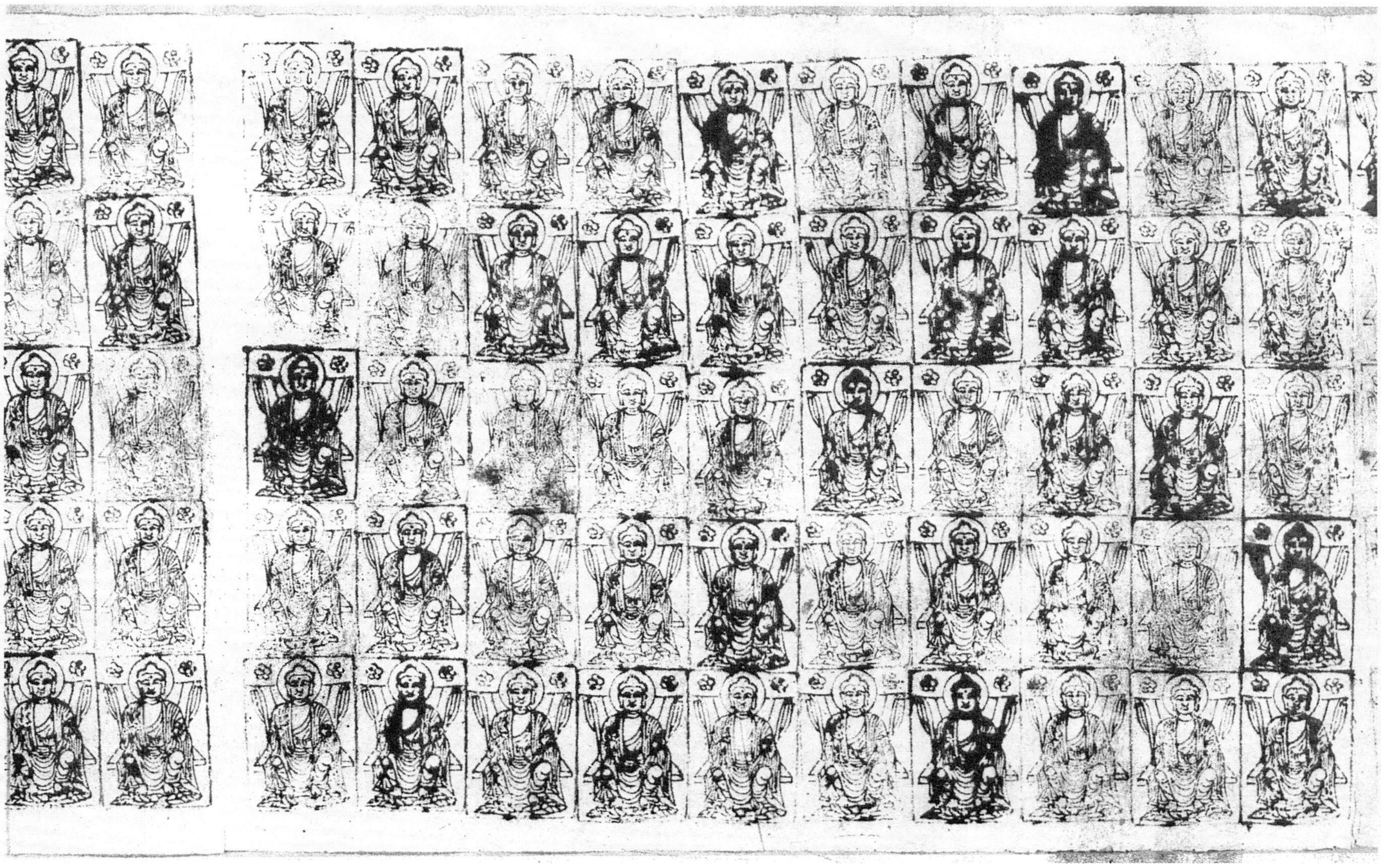

BD09520 號　木捺佛像（擬）　　（23–10）

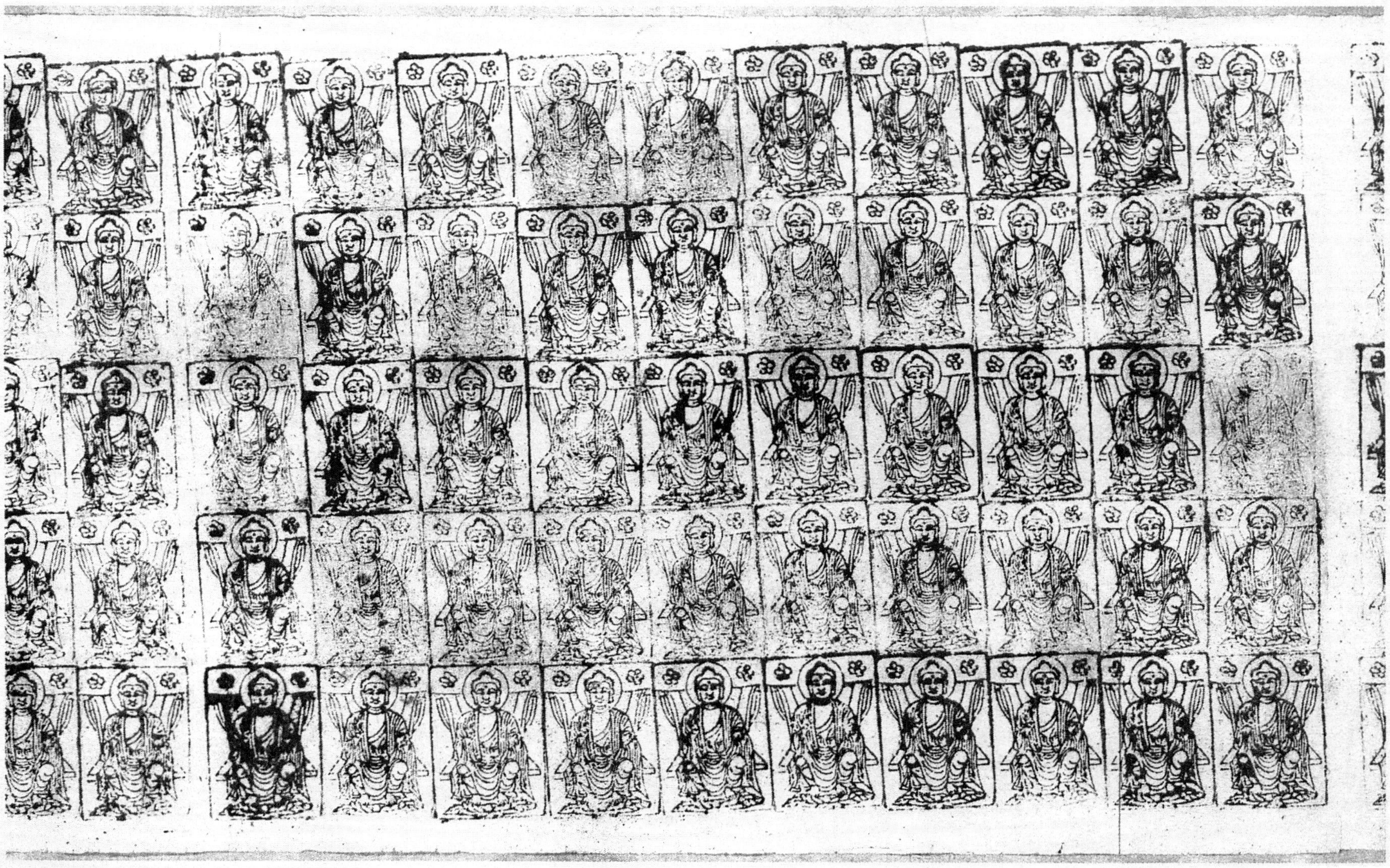

BD09520 號　木捺佛像（擬）　　（23–11）

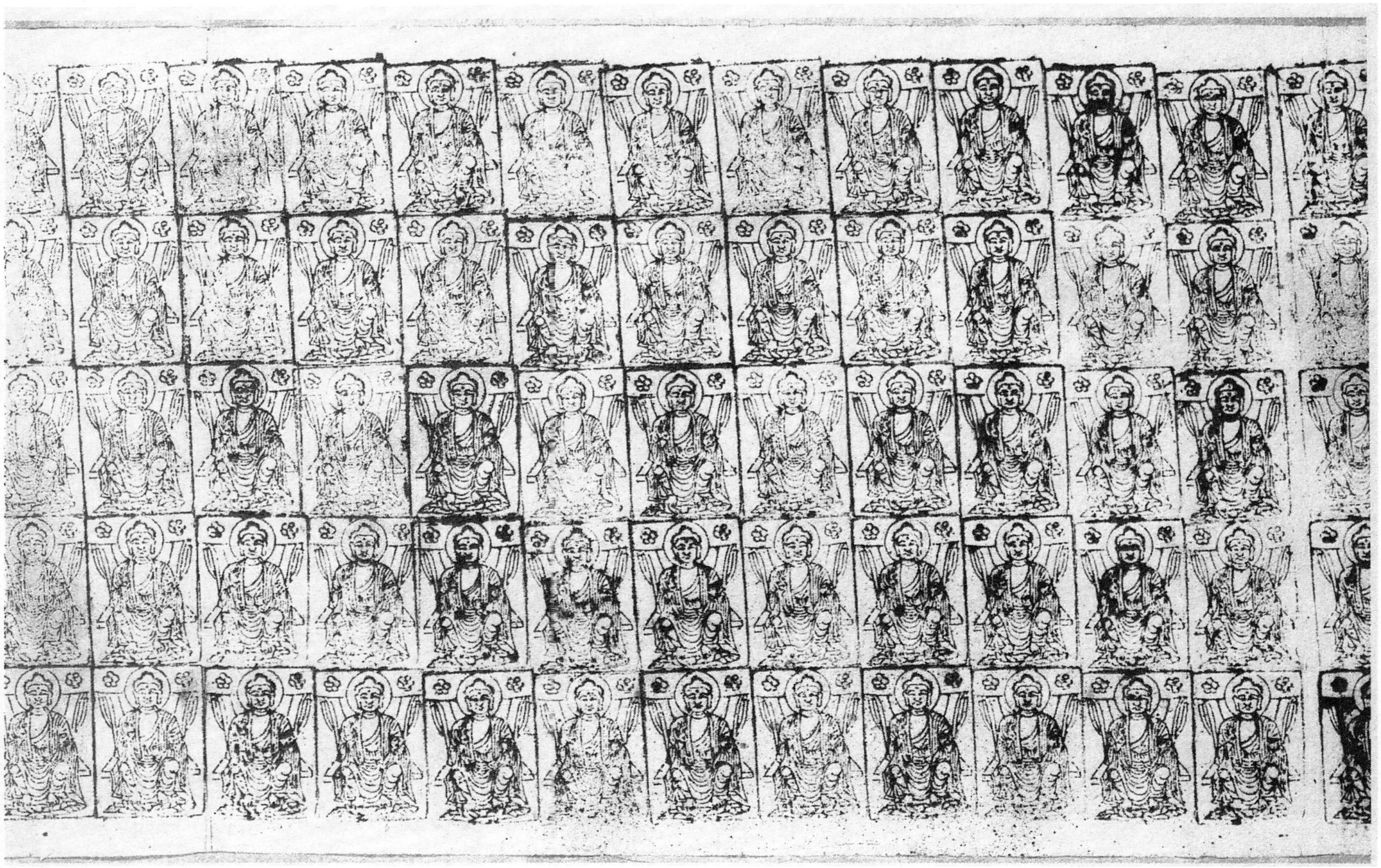

BD09520 號　木捺佛像（擬）　　（23–12）

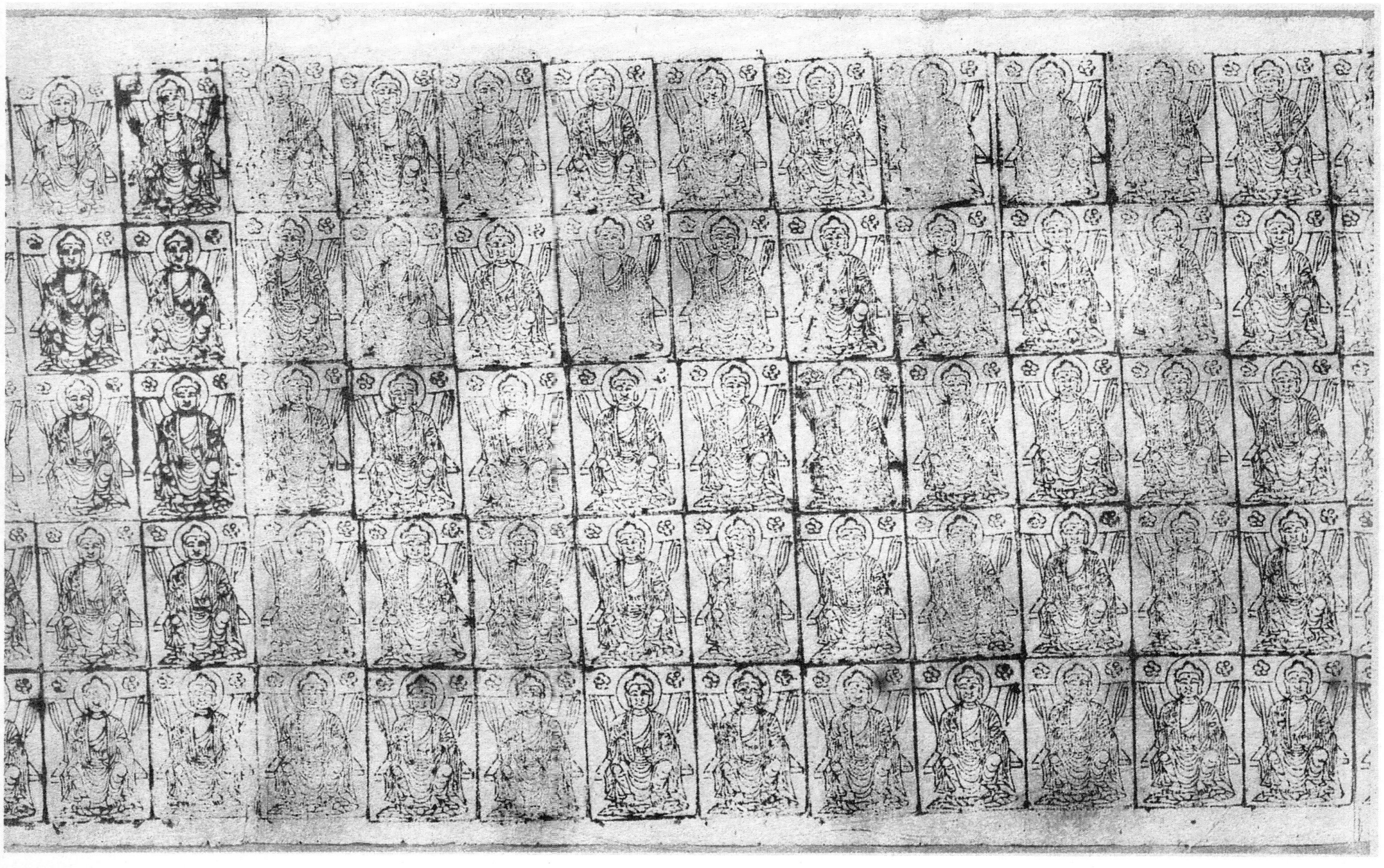

BD09520 號　木捺佛像（擬）　　（23–13）

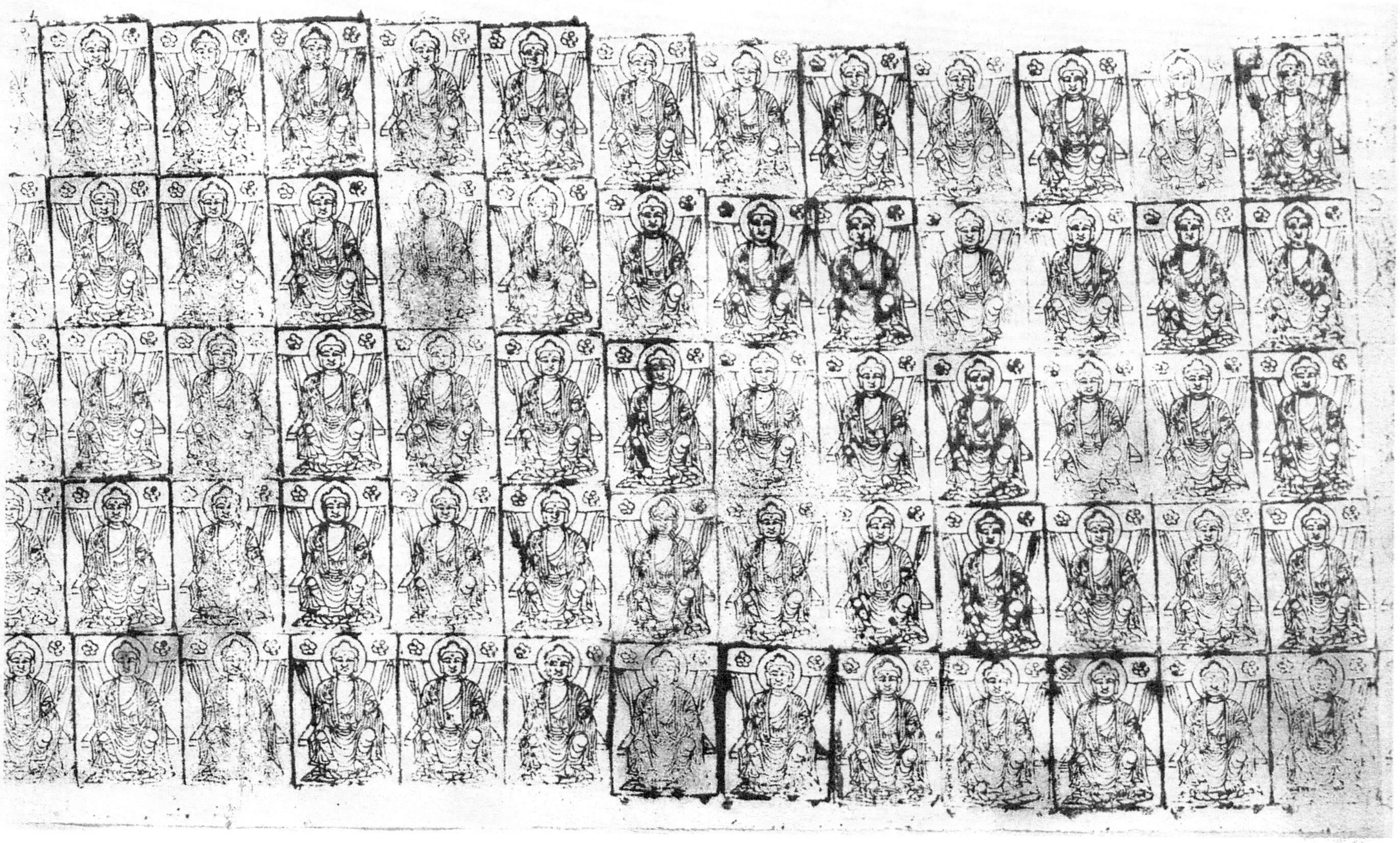

BD09520 號　木捺佛像（擬）　（23-14）

BD09520 號　木捺佛像（擬）　（23-15）

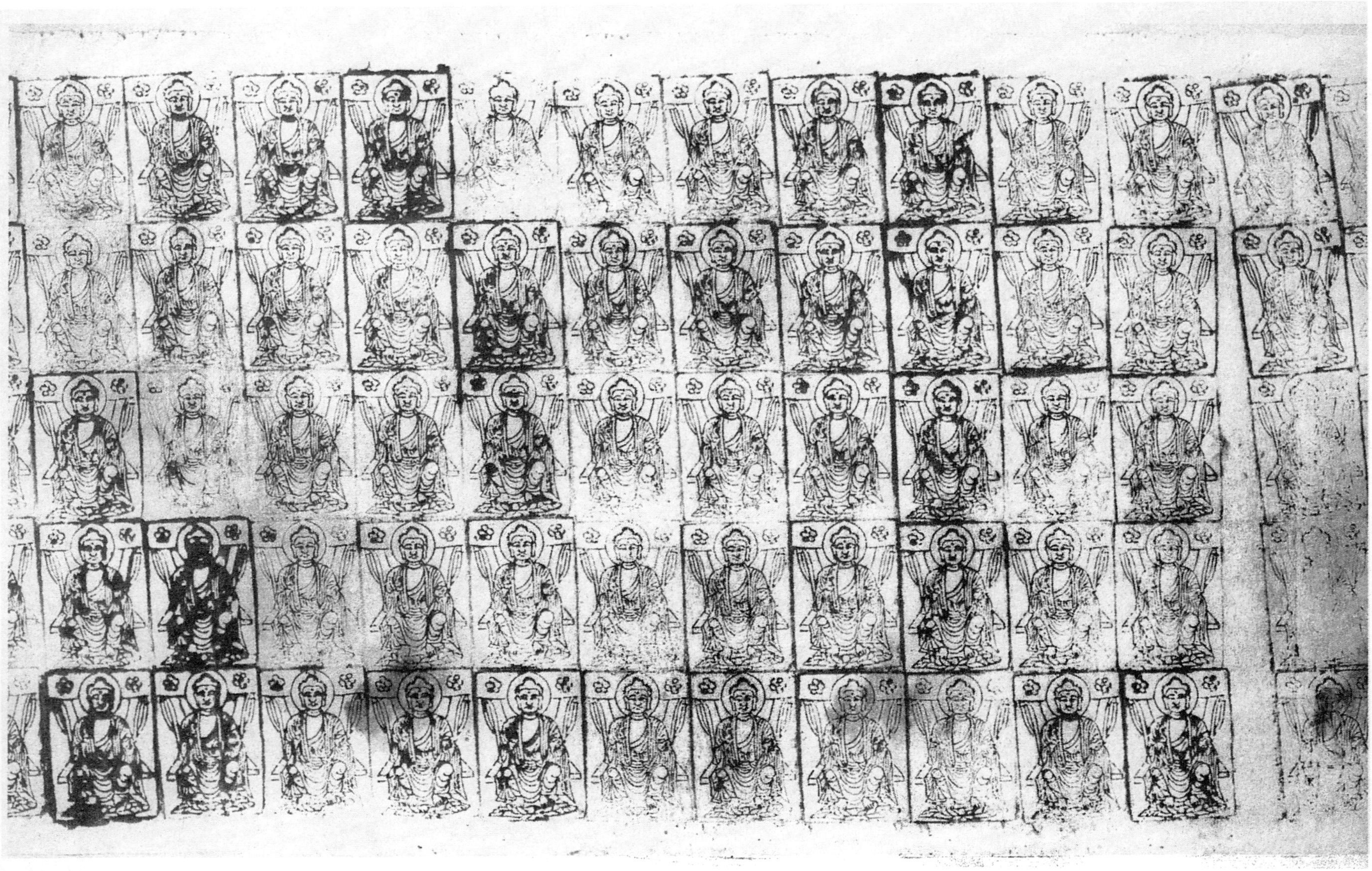

BD09520 號　木捺佛像（擬）　（23–16）

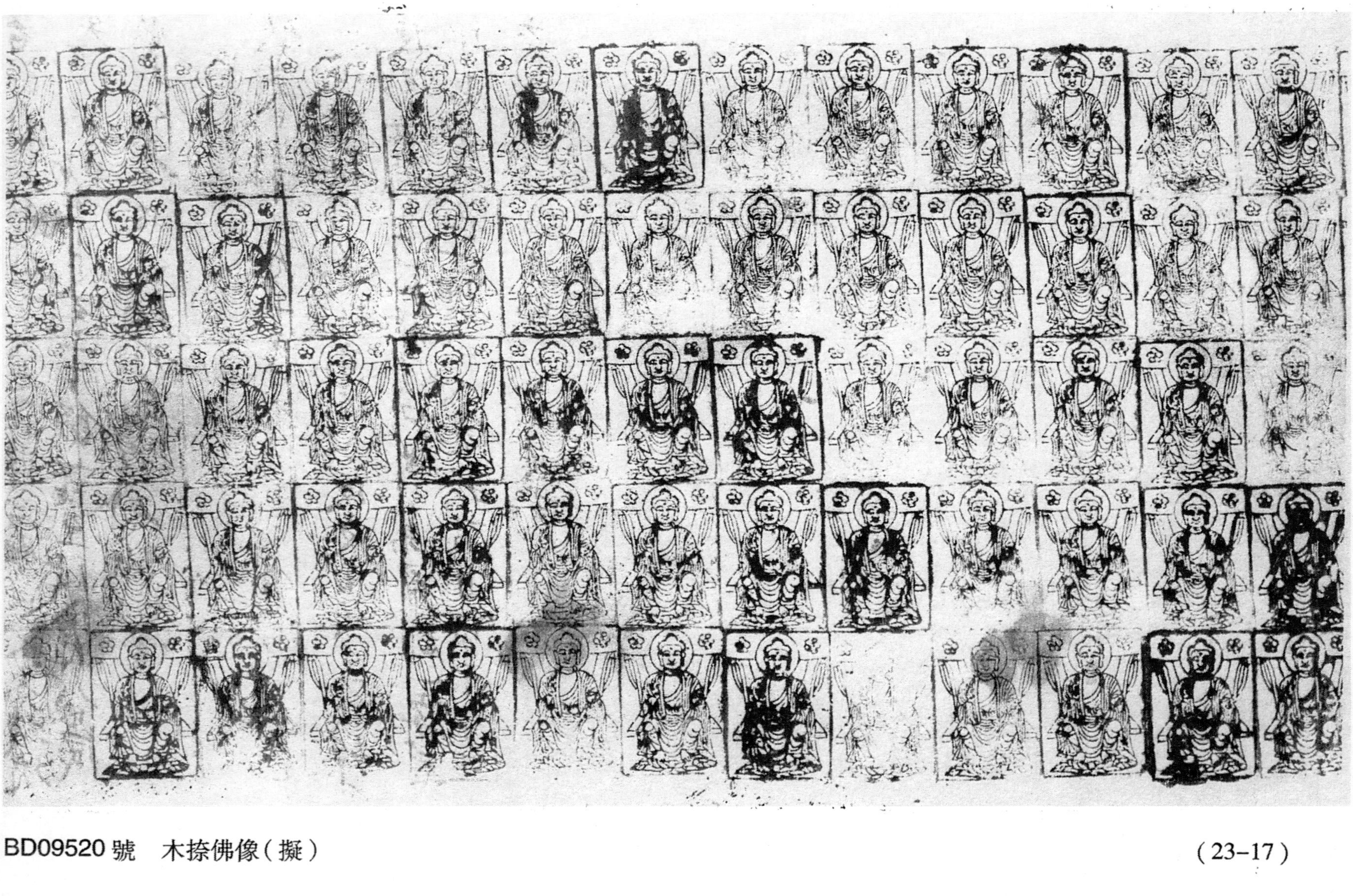

BD09520 號　木捺佛像（擬）　（23–17）

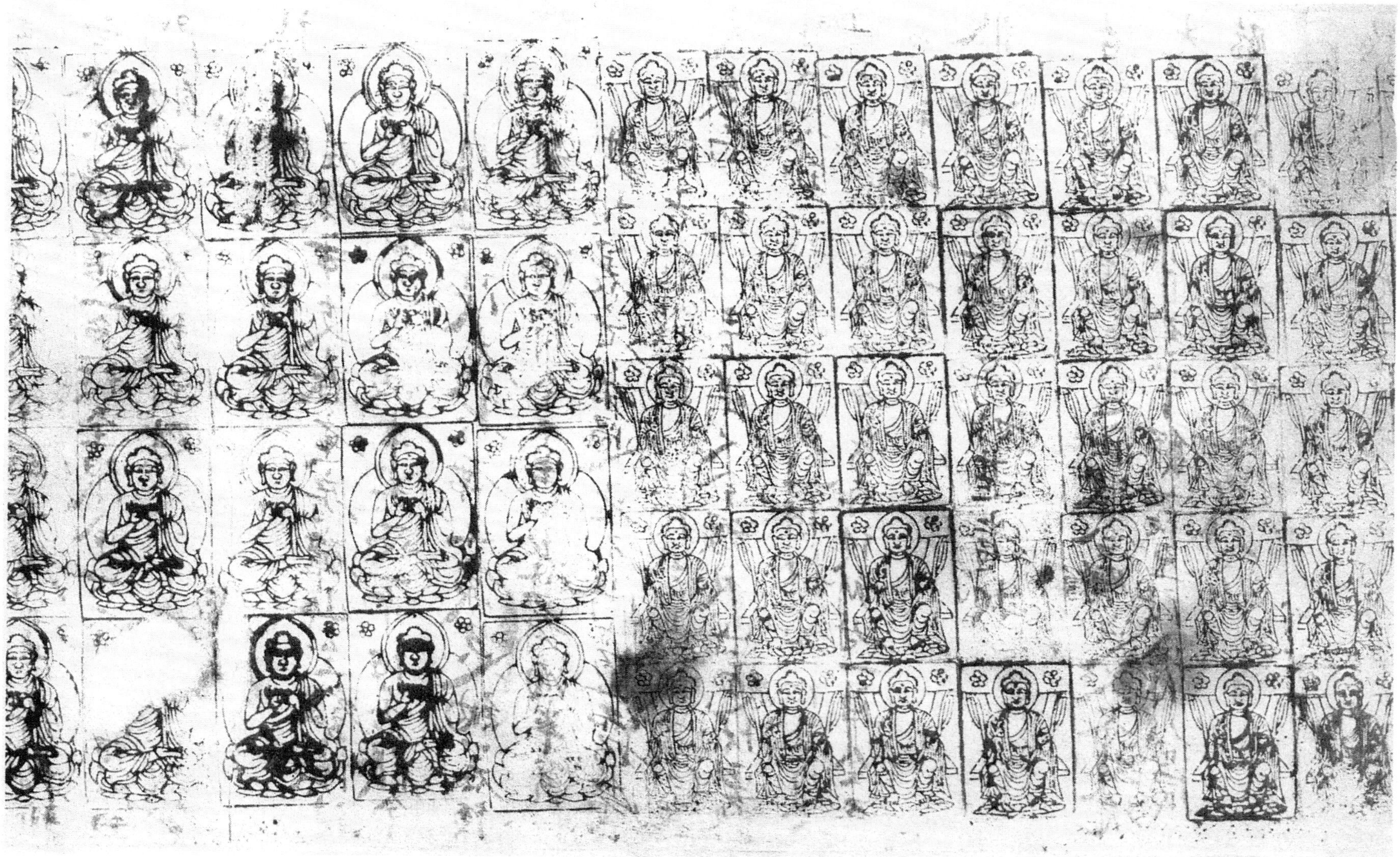

BD09520 號　木捺佛像（擬）　（23–18）

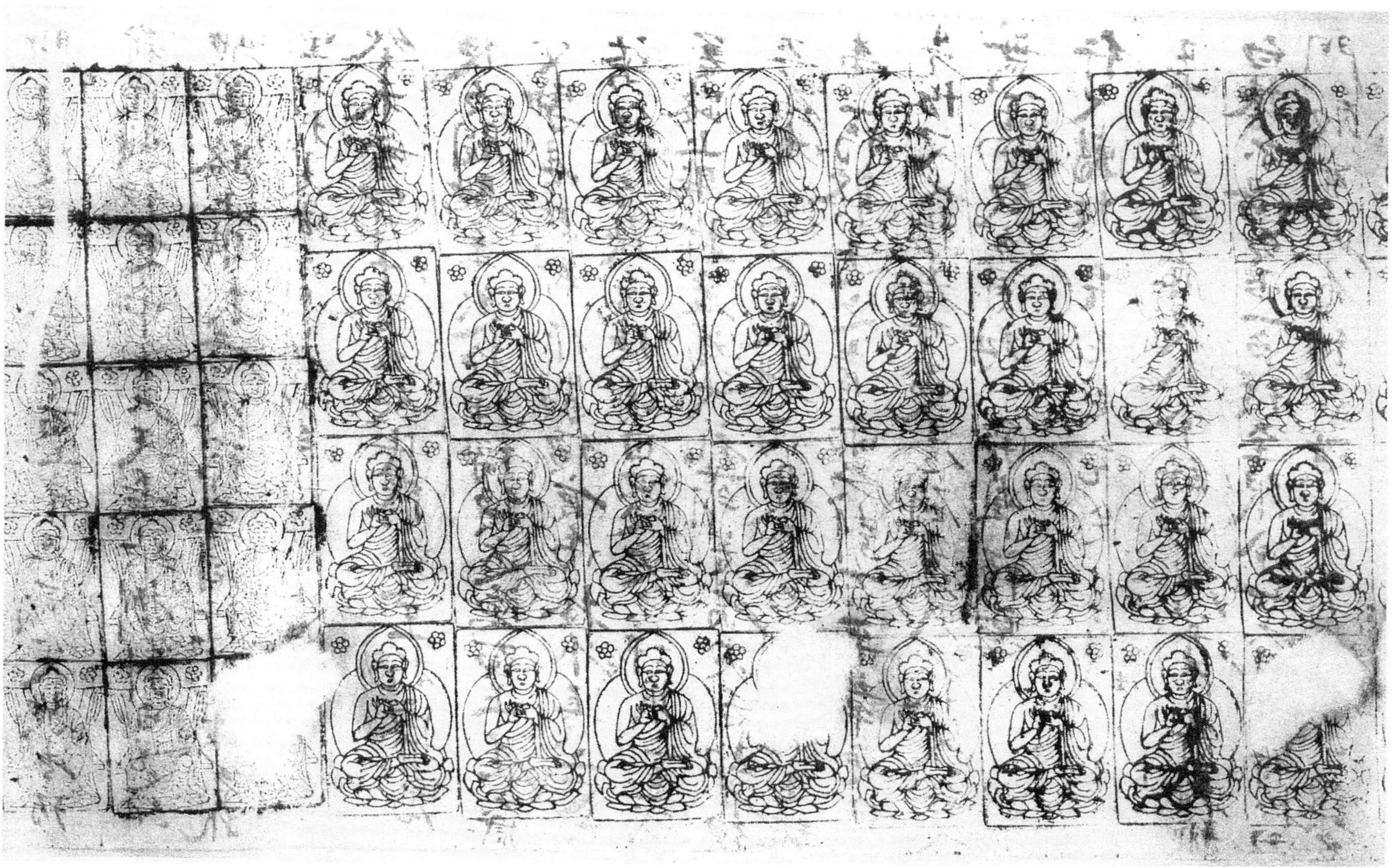

BD09520 號　木捺佛像（擬）　（23–19）

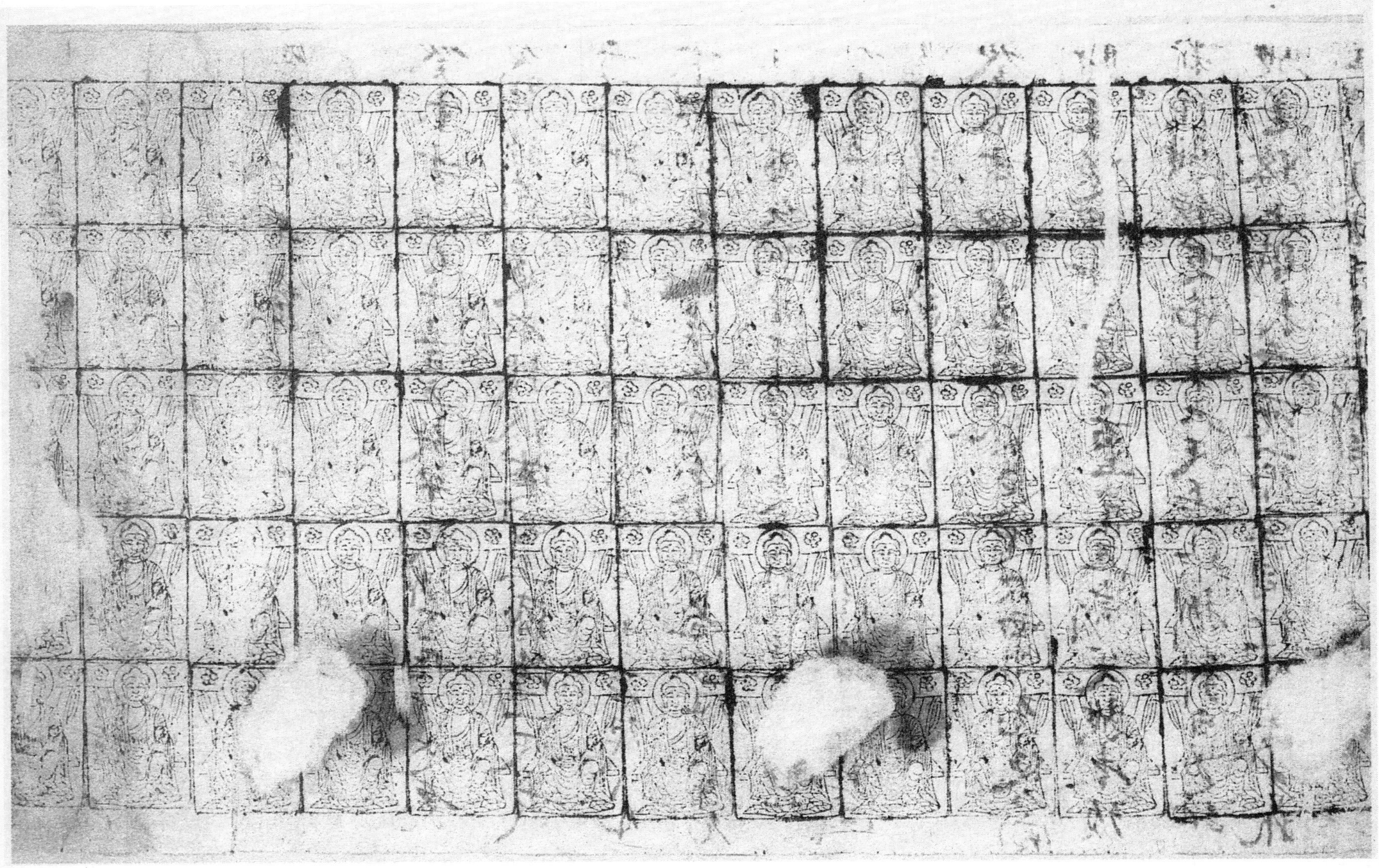

BD09520 號　木捺佛像（擬）　（23–20）

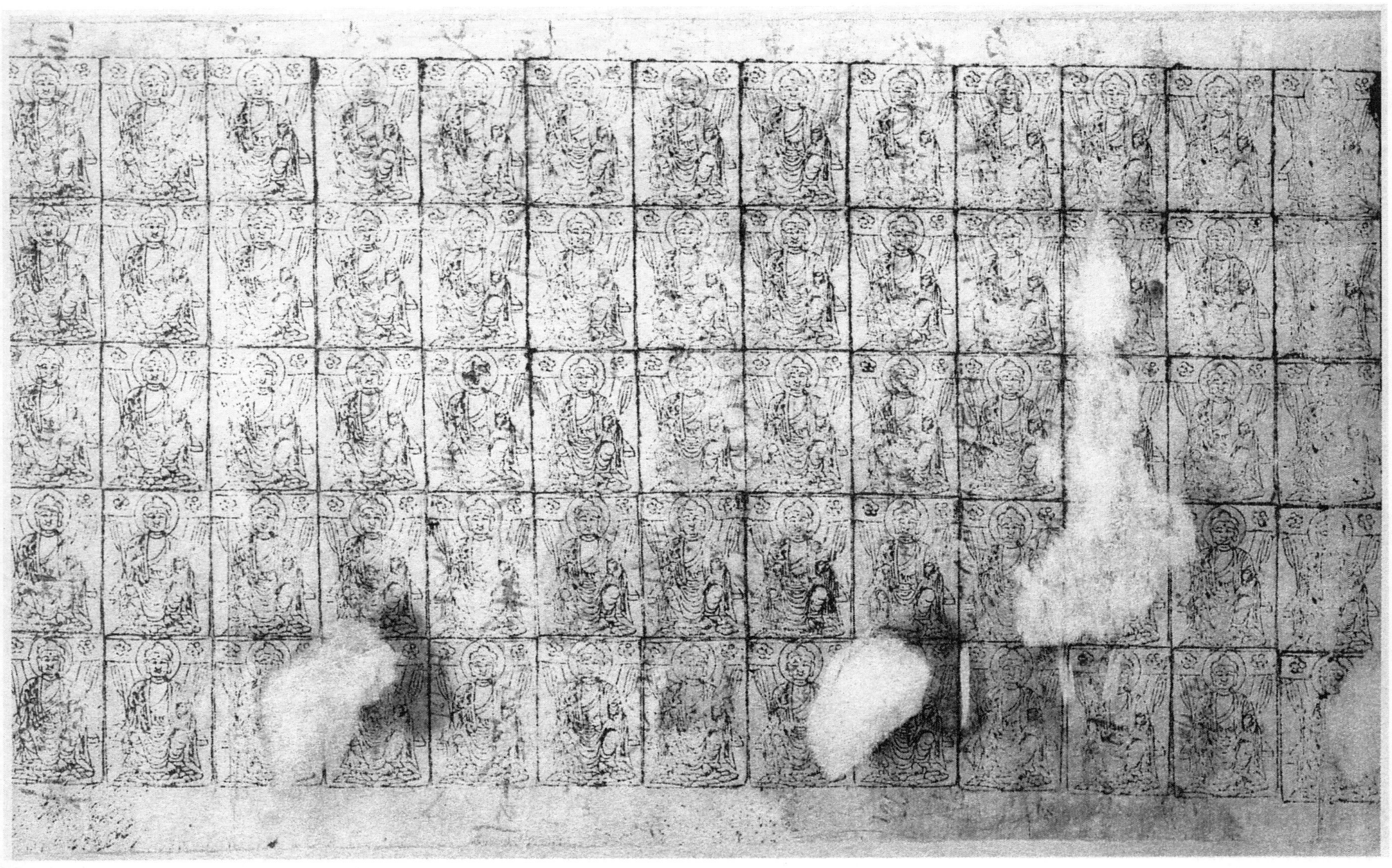

BD09520 號　木捺佛像（擬）　（23–21）

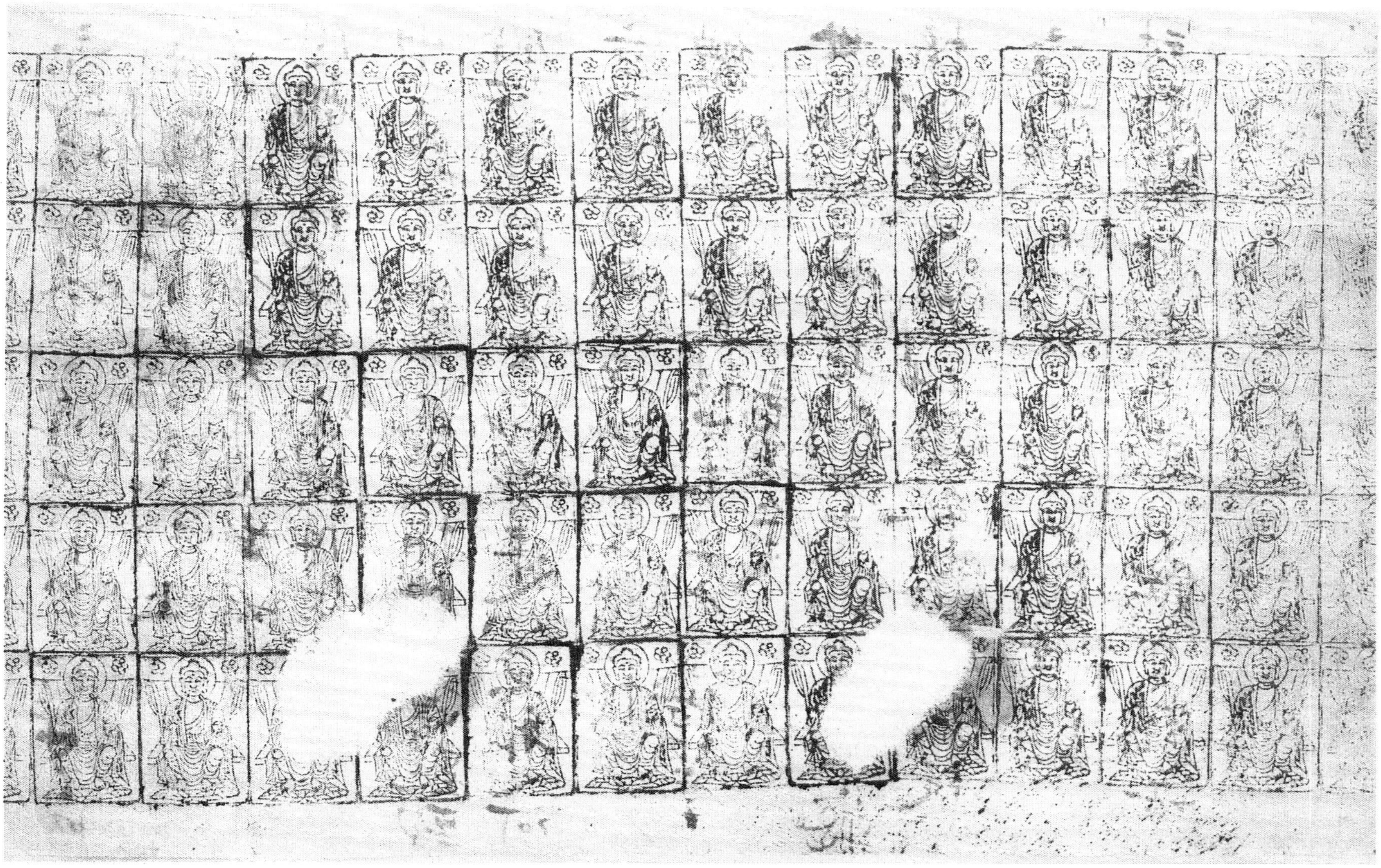

BD09520 號　木捺佛像（擬）　（23-22）

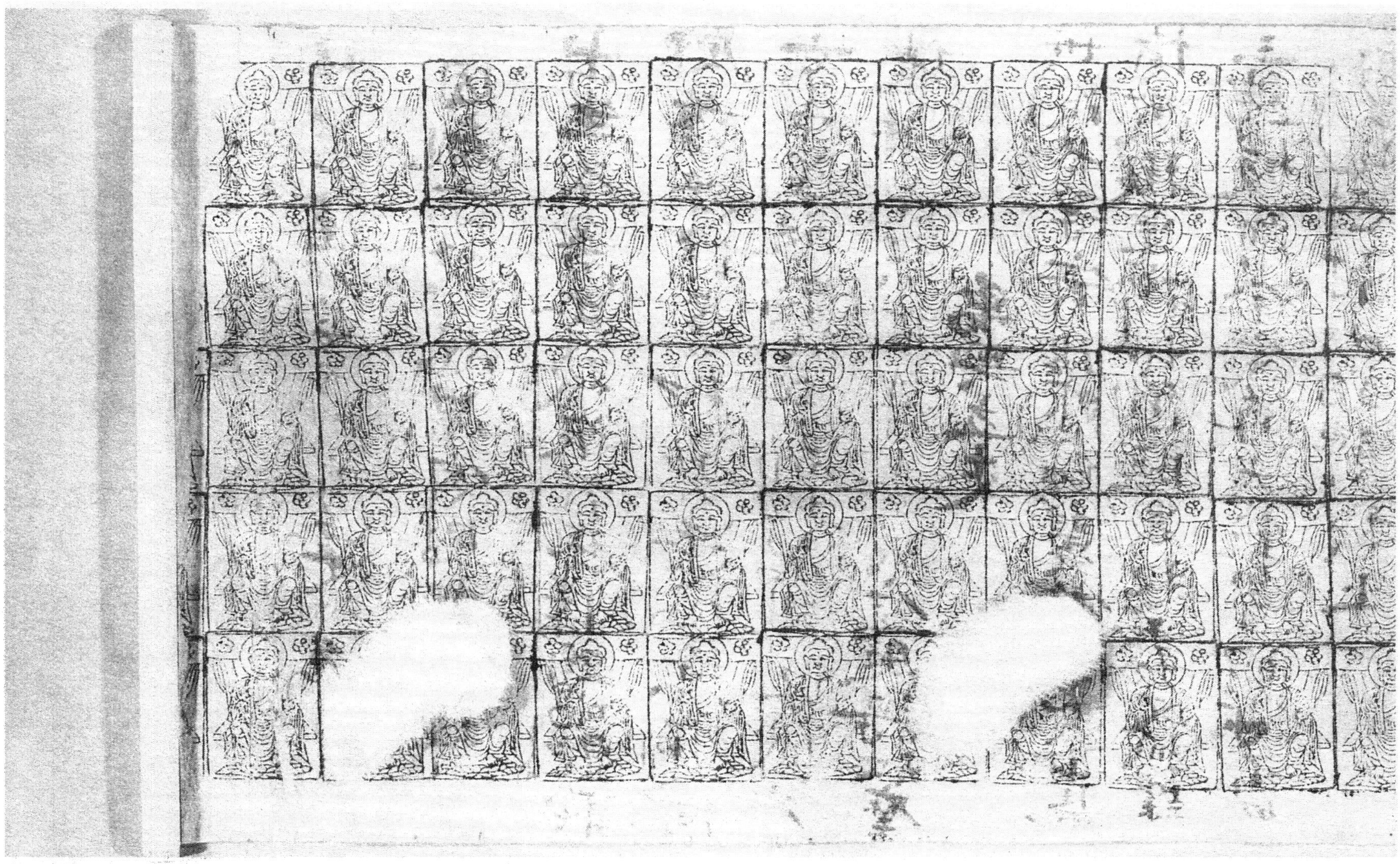

BD09520 號　木捺佛像（擬）　（23-23）

BD09520 號背 1　詩二首（擬）　（7–1）

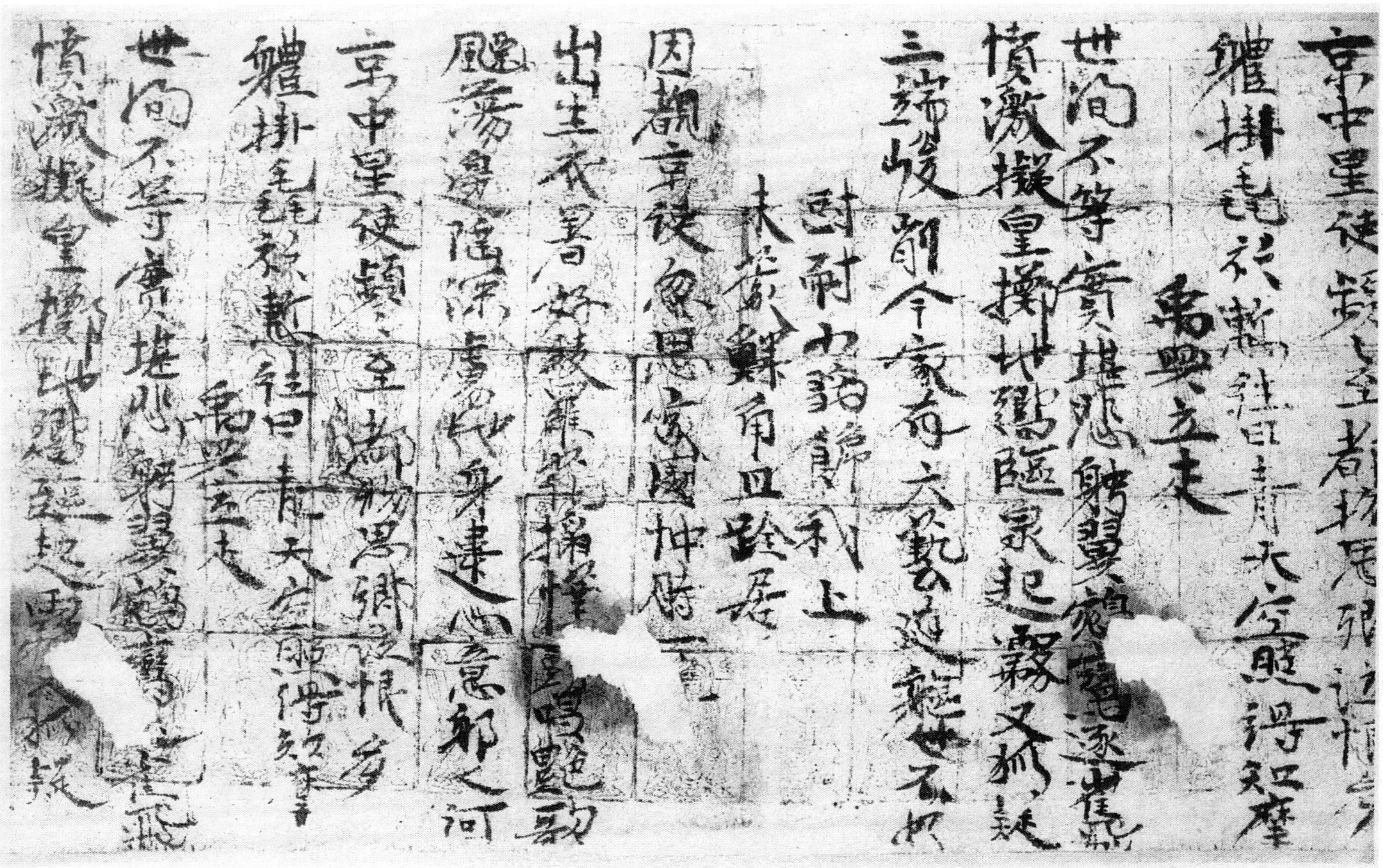

BD09520 號背 1　詩二首（擬）　（7–2）

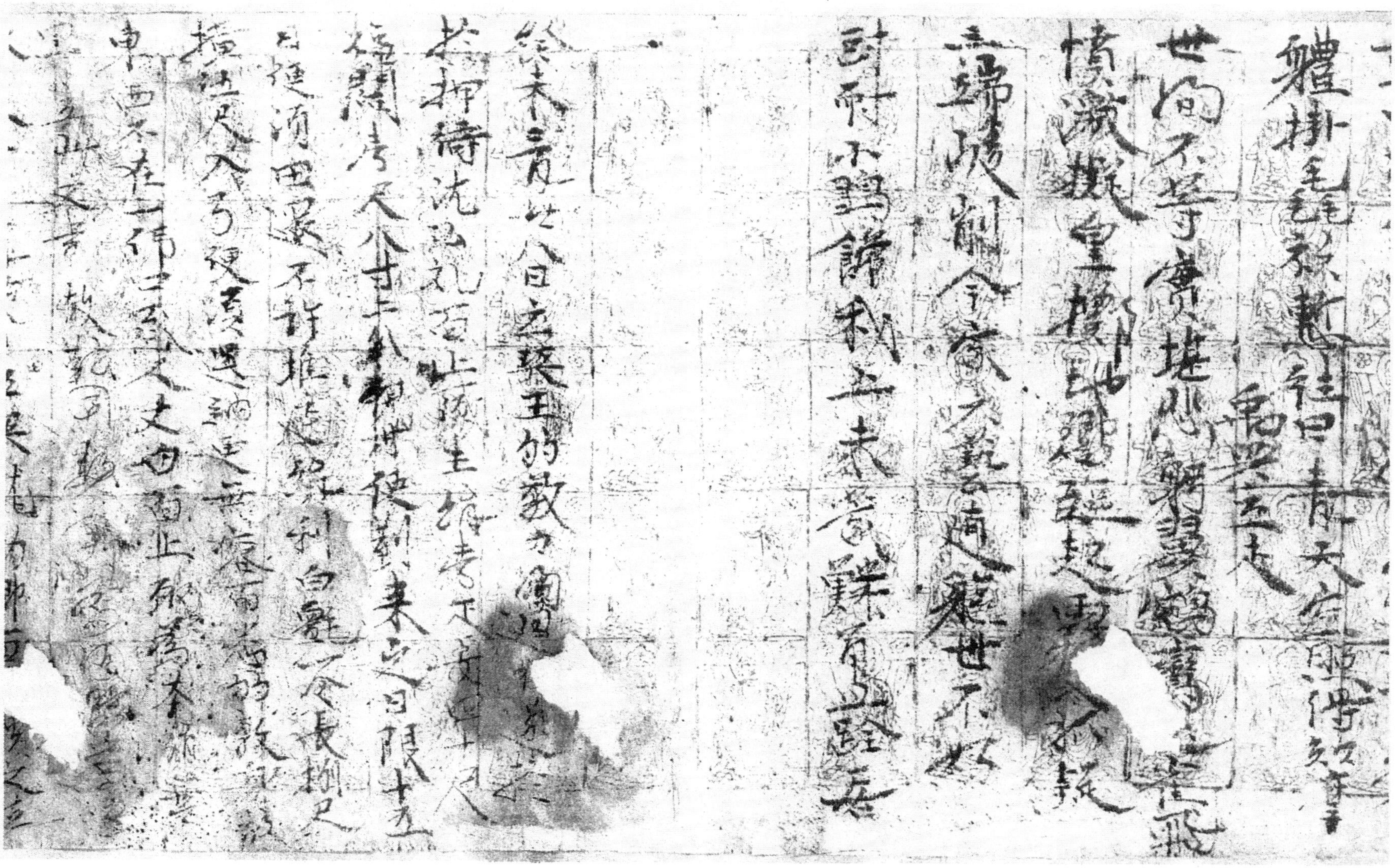

BD09520 號背 1　詩二首（擬）　（7–3）
BD09520 號背 2　癸未年三月王㺃敦貸生絹契稿（擬）

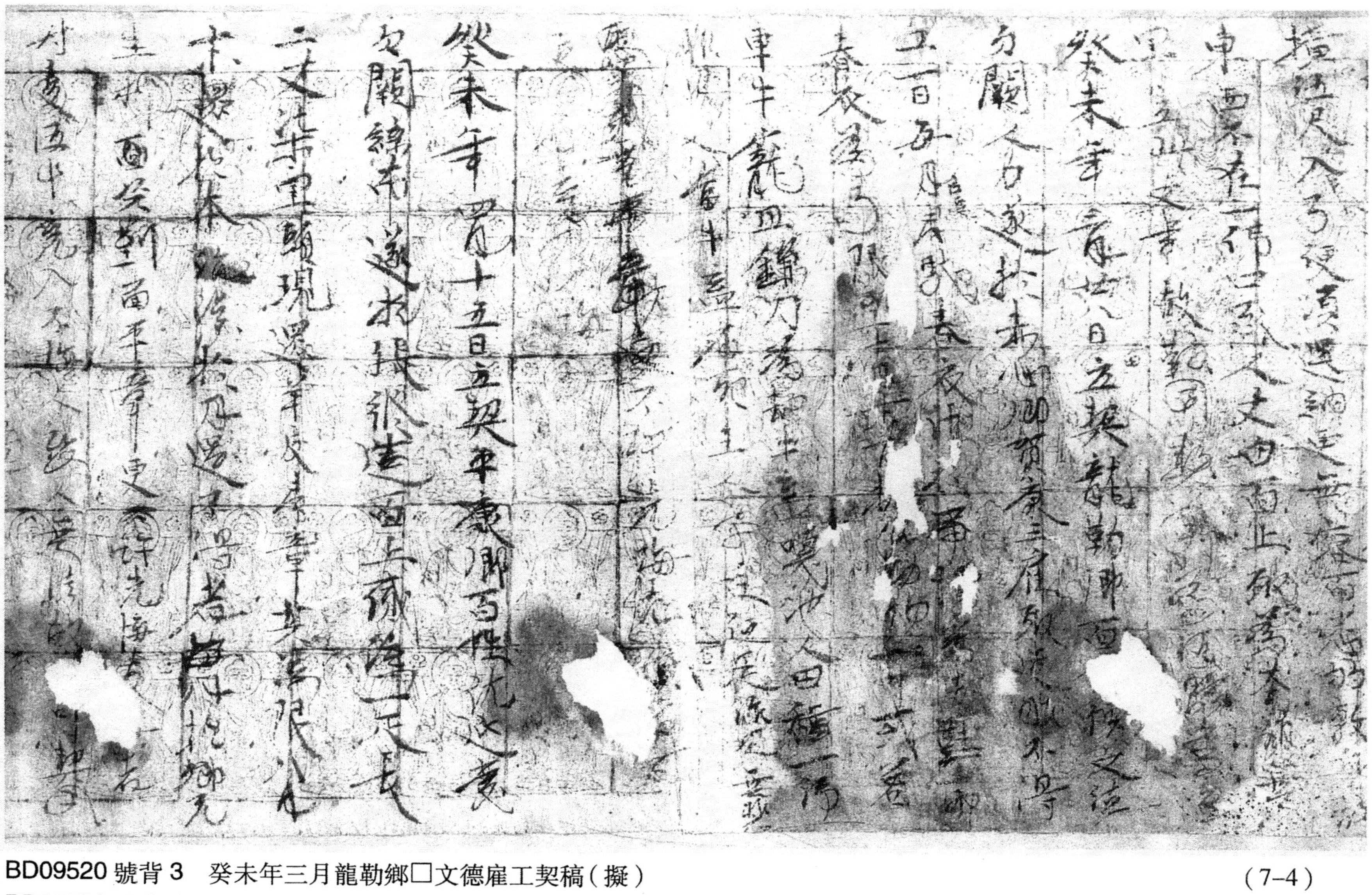

BD09520 號背 3　癸未年三月龍勒鄉□文德雇工契稿（擬）　（7–4）
BD09520 號背 4　癸未年四月平康百姓沈延慶貸緤契稿（擬）

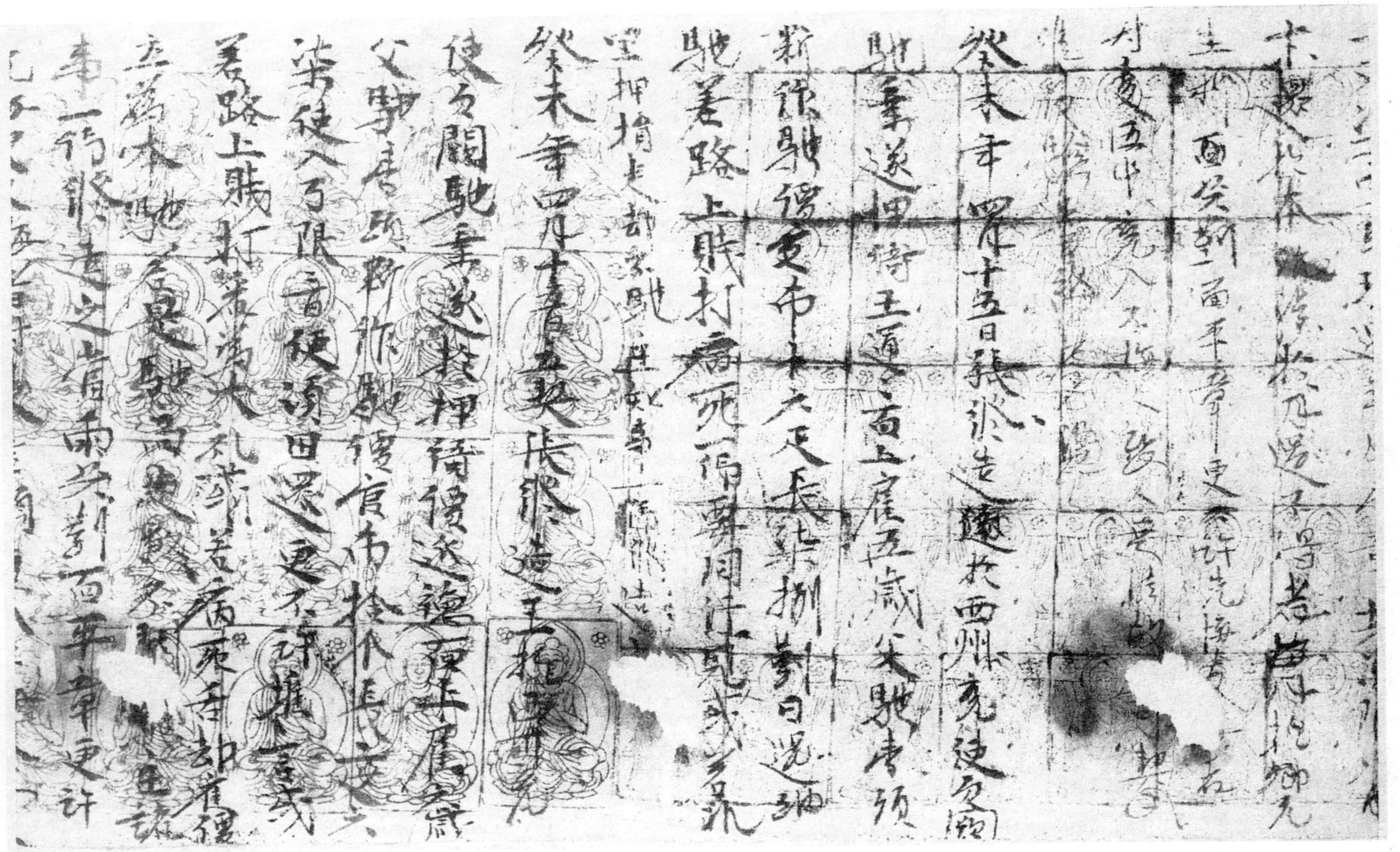

BD09520 號背 4　癸未年四月平康百姓沈延慶貨緤契稿（擬）
BD09520 號背 5　癸未年四月張修造於王通通雇駝契稿（擬）
BD09520 號背 6　癸未年四月張修造於價延德雇駝契稿（擬）

（7–5）

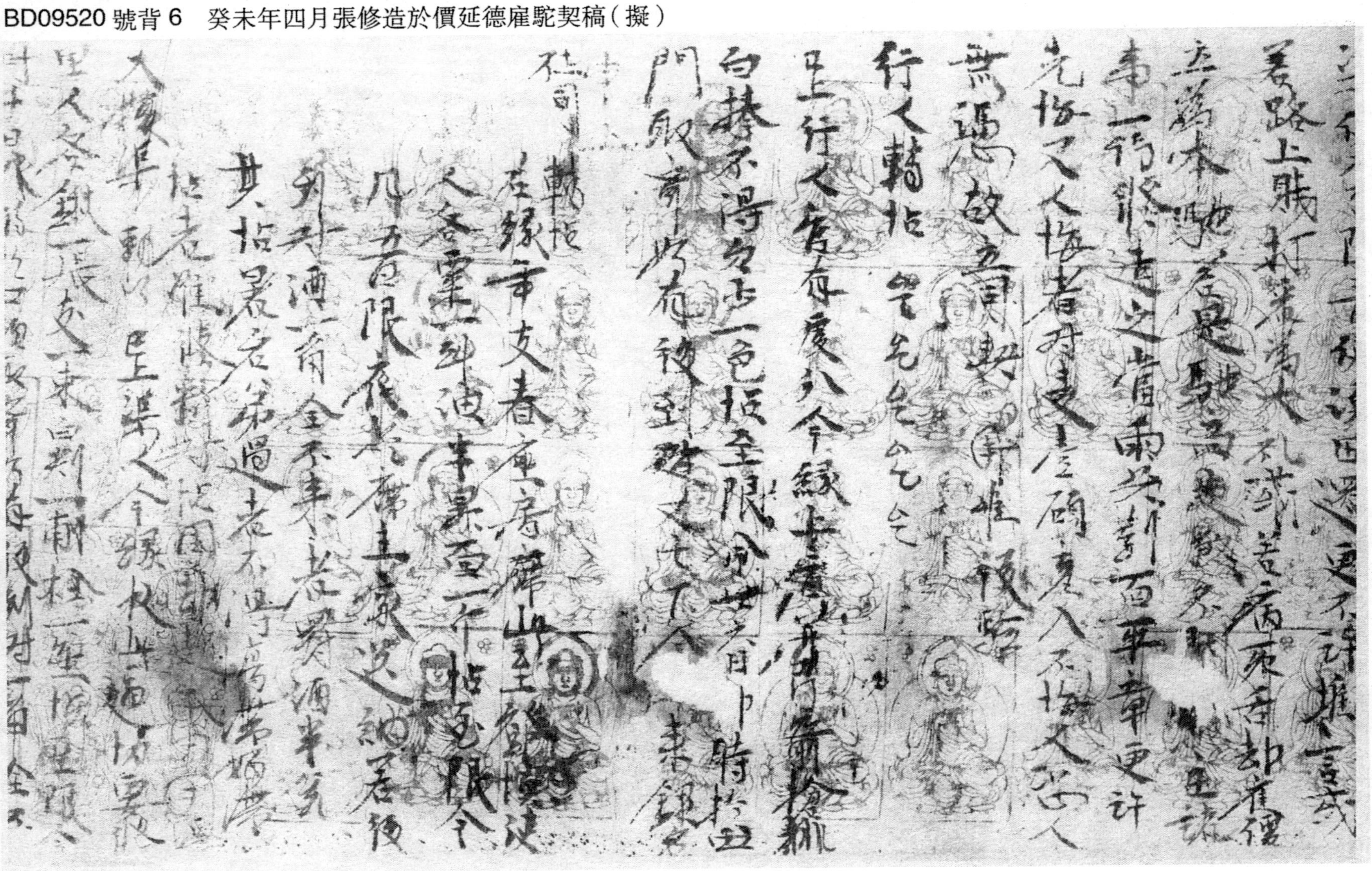

BD09520 號背 6　癸未年四月張修造於價延德雇駝契稿（擬）
BD09520 號背 7　行人轉帖稿（擬）
BD09520 號背 8　社司轉帖

（7–6）

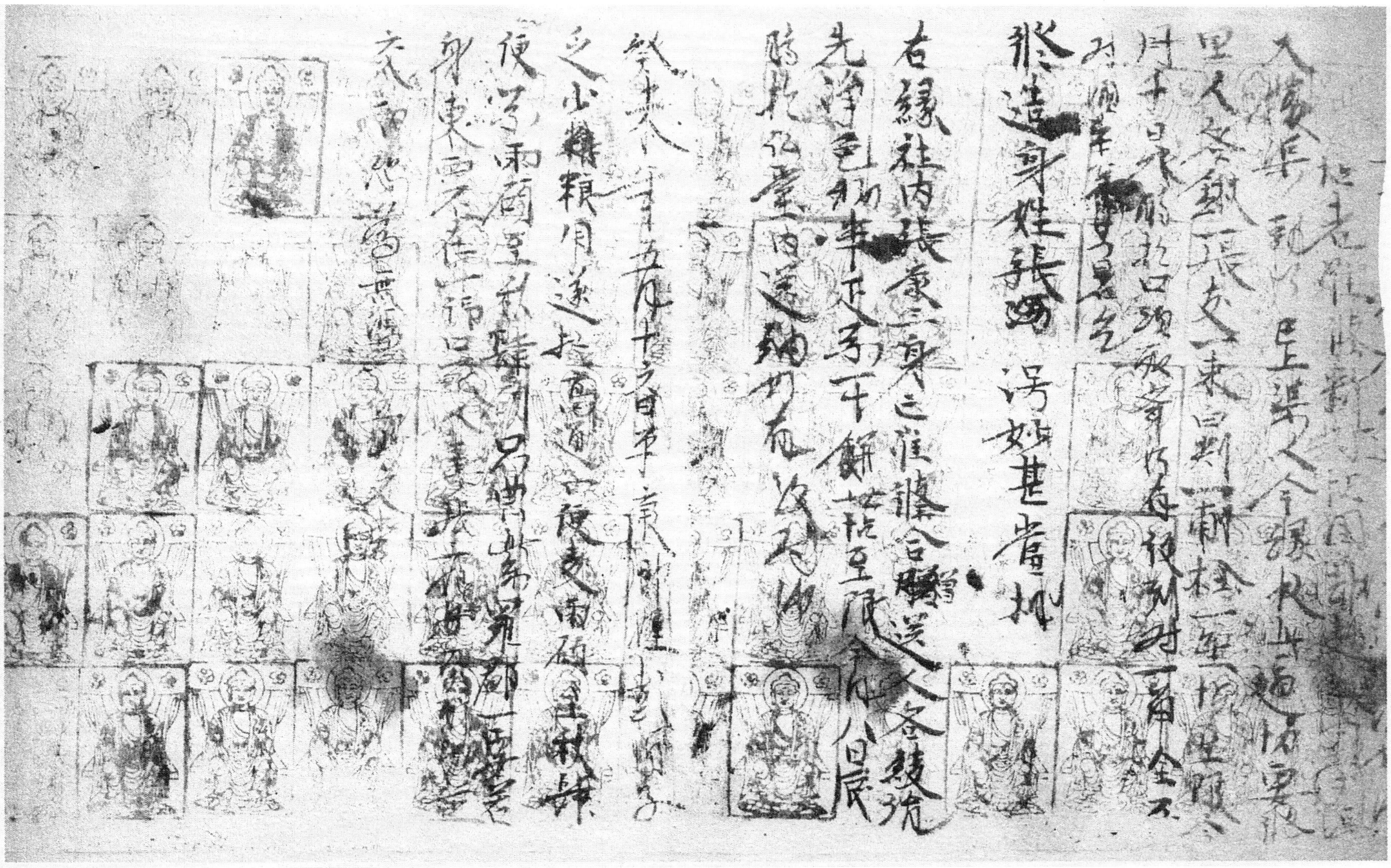

BD09520號背 9　渠人轉帖稿（擬）　（7–7）
BD09520號背 10　社人張康三身亡轉帖稿（擬）
BD09520號背 11　癸未年五月平康鄉彭順子便麥粟契稿（擬）

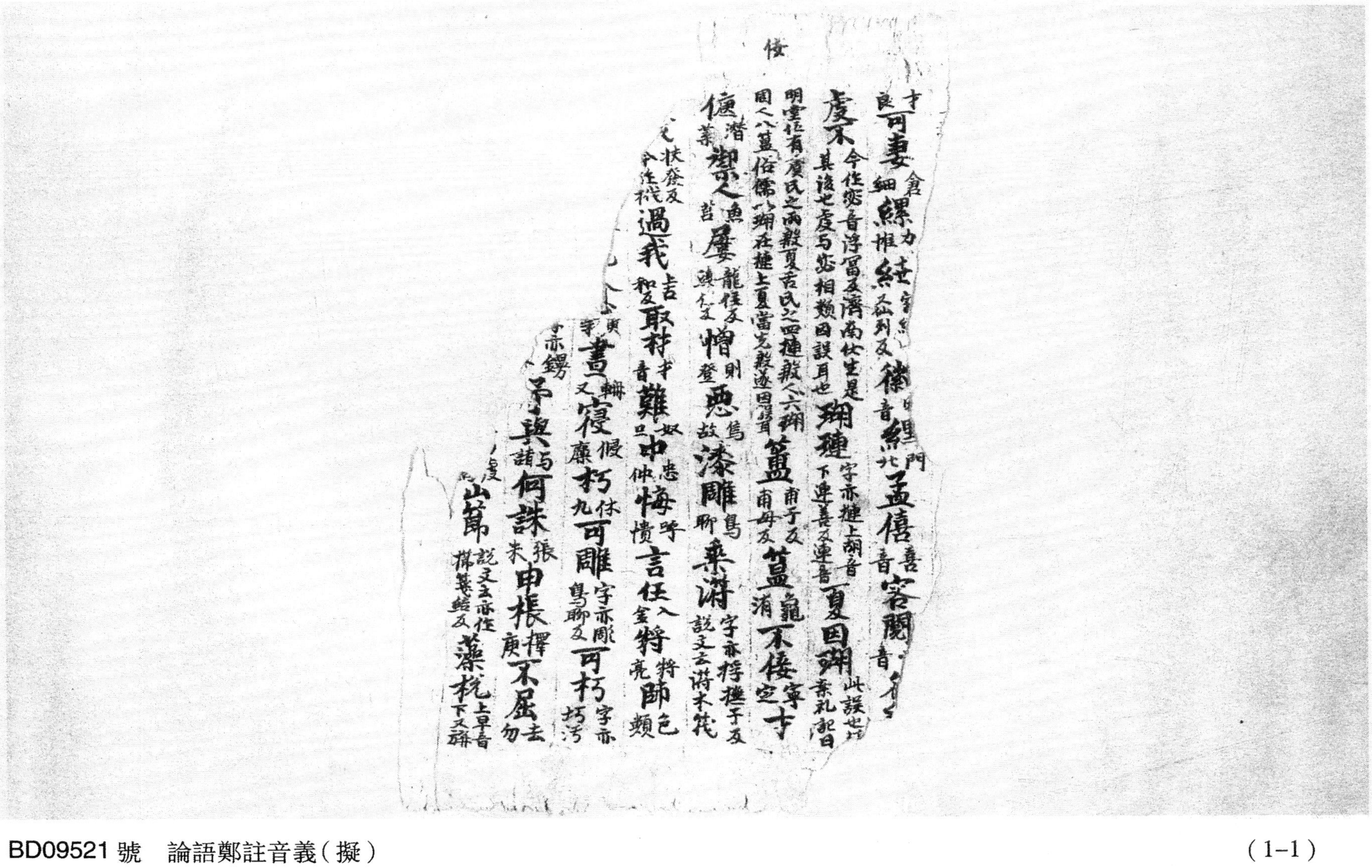

BD09521號　論語鄭註音義（擬）　（1–1）

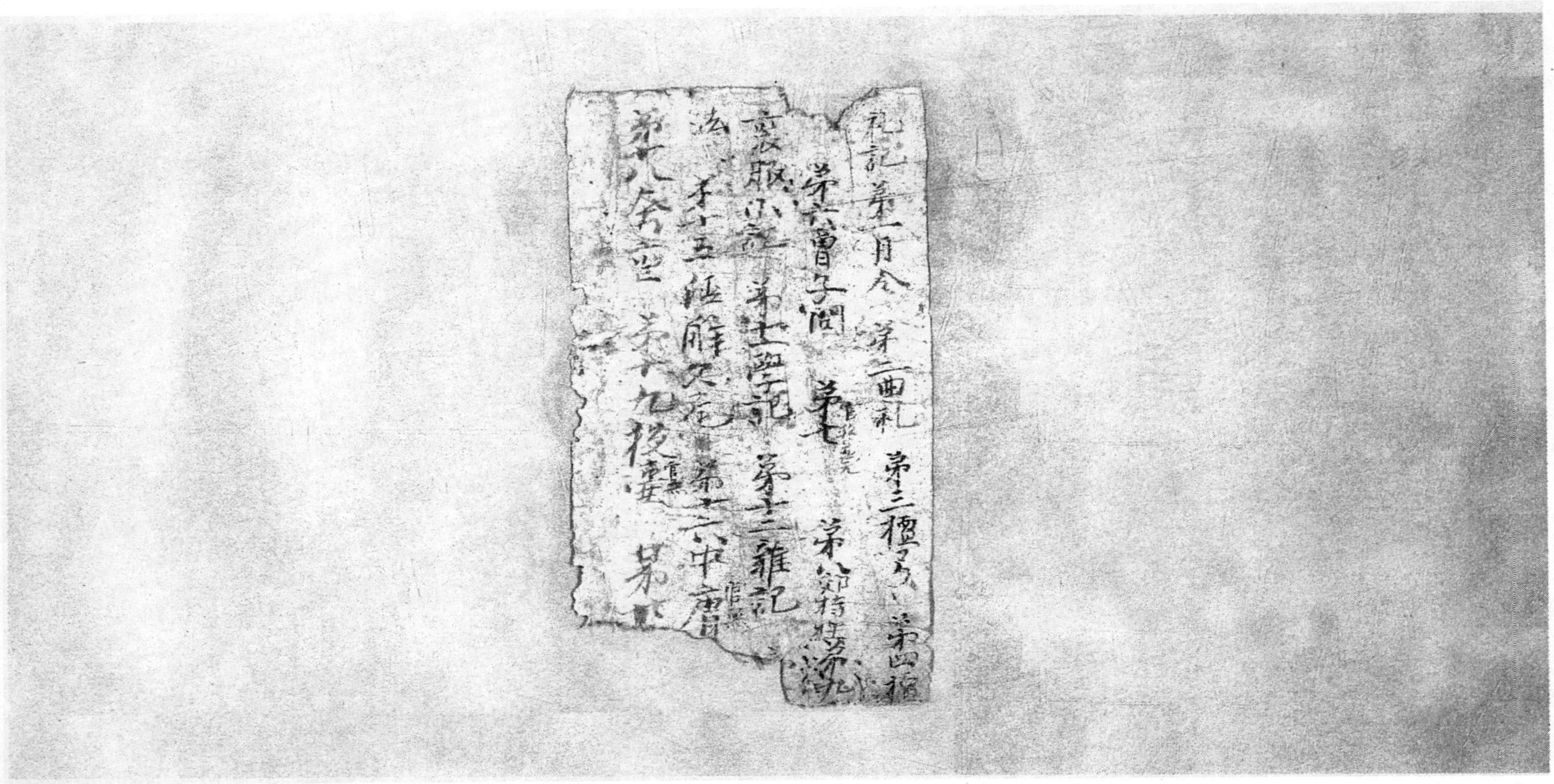

BD09522 號　禮記點勘錄（擬）　（1–1）

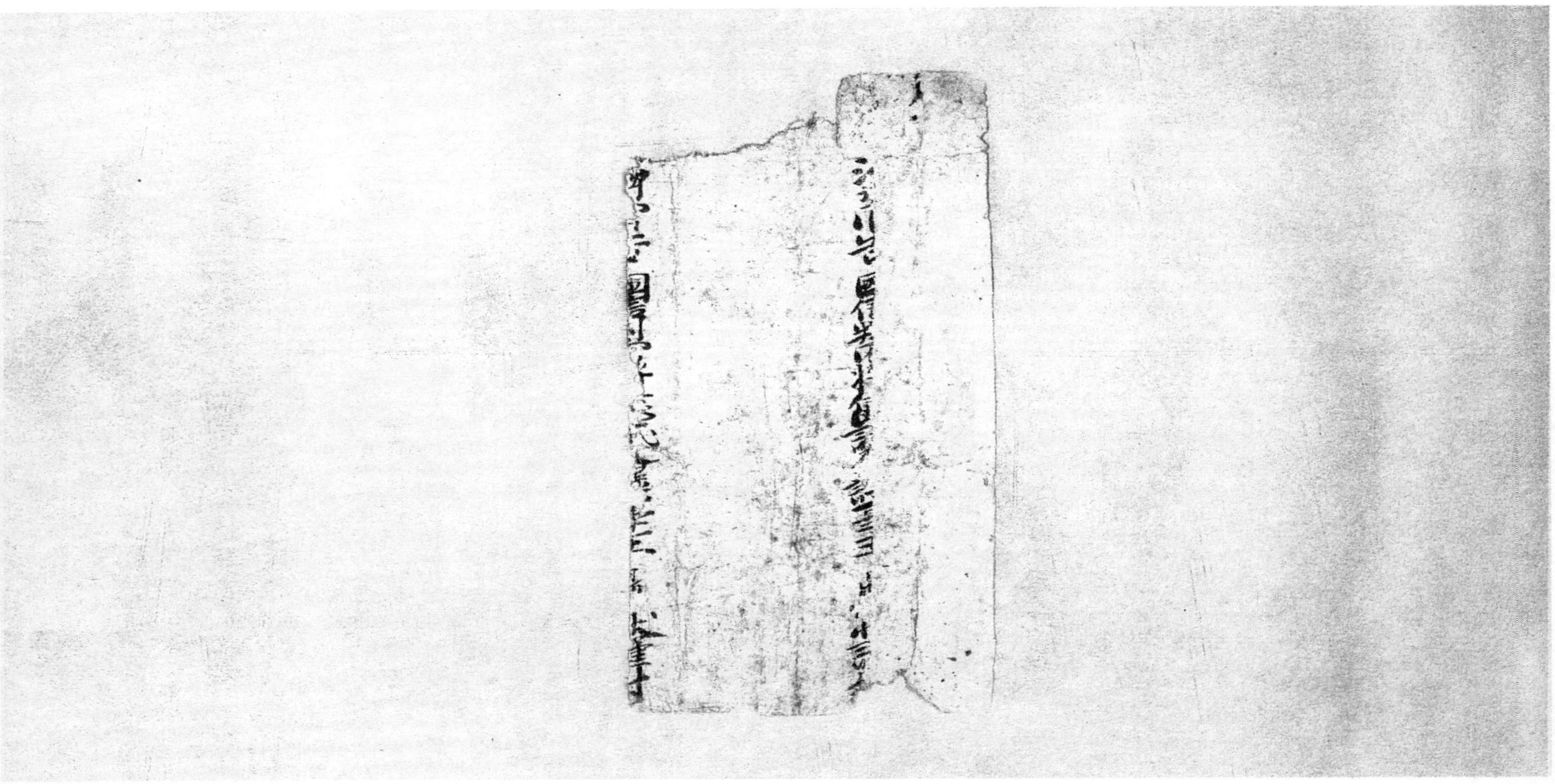

BD09522 號背　王鼎封筒（擬）　（1–1）

BD09523號　經典釋文（禮記）

（2–1）

作堋北鄧 司士賁音奔人名也 汏武本又音泰白黔大也 醯呼兮 醢音海 而甕烏弄 廢遺于季反又如字 草紀力

不毀苦恨 衎爾若旦反自得之皃 為小君于為反下為之服為其大為君服同 深遂 遂難 人乃旦反 壞而兩

反復扶又反着音服非 大古音泰 自燕烏田 為龍力勇 坊者音房 殺色戒下同 茨凡徐在私反 茅覆屋 門蕪

而卑如字又音婢 又易以豉 馬驪力輒反 斷其音短下同 廣冢古隴反下音茂徐云尨 重霤直容 衣以於既 椑

蓋又親尸棺 蒲歷反徐房 堅著直若反 水兕徐履 漆音七 不公也力政反一本作合 椑邕反 蓋 繳之丁劣反又丁衛 斂 頰晚

不剌并角 世興音餘下同 倮也力果反謂不巾覆 埃加音襄 違日音代或大計反 纓七絹反一淺赤色今 縿悅絹反下注同 於董本亦

鐏音云反 要絰一遥反注小要音結 無絇其俱反屨頭飾 角瑱吐練 衡依注作橫華彭反下衡三同 長袪起魚反一音丘據 謂褎

本又作裛徐秀反 袗口面剬 廣裹音逖本又作麑麑子 青豻音岸 四重直龍注皆同 被之皮寄反注同 被之皮寄反注同 其厚

胡豆反度厚薄日厚皆同出音 柂棺羊支反木名 椴柂徒乱 謂屬音燭 周帀本又作迊子合反 鮧濕乃代 縝而審反又而鴆反 小要上

睬字又作睬許求反 題湊徒低反頭七豆反聚也 紕衣本又作緇又作紂同側其反 明為于為反下文及注為其夜同 菆塗才官反 龍輴勑倫

謂黼音甫 剡以七亦反 於綠音消 幕音莫 別姓彼列反注同 於朝直遥反 者之 莫相息亮反注同 屋父音甫佐

其行下孟 大縣郡縣之縣 皆嚴於蒸注同 大廟音泰 悲野予烏路 叫呼火故 稅人始悅反謂以物遺人 謂遺唯季

而縞古老注同 紕也辟支 賜弃音亦幕之小者 以上時掌 共馬音恭 檀弓下第四 卷第三

而 君之適丁歷反下及適室同 長殤丁丈反下及注皆同 三乘繩證反下及注同 皆戶戶嫁 降殺色戒 遣棄戰 為毳初佳又初

宜 宜反 速之于万 朝亦直遥 越疆居良反本作壃下越壃同 蟜固君表反蟜固人姓名 不說他活反本亦稅徐又申稅反下同 入見賢遍

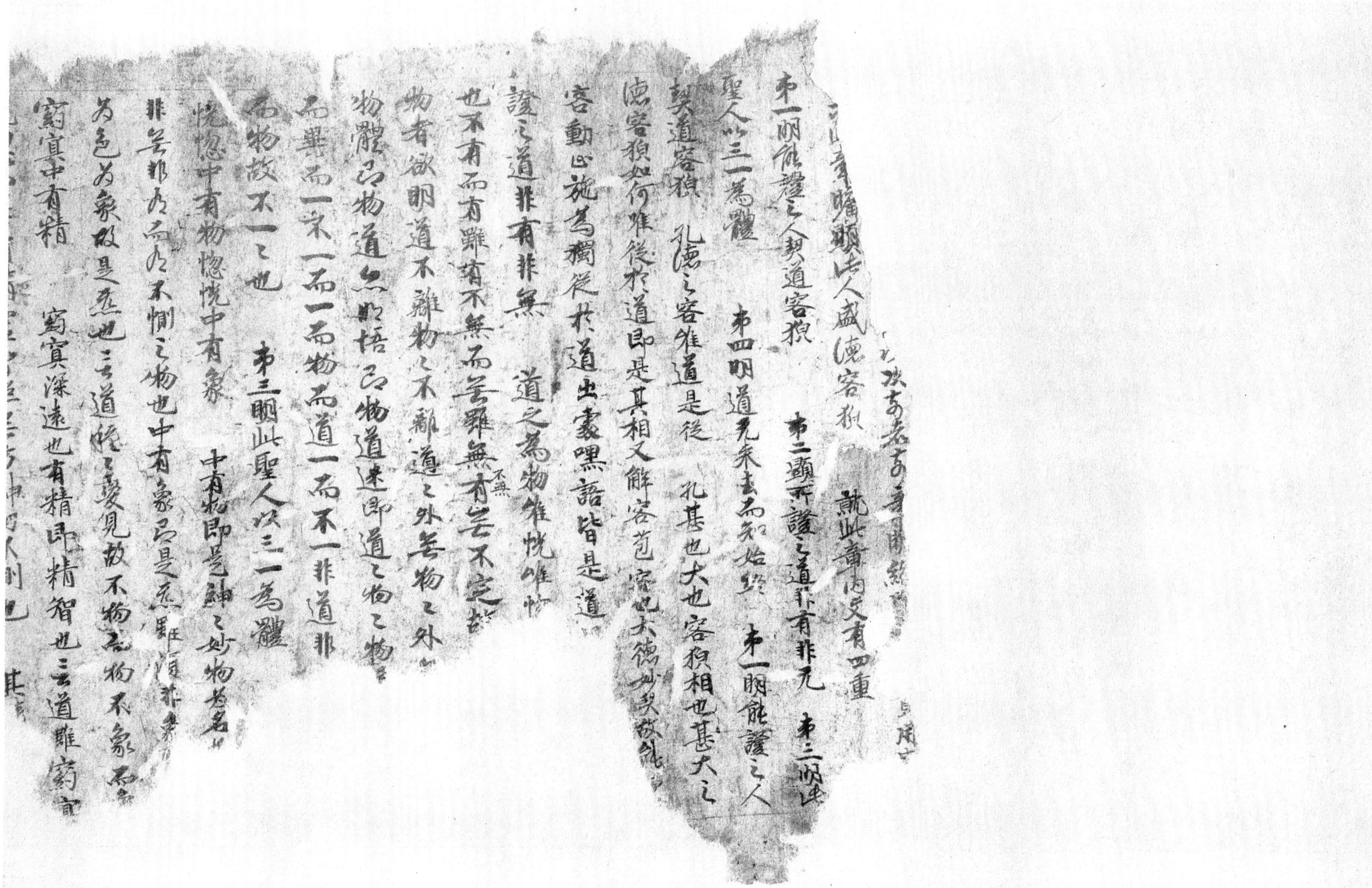

就此章内又有四重
苐一明能體之人契道容貌　苐二顯所證之道非有非无　苐三明此
聖人以三一為體　苐四明道无来去而知始終　苐一明能證之人
契道容貌　孔德之容唯道是從　孔甚也大也容貌相也甚大之
德容貌如何唯從於道即是其相又解容范容也大德妙契故能
容動心施為獨從於道出處嘿語皆是道
證之道非有非無　道之為物唯恍唯惚
也不有而有雖有不無而無雖無有無不定故
物有欲明道不離物之不離道之外無物之外
物體即物道無所悟即物道迷即道之物之物
而異而一不一而一而物而道一而不一非道非
而物故不一之也　苐三明此聖人以三一為體
恍惚中有物惚恍中有象　中有物即是神之妙物無名
非無非有而有不惻之物也中有象即是炁雖無非象
為色為象故是炁也三云道能之變見故不物而物不象而象
窈冥中有精　窈冥深遠也有精即精智也三云道雖窈冥

BD09524號　老子道德經義疏（擬）　（4–1）

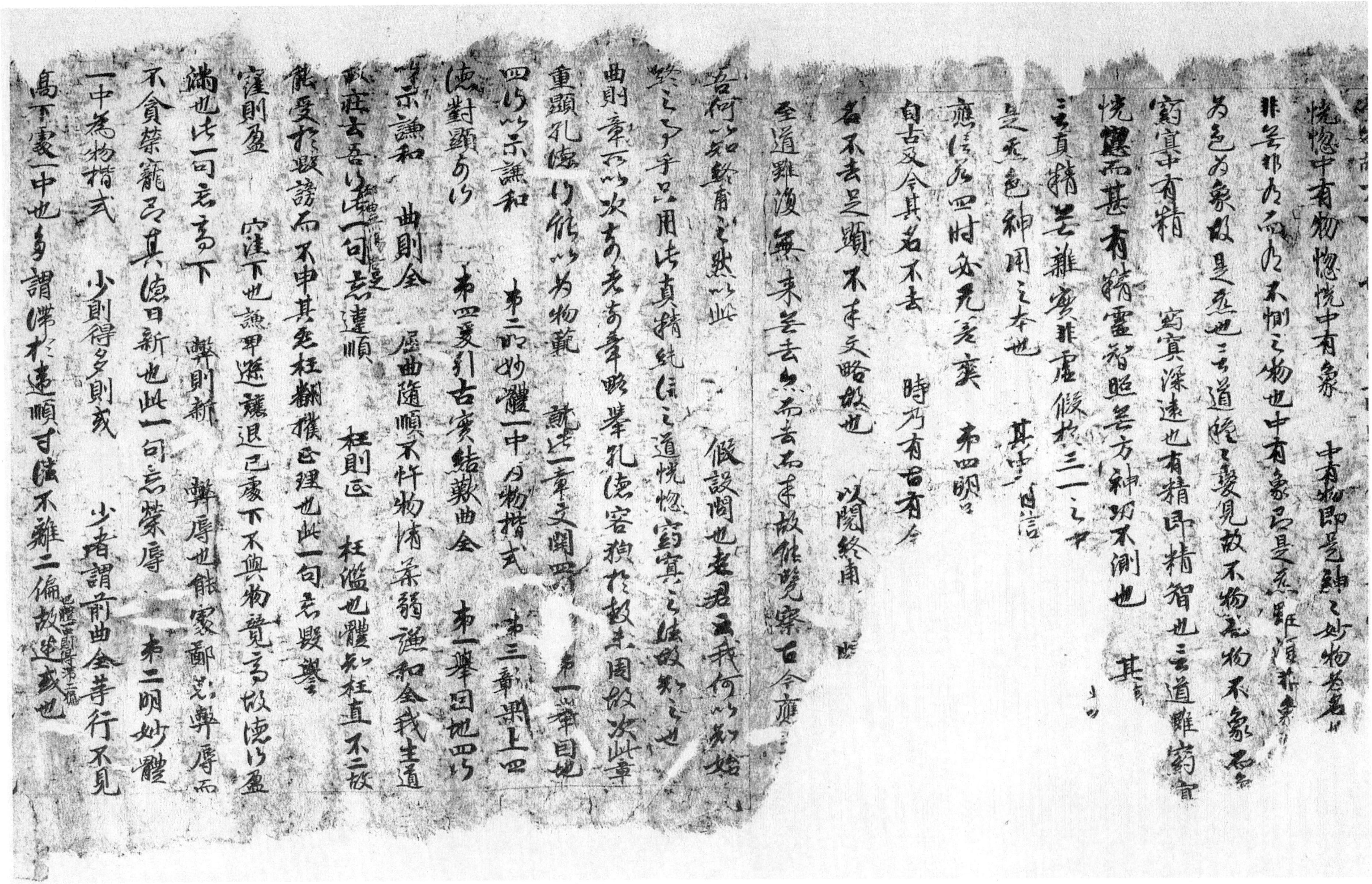

BD09524號　老子道德經義疏（擬）　（4–2）

端也此一句忘高下　弊則新
不貪榮寵忘其德日新也此一句忘榮辱　弊辱也能處鄙惡弊辱而
一中為物楷式　少則得多則惑　第二明妙體
處下處一中也多謂滯於違順寸法不離二偏故迷惑也　少者謂前曲全等行不見
是以聖人抱一為天下式　是以仍上聲也抱守持也式法則也
言聖人持此一中之道軌轍群生故為天下備學之楷模也
第三顯果上四德對顯前行　不自是故彰　自他平等
不是己非物故其德顯著　不自見故明　物我皆空不見有
身故智慧明照也　不自伐故有功　代取也雖復專
毒億生而芻狗百姓推功於物故有大功也　不自矜故長
之為推功於物所以不自矜夸故德行長遠也　夫唯不爭故天下莫
能與之爭　此即歎美四德之人妙達違順讓以自牧不與物
爭故天下群品莫能與不爭者爭也　第四引古證實結歎
曲全　古之所謂曲則全豈虛語故誠全而歸之
昔人所謂屈曲柔順以全其道此語有實誠非虛言依教備
行不與物爭則大成全德惣歸於己也　第三章所以次
前章者前章正舉曲全四德令物依脩故次此章顯明諸行
此章內文有四重　第一標體教忘言故能會理
第二明執心迹覽見所以無津　第三結成忘言之行　第四正
結執教之失　第一明體教忘言故能會理　希言自然
希簡少也希言猶忘言也自然者
道性之名乘理唯當忘言遣教適
心迹覽見所以無常　飄風不終朝驟雨不終日
風驟累之兩曾不崇朝何能竟日群滯之士執教生迷
妄為迹行以求速報見乘至理不可久長故群驟風方驟雨
……惣則而百年之壽

BD09524號　老子道德經義疏（擬）　（4–3）

能与之争　此即歎美四德之人，妙達違順，讓以自牧，不与物
争，故天下群品莫能与不争者争也。　第四又引古語實結歎
曲全　古之所謂曲則全，豈虛語？故成全而歸之
昔人所謂屈曲柔順，以全其道，此語有實證，非虛言。謙依教備
行，不与物争，則大成全德，總歸於己也。　希言章所以次者
自前章正舉曲全四德，令物依循，故次此章顯明諸行
此章内文有四重　第一明體教忘言故能會理
第二明執心躁競所以無常　第三結成忘言之得　第四正
結執教之失　第一明體教忘言故能會理
希言少也，希言猶忘言也。　自然　謂
道然言之而乖理，唯當忘言遣教，適可
心躁競所以無常　飄風不終朝，驟雨不終日
風驟果之雨，曾不崇朝，何能竟日？譬喻云云也。執教生迷
妄為躁行，以求速報，乖至理，不可久長，故譬飄風方驟雨
日之朝之，忽朝是日之別之，則譬念之所，忽則猶百年之壽
通是無常故也　孰為此天地，尚不能　而況於人乎
孰誰也，假問誰為此風雨，答天地之
見驟雨尚不能久，況人之乎

BD09524號背　大乘稻芉經隨聽疏

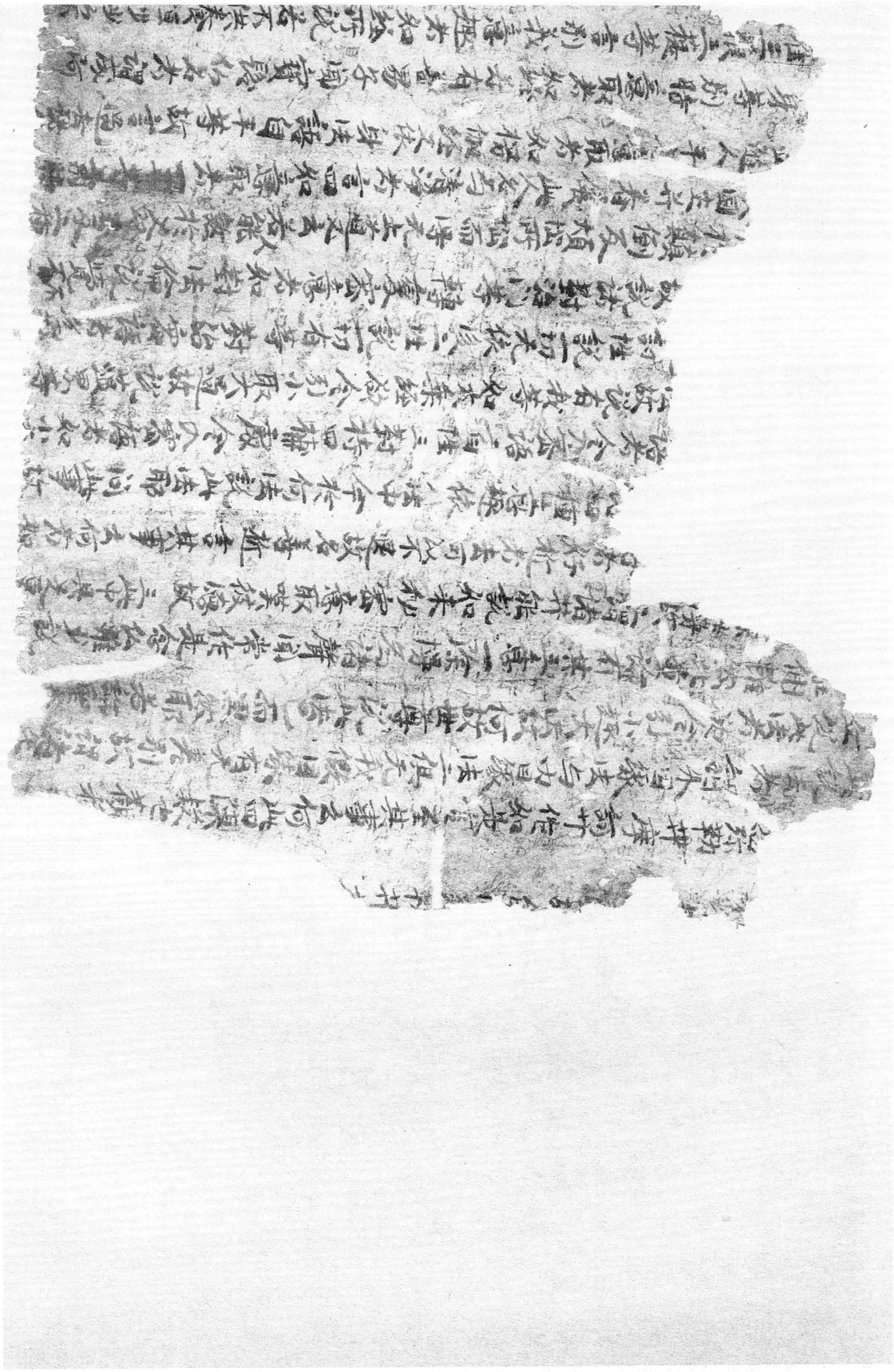

（4-1）

BD09524號背　大乘稻芊經隨聽疏　（4–2）

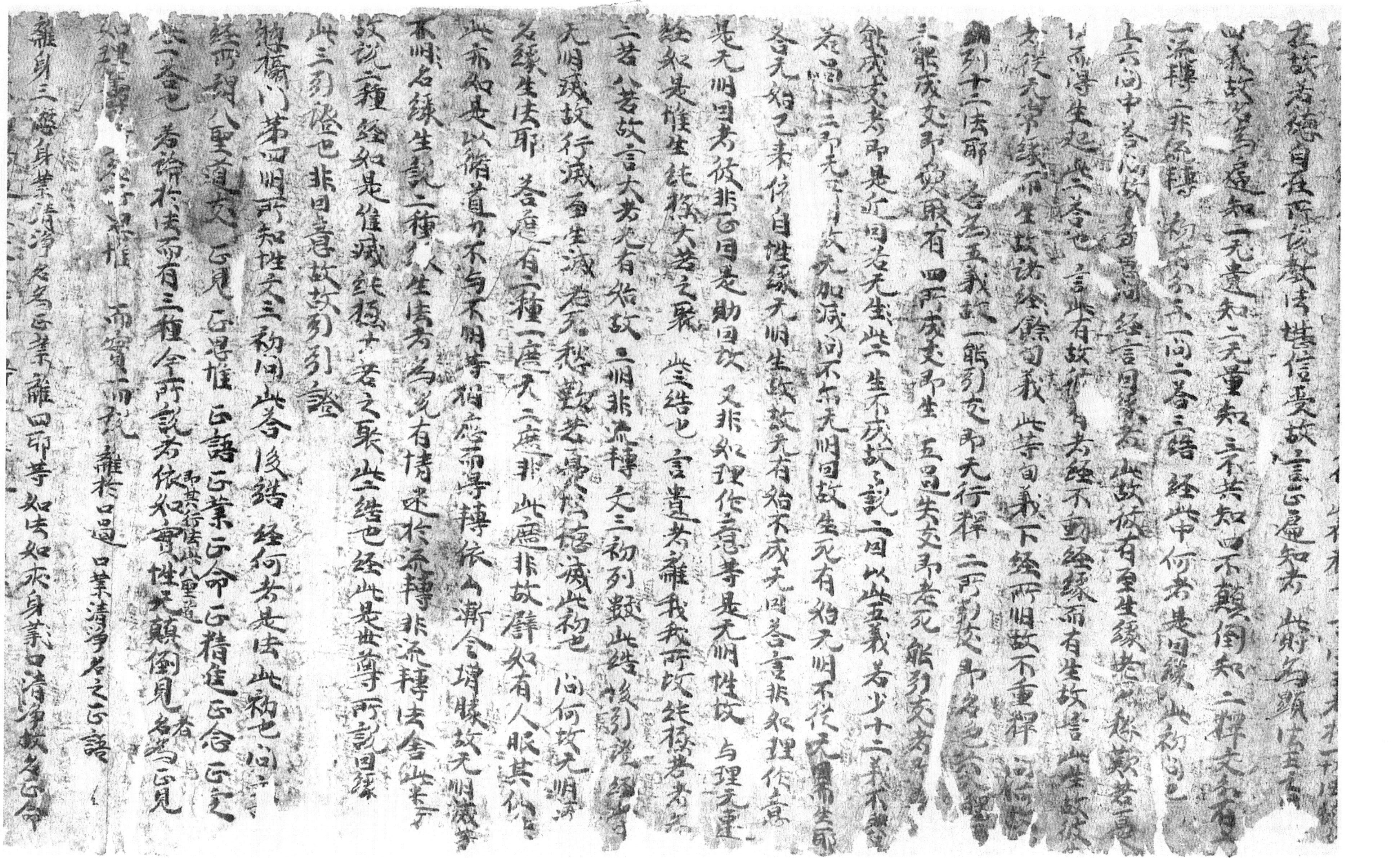

BD09524 號背　大乘稻芉經隨聽疏　（4–3）

BD09524號背　大乘稻芉經隨聽疏

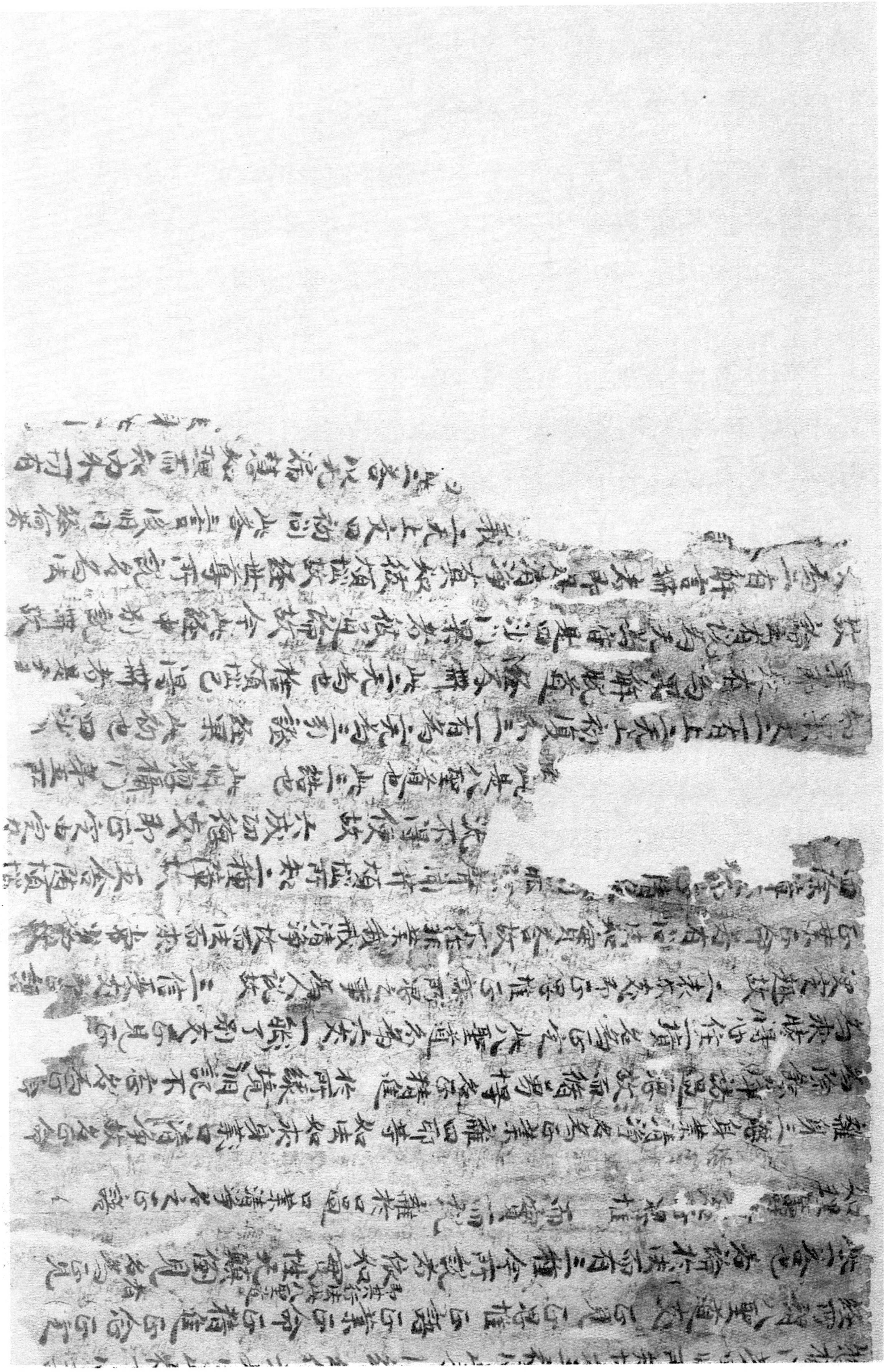

（4–4）

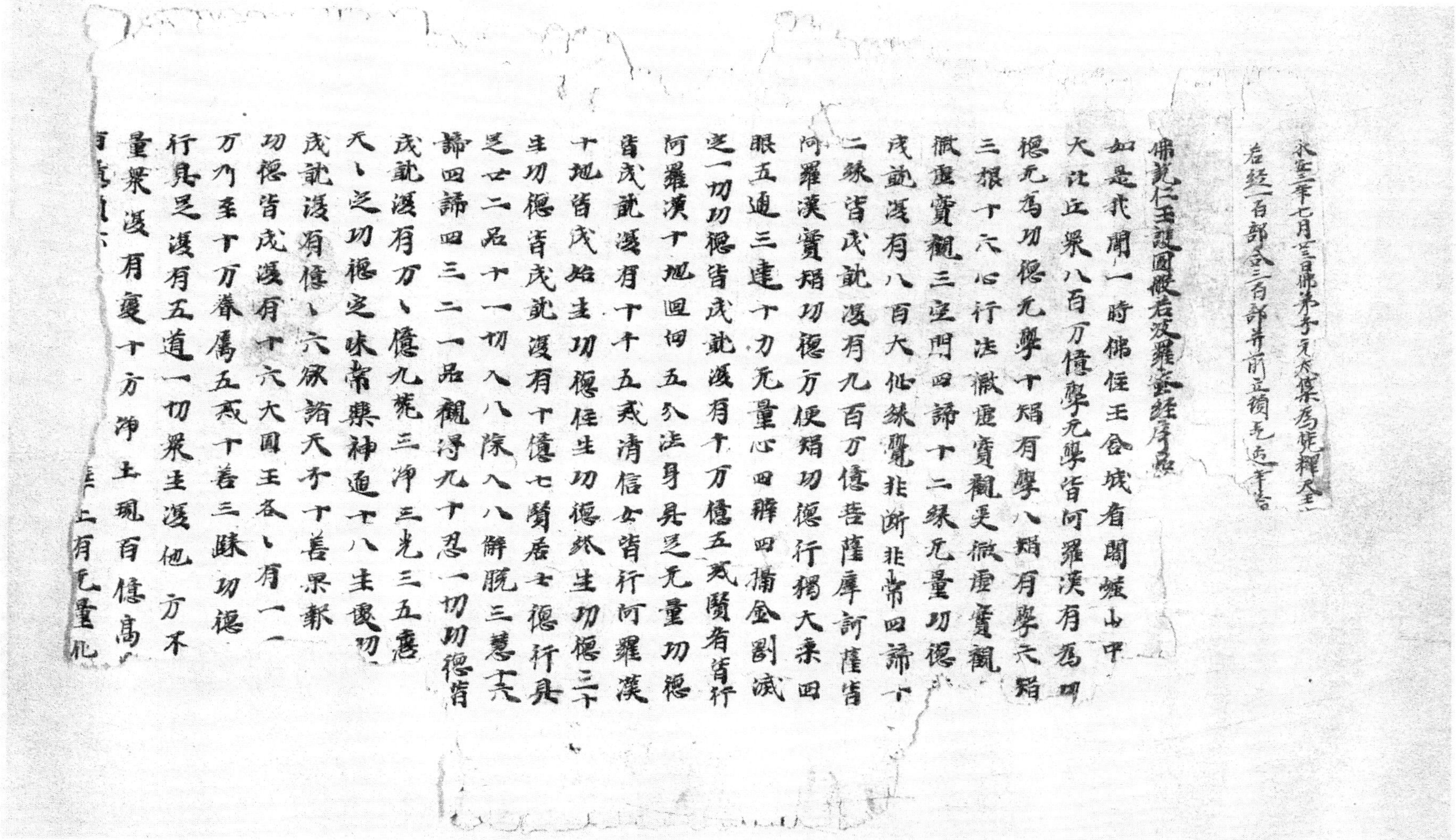

永安三年七月廿三日佛弟子元太榮為梵釋天王
若經一百部金三百部并前立願乞延年合
佛說仁王護國般若波羅蜜經序品
如是我聞一時佛住王舍城耆闍崛山中
大比丘眾八百万億學无學皆阿羅漢有為功
德无為功德无學十地有學八地有學六地
三根十六心行法微塵寶觀灵微塵寶觀
微塵寶觀三空門四諦十二緣无量功德
成就復有八百大仙緣覺非斷非常四諦十
二緣皆成就復有九百万億菩薩摩訶薩皆
阿羅漢實智功德方便智功德行獨大乘四
眼五通三達十力无量心四辯四攝金剛滅
定一切功德皆成就復有千万億五戒賢者皆行
阿羅漢十地迴向五分法身具足无量功德
皆成就復有十千五戒清信女皆行阿羅漢
十地皆成始生功德住生功德終生功德三十
生功德皆成就復有十億七賢居士德行具
足廿二品十一切入八除入八解脫三慧十六
諦四諦四三二一品觀得九十忍一切功德皆
成就復有万万億九梵三淨三光三五喜
天天定功德定味常樂神通十八生處功
成就復有億億六欲諸天子十善果報
功德皆成復有十六大國王各各有一一
万乃至十万眷屬五戒十善三歸功德
行具足復有五道一切眾生復他方不
量眾復有變十方淨土現百億高
有……華上有无量化

BD09525 號　仁王般若波羅蜜經卷上　（1–1）

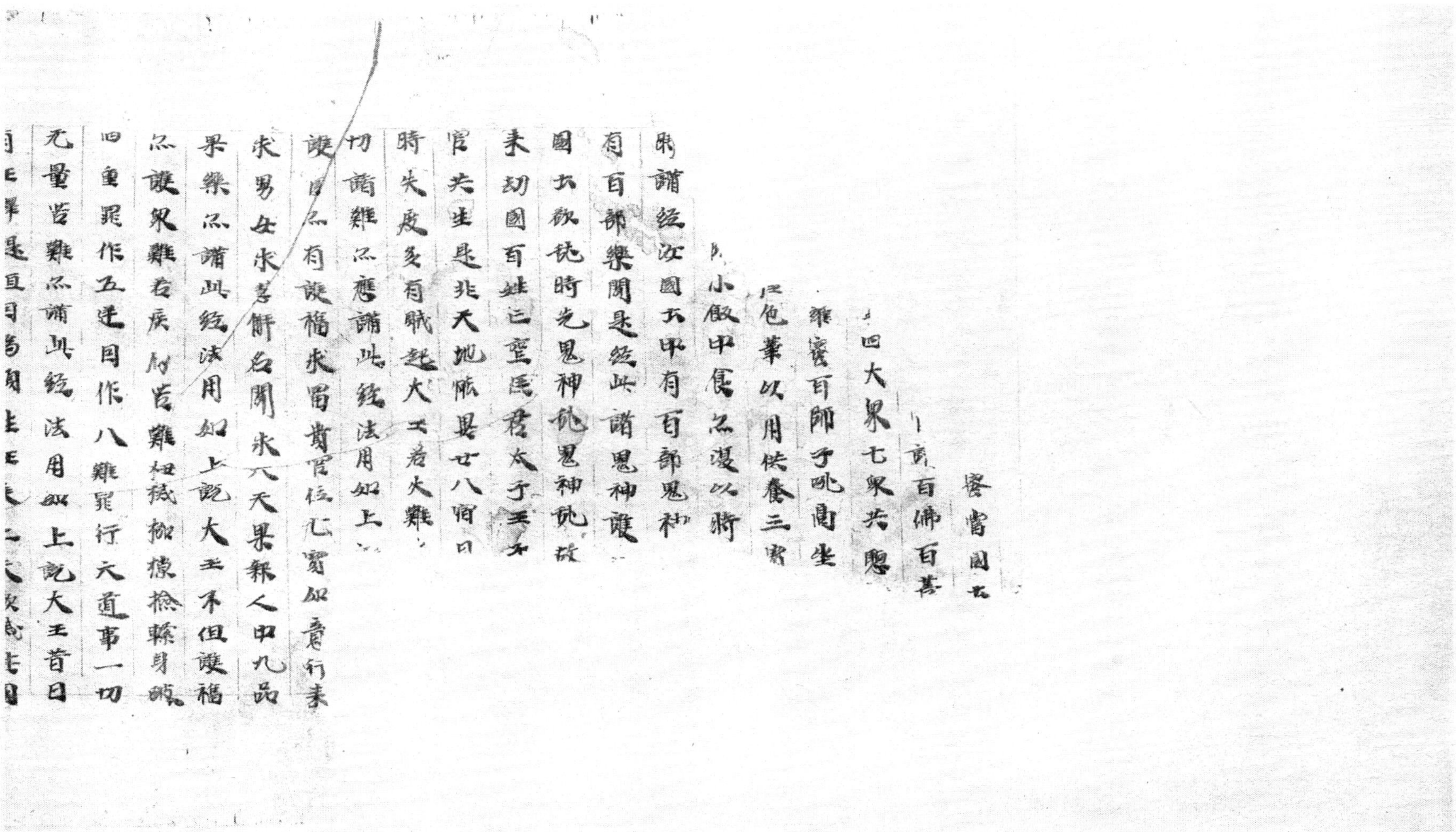

婆富國土
言百佛百菩
四大眾七眾共聽
維寶師子吼高坐
色華以用供養三寶
小般中復不復以將
形諸經汝國土中有百部鬼神
有百部樂聞是經此諸鬼神護
國土欲亂時先鬼神亂鬼神亂故
來劫國百姓亡喪臣君太子王子
官共生是非天地怪異廿八宿日
時失度多有賊起大王若火難
切諸難亦應誦此經法用如上
護自亦有護福求富貴官位七寶如意行來
求男女求慧解名聞求六天果報人中九品
果樂亦誦此經法用如上說大王不但護福
亦護眾難若疾病苦難杻械枷鎖檢繫身時
四重罪作五逆罪作八難罪行六道事一切
无量苦難亦誦此經法用如上說大王昔日

BD09526 號　仁王般若波羅蜜經卷下　（3–1）

果樂亦誦此經法用如上說大王不但護福
亦護眾難若疾病苦難杻械枷撿繫身破
四重罪作五逆因作八難罪行六道事一切
无量苦難亦誦此經法用如上說大王昔日
有王釋提桓因為頂生王來上天欲滅其國
時帝釋天王即如七佛法用敷百高座請百
法師講般若波羅蜜頂生即退　滅罪經中
說
大王昔有天羅國王有一太子欲登王位一
名班足太子為外道羅陀師受教應取千王
頭以祭冢神自登其位已得九百九十九王
少一王即北行万里即得一王名普明王其
普明王白班足王言願聽一日飯食沙門頂
礼三寶其班足王許之一日時普明王即依
過去七佛法請百法師百高坐一日二時講
般若波羅蜜八千億偈竟其弟一法師為王
說偈言
劫燒終訖　乾坤洞然　須弥巨海　都為灰揚
天龍福盡　於中彫喪　二儀尚殞　國有何常
生老病死　輪轉无際　事与願違　憂悲為害
欲深禍重　瘡疣无外　三界皆苦　國有何賴
有本自无　因緣成諸　盛者必衰　實者必虛
眾生蠢蠢　都如幻居　聲響俱空　國土亦如
識神无形　假乘四蛇　无明保養　以為樂車
形无常主　神无常家　形神尚離　豈有國耶
尒時法師說偈已時普明王眷屬得法眼空
王自證虛空等定聞法悟解還至天羅國班足
王所眾中即告九百九十九王言就命時到

BD09526號　仁王般若波羅蜜經卷下　（3–2）

普明王白班足王言願聽一日飯食沙門頂
礼三寶其班足王許之一日時普明王即依
過去七佛法請百法師百高坐一日二時講
般若波羅蜜八千億偈竟其弟一法師為王
說偈言
劫燒終訖　乾坤洞然　須弥巨海　都為灰揚
天龍福盡　於中彫喪　二儀尚殞　國有何常
生老病死　輪轉无際　事与願違　憂悲為害
欲深禍重　瘡疣无外　三界皆苦　國有何賴
有本自无　因緣成諸　盛者必衰　實者必虛
眾生蠢蠢　都如幻居　聲響俱空　國土亦如
識神无形　假乘四蛇　无明保養　以為樂車
形无常主　神无常家　形神尚離　豈有國耶
尒時法師說偈已時普明王眷屬得法眼空
王自證虛空等定聞法悟解還至天羅國班足
王所眾中即告九百九十九王言就命時到
人人皆應誦過去七佛仁王問般若波羅蜜
經中偈句時班足王問諸王皆誦何法普明
王即以上偈荅王王聞是法得空三昧九百
九十九王亦聞

BD09526號　仁王般若波羅蜜經卷下　（3–3）

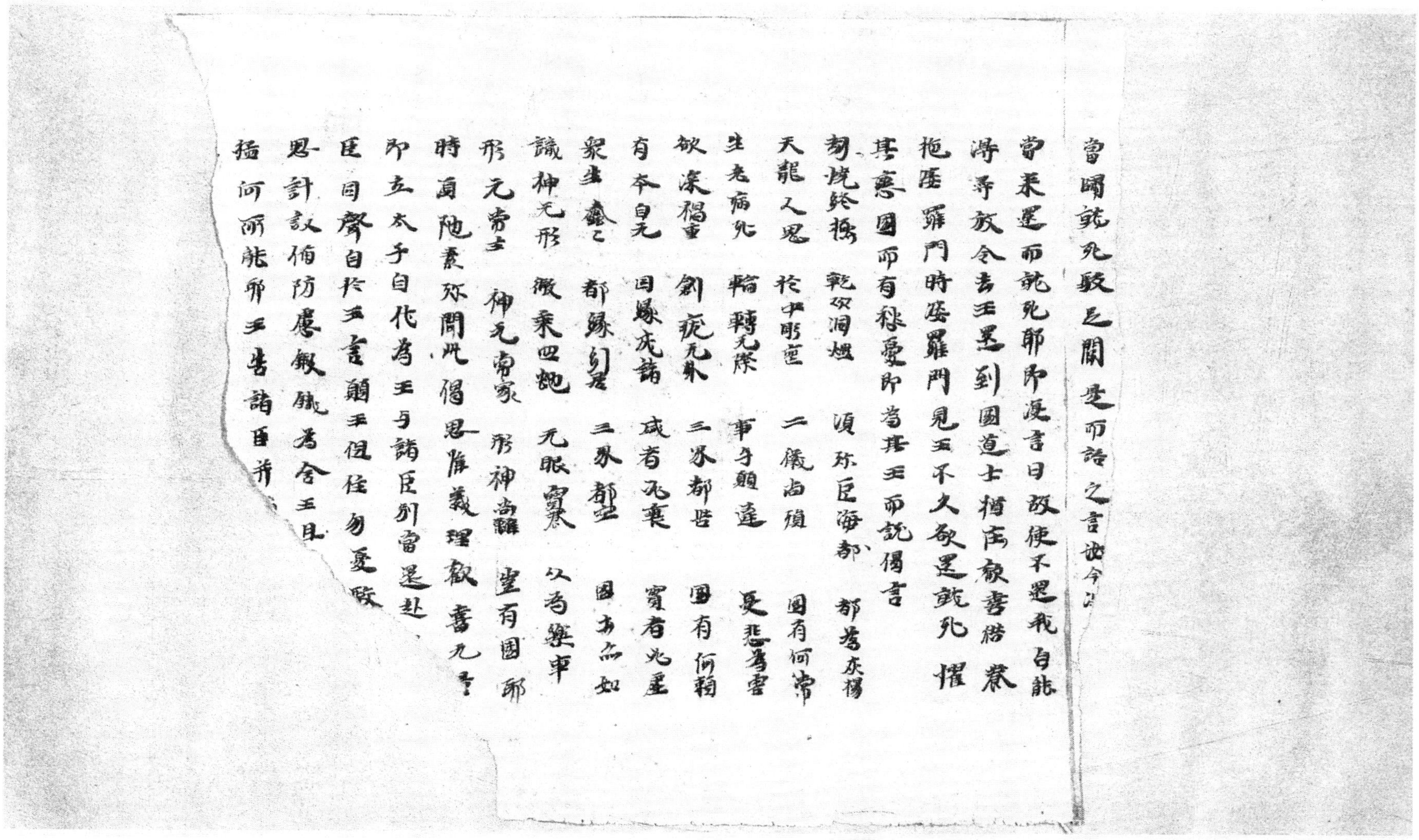

曾聞說死殺之聞受而語之言汝今
當來還而說死耶即復言曰故使不還我自能
淨擇放令去王還到國道士猶在欲書勝衆
拖歷羅門時婆羅門見王不久欲還就死懼
其惡國而有綠憂即為其王而說偈言
劫燒終訖　乾坤洞燃　須彌巨海　都為灰揚
天龍人鬼　於中彫喪　二儀尚殞　國有何常
生老病死　輪轉無際　事與願違　憂悲為害
欲深禍重　瘡疣無外　三界都苦　國有何賴
有本自無　因緣成諸　盛者必衰　實者必虛
衆生蠢蠢　都縣幻居　三界都空　國土亦如
識神無形　假乘四蛇　無明寶養　以為樂車
形無常主　神無常家　形神尚離　豈有國耶
時須陀素彌聞此偈已備解義理歡喜無量
即立太子自代為王與諸臣別當還赴
臣同聲白於王言願王但住勿憂彼
思計設備防慮鐵籠為舍王且
獄何所能耶王告諸臣并

BD09527 號　賢愚經卷一一　　　　(1–1)

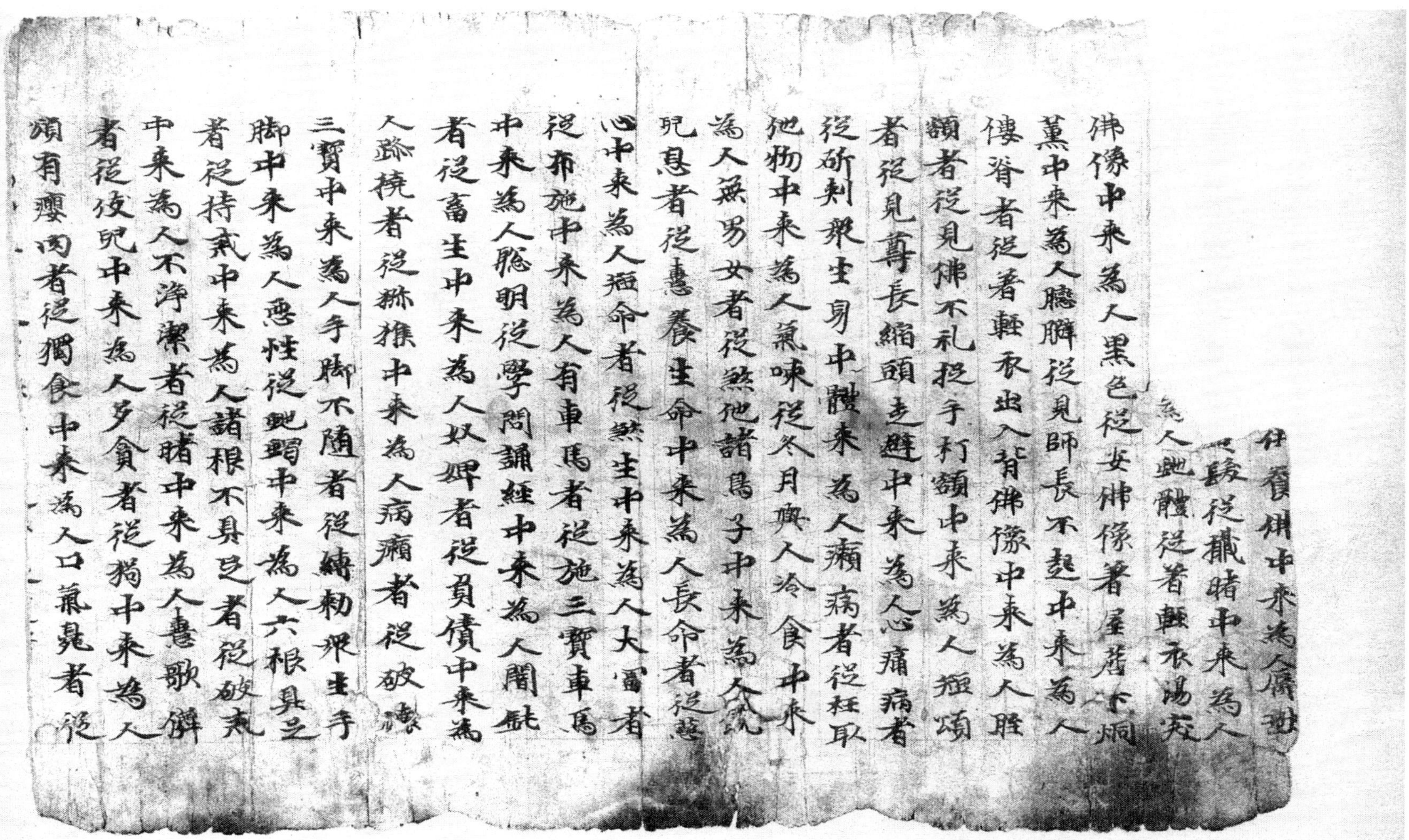

伎賓餅中來為人脣缺
□駿從藏賭中來為人
為人駝體從著輭衣湯沃
佛像中來為人黑色從安佛像著屋簷下桐
薰中來為人聽瞬從見師長不起中來為人
傴脊者從著輭衣出入背佛像中來為人胜
顯者從見佛不禮捉手打額中來為人瘂頑
者從見尊長縮頭走避中來為人心痛病者
從斫刺衆生身中體來為人癩病者從枉取
他物中來為人氣嗽從冬月與人冷食中來
為人無男女者從煞他諸鳥子中來為人無
兒息者從惠養生命中來為人長命者從慈
心中來為人短命者從煞生中來為人大富者
從布施中來為人有車馬者從施三寶車馬
中來為人聰明從學問誦經中來為人闇鈍
者從畜生中來為人奴婢者從負債中來為
人跛撓者從跡推中來為人病癩者從破齋
三寶中來為人手腳不隨者從縛勒衆生手
腳中來為人惡性從蚰蜒中來為人六根具足
者從持戒中來為人諸根不具足者從破戒
中來為人不淨潔者從豬中來為人喜歌舞
者從伎兒中來為人多貪者從狗中來為人
頸有癭瘤者從獨食中來為人口氣臭者從

BD09528 號　善惡因果經　　　　(1–1)

……脫舍
若无增上慢者佛說婬怒……
利弗言善ㄟ哉ㄟ天女汝何所得以何為證
辯乃如是天曰我无得无證故辯如是所以
者何若得有證者則於佛法為增上慢
舍利弗問天汝於三乘為何志求天曰以聲
……我為聲聞以因緣法化眾生
……心化眾生故我為大乘
……林唯嗅瞻蔔不嗅餘香
……佛功德之香不樂聞聲
……其有釋梵四天
……此室者聞斯上人講說
……之香發心而出舍利弗吾
……初不聞說聲聞辟支佛法
……菩薩……大悲不可思議諸佛之法舍
利弗此室常現八未曾有難得之法何等為
八此室常以金色光照晝夜无異不以日月
所照為明是為一未曾有難得之法此室入
不為諸垢之所惱也是為二未曾有難得之
法此室常有釋梵四天王他方菩薩來會不
絕是為三未曾有難得之法此室常說六波

BD09529 號　維摩詰所說經卷中　（2–1）

利弗此室常現八未曾有難得之法何等為
八此室常以金色光照晝夜无異不以日月
所照為明是為一未曾有難得之法此室入
不為諸垢之所惱也是為二未曾有難得之
法此室常有釋梵四天王他方菩薩來會不
絕是為三未曾有難得之法此室常說六波
羅蜜不退轉法是為四未曾有難得之法此
室常作天人第一之樂絃出无量法化之聲
是為五未曾有難得之法此室常有四大藏
眾寶積滿周窮濟乏求得无盡是為六未曾
有難得之法此室釋迦牟尼佛阿弥陁佛阿閦
佛寶德寶炎寶月寶嚴難勝師子響一切利
成如是等十方无量諸佛是上人念時即皆
為來廣說諸佛祕要法藏說已還去是為七
未曾有難得之法此室一切諸天嚴飾宮殿
諸佛淨土皆於中現是為八未曾有難得之法
舍利弗此室常現八未曾有難得之法誰有
見斯不思議事而復樂於聲聞……
言汝何以不轉女身天曰我從十二年來求
女人相了不可得當何所轉……如幻師化作
幻女若有人問何以不轉女身是人為正問
不舍利弗言不也幻无定相……

BD09529 號　維摩詰所說經卷中　（2–2）

久不合故行
言故行堅固慈心无毀故行清淨
慈諸法性淨故行无邊慈如虛空故行阿羅
漢慈結賊故行菩薩慈安眾生故行如來
如相故行佛之慈覺眾生故行自然慈
因得故行菩提慈等一味故行无等慈斷
故行大悲慈導以大乘故行无猒慈觀
空无我故行法施慈无遺惜故行持戒慈化
毀禁故行忍辱慈護彼我故行精進慈荷負
眾生故行禪定慈不受味故行智慧慈无不
知時故行方便慈一切示現故行无隱慈直
心清淨故行深心慈无雜行故行无誑慈不虛
假故行安樂慈令得佛樂故菩薩之慈為若
此也
文殊師利又問何謂為悲答曰菩薩所作功
德皆与一切眾生何謂為喜答曰有所饒益
歡喜无悔何謂為捨答曰所作福祐无所希
望文殊師利又問生死有畏菩薩當何所依

BD09530 號　維摩詰所說經卷中　（3–1）

假故行安樂慈令得佛樂故菩薩之慈為若
此也
文殊師利又問何謂為悲答曰菩薩所作功
德皆与一切眾生何謂為喜答曰有所饒益
歡喜无悔何謂為捨答曰所作福祐无所希
望文殊師利又問生死有畏菩薩當何所依
維摩詰言菩薩於生死畏中當依如來功德
之力文殊師利又問菩薩欲依如來功德之
力當於何住答曰菩薩欲依如來功德力者
當住度脫一切眾生又問欲度脫眾生當何所
除答曰欲度眾生除其煩惱又問欲除煩惱
當何所行答曰當行正念又問云何行於正
念答曰當行不生不滅又問何法不生何法
不滅答曰不善不生善法不滅又問善不善
孰為本答曰身為本又問身孰為本答曰欲
貪為本又問欲貪孰為本答曰虛妄分別為
本又問虛妄分別孰為本答曰顛倒想為本
又問顛倒想孰為本答曰无住為本又問无
住孰為本答曰无住則无本文殊師利從无
住本立一切法
時維摩詰室有一天女見諸大人聞所說法
便現其身即以天華散諸菩薩大弟子上華
至諸菩薩即皆墮落至大弟子便著不墮一
切弟子神力去華不能令去尒時天問舍利
弗何故去華答曰此華不如法是以去之天
曰勿謂此華為不如法所以者何是華无分
別仁者自生分別想耳若於佛法出家有所
分別為不如法若无分別是則如法

BD09530 號　維摩詰所說經卷中　（3–2）

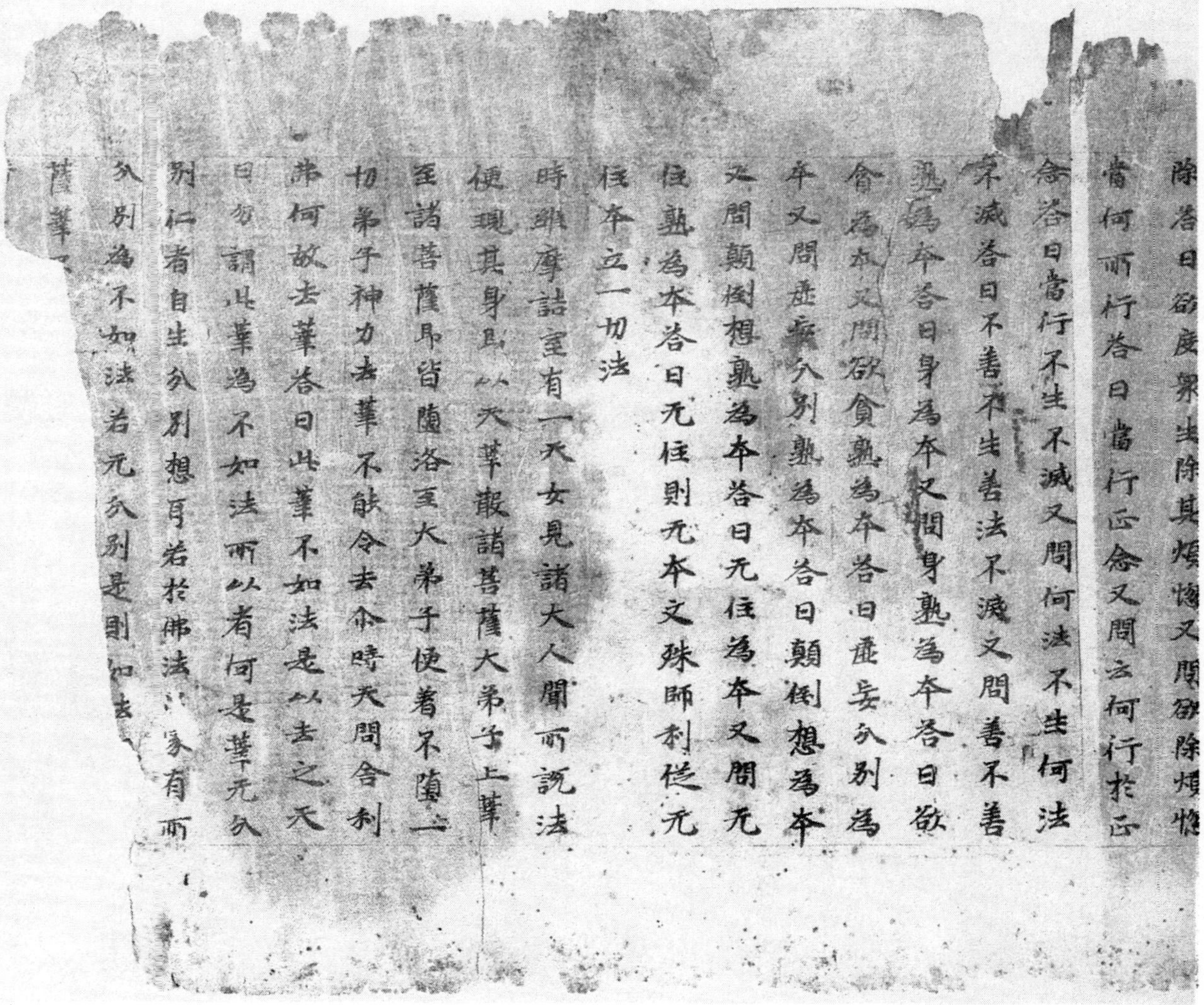
除荅曰欲度眾生除其煩惱又問欲除煩惱
當何所行荅曰當行正念又問云何行於正
念荅曰當行不生不滅又問何法不生何法
不滅荅曰不善不生善法不滅又問善不善
孰為本荅曰身為本又問身孰為本荅曰欲
貪為本又問欲貪孰為本荅曰虛妄分別為
本又問虛妄分別孰為本荅曰顛倒想為本
又問顛倒想孰為本荅曰无住為本又問无
住孰為本荅曰无住則无本文殊師利從无
住本立一切法
時維摩詰室有一天女見諸大人聞所說法
便現其身即以天華散諸菩薩大弟子上華
至諸菩薩即皆墮落至大弟子便著不墮一
切弟子神力去華不能令去尒時天問舍利
弗何故去華荅曰此華不如法是以去之天
曰勿謂此華為不如法所以者何是華无分
別仁者自生分別想耳若於佛法出家有所
分別為不如法若无分別是則如法
菩薩華

BD09530 號　維摩詰所說經卷中　（3–3）

BD09531 號　妙法蓮華經卷二　（3–1）

BD09531 號　妙法蓮華經卷二　　（3–2）

BD09531 號　妙法蓮華經卷二　　（3–3）

BD09531 號背　妙法蓮華經卷二　　（3–1）

BD09531 號背　妙法蓮華經卷二　　（3–2）

BD09531 號背　妙法蓮華經卷二　　(3–3)

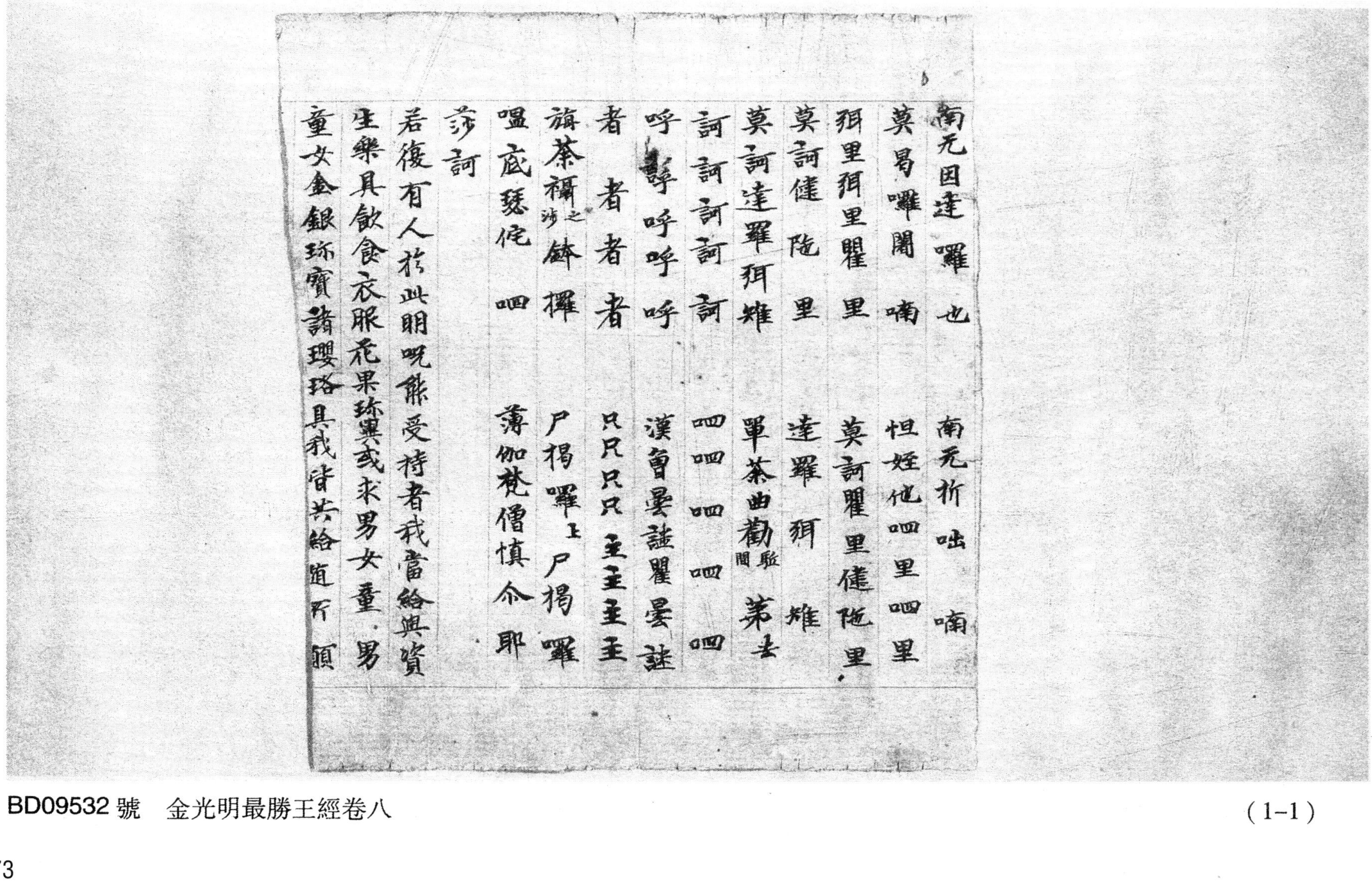

南无因達囉也　南无祈哋喃
莫曷囉闍喃　怛姪他呬里呬里
弭里弭里瞿里　莫訶瞿里健陁里
莫訶健陁里　達羅弭雉
莫訶達羅弭雉　單荼曲勸　苐去
訶訶訶訶訶　呬呬呬呬呬
呼呼呼呼呼　漢曾曇謎瞿曇謎
者者者者　只只只只　垂垂垂垂
旃荼禰鉢攞　尸揭囉上　尸揭囉
嗢底瑟侘　呬　薄伽梵僧慎介耶
莎訶
若復有人於此明呪能受持者我當給與資
生樂具飲食衣服花果珎異或求男女童男
童女金銀珎寶諸瓔珞具我皆共給隨所願

BD09532 號　金光明最勝王經卷八　　(1–1)

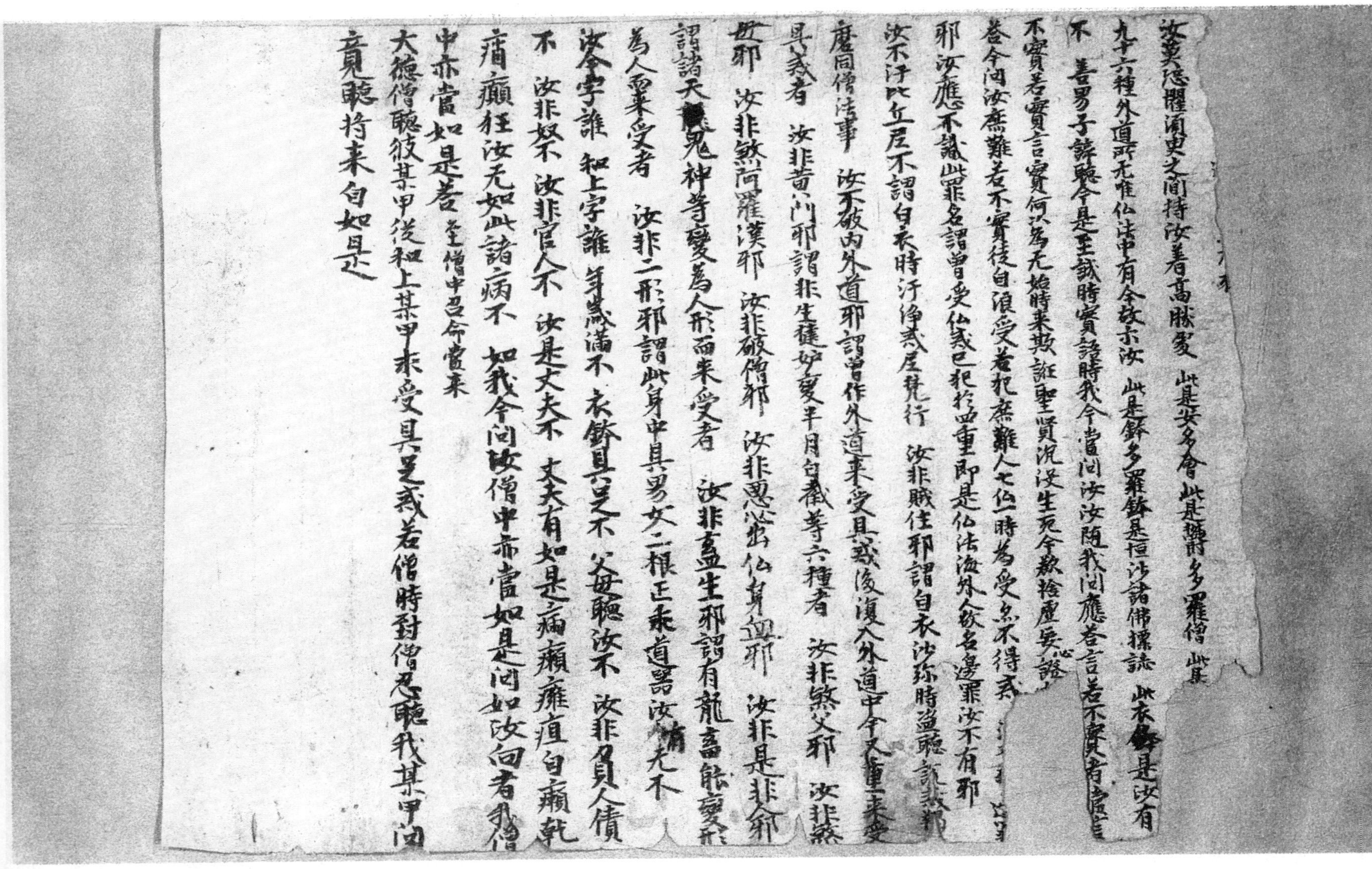

汝莫恐懼須臾之間將汝着高勝處 此是安多會 此是欝多羅僧 此是
九十六種外道所无唯佛法中有今故示汝 此是鉢多羅鉢是恒沙諸佛標誌 此衣鉢是汝有
不 善男子諦聽今是至誠時實語時我今當問汝汝隨我問應荅言若不實者當言
不實若實言實何以為无始時來欺誑聖賢沉沒生死今欲捨虛妄心證
荅今問汝遮難若不實後自須受者犯遮難人七佛時為受亦不得戒
邪汝應不識此罪名謂曾受佛戒已犯於四重即是佛法海外人欲名邊罪汝不有邪
汝不汙比丘尼不謂白衣時汙淨戒尼梵行 汝非賊住邪謂白衣沙弥時盜聽說戒羯
磨同僧法事 汝不破內外道邪謂曾作外道來受具戒後復入外道中今又重來受
具戒者 汝非黃門邪謂非生揵妒變半月白截等六種者 汝非殺父邪 汝非殺
母邪 汝非殺阿羅漢邪 汝非破僧邪 汝非惡心出佛身血邪 汝非是非人邪
謂諸天[illegible]鬼神等變為人形而來受者 汝非畜生邪謂有龍喜能變形
為人而來受者 汝非二形邪謂此身中具男女二根正乘道器汝有无不
汝今字誰 和上字誰 年歲滿不 衣鉢具足不 父母聽汝不 汝非負人債
不 汝非奴不 汝非官人不 汝是丈夫不 丈夫有如是病癩癰疽白癩乾
痟顛狂汝无如此諸病不 如我今問汝僧中亦當如是問如汝向者荅僧
中亦當如是荅 至僧中召命當來
大德僧聽彼某甲從和上某甲求受具足戒若僧時到僧忍聽我某甲問
竟聽將來白如是

BD09533 號　四分律刪補隨機羯磨卷上　　（1–1）

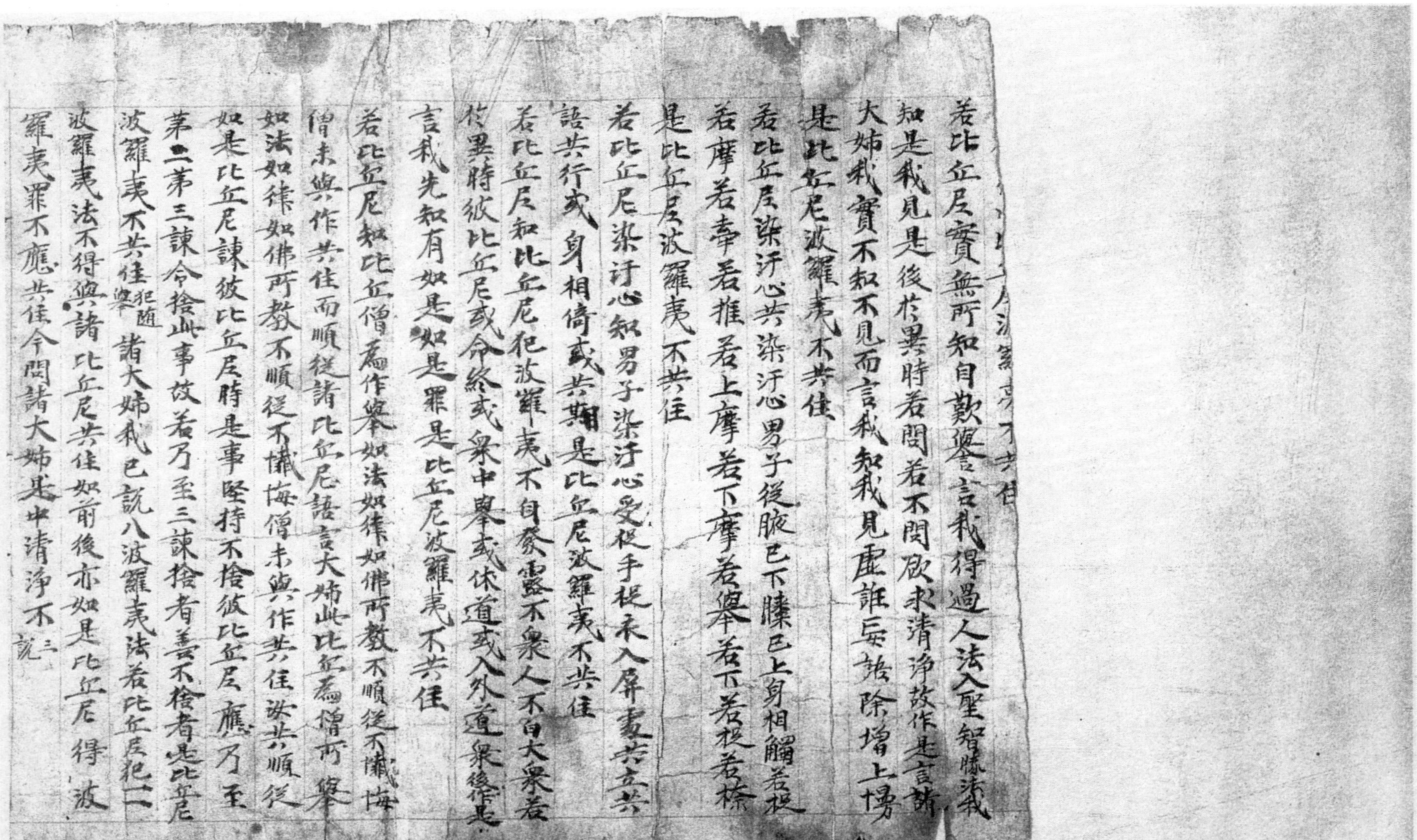

……不共住
若比丘尼實無所知自歎譽言我得過人法入聖智勝法我
知是我見是後於異時若問若不問欲求清淨故作是言諸
大姊我實不知不見而言我知我見虛誑妄語除增上慢
是比丘尼波羅夷不共住
若比丘尼染汙心共染汙心男子從腋已下膝已上身相觸若捉
若摩若牽若推若上摩若下摩若舉若下若捉若捺
是比丘尼波羅夷不共住
若比丘尼染汙心知男子染汙心受捉手捉衣入屏處共立共
語共行或身相倚或共期是比丘尼波羅夷不共住
若比丘尼知比丘尼犯波羅夷不自發露不語人不白大眾若
於異時彼比丘尼或命終或眾中舉或休道或入外道眾後作是
言我先知有如是如是罪是比丘尼波羅夷不共住
若比丘尼知比丘僧為作舉如法如律如佛所教不順從不懺悔
僧未與作共住而順從諸比丘尼語言大姊此比丘為僧所舉
如法如律如佛所教不順從不懺悔僧未與作共住汝莫順從
如是比丘尼諫彼比丘尼時是事堅持不捨彼比丘尼應乃至
第二第三諫令捨此事故若乃至三諫捨者善不捨者是比丘尼
波羅夷不共住 犯隨舉 諸大姊我已說八波羅夷法若比丘尼犯一一
波羅夷法不得與諸比丘尼共住如前後亦如是比丘尼得波
羅夷罪不應共住今問諸大姊是中清淨不 三說

BD09534 號　四分比丘尼戒本　　（2–1）

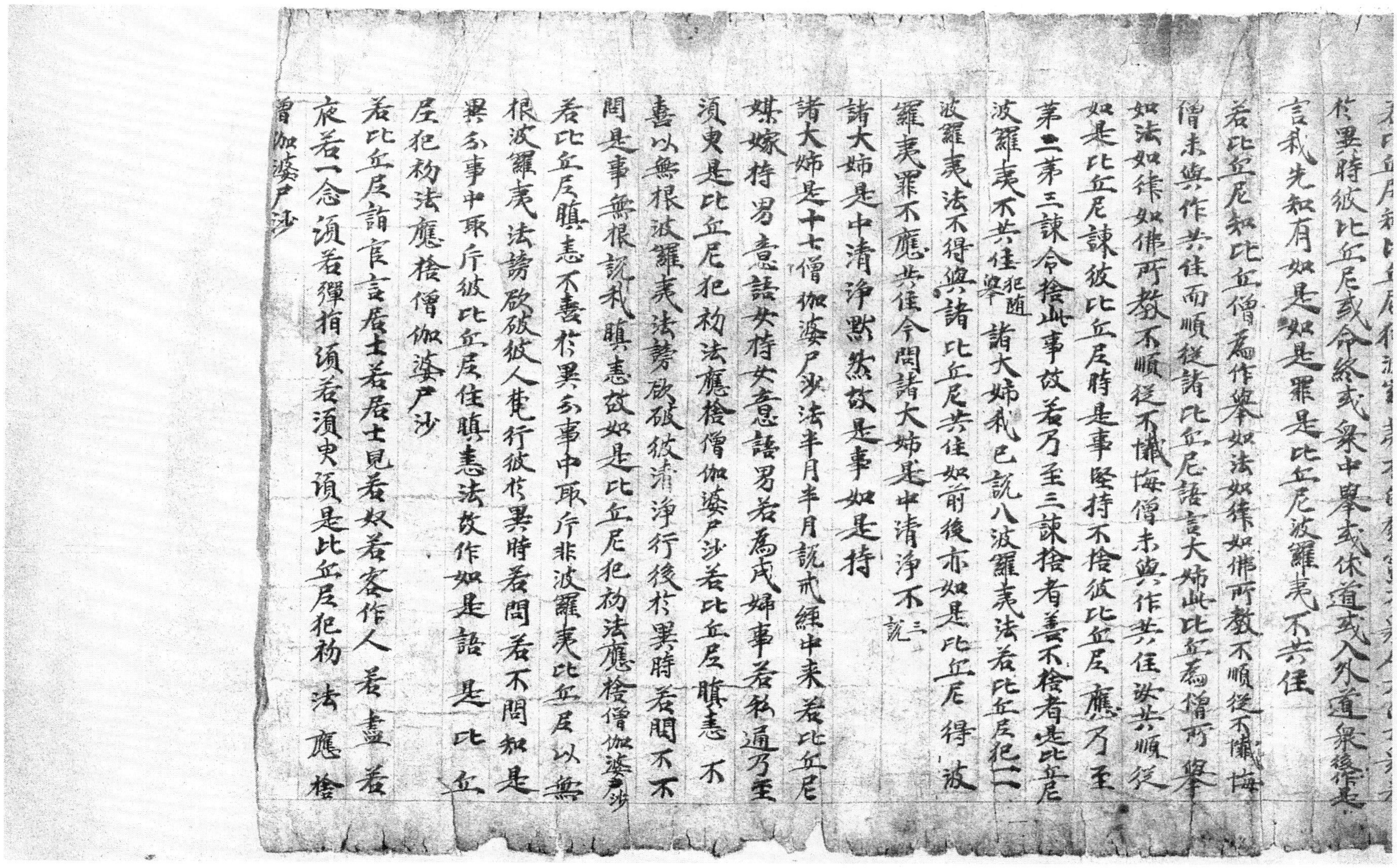
於異時彼比丘尼或命終或衆中舉或休道或入外道衆後作是
言我先知有如是如是罪是比丘尼波羅夷不共住
若比丘尼知比丘僧為作舉如法如律如佛所教不順從不懺悔
僧未與作共住而順從諸比丘尼語言大姊此比丘為僧所舉
如法如律如佛所教不順從不懺悔僧未與作共住汝莫順從
如是比丘尼諫彼比丘尼時是事堅持不捨彼比丘尼應乃至
第二第三諫令捨此事故若乃至三諫捨者善不捨者是比丘尼
波羅夷不共住犯隨舉 諸大姊我已說八波羅夷法若比丘尼犯一一
波羅夷法不得與諸比丘尼共住如前後亦如是比丘尼得波
羅夷罪不應共住今問諸大姊是中清淨不三說
諸大姊是中清淨默然故是事如是持
諸大姊是十七僧伽婆尸沙法半月半月說戒經中來若比丘尼
媒嫁持男意語女持女意語男若為成婦事若私通乃至
須臾是比丘尼犯初法應捨僧伽婆尸沙若比丘尼瞋恚不
喜以無根波羅夷法謗欲破彼清淨行後於異時若問不不
問是事無根說我瞋恚故如是比丘尼犯初法應捨僧伽婆尸沙
若比丘尼瞋恚不喜於異分事中取片非波羅夷比丘尼以無
根波羅夷法謗欲破彼人梵行彼於異時若問若不問知是
異分事中取片彼比丘尼住瞋恚法故作如是語 是比丘
尼犯初法應捨僧伽婆尸沙
若比丘尼詣官言居士若居士兒若奴若客作人 若晝若
夜若一念頃若彈指頃若須臾頃是比丘尼犯初 法應捨
僧伽婆尸沙

BD09534號　四分比丘尼戒本　　（2–2）

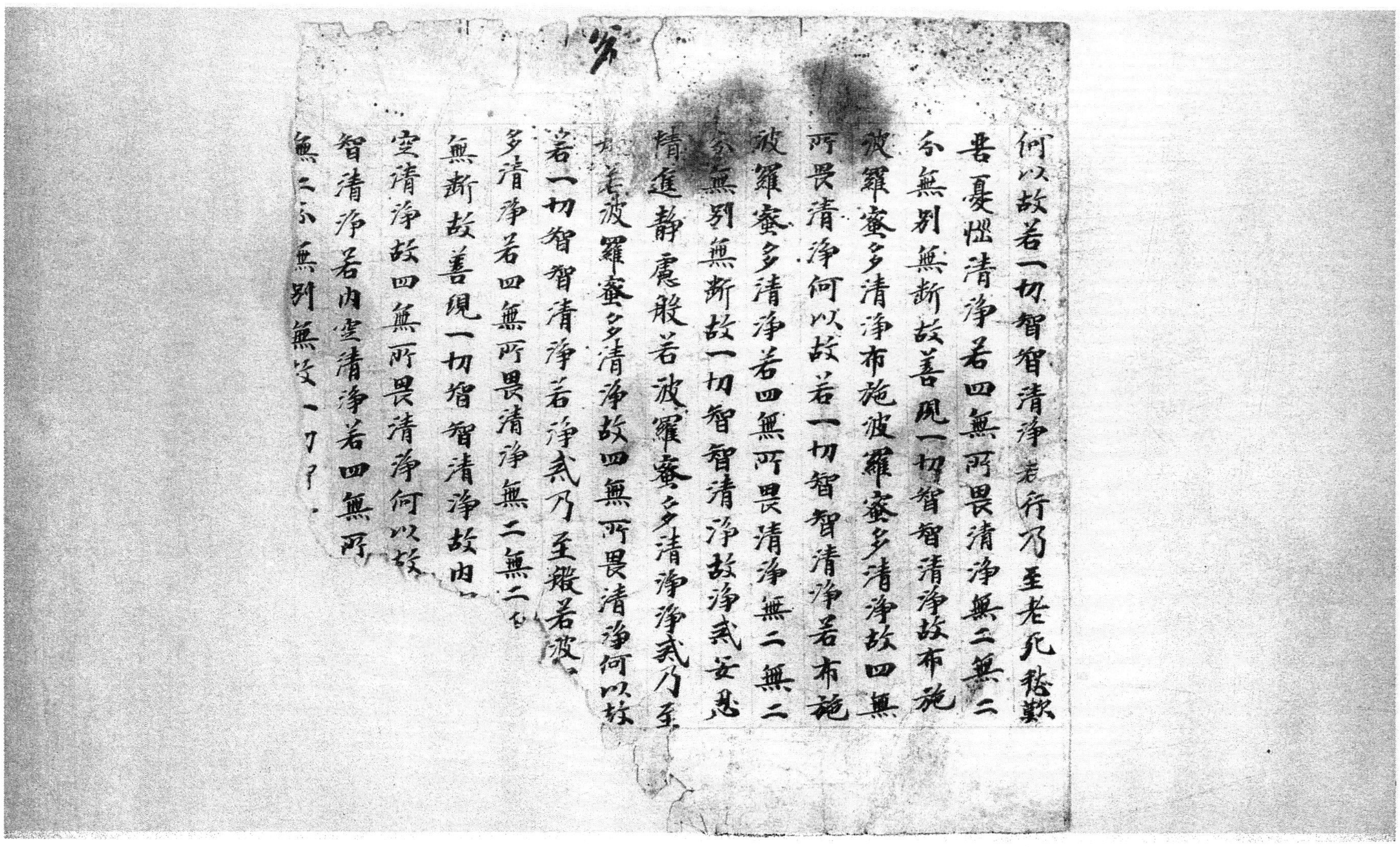
多
何以故若一切智智清淨若行乃至老死愁歎
苦憂惱清淨若四無所畏清淨無二無二
分無別無斷故善現一切智智清淨故布施
波羅蜜多清淨布施波羅蜜多清淨故四無
所畏清淨何以故若一切智智清淨若布施
波羅蜜多清淨若四無所畏清淨無二無二
分無別無斷故一切智智清淨故淨戒安忍
精進靜慮般若波羅蜜多清淨淨戒乃至
般若波羅蜜多清淨故四無所畏清淨何以故
若一切智智清淨若淨戒乃至般若波
多清淨若四無所畏清淨無二無二分
無斷故善現一切智智清淨故內
空清淨故四無所畏清淨何以故
智清淨若內空清淨若四無所
無二分無別無斷故一切

BD09535號　大般若波羅蜜多經（兌廢稿）卷二七五　　（1–1）

性空離
不虛妄性不變異
實際虛空界不思議
如乃至不思議神通離
天子五眼離故苦集滅道聖諦
苦集滅道聖諦離諸天子五眼離故四靜慮
四无量四无色定離六神通離故四靜慮
四无量四无色定離諸天子五眼離故八解
脫八勝處九次第定十遍處離六神通離故
八解脫八勝處九次第定十遍處離諸天子
五眼離故四念住四正斷四神足五根五力
七等覺支八聖道支離六神通離故四念住
乃至八聖道支離諸天子五眼離故空无相
无願解脫門離六神通離故空无相无願解
脫門離諸天子五眼離故極喜地離垢地發
光地焰慧地極難勝地現前地遠行地不動
地善慧地法雲地離六神通離故極喜地乃
至法雲地離諸天子五眼離故佛十力四无
所畏四无礙解大慈大悲大喜大捨十八佛
不共法離六神通離故佛十力乃至十八佛

BD09536 號　大般若波羅蜜多經（兌廢稿）卷三四五　（2–1）

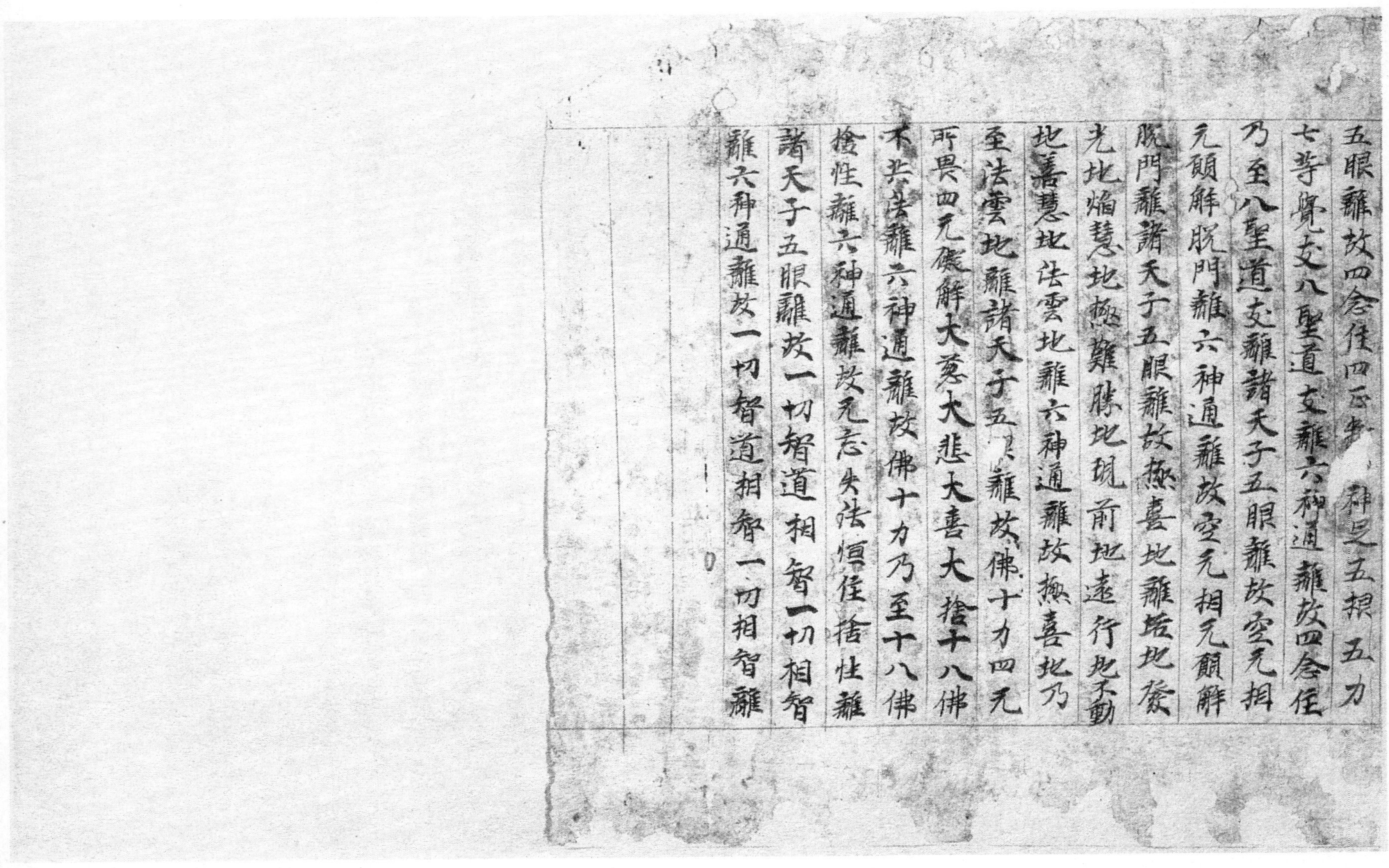

五眼離故四念住四正斷四神足五根五力
七等覺支八聖道支離六神通離故四念住
乃至八聖道支離諸天子五眼離故空无相
无願解脫門離六神通離故空无相无願解
脫門離諸天子五眼離故極喜地離垢地發
光地焰慧地極難勝地現前地遠行地不動
地善慧地法雲地離六神通離故極喜地乃
至法雲地離諸天子五眼離故佛十力四无
所畏四无礙解大慈大悲大喜大捨十八佛
不共法離六神通離故佛十力乃至十八佛
捨性離六神通離故无忘失法恒住捨性離
諸天子五眼離故一切智道相智一切相智
離六神通離故一切智道相智一切相智離

BD09536 號　大般若波羅蜜多經（兌廢稿）卷三四五　（2–2）

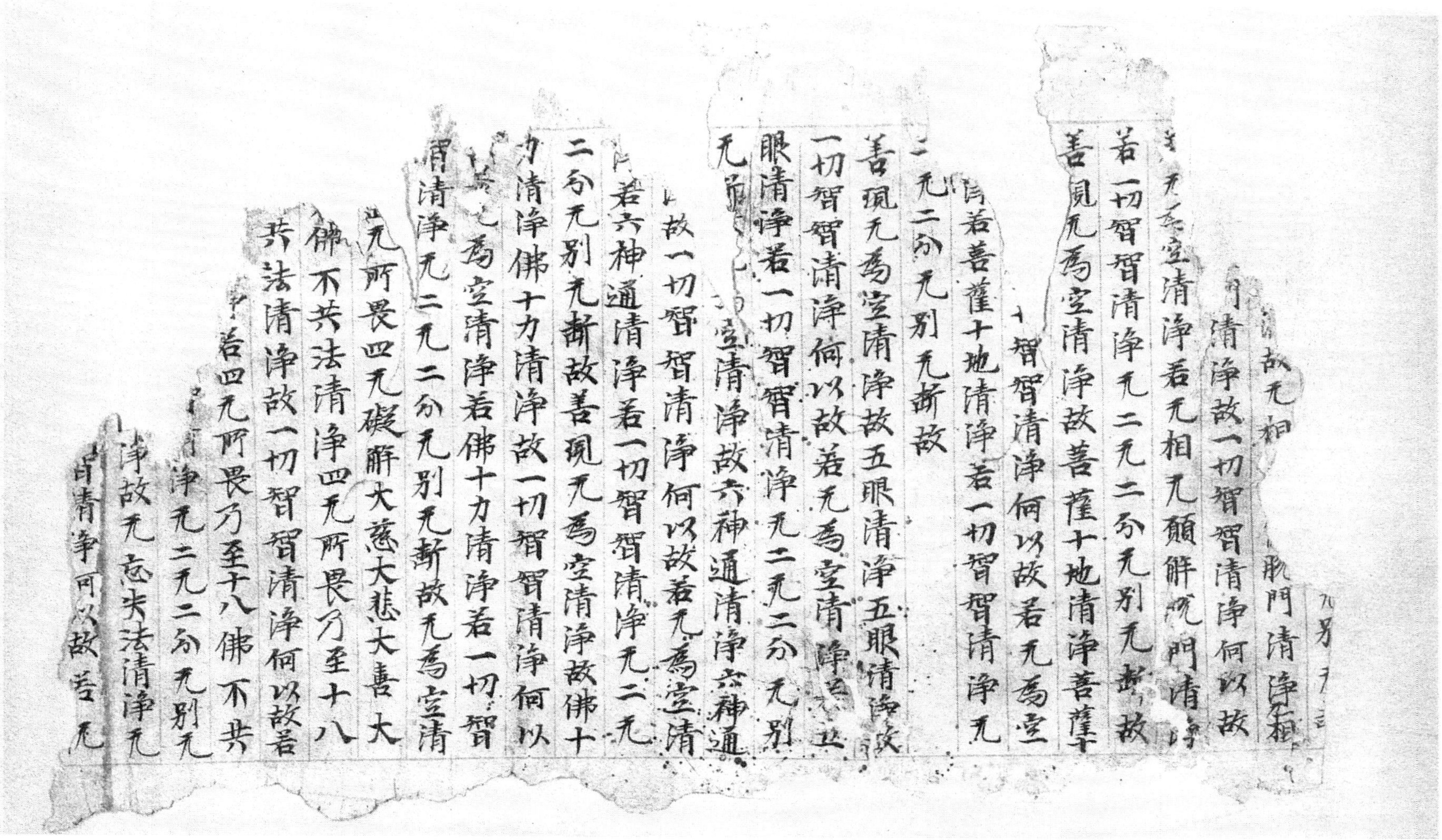

故无相……脫門清淨
清淨故一切智智清淨何以故
若无為空清淨若无相无願解脫門清淨
若一切智智清淨无二无二分无別无斷故
善現无為空清淨故菩薩十地清淨菩薩十
智智清淨何以故若无為空
若菩薩十地清淨若一切智智清淨无
二无二分无別无斷故
善現无為空清淨故五眼清淨五眼清淨故
一切智智清淨何以故若无為空清淨若五
眼清淨若一切智智清淨无二无二分无別
无斷……空清淨故六神通清淨六神通
故一切智智清淨何以故若无為空清
若六神通清淨若一切智智清淨无二无
二分无別无斷故善現无為空清淨故佛十
力清淨佛十力清淨故一切智智清淨何以
……无為空清淨若佛十力清淨若一切智
智清淨无二无二分无別无斷故无為空清
无所畏四无礙解大慈大悲大喜大
佛不共法清淨四无所畏乃至十八
共法清淨故一切智智清淨何以故若
若四无所畏乃至十八佛不共
淨无二无二分无別无
淨故无忘失法清淨无
清淨何以故若无

BD09537 號　大般若波羅蜜多經卷二一一　　（1–1）

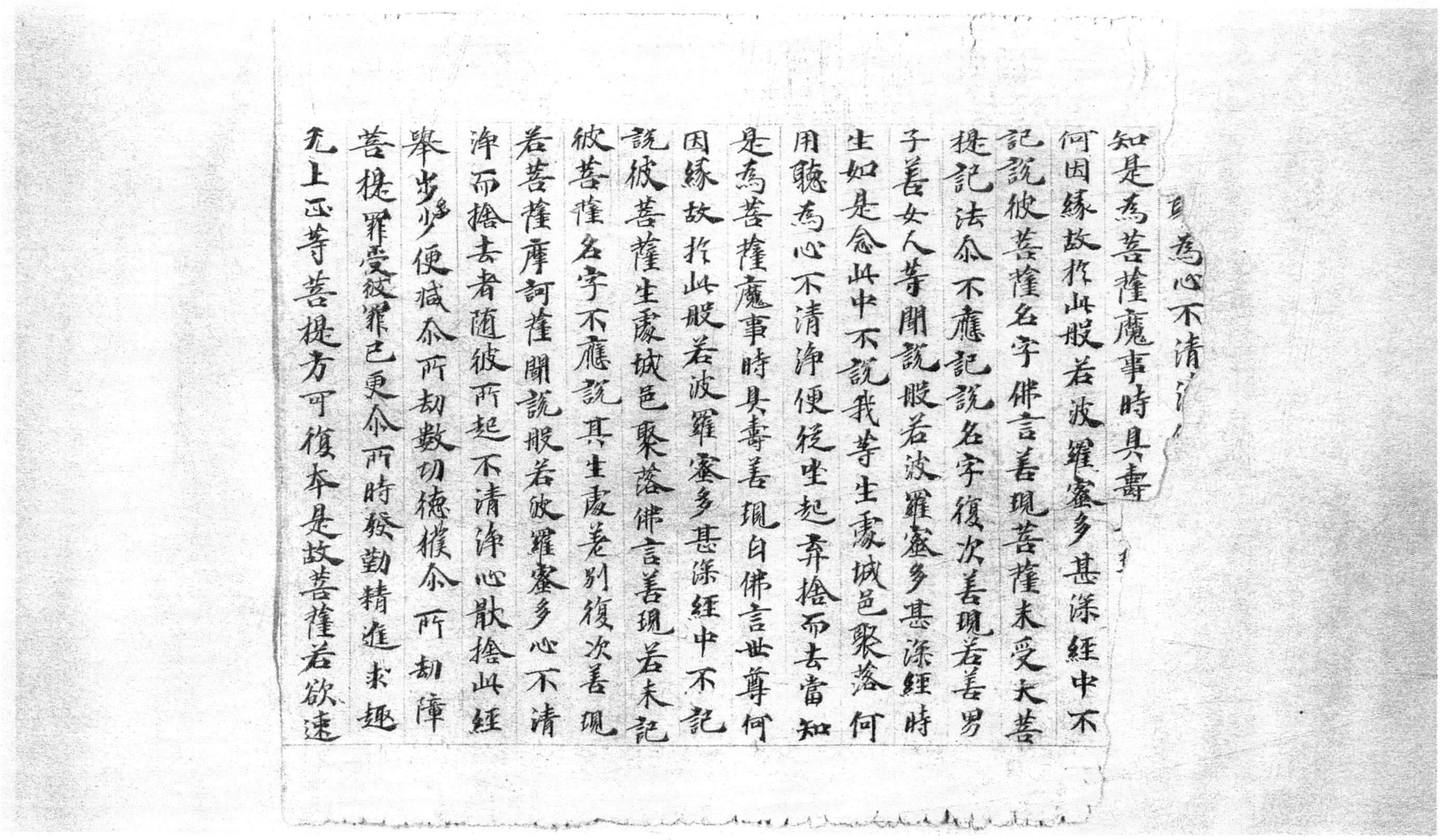

為心不清
知是為菩薩魔事時具壽
何因緣故於此般若波羅蜜多甚深經中不
記說彼菩薩名字佛言善現菩薩未受大菩
提記法尒不應記說名字復次善現若善男
子善女人等聞說般若波羅蜜多甚深經時
生如是念此中不說我等生處城邑聚落何
用聽為心不清淨便從坐起棄捨而去當知
是為菩薩魔事時具壽善現白佛言世尊何
因緣故於此般若波羅蜜多甚深經中不記
說彼菩薩生處城邑聚落佛言善現若未記
彼菩薩名字不應說其生處差別復次善現
若菩薩摩訶薩聞說般若波羅蜜多心不清
淨而捨去者隨彼所起不清淨心猒捨此經
舉步多少便減尒所劫數功德獲尒所劫障
菩提罪受彼罪已更尒所時發勤精進求趣
无上正等菩提方可復本是故菩薩若欲速

BD09538 號　大般若波羅蜜多經卷三〇三　　（1–1）

別无斷
淨受想行識
僑童清淨
行識清　淨无二无二
別无斷故　眼處清淨
清淨故一　故若僑童
清淨若眼處清淨若一切智智若　淨无二无二
分无別无斷故僑童清淨故耳鼻舌身意處
清淨耳鼻舌身意處清淨故一切智智清淨
何以故若僑童清淨若耳鼻舌　意處清淨若
一切智智清淨无二无二分无別无斷故善
現僑童清淨故色處清淨色處清淨故一
切智智清淨何以故若僑童清淨若色處清
淨若一切智智清淨无二无二分无別无斷故
僑童清淨故聲香味觸法處清淨聲香味
觸法處清淨故一切智智清淨何以故若僑童
清淨若聲香味觸法處清淨若一切智智清
淨无二无二分无別无斷故善現僑童清淨

BD09539號　大般若波羅蜜多經（兌廢稿）卷一九九　（3–1）

切智智清淨何以故若僑童清淨若色處清
淨若一切智智清淨无二无二分无別无斷故
僑童清淨故聲香味觸法處清淨聲香味
觸法處清淨故一切智智清淨何以故若僑童
清淨若聲香味觸法處清淨若一切智智清
淨无二无二分无別无斷故善現僑童清淨
故眼界清淨眼界清淨故一切智智清淨何以
故若僑童清淨若眼界清淨若一切智智清
淨无二无二分无別无斷故僑童清淨故色
界眼識界及眼觸眼觸為緣所生諸受清淨
色界乃至眼觸為緣所生諸受清淨故一切
智智清淨何以故若僑童清淨若色界乃至
眼觸為緣所生諸受清淨
故耳界清淨耳界清淨故一切智
淨无二无二分无別无斷故
以故若僑童清淨若耳界清淨若
清淨无二无二分无別无斷故僑童
聲界耳識界及耳觸耳觸為緣所生諸受
淨聲界乃至耳觸為緣所生諸受清淨故
一切智智清淨何以故若僑童清淨若聲界
乃至耳觸為緣所生諸受清淨若一切智智
清淨无二无二分无別无斷故善現僑童清
淨故鼻界清淨鼻界清淨故一切智智清淨
何以故若僑童清淨若鼻界清淨若一切智
智清淨无二无二分无別无斷故僑童清淨
故香界鼻識界及鼻觸鼻觸為緣所生諸受
清淨香界乃至鼻觸為緣所生諸受清淨故

BD09539號　大般若波羅蜜多經（兌廢稿）卷一九九　（3–2）

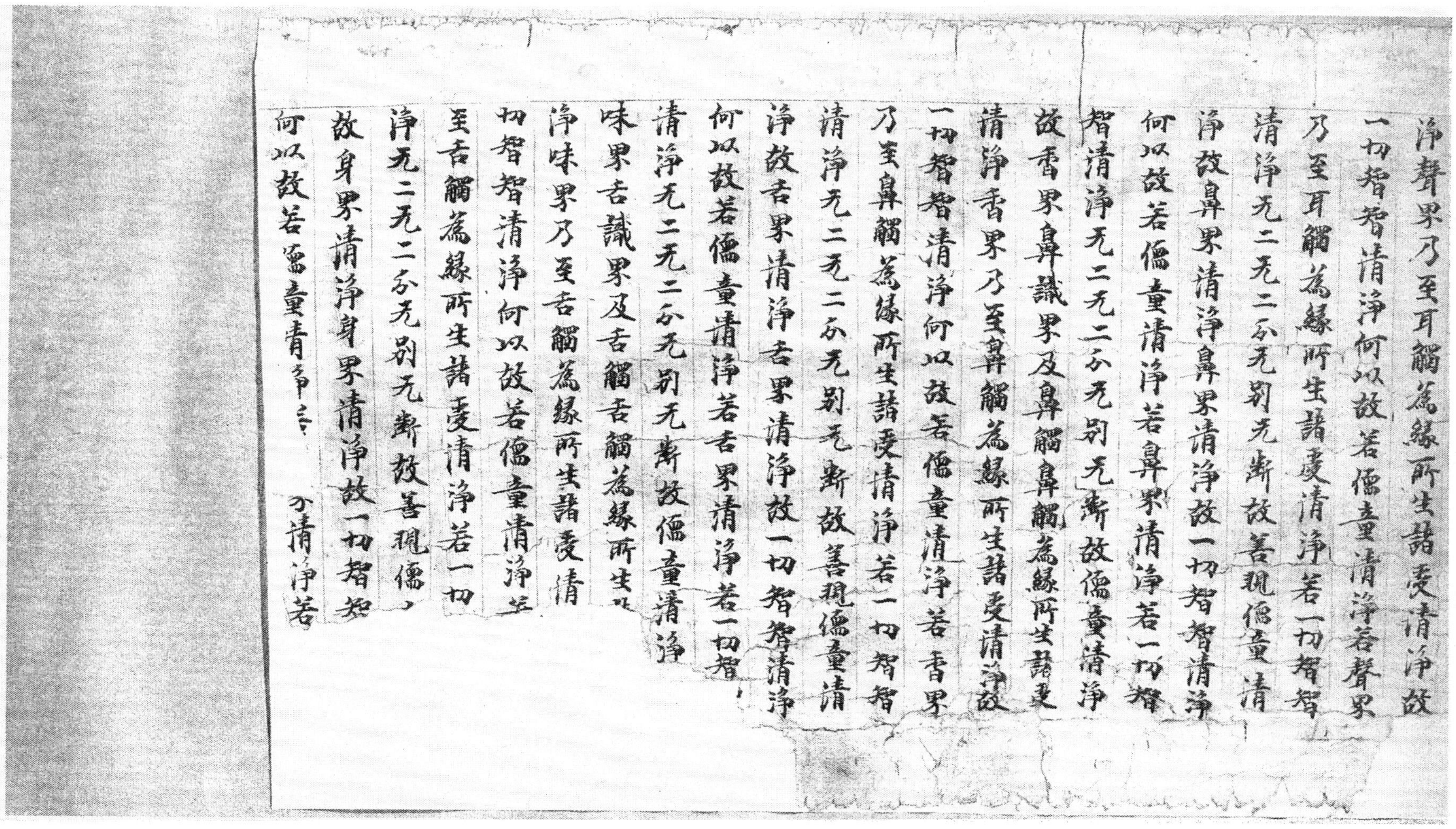

淨聲界乃至耳觸爲緣所生諸受清淨故
一切智智清淨何以故若儒童清淨若聲界
乃至耳觸爲緣所生諸受清淨若一切智智
清淨无二无二分无別无斷故善現儒童清
淨故鼻界清淨鼻界清淨故一切智智清淨
何以故若儒童清淨若鼻界清淨若一切智
智清淨无二无二分无別无斷故儒童清淨
故香界鼻識界及鼻觸鼻觸爲緣所生諸受
清淨香界乃至鼻觸爲緣所生諸受清淨故
一切智智清淨何以故若儒童清淨若香界
乃至鼻觸爲緣所生諸受清淨若一切智智
清淨无二无二分无別无斷故善現儒童清
淨故舌界清淨舌界清淨故一切智智清淨
何以故若儒童清淨若舌界清淨若一切智
清淨无二无二分无別无斷故儒童清淨
味界舌識界及舌觸舌觸爲緣所生
淨味界乃至舌觸爲緣所生諸受清
切智智清淨何以故若儒童清淨
至舌觸爲緣所生諸受清淨若一切
淨无二无二分无別无斷故善現儒
故身界清淨身界清淨故一切智
何以故若儒童青淨〻　分清淨若

BD09539 號　大般若波羅蜜多經（兌廢稿）卷一九九　（3–3）

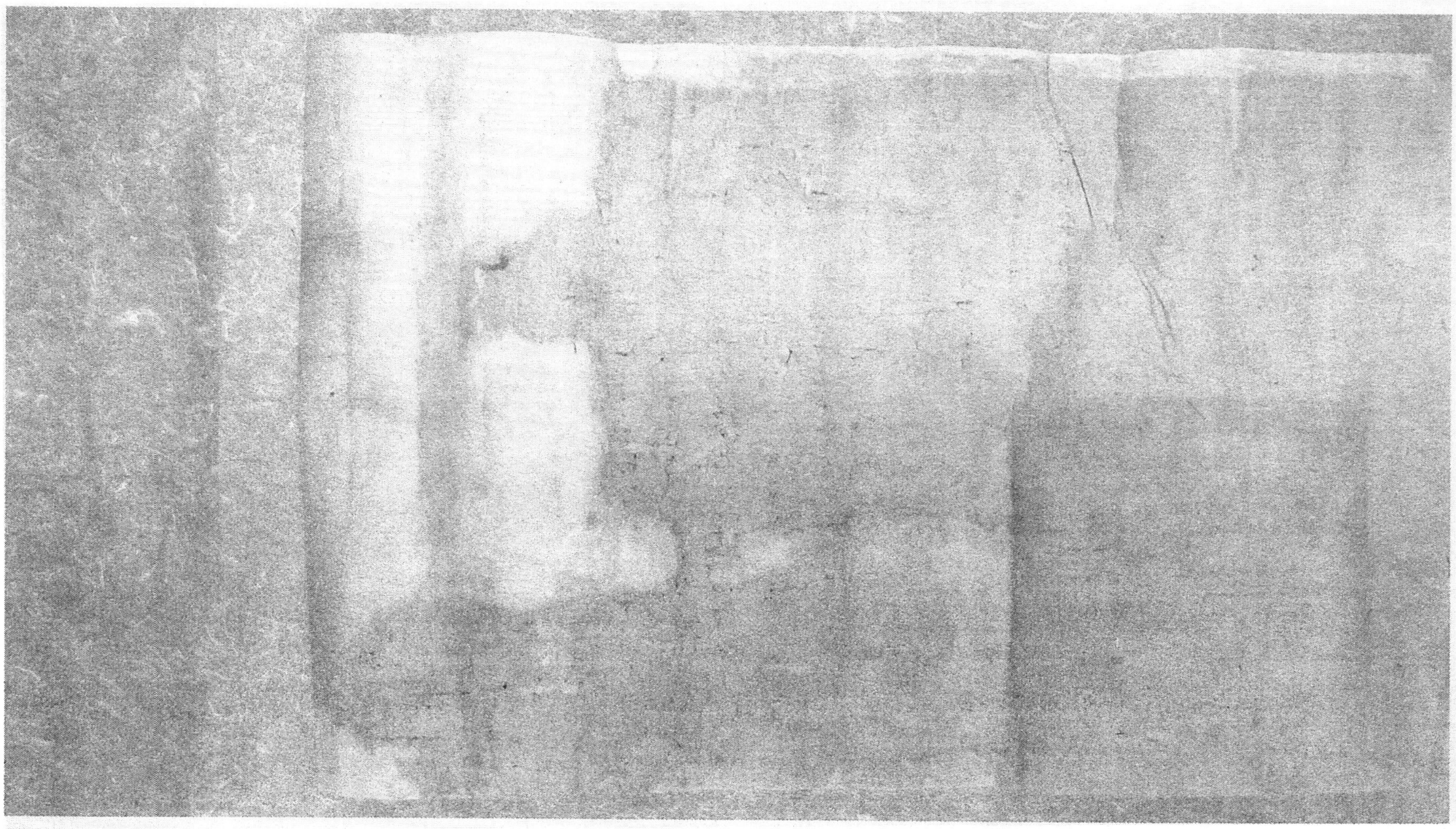

BD09539 號背　殘字痕　（1–1）

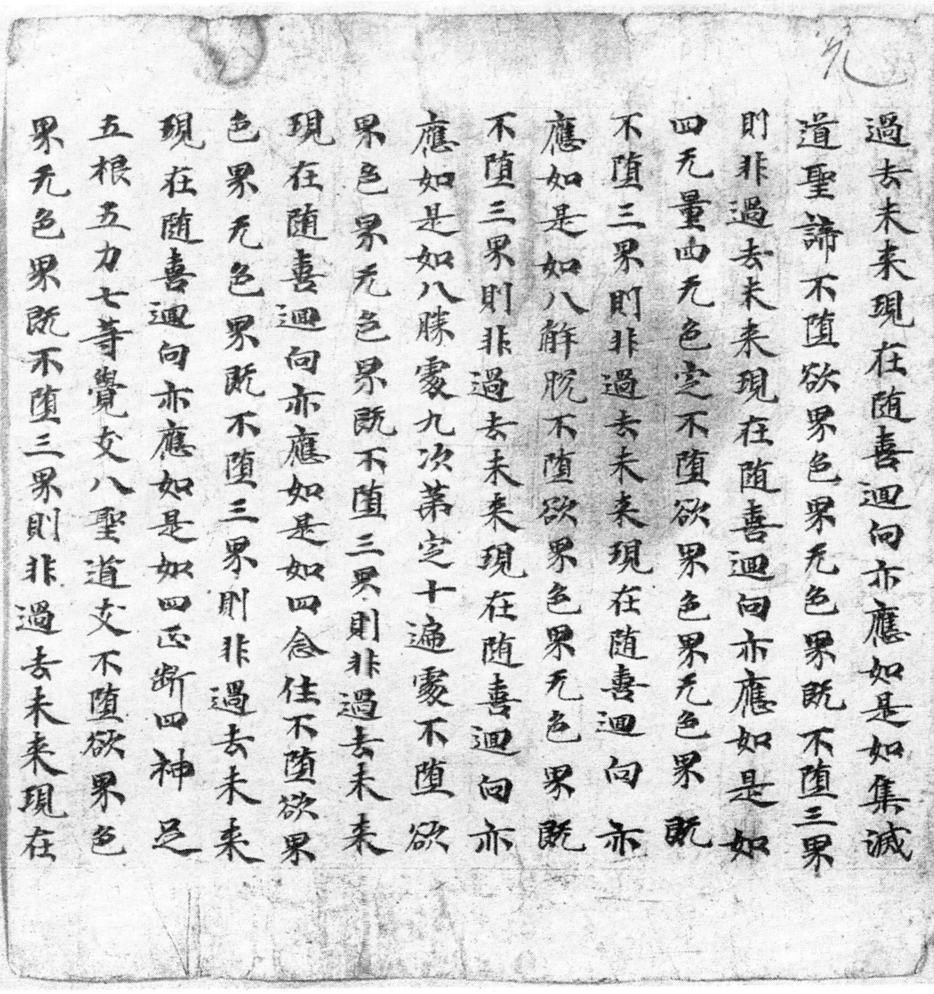

過去未來現在隨喜迴向亦應如是如集滅
道聖諦不墮欲界色界无色界既不墮三界
則非過去未來現在隨喜迴向亦應如是如
四无量四无色定不墮欲界色界无色界既
不墮三界則非過去未來現在隨喜迴向亦
應如是如八解脫不墮欲界色界无色界既
不墮三界則非過去未來現在隨喜迴向亦
應如是如八勝處九次第定十遍處不墮欲
界色界无色界既不墮三界則非過去未來
現在隨喜迴向亦應如是如四念住不墮欲界
色界无色界既不墮三界則非過去未來
現在隨喜迴向亦應如是如四正斷四神足
五根五力七等覺支八聖道支不墮欲界色
界无色界既不墮三界則非過去未來現在

BD09540 號　大般若波羅蜜多經（兌廢稿）卷一七〇　　（1–1）

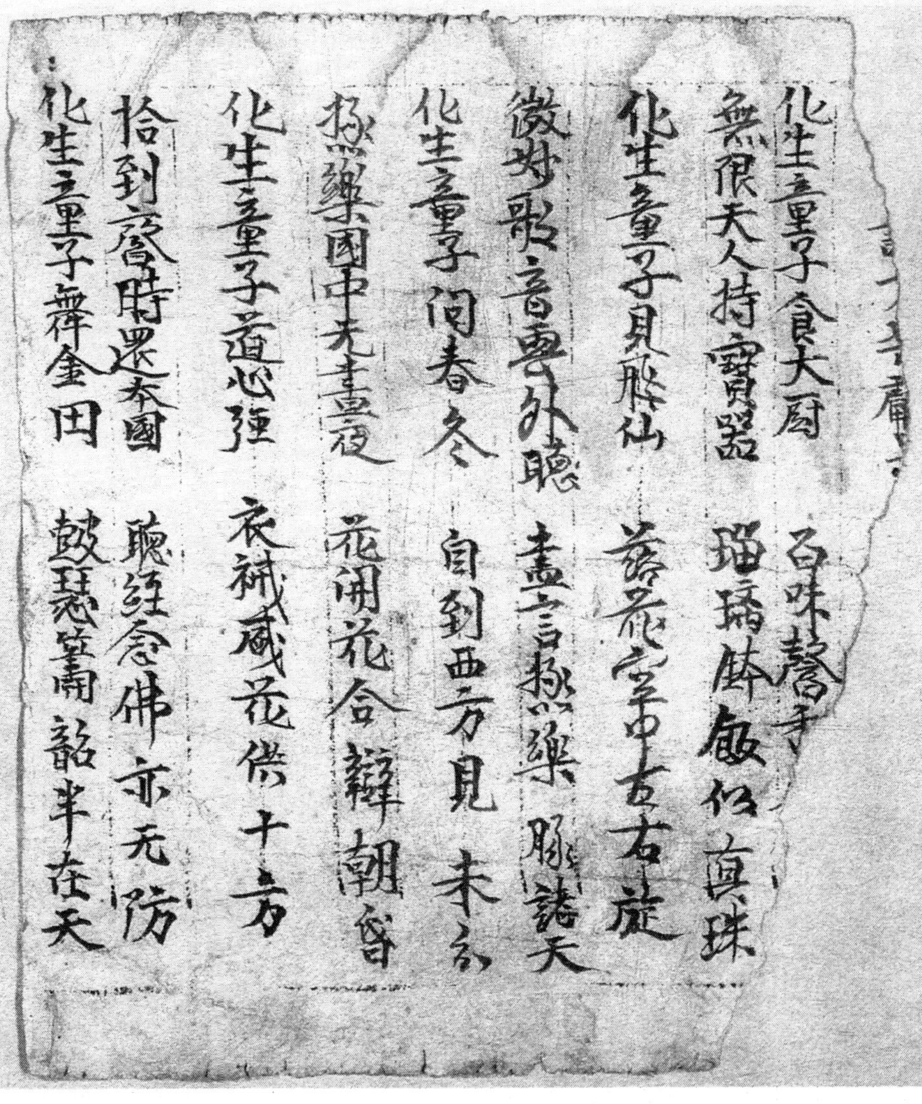

化生童子食天厨　百味馨香
無限天人持寶器　瑠璃鉢飯似真珠
化生童子見飛仙　落花空中左右旋
微妙歌音雲外聽　盡言極樂勝諸天
化生童子問春冬　自到西方見未曾
極樂國中无晝夜　花開花合辯朝昏
化生童子道心強　衣裓盛花供十方
恰到齋時還本國　聽經念佛亦无防
化生童子舞金田　鼓瑟簫韶半在天

BD09541 號　阿彌陀經押座文（擬）　　（1–1）

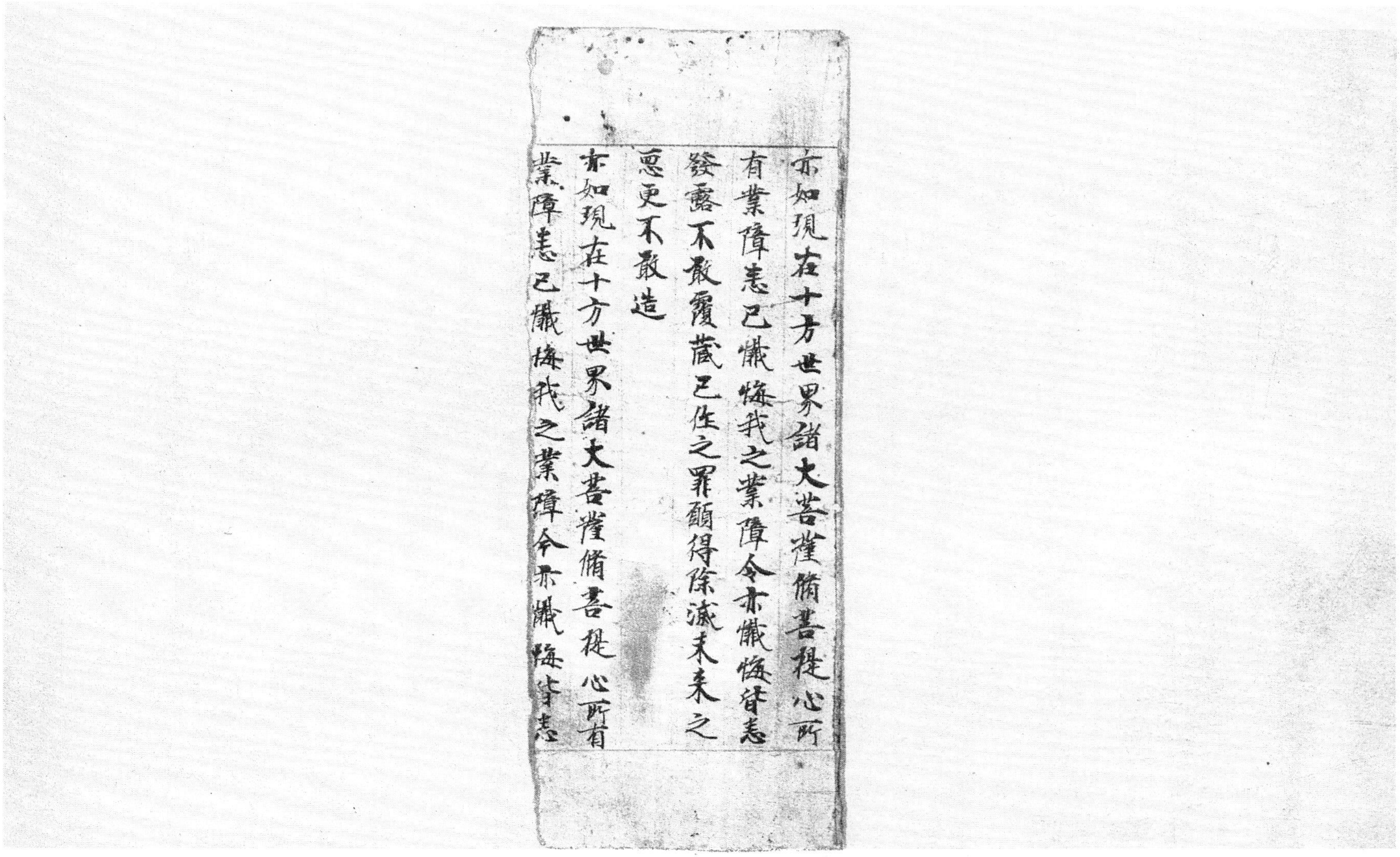
亦如現在十方世界諸大菩薩脩菩提心所
有業障悉已懺悔我之業障今亦懺悔皆悉
發露不敢覆藏已作之罪願得除滅未來之
惡更不敢造
亦如現在十方世界諸大菩薩脩菩提心所有
業障悉已懺悔我之業障今亦懺悔皆悉

BD09542 號　金光明最勝王經（兌廢稿）卷三　（1–1）

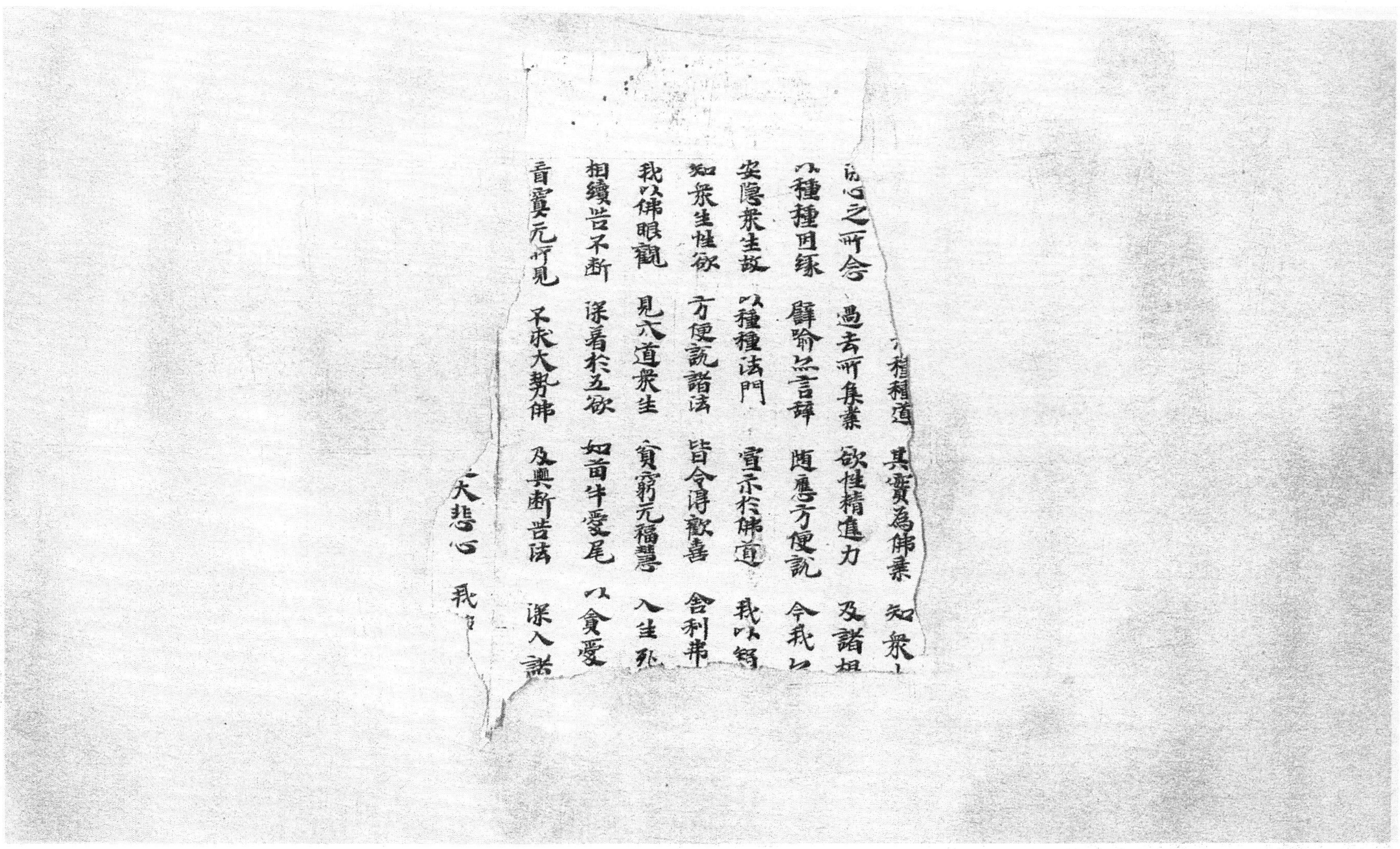
種種道　其實為佛乘　知衆
深心之所念　過去所集業　欲性精進力　及諸根
以種種因緣　譬喻亦言辭　隨應方便說　今我亦
安隱衆生故　以種種法門　宣示於佛道　我以智
知衆生性欲　方便說諸法　皆令得歡喜　舍利弗
我以佛眼觀　見六道衆生　貧窮元福慧　入生死
相續苦不斷　深著於五欲　如犛牛愛尾　以貪愛
盲瞑元所見　不求大勢佛　及與斷苦法　深入諸
大悲心　我

BD09543 號　妙法蓮華經卷一　（1–1）

是一相一□
相究竟涅槃常寂滅相終歸
方空佛知是已觀衆生心欲而將護之是故
不爲說一切種智汝等迦葉甚爲希有
能知如來隨宜說法能信能受所以者何諸佛
世尊隨宜說法難解難知尒時世尊欲重
宣此義而說偈言
破有法王 出現於世 隨衆生欲 種種說法
如來尊重 智慧深遠 久默斯要 不務速說
有智若聞 則能信解 无智疑悔 則爲永失
是故迦葉 隨力爲說 以種種緣 令得正見
迦葉當知 譬如大雲 起於世間 遍覆一切
慧雲含潤 電光晃曜 雷聲遠震 令衆悅豫
日光掩蔽 地上清涼 靉靆垂布 如可承攬
其雨普等 四方俱下 流澍无量 率土充洽
山川嶮谷 幽邃所生 卉木藥草 大小諸樹

BD09544號　妙法蓮華經卷三　（1–1）

界諸[illegible]
首歸誠至心礼敬彼諸世尊以真實慧以真
實眼真實證明真實平等悉知悉見一切衆
生善惡之業我從无始生死以來隨惡流轉共
諸衆生造業障罪爲貪瞋癡之所纏縛未
識佛時未識法時未識僧時未識善惡由身語
意造无間罪惡心出佛身血誹謗正法破和合
僧殺阿羅漢殺害父母身三語四意三種行
造十惡業自作教他見作隨喜於諸善人橫
生毀謗斗秤欺誑以偽爲真不淨飲食施與
一切六道中所有父母更相惱害或盜窣覩
波物四方僧物現前僧物自在而用世尊
法律不樂奉行師長教示不相隨順見行聲
聞獨覺大乘行者喜生罵辱令諸行人心生
悔惱見有勝己便懷嫉妬法施財施常生慳
[illegible]

BD09545號　金光明最勝王經卷三　（1–1）

石苐二持戒波羅
獨步无畏離驚恐
□波羅蜜因譬如風輪那羅
勇壯速疾心不退故是名苐四勤策波
□因譬如七寶樓觀有四階道清涼之風
来吹四門受安隱樂靜慮法藏求滿足故是
名苐五靜慮波羅蜜因譬如日輪光耀熾盛
此心速能破滅生死无明闇故是名苐六智
恵波羅蜜因譬如商主能令一切心願滿足
此心能度生死險道獲功德寶故是名苐七
方便勝智波羅蜜因譬如淨月圓滿无翳此
於一切境界清淨具足故是名苐八願
波羅蜜因譬如轉輪聖王主兵寶臣隨意自
在此心善能莊嚴淨佛國土无量功德廣利
群生故是名苐九力波羅蜜因譬如虛空及
轉輪聖王此心能於一切境界无有障礙於
一切處皆得自在至灌頂位故是名苐十智
波羅蜜因善男子是名菩薩摩訶薩十種善
□□□□□□汝當修學

BD09546 號　金光明最勝王經卷四　（2–1）

方便勝智波羅蜜因譬如淨月圓滿无翳此
於一切境界清淨具足故是名苐八願
波羅蜜因譬如轉輪聖王主兵寶臣隨意自
在此心善能莊嚴淨佛國土无量功德廣利
群生故是名苐九力波羅蜜因譬如虛空及
轉輪聖王此心能於一切境界无有障礙於
一切處皆得自在至灌頂位故是名苐十智
波羅蜜因善男子是名菩薩摩訶薩十種善
因如是十因汝當修學
善男子依五種法菩薩摩訶薩成就布施
波羅蜜云何為五一者信根二者慈悲三者无
求欲心四者攝受一切衆生五者願求一切智
智善男子是名菩薩摩訶薩成就布施波
羅蜜善男子復依五法菩薩摩訶薩成就
持戒波羅蜜云何為五一者三業清淨二者
不為一切衆生作煩惱因緣三者閉諸
善趣門四者過於聲聞獨覺之地五□
功德皆悉滿足善男子是名菩薩□
□就持戒波羅蜜善男子復依五□

BD09546 號　金光明最勝王經卷四　（2–2）

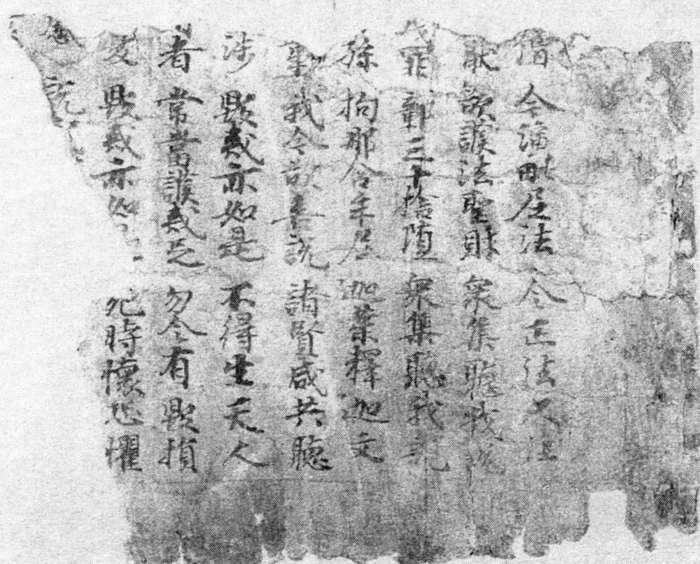

BD09547 號　四分比丘尼戒本　（1–1）

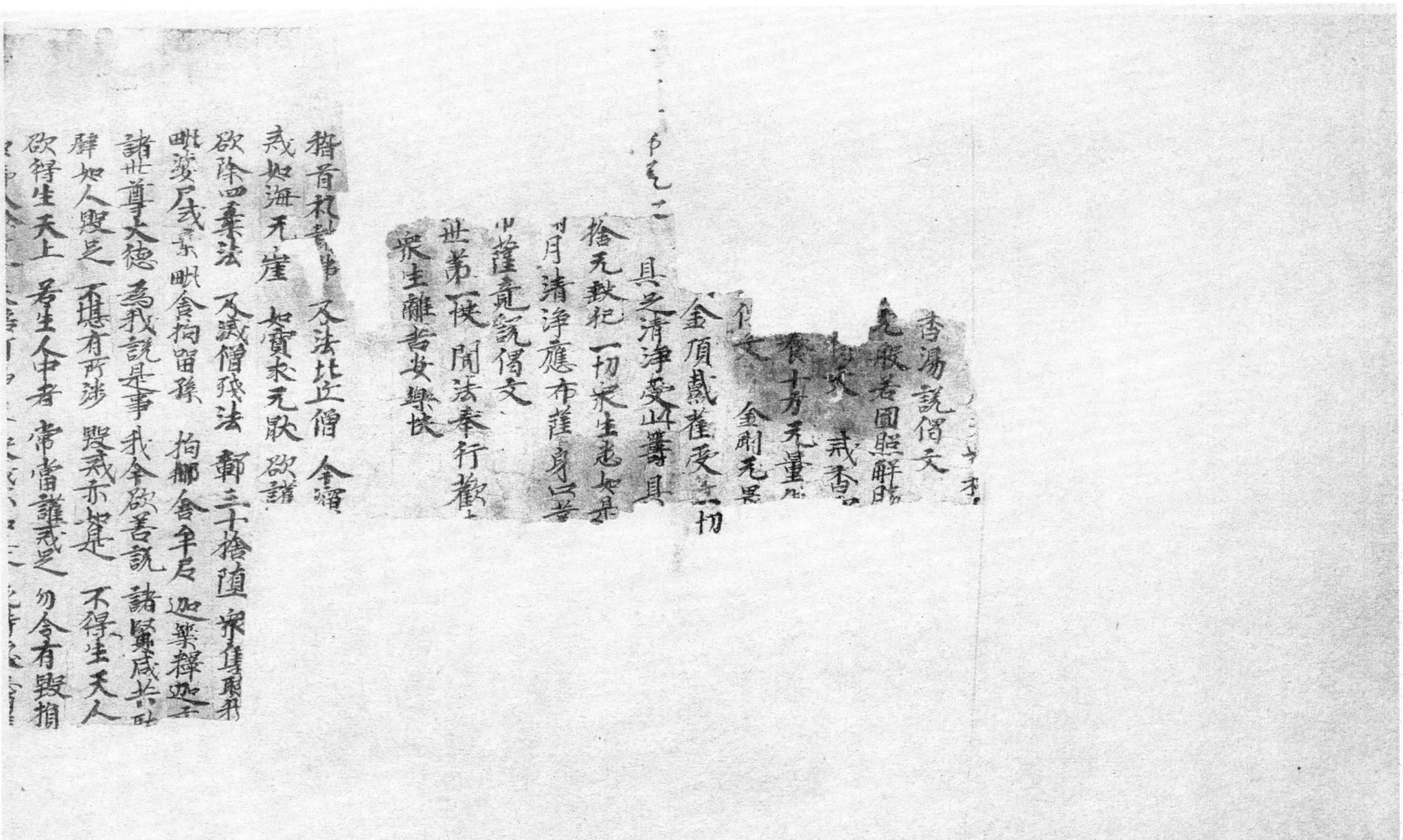

BD09548 號 1　入布薩堂說偈文等　（2–1）

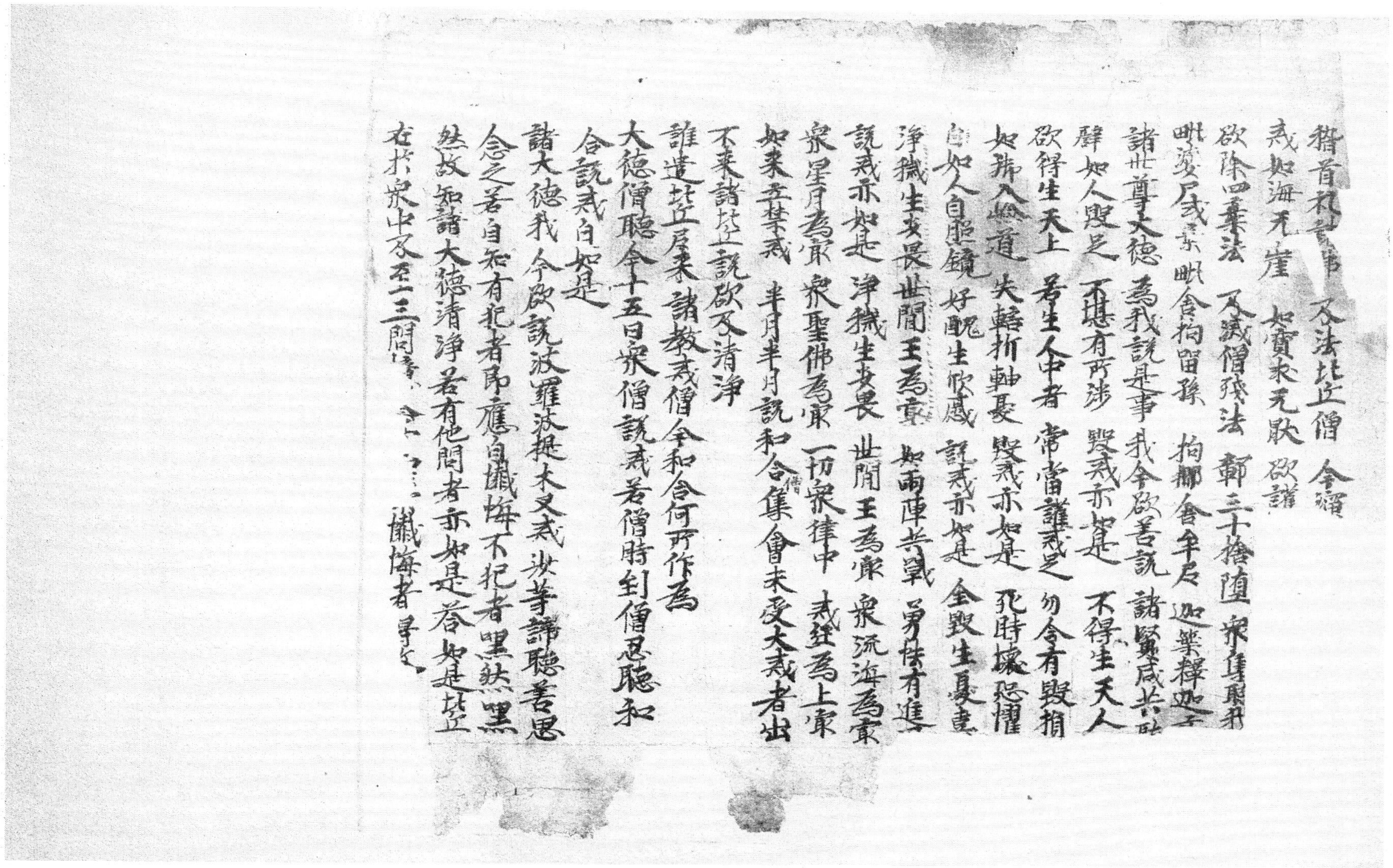
稽首禮諸佛 及法比丘僧 今演
戒如海无崖 如寶求无猒 欲護
欲除四棄法 及滅僧殘法 鄣三十捨墮 衆集聽我說
毗婆尸式棄 毗舍拘留孫 拘那含牟尼 迦葉釋迦文
諸世尊大德 為我說是事 我今欲善說 諸賢咸共聽
譬如人毀足 不堪有所涉 毀戒亦如是 不得生天人
欲得生天上 若生人中者 常當護戒足 勿令有毀損
如御入險道 失轄折軸憂 毀戒亦如是 死時懷恐懼
如人自照鏡 好醜生欣慼 說戒亦如是 全毀生憂喜
淨穢生安畏 世間王為最 如兩陣共戰 勇怯有進
說戒亦如是 淨穢生安畏 世間王為最 衆流海為最
衆星月為最 衆聖佛為最 一切衆律中 戒經為上最
如來立禁戒 半月半月說 和合僧集會 未受大戒者出
不來諸比丘說欲及清淨
誰遣比丘尼來 諸教戒僧今和合何所作為
大德僧聽 今十五日衆僧說戒 若僧時到僧忍聽和
合說戒 白如是
諸大德我今欲說波羅提木叉戒 汝等諦聽善思
念之 若自知有犯者即應自懺悔 不犯者默然 默
然故知諸大德清淨 若有他問者亦如是答 如是比丘
在於衆中乃至三問 憶念有罪 …… 懺悔者得安

BD09548 號 2　四分律比丘戒本　　（2-2）

有常樂淨我而實不知常樂
不識乳色便問他言乳色何似 他人答言
白如貝 盲人復問是乳色者如貝聲耶 答言
不也 復問貝色為何似也 答曰猶稻米末 盲
人復問乳色柔濡如稻米末耶 稻米末者復
何所似 答言猶如雨雪 盲人復言彼稻米末
冷如雪耶 雪復何似 答言猶如白鵠 是生盲
人雖聞如是四種譬喻 終不能得識乳真色
是諸外道亦復如是 終不能識常樂淨我 善
男子以是義故 我佛法中有真實諦 非於外
道 文殊師利白佛言 世尊 如來今於臨
般涅槃 方便轉於无上法輪 乃作如是分別
真諦 佛告文殊師利 汝今云何於如來生
涅槃想 善男子 如來實是常住不變 不般涅
槃 善男子 若有計我是佛 我成阿耨多羅三
藐三菩提 我即是法 法是我所 我即是道 道
是我所 我即世尊 世尊是我所 我即聲聞 聲
聞即是我所 我能說法令他聽受 我轉法
輪 餘人不能 如來終不作如是計 是故如來
不轉法輪 善男子 若有人作如是妄計 我即
是眼 眼即我所 耳鼻舌身意亦復如是 我即
是色 色是我所 乃至法亦如是 我是地 地即
我所 水火風亦如是 善男子 若有人言 我即
是信 信是我所 我是多聞 多聞即是我所 我
是檀波羅蜜 檀波羅蜜……
羅蜜……

BD09549 號　大般涅槃經（北本）卷一四　　（1-1）

恚癡三

菩薩身心不寂靜者謂諸凡夫何以故凡夫
之人身心雖靜不能深觀无常无樂无我无
淨以是義故凡夫之人不能寂靜身口意業
一闡提輩犯四重禁作五逆罪如是之人亦
不得名身心寂靜云何精進若有比丘欲令
身口意業清淨遠離一切諸不善業脩集一
切諸善業者是名精進是懃進者繫念六處
所謂佛法僧戒施天是名念正具正念者所
得三昧是名正定具正定
處空是名正

BD09550號　大般涅槃經(北本)卷二七　　(1–1)

無二無二分故世尊云何以一切三摩
無二為方便無生為方便無所得為方便
迴向一切智智安住內空外空內外空空空
大空勝義空有為空無為空畢竟空無際
空散空無變異空本性空自相空共相空一切
法空不可得空無性空自性空無性自性空慶
喜一切三摩地門一切三摩地門性空何以故
以一切三摩地門性空與彼內空乃至無性
自性空無二無二分故慶喜由此故說以一切
陀羅尼門等 無二為方便無生為方便
無所得為方便迴向一切智智安住內空
乃至無性自性空世尊云何以一切陀羅尼
門無二為方便無生為方便無所得為方便
迴向一切智智安住真如法界法性不虛妄
性不變異性平等性離生性法定法住實
際虛空界不思議界慶喜一切陀羅尼門一切
陀羅尼門性空何以故以一切陀羅尼門性
空與彼真如乃至不思議界無二無二分故
世尊云何以一切三摩地門無二為方便無生
為方便無所得為方便迴向一切智智安住
真如法界法性不虛妄性不變異性平
等性離生法定法住實際虛空界不思議
界慶喜一切三摩地門一切三摩地門性空何
地門性空與彼真如乃至不

BD09551號　大般若波羅蜜多經卷一二四　　(1–1)

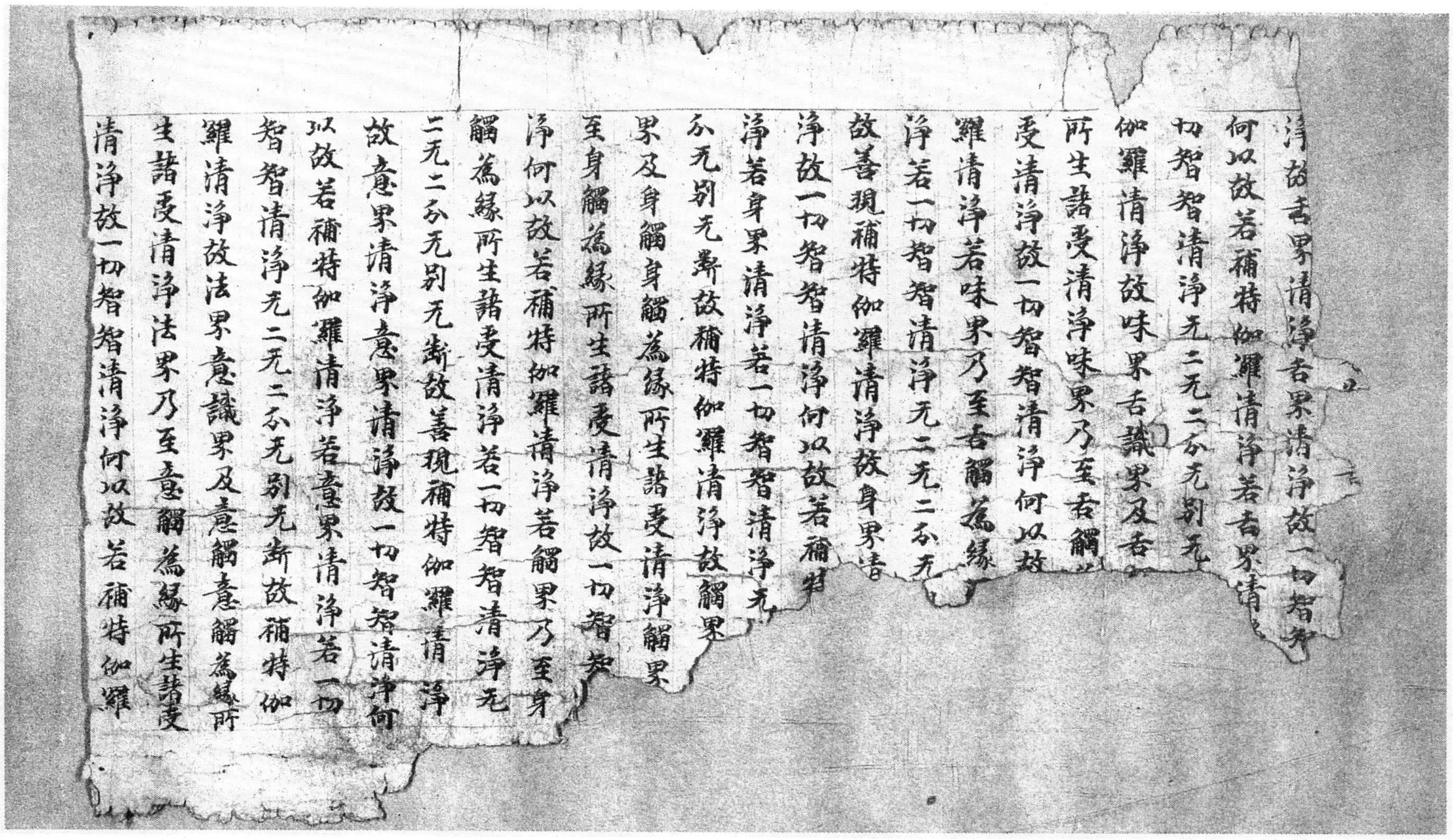
淨故舌界清淨舌界清淨故一切智智
何以故若補特伽羅清淨若舌界清
切智智清淨无二无二分无別无
伽羅清淨故味界舌識界及舌
所生諸受清淨味界乃至舌觸
受清淨故一切智智清淨何以故
羅清淨若味界乃至舌觸爲緣
淨若一切智智清淨无二无二分无
故善現補特伽羅清淨故身界清
淨故一切智智清淨何以故若補特
淨若身界清淨若一切智智清淨无
分无別无斷故補特伽羅清淨故觸界
界及身觸身觸爲緣所生諸受清淨觸界
至身觸爲緣所生諸受清淨故一切智智
淨何以故若補特伽羅清淨若觸界乃至身
觸爲緣所生諸受清淨若一切智智清淨无
二无二分无別无斷故善現補特伽羅清淨
故意界清淨意界清淨故一切智智清淨何
以故若補特伽羅清淨若意界清淨若一切
智智清淨无二无二分无別无斷故補特伽
羅清淨故法界意識界及意觸意觸爲緣所
生諸受清淨法界乃至意觸爲緣所生諸受
清淨故一切智智清淨何以故若補特伽羅

BD09552 號　大般若波羅蜜多經卷一九八　（1–1）

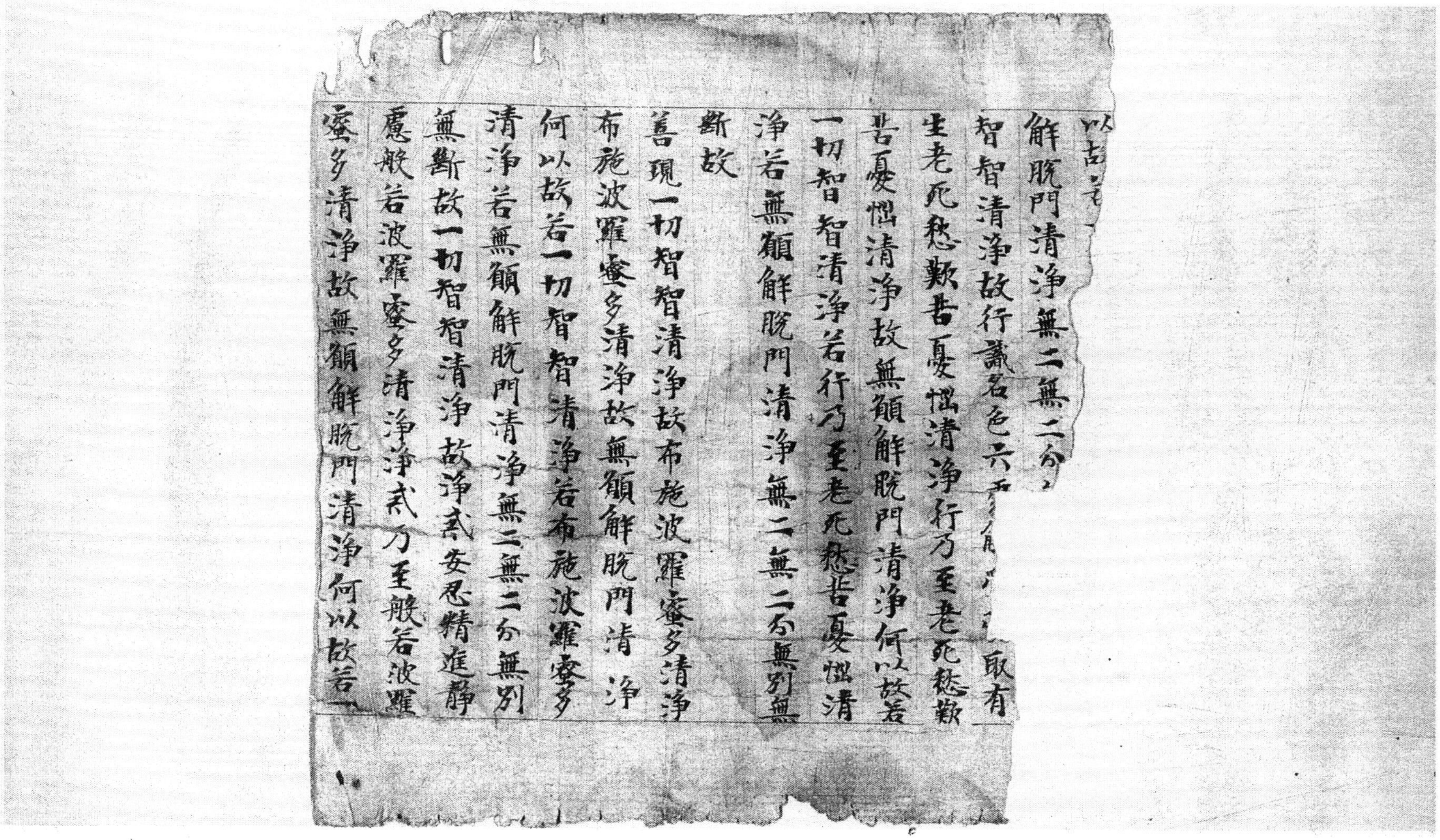
以故若
解脫門清淨無二無二分
智智清淨故行識名色六 [illegible] 取有
生老死愁歎苦憂惱清淨行乃至老死愁歎
苦憂惱清淨故無願解脫門清淨何以故若
一切智智清淨若行乃至老死愁苦憂惱清
淨若無願解脫門清淨無二無二分無別無
斷故
善現一切智智清淨故布施波羅蜜多清淨
布施波羅蜜多清淨故無願解脫門清淨
何以故若一切智智清淨若布施波羅蜜多
清淨若無願解脫門清淨無二無二分無別
無斷故一切智智清淨故淨戒安忍精進靜
慮般若波羅蜜多清淨淨戒乃至般若波羅
蜜多清淨故無願解脫門清淨何以故若一

BD09553 號　大般若波羅蜜多經卷二七三　（1–1）

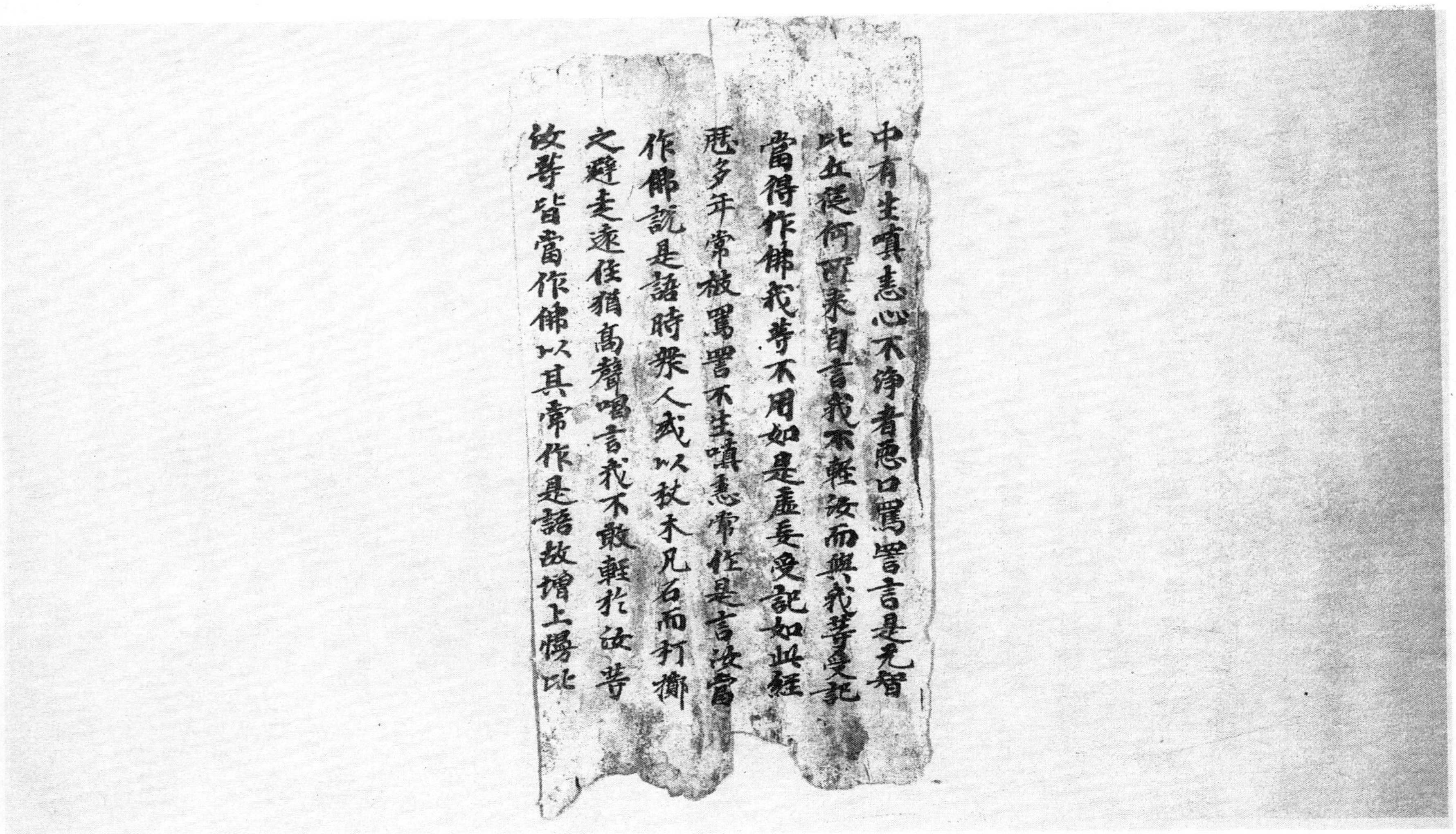

中有生瞋恚心不淨者惡口罵詈言是无智
比丘從何所來自言我不輕汝而與我等受記
當得作佛我等不用如是虛妄受記如此經
歷多年常被罵詈不生瞋恚常作是言汝當
作佛說是語時衆人或以杖木瓦石而打擲
之避走遠住猶高聲唱言我不敢輕於汝等
汝等皆當作佛以其常作是語故增上慢比

BD09554號　妙法蓮華經卷六　　（1–1）

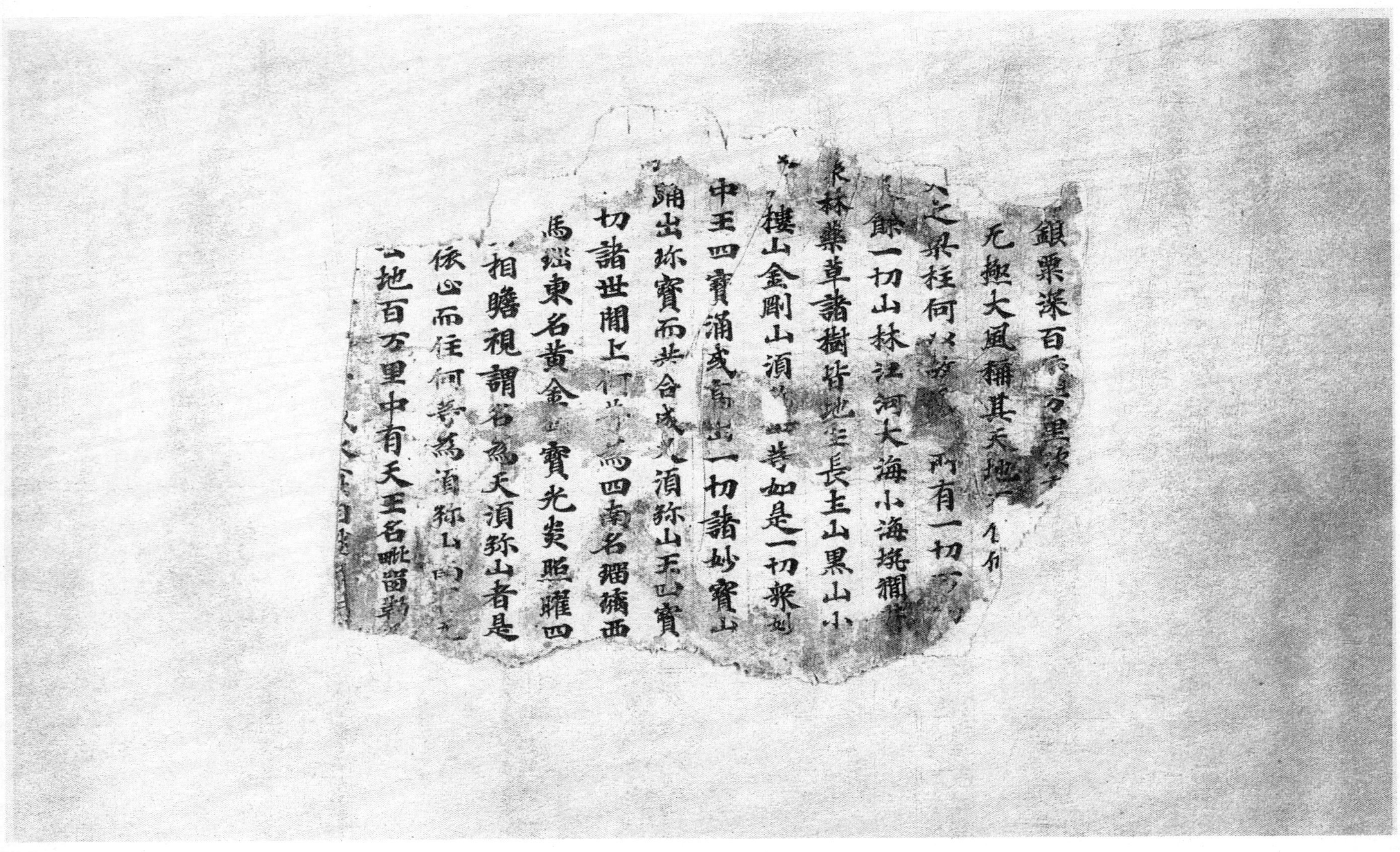

銀粟渫百[illegible]里[illegible]
无極大風稱其天地[illegible]
之界柱何以故[illegible]所有一切
餘一切山林江河大海小海境糶[illegible]
林藥草諸樹皆地生長土山黑山小
樓山金剛山須[illegible]等如是一切衆
中王四寶涌或高出一切諸妙寶山
踊出弥寶而共合成須弥山王四寶
切諸世間上[illegible]為四南名瑠璃西
馬瑙東名黃金[illegible]寶光炎照曜四
相瞻視謂名為天須弥山者是
依心而住何等為須弥山[illegible]
地百万里中有天王名毗留勒

BD09555號　妙法蓮華經度量天地品　　（1–1）

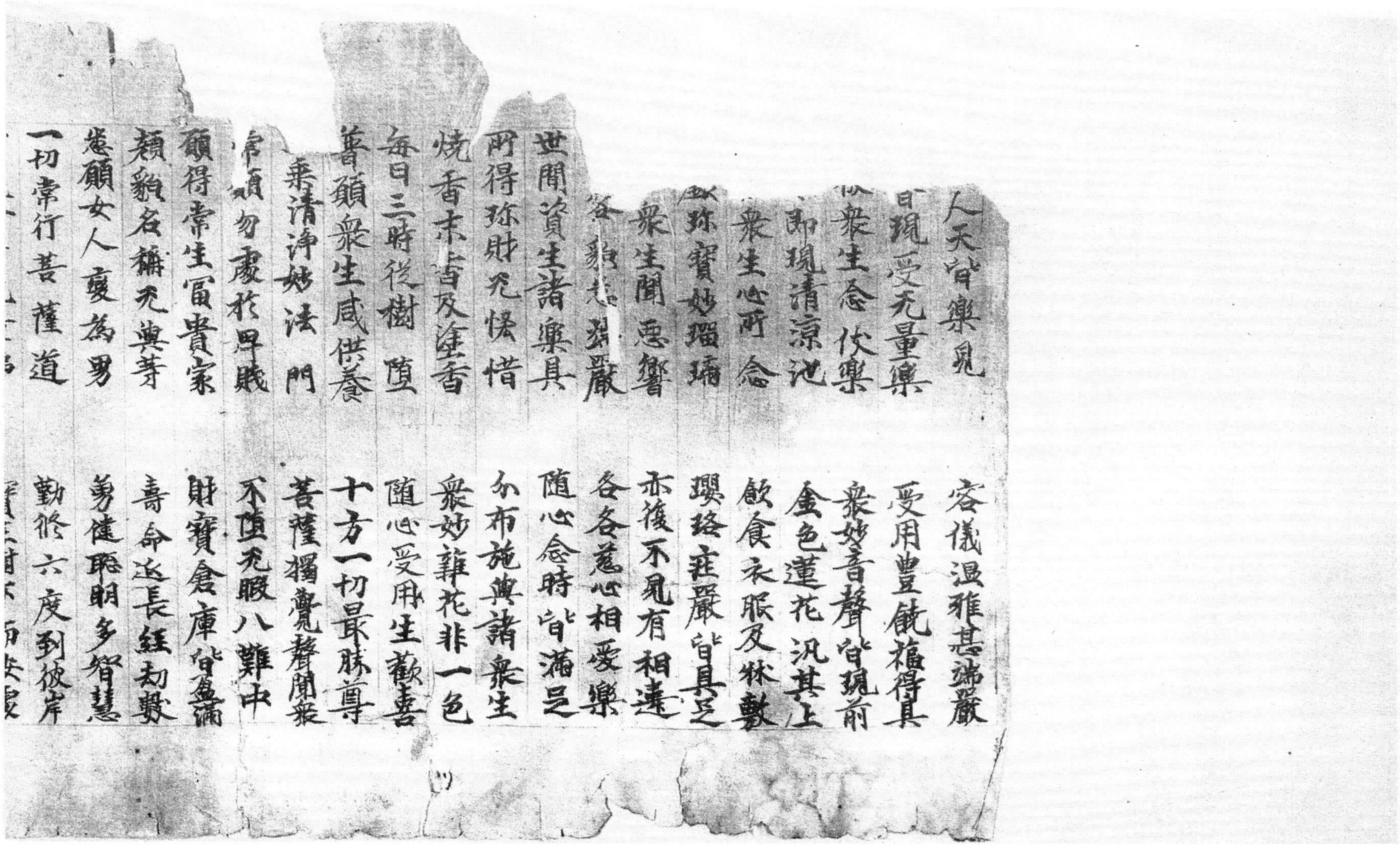

人天皆樂見　容儀温雅甚端嚴
現受无量樂　受用豊饒福得具
衆生念伎樂　衆妙音聲皆現前
即現清涼池　金色蓮花汎其上
衆生心所念　飲食衣服及牀敷
珎寶妙瑠璃　瓔珞莊嚴皆具足
衆生聞惡響　亦復不見有相違
容貌悉端嚴　各各慈心相愛樂
世間資生諸樂具　隨心念時皆滿足
所得珎財无悋惜　分布施與諸衆生
燒香末香及塗香　衆妙雜花非一色
每日三時從樹墮　隨心受用生歡喜
普願衆生咸供養　十方一切最勝尊
乘清淨妙法門　菩薩獨覺聲聞衆
常願勿處於卑賤　不墮无暇八難中
願得常生富貴家　財寶倉庫皆盈滿
顔貌名稱无與等　壽命延長經劫數
悉願女人變爲男　勇健聰明多智慧
一切常行菩薩道　勤脩六度到彼岸

BD09556 號　金光明最勝王經（兌廢稿）卷二　（2–1）

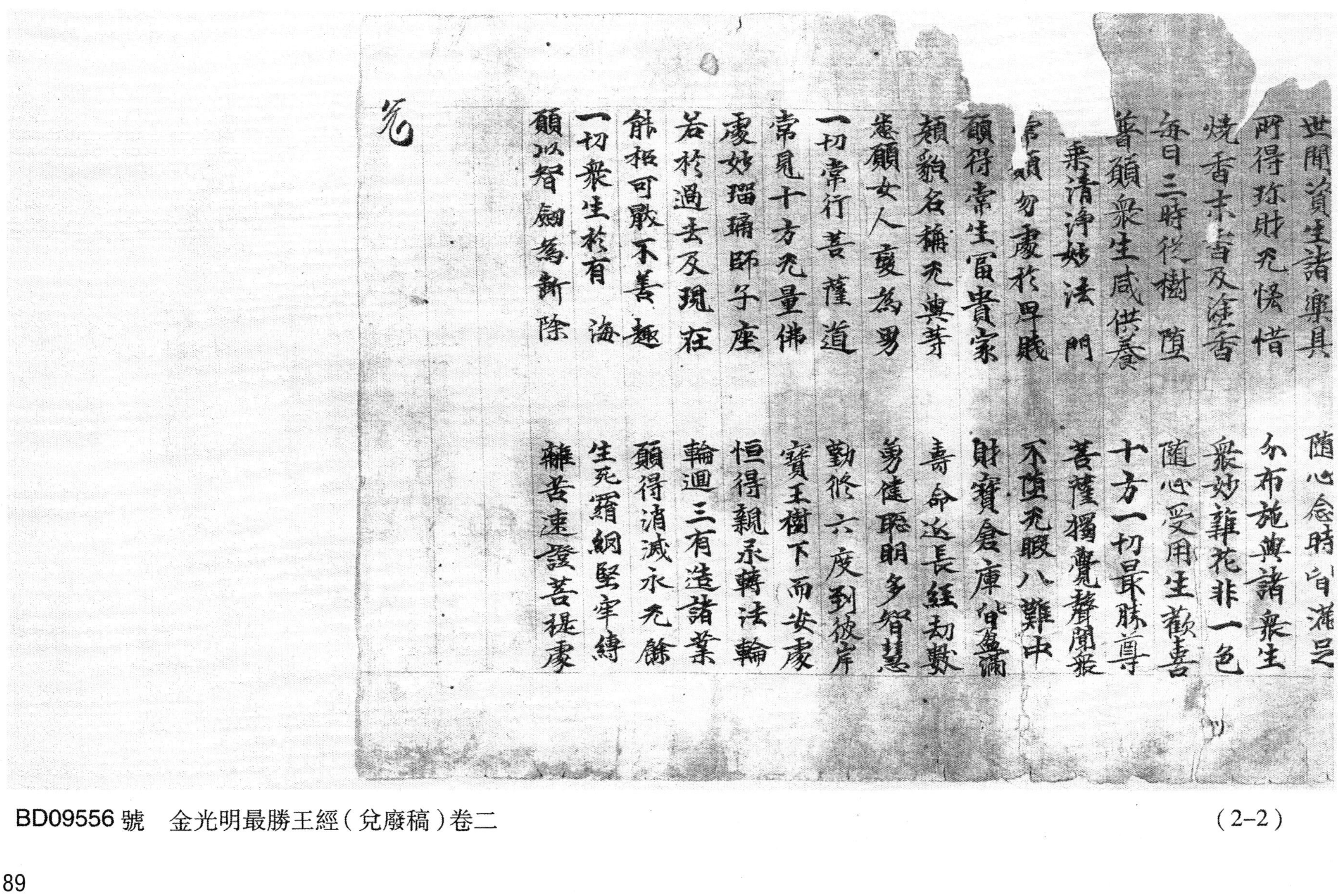

世間資生諸樂具　隨心念時皆滿足
所得珎財无悋惜　分布施與諸衆生
燒香末香及塗香　衆妙雜花非一色
每日三時從樹墮　隨心受用生歡喜
普願衆生咸供養　十方一切最勝尊
乘清淨妙法門　菩薩獨覺聲聞衆
常願勿處於卑賤　不墮无暇八難中
願得常生富貴家　財寶倉庫皆盈滿
顔貌名稱无與等　壽命延長經劫數
悉願女人變爲男　勇健聰明多智慧
一切常行菩薩道　勤脩六度到彼岸
常見十方无量佛　寶王樹下而安處
處妙瑠璃師子座　恒得親承轉法輪
若於過去及現在　輪迴三有造諸業
能招可厭不善趣　願得消滅永无餘
一切衆生於有海　生死羂網堅牢縛
願以智劔爲斷除　離苦速證菩提處
兌

BD09556 號　金光明最勝王經（兌廢稿）卷二　（2–2）

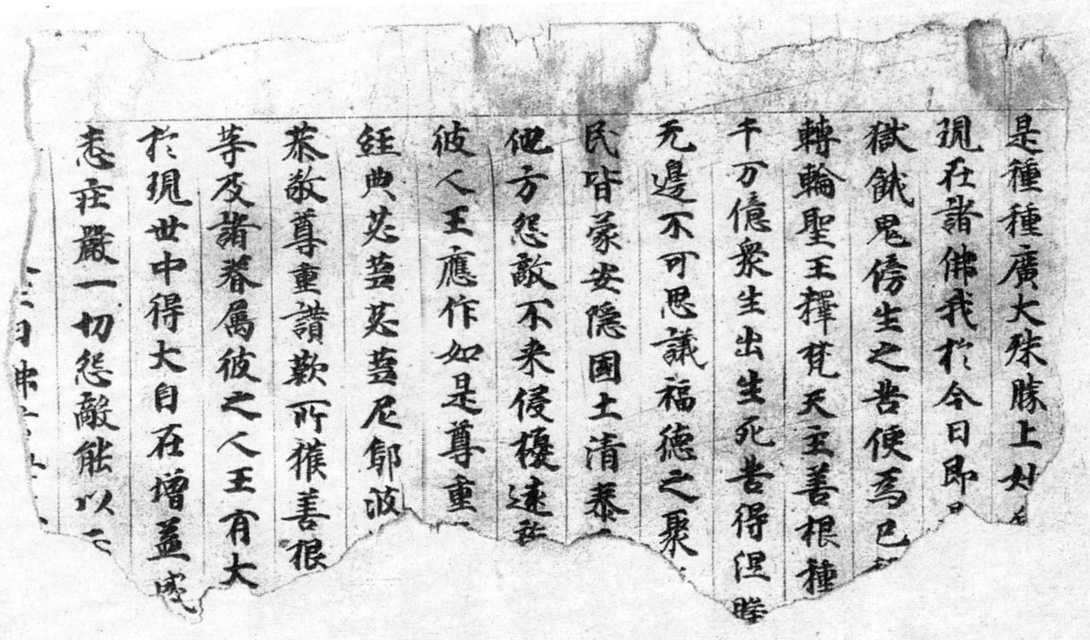

是種種廣大殊勝上妙
現在諸佛我於今日即
獄餓鬼傍生之苦便爲已
轉輪聖王釋梵天王善根種
千万億衆生出生死苦得涅槃
无邊不可思議福德之聚
民皆豪安隱國土清泰
他方怨敵不來侵擾遠
彼人王應作如是尊重
經典苾芻苾芻尼鄔波
恭敬尊重讃歎所獲善根
等及諸眷屬彼之人王有大
於現世中得大自在增益威
悉莊嚴一切怨敵能以
三日佛

BD09557號　金光明最勝王經卷六　（1–1）

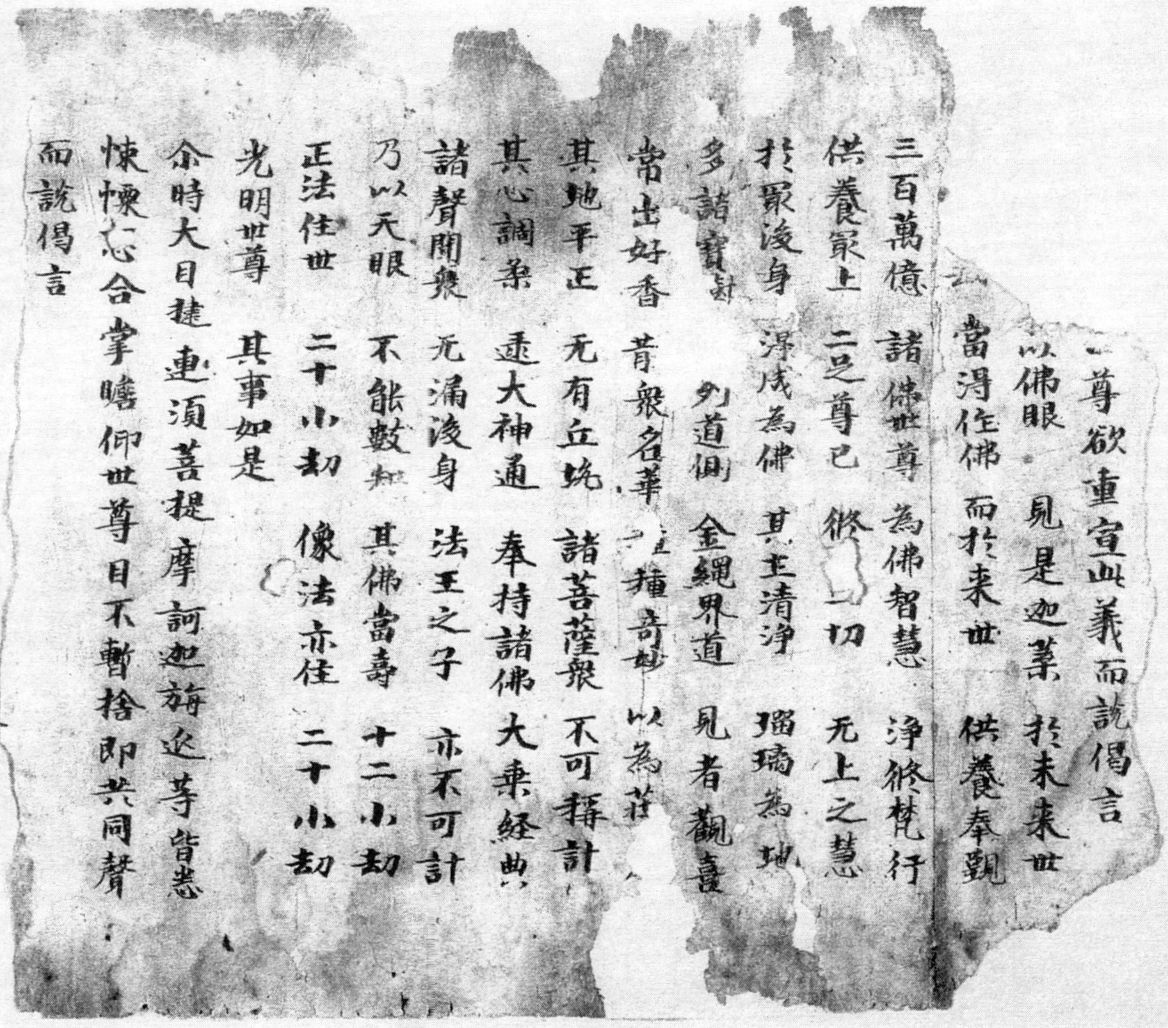

尊欲重宣此義而說偈言
以佛眼　見是迦葉　於未來世
當得作佛　而於來世　供養奉覲
三百萬億　諸佛世尊　爲佛智慧　淨修梵行
供養最上　二足之尊　已修一切　无上之慧
於最後身　得成爲佛　其土清淨　瑠璃爲地
多諸寶樹　列道側　金繩界道　見者歡喜
常出好香　散衆名華　種種奇妙　以爲莊
其地平正　无有丘坑　諸菩薩衆　不可稱計
其心調柔　逮大神通　奉持諸佛　大乘經典
諸聲聞衆　无漏後身　法王之子　亦不可計
乃以天眼　不能數知　其佛當壽　十二小劫
正法住世　二十小劫　像法亦住　二十小劫
光明世尊　其事如是
尒時大目揵連須菩提摩訶迦旃延等皆悉
悚慄一心合掌瞻仰世尊目不暫捨即共同聲
而說偈言

BD09558號　妙法蓮華經卷三　（1–1）

琉璃諸一
寶宮宅一一
墻壁四寶
周匝圍繞
如金沙布上是諸
多有七寶流泉浴池一一池邊各有十八黃
金梯陛閻浮檀金為芭蕉樹如忉利天歡喜
之園是一一城各有八萬四千人王一一諸
無量夫人婇女共相娛樂歡喜受樂
亦人民亦復如是各於住處共相娛樂是
諸眾生不聞餘名純聞無上大乘之聲是諸
華中一一各有師子之座其座四足皆紺琉
離柔濡柔衣以布座上其衣微妙出過三界
一一座上有一王坐以大乘法教化眾生或
典　有持讀誦如說修行如是流布大乘
遍身菩薩安止如是無量眾生
合世界皆住是言苦哉苦哉世

BD09559 號　大般涅槃經（北本）卷一　　（1–1）

著亦是
阿耨多羅三藐三菩提
若決定者謗正法人終不能得阿耨多羅三
藐三菩提作五逆罪亦復不定若決定者五
逆之人終不能得阿耨多羅三藐三菩提色
亦色相二俱不定香味觸相生相至無明相
陰入界相廿五有四生乃至一切諸法皆亦
不定善男子譬如幻師在大眾中化作四兵
車步象馬作諸瓔珞嚴身之具城邑聚落林山
樹木泉池河井而彼眾中有諸小兒無有
智慧覩見之時悉以為實其中智人知其幻
詐以幻力故惑人眼目善男子一切凡夫乃
至聲聞辟支佛等於一切法見有定相亦復
如是諸佛菩薩於一切法不見定相善男子
譬如小兒於盛夏月見熱時炎謂之為水有
智之人於此熱炎終不生於實水之想但是
虛炎誑人眼目非實是水一切凡夫聲聞緣
覺見一切法亦復如是悉謂是實諸佛菩
於一切法不見定相善男子譬如山澗因

BD09560 號　大般涅槃經（北本）卷二二　　（2–1）

智慧觀見之時悉以為實其中智人知其
誑以幻力故惑人眼目善男子一切凡夫乃
至聲聞辟支佛等於一切法見有定相不復
如是諸佛菩薩於一切法不見定相善男子
譬如小兒於盛夏月見熱時炎謂之為水有
智之人於此熱炎終不生於實水之想但是
虛炎誑人眼目非實是水一切凡夫聲聞緣
覺見一切法亦復如是悉謂是實諸佛菩
於一切法不見定相善男子譬如山澗因
有響小兒聞之謂是實聲有智之人解無
實但有聲相誑於耳識善男子一切凡夫聲
聞緣覺於一切法亦復如是見有定相諸菩
薩等解了諸法悉無定相見無常相空寂等
相無生滅相以是故菩薩摩訶薩見一切法
是無常相善男子亦有定相云何為定常樂
所謂涅槃善男子須陁洹果
方知得阿耨多羅
或不定不決定
亦三善提心何
刂寺可

BD09560 號　大般涅槃經（北本）卷二二　　（2–2）

增善法　惡法云
惡法是人不見已不具足自言
而生著心於同行中自謂為勝是故親
近同已惡友既親近已復得更聞不具足法
聞已心喜其心深著起於憍慢多行放逸因
放逸故親近在家亦樂聞說在家之事遠離
清淨出家之法以是因緣增長惡法增惡法
故身口意等起不淨業三業不淨故增長地
獄畜生餓鬼是名暫出還沒暫出還沒者我
佛中法其誰是耶謂提婆達多瞿和離比丘
掘手比丘善星比丘坻舍比丘滿宿比丘慈
地比丘尼曠野比丘尼方便比丘尼慢比丘
尼淨潔長者求有優婆塞舍勒釋種象長者
名稱優婆夷光明優婆夷難陁優婆夷軍優
婆夷鈴優婆夷如是等人名為暫出還沒譬
如大魚見明故出身重故沒第二之人深自
知見行不具足不具足故求近善友近善友
故樂諮未聞聞已受受已樂善思惟善思
惟已能如法住如法住如法住故增長善法

BD09561 號　大般涅槃經（北本）卷三六　　（2–1）

尼淨潔長者未曾優婆塞舍勒釋種偈長者
名稱優婆夷光明優婆夷龍弃阤優婆夷軍優
婆夷壽命優婆夷如是等人名為智出還淡辭
大象見明故出身重故汝弟二之人從目
知見行不具足不具足故求近善友近善友
故樂諸未聞聞已樂受受已樂善思惟善思
惟已能如法住如法住如法住故增長善法
增善法故終不復退是名為住我佛法中其
誰是耶謂舍利弗大目揵連阿若憍陳如等
五比丘耶舍等五比丘阿𡻕婆阤童子迦葉
摩訶迦葉十力迦葉威瞿曇弥比丘尼波吒
羅華比丘尼勝比丘尼實義比丘尼慧比丘
比丘尼不退轉比丘尼頻
廷多長者釋摩訶男
長者具足長者
乙長優婆夷
天衆天得
得優婆
比

BD09561 號　大般涅槃經（北本）卷三六　（2–2）

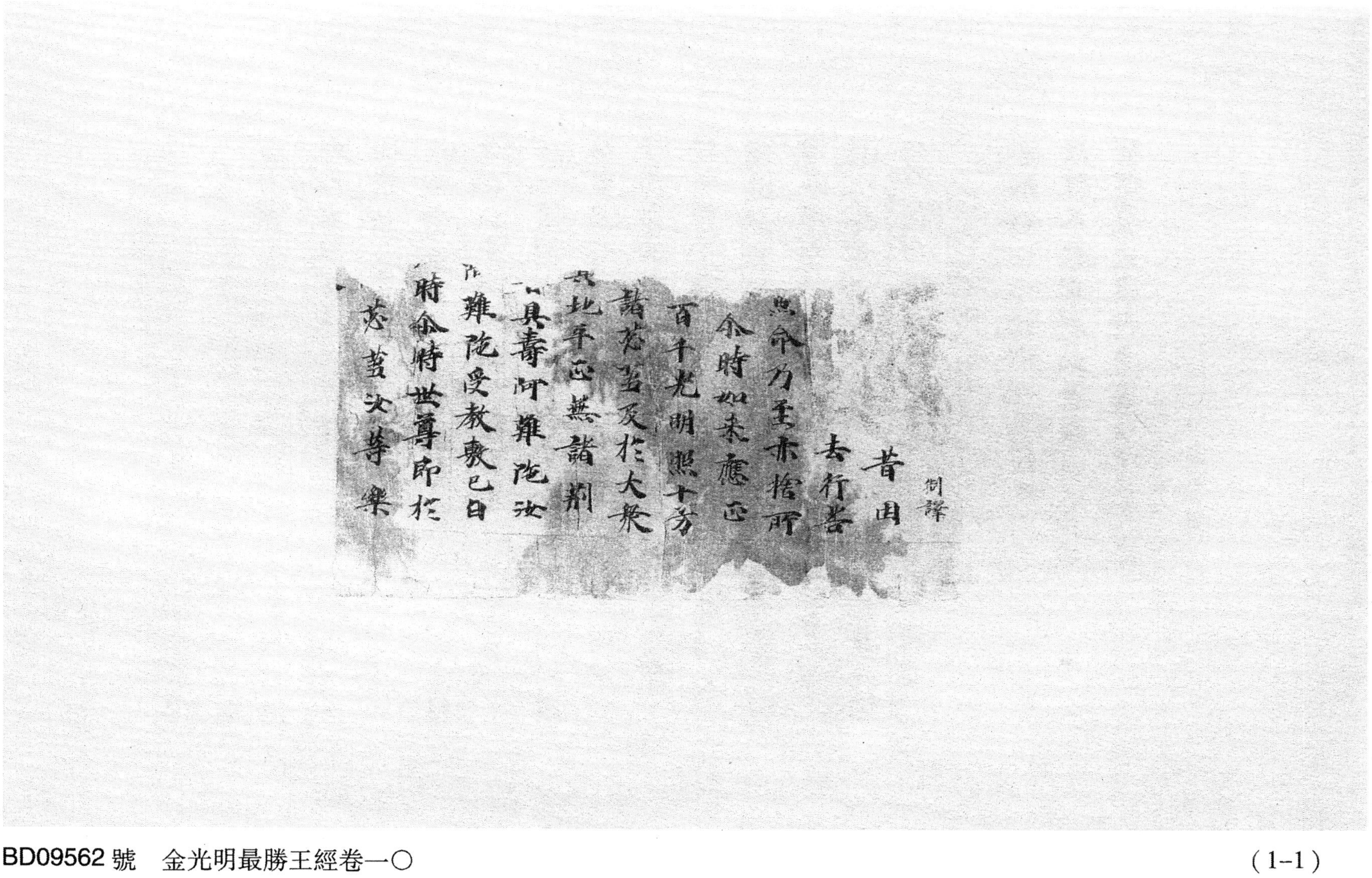
制譯
昔因
去行菩
無命力至亦捨所
尒時如來應正
百千光明照十方
諸菩薩及於大衆
其地平正無諸荊
具壽阿難陁汝
作
難陁受教敷已白
時尒時世尊即於
菩薩汝等樂

BD09562 號　金光明最勝王經卷一〇　（1–1）

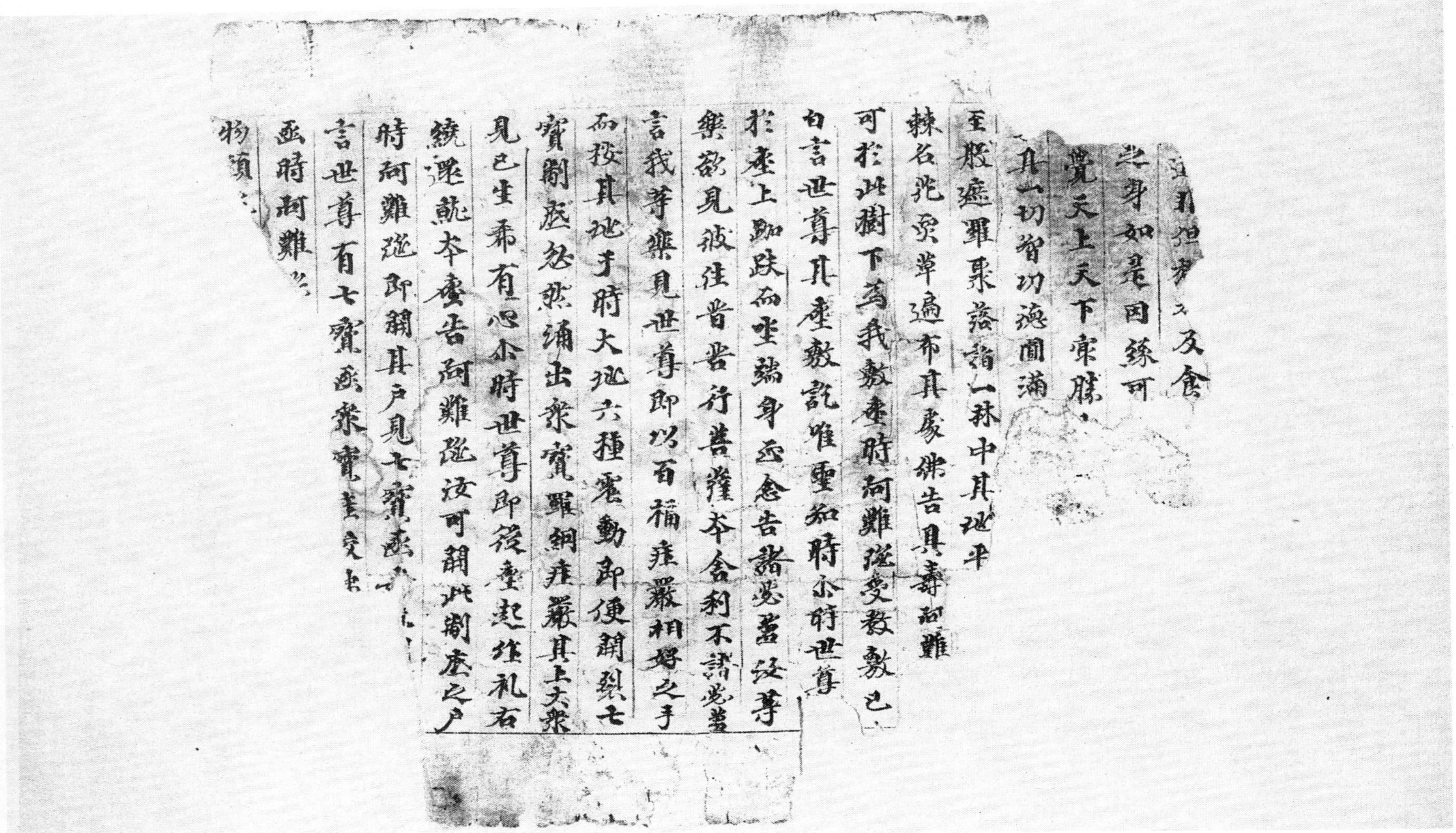

……及食
此身如是因緣可
覺天上天下最勝
具一切智功德圓滿
至般遮羅聚落詣一林中其地平
棘名花軟草遍布其處佛告具壽阿難
可於此樹下為我敷座時阿難陀受教敷已
白言世尊其座敷訖唯垂知時尒時世尊
於座上跏趺而坐端身正念告諸苾芻汝等
樂欲見彼往昔苦行菩薩本舍利不諸苾芻
言我等樂見世尊即以百福莊嚴相好之手
而按其地于時大地六種震動即便開裂七
寶制底忽然涌出衆寶羅網莊嚴其上大衆
見已生希有心尒時世尊即從座起作礼右
繞還就本座告阿難陀汝可開此制底之户
時阿難陀即開其户見七寶函……
言世尊有七寶函衆寶莊……
函時阿難……
物須……

BD09563 號　金光明最勝王經卷一〇

（1–1）

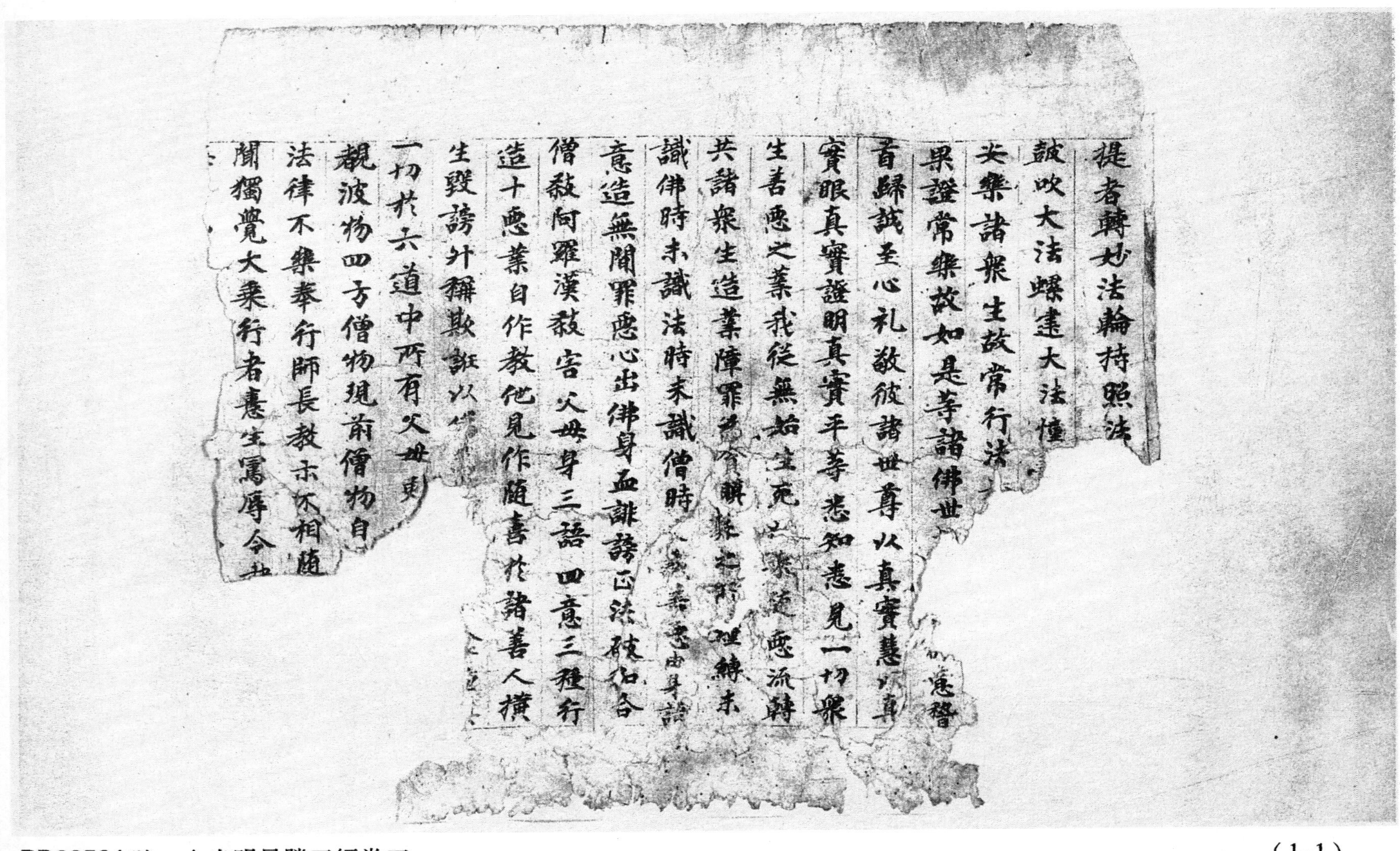

提者轉妙法輪持照法
鼓吹大法螺建大法幢
安樂諸衆生故常行法
果證常樂故如是等諸佛世……意聲
首歸誠至心礼敬彼諸世尊以真實慧以真
實眼真實證明真實平等悉知悉見一切衆
生善惡之業我從無始生死以來隨惡流轉
共諸衆生造業障罪為貪瞋……之所纏縛未
識佛時未識法時未識僧時……善惡由身語
意造無間罪惡心出佛身血誹謗正法破和合
僧殺阿羅漢殺害父母身三語四意三種行
造十惡業自作教他見作隨喜於諸善人橫
生毀謗外稱欺誑以……
一切於六道中所有父母更
觀彼物四方僧物現前僧物自
法律不樂奉行師長教示不相隨
聞獨覺大乘行者憙生罵辱令……

BD09564 號　金光明最勝王經卷三

（1–1）

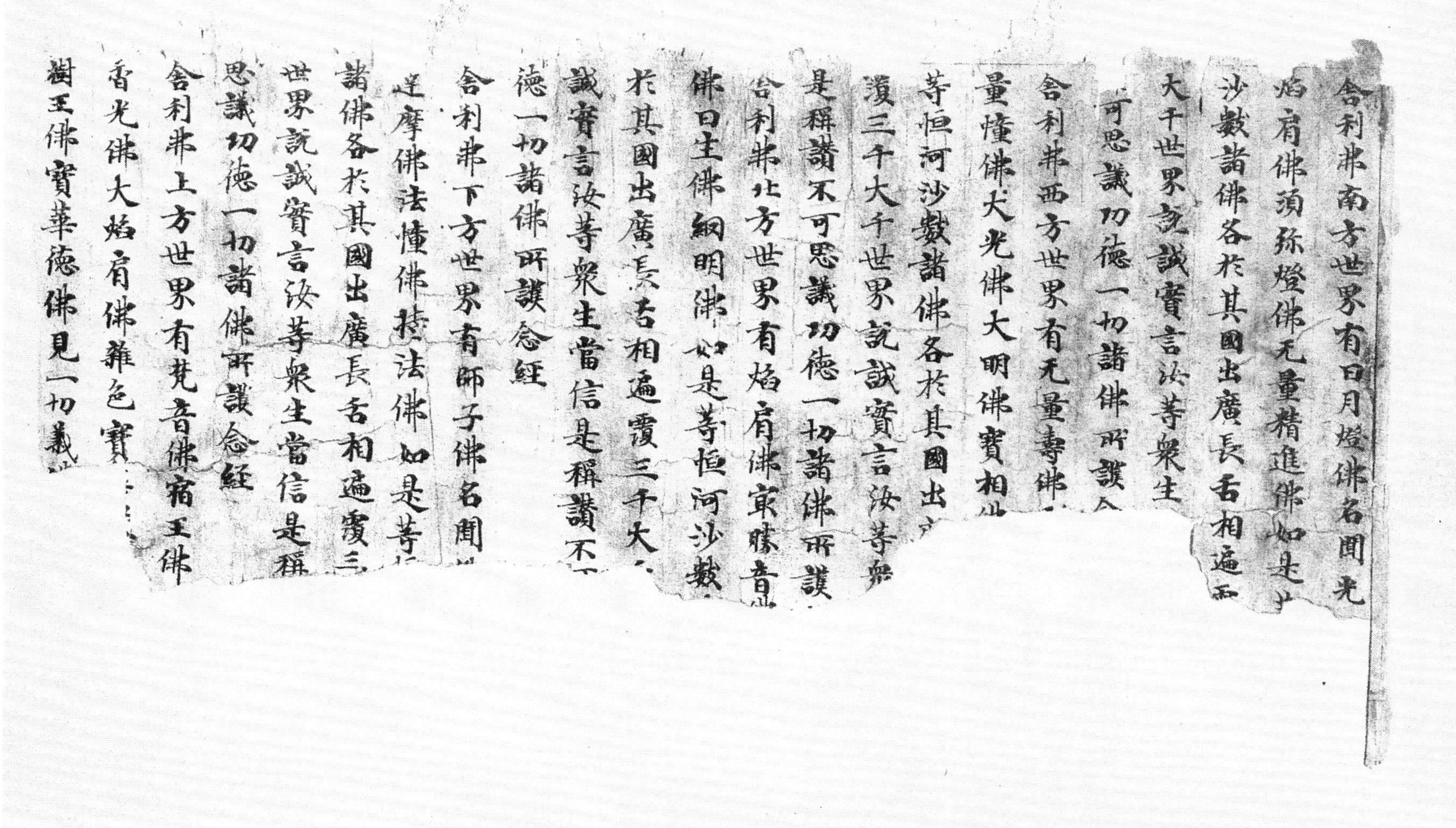

舍利弗南方世界有日月燈佛名聞光
焰肩佛須彌燈佛无量精進佛如是
沙數諸佛各於其國出廣長舌相遍
大千世界說誠實言汝等衆生
可思議功德一切諸佛所護
舍利弗西方世界有无量壽佛
量幢佛大光佛大明佛寶相佛
等恒河沙數諸佛各於其國出
覆三千大千世界說誠實言汝等衆
是稱讚不可思議功德一切諸佛所護
舍利弗北方世界有焰肩佛最勝音佛
佛日生佛網明佛如是等恒河沙數
於其國出廣長舌相遍覆三千大
誠實言汝等衆生當信是稱讚不
德一切諸佛所護念經
舍利弗下方世界有師子佛名聞
達摩佛法幢佛持法佛如是等
諸佛各於其國出廣長舌相遍覆三
世界說誠實言汝等衆生當信是稱
思議功德一切諸佛所護念經
舍利弗上方世界有梵音佛宿王佛
香光佛大焰肩佛雜色寶
樹王佛寶華德佛見一切義

BD09565 號　阿彌陀經　（1–1）

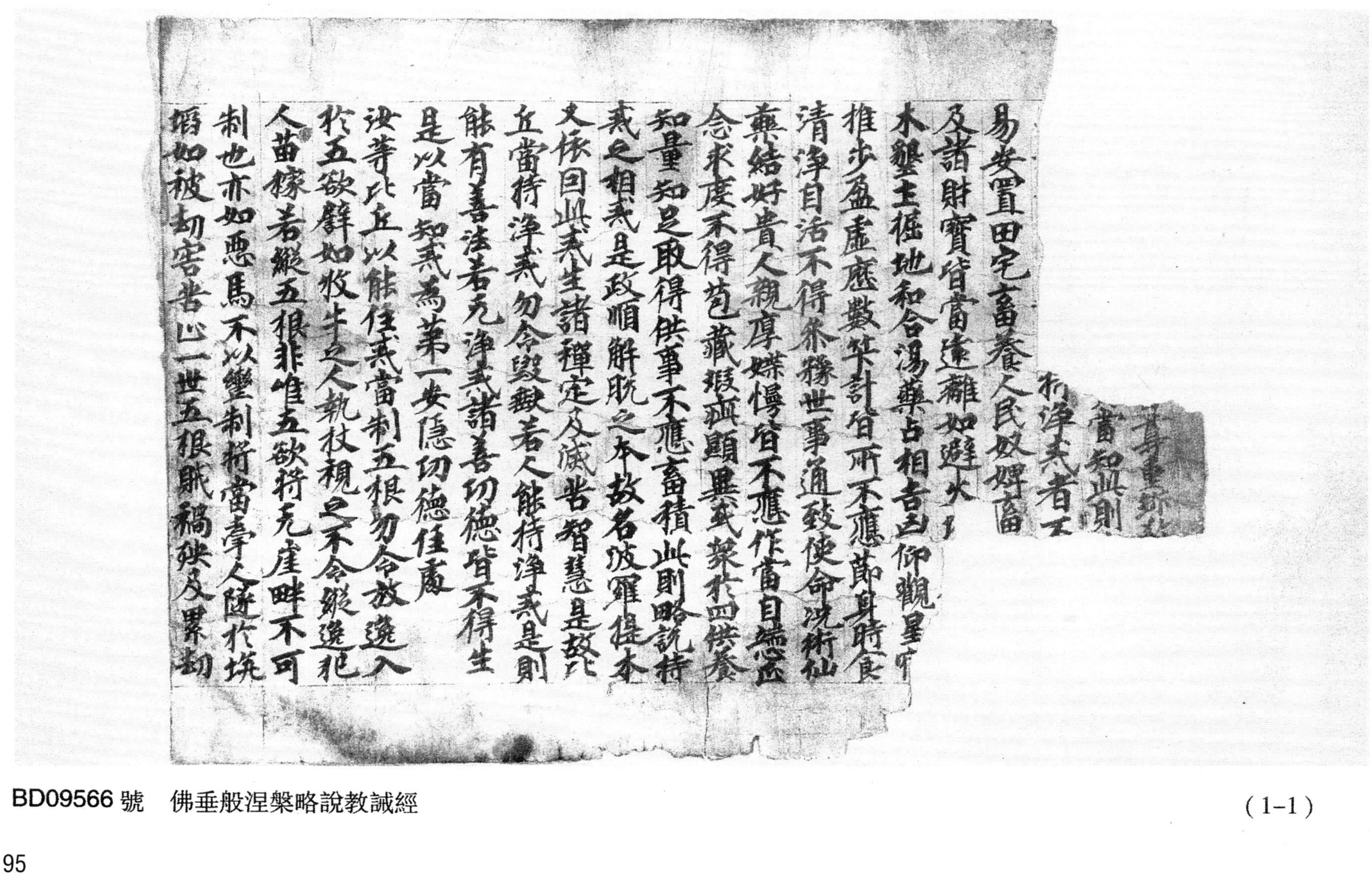

BD09566 號　佛垂般涅槃略說教誡經　（1–1）

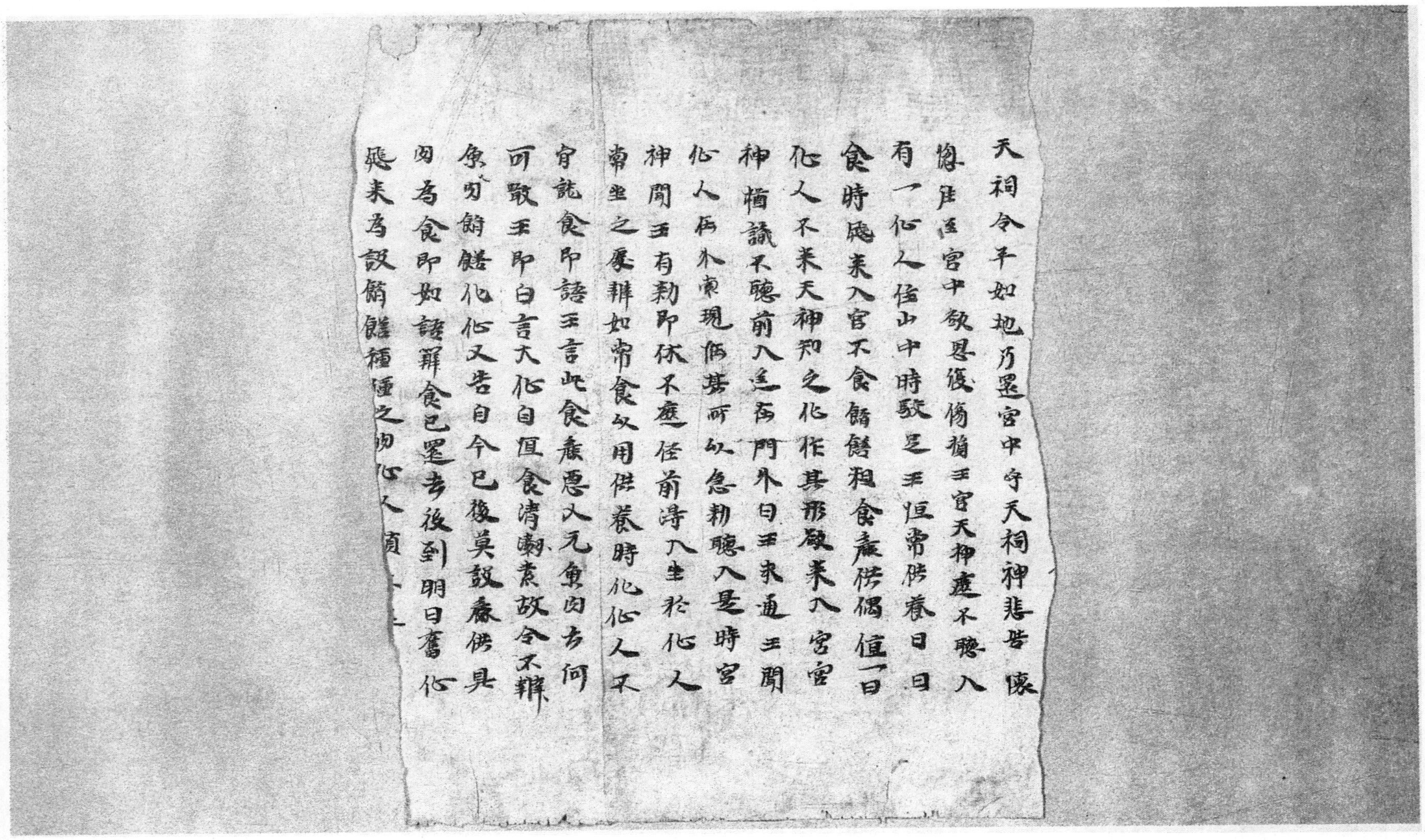
天祠令平如地乃還宮中守天祠神悲苦懷
惱往逐宮中歎恩復傷損王宮天神遮不聽入
有一仙人住山中時數至王宮常供養日日
食時飛來入宮不食餚饍粗食麁供偶值一日
化人不來天神知之化作其形欲來入宮宮
神猶識不聽前入送為門外白王求通王聞
化人在外索現為甚所以急勑聽入是時宮
神聞王有勑即休不遮往前得入坐於化人
常坐之處辦如常食如用供養時化化人不
肯就食即語王言此食麁惡又無魚肉去何
可歎王即白言大仙自恒食清齋蔬菜故今不辦
魚肉餚饍化化又告自今已後莫設麁供具
肉為食即如語辦食已還去後到明日舊化
飛來為設餚饍種種之物化人顧[illegible]

BD09567 號　賢愚經卷一一　　（1–1）

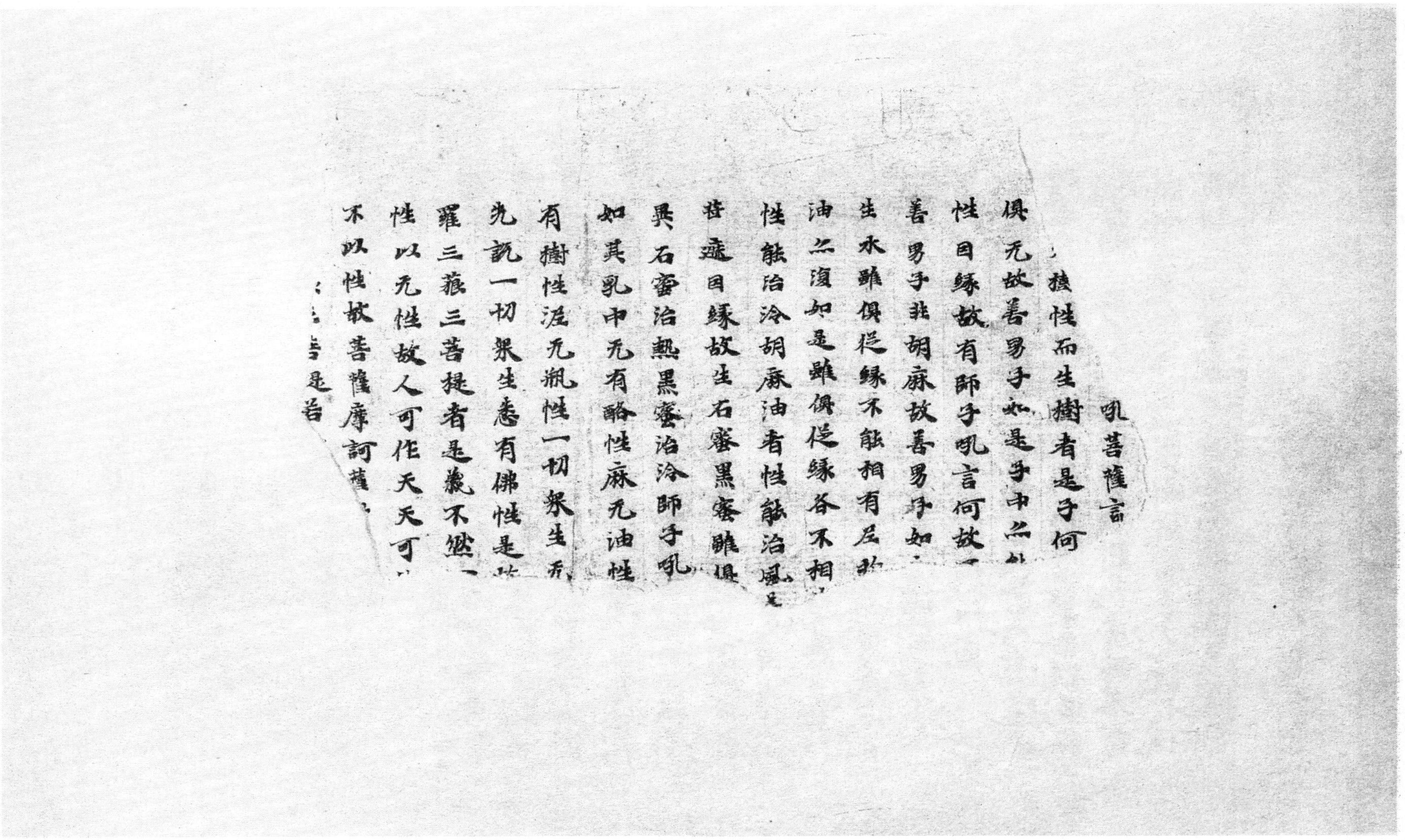
吼菩薩言
[illegible]性而生樹者是子何
俱无故善男子如是子中亦[illegible]
性因緣故有師子吼言何故[illegible]
善男子非胡麻故善男子如[illegible]
生水雖俱從緣不能相有是[illegible]
油亦復如是雖俱從緣各不相[illegible]
性能治冷胡麻油者性能治風是
苷蔗因緣故生石蜜黑蜜雖俱
異石蜜治熱黑蜜治冷師子吼
如其乳中无有酪性麻无油性
有樹性涅无瓶性一切衆生[illegible]
先說一切衆生悉有佛性是[illegible]
羅三藐三菩提者是義不然[illegible]
性以无性故人可作天天可[illegible]
不以性故善薩摩訶薩[illegible]
[illegible]是菩

BD09568 號　大般涅槃經（北本）卷二八　　（1–1）

如彼良醫故說是偈
一切江河　必有迴曲　一切叢林　必名樹木
一切女人　必懷諂曲　一切自在　必受安樂
文殊師利汝今當知如來所說无有漏失如
此大地可令反覆如來之言終无漏失以是
義故如來所說一切有餘尒時佛讚文殊師
利善哉善哉善男子汝已久知如是之義哀
愍一切欲令衆生得知慧故廣問如來如是
偈義尒時文殊師利法王之子復於佛前而
說偈言
於他言語　隨順不逆　亦不觀他　作以不作

BD09569號　大般涅槃經（北本）卷一〇　（1–1）

如是一切諸　常教化度有癡
癡善男子善知識者所謂菩薩佛辟支佛聲
聞人中信方等者何故名為善知識耶善知
識者能教衆生遠離十惡脩行十善以是義
故名善知識復次善知識者如法而說如說
而行云何名為如法而說如說而行自不煞
生教人不煞乃至自行正見教人正見若能
如是則得名為真善知識自脩菩提亦能教
人脩行菩提以是義故名善知識自能脩行
信戒布施多聞智慧亦能教人信戒布施多
聞智慧復以是義名善知識善知識者有善
法故何等善法所作之事不求自樂常為衆
生而求於樂見他有過不訟其短口常宣說
純善之事以是義故名善知識善男子如空
中月從初一日至十五日漸漸增長善知識

BD09570號　大般涅槃經（北本）卷二五　（1–1）

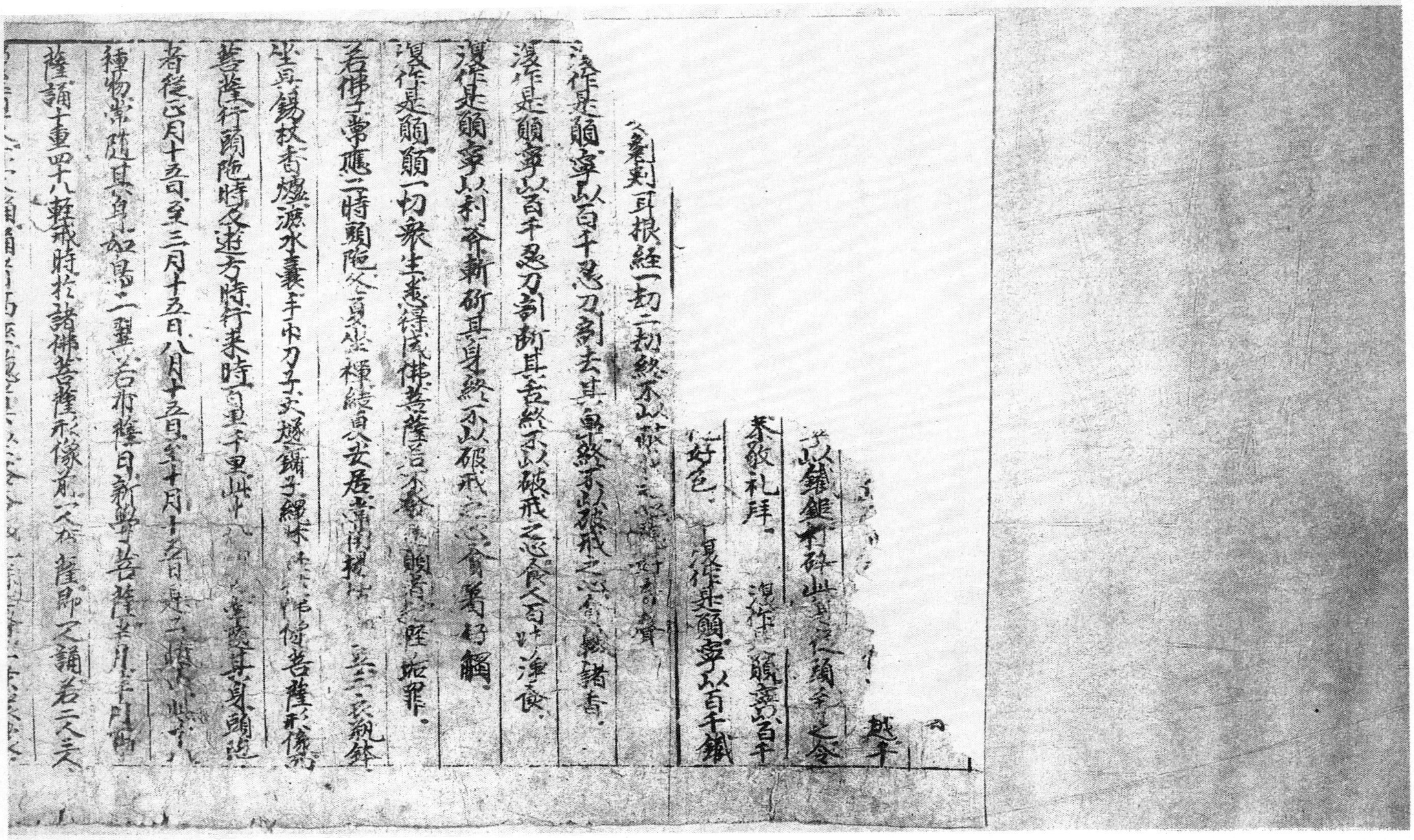

BD09571號　梵網經盧舍那佛說菩薩心地戒品第十卷下　（2–1）

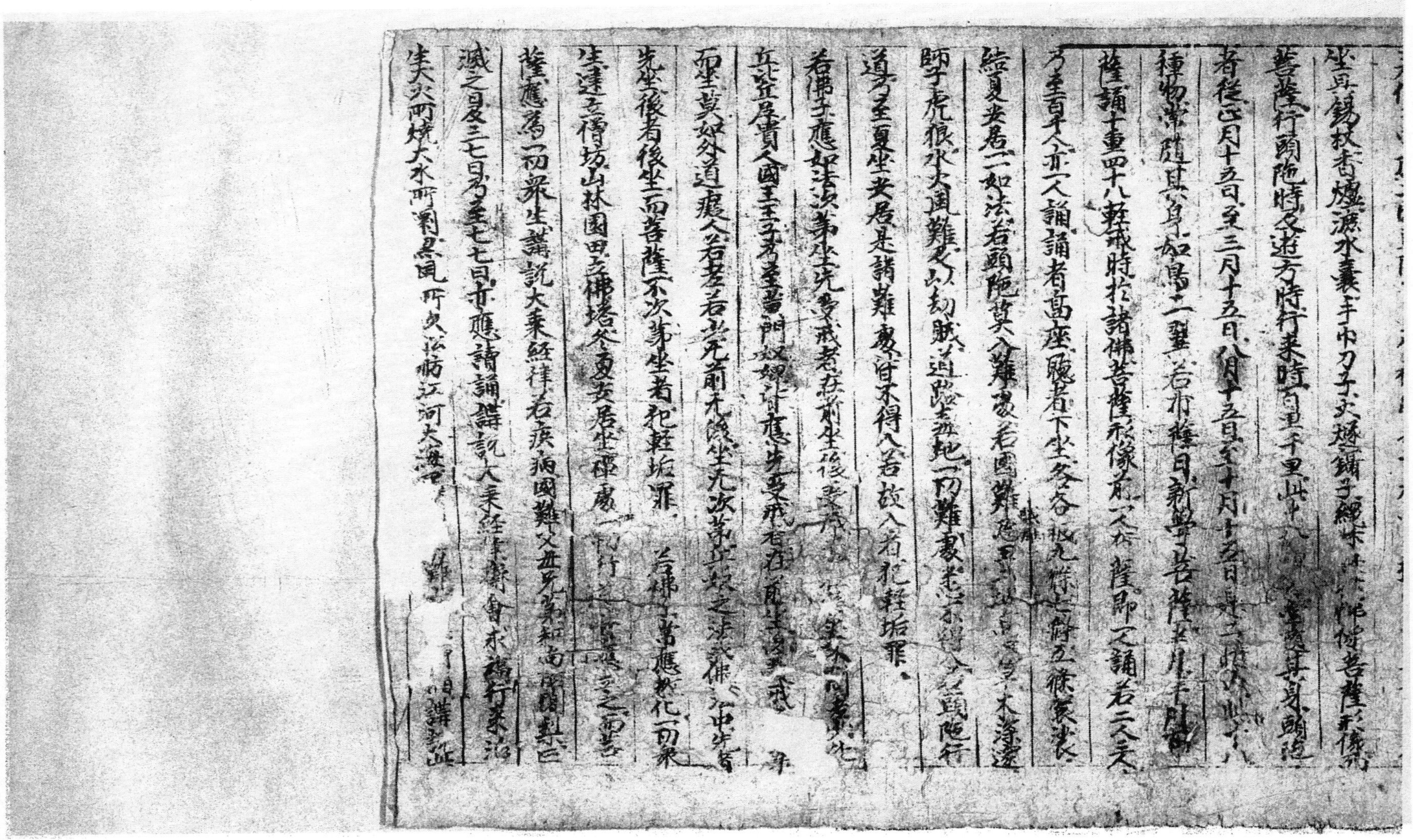

BD09571號　梵網經盧舍那佛說菩薩心地戒品第十卷下　（2–2）

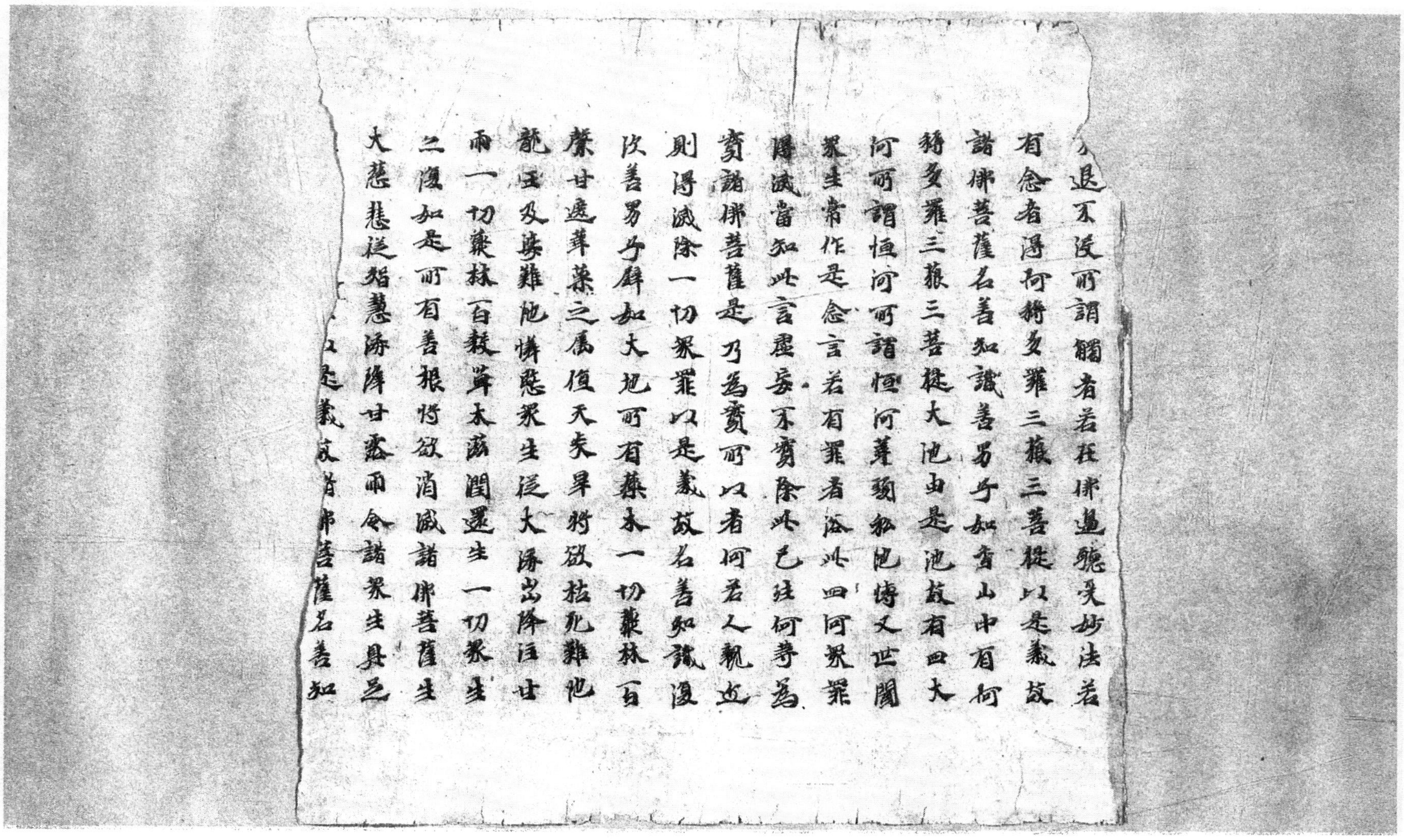

□退不沒所謂觸者若在佛邊聽受妙法若
有念者得阿耨多羅三藐三菩提以是義故
諸佛菩薩名善知識善男子如香山中有阿
耨多羅三藐三菩提大池由是池故有四大
河所謂恒河所謂恒河辛頭私陀博叉世閒
眾生常作是念言若有罪者浴此四河眾罪
得滅當知此言虛妄不實除此已往何等為
實諸佛菩薩是乃為實所以者何若人親近
則得滅除一切眾罪以是義故名善知識復
次善男子譬如大地所有藥木一切叢林百
穀甘蔗華菓之屬值天失旱將欲枯死難陀
龍王及婆難陀憐愍眾生從大海出降注甘
雨一切叢林百穀草木滋潤還生一切眾生
亦復如是所有善根將欲消滅諸佛菩薩生
大慈悲從智慧海降甘露雨令諸眾生具足
□以是義故諸佛菩薩名善知

BD09572號　大般涅槃經（北本）卷二五　（1–1）

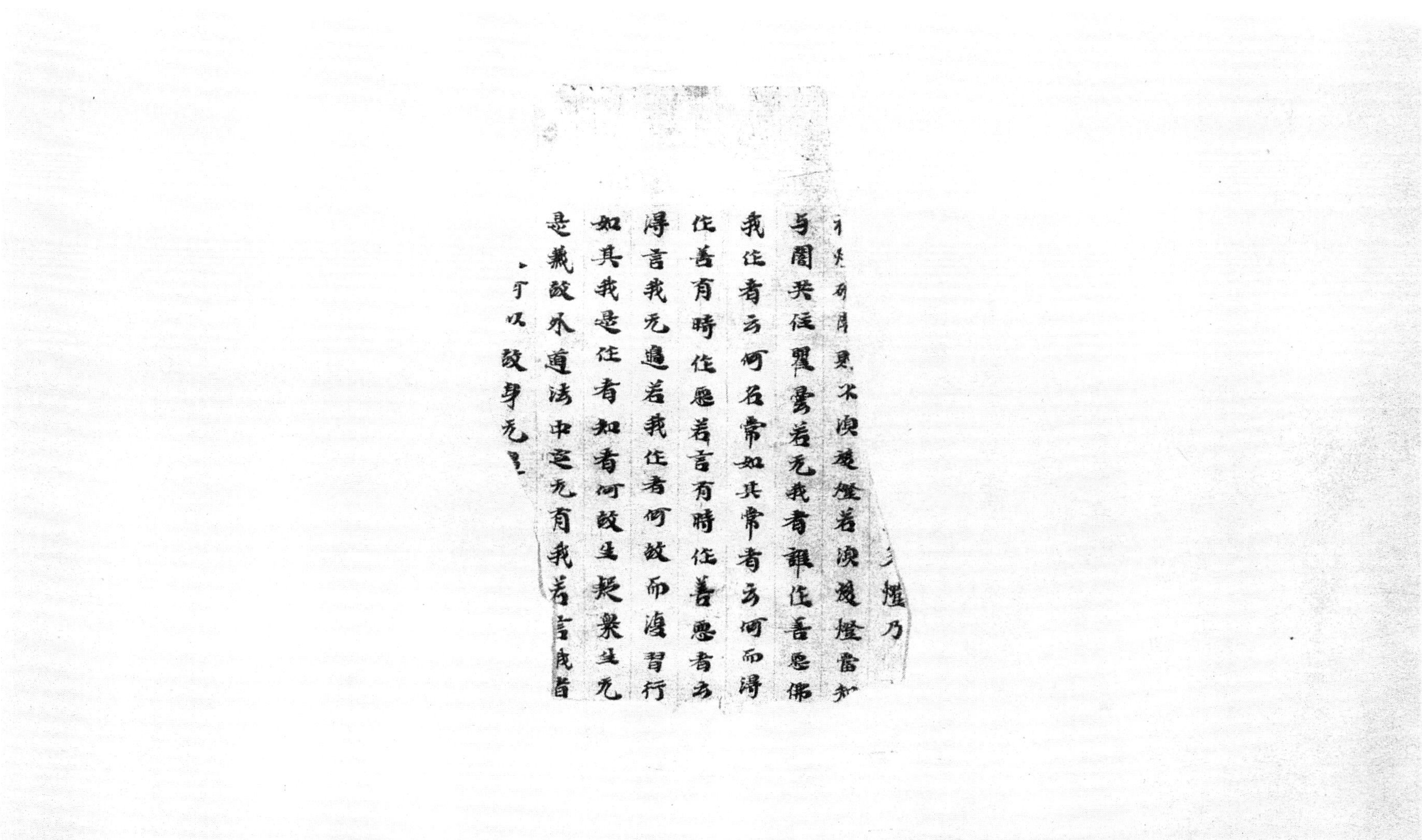

□燈乃
[illegible]更不滅燈若滅燈當知
与闇共住瞿曇若无我者誰作善惡佛
我作者云何名常如其常者云何而得
作善有時作惡若言有時作善惡者云
得言我无邊若我作者何故而復習行
如其我是作者知者何故生疑衆生无
是義故外道法中定无有我若言我者
□可以[illegible]故身无□

BD09573號　大般涅槃經（北本）卷三〇　（1–1）

根何以故如是衆生不親善友不聽善
善思惟不如法行以是因緣斷善根
善根善男子如來復知是人現世若
後光時當近善友聽受正法苦集
則能還生善根善男子譬如有聚落村
遠其水甘美具八功德有人熱渴欲往泉所
邊有智者觀是渴人必定無疑當至水所何
以故无異路故如來世尊觀諸衆生
亦復如是名為具足知諸根力令時
把少土置之抓上告迦葉言
方世界地土多乎迦葉菩薩
上土者不比十方所有土也善男子有
衆還得人身捨三惡身得受人身諸根完
生於中國具足正信能脩集道脩集道已
脩正道脩正道已能得解
涅槃如抓上土捨
身得三惡身身根

BD09574號　大般涅槃經（北本）卷三三

（1-1）

身故離於惡漏
云何為離若能脩行大涅槃經書寫受持誦
讀解說思惟其義是名為離何以故善男子
我觀不見十二部經能離惡漏如此方等大
涅槃經善男子譬如良醫教諸弟子諸弟子中
有受教者心不造

BD09575號　大般涅槃經（北本）卷二二

（1-1）

當方……致供養衣服
飲食卧具醫藥令多女人敬念愛重若有比
丘及比丘尼作如是事隨逼人法復有比丘為
欲建立无上正法住空寂處非阿羅漢而欲
令人謂是羅漢是好比丘是善比丘寂靜比
丘令无量人生於信心以此因緣我得无量
諸比丘等以為眷屬因是得教破戒比丘及
優婆塞悉令持戒以是因緣建立正法光揚
如來无上大事開顯方等大乘法化度脫一
切无量衆生善解如來所說經律輕重之義
復言我今亦有佛性有經名曰如來秘藏於
是經中我當畢定得成佛道能盡无量億煩
惱結廣為无量諸優婆塞說言汝等盡有佛
性我之与汝俱當安住如來道地我阿耨多
羅三藐三菩提盡无量億諸煩惱結作是說
者是人不名隨逼人法名為菩薩若言有犯
突吉羅者忉利天上日月歲數八百万歲墮
地獄中受諸罪報何况故犯偷蘭遮罪此大
乘中若有比丘犯偷羅遮不應親近何等名
為大乘經中偷羅遮罪若有長者造立佛寺
以諸華鬘用供養佛有比丘見花貫中縷不
問輙取犯偷羅遮若……

BD09576 號　大般涅槃經（北本）卷七　（1–1）

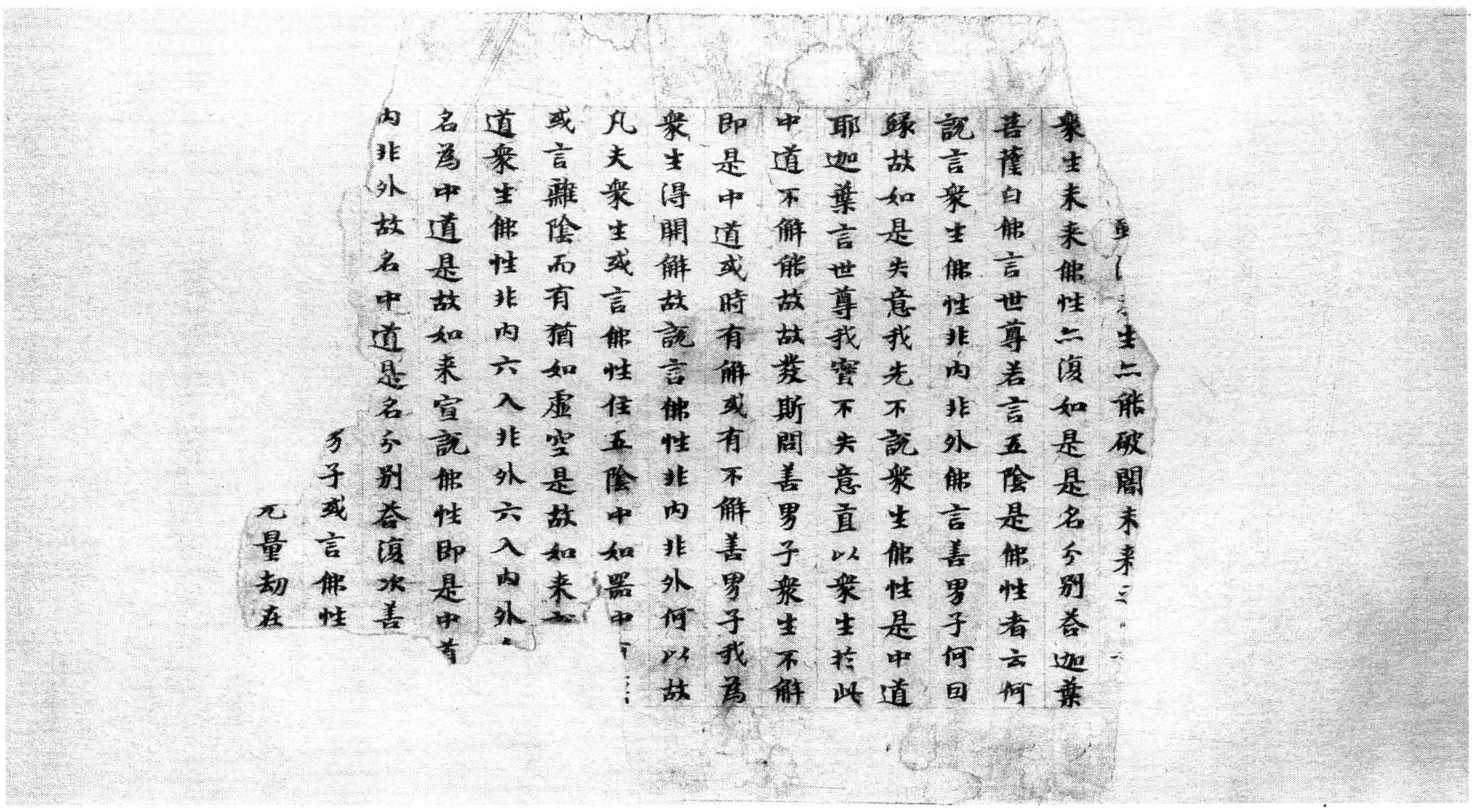

……生二能破闇未來……
衆生未來佛性亦復如是是名分別荅迦葉
菩薩白佛言世尊若言五陰是佛性者云何
說言衆生佛性非内非外佛言善男子何因
緣故如是失意我先不說衆生佛性是中道
耶迦葉言世尊我實不失意直以衆生於此
中道不解能故發斯問善男子衆生不解
即是中道或時有解或有不解善男子我為
衆生得開解故說言佛性非内非外何以故
凡夫衆生或言佛性住五陰中如器中……
或言離陰而有猶如虛空是故如來……
道衆生佛性非内六入非外六入内外……
名為中道是故如來宣說佛性即是中道
内非外故名中道是名分別荅復次善
男子或言佛性
无量劫在

BD09577 號　大般涅槃經（北本）卷三五　（1–1）

是二事施[illegible]
財施二者法施是人雖復行於
施為未來有故雖行法施亦不具足何以故
秘不盡說畏他勝故是故名為施不具足財
法二施各有二種一者聖二者非聖〻者施
已不求果報非聖施已求於果報聖者法施
為增長法非聖法施為增諸有如是之人為
增財故而行財施為增有故而行法施是故
名為施不具足復次是人受六部經見受法
者而供給之不受法者則不供給是故名為
施不具足是人不具如上四事所脩智慧亦
不具足智慧之力性性能分別是人不能分
別如來是常无常如來於此涅槃經中說言
如來即是解脫解脫即是如來如來即涅槃
槃涅即是解脫於是義中不能分別梵行即
是如來如來即是慈悲慈悲喜捨喜捨即是
解脫解脫即是涅槃涅槃即是慈悲喜捨於
是義中不能分別是故名為智不具足復次
不能分別佛性即如來如來即是一切不共

BD09578號　大般涅槃經（北本）卷三六　（2–1）

名為施不具足復次是人受六部經見受法
者而供給之不受法者則不供給是故名為
施不具足是人不具如上四事所脩智慧亦
不具足智慧之力性性能分別是人不能分
別如來是常无常如來於此涅槃經中說言
如來即是解脫解脫即是如來如來即涅槃
槃涅即是解脫於是義中不能分別梵行即
是如來如來即是慈悲慈悲喜捨喜捨即是
解脫解脫即是涅槃涅槃即是慈悲喜捨於
是義中不能分別是故名為智不具足復次
不能分別佛性即如來如來即是一切不共
之法不共之法即是解脫解脫即是涅槃涅
槃即是不共之法於是義中不能分別是故
名為智不具足復次不能分別四諦苦集滅
道不能分別四真諦故不知聖道不知聖行
故不知如來不知如來故不知解脫不知解
脫故不知涅槃是故名為智不具足是人不
具如是五事有二種一[illegible]　二增長
何名為增長[illegible]
具足

BD09578號　大般涅槃經（北本）卷三六　（2–2）

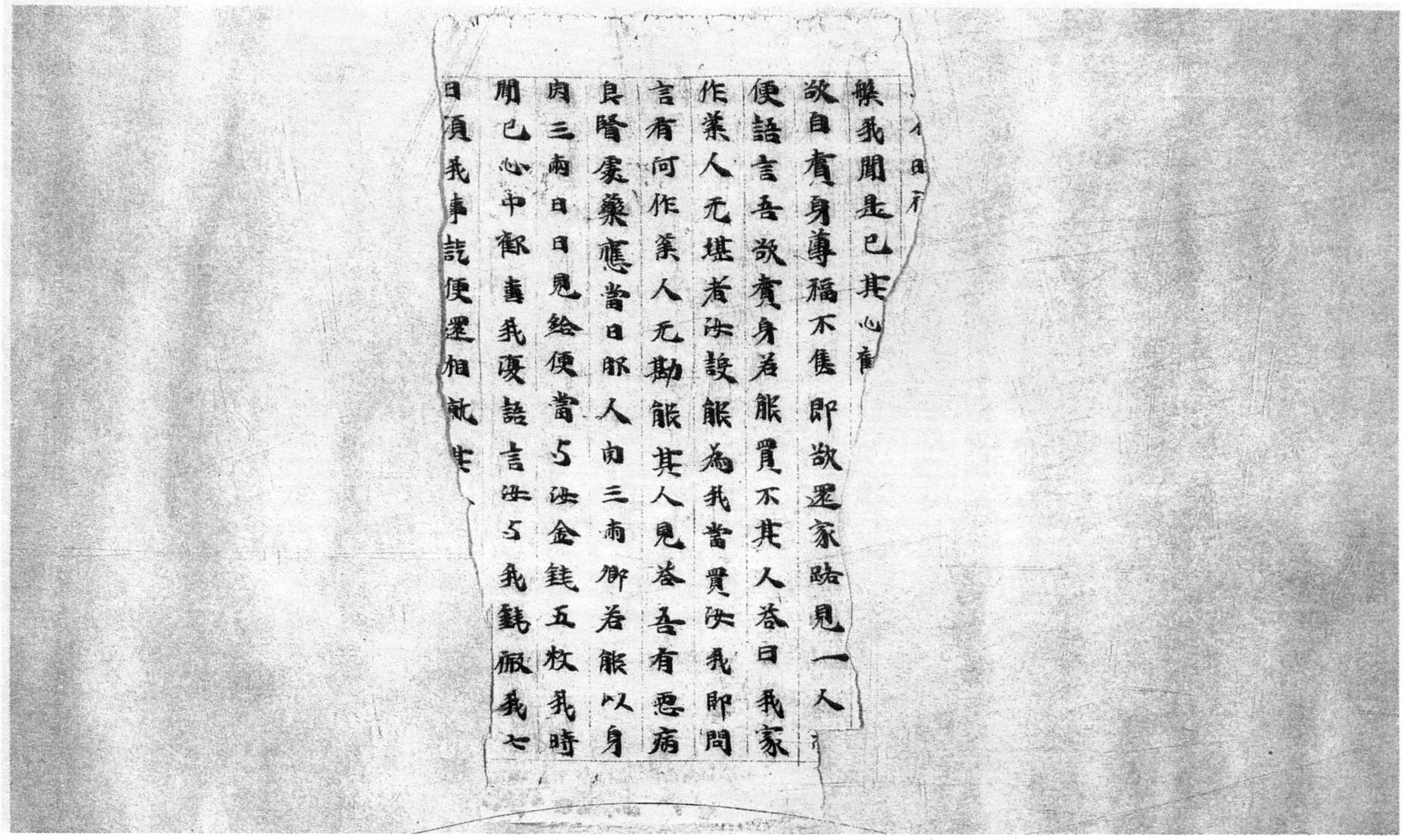
槃我聞是已其心歡
欲自賣身薄福不售即欲還家路見一人
便語言吾欲賣身君能買不其人答曰我家
作業人无堪者汝設能為我當買汝我即問
言有何作業人无堪能其人見答吾有惡病
良醫處藥應當日服人肉三兩卿若能以身
肉三兩日日見給便當与汝金錢五枚我時
聞已心中歡喜我復語言汝与我錢假我七
日須我事訖便還相就其

BD09579 號　大般涅槃經（北本）卷二二　（1–1）

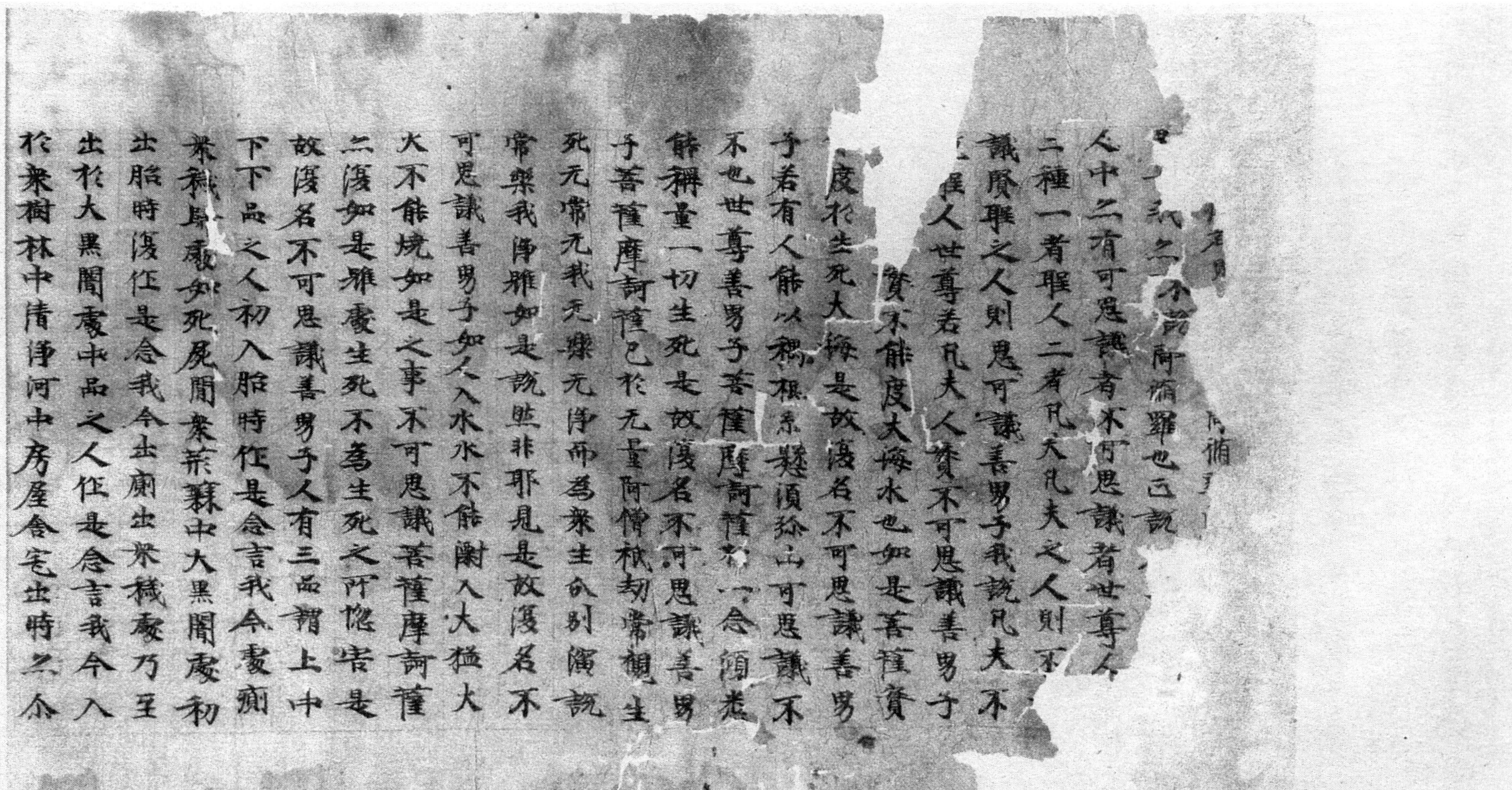
…亦二不說阿脩羅也已說
人中二有可思議者不可思議者世尊人
二種一者聖人二者凡夫凡夫之人則不
議賢聖之人則思可議善男子我說凡夫不
[illegible]性人世尊若凡夫人資不可思議善男子
資不能度大海水也如是菩薩資
度於生死大海是故復名不可思議善男
子若有人能以藕根絲懸須弥山可思議不
不也世尊善男子菩薩摩訶薩於一念頃悉
能稱量一切生死是故復名不可思議善男
子菩薩摩訶薩已於无量阿僧祇劫常觀生
死无常无我无樂无淨而為衆生分別演說
常樂我淨雖如是說然非耶見是故復名不
可思議善男子如人入水水不能溺入大猛火
火不能燒如是之事不可思議菩薩摩訶薩
亦復如是雖處生死不為生死之所惱害是
故復名不可思議善男子人有三品謂上中
下下品之人初入胎時作是念言我今處廁
衆穢聚處如死屍間衆棘叢中大黑闇處初
出胎時復作是念我今出廁出衆穢處乃至
出於大黑闇處中品之人作是念言我今入
於衆樹林中清淨河中房屋舍宅出時亦尒

BD09580 號　大般涅槃經（北本）卷一八　（2–1）

度於生死大海是故復名不可思議善男
子若有人能以稱稱量須弥山可思議不
不也世尊善男子菩薩摩訶薩於一念頃悉
能稱量一切生死是故復名不可思議善男
子菩薩摩訶薩已於无量阿僧祇劫常觀生
死无常无我无樂无淨而為衆生分別演說
常樂我淨雖如是說然非耶見是故復名不
可思議善男子如人入水水不能漂入大猛火
火不能燒如是之事不可思議菩薩摩訶薩
亦復如是雖處生死不為生死之所惱害是
故復名不可思議善男子人有三品謂上中
下下品之人初入胎時作是念言我今處廁
衆穢臭處如死屍間衆荊棘中大黑闇處初
出胎時復作是念我今出廁出衆穢處乃至
出於大黑闇處中品之人作是念言我今入
於衆樹林中清淨河中房屋舍宅出時亦尒
上品之人作是念言我昇殿堂在華林間乘
馬乘象登涉高山出時亦尒菩薩摩訶薩初
入胎時自知入胎住時知住出時知出終不
生於貪瞋之心而未得階初住地也是故復
名不可思議善男子阿耨多羅三藐三菩提
實不可以譬喻為比善男子心亦不可以方
喻為比而皆可說菩薩摩訶薩无有師諮受
學之處而能得於阿耨多羅三藐三菩提得

BD09580號　大般涅槃經（北本）卷一八　（2–2）

復如是不能知
能見而為貪婬瞋
獄畜生餓鬼阿脩羅旃陀羅
舍首陀生如是等種種之家中因心所
業緣雖受人身聾盲瘖瘂拘躃癃跛於
有受諸果報貪婬瞋恚愚癡覆心不知佛性
如彼力士寶珠在體謂呼失去衆生亦尒不
知親近善知識故不識如來微密寶藏
无我喻如非聖雖說有我亦復不知我之真
性我諸弟子亦復如是不知親近善知識故
脩學无我亦復不知无我之處尚自不知无
我真性況復能知有我真性善男子如來如
是說諸衆生皆有佛性喻如良醫示彼力士
金剛寶珠是諸衆生為諸无量億煩惱等之
所覆蔽不識佛性若盡煩惱亦時乃得證知了
了如彼力士於明鏡中見其寶珠善男子如
來秘藏如是无量不可思議復次善男子譬
如雪山有一味藥名曰藥味其味極甜在深
叢下无人能見有人聞香即知其地當有是
藥過去往昔世有轉輪王於此雪山為此藥
故在在處處造作木筩以接是藥是藥熟時
從地流出集木筩中其味真正王既沒已其
是藥或酢或醎或甜或苦或辛或淡如是

BD09581號　大般涅槃經（北本）卷七　（1–1）

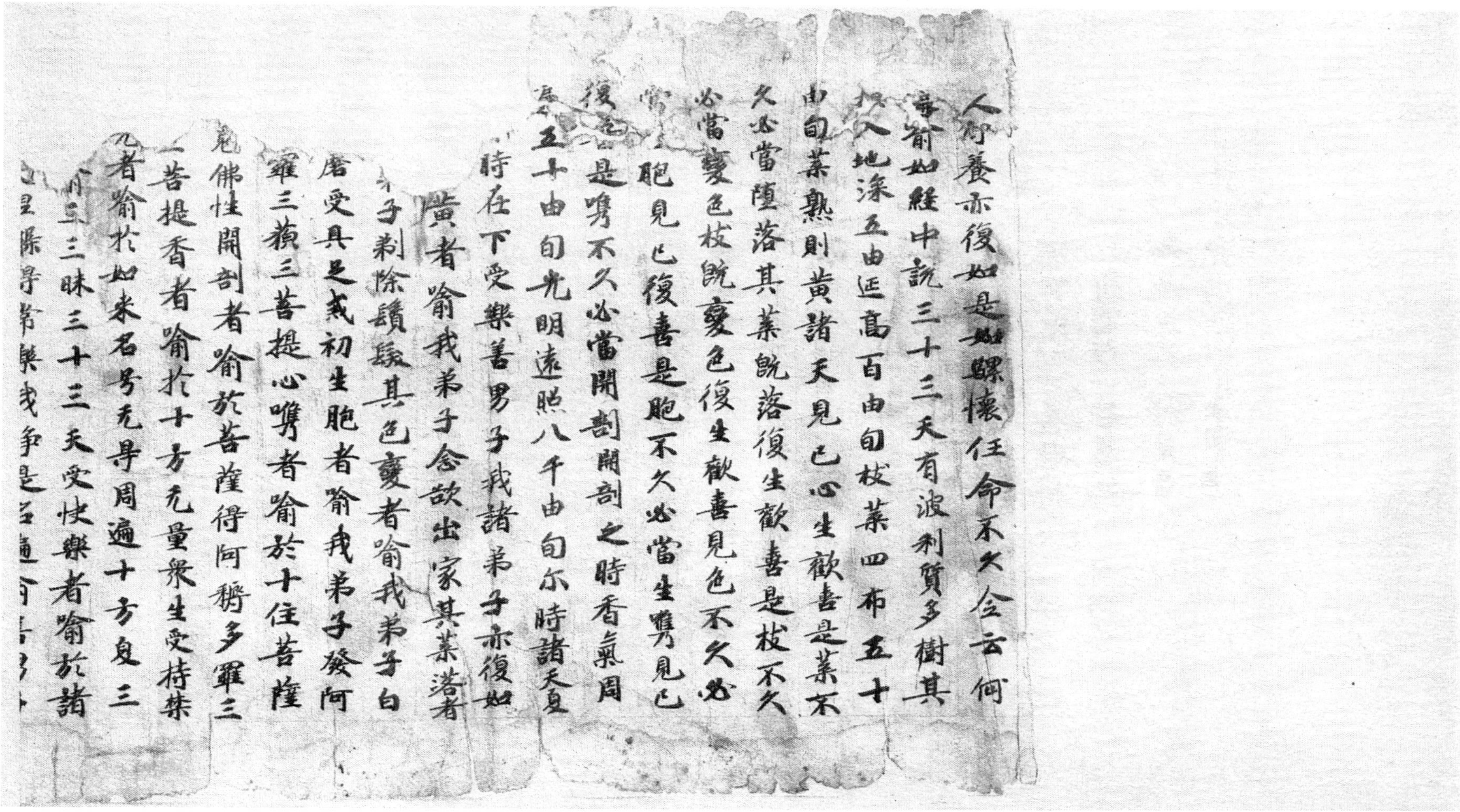
人所養亦復如是如蜾懷任命不久全云何
為前如經中說三十三天有波利質多樹其
根入地深五由延高百由旬枝葉四布五十
由旬葉熟則黃諸天見已心生歡喜是葉不
久必當墮落其葉既落復生歡喜是枝不久
必當變色枝既變色復生歡喜見色不久必
當生皰見已復喜是皰不久必當生嘴見已
復喜是嘴不久必當開剖開剖之時香氣周
遍五十由旬光明遠照八千由旬爾時諸天夏
時在下受樂善男子我諸弟子亦復如
黃者喻我弟子念欲出家其葉落者
子剃除鬚髮其色變者喻我弟子白
磨受具足戒初生皰者喻我弟子發阿
羅三藐三菩提心嘴者喻於十住菩薩
見佛性開剖者喻於菩薩得阿耨多羅三
三菩提香者喻於十方無量眾生受持禁
光者喻於如來名號無礙周遍十方夏三
月三三昧三十三天受快樂者喻於諸
大涅槃得常樂我淨是名遍喻

BD09582號　大般涅槃經（北本）卷二九　（2–1）

五十由旬光明遠照八千由旬爾時諸天夏
時在下受樂善男子我諸弟子亦復如
黃者喻我弟子念欲出家其葉落者
子剃除鬚髮其色變者喻我弟子白
磨受具足戒初生皰者喻我弟子發阿
羅三藐三菩提心嘴者喻於十住菩薩
見佛性開剖者喻於菩薩得阿耨多羅三
三菩提香者喻於十方無量眾生受持禁
光者喻於如來名號無礙周遍十方夏三
月三三昧三十三天受快樂者喻於諸
大涅槃得常樂我淨是名遍喻善男子
喻不必盡取或取少分或取多分或
取譬言如來面如滿月是名少分善男子
有人初不見乳轉問他言乳為何類彼人
水則濕相蜜則甜相貝則
雖得三喻未即乳實善男子我言燈喻
亦復如是善男子離水無河眾生
別眾生善男子如離相譬
生亦爾善男子若欲
當說炷者喻

BD09582號　大般涅槃經（北本）卷二九　（2–2）

滅除諸苦 與无量樂
諸根不具 壽命損減
親淨鬪訟 王法所加
愁憂恐怖 惡星突⋯
卧見惡夢 晝則愁⋯
至心清淨 着淨潔⋯
是經威德 能悉消⋯
護世四王 將諸官屬
悉來擁護 是持經典
鬼子母神 地神堅牢
大神龍王 緊那羅王
與其眷屬 悉共至彼
我今所說 諸佛世尊
億百千劫 甚難得⋯
若得聞經 若為他⋯
如是之人 於无量

BD09583號　金光明經卷一　　（1–1）

⋯是名不可得佛佛名
非行不可得行非行名不可得以不可得故
於一切有爲法中而得安住此⋯一切⋯
根而得生起
善男子譬如寶須弥山王饒⋯
心利衆生故是名第一布施⋯
子譬如大地持衆物故是名第二持⋯
因譬如師子有大威力獨步無畏離
故是名第三忍辱波羅蜜因譬如⋯
速力勇壯速疾心不退故是名第四勤策波
羅蜜因譬如七寶樓觀有四階道清涼之風
來吹四門受安隱樂靜慮法藏求滿足故是
名第五靜慮波羅蜜因譬如日輪光耀熾盛
此心速能破滅生死無明闇故是名第六智
慧波羅蜜因譬如商主能令一切心願滿足
此心能度生死險道獲功德寶故是名第七
方便勝智波羅蜜因譬如淨月圓滿無翳此
心能於一切境界清淨具足故是名第八願
波羅蜜因譬如轉輪聖王主兵寶臣隨意自
在此心善能莊嚴淨佛國土無量功德廣利
群生故是名第九力波羅蜜因譬如虛空及
轉輪聖王此心能於一切境界無有障礙於
一切處皆得自在至灌頂位故是名第十智

BD09584號　金光明最勝王經卷四　　（1–1）

輪是轉法畢目
地曰水曰火曰風
得生善男子〻亦不言我
亦不念言我能生牙〻亦不
來亦尒終不念言我轉法輪善
者是則名為轉正法輪是轉法輪即是如來
善男子譬如因鼓因空因皮因人因桴和合
出聲鼓不念言我能出聲乃至桴亦如是聲
亦不言我能自生善男子如來亦尒終不念
言我轉法輪善男子轉法輪者名為不〻作
〻者即轉法〻輪〻者即是如來善男子轉
法輪者乃是諸佛世尊境界非諸聲聞緣覺
所知善男子虛空非生非出非作非造非有
為法如來亦尒非生非出非作非造非有為
法如〻來性佛性亦尒非生非出非作非造
非有為法善男子諸佛世尊語有二種一者
世語二出世語善男子如來為諸聲聞緣覺
說於世語為諸菩薩說出世語善男子是諸
大衆復有二種一者求小乘二者求大乘我
於昔日波羅㮈城為諸聲聞轉于法輪今始
於此拘尸那城為諸菩薩轉大法輪
上根

BD09585 號　大般涅槃經（北本）卷一四　（1–1）

於彼事業造作
提心亦不可得菩提
色相无事業一切
菩提及心同真如故
能證所證皆平等故非无諸法而可了知善
男子菩薩摩訶薩如是知者乃得名為通達
諸法善說菩提及菩提心菩提心者非過去
非未來非現在心亦如是衆生亦如是於中
二相實不可得何以故以一切法皆无生故
菩提不可得菩提名亦不可得衆生衆生名
不可得聲聞聲聞名可得獨覺獨覺名不
可得菩薩菩薩名不可得佛佛名不可得行
非行不可得行非行名不可得以不可得故
於一切寂靜法中而得安住此依一切功德
善根而得生起
善男子譬如寶須彌山王饒益一切此菩提心
利衆生故是名第一布施波羅蜜因善男
子譬如大地持衆物故是名第二持戒波羅
蜜因譬如師子有大威力獨步无畏離驚恐

BD09586 號　金光明最勝王經卷四　（2–1）

可得菩薩菩薩名不可得佛佛名不可得行
非行不可得行非行名不可得以不可得故
於一切寂靜法中而得安住此依一切功德
善根而得生起
善男子譬如寶須彌山王饒益一切此菩提心
利衆生故是名第一布施波羅蜜因善男
子譬如大地持衆物故是名第二持戒波羅
蜜因譬如師子有大威力獨步无畏離驚怖
故是名第三忍辱波羅蜜因譬如風輪那羅
延力勇壯速疾心不退故是名第四勤策波
羅蜜因譬如七寶樓觀有四階道清涼之風
來吹四門受安隱樂靜慮法藏求滿足故是
名第五靜慮波羅蜜因譬如日輪光耀熾盛
此心速能破滅生死无明闇故是名第六智
慧波羅蜜因譬如商主能令一切心願滿足
此心能度生死險道獲功德寶故是名第七方
便勝智波羅蜜因譬如淨月圓滿无翳此
心能於一切境界清淨具足故是名第八願
波羅蜜因譬如轉輪聖王主兵寶臣隨意自
在此心善能莊嚴淨佛國土无量功德廣利
群生故是名第九力波羅蜜因譬如虛空及
轉輪王此心能於一切境界无有障礙於

BD09586號　金光明最勝王經卷四　（2–2）

是本故具足大用不顯現故說為無常應身
者從無始來相續不斷一切諸佛不共之法能
攝持故衆生無盡用亦無盡是故說常非
是本故以具足不顯現故說為無常法身者
非是行法無有相是根本故猶如虛空是故
說常善男子離無分別智更無勝智離法
如如無勝境界是法如如是慧如如是二種
如如如如不一不異是故法身慧清淨故是二
清淨是故法身具足清淨
復次善男子分別三身有四種異有化身
身有應身非化身有化身亦應身有非化身非應
亦應身何者化身非應身謂諸如來般涅槃後
以願自在故隨緣利益是名化身何者應身非化
身是地前身何者化身亦應身謂住有餘涅槃之
身何者非化身非應身是法身善男子是法身
爲二無所有所顯現故何者名爲二無所有

BD09587號　金光明最勝王經卷二　（1–1）

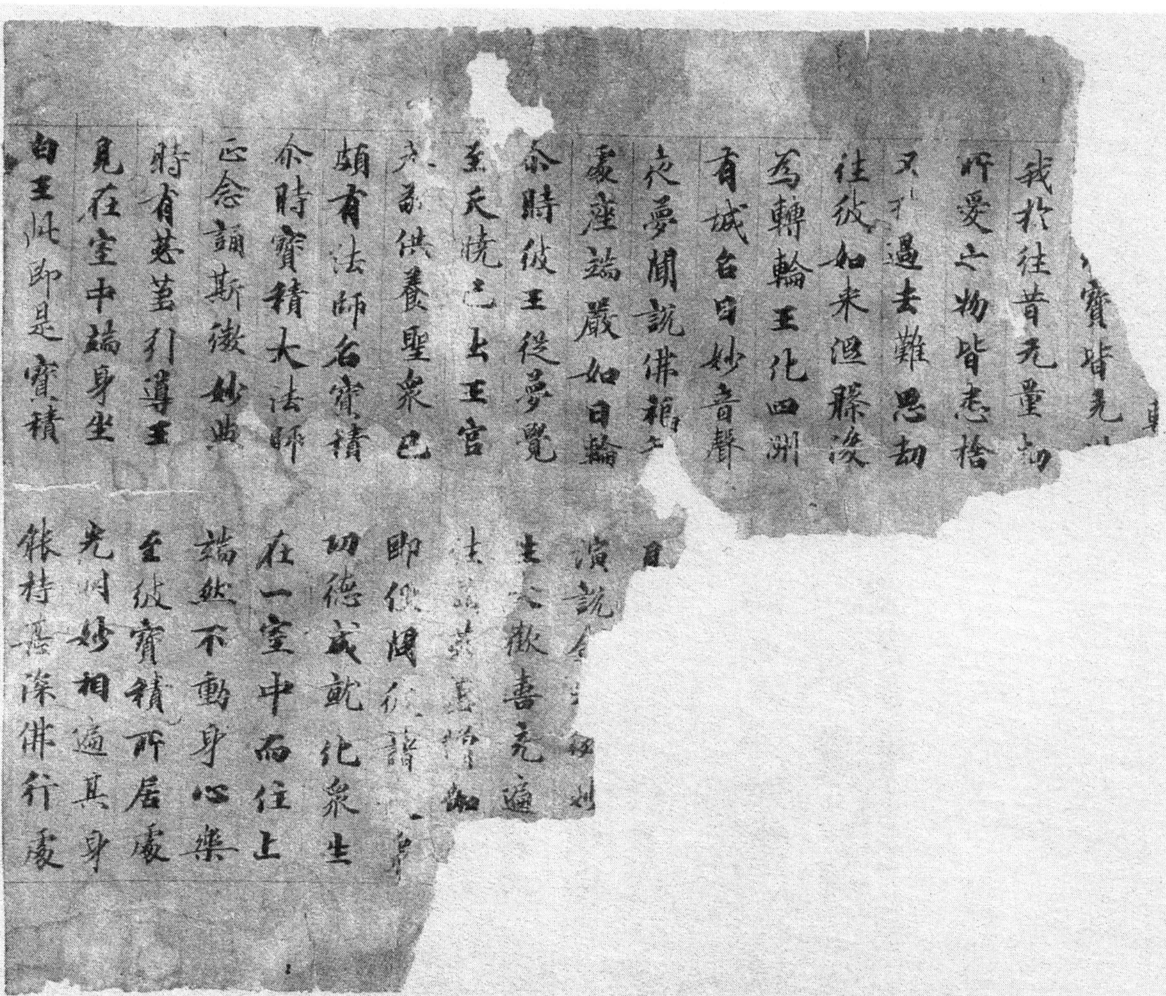

寶皆充
我於往昔无量劫
所愛之物皆悉捨
又於過去難思劫
往彼如來涅槃後
為轉輪王化四洲
有城名曰妙音聲
夜夢聞說佛福
處座端嚴如日輪　演說金
尒時彼王從夢覺　生大歡喜充遍
至天曉已出王宮　往詣苾芻僧伽
香花供養聖眾已　即便問彼諸
頗有法師名寶積　功德成就化眾生
尒時寶積大法師　在一室中而住止
正念誦斯微妙典　端然不動身心樂
時有苾芻引導王　至彼寶積所居處
見在室中端身坐　光明妙相遍其身
白王此即是寶積　能持甚深佛行處

BD09588 號　金光明最勝王經卷九　（1–1）

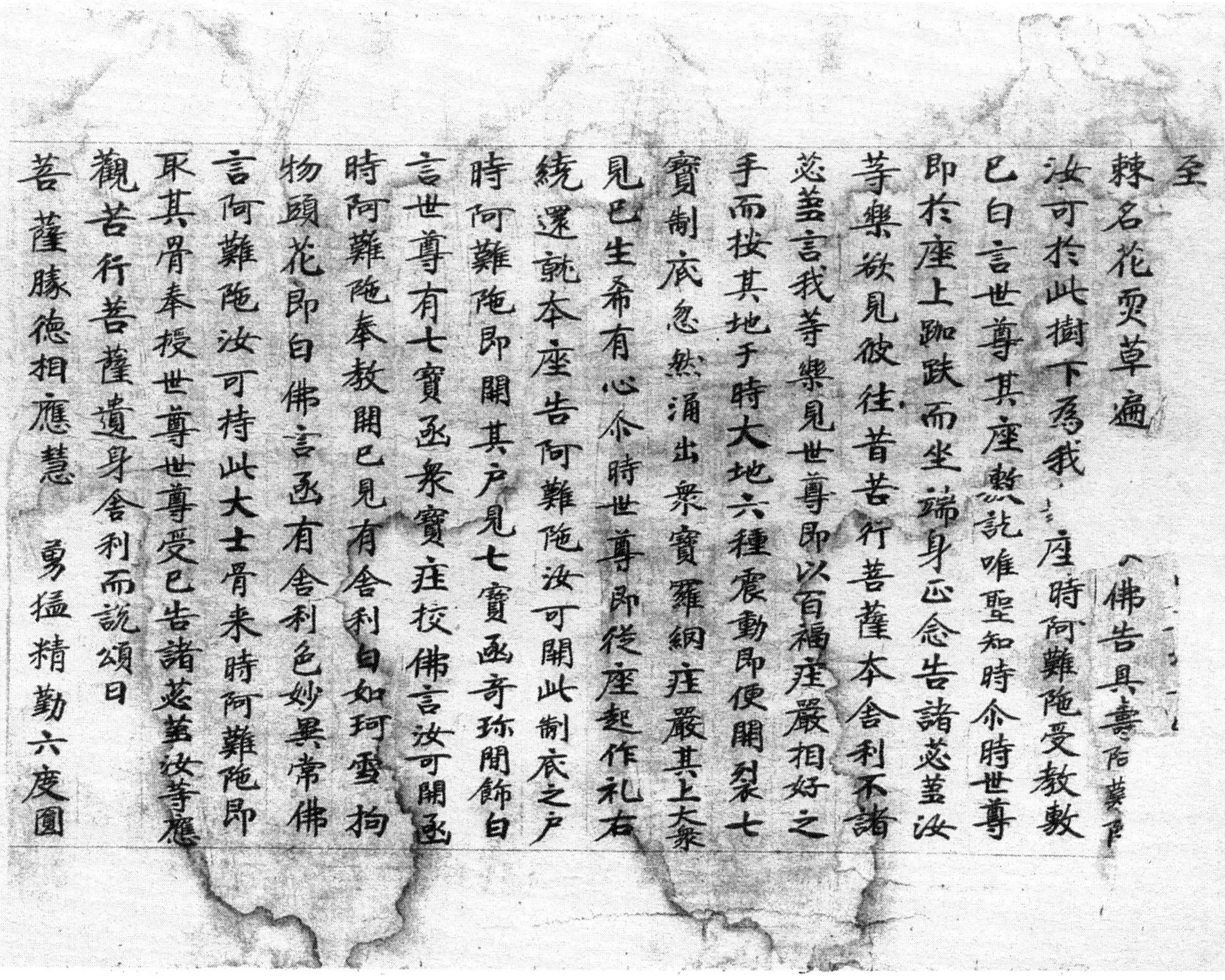

至
棘名花覆草遍　佛告具壽阿難陁
汝可於此樹下為我敷座時阿難陁受教敷
已白言世尊其座然訖唯聖知時尒時世尊
即於座上跏趺而坐端身正念告諸苾芻汝
等樂欲見彼往昔苦行菩薩本舍利不諸
苾芻言我等樂見世尊即以百福莊嚴相好之
手而按其地于時大地六種震動即便開裂七
寶制底忽然涌出眾寶羅網莊嚴其上大眾
見已生希有心尒時世尊即從座起作礼右
繞還就本座告阿難陁汝可開此制底之戶
時阿難陁即開其戶見七寶函奇珍間飾白
言世尊有七寶函眾寶莊校佛言汝可開函
時阿難陁奉教開已見有舍利白如珂雪拘
物頭花即白佛言函有舍利色妙異常佛
言阿難陁汝可持此大士骨来時阿難陁即
取其骨奉授世尊世尊受已告諸苾芻汝等應
觀苦行菩薩遺身舍利而說頌曰
菩薩勝德相應慧　勇猛精勤六度圓

BD09589 號　金光明最勝王經卷一〇　（1–1）

令四童子好嚴身　各於一角持瓶水
於此常燒安息香　五音之樂聲不絕
幡蓋莊嚴懸繒綵　安在壇場之四邊
復於場內置明鏡　利刀兼箭各四枚
於壇中心埋大盆　應以漏版安其上
用前香末以和湯　亦復安在於壇內
既作如斯布置已　然後誦呪結其壇
結界呪曰
怛姪他　頞喇計　娜也泥　呬麗
弭麗　祇麗　企企麗　莎訶
如是結界已　方入於壇內　呪水三七遍　散灑於四方

BD09590 號　金光明最勝王經卷七　（1–1）

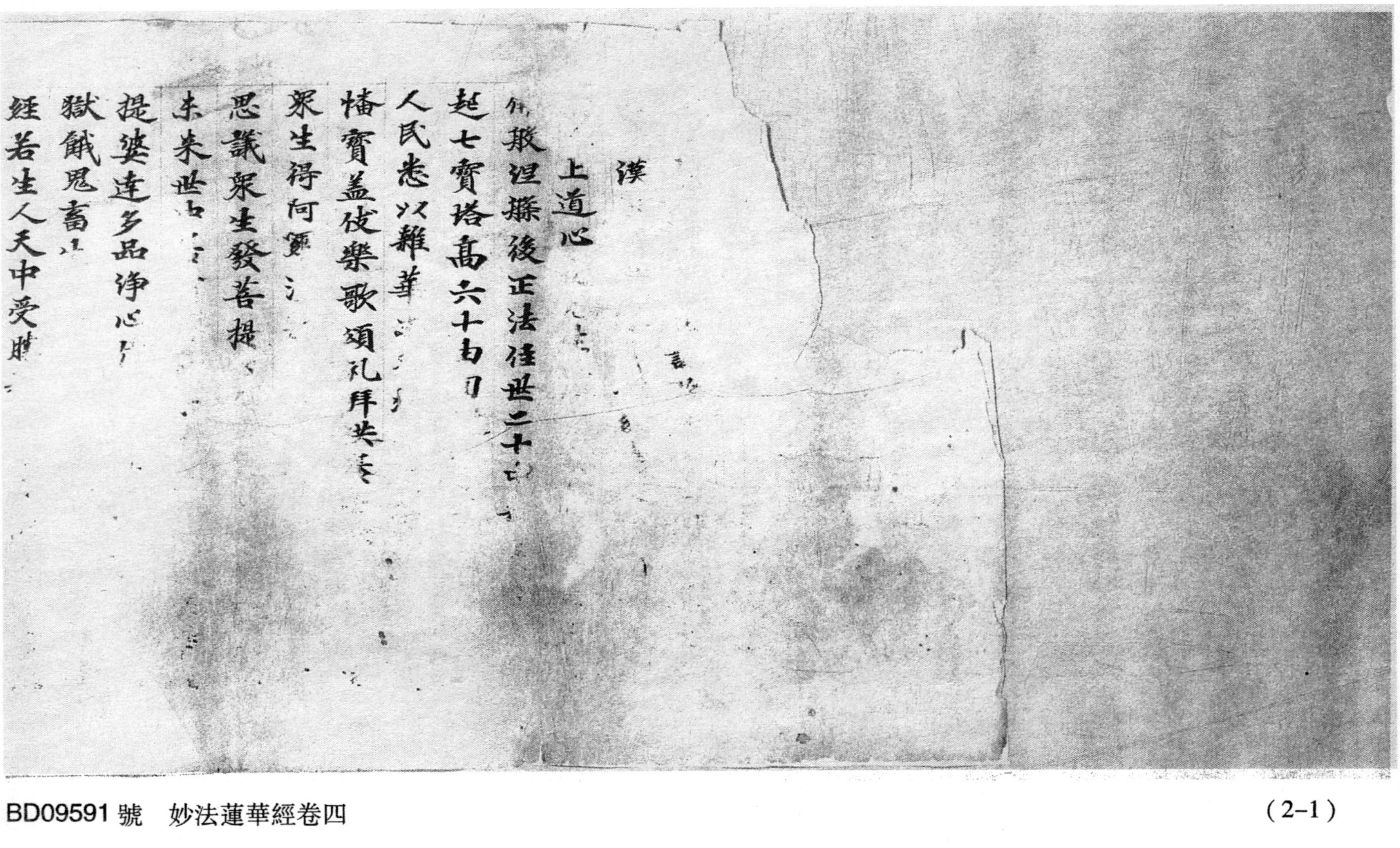

漢
上道心
佛般涅槃後正法住世二十小
起七寶塔高六十由旬
人民悉以雜華
幡寶蓋伎樂歌頌礼拜供養
衆生得阿羅漢
思議衆生發菩提
未來世中
提婆達多品淨心信
獄餓鬼畜生
經若生人天中受勝

BD09591 號　妙法蓮華經卷四　（2–1）

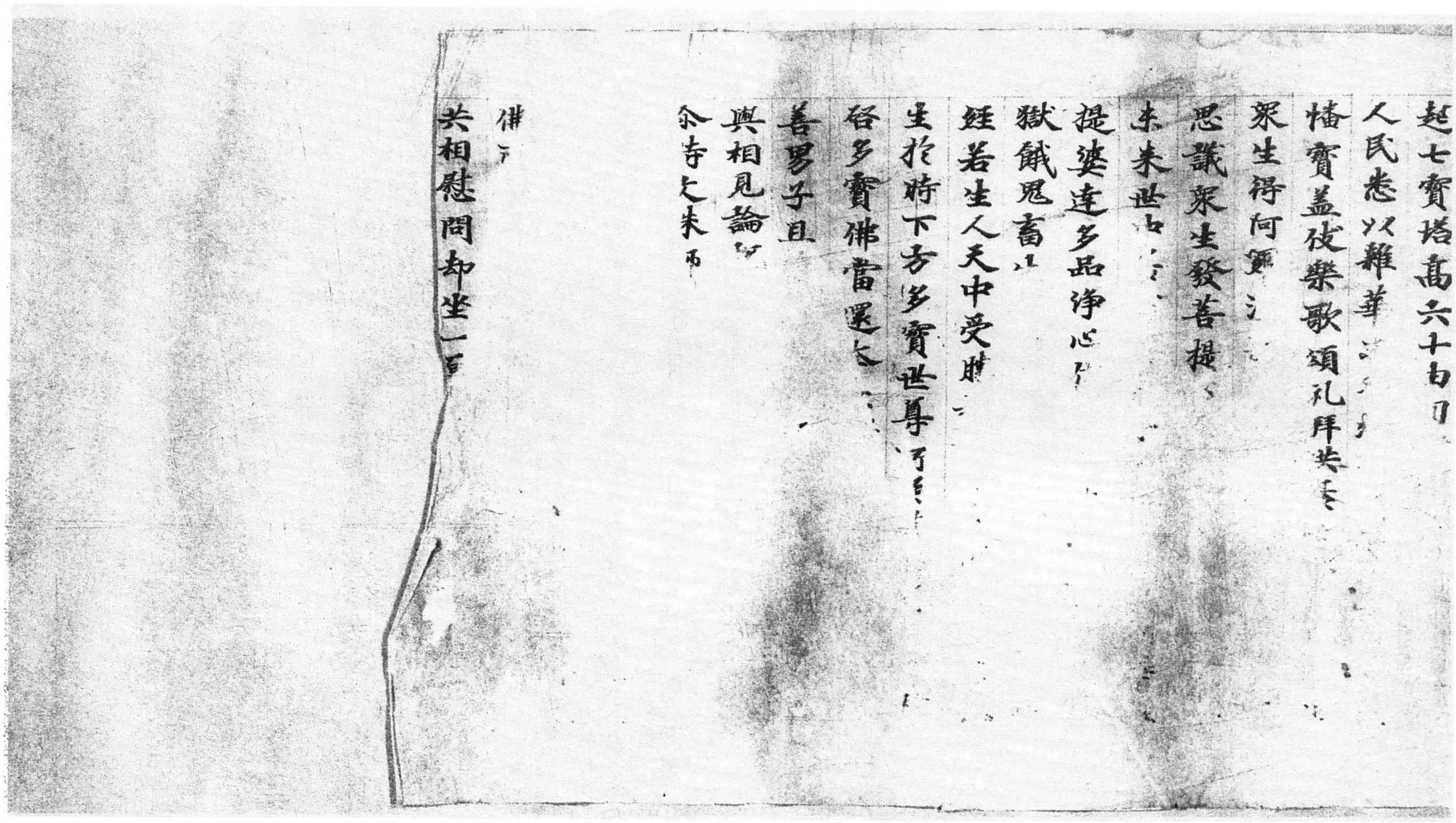

起七寶塔高六十由旬
人民悉以雜華
幡寶蓋伎樂歌頌礼拜供養
衆生得阿羅
思議衆生發菩提
未來世
提婆達多品淨心
獄餓鬼畜
經若生人天中受勝
生於時下方多寶世尊所
宿多寶佛當還
善男子且
與相見論
尒寺文殊
佛
共相慰問却坐一面

BD09591 號　妙法蓮華經卷四　（2–2）

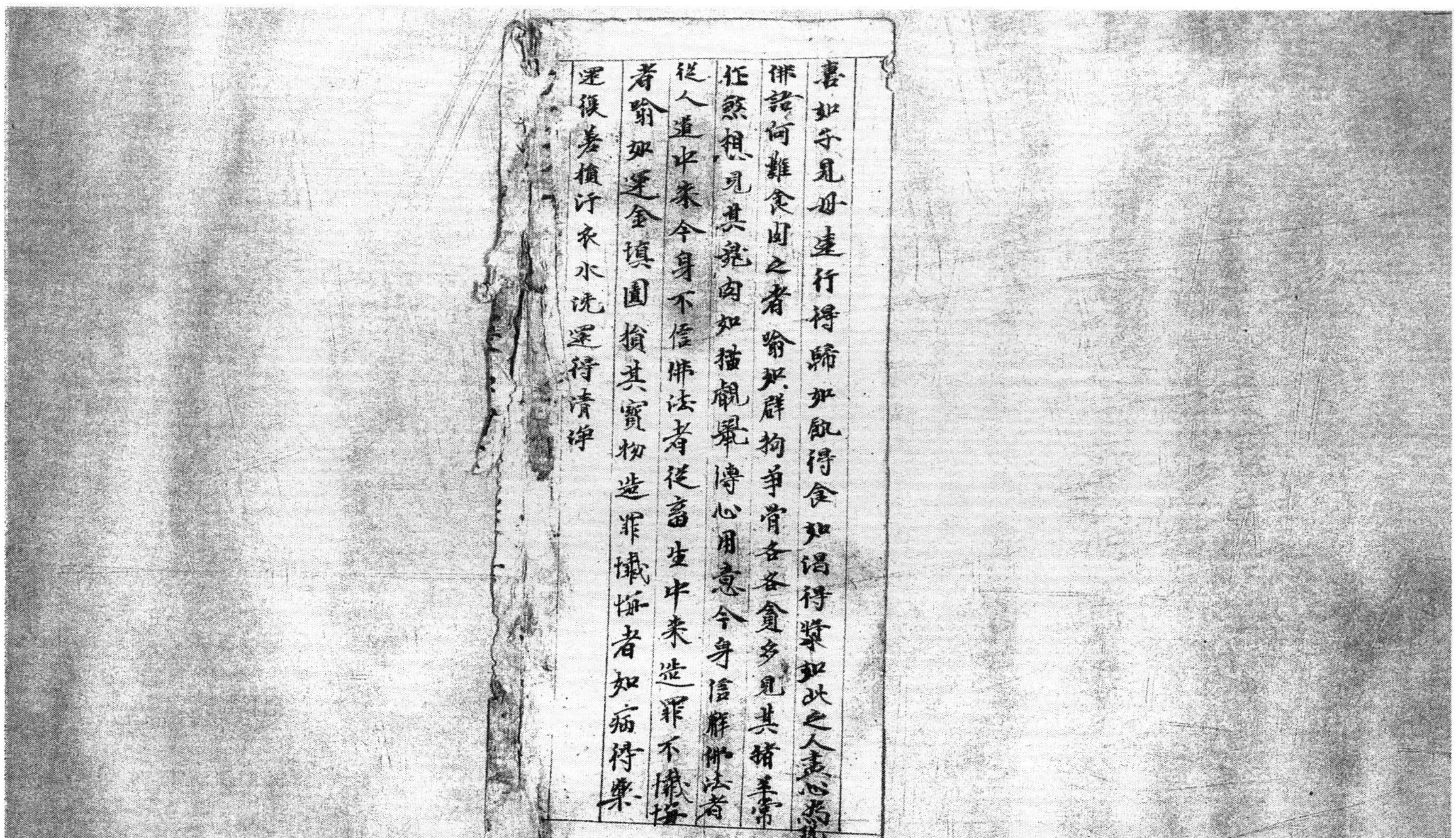

喜如子見母逹行得歸如飢得食如渴得漿如此之人盡心悉就
佛語阿難貪心之者喻如群狗爭骨各各貪多見其猪羊常
住慈想見其兒肉如猫觀鼠淨心用意令身信解佛法者
從人道中來今身不信佛法者從畜生中來造罪不懺悔
者喻如運金填圍損其寶物造罪懺悔者如病得樂
還復著橫汗衣水洗還得清淨

BD09592 號　無量大慈教經　（2–1）

光明遍照十方有我緣者得見我身無有緣者不見我想
尒時阿難白佛言世尊如何二種心一種衆生則有見者則無
見者　尒時阿難重白世尊云何是明云何是盲
尒時世尊荅言何難脩福者明不脩福者盲何難復白佛
言世尊脩福者不見由何世尊告何難脩福不見我身郭開
佛光汙濕三寶是以不得見我佛語菩薩聞此經者心生歡

BD09592 號　無量大慈教經　（2–2）

而福不和……白眼瞞
短小而足意氣有雖
女有孤單獨自有在
在朝衣食自恣有少時盲賊
无辜横羅獄事有父慈子孝論
兄弟和各闘諍交至有安居立
有自无舍屋處處浮寄有馬極
類有衣毛茹血不識文字有端
住无地有聰明高案宵闇鈍无
得有不求自至有富而慳貪有
有出言和濡有發語麁剛有為
人遠避有慈心養命有煞生无
有為他所棄有婦姑相憎有妯娌
聽法語有聞經眼睡有武夫无
義有作畜生之形種種異類唯願
因果大衆知聞一心從善
佛告阿難如汝所問受報不同
目心不等是以所受千差万別今
……白人醜……從瞋

BD09593 號　善惡因果經　（1–1）

人本雖死智今是論師
本雖凡夫今是聖行本如
雖凡夫讀持是經智同聖 千劫
是經共諸佛如來同有涅槃
虛空藏菩薩白佛言世尊如佛所說
行今是聖行本是煩惱 貴行是 亦共
來同有涅槃破戒五逆 怖出
正法護持多經
斷除煩惱同得涅槃此義難明唯願世尊當
為說之佛言善哉善哉善男子汝能善問我
能善答善男子一切衆生以不值佛故邪見
犯戒誹謗正法若佛在世終不犯戒廿
法何以故譬如長者唯有一子愛之
父在時日夜教令事須之其子孝順
令都不所犯若父遠行不時來還其子心
多有所犯以不時來身亡死滅悲啼
似起逆愁憤本心母父亦教似若一
謗法其父久時遠行未歸而子癡善
教受持不犯以見父故信知不死不
捉父本勅須教而行不名誹謗善男
者即是如來一子者即是一切衆生
是教戒遠行者即是

BD09594號　大通方廣懺悔滅罪莊嚴成佛經卷中　（2–1）

令都不所犯若父遠行不時來還其子心
多有所犯以不時來身亡死滅悲啼
似起逆愁憤本心母父亦教似若一
謗法其父久時遠行未歸而子癡善
教受持不犯以見父故信知不死不
捉父本勅須教而行不名誹謗善男
者即是如來一子者即是一切衆生
是教戒遠行者即是餘化不見父
滅愁惱故即是即是鄙弊下持故謗法
唱滅故即是逆罪迷理故即是誹謗
尊餘化來還衆生見之即生信心知
佛為說法還得本心不名犯戒以知
名隨逆順教而行於理得解不名謗
子讀持是經者即能消除無量生死
惡之罪聞是經名即得聞佛見是人
佛身持是經者即持佛身行是經者即
事說是經者即說佛事解是經者即
若作佛事善解佛義如此之人永死
以故得值是經斷除煩惱善男子
以為一日以是廿四為一月十二月
以此歲數過百千万億劫得值一佛
數得值一佛此經難值復過於是得

BD09594號　大通方廣懺悔滅罪莊嚴成佛經卷中　（2–2）

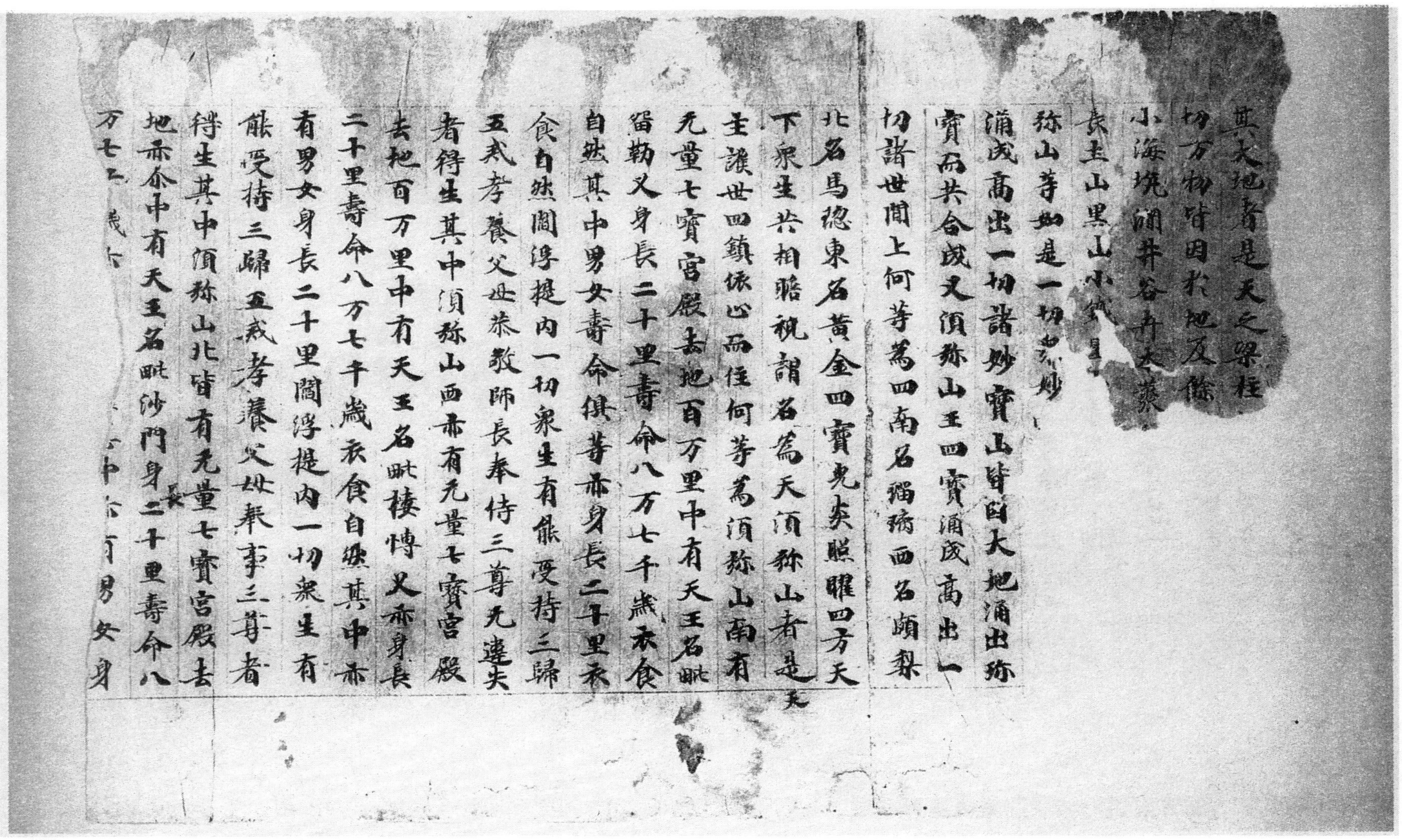

其大地者是天之梁柱
切万物皆因於地及餘
小海坑澗井谷并大藥
長玉山黑山小鐵山
弥山等如是一切出妙
涌泼高出一切諸妙寶山皆因大地涌出弥
寶而共合成又須弥山王四寶涌泼高出一
切諸世間上何等為四南名瑠璃西名頗梨
北名馬瑙東名黃金四寶光炎照曜四方天
下衆生共相瞻視謂名為天須弥山者是天
主護世四鎮依止而住何等為須弥山南有
无量七寶宮殿去地百万里中有天王名毗
留勒叉身長二十里壽命八万七千歲衣食
自然其中男女壽命俱等亦身長二十里衣
食自然閻浮提內一切衆生有能受持三歸
五戒孝養父母恭敬師長奉侍三尊无違失
者得生其中須弥山西亦有无量七寶宮殿
去地百万里中有天王名毗樓博叉亦身長
二十里壽命八万七千歲衣食自然其中亦
有男女身長二十里閻浮提內一切衆生有
能受持三歸五戒孝養父母奉事三尊者
得生其中須弥山北皆有无量七寶宮殿去
地亦命中有天王名毗沙門身長二十里壽命八
万七千歲……中亦有男女身

BD09595 號　妙法蓮華經度量天地品　（1–1）

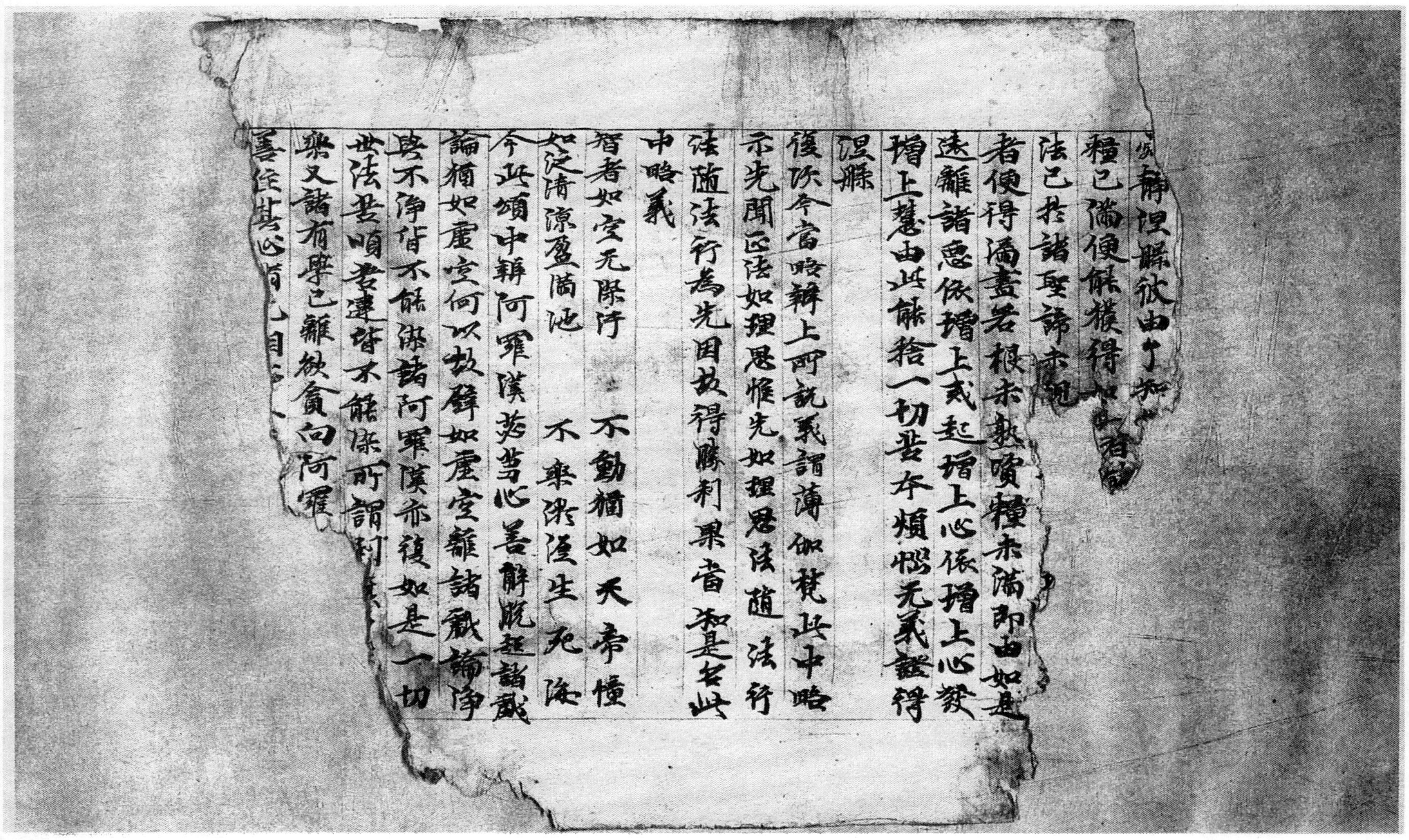

靜涅槃欲由了知
種已滿便能獲得
法已於諸聖諦亦現
者便得滿盡若根未熟噴種未滿即由如是
遠離諸惡依增上戒起增上心依增上心發
增上慧由此能捨一切普本煩惱无義證得
涅槃
復次今當略辯上所說義謂薄伽梵此中略
示先聞正法如理思惟先如理思法隨法行
法隨法行為先因故得勝利果當知是名此
中略義
智者如空无際汙　　不動猶如天帝幢
如泛清涼盈滿池　　不樂漂浪生死海
今此頌中辯阿羅漢苾芻心善解脫起諸戲
論猶如虛空何以故譬如虛空離諸戲論淨
故不淨皆不能染諸阿羅漢亦復如是一切
世法甚順違皆不能染所謂利
樂又諸有學已離欲貪向阿羅
善住其心有九自

BD09596 號　瑜伽師地論卷一九　（1–1）

是相離果問此梵住中有何等事是菩薩相偈曰
欲知菩薩相　梵心无退轉　設遇重鄣緣　及以自放逸
釋曰菩薩有二事梵心不動應知是爲菩薩相一者設遇重
鄣因緣心終无異是菩薩相二者設自放逸謂能治不現前時心亦无異是菩薩相況无
量現前時問梵住鄣礙云何偈曰　四梵有四鄣　瞋惱憂欲故　菩薩具此鄣　多種過失起
釋曰彼四梵所對治具有四鄣如其次第一瞋二惱三憂四欲由如此鄣梵无體故若有此四
復生多種過失問多失云何偈曰　如是諸煩惱　起則有三害　自害亦害彼　及以尸羅害
釋曰此偈顯示三害過失自害謂自善思住二他害謂他善思住三尸羅害謂俱善思住偈曰

BD09597號　大乘莊嚴經論卷八　　（1–1）

四
一物施以捨自身命故二无畏施以救濟惡道生死畏故三法施以說大乘法故種緣者以大悲
爲緣起故種迴向者以求大菩提故種因者以先世施業熏習種子爲因故種智者以无分別
智觀察三輪不分別施者受者財物故種田者田有五人一求人二苦人三无依人四惡行人五具德
人應知此中以具德勝人爲无上種依止者由三種依止故一依止信向二依止思惟三依止三昧
依止信向者如分別脩中信思惟所說依止思惟者如分別脩中味思惟隨喜思惟希望
思惟所說依止三昧者謂依金剛藏等定如勢力依止脩中所說如是依等无上故種得无上如種
八无上戒等五波羅蜜八无上應知亦尒此中戒品類无上者謂菩薩戒　忍品類无上

BD09597號背　大乘莊嚴經論卷九　　（1–1）

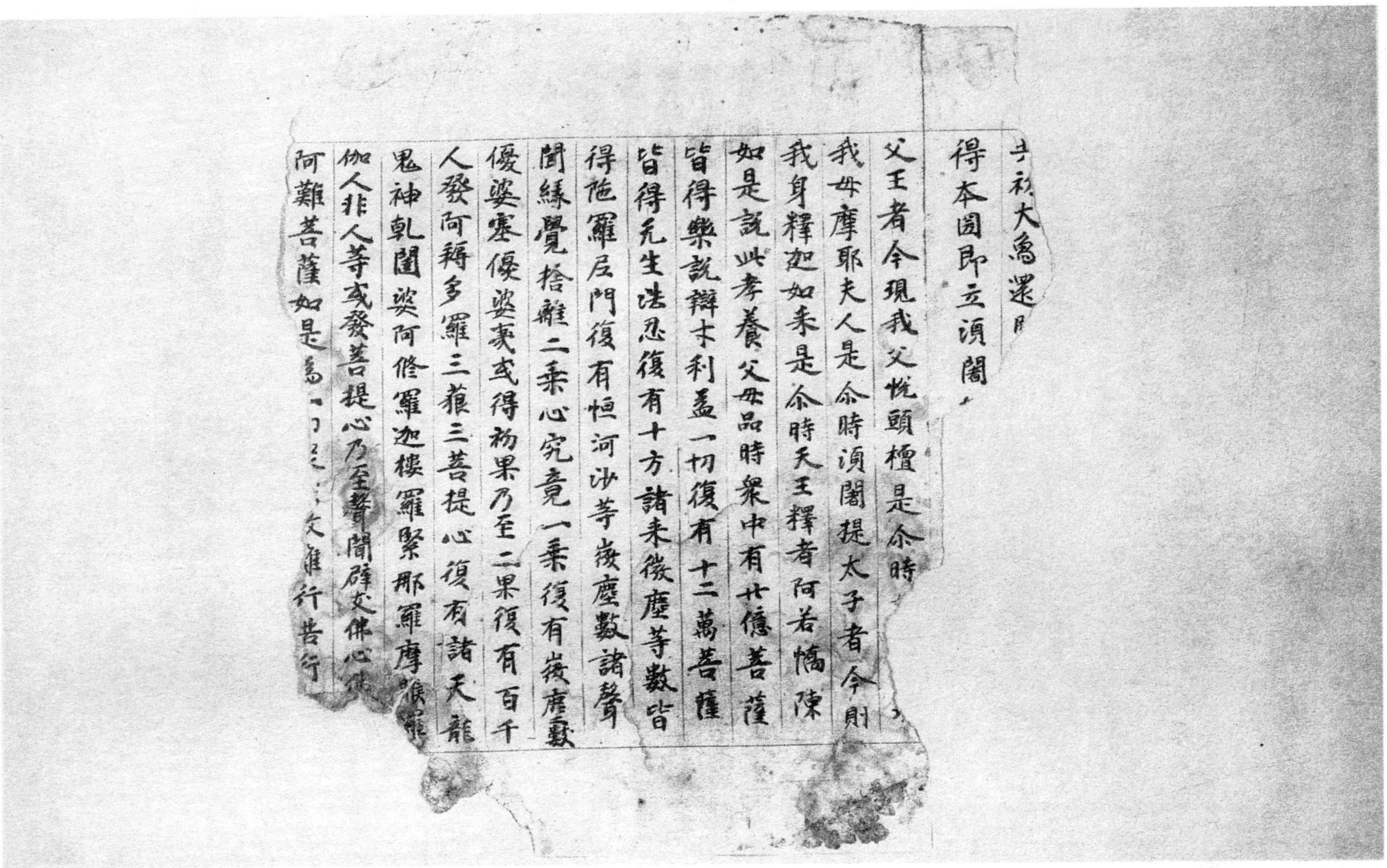
□初大爲還
得本國即立須闍
父王者今現我父悅頭檀是尒時
我母摩耶夫人是尒時須闍提太子者今則
我身釋迦如來是尒時天王釋者阿若憍陳
如是說此孝養父母品時衆中有廿億菩薩
皆得樂說辯才利益一切復有十二萬菩薩
皆得无生法忍復有十方諸來微塵等數皆
得陁羅尼門復有恒河沙等微塵數諸聲
聞緣覺捨離二乘心究竟一乘復有微塵數
優婆塞優婆夷或得初果乃至二果復有百千
人發阿耨多羅三藐三菩提心復有諸天龍
鬼神乾闥婆阿修羅迦樓羅緊那羅摩睺羅
伽人非人等或發菩提心乃至聲聞辟支佛心
阿難菩薩如是爲一切□□□難行苦行

BD09598 號　大方便佛報恩經卷一　（1–1）

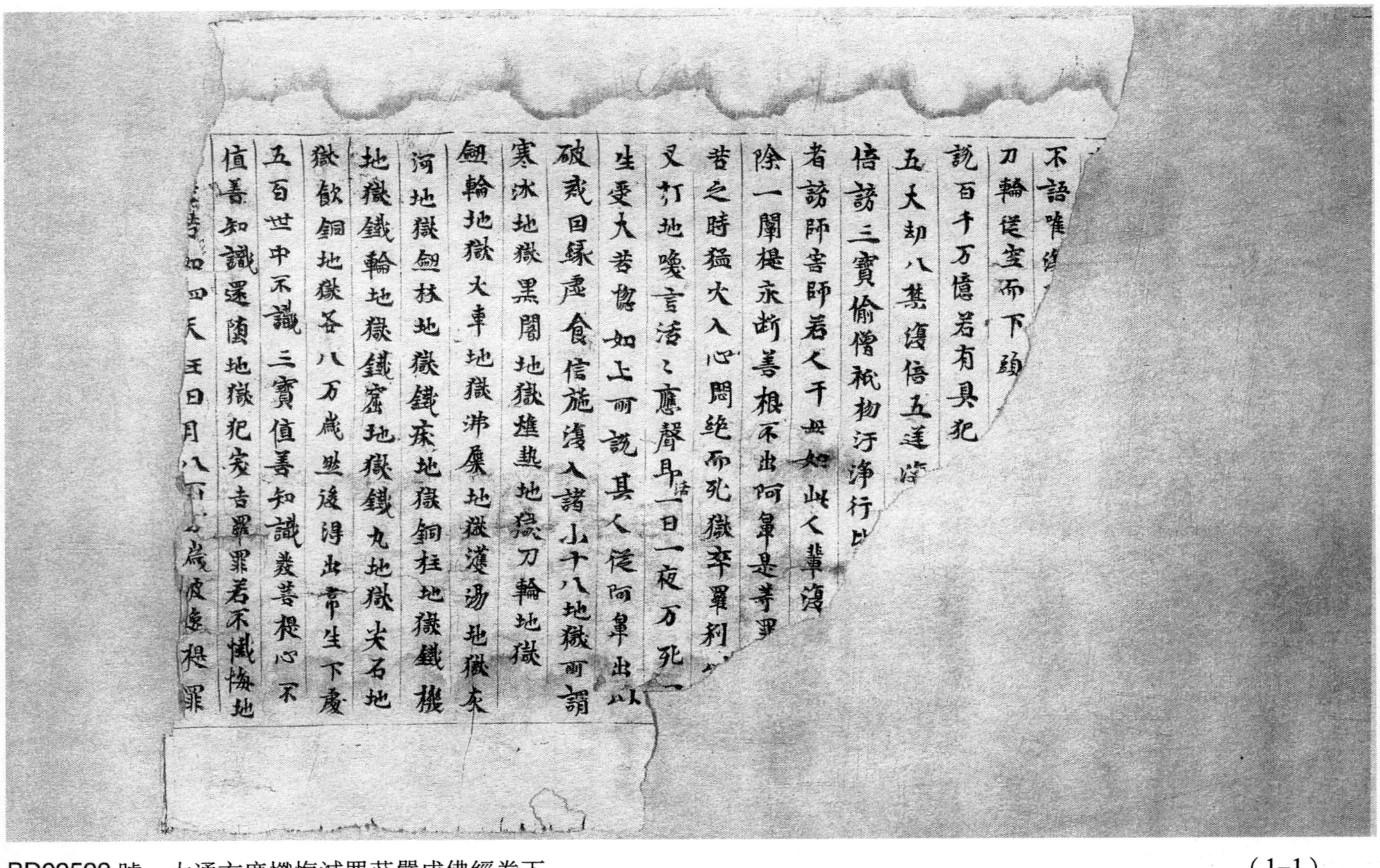
不語唯
刀輪從空而下頭
說百千万億若有具犯
五大劫八禁復倍五逆
倍謗三寶偷僧祇物汚淨行比
者謗師害師若人千母如此人輩復
除一闡提永斷善根不出阿鼻是等罪
苦之時猛火入心悶絶而死獄卒羅刹
叉打地喚言活活應聲即活一日一夜万死一
生受大苦惚如上所說其人從阿鼻出以
破戒因緣虛食信施復入諸小十八地獄所謂
寒冰地獄黑闇地獄燋熱地獄刀輪地獄
劒輪地獄火車地獄沸屎地獄鑊湯地獄灰
河地獄劒林地獄鐵床地獄銅柱地獄鐵機
地獄鐵輪地獄鐵窟地獄鐵丸地獄尖石地
獄飲銅地獄各八万歲然後得出常生下處
五百世中不識三寶值善知識發菩提心不
值善知識還墮地獄犯突吉羅罪若不懺悔地
□時如四天王日月八□□歲波逸提罪

BD09599 號　大通方廣懺悔滅罪莊嚴成佛經卷下　（1–1）

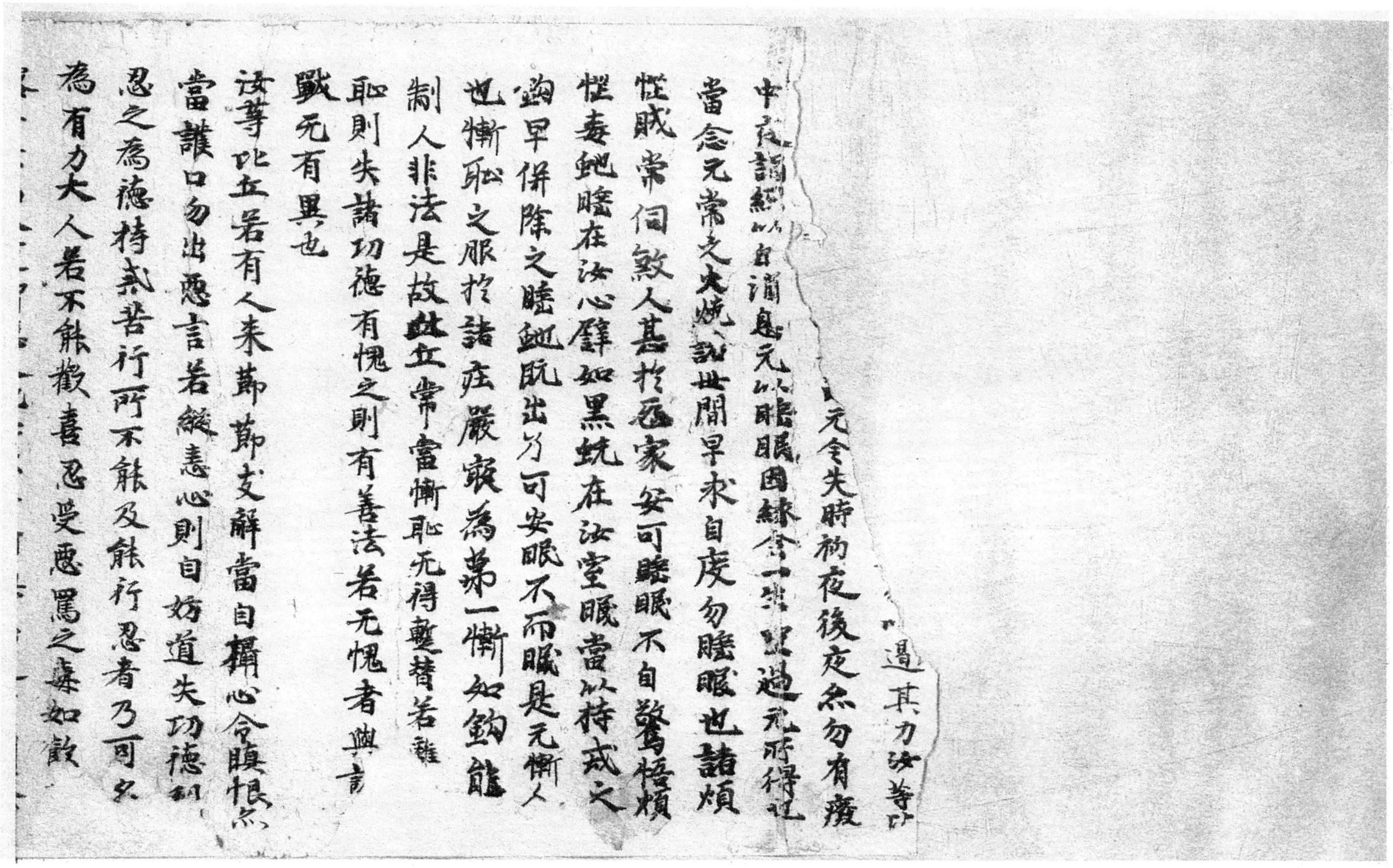

過其力汝等比
无令失時初夜後夜亦勿有廢
中夜誦經以自消息无以睡眠因緣令一生空過无所得也
當念无常之火燒諸世間早求自度勿睡眠也諸煩
惱賊常伺殺人甚於怨家安可睡眠不自驚悟煩
惱毒蛇睡在汝心譬如黑蚖在汝室睡當以持戒之
鉤早摒除之睡蛇既出乃可安眠不出而眠是无慚人
也慚恥之服於諸莊嚴最為第一慚如鉤能
制人非法是故比丘常當慚恥无得暫替若離
恥則失諸功德有愧之則有善法若无愧者與言
獸无有異也
汝等比丘若有人來節節支解當自攝心令瞋恨不
當護口勿出惡言若縱恚心則自妨道失功德利
忍之為德持戒苦行所不能及能行忍者乃可名
為有力大人若不能歡喜忍受惡罵之毒如飲

BD09600號　佛垂般涅槃略說教誡經　（2–1）

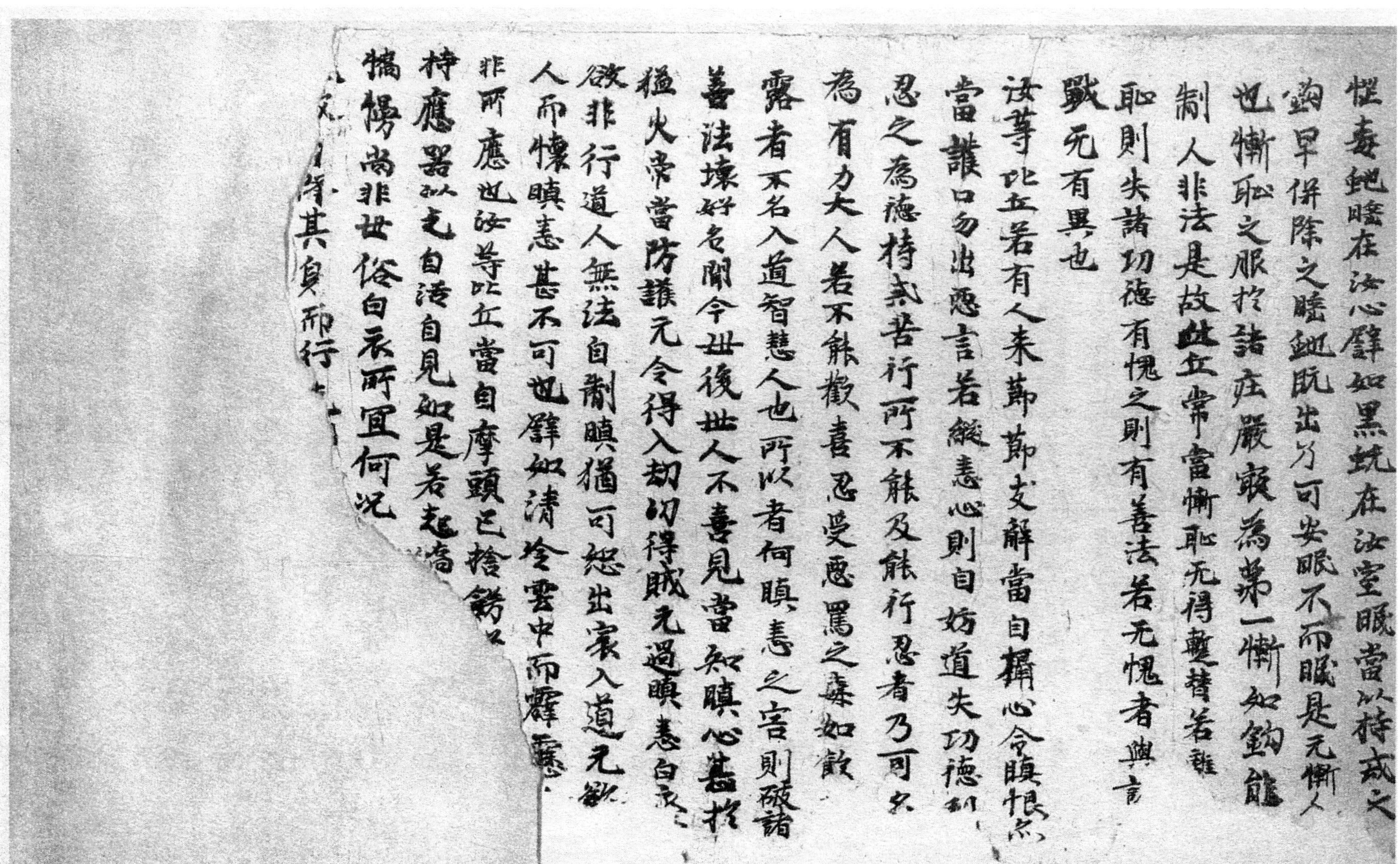

惱毒蛇睡在汝心譬如黑蚖在汝室睡當以持戒之
鉤早摒除之睡蛇既出乃可安眠不出而眠是无慚人
也慚恥之服於諸莊嚴最為第一慚如鉤能
制人非法是故比丘常當慚恥无得暫替若離
恥則失諸功德有愧之則有善法若无愧者與言
獸无有異也
汝等比丘若有人來節節支解當自攝心令瞋恨不
當護口勿出惡言若縱恚心則自妨道失功德利
忍之為德持戒苦行所不能及能行忍者乃可名
為有力大人若不能歡喜忍受惡罵之毒如飲
露者不名入道智慧人也所以者何瞋恚之害則破諸
善法壞好名聞今世後世人不喜見當知瞋心甚於
猛火常當防護无令得入劫功德賊无過瞋恚白衣受
欲非行道人無法自制瞋猶可恕出家入道无欲
人而懷瞋恚甚不可也譬如清冷雲中而霹靂
非所應也汝等比丘當自摩頭已捨飾好
持應器以乞自活自見如是若起憍
憍慢尚非世俗白衣所宜何況
其身而行

BD09600號　佛垂般涅槃略說教誡經　（2–2）

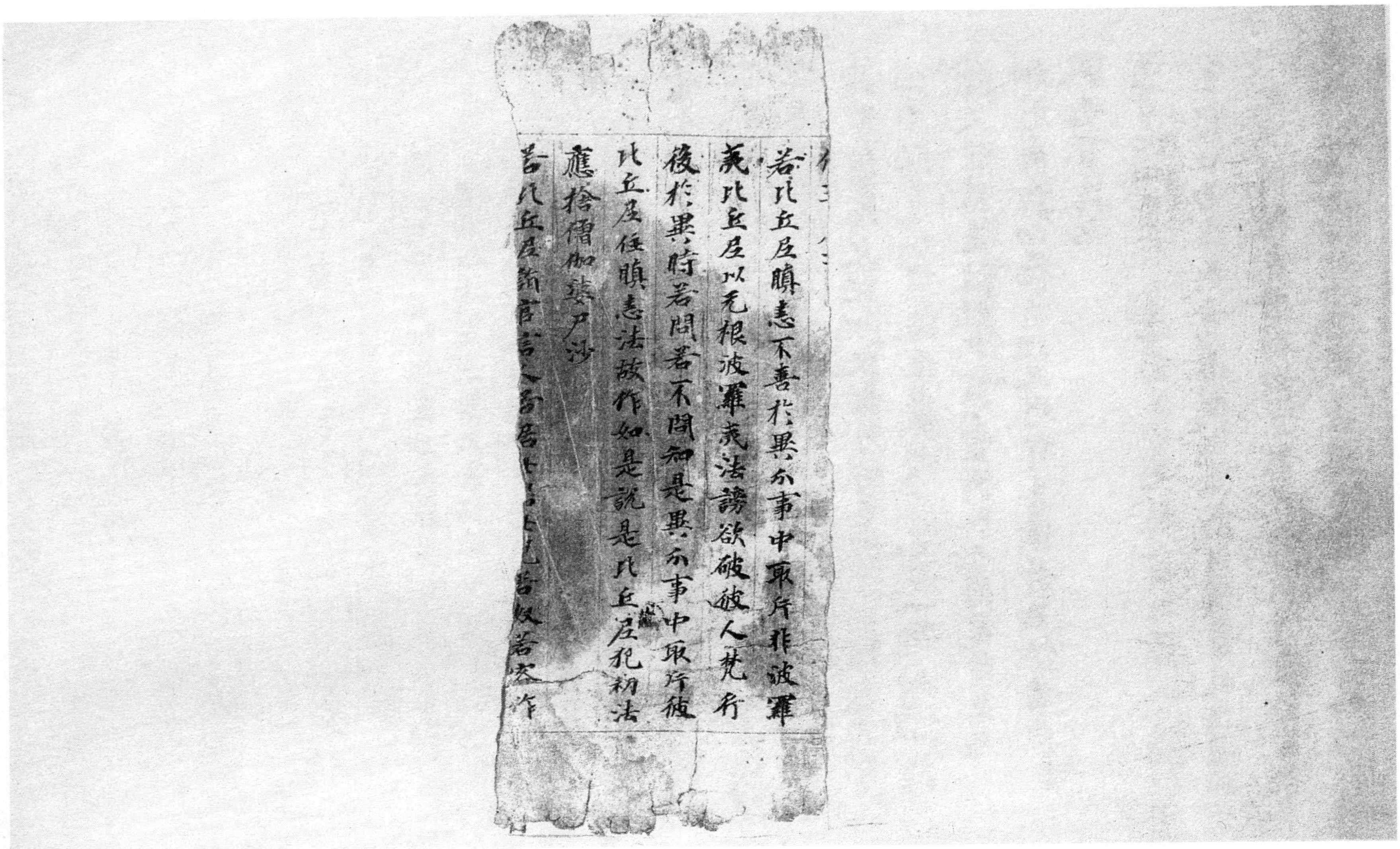

若比丘尼瞋恚不喜於異分事中取片非波羅
夷比丘尼以无根波羅夷法謗欲破彼人梵行
後於異時若問若不問知是異分事中取片彼
比丘尼住瞋恚法故作如是說是比丘尼犯初法
應捨僧伽婆尸沙
若比丘尼詣官言人若居士居士兒若奴若客作

BD09601號　四分比丘尼戒本　　　　（1–1）

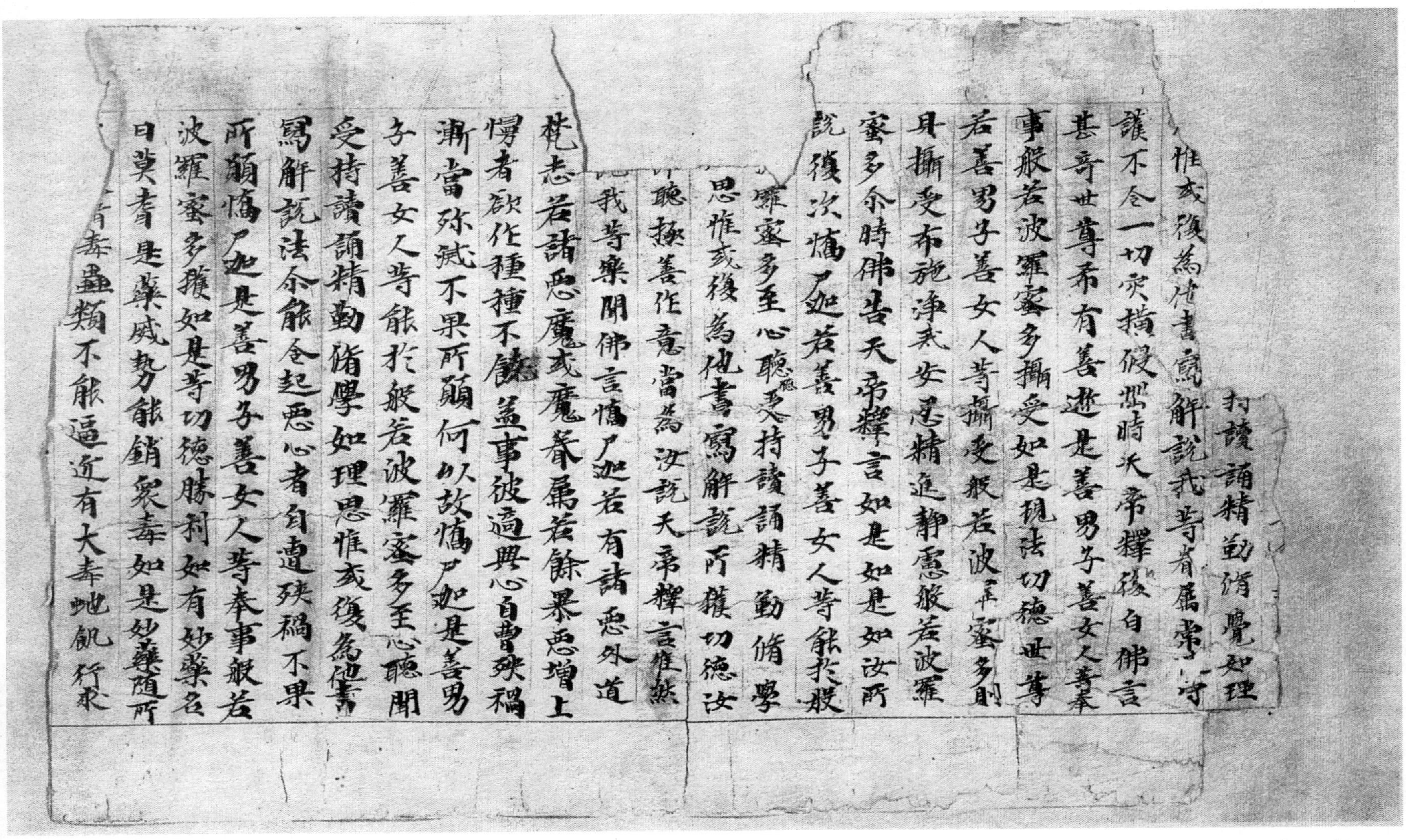

持讀誦精勤修學如理
惟或復為他書寫解說我等眷屬常守
護不令一切災橫侵惱時天帝釋復白佛言
甚奇世尊希有善逝是善男子善女人等奉
事般若波羅蜜多攝受如是現法功德世尊
若善男子善女人等攝受般若波羅蜜多則
身攝受布施淨戒安忍精進靜慮般若波羅
蜜多尒時佛告天帝釋言如是如是如汝所
說復次憍尸迦若善男子善女人等能於般
羅蜜多至心聽聞受持讀誦精勤修學
思惟或復為他書寫解說所獲功德汝
聽諦聽善作意當為汝說天帝釋言唯然
我等樂聞佛言憍尸迦若有諸惡外道
梵志若諸惡魔或魔眷屬若餘暴惡增上
慢者欲作種種不饒益事彼適興心自當殄滅
漸當殄滅不果所願何以故憍尸迦是善男
子善女人等能於般若波羅蜜多至心聽聞
受持讀誦精勤修學如理思惟或復為他書
寫解說法尒能令起惡心者自遭殄滅不果
所願憍尸迦是善男子善女人等奉事般若
波羅蜜多獲如是等功德勝利如有妙藥名
曰莫耆是藥威勢能銷眾毒如是妙藥隨所
有毒蟲類不能逼近有大毒蛇飢行求

BD09602號　大般若波羅蜜多經卷五五七　　　　（1–1）

BD09602 號背　勘記　(1–1)

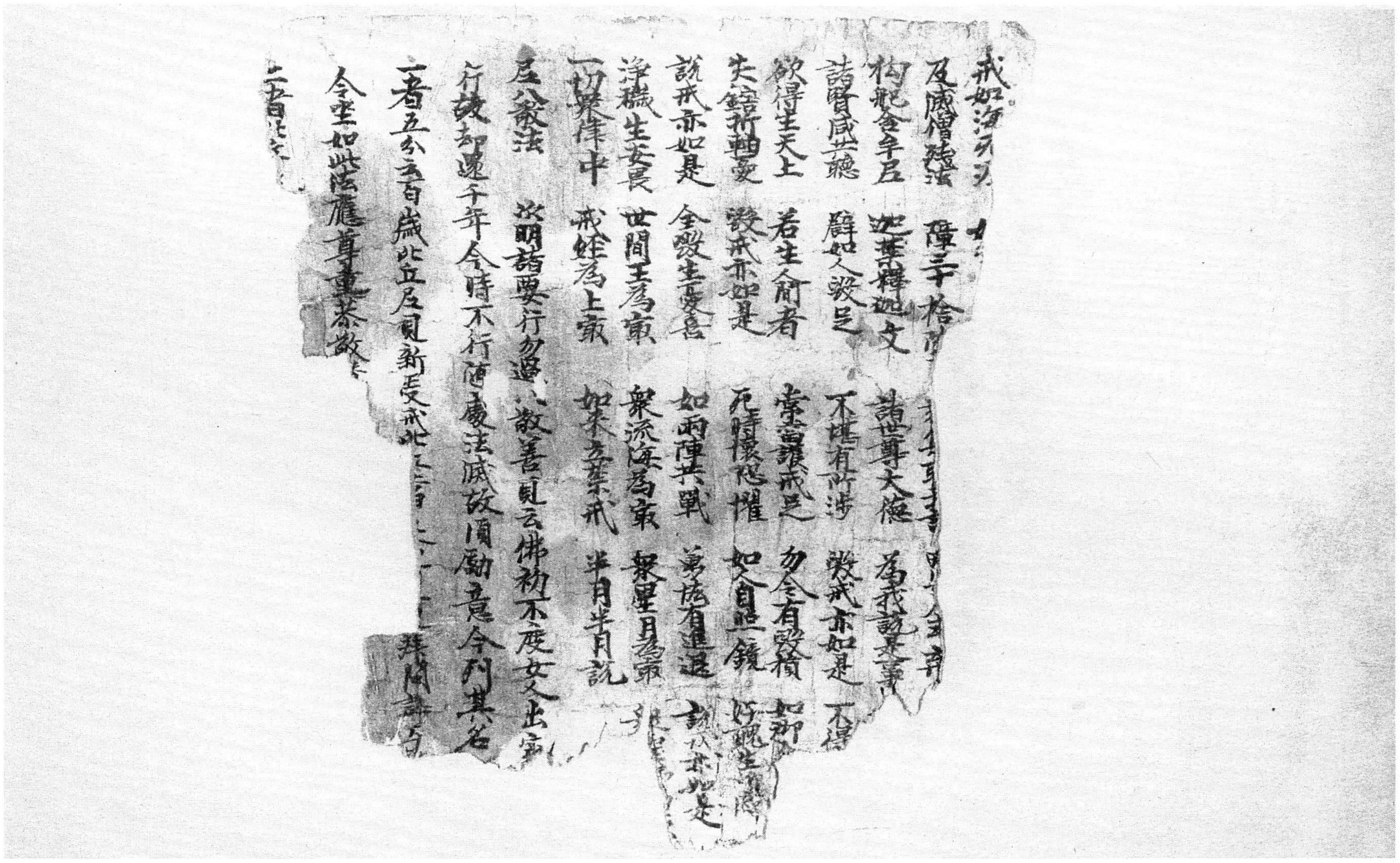

BD09603 號　比丘尼布薩文（擬）　(1–1)

BD09603 號背　雜寫　　（1–1）

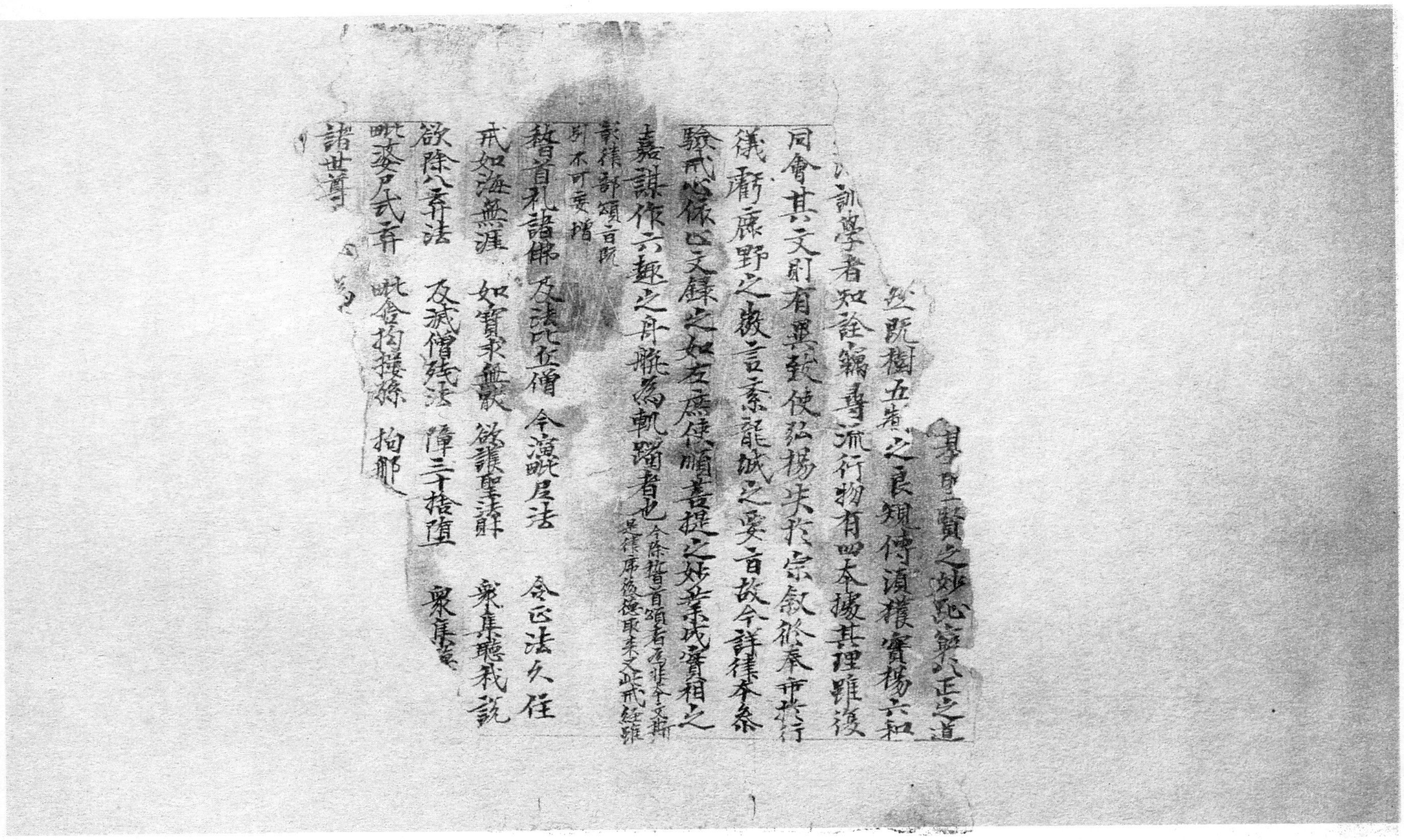

□□賢之妙跡窮八正之道
然既樹五衆之良規傳須權實楊六和
訓學者知詮鑰尋流行物有四本據其理雖復
同會其文則有異致使弘揚失於宗敘仰奉市於行
儀嚮糜野之教言素龍城之妄旨故今詳律本參
驗戒心依正文録之如左庶使順菩提之妙業成賢相之
嘉謀作六趣之舟航爲軌躅者也 今除稽首頌者爲非本文斯是律序後便取本文此戒經雖
彰律部頌音既別不可妄增
稽首禮諸佛　及法比丘僧　今演毗尼法　令正法久住
戒如海無涯　如寶求無厭　欲護聖法財　衆集聽我説
欲除八弃法　及滅僧殘法　障三十捨墮　衆集□
毗婆尸式弃　毗舍拘樓孫　拘那
諸世尊

BD09604 號 1　四分比丘尼戒本序　　（1–1）

見□□賢之妙□窮八正之道
□既樹五衆之良規傳須擇賓揚六和
□訓學者知詮竊尋流行物有四本據其理雖復
同會其文則有異致使弘揚夫於宗敘於奉希行
儀斷康野之微言柔龍城之要旨故今詳律本參
驗戒心依文録之如左庶使順菩提之妙業成賢相之
嘉謀作六趣之舟航為軌蹈者也今除稽首頌者為非本文斯是律序後人取來文此戒經雖
叙律部頌首既別不可妄增
稽首禮諸佛　及法比丘僧　今演毗尼法　令正法久住
戒如海無涯　如寶求無厭　欲護聖法財　衆集聽我説
欲除八弃法　及滅僧殘法　障三十捨墮　衆集□□
毗婆尸式弃　毗舍拘樓孫　拘那□
諸世尊

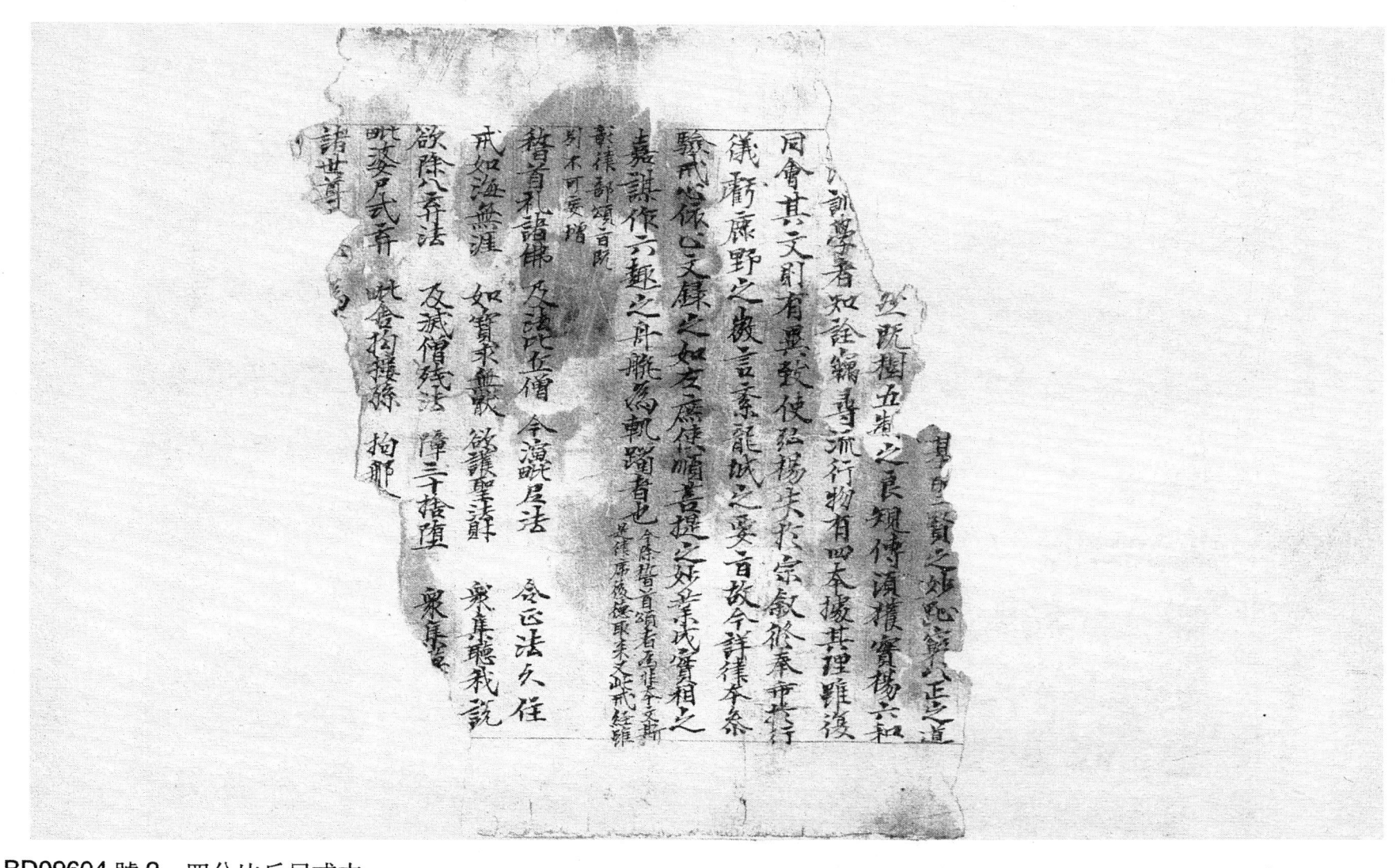

BD09604 號 2　四分比丘尼戒本　　　　（1–1）

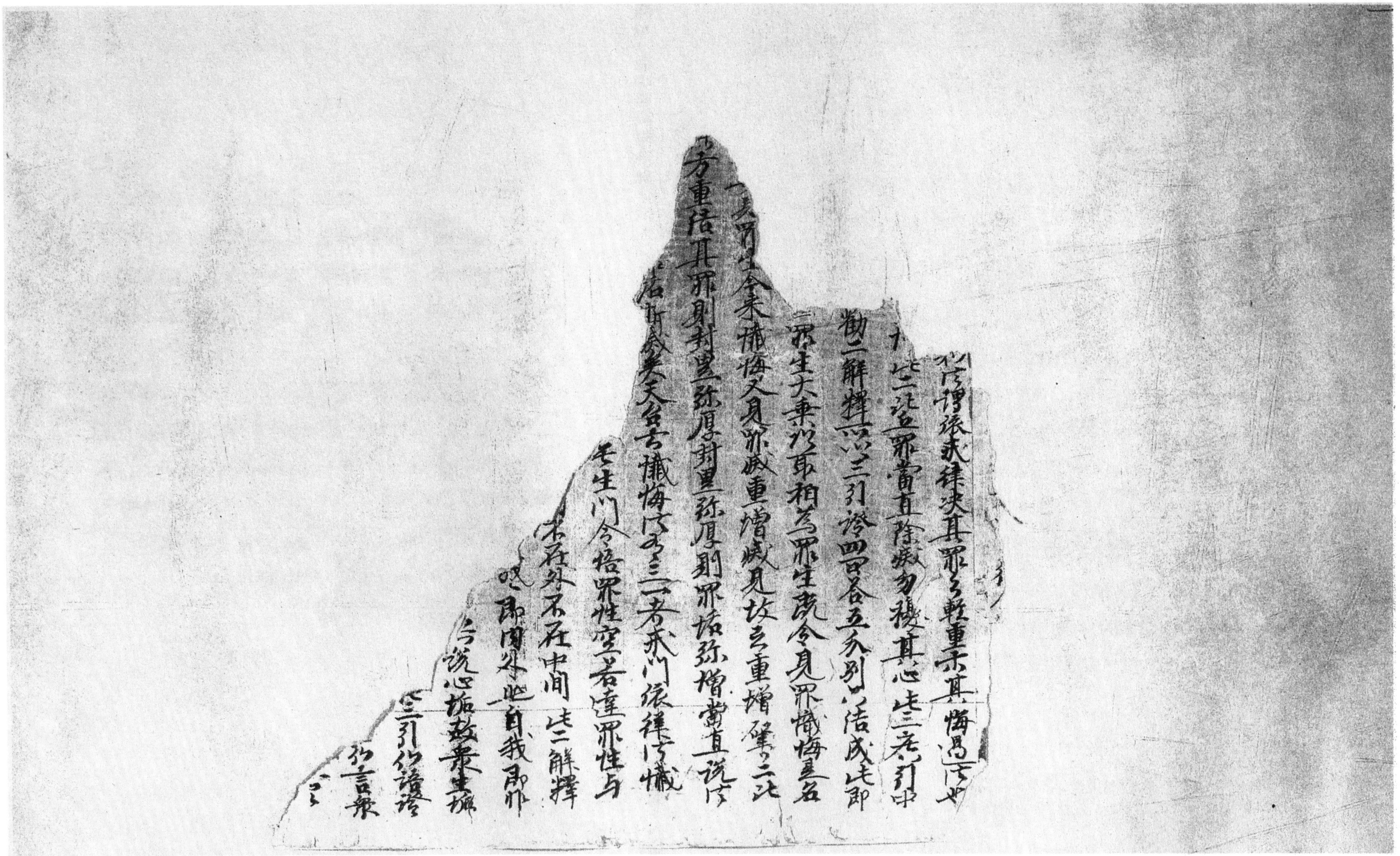

BD09605 號　淨名經集解關中疏卷上

（1–1）

言善逝背[illegible]
善逝者，於體上生，如何從法？於上而為法界[illegible]
非不減不增不滅不生滅不變異是者，如性故[illegible]善逝體上生[illegible]教
我等師者，我師即無著世親二師是也。及者[illegible]不但世[illegible]教二師
過去現在未來三世諸佛亦[illegible]教
[illegible]下一句是依文解釋 [illegible]初明[illegible]下釋[illegible]文 上三句並是弟
[illegible]日 唯相障真實 及修諸對治 [illegible]淨果無上乘 [illegible]體也
總以七分為一相 二障 三真實 四修對治 五即彼修分位 六得果 七無上
乘 初二相者 相者多種 此為無為攝一切相 盡略而言之 不過三種 雜染
相 二清淨相 二分別相 空相 三流轉相 還滅相 亦相者一切有為無為
是有為 有為者 有為造作生住滅異四相 還盡者為攝無為 有四
不遷無生 性寸[illegible]遷故名無為 四日有為有法具四相故是有色相 無為
[illegible]法四相不遷 如何者 如法亦名為相 若修行人要假於相方能修[illegible]
此[illegible]自性 皆是有相遍計所執虛妄相 依他圓成者 如是相故
修行人 於有相 又四句 未知何是障 修無上乘 彌勒說有相也 若離
染淨 既是有相修行人要須律戒 既修住戒 能捨雜染 乃能除障
[illegible]無明相 彼明障 次第而說 有二種相 一自相 二共相 自者相 四大 有自相[illegible]
亦有自相 五蘊眾生各有自性 共相者[illegible]

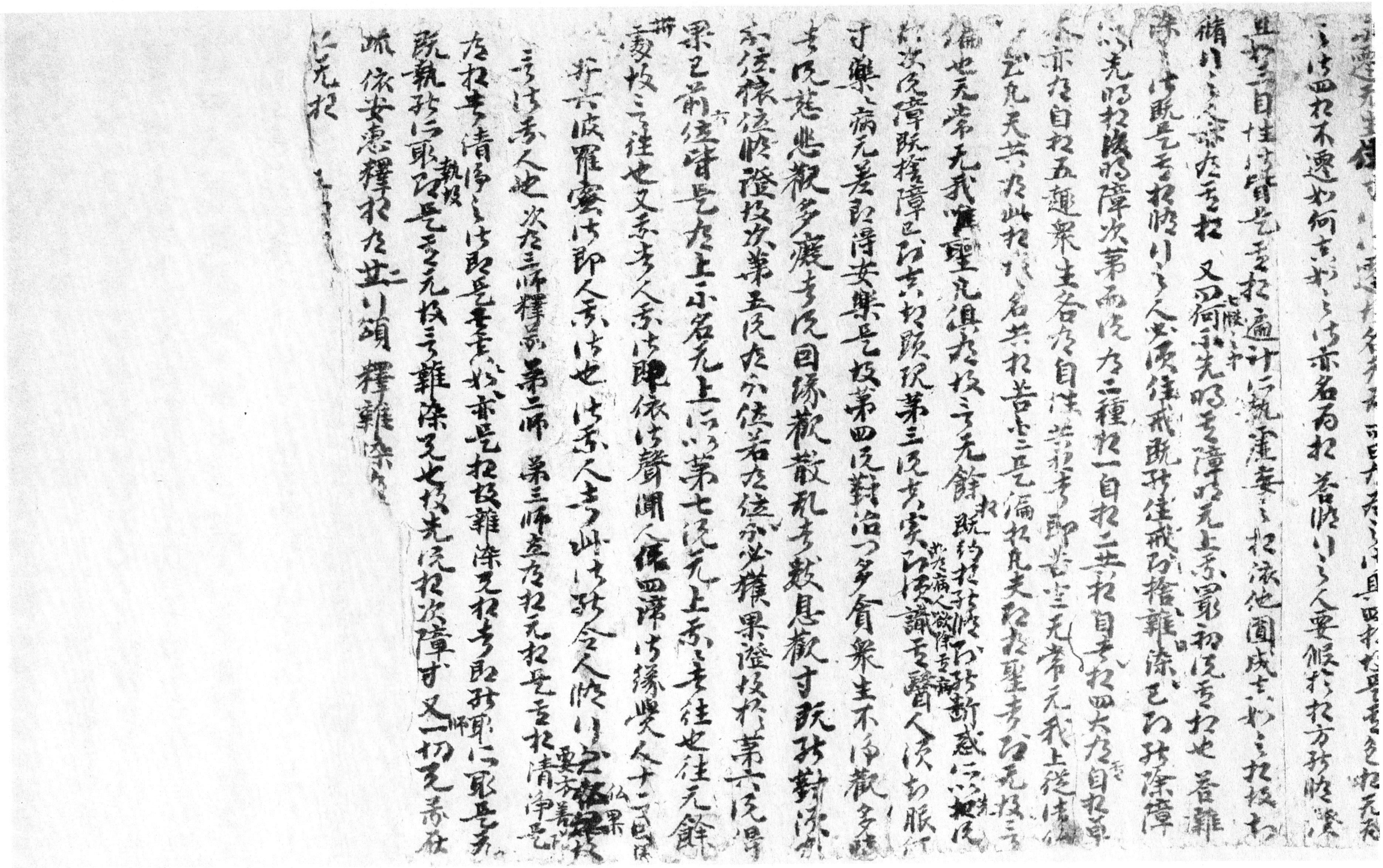

BD09606 號　辯中邊論頌釋（擬）　　（2–2）

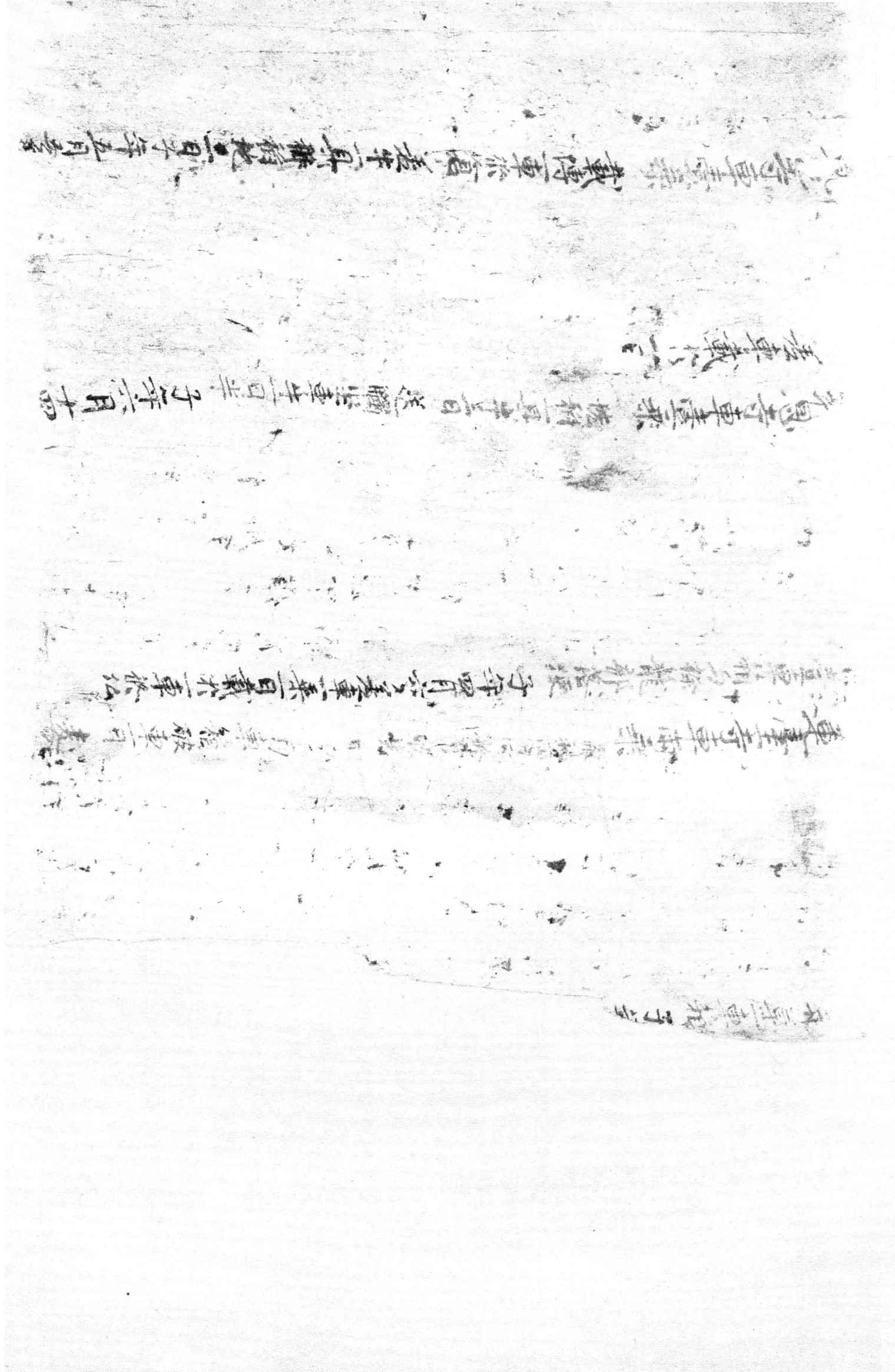

BD09606號背　戌年到子年沙州諸寺丁壯車牛役簿（擬）　（2–1）

BD09606 號背　戊年到子年沙州諸寺丁壯車牛役簿（擬）　（2–2）

夕介時
除饉于佛言不也阿難白佛若不見云何語
言具於三衣佛告阿難三衣者一名單提二
名俗服阿難白佛世尊向說一出家服二在
家服也若在家者用三種為佛告阿難一衣
者作於三世諸佛法式一俗服者令我弟子
趣道場時當著一服常隨逐身寸尺不離若
離此衣即得鄣道罪第三者具於俗服將至
道場常用坐起其名如是汝當受持阿難白
佛言若有善男子善女人若有不受六重戒
者得趣道場不佛言隨意堪任至于道場阿
難言若謂受者盡形受耶以敢受也佛言不
如上法隨意堪任受諸戒律阿難白佛如前
所說齋有命不命時七佛即現其身住阿難
前語阿難言莫以聲聞小乘小智意慎諸眾
生起斷滅見過去諸佛都由此門成阿耨多
一切諸佛法門三世諸
三藐三菩提諸佛
七佛令何
以

BD09607 號　大方等陀羅尼經卷二　(1–1)

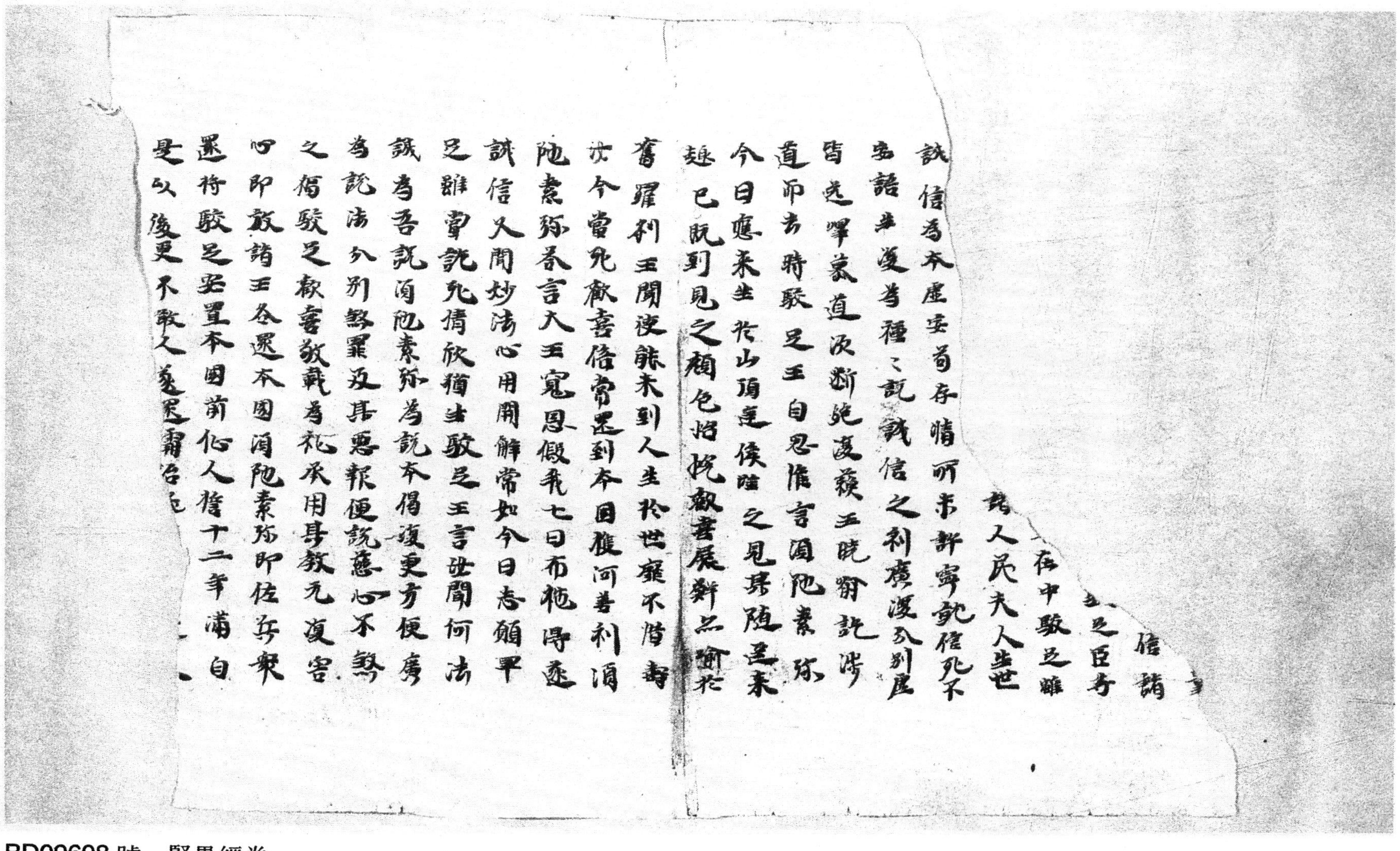

信諸
足臣等
在中驗足雖
諸人民夫人出世
誠信為本虛妄苟存情所求許寧就信死不
妄語出度等種種說誠信之利廣渡分別虛
皆遣擇旅道次漸施復發王既得說涉
道而去時驗足王自思惟言須陀素彌
今日應來出於山頂邊候瞻之見其隨逐來
趣已既到見之顏色怡悅敬喜展對共喻於
奮羅刹王聞便能未到人生於世壽不惜壽
汝今當死歡喜倍常還到本國獲何善利須
陀素彌答言入王寬恩假我七日布施得遂
誠信又聞妙法心用開解常如今日志願畢
足雖當就死情欣猶出驗足王言汝聞何法
誠為吾說須陀素彌為說本偈復更方便廣
為說法分別經羅及其惡報便說慈心不殺
之偈驗足歡喜敬戴為秘承用其教無復害
心即敕諸王各還本國須陀素彌即佐其衆
還將驗足安置本國前化人諸十二年滿自
是以後更不敢人遂還霸

BD09608 號　賢愚經卷一一　(1–1)

六麁細差
依子同麁細翫報時
囊者而經中或説不足无足在家出家四衆三乘皆生所攝然
卵可才此列生類差別有色无色此界類差別不攝无相性
類差別卵生者新根起依𣫍而生曰𣫍卵胎者而出曰胎假潤
而興曰濕欻然而現曰化四生五道相攝者諸天地獄二趣化生以善惡
業猛故鬼趣受胎化二生无卵濕者鬼性黠慧故人畜具四生五
道四生相攝者生實並狹中陰唯化生不在趣故
經曰若有色者此界類差別界以差別爲義一欲界二色
界三无色界欲界此無有色身其此无欲无色一界无色无欲言若有
色即攝下二界衆生言若无色者即攝上界衆生　經曰有想无想非想非
非想非想者此列性類差別從者解義一切衆生以想爲性一有
麁二无想謂无心而寂三非有想非无想謂雖有心非麁
有想非寂故異乎无想故曰非有想非无想也
定及欲界衆生言若无想即攝二无想定及二
非无想即攝非非想天衆生也此等並是
發心　經曰所有衆生界衆生所攝於
如感

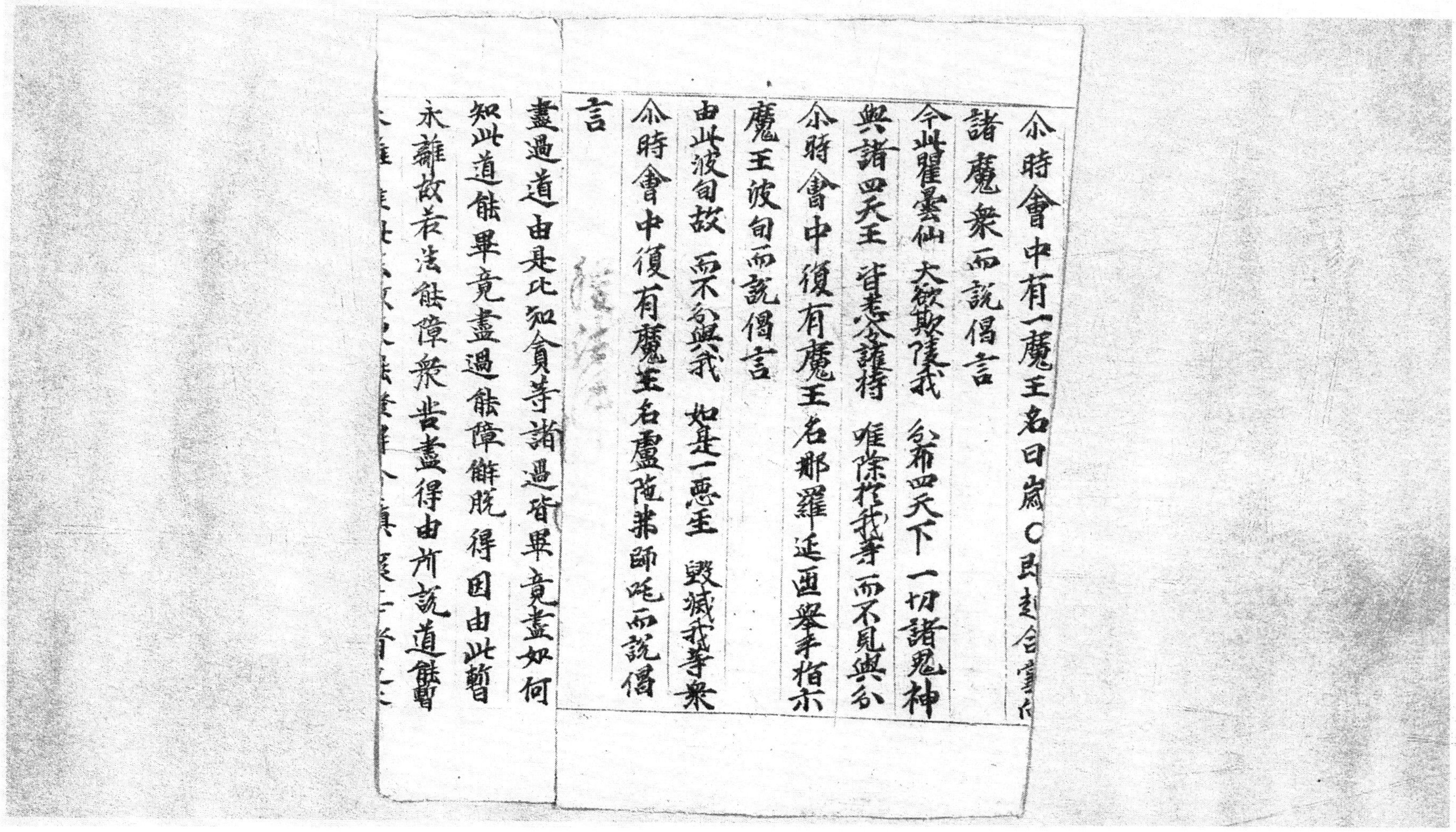

尒時會中有一魔王名曰嵐○毘起合掌白
諸魔衆而說偈言
今此瞿曇仙　大欲欺陵我　分希四天下　一切諸鬼神
與諸四天王　皆悉令護持　唯除於我等　而不見與分
尒時會中復有魔王名那羅延面舉手指示
魔王波旬而說偈言
由此波旬故　而不分與我　如是一惡主　毀滅我等衆
尒時會中復有魔王名盧陁那師吒而說偈
言
盡過道由是比知貪等諸過皆畢竟盡如何
知此道能畢竟盡過能障解脫得因由此暫
永離故若法能障衆苦盡得由所說道能暫

BD09610 號 1　大方等大集月藏經（兌廢稿）卷五二　（1–1）
BD09610 號 2　阿毗達磨順正理論（兌廢稿）卷三三

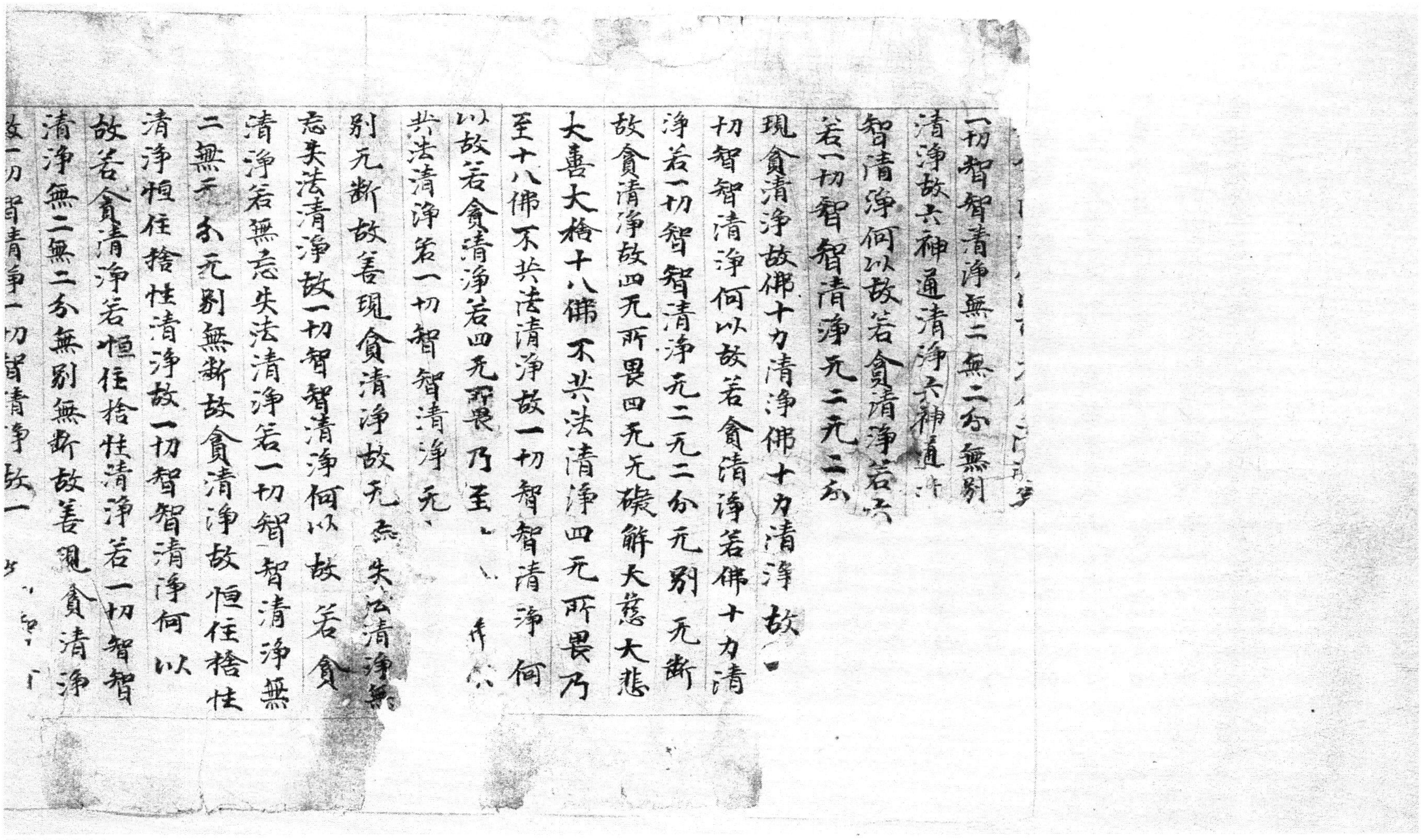

BD09611 號　大般若波羅蜜多經卷二〇三　（2–1）

故貪清淨故四无所畏四无无礙解大慈大悲
大喜大捨十八佛不共法清淨四无所畏乃
至十八佛不共法清淨故一切智智清淨何
以故若貪清淨若四无所畏乃至、、、、
共法清淨若一切智智清淨无、
別无斷故善現貪清淨故无忘失法清淨無
忘失法清淨故一切智智清淨何以故若貪
清淨若無忘失法清淨若一切智智清淨無
二無二分无別無斷故貪清淨故恒住捨性
清淨恒住捨性清淨故一切智智清淨何以
故若貪清淨若恒住捨性清淨若一切智智
清淨無二無二分無別無斷故善現貪清淨
故一切智清淨一切智清淨故一
淨何以故若貪清淨若一切智清淨
智智清淨无二无二分无別无斷故貪清淨
故道相智一切相智清淨道相智一切相智
清淨故一切智智清淨何以故若貪清淨若
道相智一切相智清淨若一切智智清淨无
二无二分无別无斷故故善現貪清淨故一
切陁羅尼門清淨一切陁羅尼門清淨故一切

BD09611號　大般若波羅蜜多經卷二〇三　（2–2）

一切智智
至鼻觸為緣所生諸受清淨若一[illegible]
淨无二无二分无別无斷故善現內空清淨
故舌界清淨舌界清淨故一切智智清淨何
以故若內空清淨若舌界清淨若一切智智
清淨无二无二分无別无斷故內空清淨故味
界香識界及舌觸舌觸為緣所生諸受清
淨味界乃至舌觸為緣所生諸受清淨故一
切智智清淨何以故若內空清淨若味界乃至
舌觸為緣所生諸受清淨若一切智智清淨
无二无二分无別无斷故善現內空清淨
故身界清淨身界清淨故一切智智清淨何
以故若內空清淨若身界清淨若一切智智
清淨无二无二分无別无斷故內空清淨故
觸界身識界及身觸身觸為緣所生諸受清
淨觸界乃至身觸為緣所生諸受清淨故一
切智智清淨何以故若內空清淨若觸界乃
至身觸為緣所生諸受清淨若一切智智清
淨无二无二分无別无斷故善現內空清淨
故意界清淨意界清淨故一切智智清淨何
以故若內空清淨若意界清淨若一切智智
清淨无二无二分无[illegible]无斷故內空清淨[illegible]
界意[illegible]

BD09612號　大般若波羅蜜多經卷二〇八　（1–1）

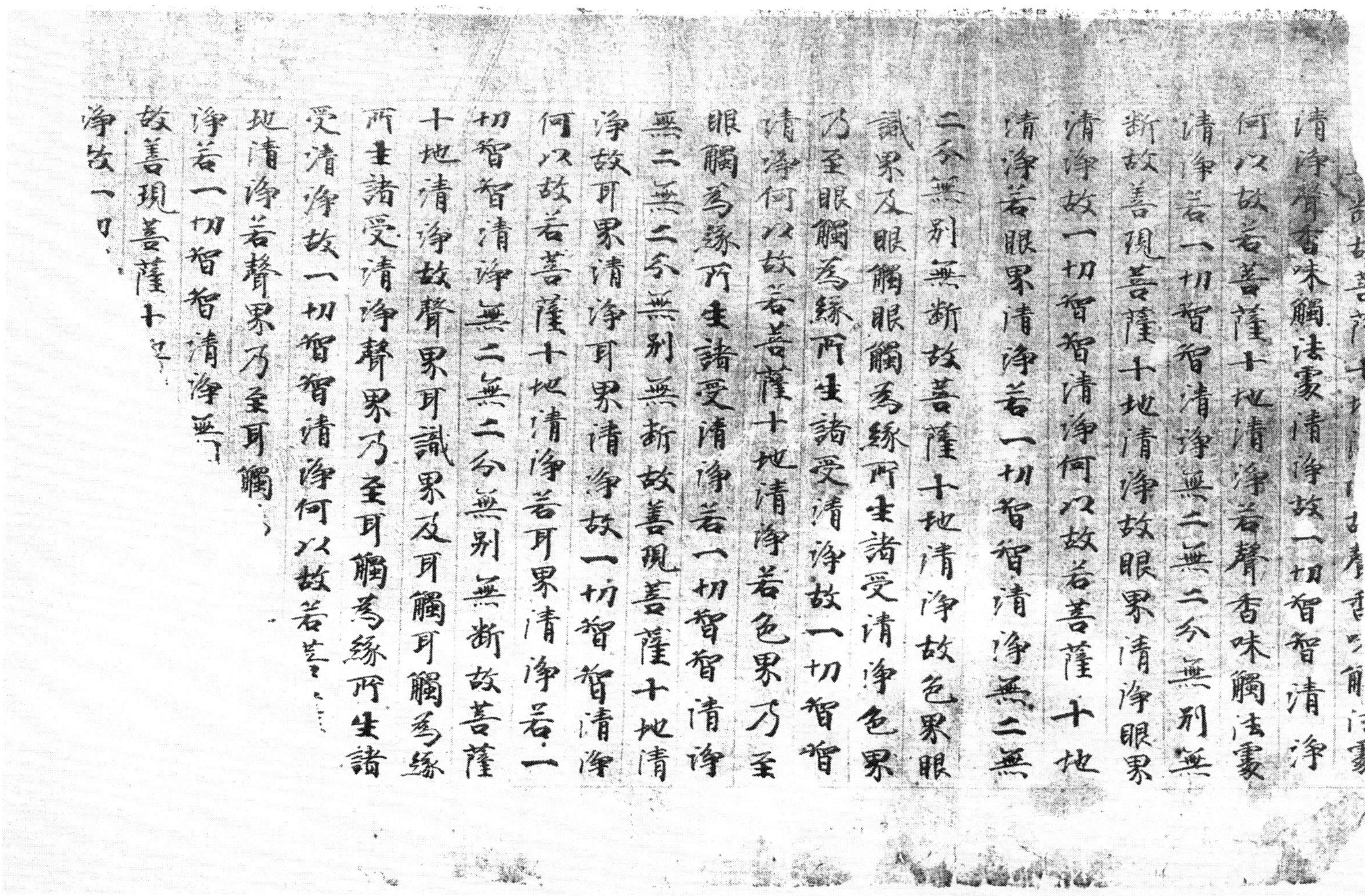
……故菩薩十……
清淨聲香味觸法處清淨故一切智智清淨
何以故若菩薩十地清淨若聲香味觸法處
清淨若一切智智清淨無二無二分無別無
斷故善現菩薩十地清淨故眼界清淨眼界
清淨故一切智智清淨何以故若菩薩十地
清淨若眼界清淨若一切智智清淨無二無
二分無別無斷故菩薩十地清淨故色界眼
識界及眼觸眼觸為緣所生諸受清淨色界
乃至眼觸為緣所生諸受清淨故一切智智
清淨何以故若菩薩十地清淨若色界乃至
眼觸為緣所生諸受清淨若一切智智清淨
無二無二分無別無斷故善現菩薩十地清
淨故耳界清淨耳界清淨故一切智智清淨
何以故若菩薩十地清淨若耳界清淨若一
切智智清淨無二無二分無別無斷故菩薩
十地清淨故聲界耳識界及耳觸耳觸為緣
所生諸受清淨聲界乃至耳觸為緣所生諸
受清淨故一切智智清淨何以故若菩……
地清淨若聲界乃至耳觸……
淨若一切智智清淨無……
故善現菩薩十……
淨故一切……

BD09613 號　大般若波羅蜜多經卷二三三　　（1–1）

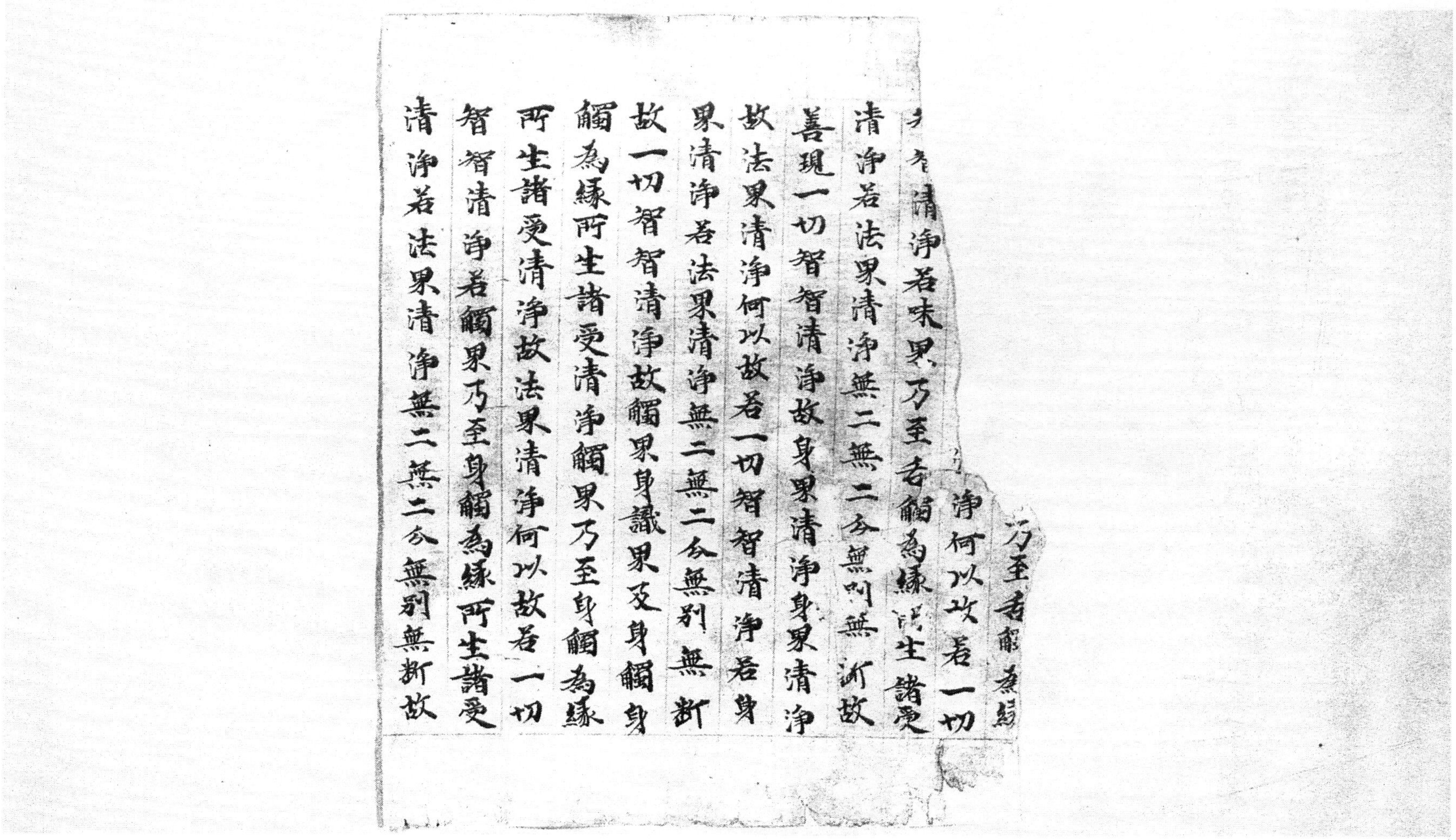
……乃至舌觸為緣……
淨何以故若一切
……清淨若味界乃至舌觸為緣所生諸受
清淨若法界清淨無二無二分無別無斷故
善現一切智智清淨故身界清淨身界清淨
故法界清淨何以故若一切智智清淨若身
界清淨若法界清淨無二無二分無別無斷
故一切智智清淨故觸界身識界及身觸身
觸為緣所生諸受清淨觸界乃至身觸為緣
所生諸受清淨故法界清淨何以故若一切
智智清淨若觸界乃至身觸為緣所生諸受
清淨若法界清淨無二無二分無別無斷故

BD09614 號　大般若波羅蜜多經卷二五八　　（1–1）

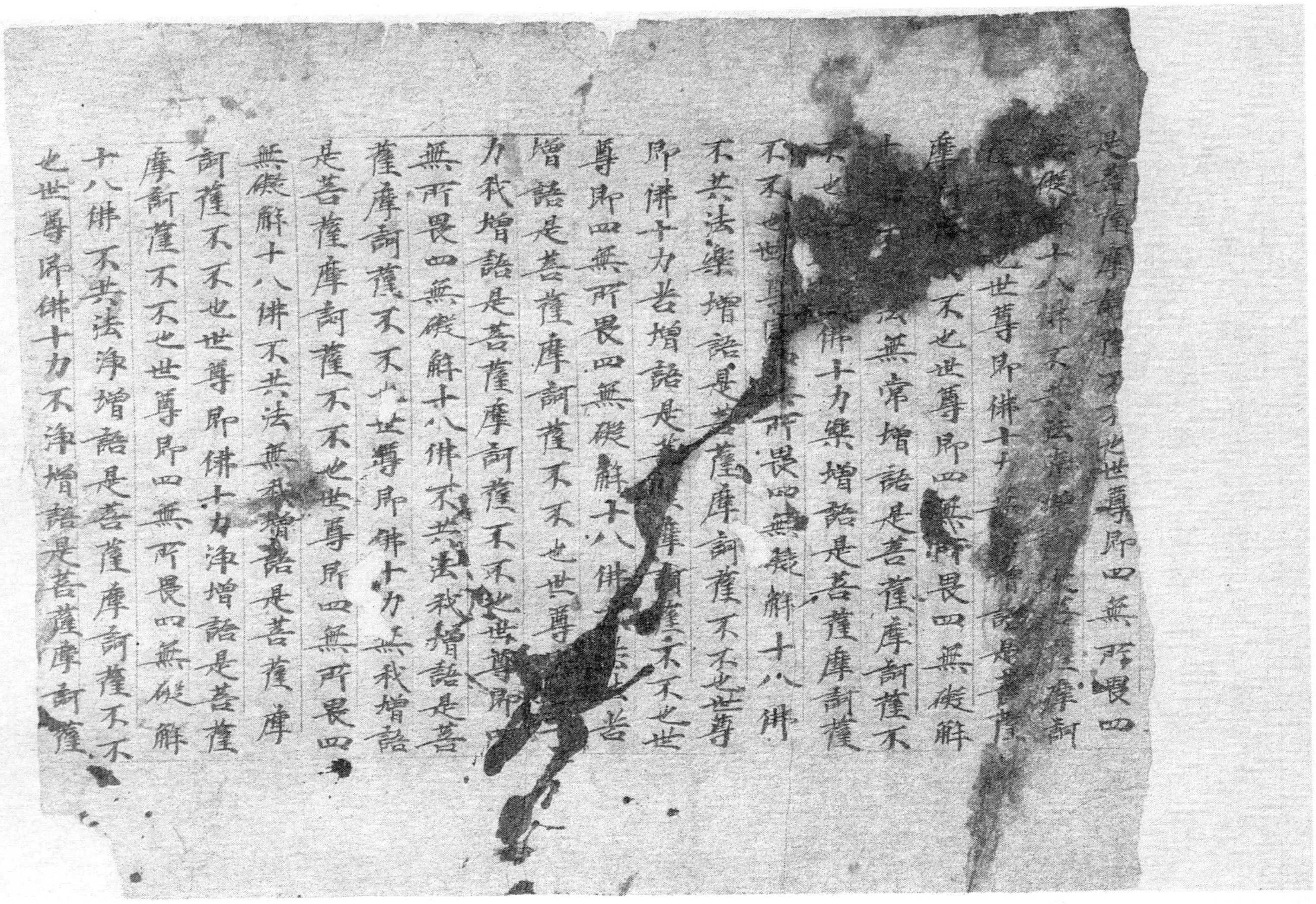

是菩薩摩訶薩不[illegible]也世尊即四無所畏四
無礙[illegible]十八佛不共法[illegible]增語是菩薩摩訶
[illegible]也世尊即佛十力[illegible]增語是菩薩
摩[illegible]不也世尊即四無所畏四無礙解
[illegible]法無常增語是菩薩摩訶薩不
[illegible]不也世尊即佛十力樂增語是菩薩摩訶薩
不不也世尊[illegible]所畏四無礙解十八佛
不共法樂增語是菩薩摩訶薩不不也世尊
即佛十力苦增語是[illegible]摩訶薩不不也世
尊即四無所畏四無礙解十八佛[illegible]苦
增語是菩薩摩訶薩不不也世尊即佛十
力我增語是菩薩摩訶薩不不也世尊即[illegible]
無所畏四無礙解十八佛不共法我增語是菩
薩摩訶薩不不也世尊即佛十力無我增語
是菩薩摩訶薩不不也世尊即四無所畏四
無礙解十八佛不共法無我增語是菩薩摩
訶薩不不也世尊即佛十力淨增語是菩薩
摩訶薩不不也世尊即四無所畏四無礙解
十八佛不共法淨增語是菩薩摩訶薩不不
也世尊即佛十力不淨增語是菩薩摩訶薩

BD09615號　大般若波羅蜜多經卷二二　　（1–1）

BD09615號背　墨污　　（1–1）

普現色身
性三昧從法界
師子王三昧起入滅諍廣大
相三昧起入空慧三昧從空慧三昧起入解
空相三昧從解空相三昧起入大空智三昧
從大空智三昧起入遍一切處色身三昧從
遍一切處色身三昧起入觀心相三昧從觀
心相三昧起入菩薩摩訶薩金剛相三昧從菩
薩摩訶薩金剛相三昧起入金剛頂三昧
從金剛頂三昧起入一切海三昧
從一切海三昧起入一切陀羅尼海三昧從
一切陀羅尼海三昧起入一切佛境界海三
佛境界海三昧起入一切諸佛解
解脫解脫

BD09616號　大通方廣懺悔滅罪莊嚴成佛經卷下　（1–1）

說究不住念是名
如來廿三業介時世尊即說頌曰
如來初得　菩提時　遍觀眾生　如實心
凡所說法　不失念　三十二業　佛所說
復次善男子如來三昧於一切法平等无減
是故諸佛一切平等於一億種貪欲恚癡及
一億種无貪恚癡其心平等无有差別有
无為生死涅槃亦復如是具如是等平等三
昧不離眼耳鼻舌身意四大

BD09617號　大方等大集經卷三　（1–1）

斷三界見修煩惱之圖難見行相忍後學徒迷謬此理今作此文令後學之徒易事其事
業故初舍頌云 欲由見異十 異謂有身見 邊執見邪見見取戒禁取 論曰 六隨眠中見行
異為五餘非見五積數惣成十故於十中五是見性 一有身見二邊執見三邪見四見取五戒禁
取 五非情見 一貪二瞋三慢四无明五疑 又即所說六種隨眠於本論中說九十八種依何義說
九十八耶 頌曰 六行部界異故成九十八 欲見苦等斷 十七七八四 謂如次具離 三二見見疑
色無色除瞋 餘等如欲說 論曰 六種隨眠由行部界有差別故成九十八 謂於六中由見
行異分別為十 如前已辯 即此所辯十種隨眠部界不同成九十八部 謂四諦修所斷五部界
謂欲色无色界 具於欲界五部不同乘十隨眠成三十六 謂見苦諦至修所斷 如此有十七七八
四即上五部於上隨眠一二三如其次第具離三見二見疑 謂見苦諦所斷見十 見集滅諦所斷各
七 離有身見邊見戒取見 道諦所斷八 離有身及執邊見 修所斷 離四見及疑 如是合
成三十六種 前三十二名見所斷 纔見諦時彼則斷故 最後有四名修所斷 見四諦已後後時
中數習道彼方斷故 如是已顯十隨眠中薩迦耶見唯在一部 謂見苦所斷 邊執見亦尒 戒禁取通在二部 謂見苦見道所斷 邪見通四部 謂見苦集滅道所斷 見取亦尒
餘貪等四 各通五部 謂見四諦及修所斷 此中何相見苦所斷 乃至何相是修所斷
若緣見此所斷為境 名見所斷 是六中見 餘名修所斷 分十二疑 分為四 餘四各五 欲界中有三十六 色无
界 五部各除瞋 餘與欲同 故各三十一 由是本論以六隨眠行部界殊說九十八中八十八見
所斷 忍所害故 十隨眠修所斷 智所害故 如是所說修所斷 為決定耶 不尒 云何 頌曰 忍所害隨眠 有頂唯見斷 餘通見道斷 智所害唯修
又煩惱者 一百二十八根本煩惱 欲界四諦各有十 色无色界四諦除瞋 各九 合有一百一十二 欲
界修道有六使 謂貪瞋慢无明身見邊見 色无色界修道各五除瞋 合有一百二十八 如
適揚第一說也

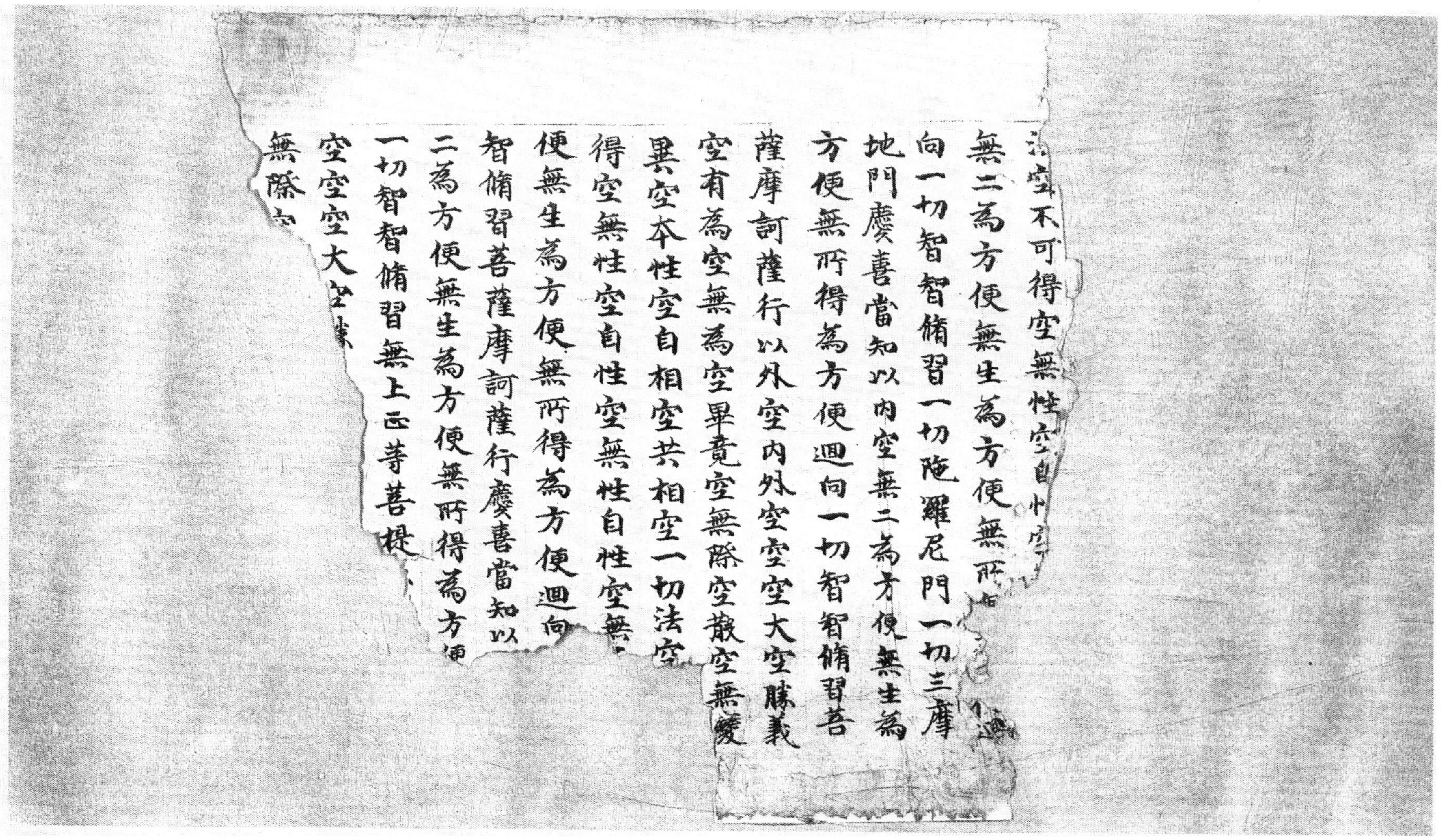
法空不可得空無性空自性空
無二為方便無生為方便無所
向一切智智脩習一切陀羅尼門一切三摩
地門慶喜當知以內空無二為方便無生為
方便無所得為方便迴向一切智智脩習菩
薩摩訶薩行以外空內外空空空大空勝義
空有為空無為空畢竟空無際空散空無變
異空本性空自相空共相空一切法空
得空無性空自性空無性自性空無
便無生為方便無所得為方便迴向
智脩習菩薩摩訶薩行慶喜當知以
二為方便無生為方便無所得為方便
一切智智脩習無上正等菩提
空空空大空勝
無際空

BD09619號　大般若波羅蜜多經卷一〇九　(1-1)

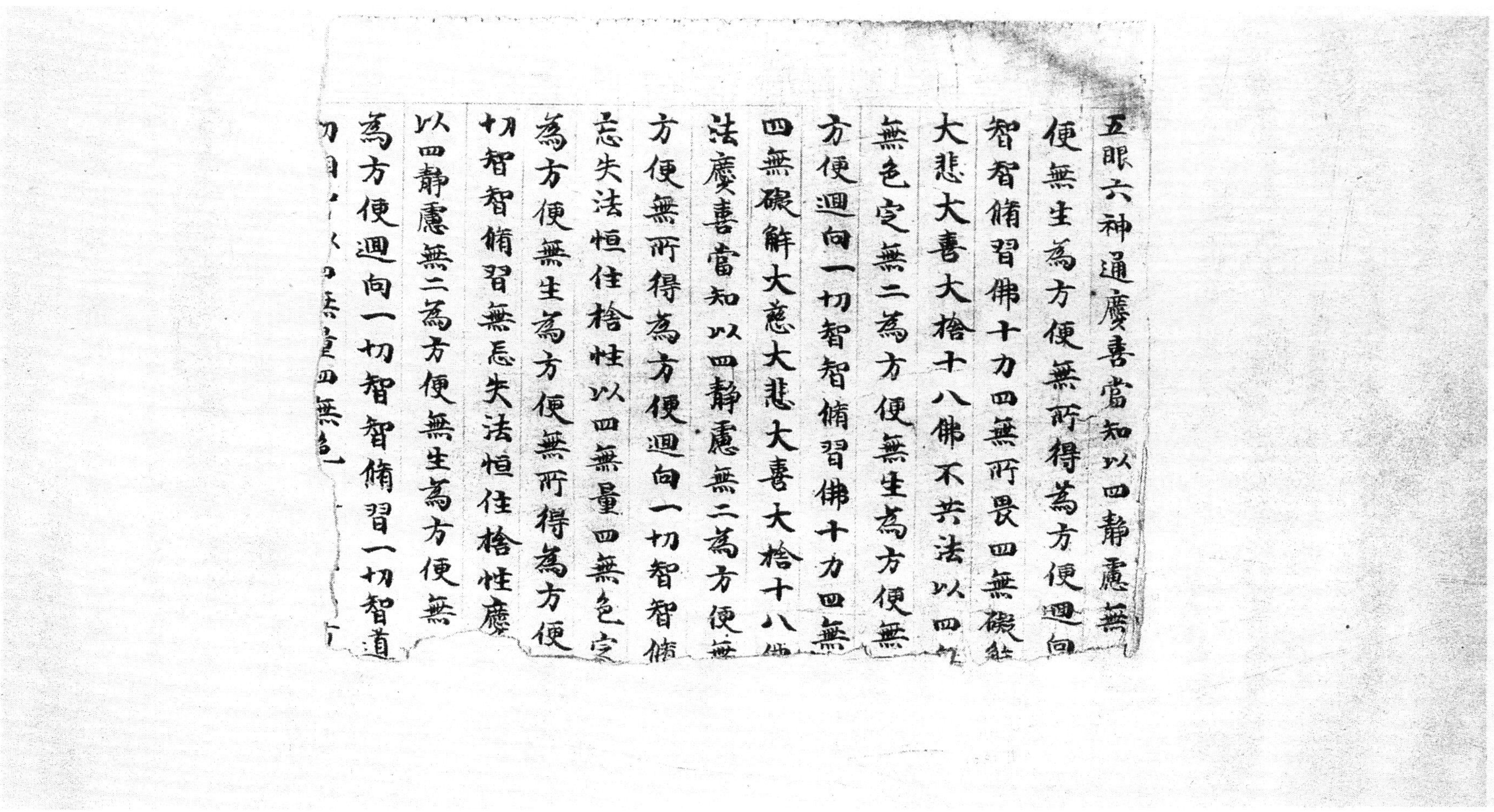
五眼六神通慶喜當知以四靜慮無
便無生為方便無所得為方便迴向
智智脩習佛十力四無所畏四無礙解
大悲大喜大捨十八佛不共法以四無
無色定無二為方便無生為方便無
方便迴向一切智智脩習佛十力四無
四無礙解大慈大悲大喜大捨十八佛
法慶喜當知以四靜慮無二為方便無
方便無所得為方便迴向一切智智脩
忘失法恒住捨性以四無量四無色定
為方便無生為方便無所得為方便
切智智脩習無忘失法恒住捨性慶
以四靜慮無二為方便無生為方便無
為方便迴向一切智智脩習一切智道
切相智以四無量四無色

BD09620號　大般若波羅蜜多經卷一一〇　(1-1)

薩善
現如是如是所以
欲長夜利樂多生哀愍女
間
八人獲大義利安樂事故
求證無上正等菩提為諸有情宣說法要其壽
善現復白佛言諸菩薩衆行深般若波羅
蜜多云何脩習甚深般若波羅蜜多令速圓
滿佛告善現若諸菩薩依深般若波羅蜜多
不見色生不見色滅而行般若波羅蜜多不見
受
見受想行識滅而行般若波
羅蜜多不見是法不見非法而行般若波羅
蜜多是諸菩薩脩習般若波羅蜜多速得圓
滿具壽善現復白佛言如來所說不可思議
佛告善現如是如是色亦不可思議受想行
識亦不可思議若諸菩薩行深般若波羅蜜
多於色不起不思議想而行般若波羅蜜多
於受想行識亦復不起不思議想而行般若
波羅蜜多是諸菩薩脩習般若波羅蜜多速
得圓滿具壽善現復白佛言如是般若波羅
蜜多義趣甚深誰能信解佛告善現若諸

BD09621號　大般若波羅蜜多經卷五六〇　（3–1）

多於色不起不思議想而行般若波羅蜜多
於受想行識亦復不起不思議想而行般若
波羅蜜多是諸菩薩脩習般若波羅蜜多速
得圓滿具壽善現復白佛言如是般若波羅
蜜多義趣甚深誰能信解佛告善現若諸
菩薩久脩勝行於深般若波羅蜜多能生信解
具壽善現復白佛言諸菩薩衆云何得名久
脩勝行佛告善現若諸菩薩行深般若波羅
蜜多不分別如來十力不分別四無所畏不
分別十八佛不共法不分別一切智所以者何
如來十力不可思議乃至一切智亦不可思
議色亦不可思議受想行識亦不可思議
一切法亦不可思議若諸菩薩如是行者都
無行處是行般若波羅蜜多是諸菩薩乃可名
為久脩勝行具壽善現復白佛言甚深般
若波羅蜜多是珎寶聚是清淨聚如淨虛空
離雲煙等奇哉般若波羅蜜多義趣甚深多
諸留難而今廣說留難不生佛告善現如是
如是佛神力故留難不生是故大乘善男子
等於深般若波羅蜜多若欲書持讀誦演說
乃至一歲必令惣了所以者何甚深般若波
羅蜜多大寶神珠多諸障礙具壽善現復
白佛言奇哉惡魔常於如是甚深般若波羅
蜜多大寶神珠欲作留難佛告善現一切惡魔
雖於般若波羅蜜多常欲留難令諸菩薩所
作不成而願不遂時舍利子便白佛言是誰
神力令彼惡魔於深般若不能留難尒時佛

BD09621號　大般若波羅蜜多經卷五六〇　（3–2）

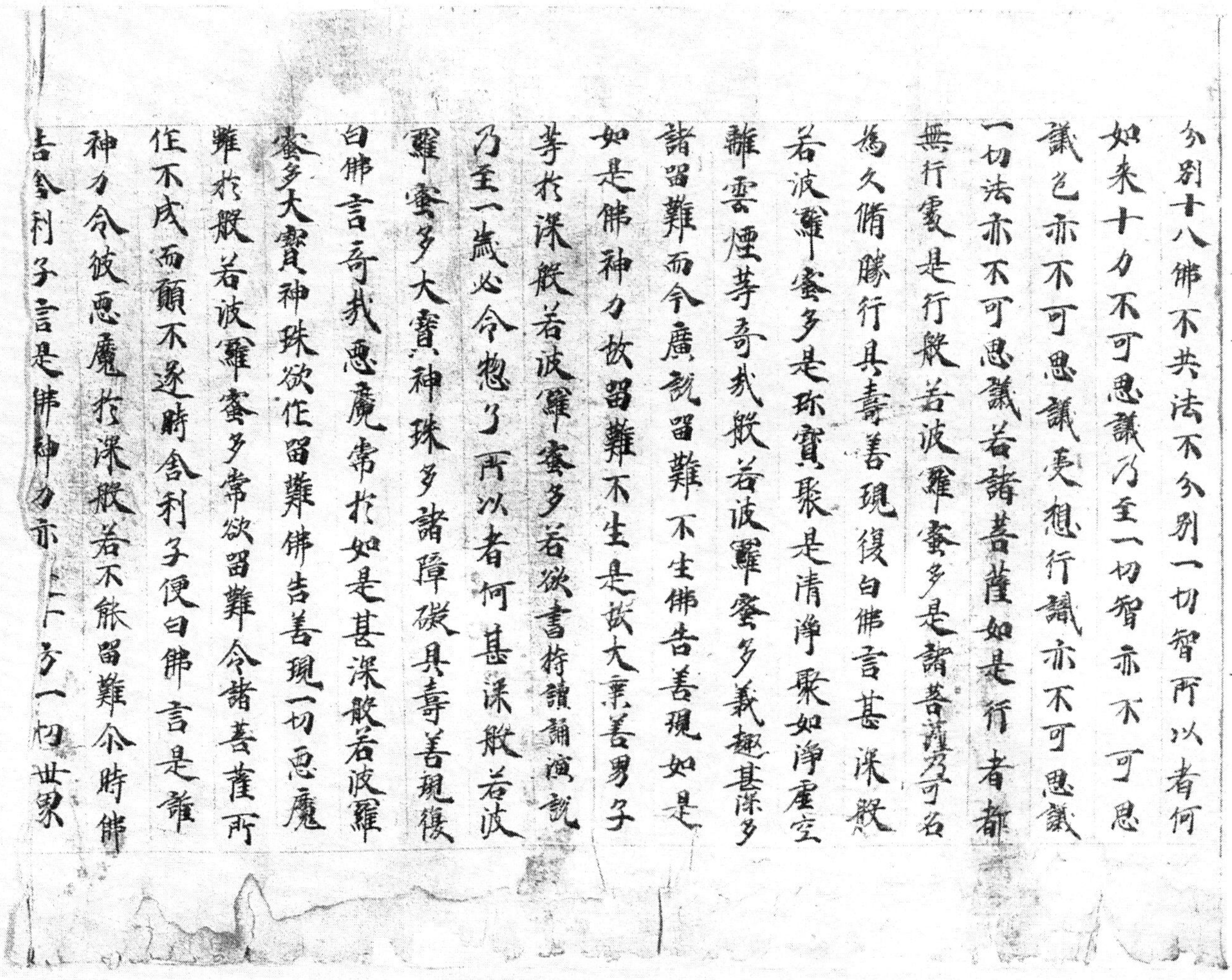

分別十八佛不共法不分別一切智所以者何
如來十力不可思議乃至一切智亦不可思
議色亦不可思議受想行識亦不可思議
一切法亦不可思議若諸菩薩如是行者都
無行處是行般若波羅蜜多是諸菩薩乃可名
為久脩勝行具壽善現復白佛言甚深般
若波羅蜜多是珎寶聚是清淨聚如淨虛空
難云煙等奇哉般若波羅蜜多義趣甚深多
諸留難而今廣說留難不生佛告善現如是
如是佛神力故留難不生是故大乘善男子
等於深般若波羅蜜多若欲書持讀誦演說
乃至一歲必令忽了所以者何甚深般若波
羅蜜多大寶神珠多諸障礙具壽善現復
白佛言奇哉惡魔常於如是甚深般若波羅
蜜多大寶神珠欲作留難佛告善現一切惡魔
雖於般若波羅蜜多常欲留難令諸菩薩所
作不成而願不遂時舍利子便白佛言是誰
神力令彼惡魔於深般若不能留難尒時佛
告舍利子言是佛神力亦十方一切世界

BD09621 號　大般若波羅蜜多經卷五六〇　　（3–3）

五百六十

BD09621 號背　勘記　　（1–1）

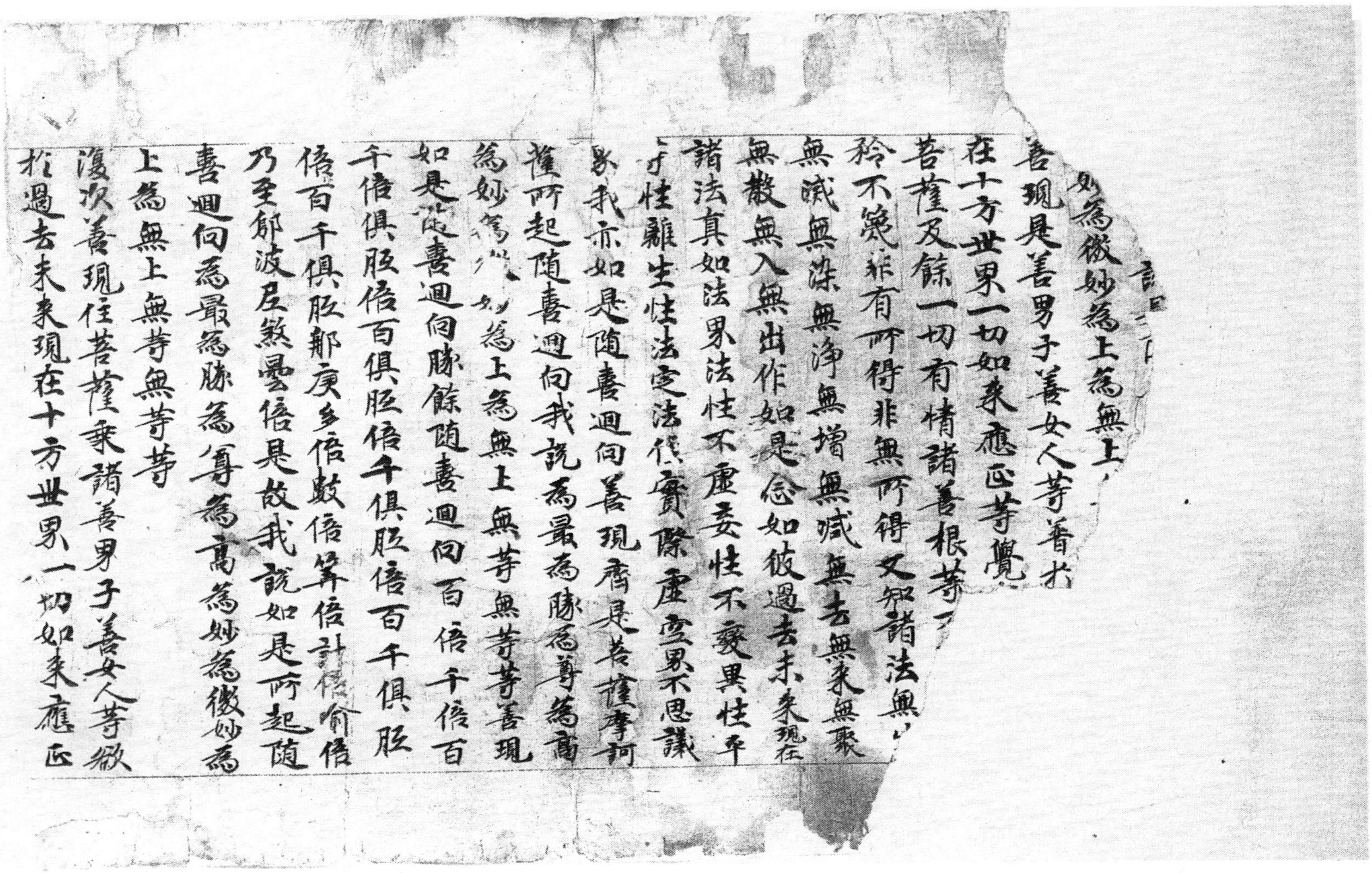

妙為微妙為上為無上
善現是善男子善女人等普於
在十方世界一切如來應正等覺
菩薩及餘一切有情諸善根等
矜不絕非有所得非無所得又知諸法無
無滅無染無淨無增無減無去無來無聚
無散無入無出作如是念如彼過去未來現在
諸法真如法界法性不虛妄性不變異性平
等性離生性法定法住實際虛空界不思議
界我亦如是隨喜迴向善現齊是菩薩摩訶
薩所起隨喜迴向我說為最為勝為尊為高
為妙為微妙為上為無上無等無等等善現
如是隨喜迴向勝餘隨喜迴向百倍千倍百
千倍俱胝倍百俱胝倍千俱胝倍百千俱胝
倍百千俱胝那庾多倍數倍算倍計倍喻倍
乃至鄔波尼殺曇倍是故我說如是所起隨
喜迴向為最為勝為尊為高為妙為微妙為
上為無上無等無等等
復次善現住菩薩乘諸善男子善女人等欲
於過去未來現在十方世界一切如來應正

BD09622 號　大般若波羅蜜多經卷一七二　　　　(1–1)

BD09622 號背　勘記　　　　(1–1)

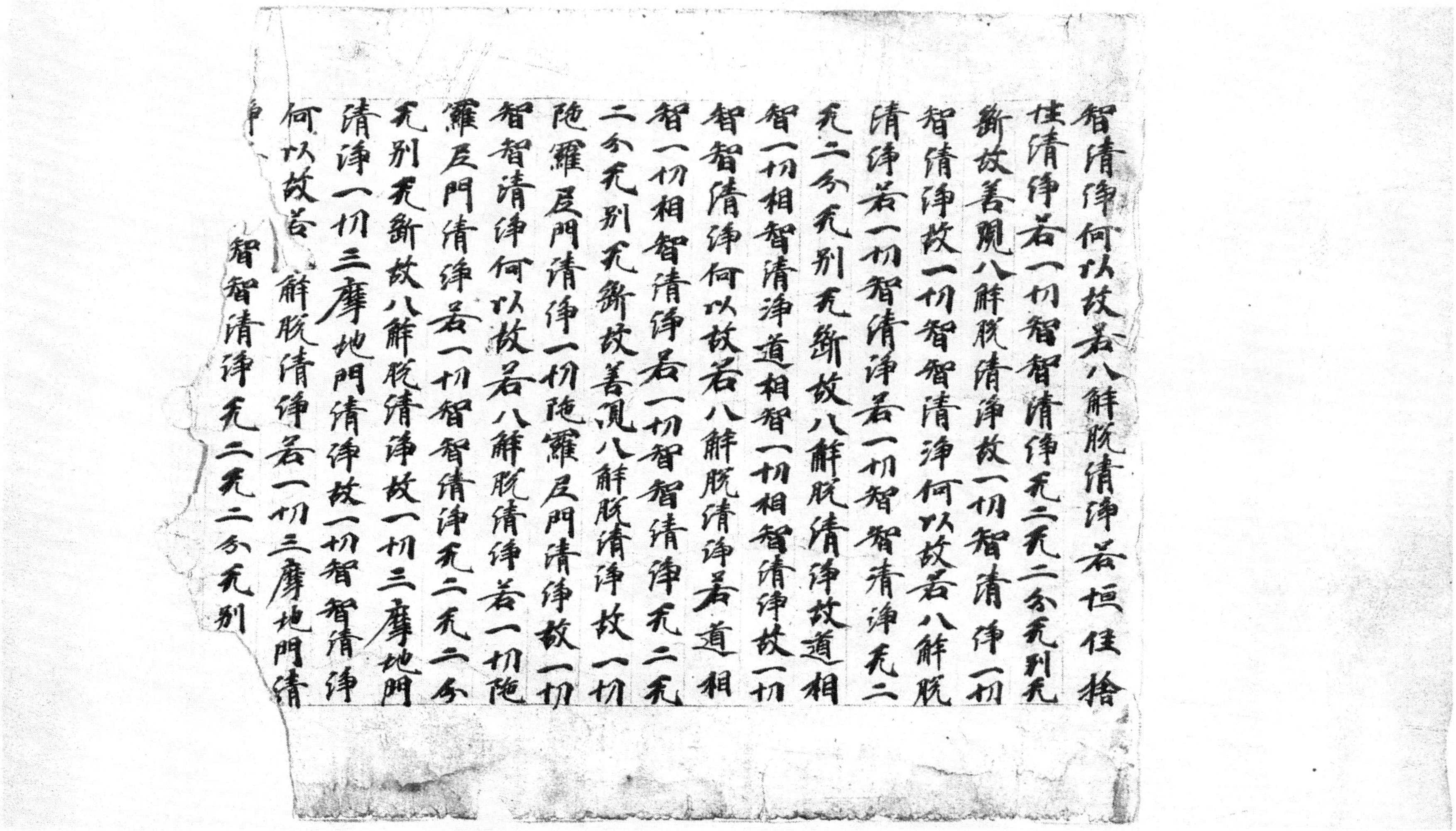
智清淨何以故若八解脫清淨若恒住捨
性清淨若一切智智清淨无二无二分无別无
斷故善現八解脫清淨故一切智清淨一切
智清淨故一切智智清淨何以故若八解脫
清淨若一切智清淨若一切智智清淨无二
无二分无別无斷故八解脫清淨故道相
智一切相智清淨道相智一切相智清淨故一切
智智清淨何以故若八解脫清淨若道相
智一切相智清淨若一切智智清淨无二无
二分无別无斷故善現八解脫清淨故一切
陁羅尼門清淨一切陁羅尼門清淨故一切
智智清淨何以故若八解脫清淨若一切陁
羅尼門清淨若一切智智清淨无二无二分
无別无斷故八解脫清淨故一切三摩地門
清淨一切三摩地門清淨故一切智智清淨
何以故若　解脫清淨若一切三摩地門清
智智清淨无二无二分无別
淨

BD09623號　大般若波羅蜜多經（兌廢稿）卷二二六　　（1–1）

廿二至廿四袟兌經

BD09623號背　經袟（兌經）（擬）　　（1–1）

二无二
故一切智智清淨无
故一切陁羅尼門清　淨
故六神通清淨六神通清淨故一切智　智
清淨何以故若一切陁羅尼門清淨若六神
清淨若一切智智清淨无二无二分无別无　斷
斷故善現一切陁羅尼門清淨故佛十力清
淨佛十力清淨故一切智智清淨何以故若
一切陁羅尼門清淨若佛十力清　淨若一
智智清淨无二无二分无別无斷故一切陁
尼門清淨故四无所畏四无礙解大慈大悲
大喜大捨十八佛不共法清淨四无所畏乃
至十八佛不共法清淨故一切智智清淨何
以故若一切陁羅尼門清淨若四无所畏　乃

BD09624 號　大般若波羅蜜多經卷二四〇　（1–1）

一切智智清淨無二
善現四正斷清淨故
一切智智清淨何以故
眼清淨若一切智智
無斷故四正斷清淨故
清淨故一切智智清淨
淨若六神通清淨若一
二分無別無斷故善
力清淨佛十力清淨
故若四正斷清淨若
智清淨無二無二分無
淨故四無所畏四

BD09625 號　大般若波羅蜜多經卷二二九　（1–1）

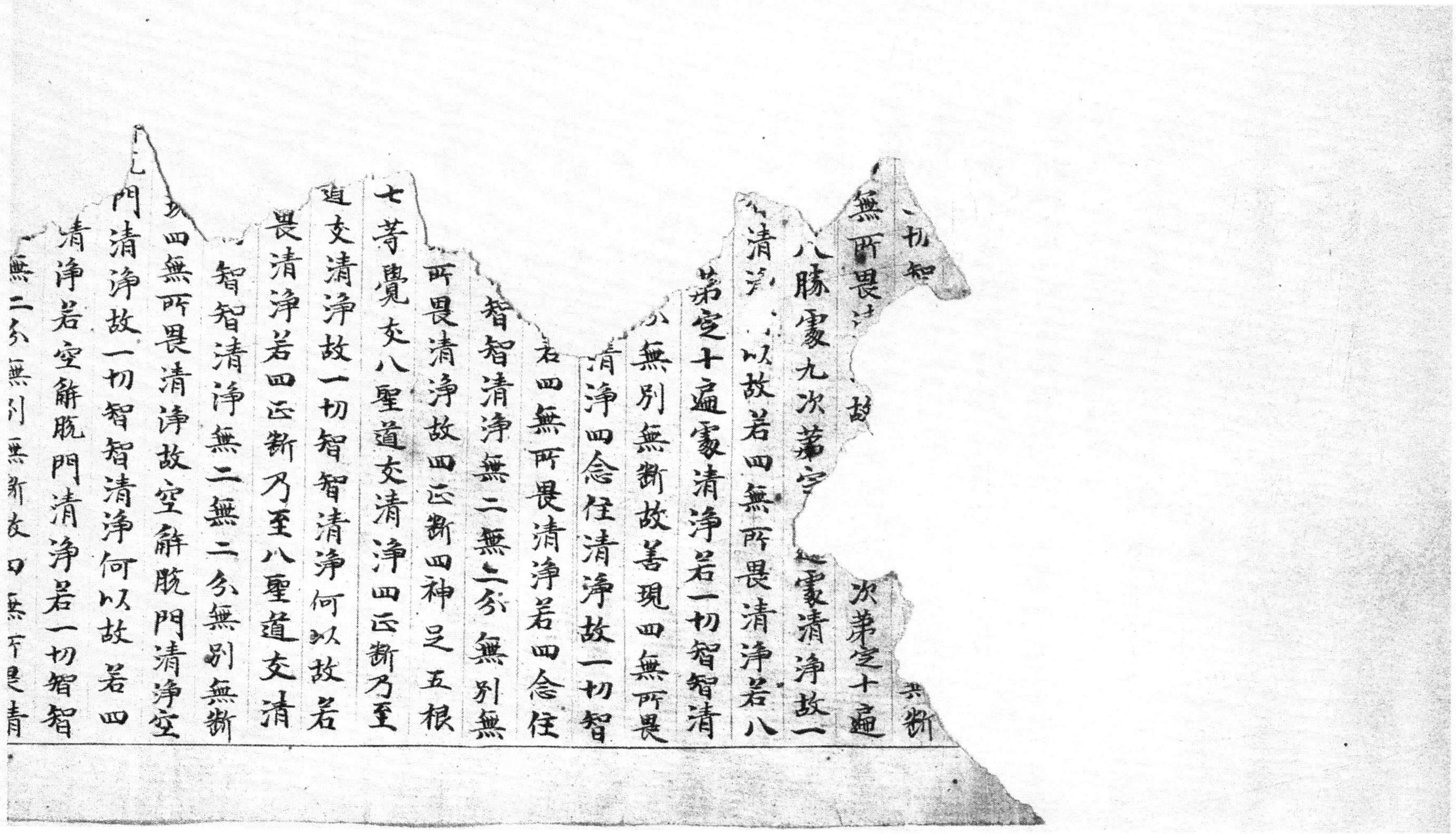
一切知……共斷
無所畏清……故……次第定十遍
八勝處九次第定……處清淨故一
清淨……以故若四無所畏清淨若八
第定十遍處清淨若一切智智清
分無別無斷故善現四無所畏
清淨四念住清淨故一切智
若四無所畏清淨若四念住
智智清淨無二無二分無別無
所畏清淨故四正斷四神足五根
七等覺支八聖道支清淨四正斷乃至
道支清淨故一切智智清淨何以故若
畏清淨若四正斷乃至八聖道支清
智智清淨無二無二分無別無斷
故四無所畏清淨故空解脫門清淨空
門清淨故一切智智清淨何以故若四
清淨若空解脫門清淨若一切智智
無二分無別無斷故四無所畏清

BD09626號　大般若波羅蜜多經卷二三五　（2–1）

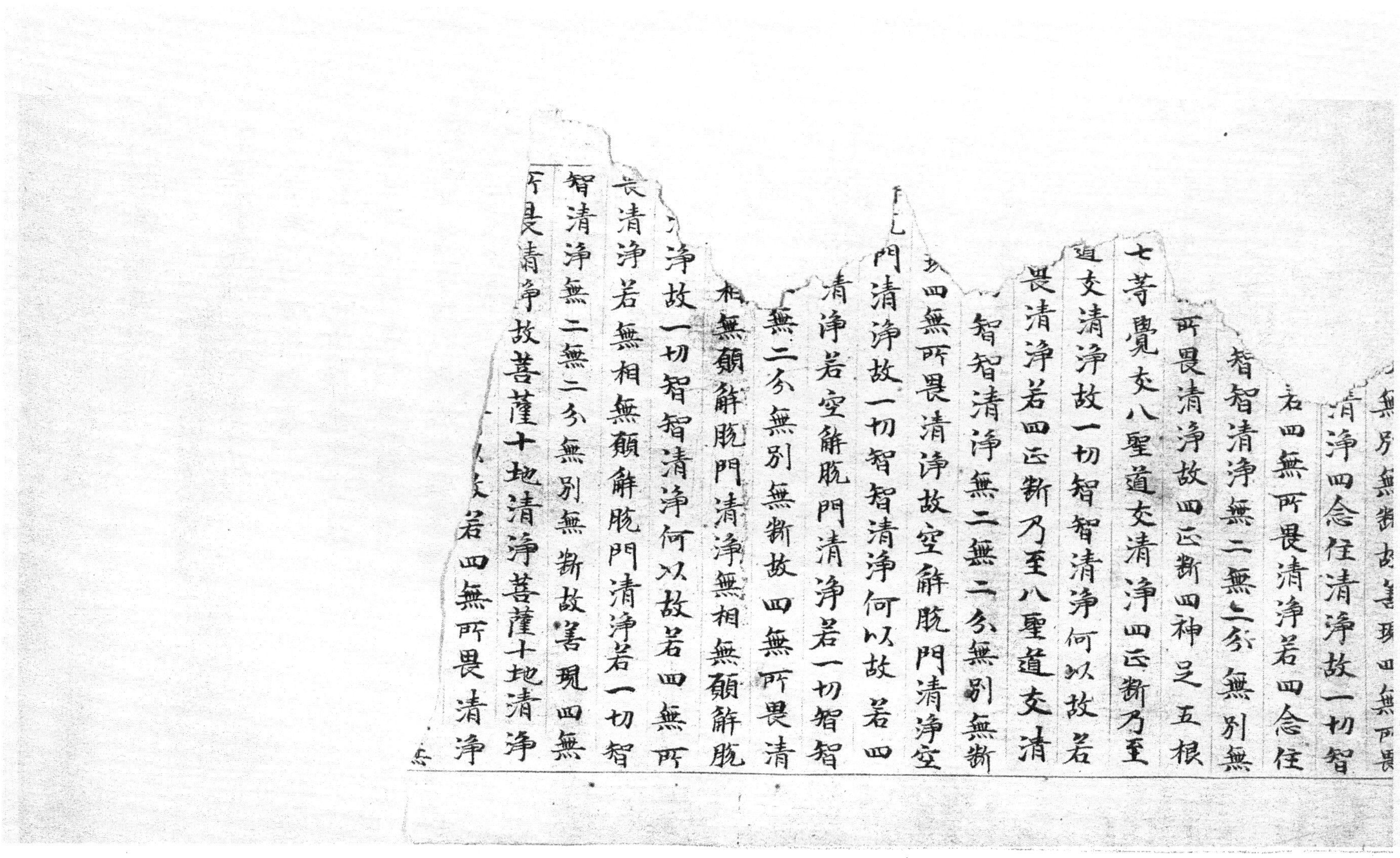
無別無斷故善現四無所畏
清淨四念住清淨故一切智
若四無所畏清淨若四念住
智智清淨無二無二分無別無
所畏清淨故四正斷四神足五根
七等覺支八聖道支清淨四正斷乃至
道支清淨故一切智智清淨何以故若
畏清淨若四正斷乃至八聖道支清
智智清淨無二無二分無別無斷
故四無所畏清淨故空解脫門清淨空
門清淨故一切智智清淨何以故若四
清淨若空解脫門清淨若一切智智
無二分無別無斷故四無所畏清
相無願解脫門清淨無相無願解脫
淨故一切智智清淨何以故若四無所
畏清淨若無相無願解脫門清淨若一切智
智清淨無二無二分無別無斷故善現四無
所畏清淨故菩薩十地清淨菩薩十地清淨
……以故若四無所畏清淨

BD09626號　大般若波羅蜜多經卷二三五　（2–2）

捨十八佛不共法清淨四無所畏乃
不共法清淨故一切智智清淨何以
性空清淨若四無所畏乃至十八
法清淨若一切智智清淨無二無
無斷故善現無性空清淨故一
無忘失法清淨〃故一切智智清
無性空清淨若無忘失
清淨無二無二分無別無斷故無
故恒住捨性清淨恒住捨性清淨故
智清淨何以故若無性空清淨
清淨若一切智智清淨無二無
斷故善現無性空清淨故一
智清淨故一切智智清淨何
清淨若一切智清淨若一切
無二分無別無斷故無性空清
一切相智清淨道相智一切相智〃
切智智清淨何以故若無性空清〃
智一切相智清淨若一切智智清淨
二分無別無斷故善現無性空清
陁羅尼門清淨一切陁羅尼門清

BD09627號　大般若波羅蜜多經卷二一六　（2–1）

故恒住捨性清淨恒住捨性清淨
智清淨何以故若無性空清淨
清淨若一切智智清淨無二無
斷故善現無性空清淨故一
智清淨故一切智智清淨何
清淨若一切智清淨若一切
無二分無別無斷故無性空清
一切相智清淨道相智一切相智〃
切智智清淨何以故若無性空清淨
智一切相智清淨若一切智智清淨
二分無別無斷故善現無性空清
陁羅尼門清淨一切陁羅尼門清
智智清淨何以故若無性空清〃
羅尼門清淨若一切智智清淨〃
無別無斷故無性空清淨故一切
清淨一切三摩地門清淨故一切
何以故若無性空清淨若一切三
淨若一切智智清淨無二無二分
故
善現無性空清淨故預流果清

BD09627號　大般若波羅蜜多經卷二一六　（2–2）

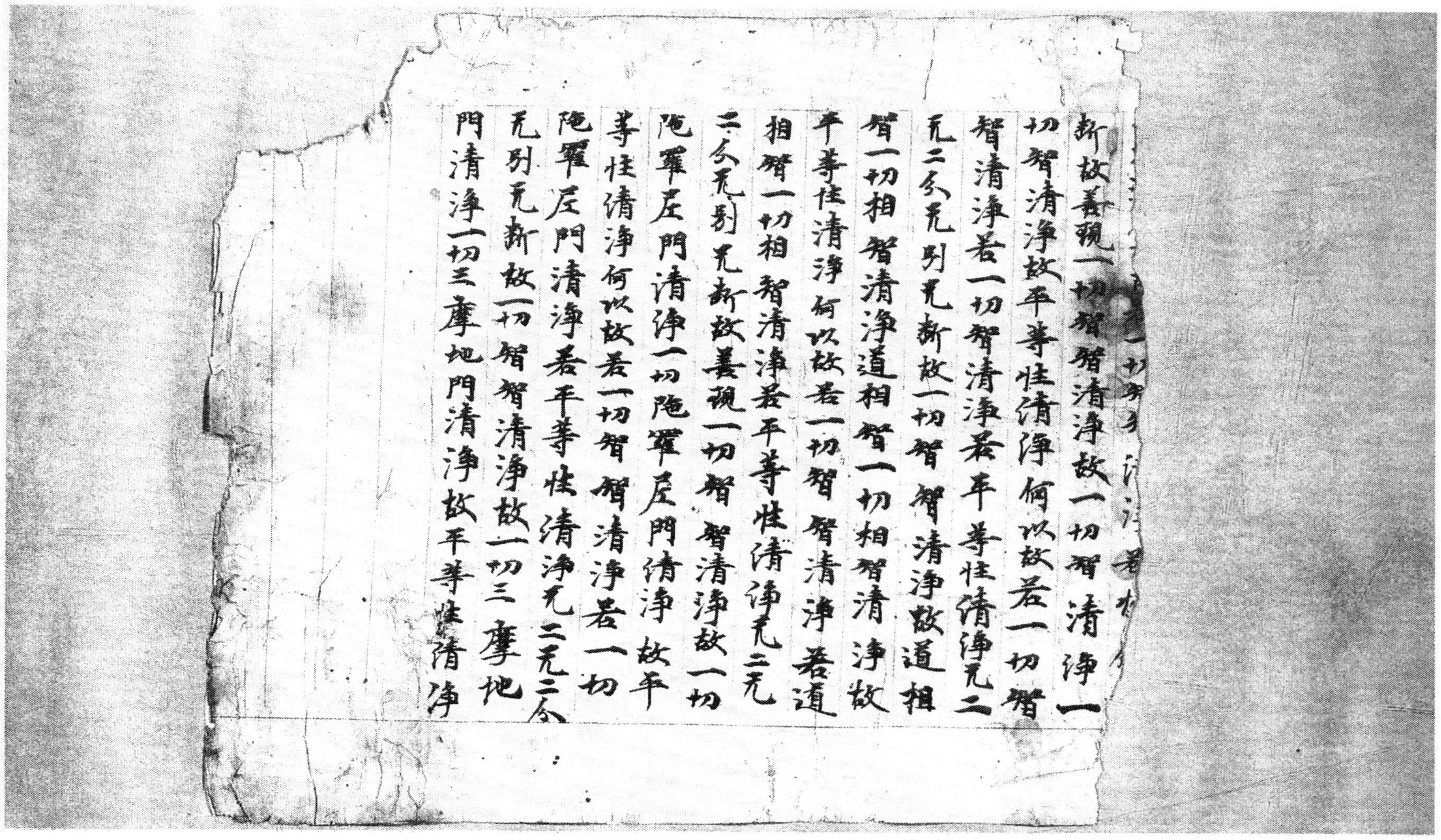

斷故善現一切智智清淨故一切智清淨一
切智清淨故平等性清淨何以故若一切智
智清淨若一切智清淨若平等性清淨无二
无二分无別无斷故一切智智清淨故道相
智一切相智清淨道相智一切相智清淨故
平等性清淨何以故若一切智智清淨若道
相智一切相智清淨若平等性清淨无二无
二分无別无斷故善現一切智智清淨故一切
陁羅尼門清淨一切陁羅尼門清淨故平
等性清淨何以故若一切智智清淨若一切
陁羅尼門清淨若平等性清淨无二无二分
无別无斷故一切智智清淨故一切三摩地
門清淨一切三摩地門清淨故平等性清淨

BD09628號　大般若波羅蜜多經（兌廢稿）卷二六〇　（1–1）

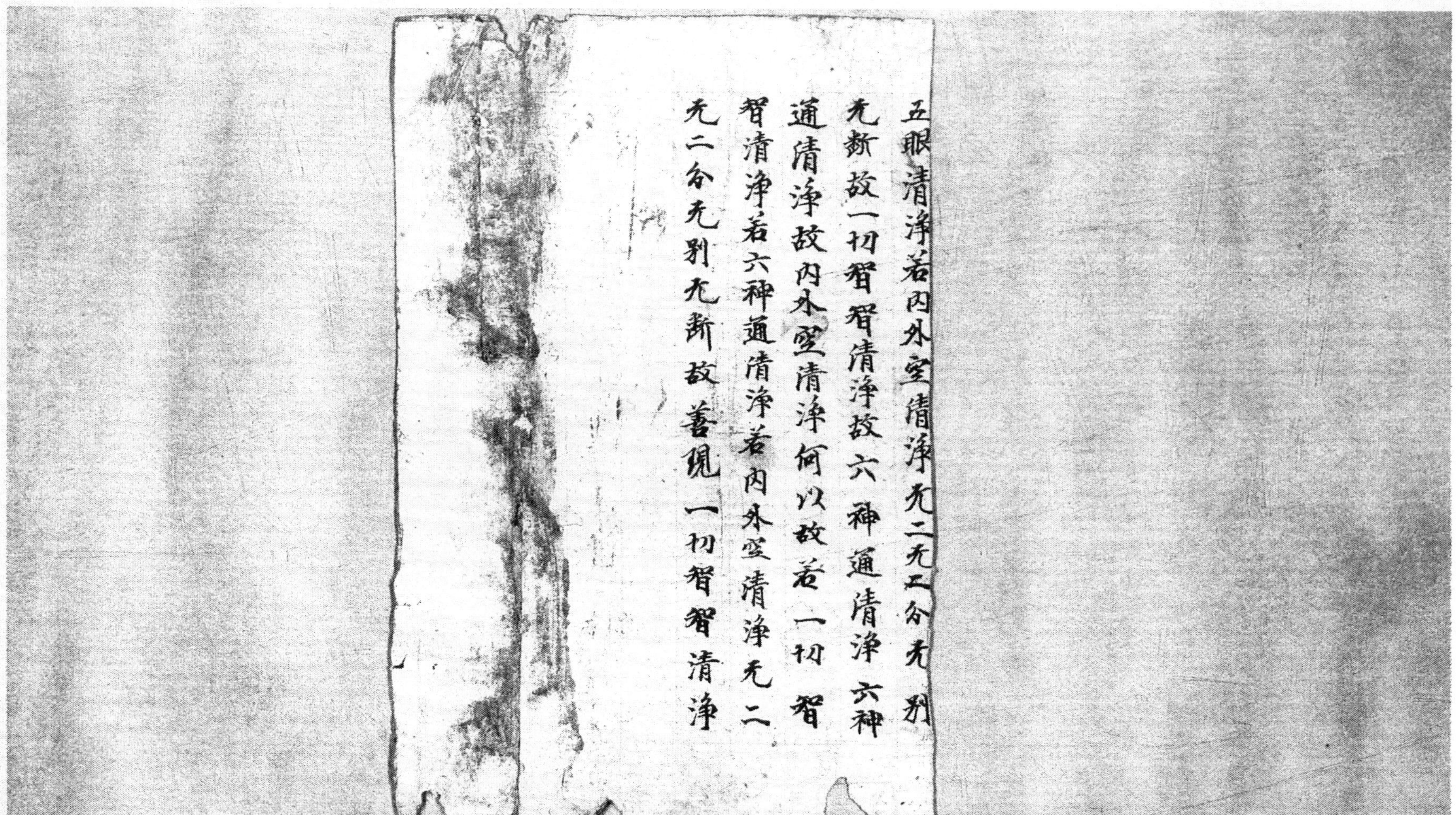

五眼清淨若內外空清淨无二无二分无別
无斷故一切智智清淨故六神通清淨六神
通清淨故內外空清淨何以故若一切智
智清淨若六神通清淨若內外空清淨无二
无二分无別无斷故善現一切智智清淨

BD09629號　大般若波羅蜜多經（兌廢稿）卷二四九　（1–1）

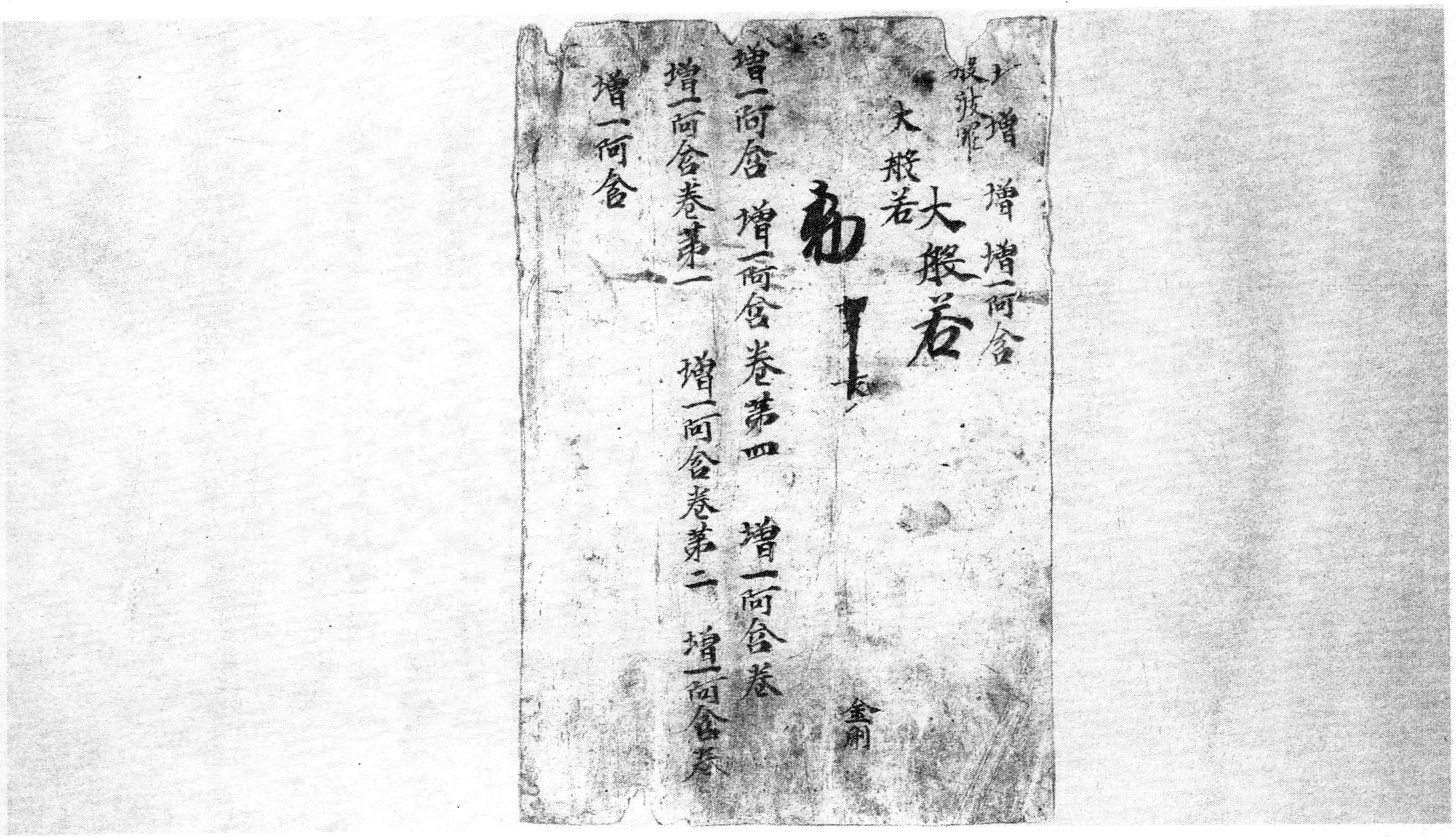

BD09629 號背　雜寫　　　　（1–1）

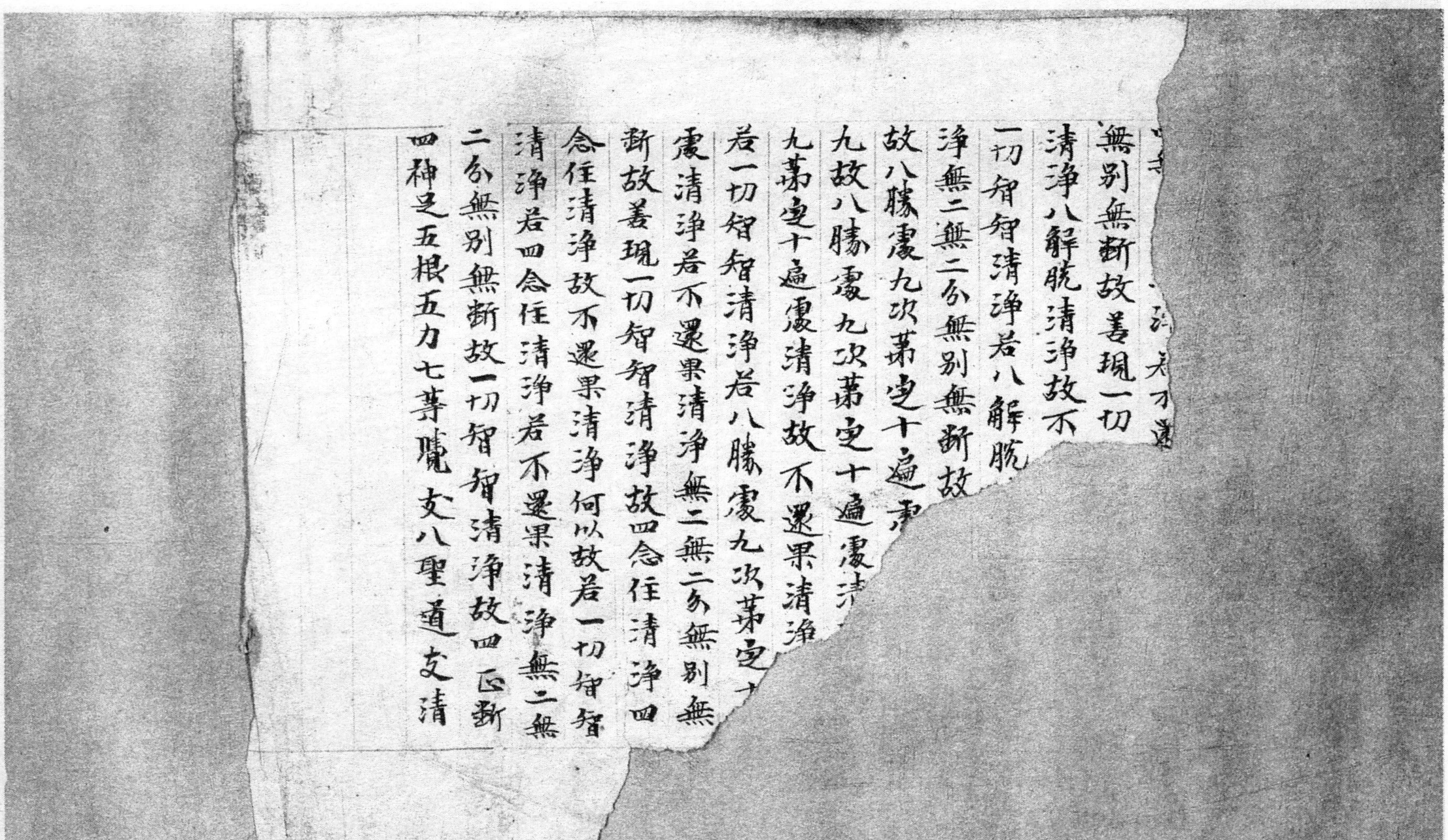
無別無斷故善現一切
清淨八解脫清淨故不
一切智智清淨若八解脫
淨無二無二分無別無斷故
故八勝處九次第定十遍處
九故八勝處九次第定十遍處清
九次第定十遍處清淨故不還果清淨
若一切智智清淨若八勝處九次第定
處清淨若不還果清淨無二無二分無別無
斷故善現一切智智清淨故四念住清淨四
念住清淨故不還果清淨何以故若一切智智
清淨若四念住清淨若不還果清淨無二無
二分無別無斷故一切智智清淨故四正斷
四神足五根五力七等覺支八聖道支清

BD09630 號　大般若波羅蜜多經（兑廢稿）卷二八三　　　　（1–1）

集滅
眼清淨無二無二分無別
智清淨故四靜慮清淨
眼清淨何以故若一切智
靜慮清淨若五眼清淨無二無
二分無別無斷故一切智智清淨故四無量
四無色定清淨四無量四無色定清淨故五
眼清淨何以故若一切智智清淨若四無量
四無色定清淨若五眼清淨無二無二分無
別無斷故善現一切智智清淨故八解脫
清淨八解脫清淨故五眼清淨何以故若一
切智智清淨若八解脫清淨若五眼清淨无
二無二分無別無斷故一切智智清淨故八
勝處九次第定十遍處清淨八勝處九次第
定十遍處清淨故五眼清淨何以故若一切
智智清淨若八勝處九次第定十遍處清淨
若五眼清淨無二無二分無別無斷故善現一
切智智清淨故四念住清淨四念住清淨

二無二分無別無斷故一切智智清淨故八
勝處九次第定十遍處清淨八勝處九次第
定十遍處清淨故五眼清淨何以故若一切
智智清淨若八勝處九次第定十遍處清淨
若五眼清淨無二無二分無別無斷故善現一
切智智清淨故四念住清淨四念住清淨
故五眼清淨何以故若一切智智清淨若四
念住清淨若五眼清淨無二無二分無別無
斷故一切智智清淨故四正斷四神足五根
五力七等覺支八聖道支清淨四正斷乃至
八聖道支清淨五眼清淨何以故若一切
智智清淨若四正斷乃至八聖道支清淨若
五眼清淨無二無二分無別無斷故善現一
切智智清淨故空解脫門清淨空解脫門清
淨故五眼清淨何以故若一切智智清淨
空解脫門清淨若五眼清淨無二無
別無斷故一切智智清淨故無相無願
門清淨無相無願解脫門清淨故五眼
何以故若一切智智清淨若無相無願
門清淨若五眼清淨無二無二分無別
故善現一切智智清淨故菩薩十地清淨
薩十地清淨故五眼清淨何以故若一切
智清淨若菩薩十地清淨若五眼清淨
無二分無別無斷故善現一切智智清
六神通清淨六神通清淨故五眼清淨
故若一切智智清淨若六神通清淨若
清淨無二無二分無別無斷故善現一

…清淨若菩薩十地清淨若五眼清淨
無二分無別無斷故善現一切智智清
六神通清淨六神通清淨故五眼清淨
故若一切智智清淨若六神通清淨若
清淨無二無二分無別無斷故善現一
智清淨故佛十力清淨佛十力清淨故
清淨何以故若一切智智清淨若佛十
淨若五眼清淨無二無二分無別
故一切智智清淨故四無所畏四無礙解
慈大悲大喜大捨十八佛不共法清淨四
所畏乃至十八佛不共法清淨故五眼清
何以故若一切智智清淨若四無所畏乃
十八佛不共法清淨若五眼清淨無一
二分無別無斷故善現一切智智清淨故
忘失法清淨無忘失法清淨故五眼清
以故若一切智智清淨若無忘失法清淨
五眼清淨無
智智清

BD09631號　大般若波羅蜜多經卷二七四　（3–3）

若菩薩摩訶薩被如上說諸功德鎧
智相應作意大悲為首用無所得
便利益安樂一切有情不離聲聞獨
作意是菩薩摩訶薩不作是念我當安
立尒所有情令住布施波羅蜜多尒所有情
不當安立令住布施波羅蜜多但作是念我
當安立無量無數無邊有情令住布施波羅
蜜多如是乃至不作是念我當安立尒所有
情令住般若波羅蜜多尒所有情不當安立
令住般若波羅蜜多但作是念我當安立無
量住般若波羅蜜多但作是念我當安立無

BD09632號　大般若波羅蜜多經（兌廢稿）卷四八七　（2–1）

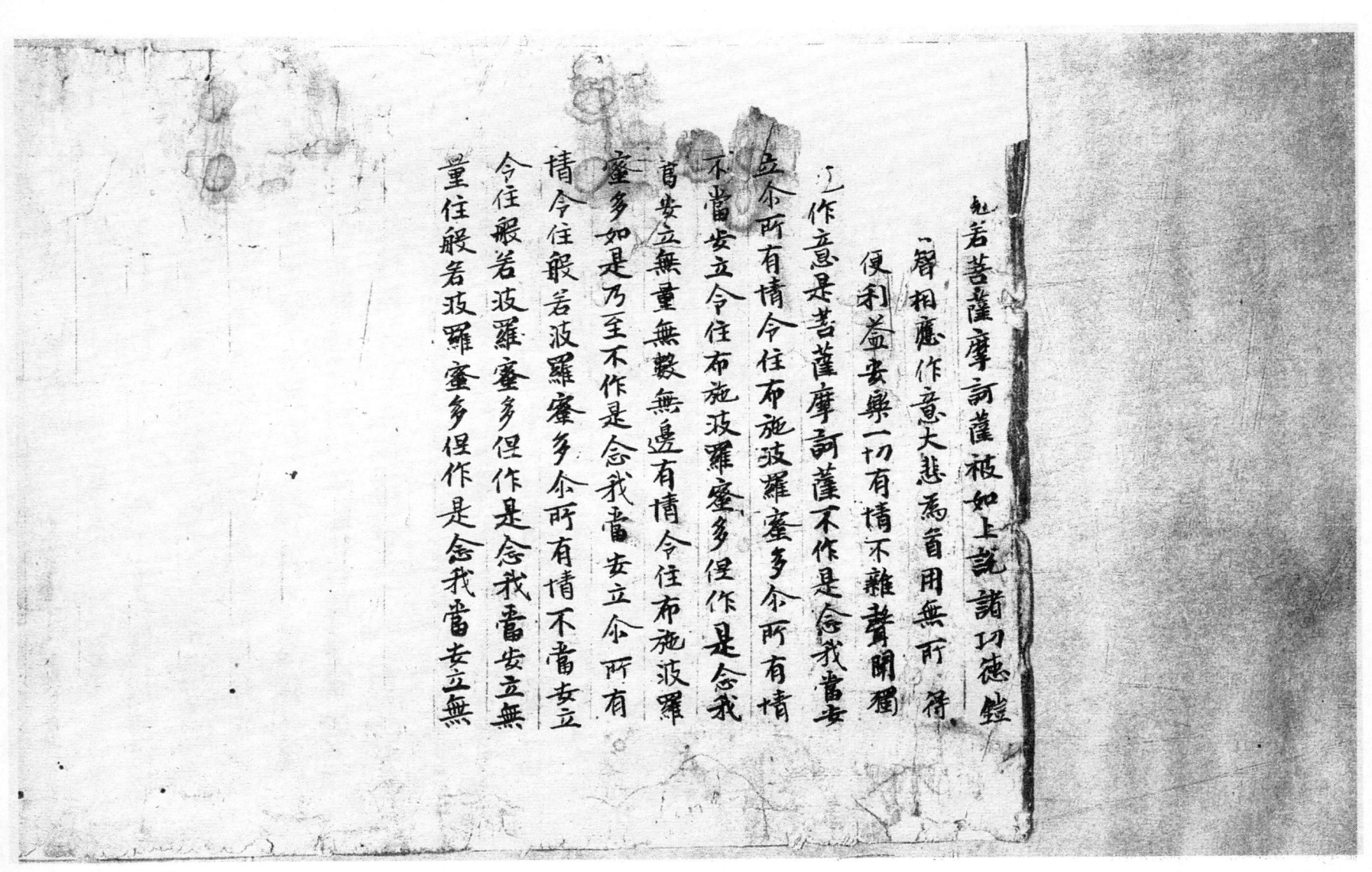

…無量無數無邊有情令住…
蜜多如是乃至不作是念我當安立尒所有
情令住般若波羅蜜多尒所有情不當安立
令住般若波羅蜜多但作是念我當安立無
量住般若波羅蜜多但作是念我當安立無

BD09632 號　大般若波羅蜜多經（兌廢稿）卷四八七　（2–2）

无願得无
能惱所惱及
男子善女人等善
住集滅道聖諦空
空便不可无相得
便何以故以苦聖
及惱害事不可得苦
人等善住无明空无
六處觸受愛取有生老死愁歎苦憂
相无願不可以空而得空便不可无相
相便不可无願得无願便何以故以无
自性皆空能惱所惱及惱害事不可
尸迦是善男子善女人等善住內空
无願善住外空內外空空空大空勝義
為空无為空畢竟空无際空散空无
本性空自相空共相空一切法空不
无性空自性空无性自性空空
可以空而得空便不可无相得无相
无願得无願便何以故以內空等自性
能惱所惱及惱害事不可得故憍尸迦
男子善女人等善住真如空无相无
法界法性…

BD09633 號　大般若波羅蜜多經（兌廢稿）卷一〇〇　（3–1）

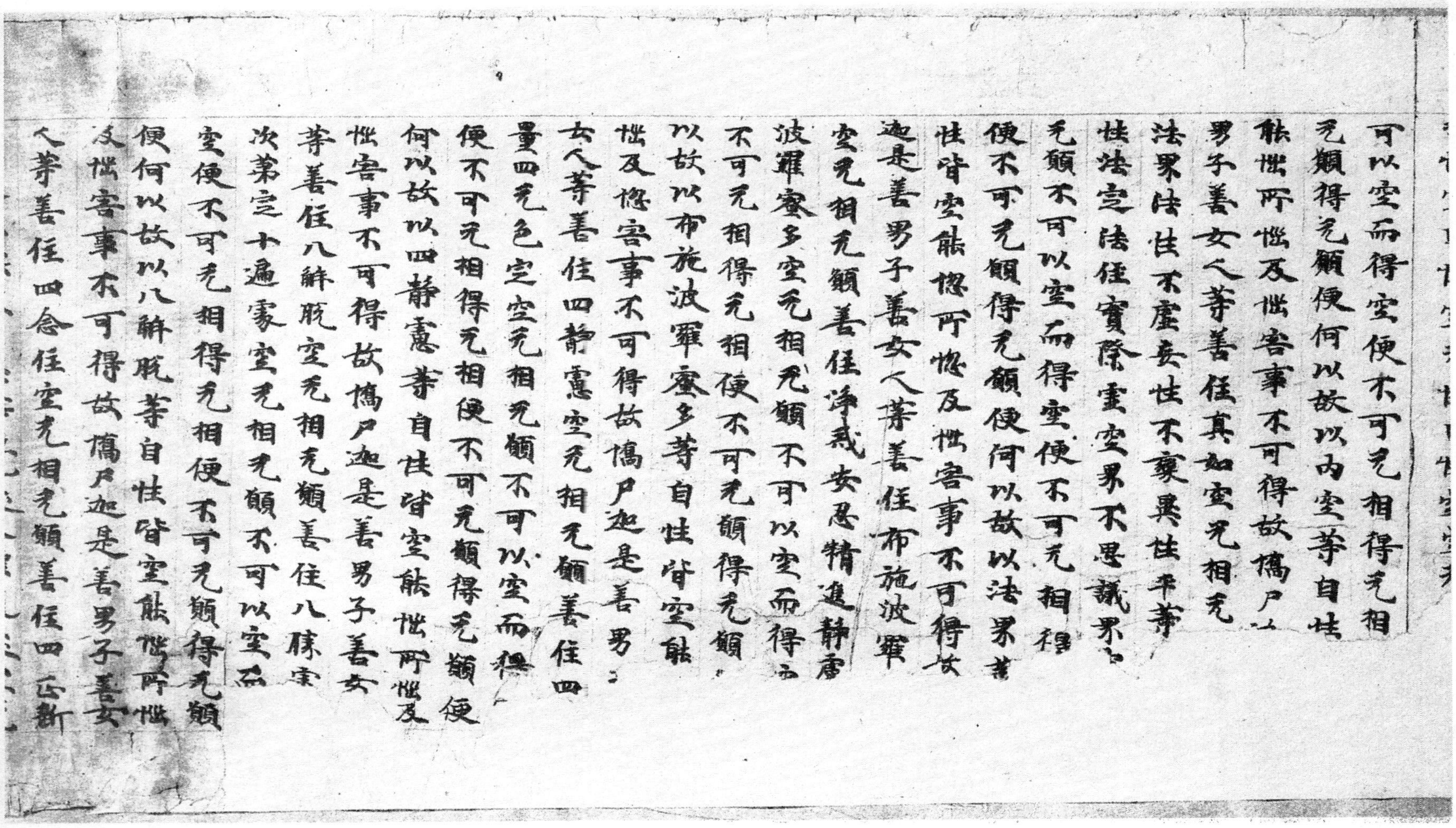
可以空而得空便不可无相得无相
无願得无願便何以故以内空等自性
能作所作及作害事不可得故憍尸迦
男子善女人等善住真如空无相无
法界法性不虛妄性不變異性平等
性法定法住實際虛空界不思議界
无願不可以空而得空便不可无相得
便不可无願得无願便何以故以法界等
性皆空能作所作及作害事不可得故
迦是善男子善女人等善住布施波羅
蜜无相无願善住淨戒安忍精進靜慮
波羅蜜多空无相无願不可以空而得空
不可无相得无相便不可无願得无願
以故以布施波羅蜜多等自性皆空能
作及作害事不可得故憍尸迦是善男
女人等善住四靜慮空无相无願善住四
量四无色定空无相无願不可以空而得
便不可无相得无相便不可无願得无願便
何以故以四靜慮等自性皆空能作所作及
作害事不可得故憍尸迦是善男子善女
等善住八解脫空无相无願善住八勝處
次第定十遍處空无相无願不可以空而
空便不可无相得无相便不可无願得无願
便何以故以八解脫等自性皆空能作所作
及作害事不可得故憍尸迦是善男子善女
人等善住四念住空无相无願善住四正斷

BD09633 號　大般若波羅蜜多經（兌廢稿）卷一〇〇　（3–2）

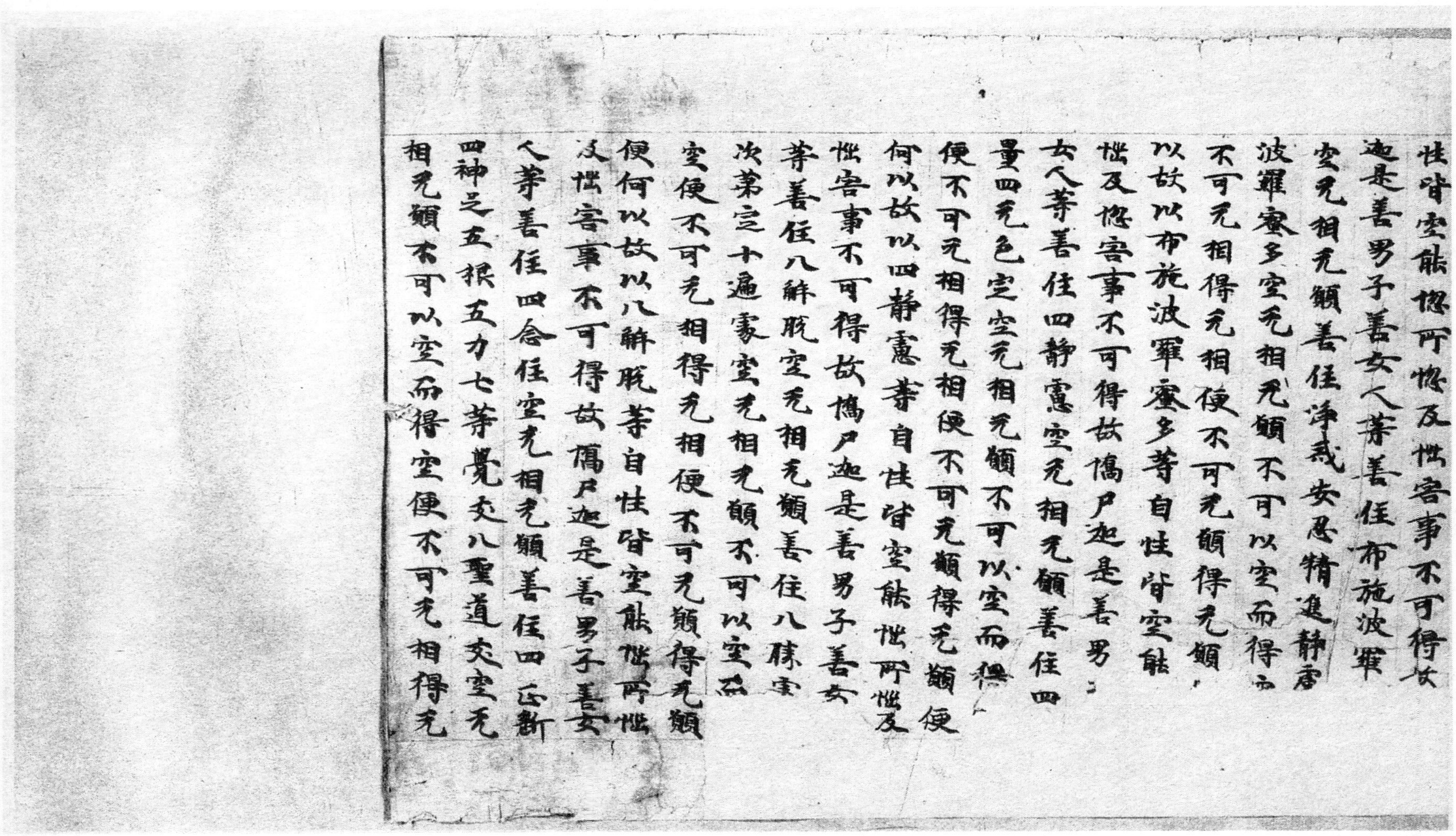
性皆空能作所作及作害事不可得故
迦是善男子善女人等善住布施波羅
蜜无相无願善住淨戒安忍精進靜慮
波羅蜜多空无相无願不可以空而得空
不可无相得无相便不可无願得无願
以故以布施波羅蜜多等自性皆空能
作及作害事不可得故憍尸迦是善男
女人等善住四靜慮空无相无願善住四
量四无色定空无相无願不可以空而得
便不可无相得无相便不可无願得无願便
何以故以四靜慮等自性皆空能作所作及
作害事不可得故憍尸迦是善男子善女
等善住八解脫空无相无願善住八勝處
次第定十遍處空无相无願不可以空而
空便不可无相得无相便不可无願得无願
便何以故以八解脫等自性皆空能作所作
及作害事不可得故憍尸迦是善男子善女
人等善住四念住空无相无願善住四正斷
四神足五根五力七等覺支八聖道支空无
相无願不可以空而得空便不可无相得无

BD09633 號　大般若波羅蜜多經（兌廢稿）卷一〇〇　（3–3）

BD09633 號背　經袟（兑經）（擬）　　（2–1）

BD09633 號背　經袟（兑經）（擬）　　（2–2）

BD09634 號　藏文文獻（擬）　　（1–1）

BD09635 號　藏文文獻（擬）　　（1–1）

BD09635 號背　殘字痕　（1-1）

BD09636 號 A　藏文文獻（擬）　（1-1）

BD09636 號 A 背　雜寫　　（1–1）

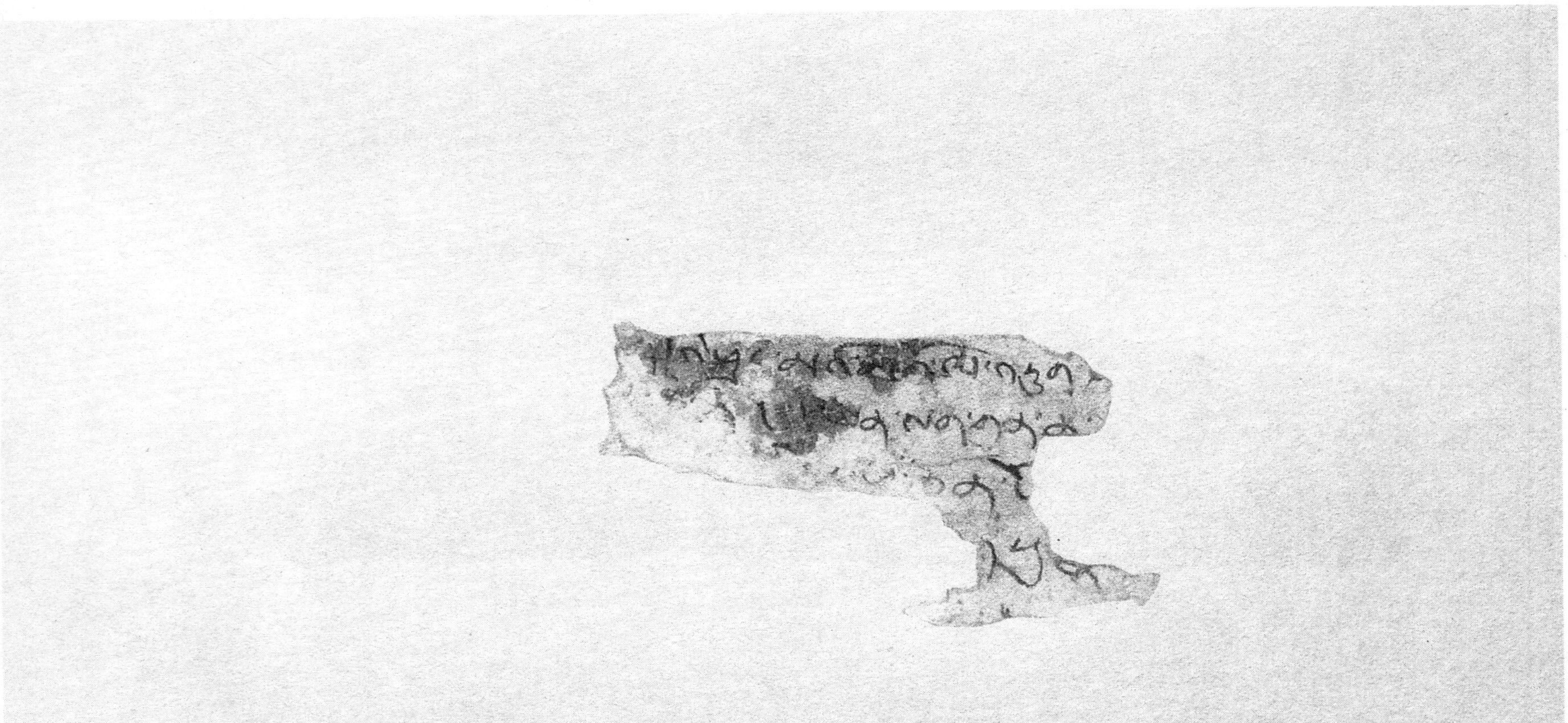

BD09636 號 B　藏文文獻（擬）　　（2–1）

BD09636 號 B　藏文文獻（擬）　　（2–2）

BD09637 號　藏文文獻（擬）　　（1–1）

BD09637 號背　殘字痕　（1-1）

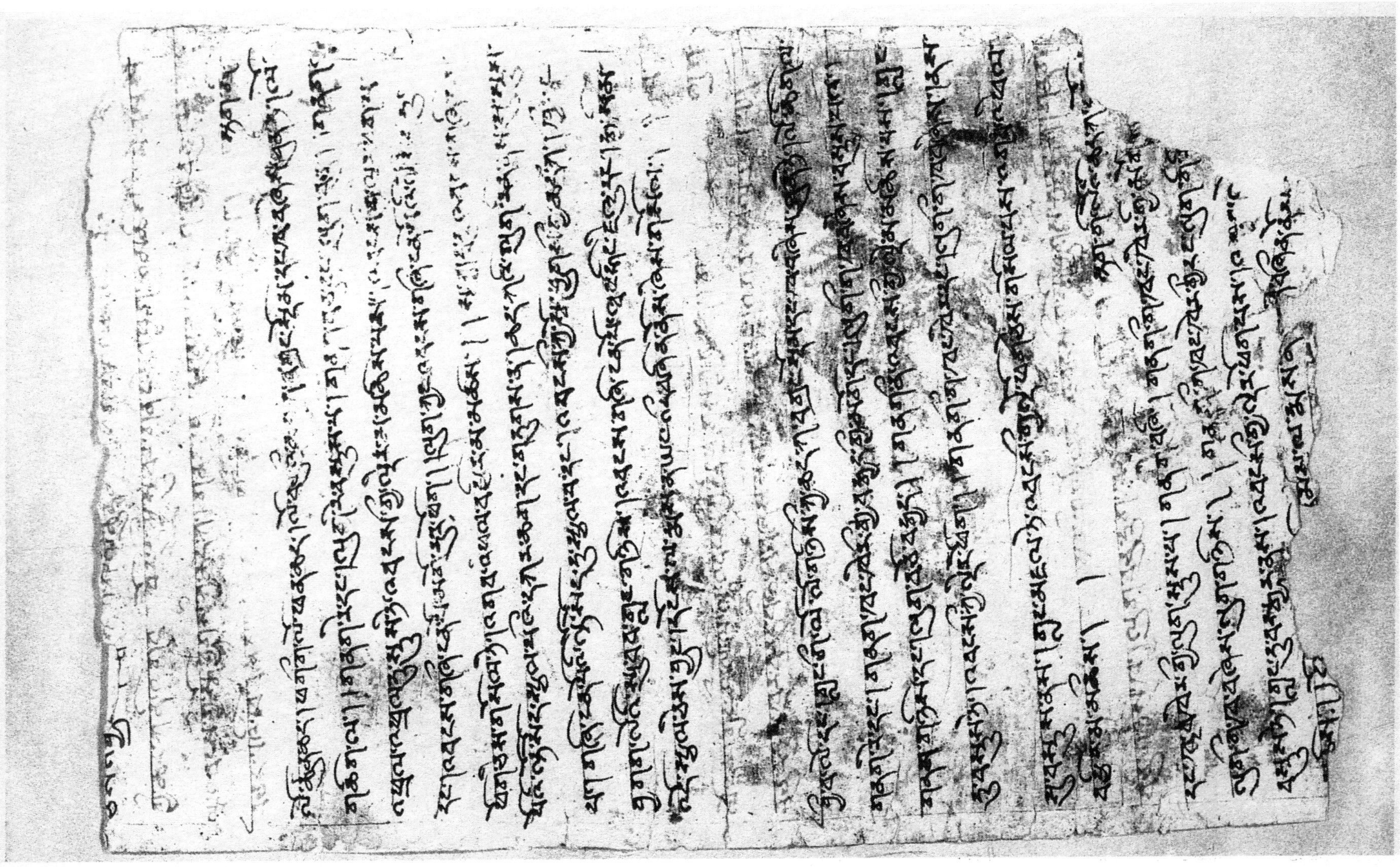

BD09638 號　藏文文獻（擬）　（1-1）

BD09638號背　殘字痕　（1–1）

BD09639號　藏文文獻（擬）　（1–1）

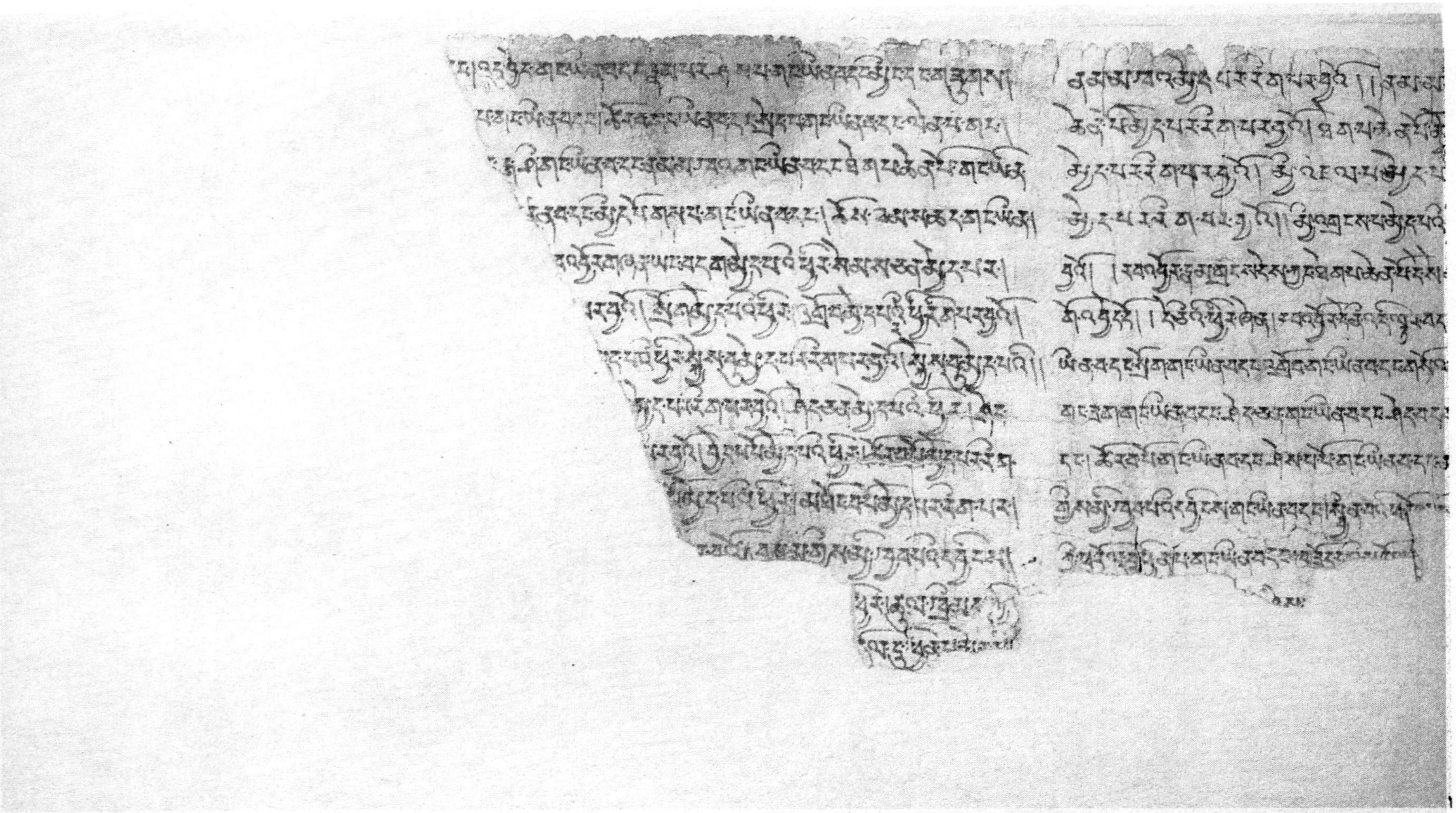

BD09640 號　藏文大乘無量壽宗要經　　（2–1）

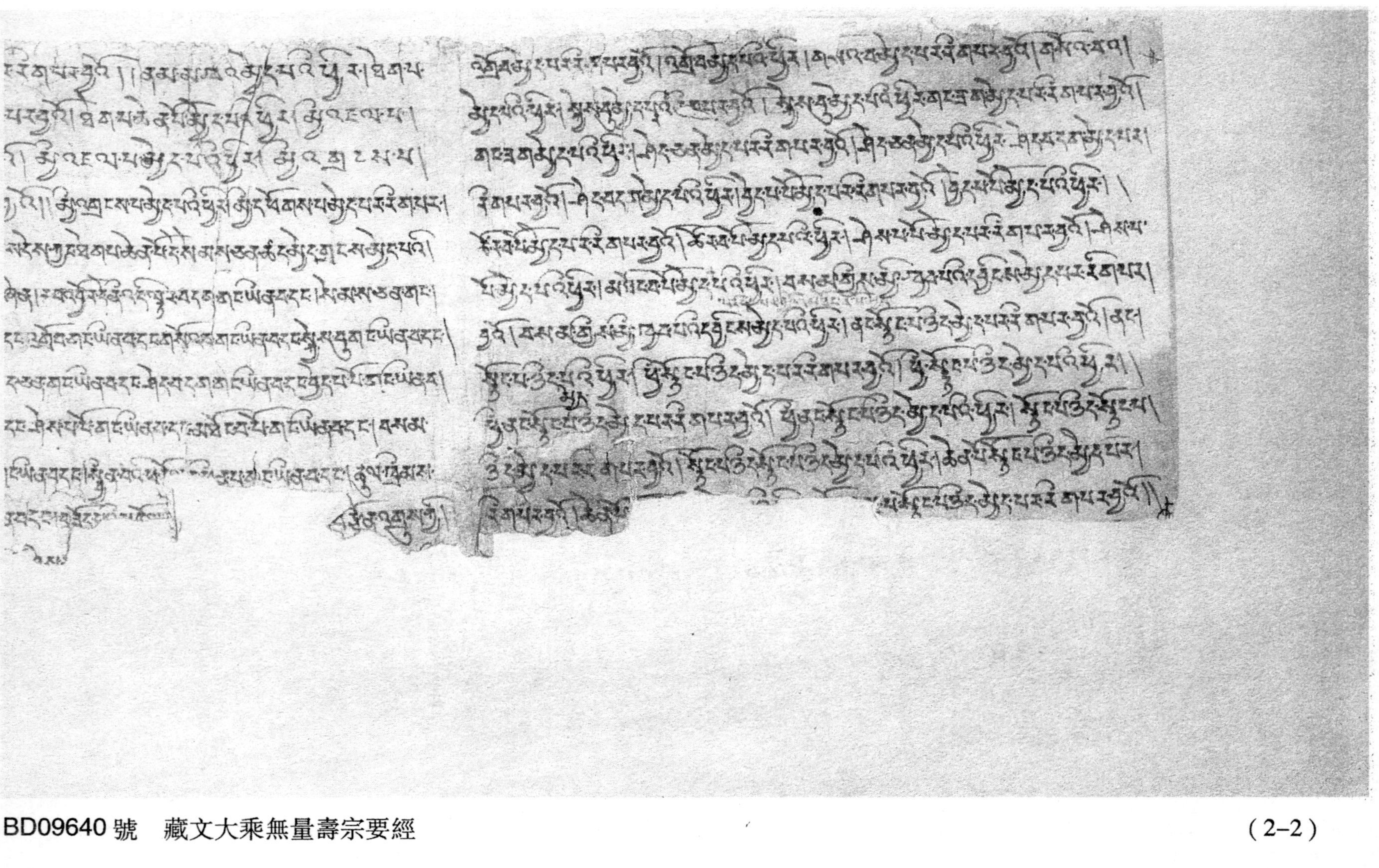

BD09640 號　藏文大乘無量壽宗要經　　（2–2）

BD09641號　藏文文獻（擬）　　（1–1）

BD09641號背　經袟（擬）　　（1–1）

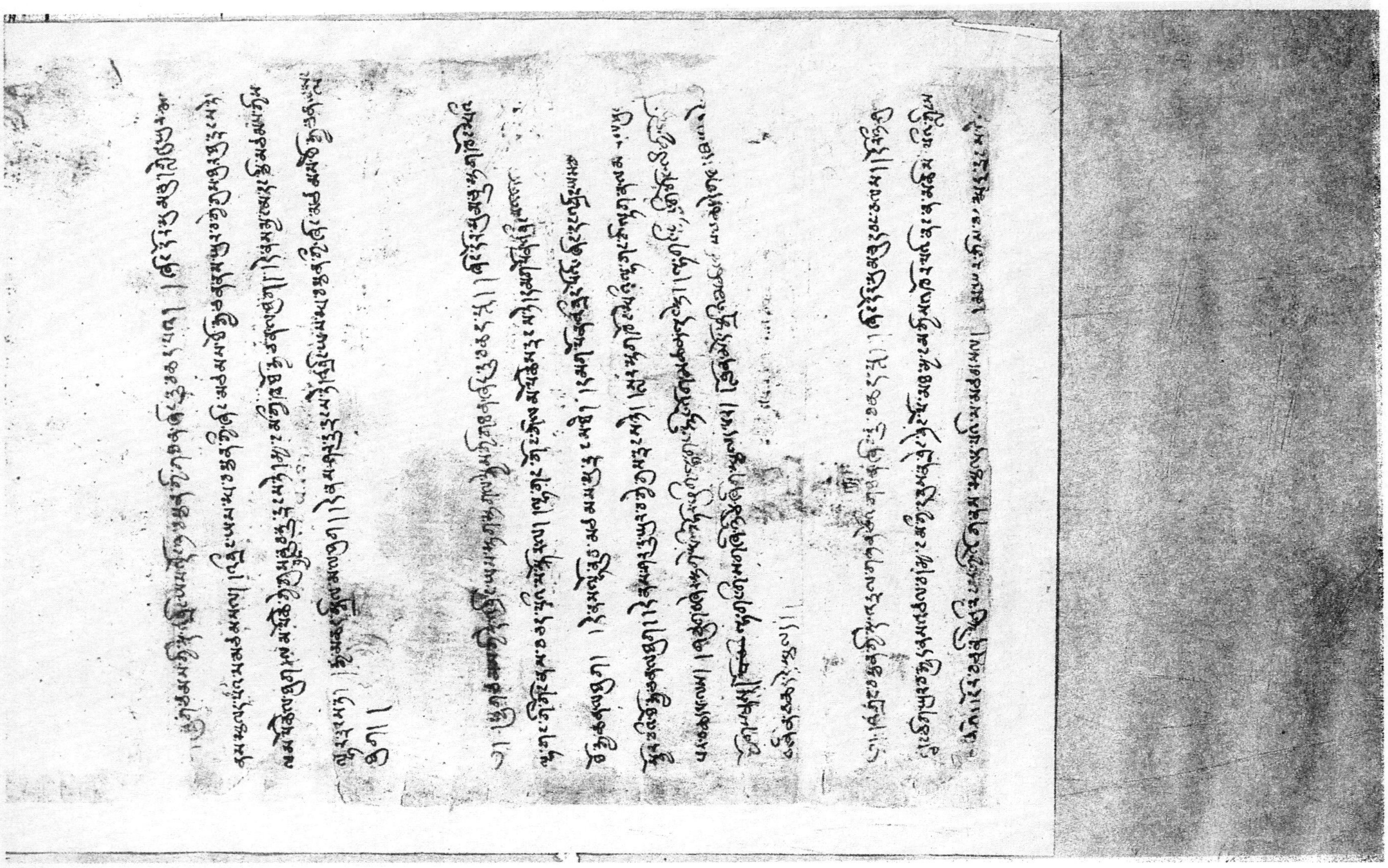

BD09642 號　藏文文獻（擬）　（4–1）

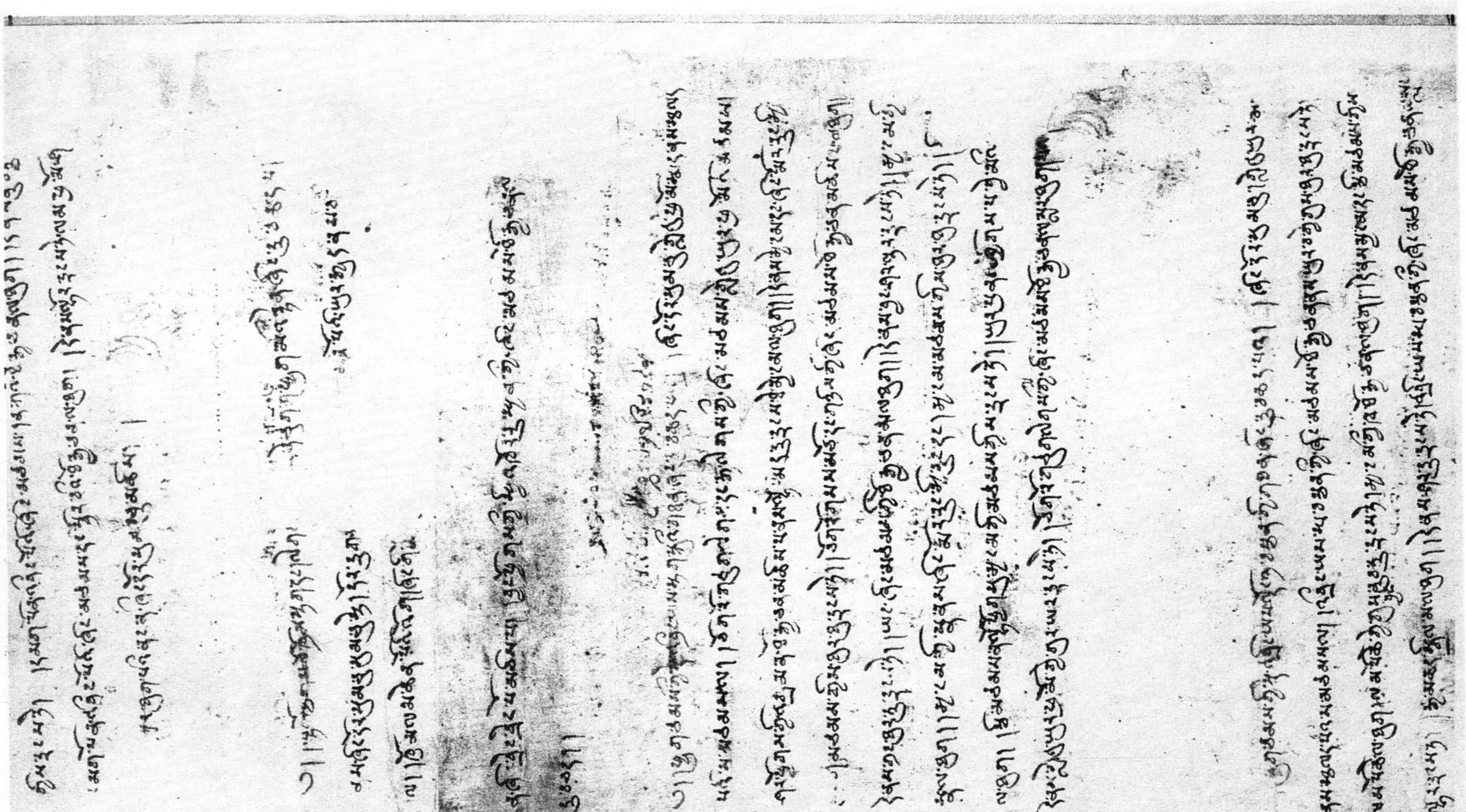

BD09642 號　藏文文獻（擬）　（4–2）

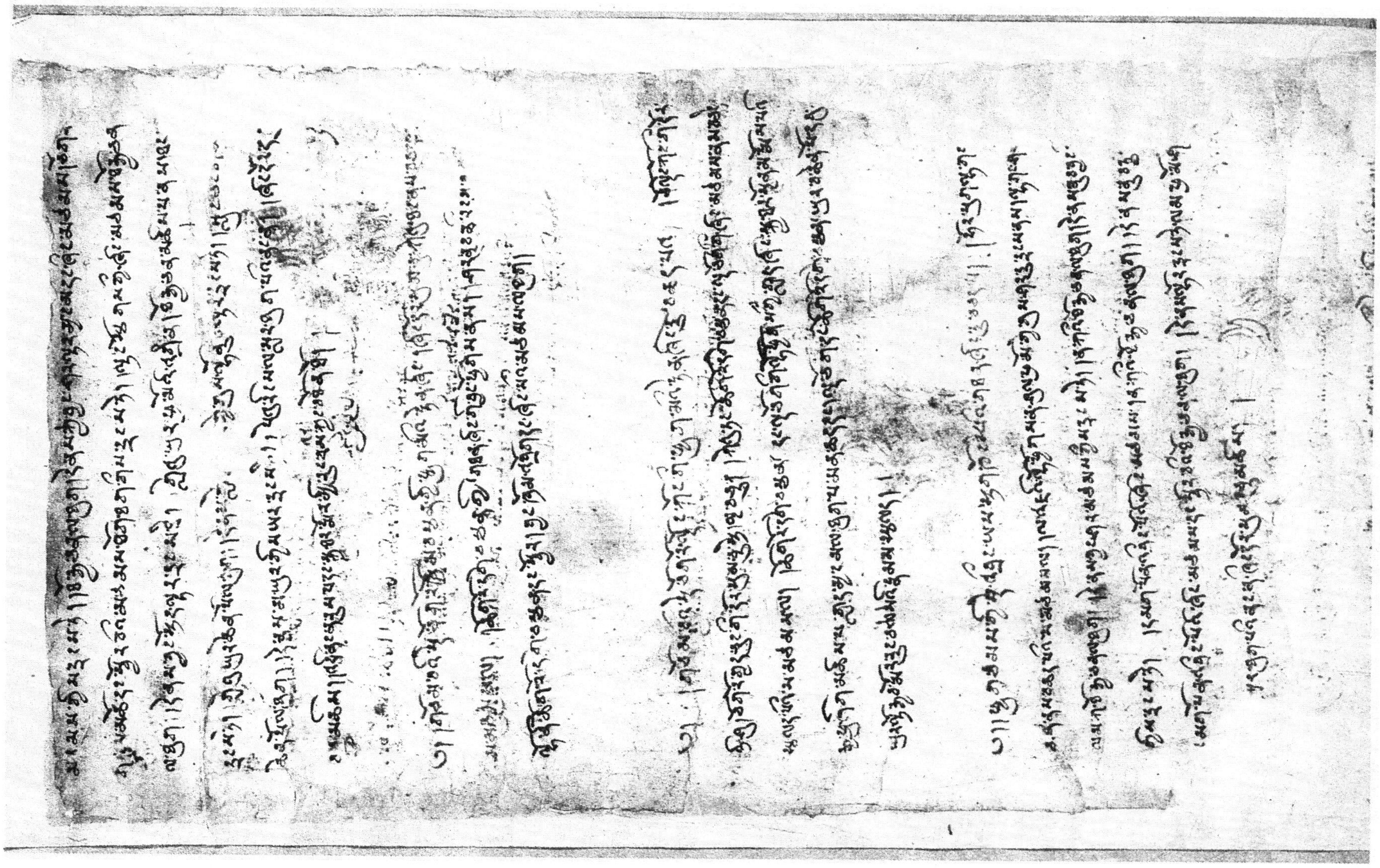

BD09642 號　藏文文獻(擬)　　(4-3)

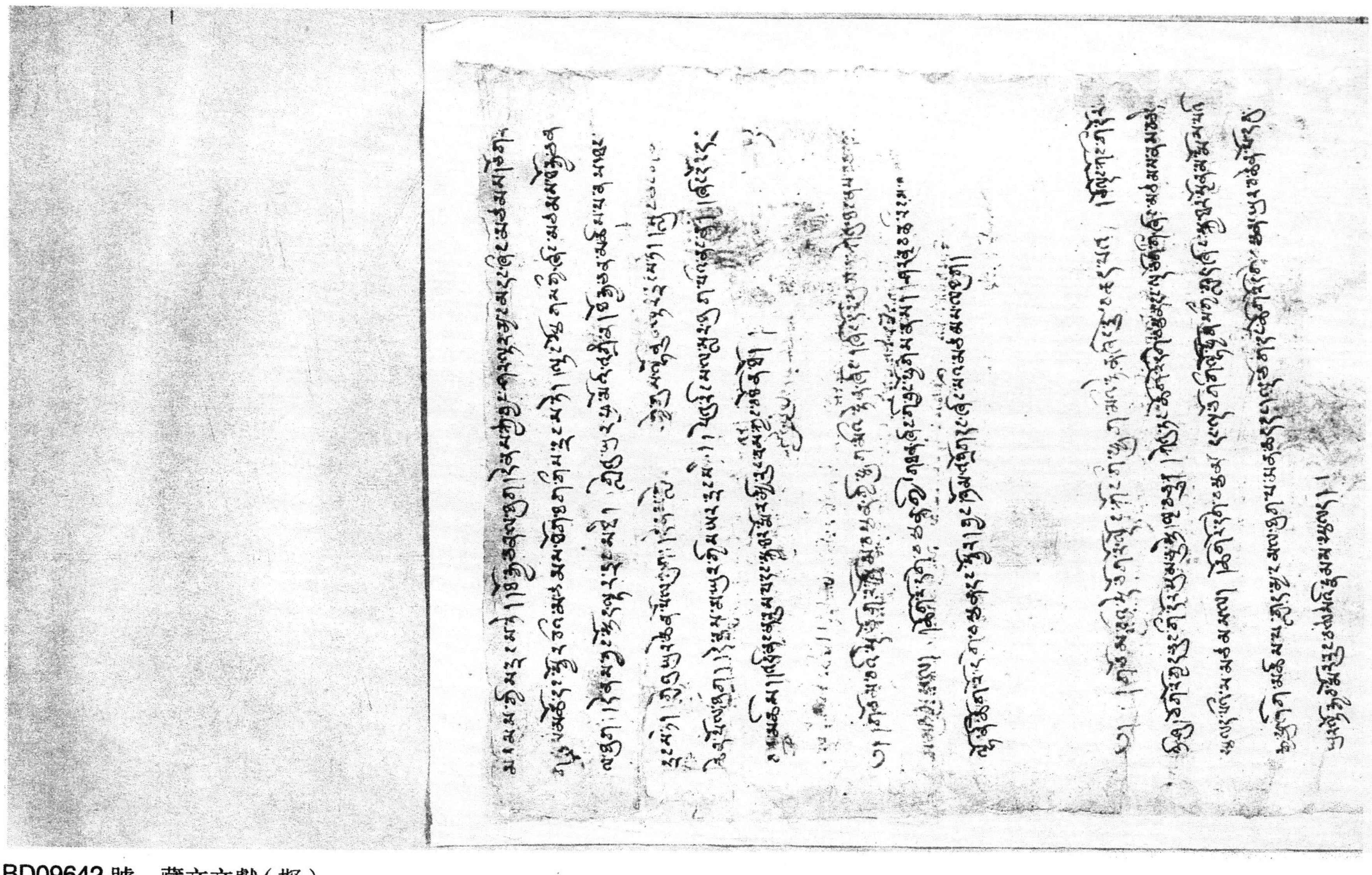

BD09642 號　藏文文獻(擬)　　(4-4)

般若
如是善現菩
應於无忘失
應於恒住
學善現菩薩　　應觀
諸法自相
行般若波羅蜜多時應於一切智不起作諸
行若有若无故學應於道相智一切相智亦
不起作諸行若有若无故學善現菩薩摩訶
薩行般若波羅蜜多時應觀諸法自相皆空
故學如是善現菩薩摩訶薩行般若波羅蜜
多時應於預流果不起作諸行若有若无故
學應於一來不還阿羅漢果亦不起作諸行
若有若无故學善現
羅蜜多時應

BD09643號　大般若波羅蜜多經卷三六一　（4–1）

薩行般若波羅蜜多時應觀諸法自相皆空
故學如是善現菩薩摩訶薩行般若波羅蜜
多時應於預流果不起作諸行若有若无故
學應於一來不還阿羅漢果亦不起作諸行
若有若无故學善現
羅蜜多時應
現菩薩摩
覺菩提不
薩摩訶薩　　應觀諸法自
相皆空故學如是善現菩薩摩訶薩行般若
波羅蜜多時應於一切菩薩摩訶薩行不起
作諸行若有若无故學善現菩薩摩訶薩行
般若波羅蜜多時應觀諸法自相皆空故學
如是善現菩薩摩訶薩行般若波羅蜜多時
應於諸佛无上正等菩提不起作諸行若有
若无故學
具壽善現白
般若波羅蜜
佛言善現菩薩摩　　多時　行
應觀色色相　　受想行
識相空故學如是善現菩薩摩訶薩行般若
波羅蜜多時應觀諸法自相皆空故學善現
菩薩摩訶薩行般若波羅蜜多時應觀眼處
眼處相空故學應觀耳鼻舌身意處耳鼻舌
身意處相空故學如是善現菩薩摩訶薩行
般若波羅蜜多時應觀諸法自相皆空故學

BD09643號　大般若波羅蜜多經卷三六一　（4–2）

波羅蜜多時應觀諸法自相皆空故學善現
菩薩摩訶薩行般若波羅蜜多時應觀眼處
眼處相空故學應觀耳鼻舌身意處耳鼻舌
身意處相空故學如是善現菩薩摩訶薩行
般若波羅蜜多時應觀諸法自相皆空故學
善現菩薩摩訶薩行般若波羅蜜多時應觀
色處色處相空故學應[illegible]法處聲
香味觸法[illegible]
薩行般若[illegible]
故學善現菩[illegible]蜜多時
應觀眼界眼界相空故學應觀耳鼻舌身意
界耳鼻舌身意界相空故學如是善現菩薩
摩訶薩行般若波羅蜜多時應觀諸法自相
皆空故學善現菩薩摩訶薩行般若波羅蜜
多時應觀色界色界相空故學應觀聲香味觸
法界聲香味觸法界相空故學如是善現菩
薩摩訶薩行般若波羅蜜多時應觀諸法自
相皆空故學善現菩薩[illegible]般若波羅
蜜多時應[illegible]
耳鼻舌身[illegible]相空故
學如是善現[illegible]羅蜜多
時應觀諸法自相皆空故學善現菩薩摩訶
薩行般若波羅蜜多時應觀眼觸眼觸相空
故學應觀耳鼻舌身意觸耳鼻舌身意觸相
空故學如是善現菩薩摩訶薩行般若波羅
蜜多時應觀諸法自相皆空故學善現菩薩

BD09643 號　大般若波羅蜜多經卷三六一　（4–3）

學如是善現[illegible]羅蜜多
時應觀諸法自相皆空故學善現菩薩摩訶
薩行般若波羅蜜多時應觀眼觸眼觸相空
故學應觀耳鼻舌身意觸耳鼻舌身意觸相
空故學如是善現菩薩摩訶薩行般若波羅
蜜多時應觀諸法自相皆空故學善現菩薩
摩訶薩行般若波羅蜜多時應觀眼觸為緣
所生諸受眼觸為緣所生諸受相空故學應
觀耳鼻舌身[illegible]觸為緣[illegible]耳鼻舌身
意觸為緣所生諸[illegible]空故學如是善現菩
薩摩訶薩行般若[illegible]蜜多時應觀[illegible]法自
相皆空故學善現[illegible]薩摩訶[illegible]行般若波羅
蜜多時應觀地界地界相空故學應觀水火
風空識界水火風空識界相空故學如是善
現菩薩摩訶薩行般若波羅蜜多時應觀諸
法自相皆空故學善現菩薩摩訶薩行般若
波羅蜜多時應觀无明无明相空故學應觀
行識名色六處觸受愛取有生老死愁歎苦
憂惱行乃至老死愁歎苦憂惱相空故學如
是善現菩薩摩[illegible]

BD09643 號　大般若波羅蜜多經卷三六一　（4–4）

……能入
欲入初勝處乃至第八勝處即隨意能入欲
入初靜慮乃至滅想受定即隨意能入欲
入初遍處乃至第十遍處即隨意能入欲入
空無相無願解脫即隨意能入欲引發五
神通即隨意能引發善現當知是菩薩摩訶
薩發五神通而不受彼果
……至滅定
乃餘功德勢力而生亦不取預流果或一來
果或不還果或阿羅漢果或獨覺菩提為欲
利樂諸有情故隨欲攝受所應受身即隨所
願皆能攝受住所住已即便捨受若菩薩摩
訶薩成就如是諸行狀相知是不退轉菩薩
薩復次善現一切不退轉菩薩摩訶薩
恒不遠離大菩提心不
眼處乃至意處不
貴色處乃至法處不貴眼界乃至意界不貴色
界乃至法界不貴眼識界乃至意識界不貴
眼觸乃至意觸不貴眼觸為緣所生諸受乃
至意觸為緣所生諸受不貴地界乃至識界
不貴因緣乃至增上緣不貴一切緣性緣起不
[illegible]不貴隨好不貴所依不貴有色無色
貴有對無對

BD09644號　大般若波羅蜜多經卷五一五　（1–1）

兌

……為
世間法平等性能入一切世間
法性輪故入出世間法平等性能入一切出
世間法性輪故入異生法平等性能入一切
異生法性輪故入聲聞法平等性能入一切
聲聞法性輪故入獨覺法平等性能入一切
獨覺法性輪故入菩薩法平等性能入一切
菩薩法性輪故入如來法平等性能入一切
如來法性輪故入有情平等性能入一切有
情性輪故入一切平等性能入一切性輪故
佛說如是入廣大輪般若理趣平等性已告
金剛手菩薩等言若有得聞如是輪性甚深
理趣平等性門信解受持讀誦修習能善悟
入諸平等性疾證無上正等菩提
爾時世尊復依一切廣受供養真淨器田如
來之相為諸菩薩宣說般若波羅蜜多一切
供養甚深理趣無上法門謂發無上正等覺
心於諸如來廣設供養攝護正法相諸如

BD09645號　大般若波羅蜜多經（兌廢稿）卷五七八　（1–1）

BD09645 號背　雜寫　　　　(1–1)

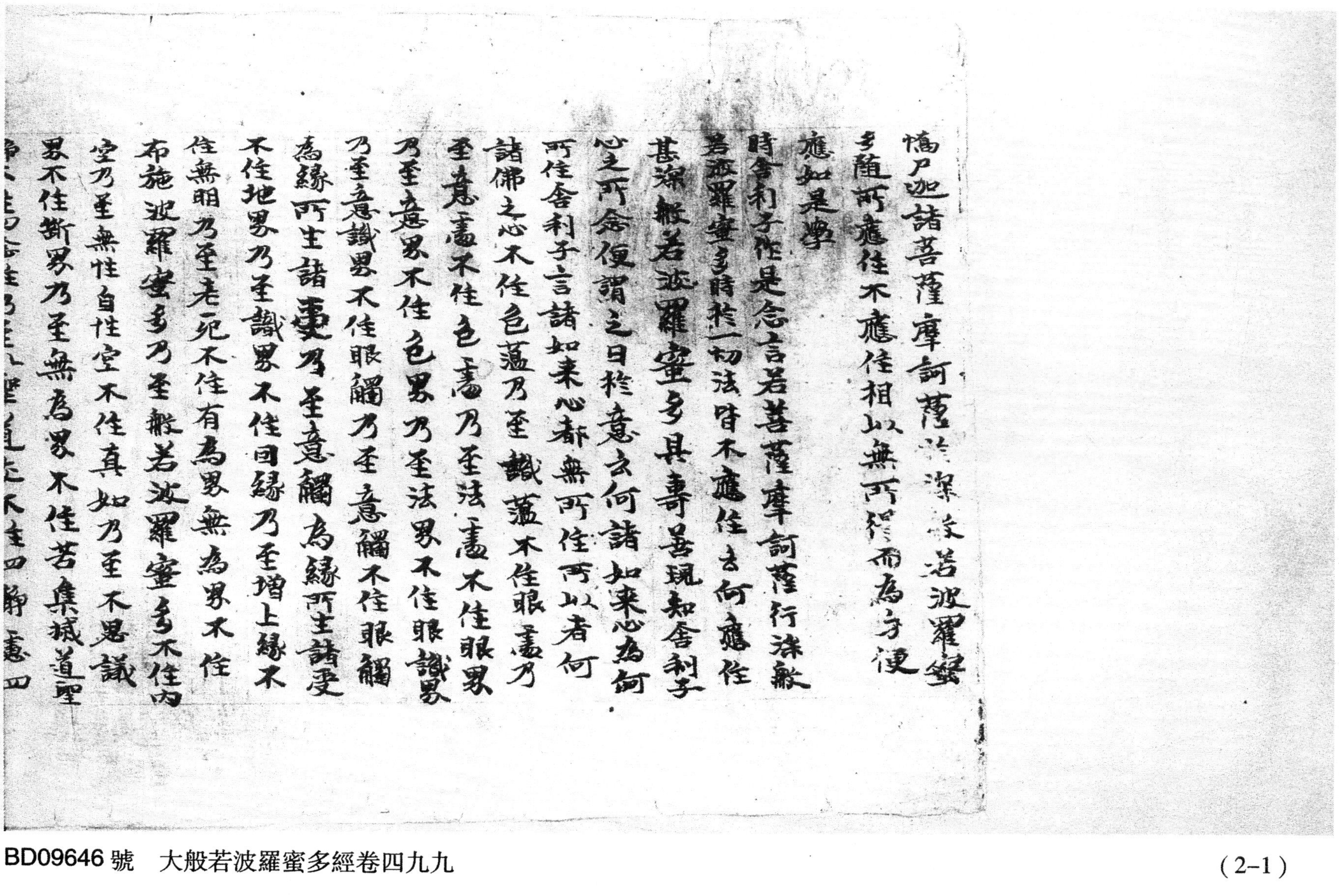
憍尸迦諸菩薩摩訶薩於深般若波羅蜜
多隨所應住不應住相以無所得而為方便
應如是學
時舍利子作是念言若菩薩摩訶薩行深般
若波羅蜜多時於一切法皆不應住云何應住
甚深般若波羅蜜多具壽善現知舍利子
心之所念便謂之曰於意云何諸如來心為何
所住舍利子言諸如來心都無所住所以者何
諸佛之心不住色蘊乃至識蘊不住眼處乃
至意處不住色處乃至法處不住眼界
乃至意界不住色界乃至法界不住眼識界
乃至意識界不住眼觸乃至意觸不住眼觸
為緣所生諸受乃至意觸為緣所生諸受
不住地界乃至識界不住因緣乃至增上緣不
住無明乃至老死不住有為界無為界不住
布施波羅蜜多乃至般若波羅蜜多不住內
空乃至無性自性空不住真如乃至不思議
界不住斷界乃至無為界不住苦集滅道聖
諦不住四念住乃至八聖道支不住四靜慮四

BD09646 號　大般若波羅蜜多經卷四九九　　　　(2–1)

至意處不住色處乃至法處不住眼界
乃至意界不住色界乃至法界不住眼識界
乃至意識界不住眼觸乃至意觸不住眼觸
為緣所生諸受乃至意觸為緣所生諸受
不住地界乃至識界不住因緣乃至增上緣不
住無明乃至老死不住有為界無為界不住
布施波羅蜜多乃至般若波羅蜜多不住內
空乃至無性自性空不住真如乃至不思議
界不住斷界乃至無為界不住苦集滅道聖
諦不住四念住乃至八聖道支不住四靜慮四
無量四無色定不住八解脫九次第定不住
空無相無願解脫門不住淨觀地乃至如
來地不住極喜地乃至法雲地不住五眼六神
通不住如來十力乃至十八佛不共法不住三
十二相八十隨好不住無忘失法恒住捨性不
住一切陀羅尼門三摩地門不住一切智道
相智一切相智何以故以一切法不可得故

BD09646 號　大般若波羅蜜多經卷四九九　（2–2）

兌

復何以故彼由如是甚深般若波羅蜜多所
加祐故又此般若波羅蜜多秘密藏中具廣
分別一切法故謂若善法不善法無記法若
過去法未來法現在法若欲界繫法色界繫
法無色界繫法若學法無學法非學非無
無學若見所斷法修所斷法非所斷法若世間
法出世間法若有漏法無漏法若有為法無
為法若有見法無見法若有色法無色法若
共法不共法若聲聞法若獨覺法若菩薩法
若如來法諸如是等無量百千種種法門皆
入此攝又由如是諸善男子善女人等若住
大空善住勝義空善住有為空善住無為
空善住畢竟空善住無際空善住散空善住無

兌

BD09647 號　大般若波羅蜜多經（兌廢稿）卷一二六　（1–1）

毉師言大王比來每入宮內恒說一偈作如
是言
憂波造善未經久　而得利益果報深
彼仙善哉得人身　捨棄五欲出家行
善哉大王願為我說如此偈意其理如何今
從大王乞如是願

BD09648號　佛本行集經鈔(擬)　(1-1)

六根體相從何而生若曰四大而能
大空有得名為根如其無者云何空中而立根耶唯願說之佛
言善男子能作是問凡夫妄想虛幻要身四大六根來相因待
妄繫造業而謂有生推其體性實空無有善男子信如是法
即知諸佛禪要之門
尒諸蓋菩薩白佛言世尊云何為禪定耶禪定攝想而無因
果不見善可補惡應可斷
可思議何以故非無因果如外道
訶薩了無因果得大果報何
空善惡業緣本無有異雖
觀行當知此人行住坐臥无非
尒諸蓋菩薩白佛言世尊諸
寂滅能生智耶若言禪定而發
何禪定而有利智佛言善男
禪即無漏智譬如有人靈樹
翻動為翻動故牙華不生如
亦復如是未佛聖智要

BD09649號　禪門經　(1-1)

尒時優波離童子之母復告優波離童子言
汝優波離身莫太仰令尊心亂時優波離入
第二禪
時優波離童子之母復白佛言世尊優波離
童子剃除鬚髮善能已不佛告優波羅童子
母言雖復善能剃除鬚髮但以入息稍復太
多時優波離童子之母告優波離作如是言
汝與如來剃除鬚髮勿使入息如是太多令
尊心亂時優波離童子於即入第三禪時優
波離童子之母復白佛言世尊優波離童子
剃除鬚髮善能已不佛告優波離童子母言
雖復善能剃除鬚髮然其出息稍太多也
尒時童子優波離母語優波離作如是言汝
與如來剃除鬚髮勿令出息如是太多令尊
心亂時優波離童子於即入第四禪
尒時世尊告諸比丘言諸比丘汝等速疾取
優波離手中剃刀勿使倒地所以者何其彼
童子已入四禪時優波離童子之母從優波
離童子手中即取刀也
尒時輸頭檀王入迦毗羅婆蘇都城喚諸釋
種[illegible]

BD09650號　佛本行集經卷五三　（2–1）

剃除鬚髮善能已不佛告優波離童子母言
雖復善能剃除鬚髮然其出息稍太多也
尒時童子優波離母語優波離作如是言汝
與如來剃除鬚髮勿令出息如是太多令尊
心亂時優波離童子於即入第四禪
尒時世尊告諸比丘言諸比丘汝等速疾取
優波離手中剃刀勿使倒地所以者何其彼
童子已入四禪時優波離童子之母從優波
離童子手中即取刀也
尒時輸頭檀王入迦毗羅婆蘇都城喚諸釋
種悉皆來集於大殿庭而勅之言汝等釋種
應當知我王子悉達若不出家必定當作轉
輪聖王汝等釋種亦應承事何以故而彼出
家已成阿耨多羅三藐三菩提已能轉於无
上法輪人天中勝彼既剎利種姓王子可喜
端嚴猶如金象人皆樂見而彼乃用婆羅門
種以為弟子左右圍遶此實非宜既是剎利
釋種王子還應剎利釋種圍遶乃可　善

BD09650號　佛本行集經卷五三　（2–2）

絕故於此剎中所有天龍夜叉羅剎乾闥婆阿
脩羅乃至人非人等
脩羅乃至人非人等未信者令信已信者令
增進故欲令一切衆生悉受安樂捨諸疑悔
滿足涅槃八正道故令此佛剎有大福德具
足薰脩衆善法故十方世界所有衆生作如
是念娑婆佛剎福德吉處我今恭敬尊重供
養礼拜彼佛剎中諸菩薩等各作是念我
今應當於此世界結跏趺坐各各入於種種
勝忍陀羅尼門及諸三昧放大光明利益安
樂諸衆生故作是念已即於此剎跏趺而坐
入手勝忍陀羅尼諸深三昧是諸菩薩或有
經於百大劫中脩菩薩行有得无生法忍乃
至十地具足脩習十八不共四无所畏等諸
功德法各以勝忍陀羅尼諸深三昧因緣力
故放大光明其中或有光如燈炬野火之明
有如釋梵諸天大梵王光又如一日之光二
三四五如是轉倍乃至百千万億日光此諸
功德法各以勝忍陀羅尼諸深三昧因緣力
故放大光明其中或有光如燈炬野火之明
有如釋梵諸天大梵王光又如一日之光二

BD09651 號　大方等大集日藏經（兌廢稿）卷三四　（1–1）

着色界乃至法界名聲亦無執着眼識界乃
至意識界名聲亦無執着眼觸乃至意觸名
聲亦無執着眼觸為緣所生諸受乃至意觸
為緣所生諸受名聲亦無執着地界乃至識
界名聲亦無執着因緣乃至增上緣名聲亦
無執着無明乃至老死名聲亦無執着布施
波羅蜜多乃至般若波羅蜜多名聲亦無執
着內空乃至無性自性空名聲亦無執着真
如乃至不思議界名聲亦無執着斷界乃至
無為界名聲亦無執着苦集滅道聖諦名聲
亦無執着四念住乃至八聖道支名聲亦無執
着四靜慮四無量四無色定名聲亦無執着
八解脫九次第定名聲亦無執着空無相
無願解脫門名聲亦無執着淨觀地乃至如
來地名聲亦無執着極喜地乃至法雲地名
聲亦無執着五眼六神通名聲亦無執着如
來十力乃至十八佛不共法名聲亦無執着三
十二相八十隨好名聲亦無執着無忘失法

BD09652 號　大般若波羅蜜多經卷四九九　（2–1）

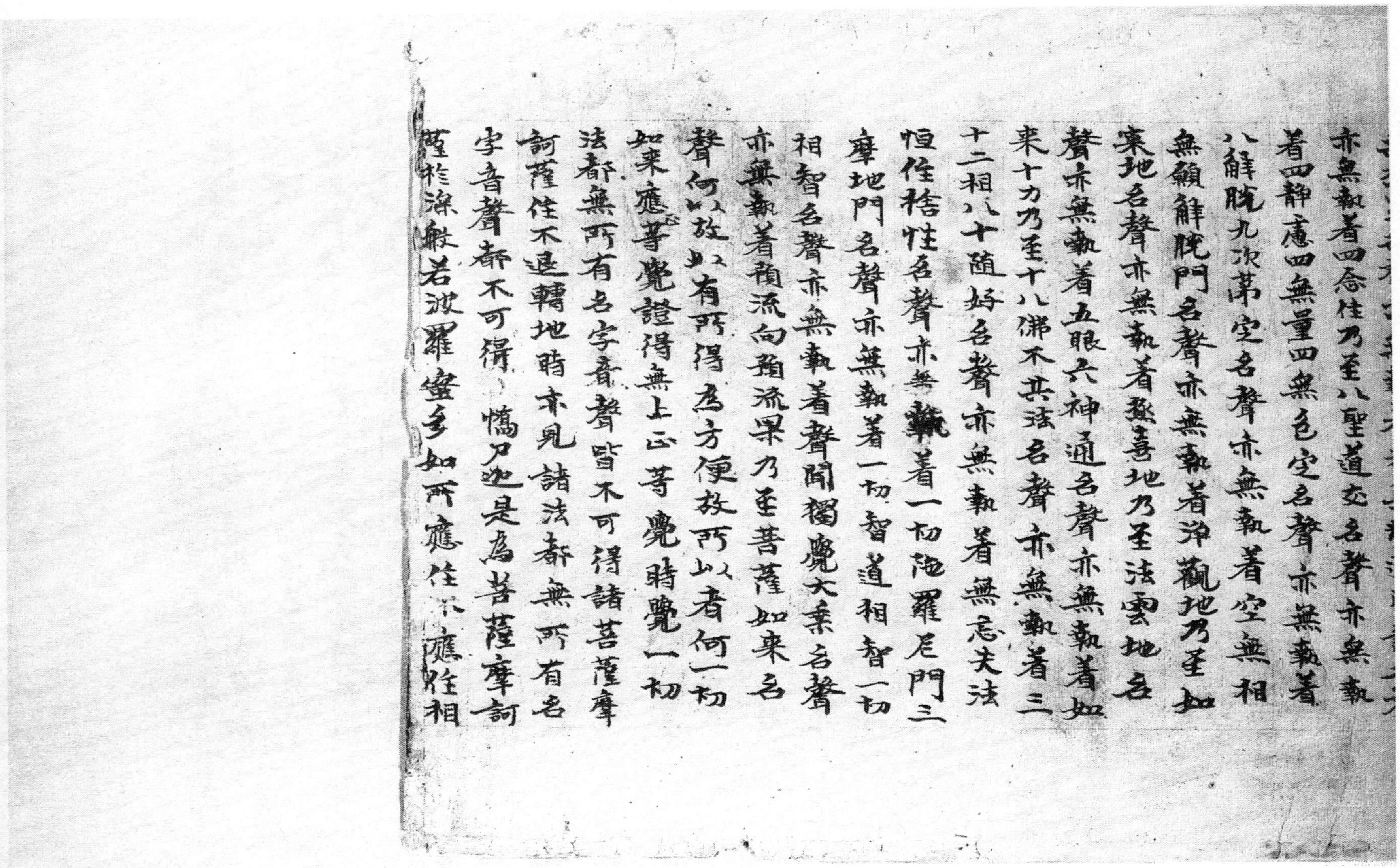
亦無執著四念住乃至八聖道支名聲亦無執
著四靜慮四無量四無色定名聲亦無執著
八解脫九次第定名聲亦無執著空無相
無願解脫門名聲亦無執著淨觀地乃至如
來地名聲亦無執著極喜地乃至法雲地名
聲亦無執著五眼六神通名聲亦無執著如
來十力乃至十八佛不共法名聲亦無執著三
十二相八十隨好名聲亦無執著無忘失法
恒住捨性名聲亦無執著一切陁羅尼門三
摩地門名聲亦無執著一切智道相智一切
相智名聲亦無執著聲聞獨覺大乘名聲
亦無執著預流向預流果乃至菩薩如來名
聲何以故以有所得為方便故所以者何一切
如來應正等覺證得無上正等覺時覺一切
法都無所有名字音聲皆不可得諸菩薩摩
訶薩住不退轉地時亦見諸法都無所有名
字音聲都不可得憍尸迦是為菩薩摩訶
薩於深般若波羅蜜多如所應住不應住相

BD09652 號　大般若波羅蜜多經卷四九九　　（2–2）

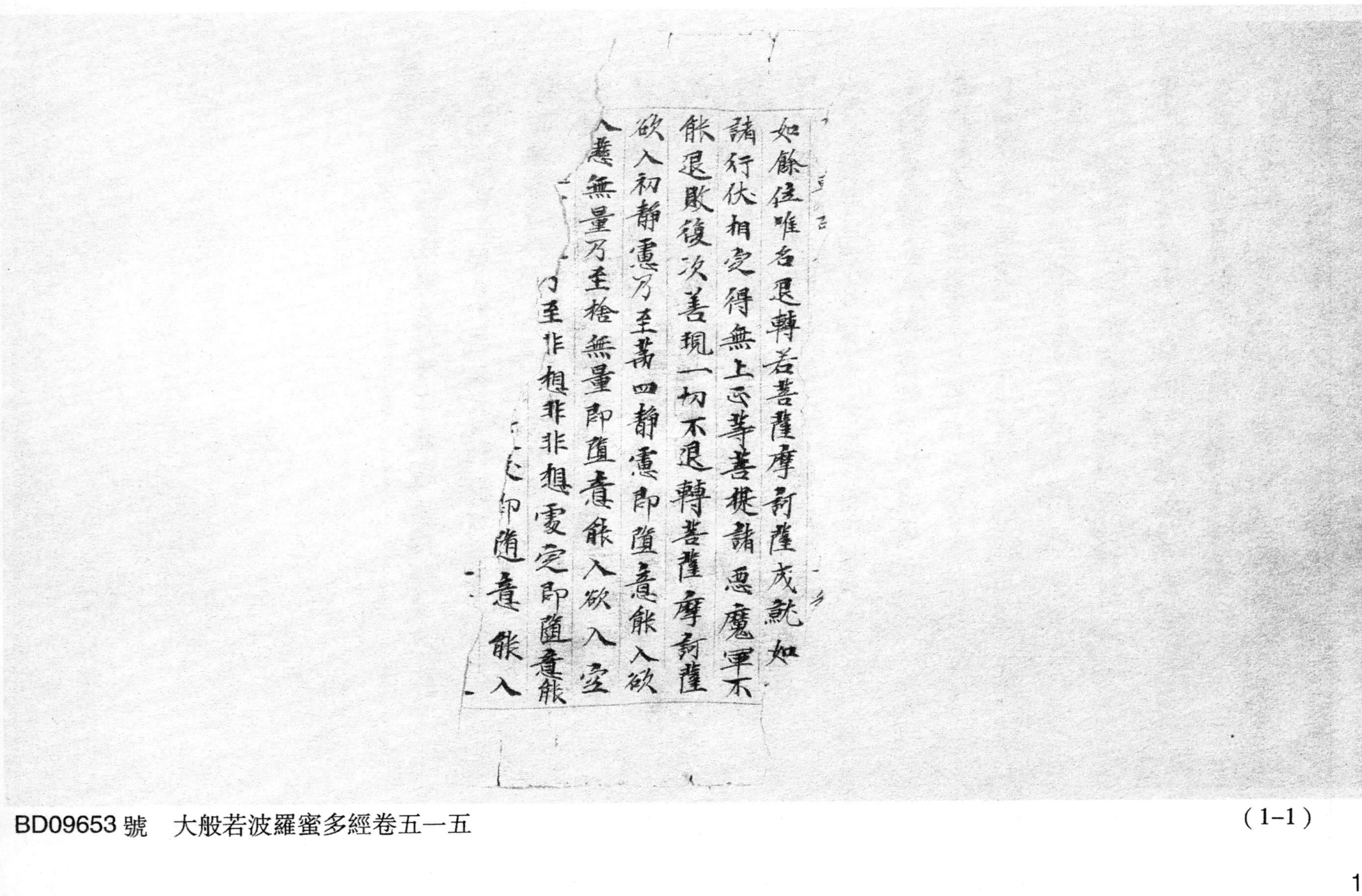
如餘住唯名退轉若菩薩摩訶薩成就如
諸行伏相定得無上正等菩提諸惡魔軍不
能退敗復次善現一切不退轉菩薩摩訶薩
欲入初靜慮乃至第四靜慮即隨意能入欲
入慈無量乃至捨無量即隨意能入欲入空
乃至非想非非想處定即隨意能
即隨意能入

BD09653 號　大般若波羅蜜多經卷五一五　　（1–1）

足可在此衆現其形象時目揵連即其象
忽然以至處大衆中彼菩薩等身長八萬四
千由旬佛身長十六万八千由旬衆會見目
連形體音衣持鉢狀如沙門皆共愕然怪未
曾有此是何鳥為是畜獸為是人耶是時彼
佛知衆會心中所念即告之曰汝忽生此
心所以然者去此七十二億江河沙數諸佛
世界有佛世界名曰忍彼有佛名曰釋迦文
如來至真等正覺十号具足於五濁世出現
於世恒以文字教授衆生人壽百歲過者無
幾以四諦至真分別義趣其說慧無處無著
此目連比丘是彼神足第一弟子彼佛即告
目連曰現汝神足此衆大衆虛想欲見時目
連承佛教戒即從坐起頭面礼足忽然不現
入無為三昧定意盡接十方諸佛剎土安著
右掌左手接彼佛土賤處虛空各各共見目
連神足欲覩其形不能得見時彼菩薩尋
歸命彼佛世尊伏惟天師當見拯濟佛告無
著路不有損尒時彼佛告目連曰止止目連
捨尒神足之令此菩薩粗識軌迹尒時目連承

BD09654 號　十住斷結經卷八　（2–1）

於世恒以文字教授衆生人壽百歲過者無
幾以四諦至真分別義趣其說慧無處無著
此目連比丘是彼神足第一弟子彼佛即告
目連曰現汝神足此衆大衆虛想欲見時目
連承佛教戒即從坐起頭面礼足忽然不現
入無為三昧定意盡接十方諸佛剎土安著
右掌左手接彼佛土賤處虛空各各共見目
連神足欲覩其形不能得見時彼菩薩尋
歸命彼佛世尊伏惟天師當見拯濟佛告無
著路不有損尒時彼佛告目連曰止止目連
捨尒神足之令此菩薩粗識軌迹尒時目連承
佛教旨即捨神足之復坐如故時彼菩薩前白
佛言彼忍剎土釋迦文佛以何教化云何說
法復以何道訓誨衆生以何權智周旋往來
佛告諸菩薩彼剎衆生剛强難化乎相是
各自謂尊是以如來以苦切之教引入道門
猶如龍象及諸惡獸籠戾不調加之極杖令
知苦痛然後調良任王所乘彼土衆生亦復
如是以若干言教而度脫之或以苦音說苦

BD09654 號　十住斷結經卷八　（2–2）

大寶積經卷第卅

BD09654 號背　雜寫　　（1–1）

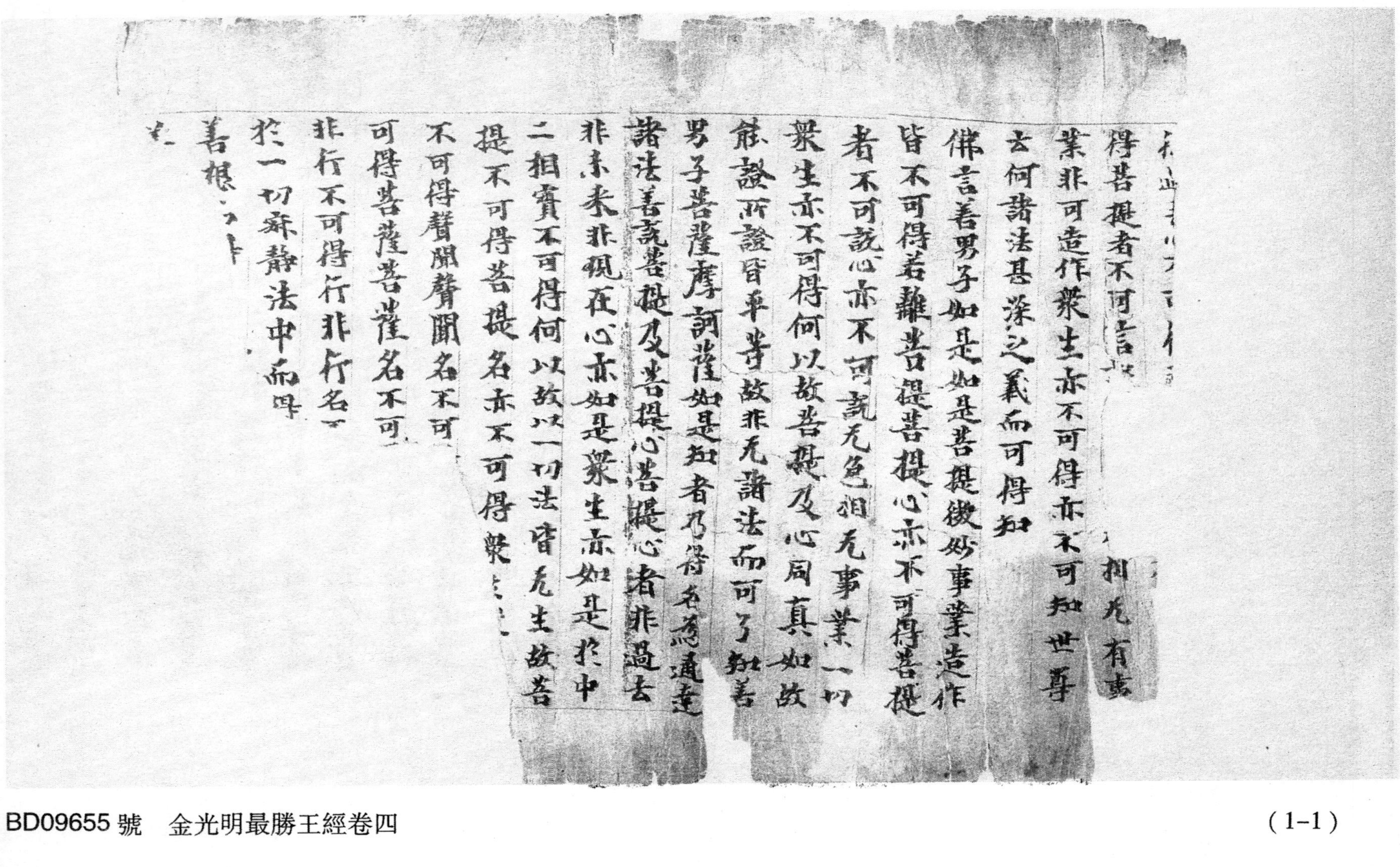

得菩提者不可言說　相无有盡
業非可造作衆生亦不可得亦不可知世尊
云何諸法甚深之義而可得知
佛言善男子如是如是菩提微妙事業造作
皆不可得若離菩提菩提心亦不可得菩提
者不可說心亦不可說无色相无事業一切
衆生亦不可得何以故菩提及心同真如故
能證所證皆平等故非无諸法而可了知善
男子菩薩摩訶薩如是知者乃得名爲通達
諸法善說菩提及菩提心菩提心者非過去
非未來非現在心亦如是衆生亦如是於中
二相實不可得何以故以一切法皆无生故菩
提不可得菩提名亦不可得衆生衆
不可得聲聞聲聞名不可
可得菩薩菩薩名不可
非行不可得行非行名
於一切寂靜法中而得
善根

BD09655 號　金光明最勝王經卷四　　（1–1）

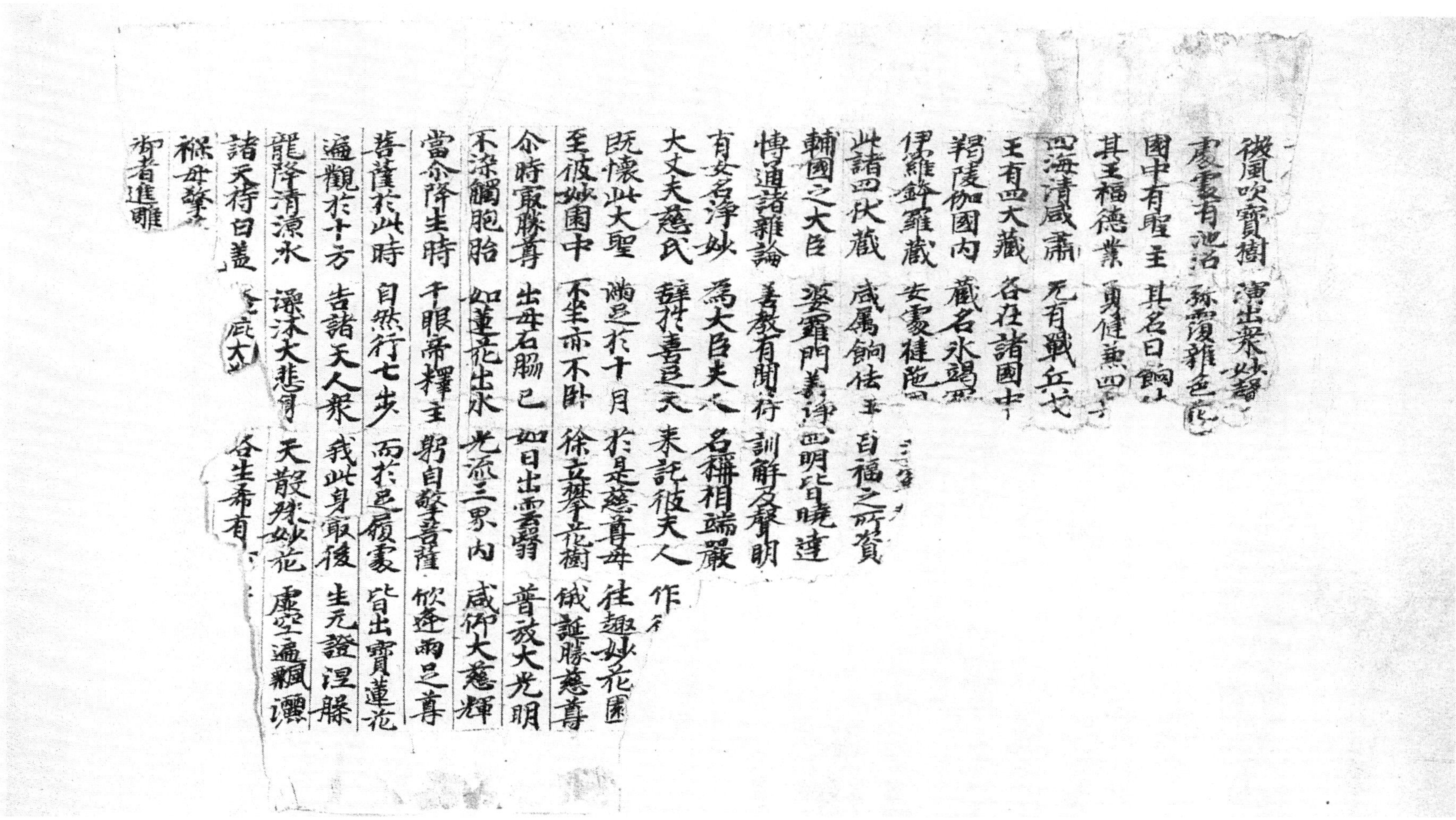

彼風吹寶樹　演出眾妙響
處處有池沼　殊霞雜色
國中有聖王　其名曰餉佉
其王福德業　勇健兼四
四海清威肅　无有戰兵戈
王有四大藏　各在諸國中
羯陵伽國內　藏名冰竭羅
伊羅鉢羅藏　安處犍陁
此諸四伏藏　咸屬餉佉王　百福之所資
輔國之大臣　婆羅門善淨　四明皆曉達
博通諸雜論　善教有聞持　訓解及聲明
有女名淨妙　為大臣夫人　名稱相端嚴
大丈夫慈氏　辭於喜足天　來託彼夫人　作
既懷此大聖　滿足於十月　於是慈尊母　往趣妙花園
至彼妙園中　不坐亦不卧　徐立攀花樹　娥誕勝慈尊
尒時最勝尊　出母右脇已　如日出雲翳　普放大光明
不染觸胞胎　如蓮花出水　光流三界內　咸仰大慈輝
當尒降生時　千眼帝釋主　躬自檢菩薩　欣逢兩足尊
菩薩於此時　自然行七步　所於足履處　皆出寶蓮花
遍觀於十方　告諸天人眾　我此身最後　生无證涅槃
龍降清涼水　澡沐大悲身　天散殊妙花　虛空遍飄灑
諸天持白蓋　　各生希有
慈母擎
御者進

BD09656號　彌勒下生成佛經（義淨本）　（1–1）

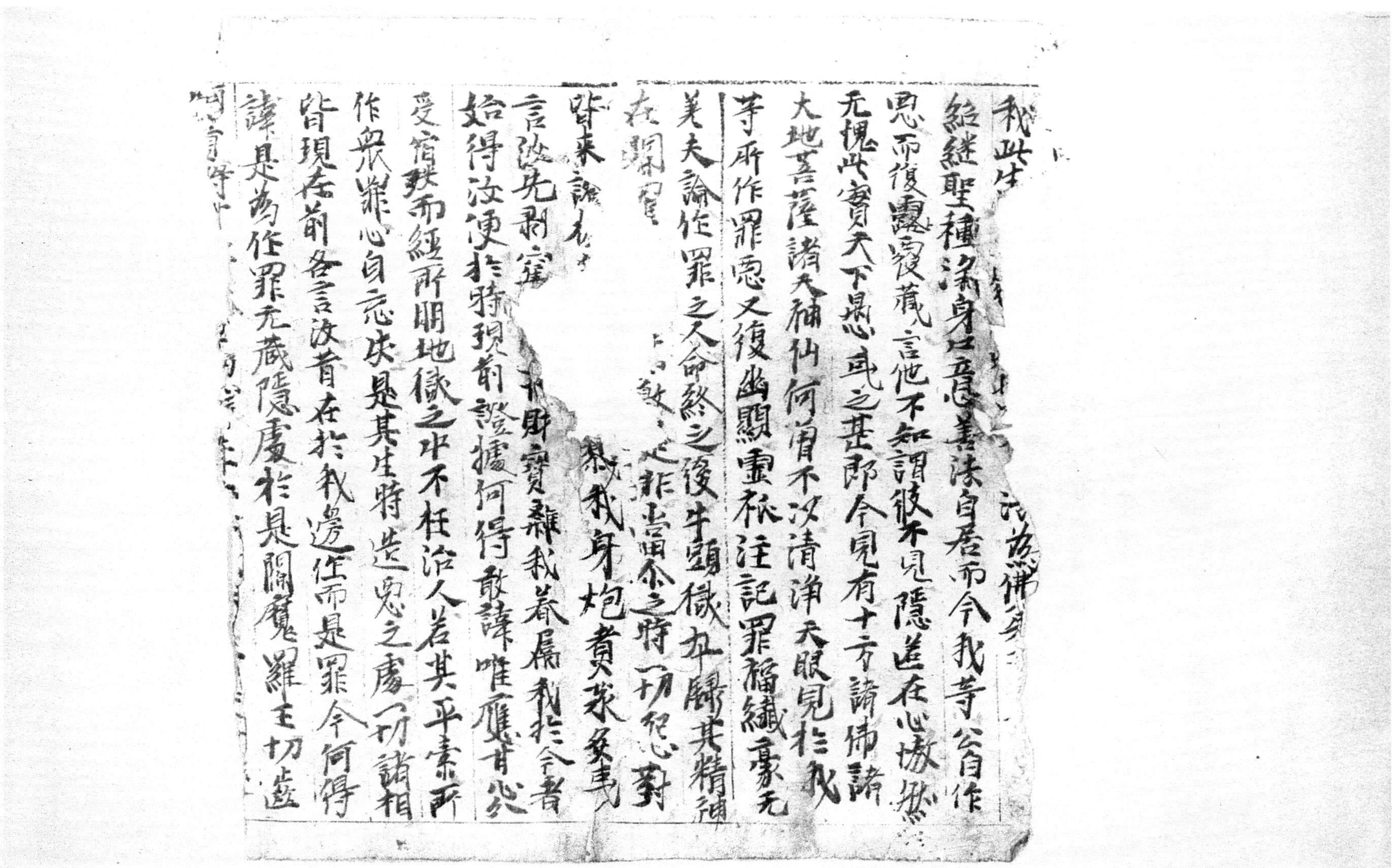

我此生
紹繼聖種淨身口意善法自居而今我等公自作
惡而復覆藏言他不知謂彼不見隱匿在心傲然
无愧此實天下愚惑之甚即今現有十方諸佛諸
大地菩薩諸天神仙何曾不以清淨天眼見於我
等所作罪惡又復幽顯靈祇注記罪福纖豪无
差夫論作罪之人命終之後牛頭獄卒錄其精神
在閻羅　　非當尒之時一切怨對
皆來證　　　我身抱責我多生
言汝先剝　財寶離我眷屬我於今者
始得汝便於時現前證據何得敢諱唯應甘心
受宿殃而經所明地獄之中不枉治人若其平素所
作衆罪心自忘失是其生時造惡之處一切諸相
皆現在前各言汝昔在於我邊作如是罪今何得
諱是為作罪无藏隱處於是閻魔羅王切齒

BD09657號　佛名經（十六卷本）卷一　（1–1）

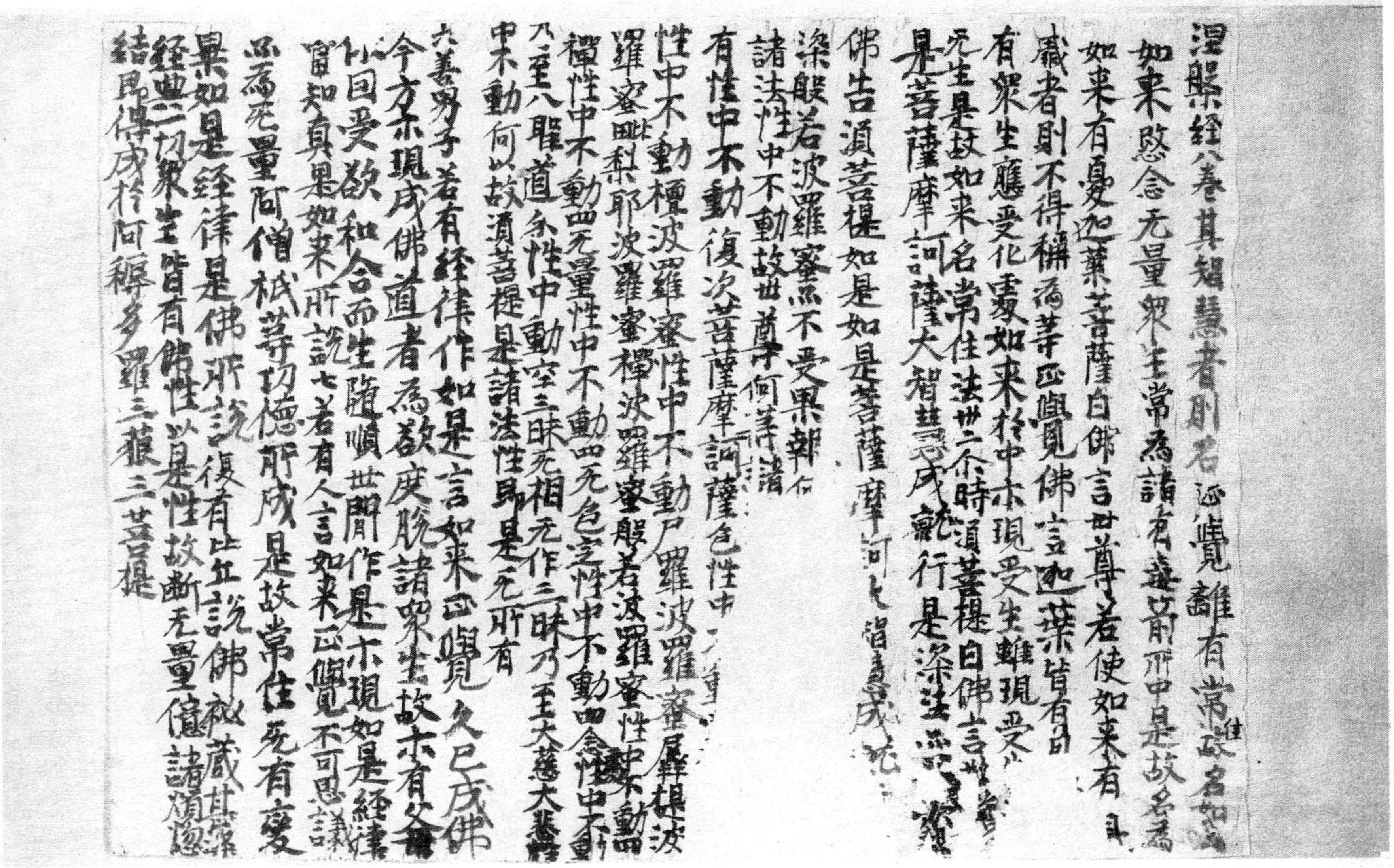

涅槃經八卷其智慧者則名正覺離有常住破名如來
如來愍念无量衆生常爲諸有無善所中是故名爲
如來有憂迦葉菩薩白佛言世尊若使如來有憂
藏者則不得稱爲等正覺佛言迦葉皆有因
有衆生應受化處如來於中亦現受生雖現受生
无生是故如來名常住法爾時須菩提白佛言世尊
是菩薩摩訶薩大智慧成就行是深法亦不受
佛告須菩提如是如是菩薩摩訶薩皆悉成就
深般若波羅蜜亦不受果報何
諸法性中不動故世尊何等諸
有性中不動復次菩薩摩訶薩色性中不動
性中不動檀波羅蜜性中不動尸羅波羅蜜羼提波
羅蜜毗梨耶波羅蜜禪波羅蜜般若波羅蜜性中不動四
禪性中不動四无量性中不動四无色定性中不動四念處性中不動
乃至八聖道分性中動空三昧无相无作三昧乃至大慈大悲
中不動何以故須菩提是諸法性即是无所有
六善男子若有經律作如是言如來正覺久已成佛
今方示現成佛道者爲欲度脫諸衆生故示有父母
以因愛欲和合而生隨順世間作是示現如是經律
當知真是如來所說若有人言如來正覺不可思議
不爲无量阿僧祇等功德所成是故常住无有變
異如是經律是佛所說復有比丘說佛秘藏甚深
經典一切衆生皆有佛性以是性故斷无量億諸煩惱
結即得成於阿耨多羅三藐三菩提

BD09658號　諸經雜抄（擬）　　（1–1）

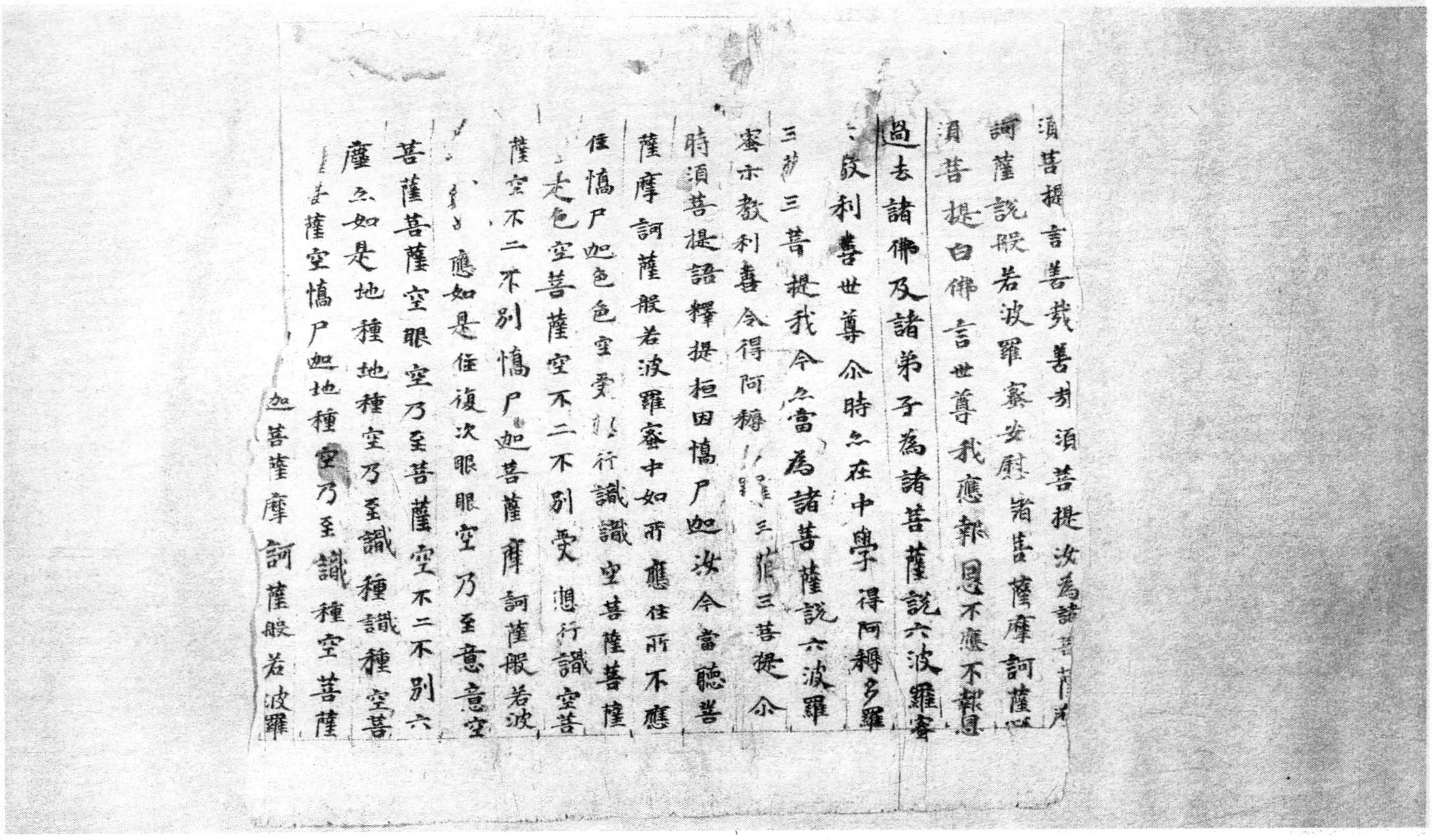

須菩提言善哉善哉須菩提汝爲諸菩薩
訶薩說般若波羅蜜安慰諸菩薩摩訶薩心
須菩提白佛言世尊我應報恩不應不報恩
過去諸佛及諸弟子爲諸菩薩說六波羅蜜
亦教利喜世尊爾時亦在中學得阿耨多羅
三藐三菩提我今亦當爲諸菩薩說六波羅
蜜亦教利喜令得阿耨多羅三藐三菩提爾
時須菩提語釋提桓因憍尸迦汝今當聽菩
薩摩訶薩般若波羅蜜中如所應住所不應
住憍尸迦色色空受想行識識空菩薩菩薩
空色空菩薩空不二不別受想行識空菩
薩空不二不別憍尸迦菩薩摩訶薩般若波
羅蜜應如是住復次眼眼空乃至意意空
菩薩菩薩空眼空乃至菩薩空不二不別六
塵亦如是地種地種空乃至識種識種空菩
薩菩薩空憍尸迦地種空乃至識種空菩薩
迦菩薩摩訶薩般若波羅

BD09659號　摩訶般若波羅蜜經卷七　　（1–1）

為緣所

得所以者何此中尚無舌界等可得何

彼常與無常汝若能脩如是静慮是脩静慮

波羅蜜多復作是言汝善男子應脩静慮波

羅蜜多不應觀舌界若樂若苦不應觀味

界舌識界及舌觸舌觸為緣所生諸受若樂若

苦何以故舌界舌界自性空味界舌識界及

舌觸舌觸為緣所生諸受味界乃至舌觸為

緣所生諸受自性空是舌界自性即非自性

是味界乃至舌觸為緣所生諸受自性亦非

自性若非自性即是静慮波羅蜜多於此静

慮波羅蜜多舌界不可得彼樂與苦亦不可

得味界乃至舌觸為緣所生諸受皆不可得

BD09660 號　大般若波羅蜜多經卷一五〇

(1–1)

安

多舌界

界乃至舌觸

彼常無常亦不

舌界等可得何況有

如是安忍是脩安忍

言汝善男子應脩安忍波

應觀舌界若樂若苦不應觀味

識界及舌觸舌觸為緣所生諸受若樂若

苦何以故舌界舌界自性空味界舌識界及

舌觸舌觸為緣所生諸受味界乃至舌觸為

緣所生諸受自性空是舌界自性即非自性

是味界乃至舌觸為緣所生諸受自性亦非

自性若非自性即是安忍波羅蜜多於此安

忍波羅蜜多舌界不可得彼樂與苦亦不可

得味界乃至舌觸為緣所生諸受皆不可得

彼樂與苦亦不可得所以者何此中尚無舌

界等可得何況有彼樂之與苦汝若能脩如

是安忍是脩安忍波羅蜜多復作是言汝善

男子應脩安忍波羅蜜多不應觀舌界若我

若無我不應觀味界舌識界及舌觸舌觸為

緣所生諸受若我若無我何以故舌界舌界

BD09661 號　大般若波羅蜜多經卷一五六

(1–1)

得一切智智當勤精進脩學六種波羅蜜　多
當勤精進脩行六種波羅蜜多若菩薩摩訶
薩常勤精進脩學脩行如是六種波羅蜜多
一切善根疾得圓滿速證无上正等菩提　是
故善現諸菩薩摩訶薩應與六種波羅蜜
多恒共相應无得暫捨尒時善現便白佛言云
何菩薩摩訶薩能與六種波羅蜜多常共相
應无時暫捨佛告善現若菩薩摩訶薩如實
觀色非相應非不相應如實觀受想行識非
相應非不相應廣說乃至如實觀一切智智
非相應非不相應是菩薩摩訶薩能與六種
波羅蜜多常共相應无時暫捨復次善現若
菩薩摩訶薩常作是念我不應住色亦不
應住非色廣說
住非一

BD09662號　大般若波羅蜜多經卷五二四　（1–1）

不思議界亦依菩薩摩訶薩地亦依一切
陁羅尼門三摩地門亦依五眼六神通亦依
如來十力乃至十八佛不共法亦依無忘失
法恒住捨性亦依一切智道相智一切相智
亦依一切菩薩摩訶薩行亦依諸佛無上正
等菩提尒時佛告天帝釋言憍尸迦具壽善
現住諸法空觀布施波羅蜜多乃至般若波
羅蜜多尚不可得況有行布施波羅蜜多乃
至般若波羅蜜多者可得觀四念住乃至八
聖道支尚不可得況有脩四念住乃至八聖
道支者可得觀四靜慮四無量四無色定尚
不可得況有脩四靜慮四無量四無色定者
可得觀八解脫乃至十遍處尚不可得況有
脩八解脫乃至十遍處者可得觀苦集滅道
聖諦尚不可得況有住苦集滅道聖諦者可
得觀內空乃至無性自性空尚不可得況有
住內空乃至無性自性空者可得觀真如乃
至不思議界尚不可得況有住真如乃至不
思議界尚不可得況有住真如乃至不
可得觀空無相

BD09663號　大般若波羅蜜多經卷五二二　（1–1）

曰吾何一法中
境界推聖能通在月
即悟一實境界乃稱為　不凡若悟何妨不得
聖名法今茍欲推聖人不肯循真法　問曰一切真
法為當為凡夫說為當為聖人說　答曰若為聖
說聖以悟真既也悟真不勞為說明知聖悟方欲悟彼
凡夫　問曰凡夫悟真得同聖不　答曰凡夫悟真
即合同聖但為見有明慧有淺深功用無功用有殊
氣已未已有果　位之有高低果有精麁
大聖八聖差別　曰十地為約人說為約法說
答曰離人無法離法無人由人妄想情多如法心少今始
將心如法々之心未成所以約行而言位階十地　問曰根有利
鈍見有淺深十地之言為當定不　答曰利根所見超越
僧祇鈍根不解猶須漸進頓悟菩薩不斷習求漸解之
流非斷不斷所以地無定位花嚴有其正文行有精麁地
他有超昇之異　問曰世人求道望欲得道今去見處
不見何有道也　答曰道體無形不可以形想取法身
無像不可以像相知而欲於無形相道中希身見者亦是
妄想畢竟不肯修　正理只欲□□法身

BD09664 號　會真宗論（擬）　（2–1）

大聖八聖差別
答曰離人無法離法無人由人妄想情多如法心少今始
將心如法々之心未成所以約行而言位階十地　問曰根有利
鈍見有淺深十地之言為當定不　答曰利根所見超越
僧祇鈍根不解猶須漸進頓悟菩薩不斷習求漸解之
流非斷不斷所以地無定位花嚴有其正文行有精麁地
他有超昇之異　問曰世人求道望欲得道今去見處
不見何有道也　答曰道體無形不可以形想取法身
無像不可以像相知而欲於無形相道中希身見者亦是
妄想畢竟不肯修　正理只欲□□法身
問曰若□□切□□下凡□貴无賤者即是凡聖一如一切衆
生与佛齊等何須修道方出世間　答曰若一切衆生知無
高下無貴無賤即不須脩道何以故与聖齊故但為不知
故須使知既也得知有何高下不等而言修之使等
問曰若人不貴智不求解者何得知凡聖一如　答曰若貴
智求解者明知此人未會真理々之中無解可解無智可
知若能知不求解即知處無知想解處無解相此人始合大
會真宗可謂明矣　問曰無知無解与愚莫異將何
而為明乎　答曰汝若不信我言我今引經為證

BD09664 號　會真宗論（擬）　（2–2）

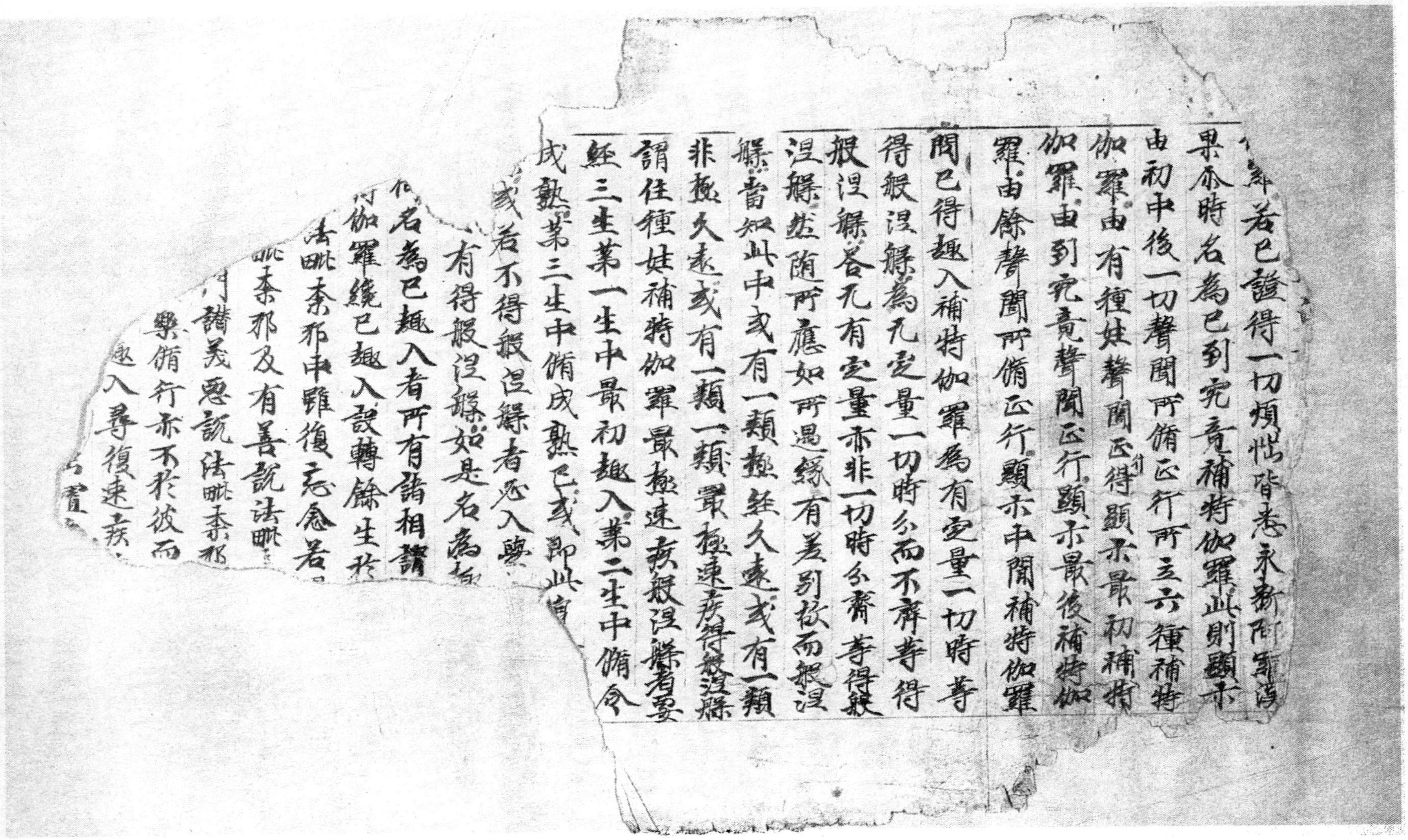

[illegible]槃若已證得一切煩惱皆悉永斷所[illegible]
果爾時名為已到究竟補特伽羅此則顯示
由初中後一切聲聞所脩正行所立六種補特
伽羅由有種姓聲聞正得顯示最初補特
伽羅由到究竟聲聞正行顯示最後補特伽
羅由餘聲聞所脩正行顯示中間補特伽羅
問已得趣入補特伽羅為有定量一切時等
得般涅槃為无定量一切時分而不齊等得
般涅槃答无有定量亦非一切時分齊等得般
涅槃然隨所應如所遇緣有差別故而般涅
槃當知此中或有一類極經久遠或有一類
非極久遠或有一類一類最極速疾得般涅槃
謂住種姓補特伽羅最極速疾般涅槃者要
經三生第一生中最初趣入第二生中脩令
成熟第三生中脩成熟已或即此身[illegible]
或若不得般涅槃者必入學[illegible]
有得般涅槃如是名為[illegible]
[illegible]名為已趣入者所有諸相謂
[illegible]伽羅纔已趣入設轉餘生於
法毗柰耶中雖復忘念若[illegible]
毗柰耶及有善說法毗[illegible]
[illegible]諸善惡說法毗柰耶
樂脩行亦不於彼而[illegible]
趣入尋復速疾[illegible]
[illegible]實[illegible]

BD09665號　瑜伽師地論卷二一　（1–1）

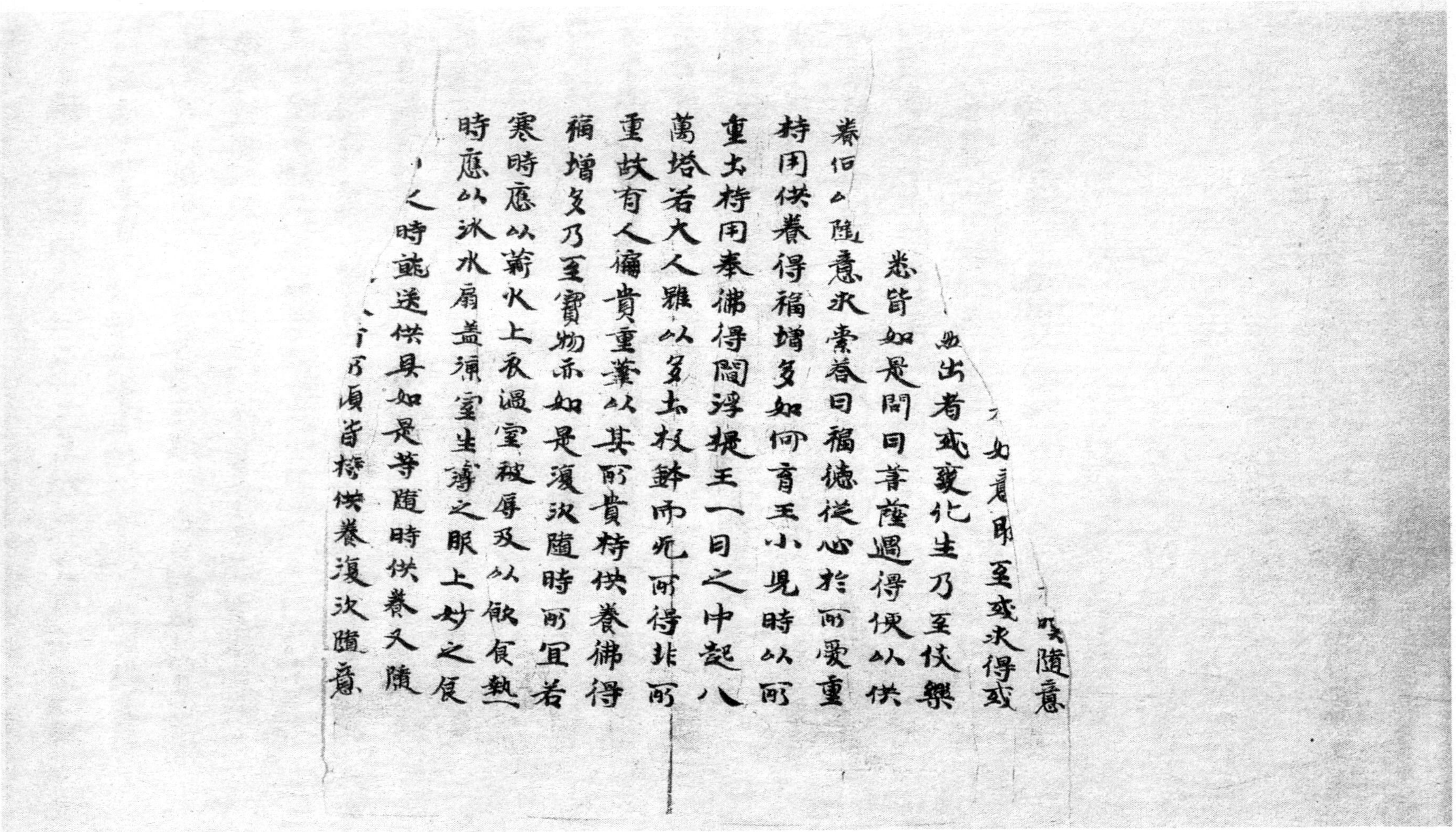

[illegible]味隨意
如意服至或求得或
出者或變化生乃至伎樂
悉皆如是問曰菩薩遍得便以供
養佰以隨意求索答曰福德從心於所愛重
持用供養得福增多如阿育王小兒時以所
重土持用奉佛得閻浮提王一日之中起八
萬塔若大人雖以多土杖鉢而死所得非所
重故有人偏貴重華以其所貴持供養佛得
福增多乃至寶物亦如是復次隨時所宜若
寒時應以薪火上衣溫室被辱及以飲食熱
時應以冰水扇蓋涼室生薄之服上妙之食
[illegible]之時能送供具如是等隨時供養又隨
[illegible]所須皆持供養復次隨意

BD09666號　大智度論卷三〇　（1–1）

設身有疾而不
疾菩薩應如是
住不調伏心所
人法若住調伏
住於調伏不ヽ
於生死不為汙
薩行非凡夫行
非淨行是菩薩
菩薩行雖過魔
菩薩行求一切
諸法不生而ヽ
緣起而入諸邪
而不愛著是菩
盡是菩薩行雖
行雖行於空而 殖
相而度衆生是菩薩行雖行无作而現受身
是菩薩行雖行无起而起一切善行是菩薩
行雖行六波羅蜜而遍知衆生心心數法是
菩薩行雖行六通而不盡漏是菩薩行雖行
四无量心而不貪著生於梵世是菩薩行雖
ヽ禪定解脫三昧而不隨禪生是菩薩行雖

BD09667號　維摩詰所說經卷中　（2–1）

諸法不生而ヽ
緣起而入諸邪
而不愛著是菩
盡是菩薩行雖
行雖行於空而 殖
相而度衆生是菩薩行雖行无作而現受身
是菩薩行雖行无起而起一切善行是菩薩
行雖行六波羅蜜而遍知衆生心心數法是
菩薩行雖行六通而不盡漏是菩薩行雖行
四无量心而不貪著生於梵世是菩薩行雖
ヽ禪定解脫三昧而不隨禪生是菩薩行雖
ヽ處而不亂離身受心法是菩薩行雖
捨身心精進是菩薩行雖行四
在神通是ヽヽ行雖行五根
鈍是菩薩行雖行五力
薩行雖行七覺意而分
ヽ雖行八正道而樂行
雖行止觀助道之法而
竟雖行諸法不生不滅
是菩薩行雖現聲聞
ヽ是菩薩行雖隨諸法
ヽ現其身是菩薩行雖
而現種種清淨佛土
ヽ入于涅槃而

BD09667號　維摩詰所說經卷中　（2–2）

道无有衰異佛說見諦終无毀破四大可破四不壞淨終不可壞
復次心有憍慢无惡不造雖自高貴
自卑下是故應當斷於憍慢我昔曾聞佛成道不久度優樓頻螺迦葉兄弟眷屬千人頭髻既剃鬚顏相
落隨從世尊往詣迦毗羅衛國如佛本行中廣說閱頭檀王受化調順諸釋種等恃其種姓生於憍慢佛婆
伽婆一身觀者无有厭足身體豐滿不肥不瘦婆羅門眾耆行來久身形羸瘦雖內懷道外貌醜惡隨逐佛後
甚可相稱爾時父王作是念言若使釋種出家以隨從佛得相稱副作是念已擊鼓唱言仰使釋種家遣一人令
其出家即奉王勅家遣一人使令出家時優波離為諸釋等辮髮之師涕泣不樂釋等語言何故涕泣優波離
言今汝釋子悉出家我何由活諸釋等聞優波離
語已出家諸釋盡以所著衣服瓔珞嚴身之具成一寶聚盡與優波離語優波離言以此雜物足用給汝
終自供優波離聞是語已即生厭離而作是言汝等今者厭患珍寶嚴身之具而皆散棄我今何為而收

BD09668號　大莊嚴經論卷八　　(1–1)

甚大是故應當勤心供養我昔曾聞波斯匿王往詣佛所頂禮佛足聞有異香殊於天香乃聞與
香四向顧視莫知所在即白世尊為誰香耶佛告王曰汝今欲知此香處耶王即白言唯然欲聞爾
時世尊以手指地即有骨現如赤栴檀長於五寸如來語王所聞香者從此骨出時波斯匿王即白
佛言以何因緣有此骨香佛告王曰宜善諦聽佛言過去有佛號迦葉彼佛世尊化緣已訖入於
涅槃爾時彼王名曰伽翅取佛舍利造七寶塔高廣二由旬又勅國內諸有華者不聽餘用盡賫持
往供養彼塔時彼國中有長者子與婬女通身念欲奉情不能離一切諸華盡在佛塔為欲所
盲即入迦葉佛塔盜取一華持與婬女時長者子如佛功德為欲所狂造此非法即生悔恨婬欲情息
既至明日生於厭惡作如是言我為不善盜取佛華與彼婬女即時悔熱身遍生瘡初如芥子後轉

BD09668號背　大莊嚴經論卷一三　　(1–1)

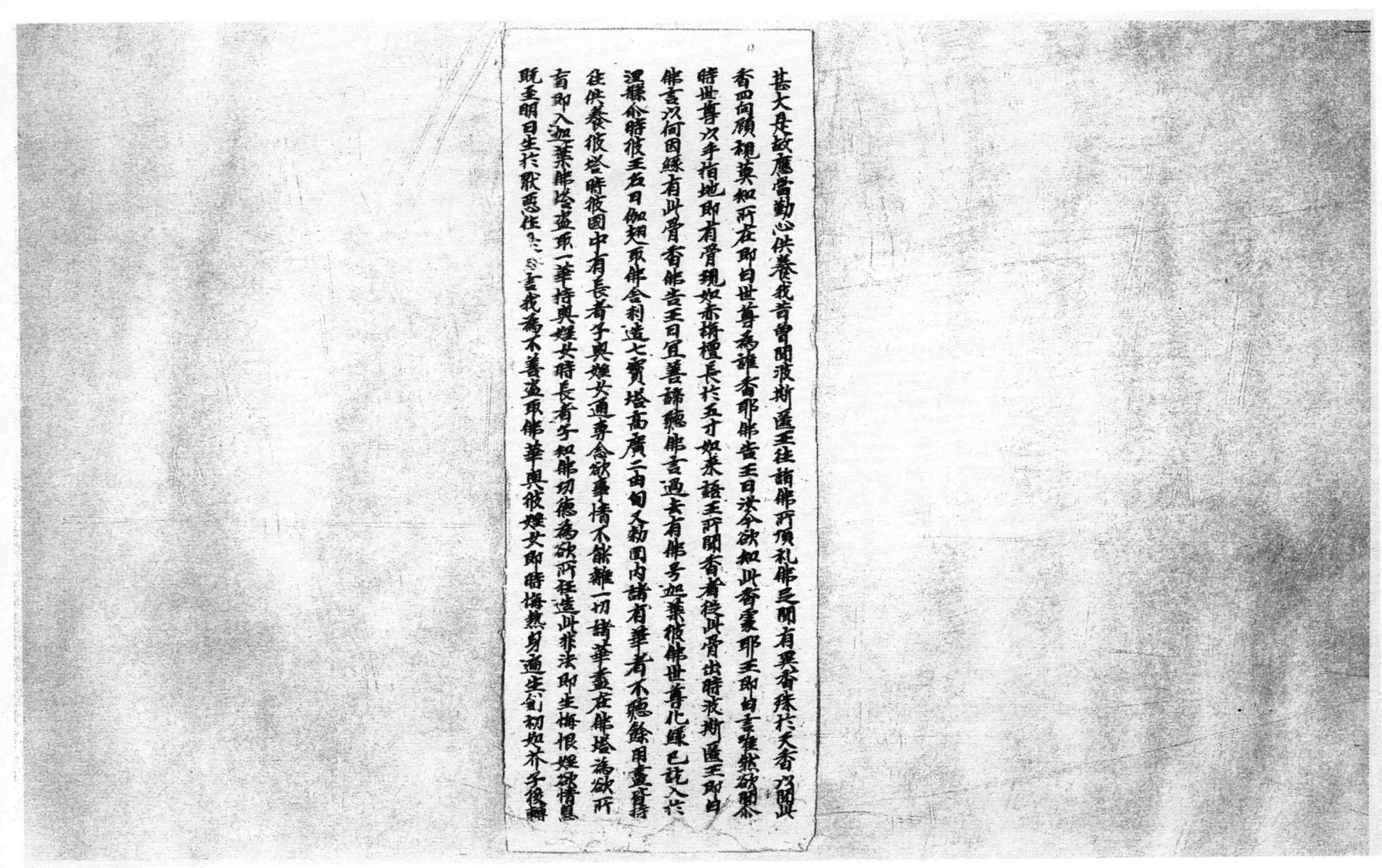

觸為緣所生諸受我無我相不可得以應一
切智智心觀意界法界意識界及意觸意觸
為緣所生諸受淨不淨相不可得以應一切
智智心觀意界法界意識界及意觸意觸為
緣所生諸受空不空相不可得以應一切智
智心觀意界法界意識界及意觸意觸為
緣所生諸受無相有相相不可得以應一切智
智心觀意界法界意識界及意觸意觸為
緣所生諸受無願有願相不可得以應一切智智
心觀意界法界意識界及意觸意觸為緣所生
諸受寂靜不寂靜相不可得以應一切智智
所生諸受遠離不遠離相不可得善現如是
菩薩摩訶薩脩行般若波羅蜜多時有方便
善巧故聞說如是甚深般若波羅蜜多其
心不驚不恐不怖
善現若菩薩摩訶薩脩行般若波羅蜜多
時以應一切智智心觀地界常無常相不可
得觀水火風空識界常無常相不可得以應一
切智智心觀地界樂苦相不可得觀水火風空
識界樂苦相不可得以應一切智智心觀
地界我無我相不可得觀水火風空識界我
無我相不可得以應一切智智心觀地界淨
不淨相不可得觀水火風空識界淨不淨相
不可得以應一切智智心觀地界空不空相
不可得觀水火風空識界空不空相不可得

BD09669 號　大般若波羅蜜多經（兌廢稿）卷四二　（1–1）

菩提相應之義或於夢中見菩提樹其量高
廣眾寶莊嚴有菩薩摩訶薩往詣其下結跏
趺坐證得无上正等菩提轉妙法輪度有情
眾或於夢中見有无量百千俱胝那庾多數
大菩薩眾論議決擇種種法義謂應如是成
熟有情嚴淨佛土脩菩薩行降伏魔軍斷煩
惱習趣證无上正等菩提或復夢中見十方
界各有无量百千俱胝那庾多佛亦聞其聲
謂某世界有某如來應正等覺若干百千俱
胝那庾多菩薩摩訶薩聲聞弟子恭敬圍遶
說如是法或復夢中見十方界各有无量百
千俱胝那庾多佛入般涅槃彼一一佛般涅
槃後各有施主為供養佛設利羅故以妙七

BD09670 號　大般若波羅蜜多經卷五〇三　（1–1）

BD09670 號背　題記　（1–1）

界如是世界寧
多世尊佛告須菩提
若干種心住如來悉知何
皆為非心住是名為心住何以故
去心不可得現在心不可得未來心不可得
須菩提於意云何若有人以滿三千大千世
界七寶持用布施是善男子善女人以是因
緣得福多不須菩提言如是世尊此人以是
因緣得福甚多佛言如是如是須菩提彼善
男子善女人以是因緣得福德聚多須菩提
若福德聚有實如來則不說福德聚福德聚
論曰復有疑前說菩薩不見彼是衆生不見
我為菩薩不見清淨佛國土何以故以不見
諸法名為諸佛如來若如是或謂諸佛如來
不見諸法自下經文為斷此疑故說五種偈言
雖不見諸法　非无了境眼　諸佛五種實　以見彼顛到
何故說彼非顛倒為顛斷疑譬喻是故說我
知彼種種心住如是等此亦何義彼非顛倒
以見顛倒故何者是顛倒偈言
……合　不住彼實智……

BD09671 號　金剛般若波羅蜜經論卷下　（1–1）

聖道支常無常相
觀四念住樂苦相不可得
聖道支樂苦相不可得以應一
四念住我無我相不可得觀四正斷乃至八
聖道支我無我相不可得以應一切智智心
觀四念住淨不淨相不可得觀四正斷乃至
八聖道支淨不淨相不可得以應一切智智
心觀四念住空不空相不可得觀四正斷乃
至八聖道支空不空相不可得以應一切智
智心觀四念住無相有相相不可得觀四正
斷乃至八聖道支無相有相相不可得以應
一切智智心觀四念住無願有願相不可得
觀四正斷乃至八聖道支無願有願相不可
得以應一切智智心觀四念住寂靜不寂靜
相不可得觀四正斷乃至八聖道支寂靜不
寂靜相不可得以應一切智智心觀四念住
遠離不遠離相不可得觀四正斷了；
道支遠離不遠離相不可得善現如是菩薩
摩訶薩脩行般若波羅蜜多時有方便善巧
故聞說如是甚深般若波羅蜜多其心不驚
不恐不怖

至八聖道支空不空相不可得以應一切智
智心觀四念住無相有相相不可得觀四正
斷乃至八聖道支無相有相相不可得以應
一切智智心觀四念住無願有願相不可得
觀四正斷乃至八聖道支無願有願相不可
得以應一切智智心觀四念住寂靜不寂靜
相不可得觀四正斷乃至八聖道支寂靜不
寂靜相不可得以應一切智智心觀四念住
遠離不遠離相不可得觀四正斷了；
道支遠離不遠離相不可得善現如是菩薩
摩訶薩脩行般若波羅蜜多時有方便善巧
故聞說如是甚深般若波羅蜜多其心不驚
不恐不怖
善現若菩薩摩訶薩脩行般若波羅蜜多時
以應一切智智心觀空解脫門常無常相不
可得觀無相無願解脫門常無常相不可得
以應一切智智心觀空解脫門樂苦相不
得觀無相無願解脫門樂苦相不可應
一切智智心觀空解脫門我無我相不可得
觀無相無願解脫門我無我相不可得以應
一切智智心觀空解脫門淨不淨相不可

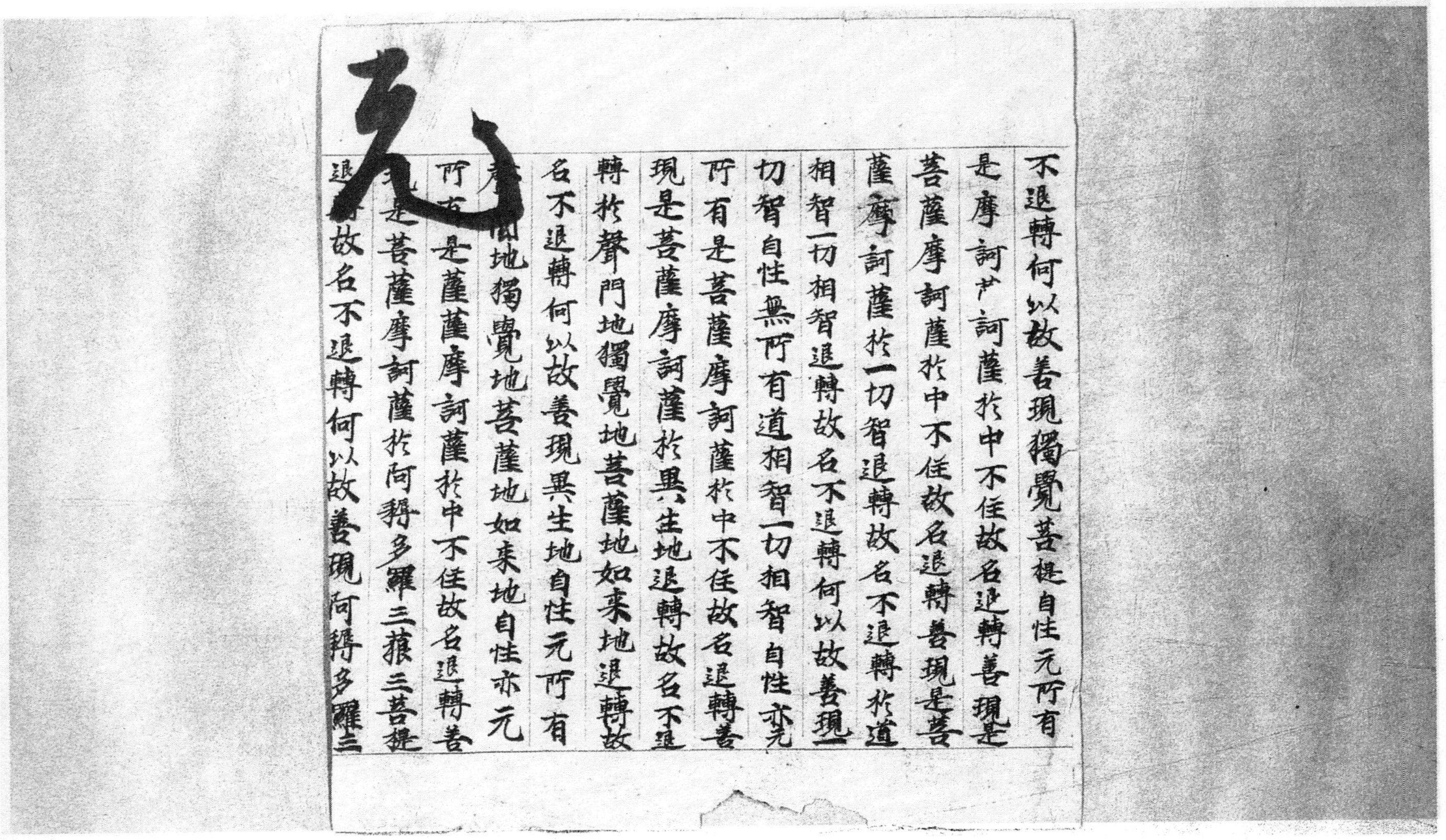
兌
不退轉何以故善現獨覺菩提自性元所有
是摩訶产訶薩於中不住故名退轉善現是
菩薩摩訶薩於中不住故名退轉善現是菩
薩摩訶薩於一切智退轉故名不退轉於道
相智一切相智退轉故名不退轉何以故善現一
切智自性無所有道相智一切相智自性亦元
所有是菩薩摩訶薩於中不住故名退轉善
現是菩薩摩訶薩於異生地退轉故名不退
轉於聲門地獨覺地菩薩地如來地退轉故
名不退轉何以故善現異生地自性元所有
聲聞地獨覺地菩薩地如來地自性亦元
所有是菩薩摩訶薩於中不住故名退轉善
現是菩薩摩訶薩於阿耨多羅三藐三菩提
退轉故名不退轉何以故善現阿耨多羅三

BD09673 號　大般若波羅蜜多經（兌廢稿）卷三二五　　（1–1）

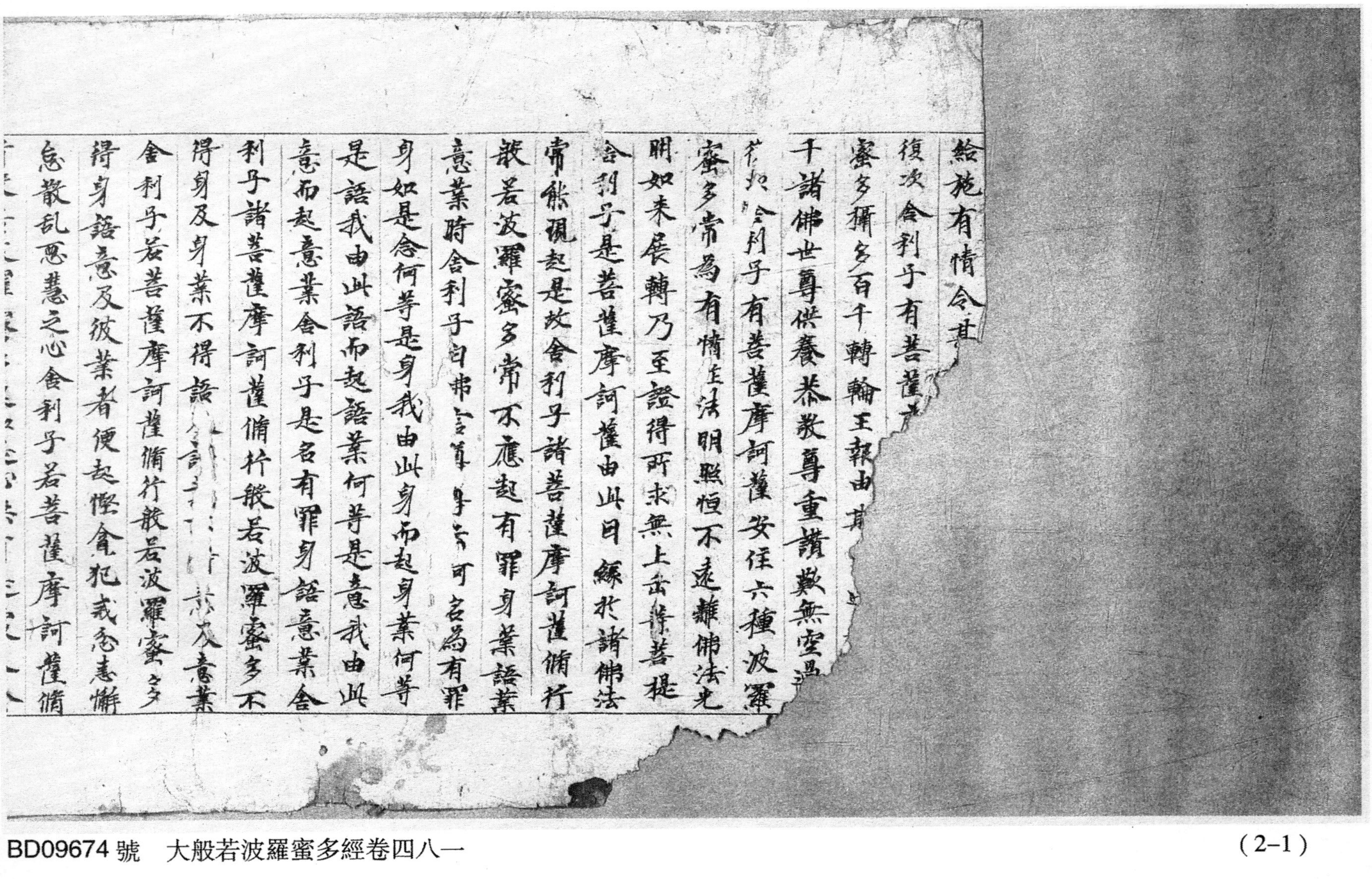
給施有情令其
復次舍利子有菩薩摩
蜜多稱多百千轉輪王報由其
千諸佛世尊供養恭敬尊重讚歎無空過
於此舍利子有菩薩摩訶薩安住六種波羅
蜜多常爲有情宣法明照恒不遠離佛法光
明如來長轉乃至證得所求無上正等菩提
舍利子是菩薩摩訶薩由此因緣於諸佛法
常能現起是故舍利子諸菩薩摩訶薩脩行
般若波羅蜜多常不應起有罪身業語業
意業時舍利子白佛言世尊云何名爲有罪
身如是念何等是身我由此身而起身業何等
是語我由此語而起語業何等是意我由此
意而起意業舍利子是名有罪身語意業舍
利子諸菩薩摩訶薩脩行般若波羅蜜多不
得身及身業不得語[及]語業不得意及意業
舍利子若菩薩摩訶薩脩行般若波羅蜜多
得身語意及彼業者便起慳貪犯戒忿恚懈
怠散亂惡慧之心舍利子若菩薩摩訶薩脩

BD09674 號　大般若波羅蜜多經卷四八一　　（2–1）

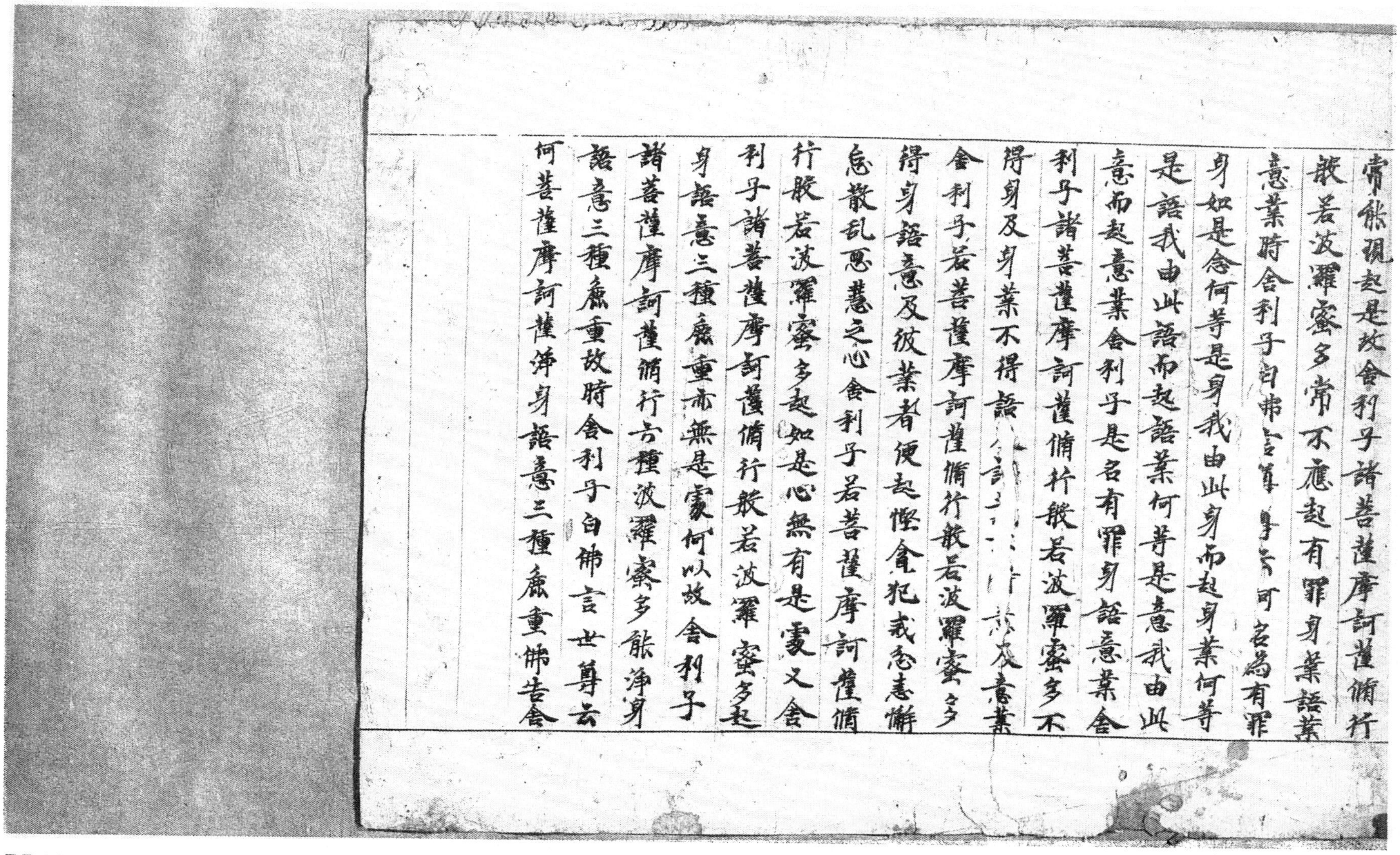

常能現起是故舍利子諸菩薩摩訶薩脩行
般若波羅蜜多常不應起有罪身業語業
意業時舍利子白佛言世尊云何名爲有罪
身如是念何等是身我由此身而起身業何等
是語我由此語而起語業何等是意我由此
意而起意業舍利子是名有罪身語意業舍
利子諸菩薩摩訶薩脩行般若波羅蜜多不
得身及身業不得語及語業不得意及意業
舍利子若菩薩摩訶薩脩行般若波羅蜜多
得身語意及彼業者便起慳貪犯戒忿恚懈
怠散亂惡慧之心舍利子若菩薩摩訶薩脩
行般若波羅蜜多起如是心無有是處又舍
利子諸菩薩摩訶薩脩行般若波羅蜜多起
身語意三種麁重而無是處何以故舍利子
諸菩薩摩訶薩脩行六種波羅蜜多能淨身
語意三種麁重故時舍利子白佛言世尊云
何菩薩摩訶薩淨身語意三種麁重佛告舍

BD09674 號　大般若波羅蜜多經卷四八一　　（2–2）

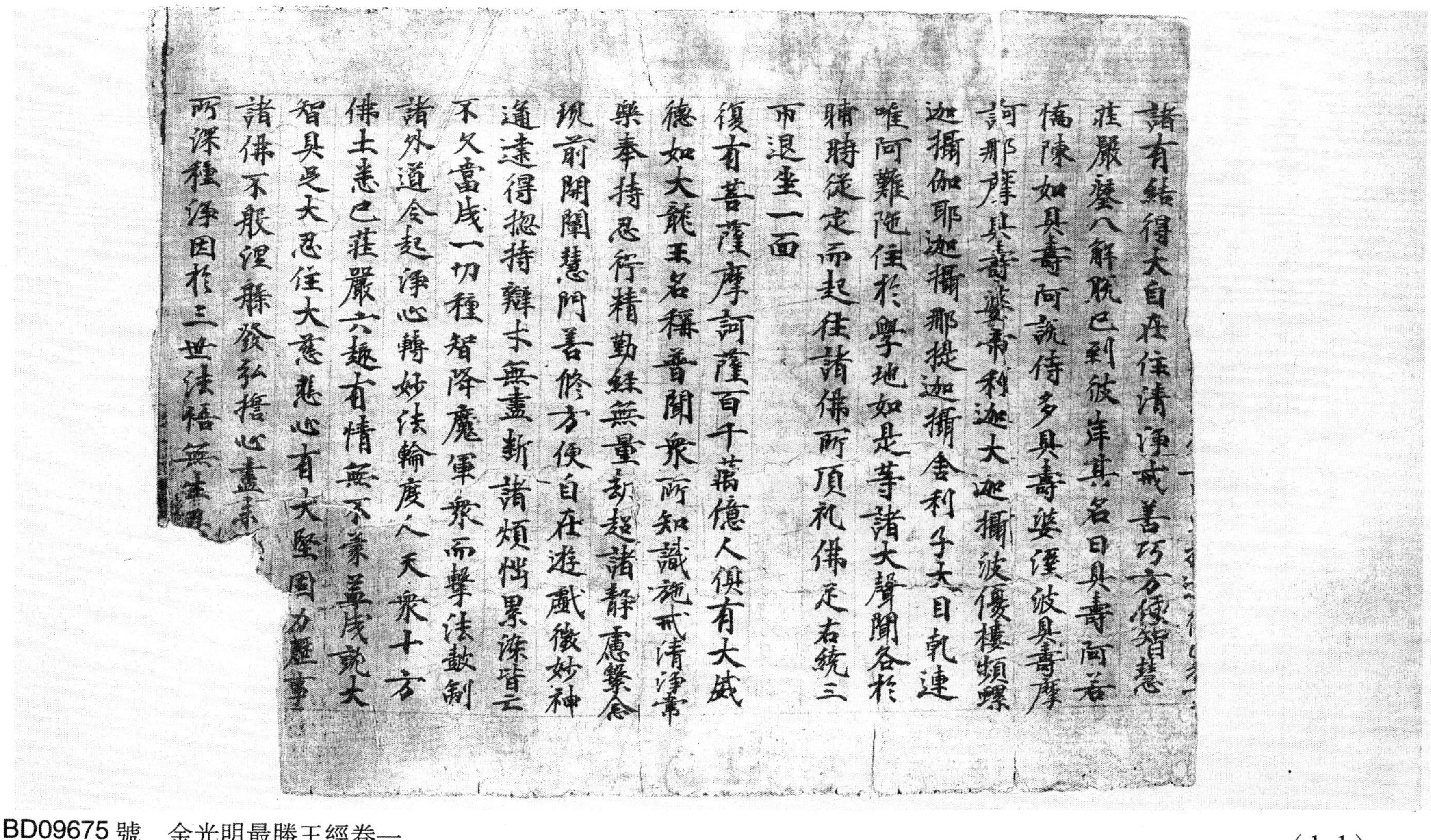

諸有結得大自在住清淨戒善巧方便智慧
莊嚴證八解脫已到彼岸其名曰具壽阿若
憍陳如具壽阿說侍多具壽婆澀波具壽摩
訶那摩具壽婆帝利迦大迦攝波優樓頻螺
迦攝伽耶迦攝那提迦攝舍利子大目乾連
唯阿難陀住於學地如是等諸大聲聞各於
晡時從定而起往詣佛所頂禮佛足右繞三
而退坐一面
復有菩薩摩訶薩百千萬億人俱有大威
德如大龍王名稱普聞衆所知識施戒清淨常
樂奉持忍行精勤經無量劫超諸靜慮繫念
現前開闡慧門善修方便自在遊戲微妙神
通逮得揔持辯才無盡斷諸煩惱累染皆亡
不久當成一切種智降魔軍衆而擊法鼓制
諸外道令起淨心轉妙法輪度人天衆十方
佛土悉已莊嚴六趣有情無不蒙益成就大
智具足大忍住大慈悲心有大堅固力歷事
諸佛不般涅槃發弘誓心盡未
所深種淨因於三世法悟無生

BD09675 號　金光明最勝王經卷一　　（1–1）

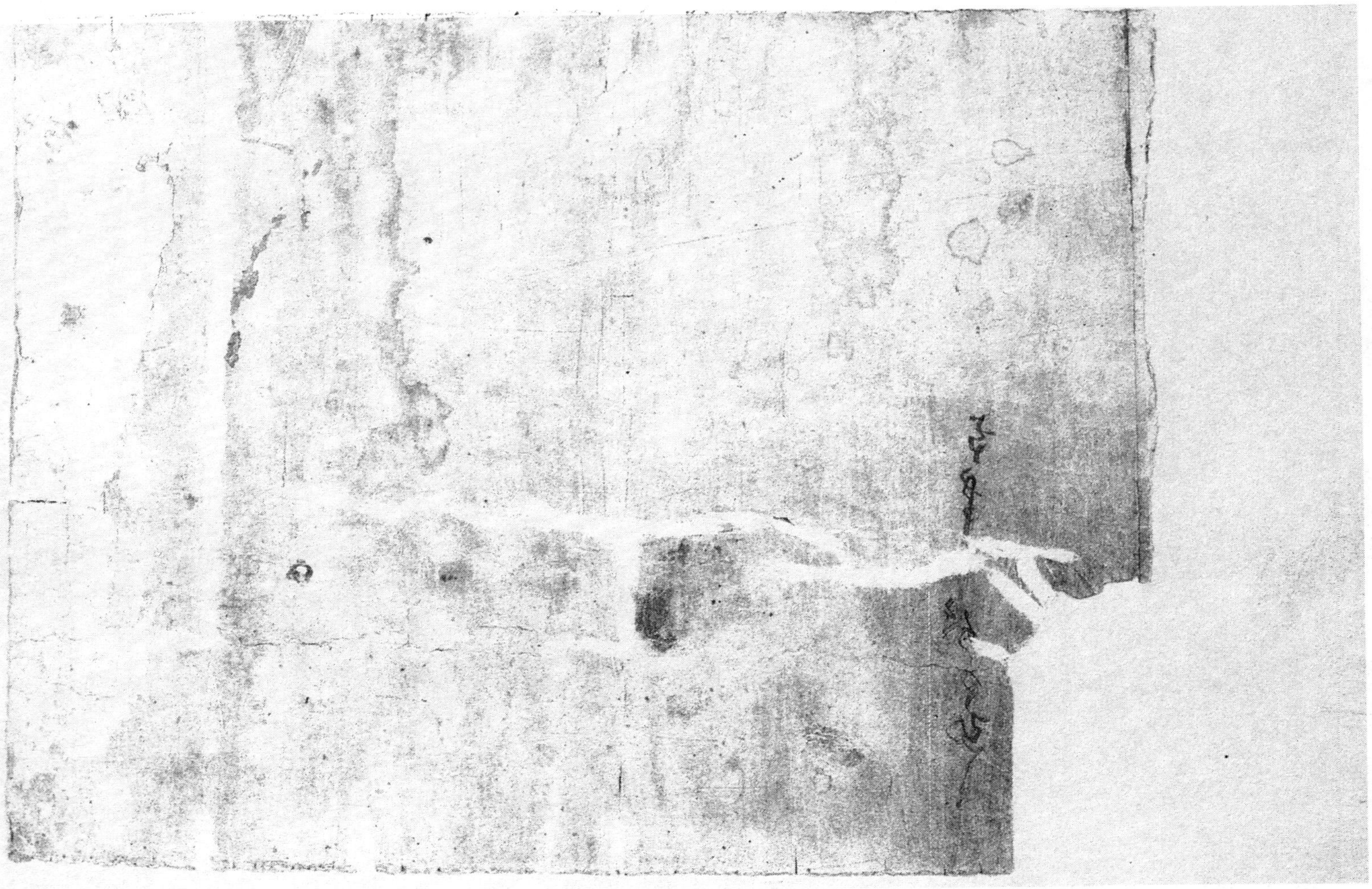

BD09675 號背　雜寫　（1–1）

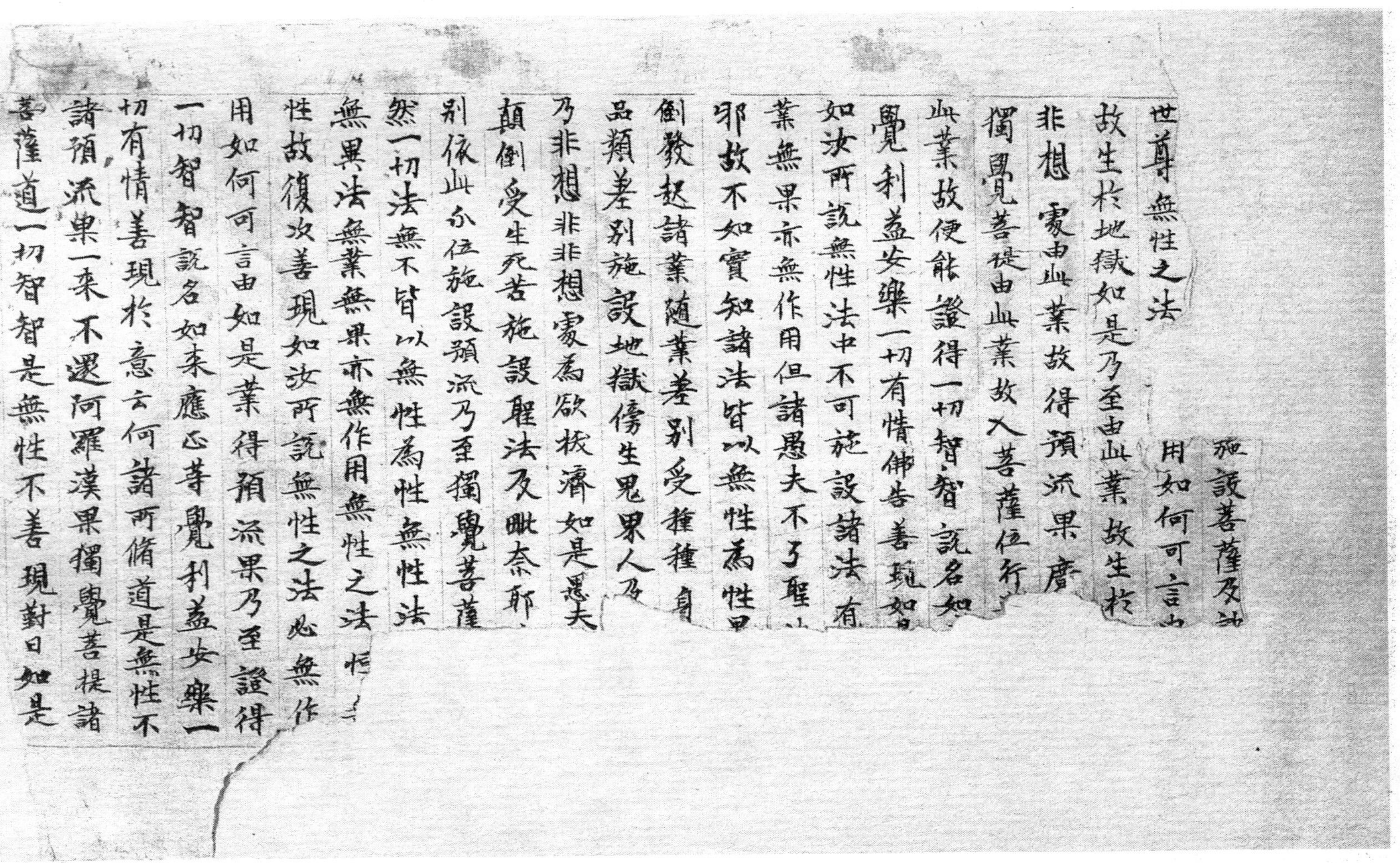

施
設菩薩及
用如何可言由
世尊無性之法
故生於地獄如是乃至由此業故生於
非想處由此業故得預流果磨
獨覺菩提由此業故入菩薩位行
此業故便能證得一切智智說名如
覺利益安樂一切有情佛告善現如
如汝所說無性法中不可施設諸法有
業無果亦無作用但諸愚夫不了聖
邪故不如實知諸法皆以無性為性
倒發起諸業隨業差別受種種身
品類差別施設地獄傍生鬼界人及
乃非想非非想處為欲拔濟如是愚夫
顛倒受生死苦施設聖法及毗奈耶
別依此分位施設預流乃至獨覺菩薩
然一切法無不皆以無性為性無性法
無異法無業無果亦無作用無性之法
性故復次善現如汝所說無性之法必無作
用如何可言由如是業得預流果乃至證得
一切智智說名如來應正等覺利益安樂一
切有情善現於意云何諸所脩道是無性不
諸預流果一來不還阿羅漢果獨覺菩提諸
菩薩道一切智智是無性不善現對曰如是

BD09676 號　大般若波羅蜜多經卷五三七　（1–1）

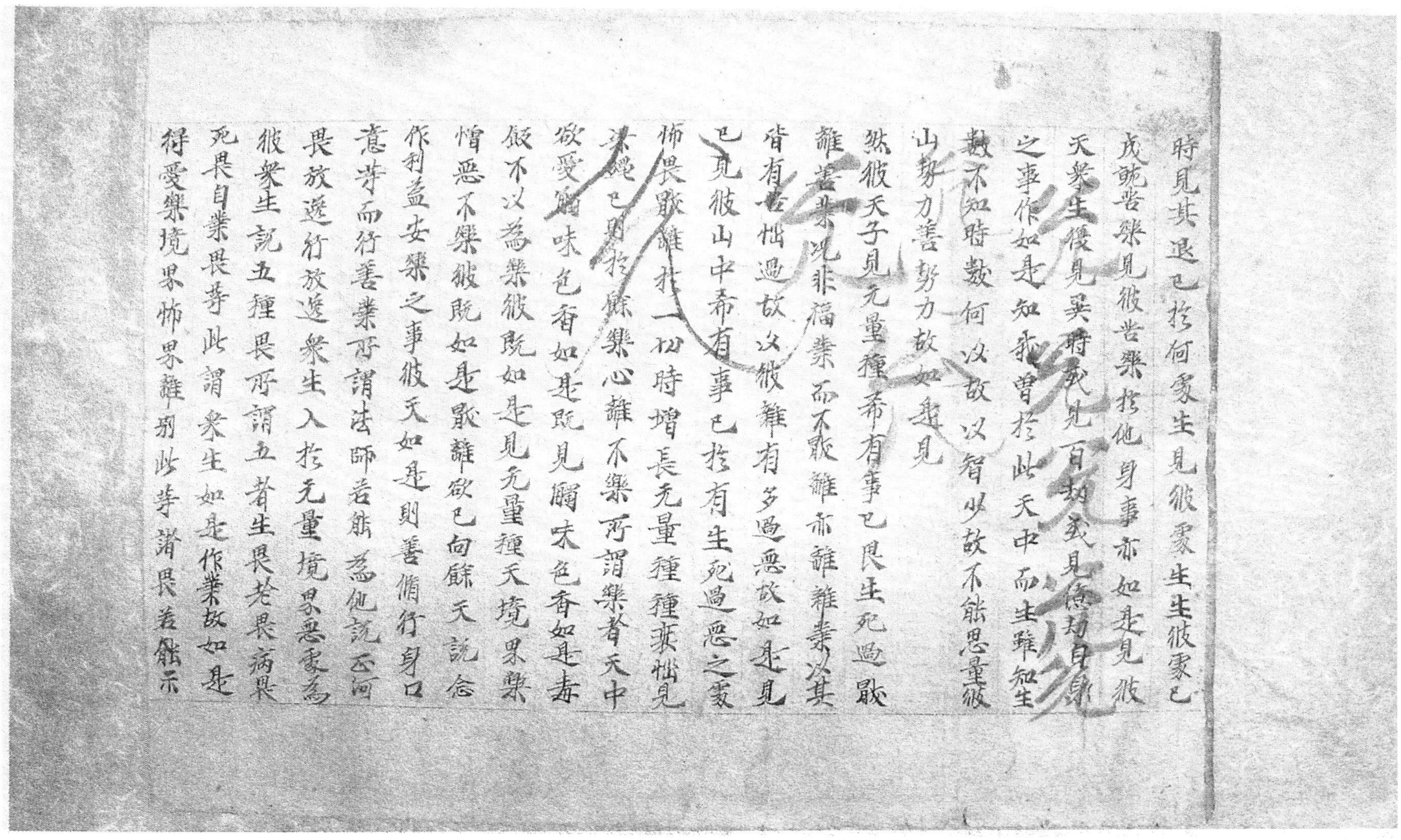
時見其退已於何處生見彼處生生彼處已
戒號苦樂見彼苦樂於他身事亦如是見彼
天衆生復見其時戒見百劫或見億劫自身
之事作如是知我曾於此天中而生難知生
數不知時數何以故以智少故不能思量彼
山勢力善勢力故如是見
然彼天子見无量種希有事已畏生死過厭
離苦樂及非福業而不厭離亦離雜業以其
皆有苦惱過故以彼離有多過惡故如是見
已見彼山中希有事已於有生死過惡之處
怖畏厭離於一切時增長无量種種苦惱見
業繩已則於餘樂心離不樂所謂樂者天中
欲愛觸味色香如是既見觸味色香如是毒
故不以為樂彼既如是見无量種天境界樂
憎惡不樂彼既如是厭離欲已向餘天說念
作利益安樂之事彼天如是則善脩行身口
意等而行善業所謂法師若能為他說正法
畏放逸行放逸衆生入於无量境界惡處為
彼衆生說五種畏所謂五者生畏老畏病畏
死畏自業畏等此謂衆生如是作業故如是
得愛樂境界怖界離別此等諸畏善能示

BD09677 號　正法念處經（兌廢稿）卷四〇　　（1–1）

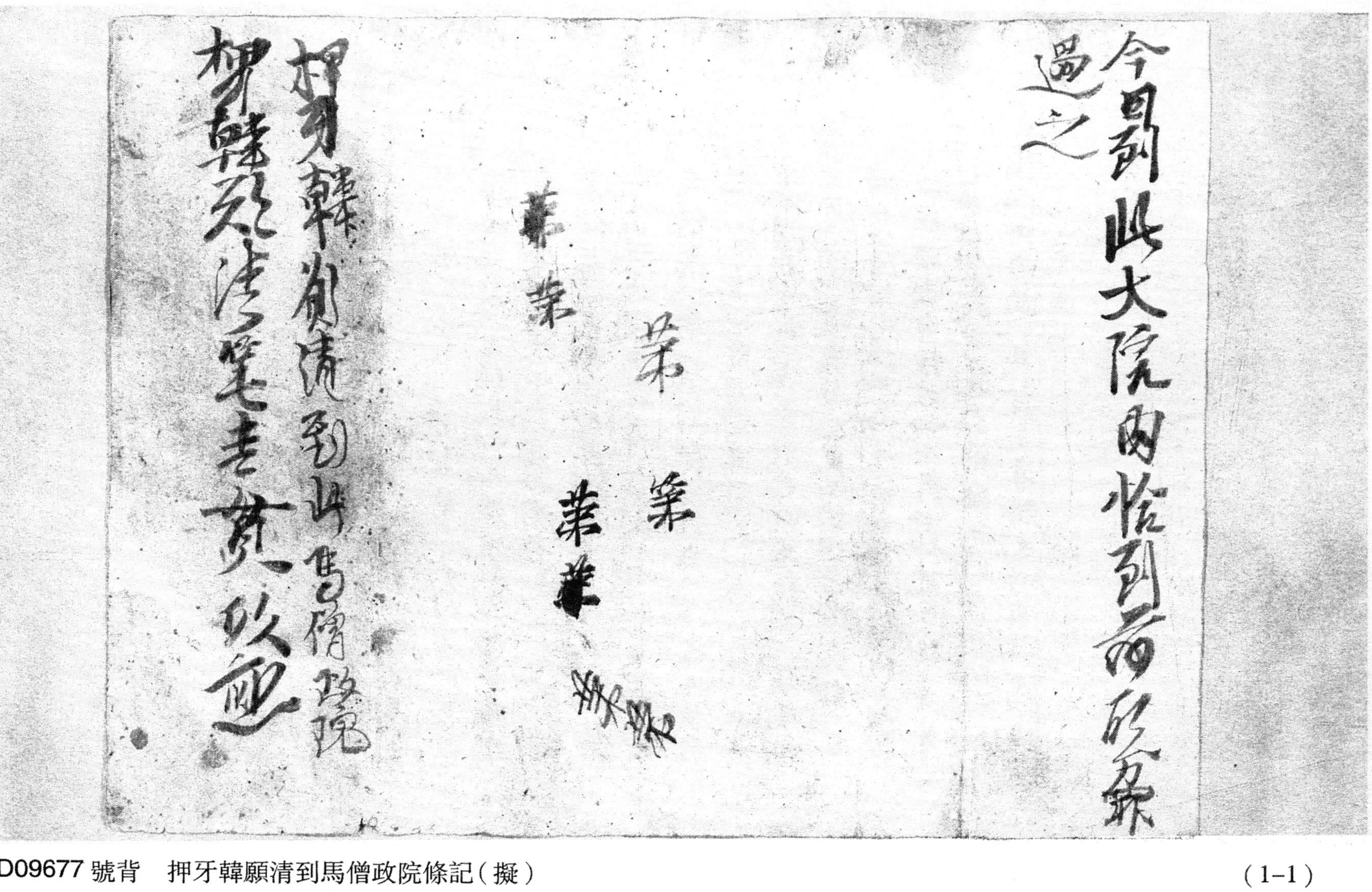

BD09677 號背　押牙韓願清到馬僧政院條記（擬）　　（1–1）

相智一切相智出世間亦无散失舍利子无忘
失法出世間亦无散失恒住捨性出世間亦无
散失舍利子一切陀羅尼門出世間亦无散
失一切三摩地門出世間亦无散失舍利子
極喜地出世間亦无散失離垢地發光地焰
慧地極難勝地現前地遠行地不動地善慧
地法雲地出世間亦无散失舍利子異生地
地離欲地已辦地獨覺地菩薩地如來地出
世間亦无散失舍利子聲聞乘出世間亦无
散失獨覺乘大乘出世間亦无散失舍利子
由此緣故我作是說諸法亦尒都无自性

BD09678號　大般若波羅蜜多經（兑廢稿）卷六九　　（1–1）

為集滅道聖諦前際自性故四靜慮前際非
縛非解何以故四靜慮前際无所有性為四
靜慮前際自性故四无量四无色定前際非
縛非解何以故四无量四无色定前際无所
有性為四无量四无色定前際自性故八解
脫前際非縛非解何以故八解脫前際无所
有性為八解脫前際自性故八勝處九次第
定十遍處前際非縛非解何以故八勝處九
次第定十遍處前際无所有性為八勝處九
次第定十遍處前際自性故四念住前際非
縛非解何以故四念住前際无所有性為四
念住前際自性故四正斷四神足五根五力
七等覺支八聖道支前際非縛非解何以故
四正斷乃至八聖道支前際无所有性為四

BD09679號　大般若波羅蜜多經卷一八二　　（1–1）

種姓第
法无所有不可得異生
欲已離獨覺菩薩地法
不可得如來地法性空故聲
如來地法无所有不可得如來地
異生種姓第八具見薄離已離獨覺菩
法无所有不可得舍利子我於如是諸
一切種一切處一切時求菩薩摩訶薩
所有不可得何以故自性空故
舍利子異生地性空故異生地於異生
所有不可得異生地於種姓地无所有
得種姓地性空故種姓地於種姓地无所
不可得種姓地於異生地无所有不可得
生種姓地於第八地无所有不可得第八
性空故第八地於第八地无所有不可得
八地於異生種姓地无所有不可得異
姓第八地於具見地无所有不可得具見
性空故具見地於具見地无所有不可得具
見地於異生種姓第八地无所有不可得異
生種姓第八具見地於薄地无所有不可得
薄地性空故薄地於薄地无所有不可得薄
地於異生種姓第八具見地无所有不可得異

BD09680號　大般若波羅蜜多經卷六六　　（1–1）

乃至舌觸為
以故以舌界等無
薩不為身界增減故學無二分故不為觸界
身識界及身觸身觸為緣所生諸受增減故
學無二分故是菩薩摩訶薩不為身界攝受
壞滅故學不為觸界乃至身觸為緣所生諸
受攝受壞滅故學何以故以身界等无二分
故憍尸迦若菩薩摩訶薩不為意界增減
故學無二分故不為法界意識界及意觸
意觸為緣所生諸受增減故學無二分故是
菩薩摩訶薩不為意界攝受壞滅故學不
為法界乃至意觸為緣所生諸受攝受壞滅

BD09681號　大般若波羅蜜多經卷八七　　（1–1）

色性亦空空中空尚不可得
有未來四無量四無色空可得善
現在四無量四無色空不可得何以
無量四無色空即是空空性亦空空
可得何況空中有現在四無量
四無色空可得善現空中過去未來現在四
無量四無色空不可得何以故過去未來現
在四無量四無色空即是空空性亦空空中
空尚不可得何況空中有過去未來現在四
無量四無色空可得
善現過去四念住過去四念住空未來四念
四念住空現在四念住現在四念住
正斷四神足五根五力七等覺支
支過去四正斷乃至八聖道支空未
四神足五根五力七等覺支八聖道
正斷乃至八聖道支空現在四
足五根五力七等覺支八聖道支

BD09682 號　大般若波羅蜜多經卷六〇　（1–1）

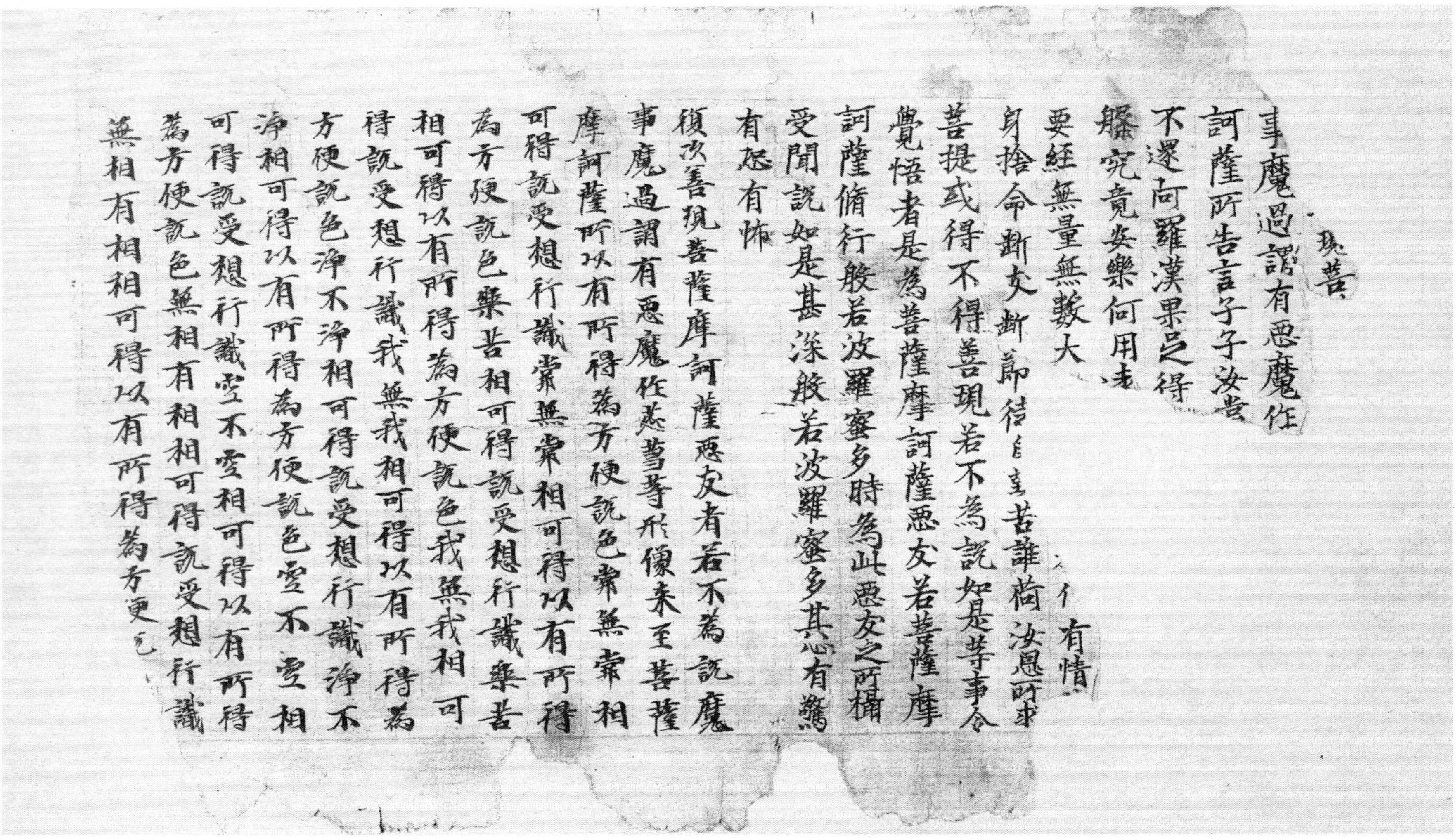

現菩
事魔過謂有惡魔作
訶薩所告言子子汝當
不還向羅漢果足得
緣究竟安樂何用
要經無量無數大　有情
身捨命斷支斷節徒自辛苦誰荷汝恩所求
菩提或得不得善現若不為說如是等事令
覺悟者是為菩薩摩訶薩惡友若菩薩摩
訶薩脩行般若波羅蜜多時為此惡友之所攝
受聞說如是甚深般若波羅蜜多其心有驚
有恐有怖
復次善現菩薩摩訶薩惡友者若不為說魔
事魔過謂有惡魔作惡菩薩形像來至菩薩
摩訶薩所以有所得為方便說色常無常相
可得說受想行識常無常相可得以有所得
為方便說色樂苦相可得說受想行識樂苦
相可得以有所得為方便說色我無我相可
得說受想行識我無我相可得以有所得為
方便說色淨不淨相可得說受想行識淨不
淨相可得以有所得為方便說色空不空相
可得說受想行識空不空相可得以有所得
為方便說色無相有相相可得說受想行識
無相有相相可得以有所得為方便更說

BD09683 號　大般若波羅蜜多經卷四五　（1–1）

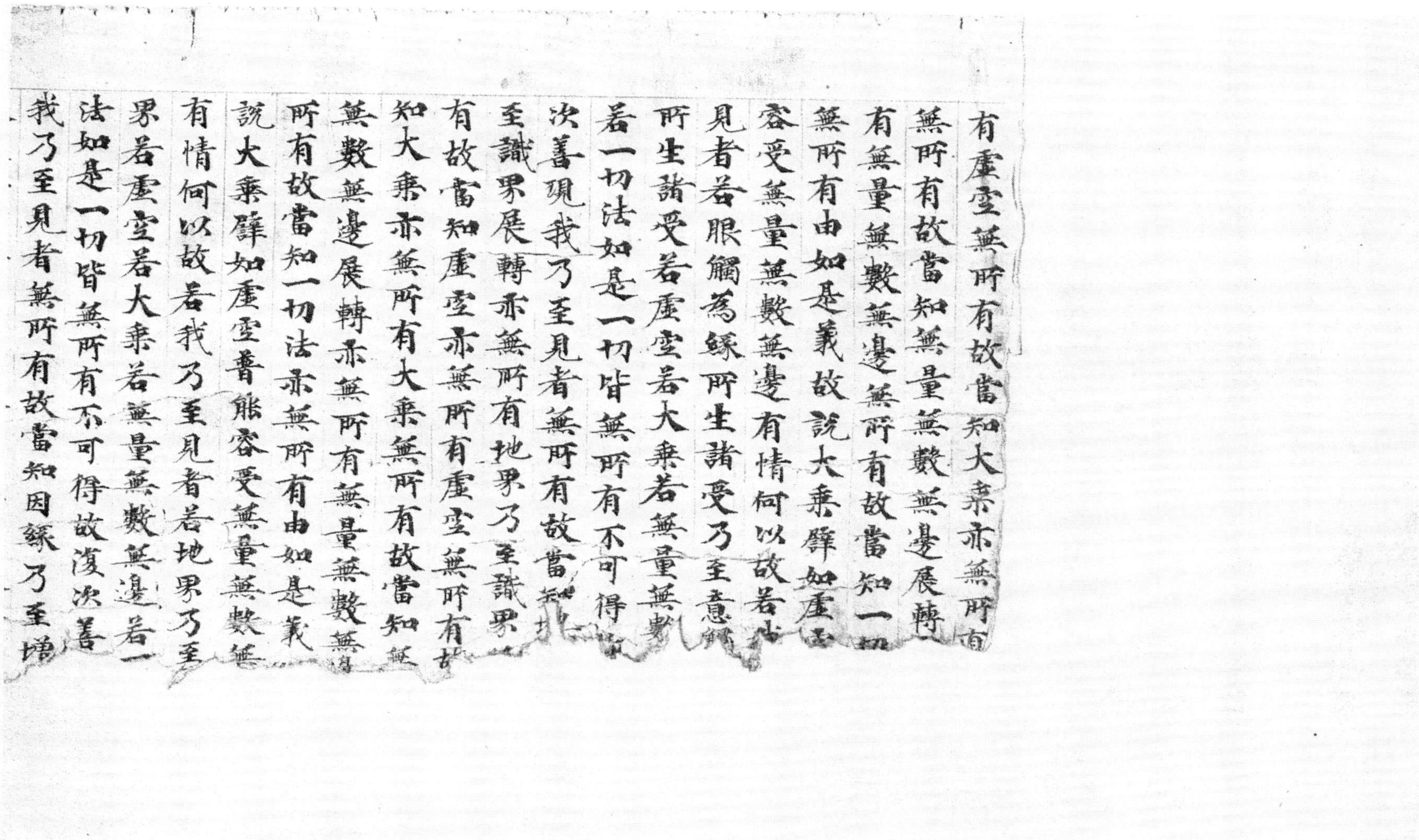

有虛空無所有故當知大乘亦無所有
無所有故當知無量無數無邊展轉
有無量無數無邊無所有故當知一切
無所有由如是義故說大乘譬如虛空
容受無量無數無邊有情何以故若我
見者若眼觸爲緣所生諸受乃至意觸
所生諸受若虛空若大乘若無量無數
若一切法如是一切皆無所有不可得
次善現我乃至見者無所有故當知
至識界展轉亦無所有地界乃至識界
有故當知虛空亦無所有虛空無所有故
知大乘亦無所有大乘無所有故當知無
無數無邊展轉亦無所有無量無數無
所有故當知一切法亦無所有由如是義
說大乘譬如虛空普能容受無量無數無
有情何以故若我乃至見者若地界乃至
界若虛空若大乘若無量無數無邊若一
法如是一切皆無所有不可得故復次善
我乃至見者無所有故當知因緣乃至增

BD09684號　大般若波羅蜜多經卷四九四　（2–1）

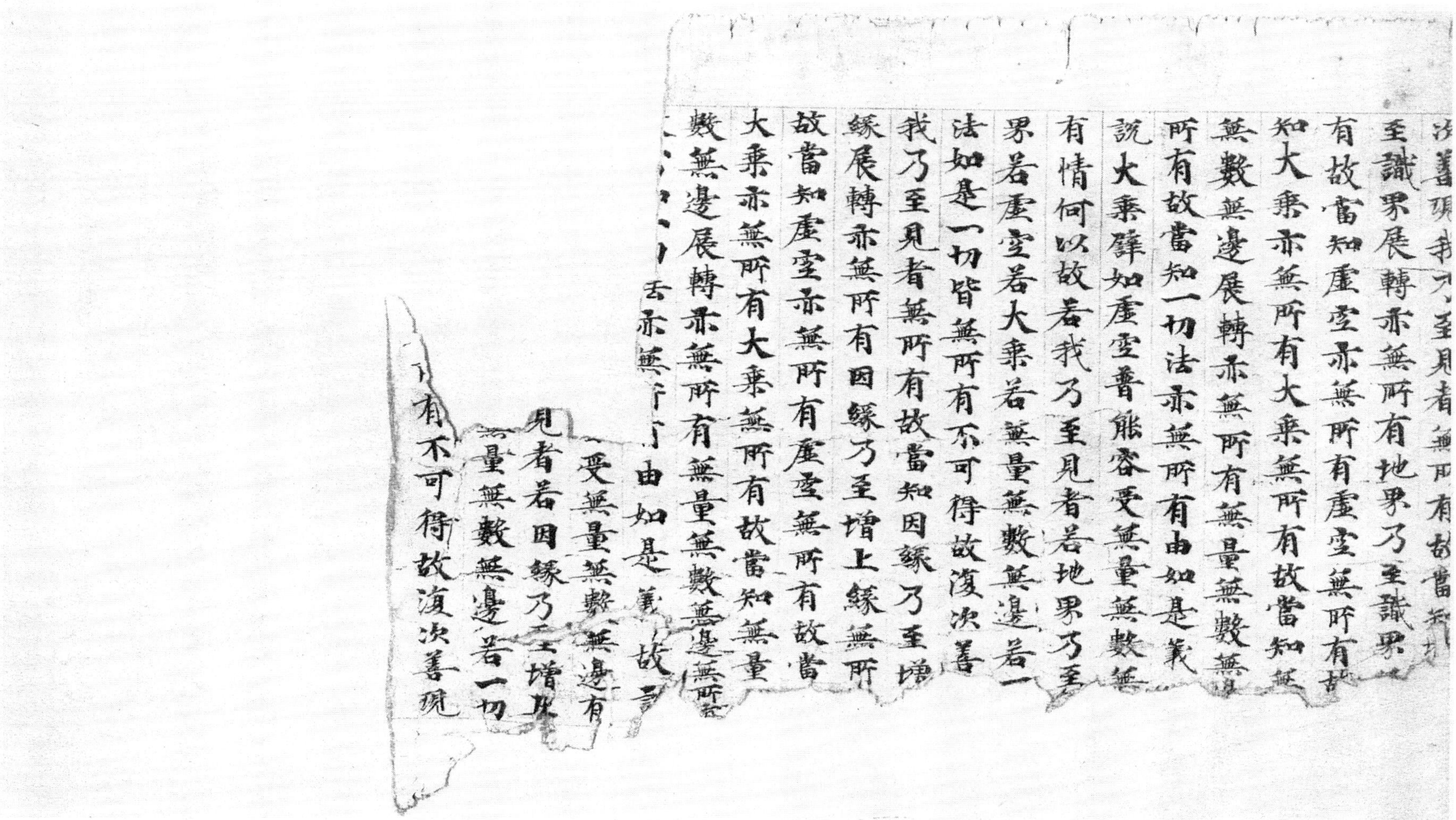

次善現我乃至見者無所有故當知
至識界展轉亦無所有地界乃至識界
有故當知虛空亦無所有虛空無所有故
知大乘亦無所有大乘無所有故當知無
無數無邊展轉亦無所有無量無數無
所有故當知一切法亦無所有由如是義
說大乘譬如虛空普能容受無量無數無
有情何以故若我乃至見者若地界乃至
界若虛空若大乘若無量無數無邊若一
法如是一切皆無所有不可得故復次善
我乃至見者無所有故當知因緣乃至增
緣展轉亦無所有因緣乃至增上緣無所
故當知虛空亦無所有虛空無所有故當
大乘亦無所有大乘無所有故當知無量
數無邊展轉亦無所有無量無數無邊無所
……亦無所有由如是義故說
……受無量無數無邊有
見者若因緣乃至增上
量無數無邊若一切
有不可得故復次善現

BD09684號　大般若波羅蜜多經卷四九四　（2–2）

佛　南无寶藏佛
南无治面佛　南无无量壽華佛
南无寶聚佛　南无焰起佛
南无善護佛
尒時憂波摩耶比丘從坐起偏袒右肩右膝
著地白佛世尊世尊衆過去佛告憂波摩
耶比丘比丘譬如恒河沙世界下至水際上
盡有須彌中微塵比丘有人於中取尒所微
塵過恒河沙世界下一微塵如是過恒河沙
世界復下一塵如是盡尒所微塵比丘於意
云何若著微塵若不著微塵是微塵數可知
數不比丘言不也世尊佛告比丘比丘彼微
塵可知其數而彼過去同名釋迦牟尼佛已
入涅槃者不可數知比丘我知彼過去諸佛
如現前見彼諸佛母同名摩訶摩耶父同名
輸頭檀王城同名迦毗羅彼諸佛弟一聲聞
子同名舍利弗目揵連侍者弟子同名阿

BD09685號　佛名經（十二卷本）卷七　（2–1）

世界復下一塵如是盡尒所微塵比丘於意
云何若著微塵若不著微塵是微塵數可知
數不比丘言不也世尊佛告比丘比丘彼微
塵可知其數而彼過去同名釋迦牟尼佛已
入涅槃者不可數知比丘我知彼過去諸佛
如現前見彼諸佛母同名摩訶摩耶父同名
輸頭檀王城同名迦毗羅彼諸佛弟一聲聞
子同名舍利弗目揵連侍者弟子同名阿
難何況種種異名母異名父異名城異名弟
子異名侍者比丘彼若干世界彼人於何等
世界著微塵何等世界不著微塵彼諸世界
若著微塵不著微塵下至水際上至有頂比
丘復有第二人取一微塵過彼若干微塵數
世界尒數佛國土阿僧祇億百千万那由他
世界為一步比丘彼人復過是若干微塵數
世界為一步彼人如是過百千万億那由他
阿僧祇劫行乃下一塵如是盡諸微塵比丘
如是若干世界滿中微塵復更著十方世界
比丘復過是世界著微塵彼諸世界下至水
際上……於意云何彼微

BD09685號　佛名經（十二卷本）卷七　（2–2）

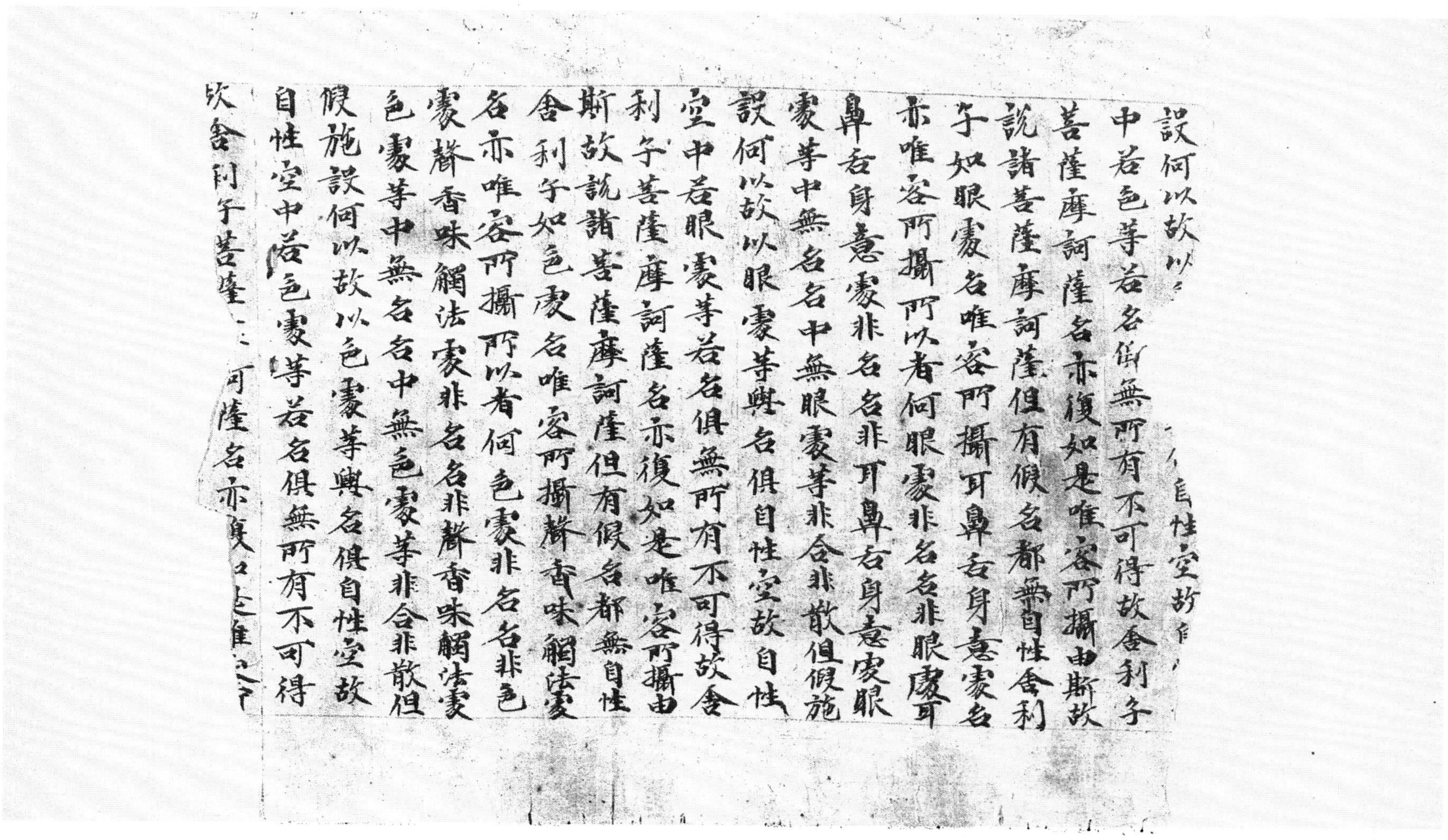
設何以故以……自性空故自……
中若色等若名俱無所有不可得故舍利子
菩薩摩訶薩名亦復如是唯客所攝由斯故
說諸菩薩摩訶薩但有假名都無自性舍利
子如眼處名唯客所攝耳鼻舌身意處名
亦唯客所攝所以者何眼處非名名非眼處耳
鼻舌身意處非名名非耳鼻舌身意處眼
處等中無名名中無眼處等非合非散但假施
設何以故以眼處等與名俱自性空故自性
空中若眼處等若名俱無所有不可得故舍
利子菩薩摩訶薩名亦復如是唯客所攝由
斯故說諸菩薩摩訶薩但有假名都無自性
舍利子如色處名唯客所攝聲香味觸法處
名亦唯客所攝所以者何色處非名名非色
處聲香味觸法處非名名非聲香味觸法處
色處等中無名名中無色處等非合非散但
假施設何以故以色處等與名俱自性空故
自性空中若色處等若名俱無所有不可得
故舍利子菩薩……訶薩名亦復……是唯……

BD09686 號　大般若波羅蜜多經卷四二二　（1–1）

BD09686 號背　勘記　（1–1）

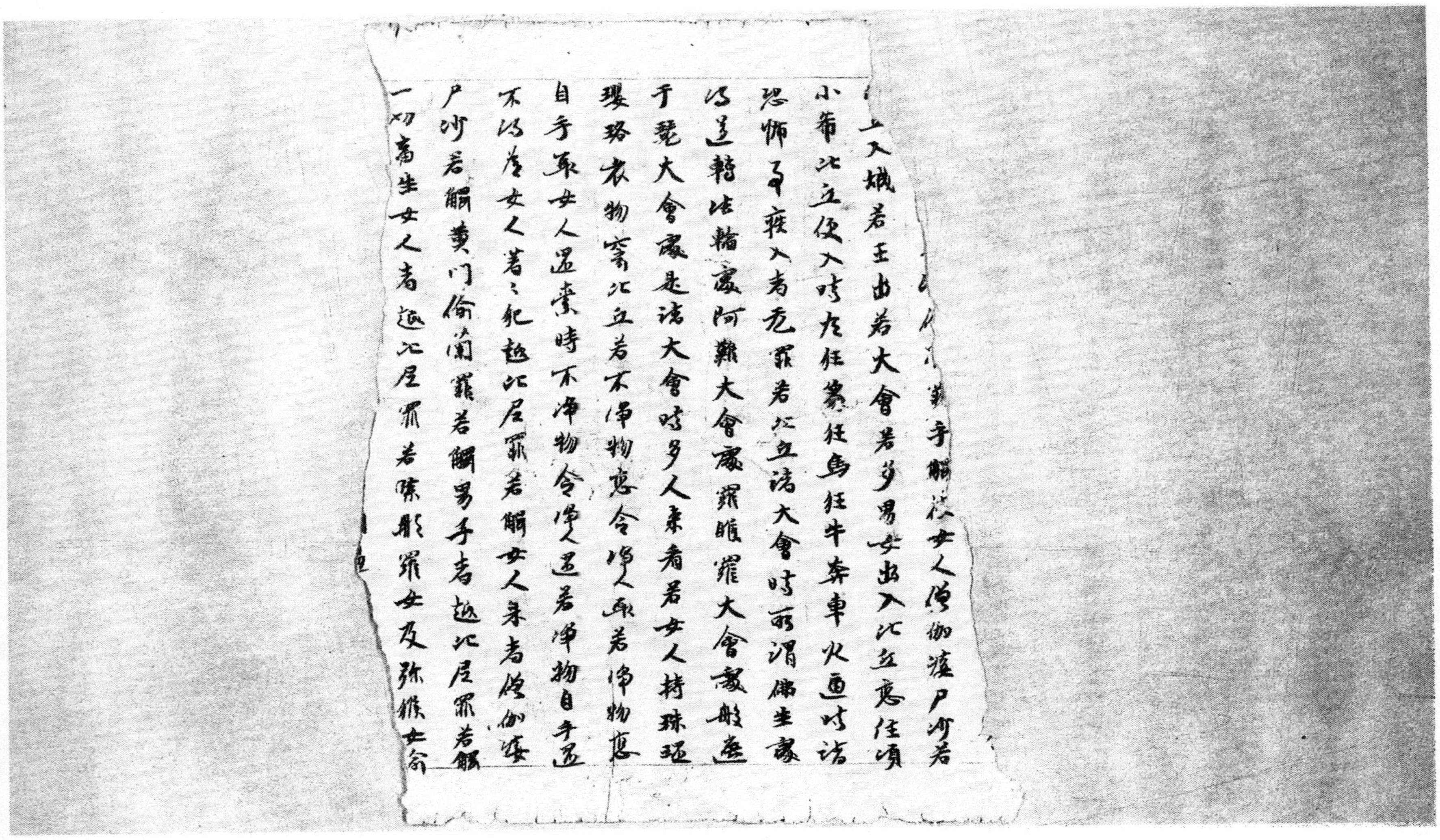

……手觸彼女人僧伽婆尸沙若
上入城若王出若大會若多男女出入比丘患住傾
小希比丘便入時九狂象狂馬狂牛奔車火逼時諸
恐怖互相挨入者无罪若比丘諸大會時所謂佛生處
得道轉法輪處阿難大會處羅睺羅大會處般遮
于瑟大會處是諸大會時多人來看若女人持珠瑶
瓔珞衣物寄比丘若不淨物應令淨人取若淨物應
自手取女人還索時不淨物令淨人還若淨物自手還
不得使女人著著者比丘尼罪若觸女人衣者僧伽婆
尸沙若觸黃門偷蘭罪若觸男子者越比尼罪若觸
一切畜生女人者越比尼罪若緊那羅女及獼猴女爺

BD09687 號　摩訶僧祇律卷五　　（1–1）

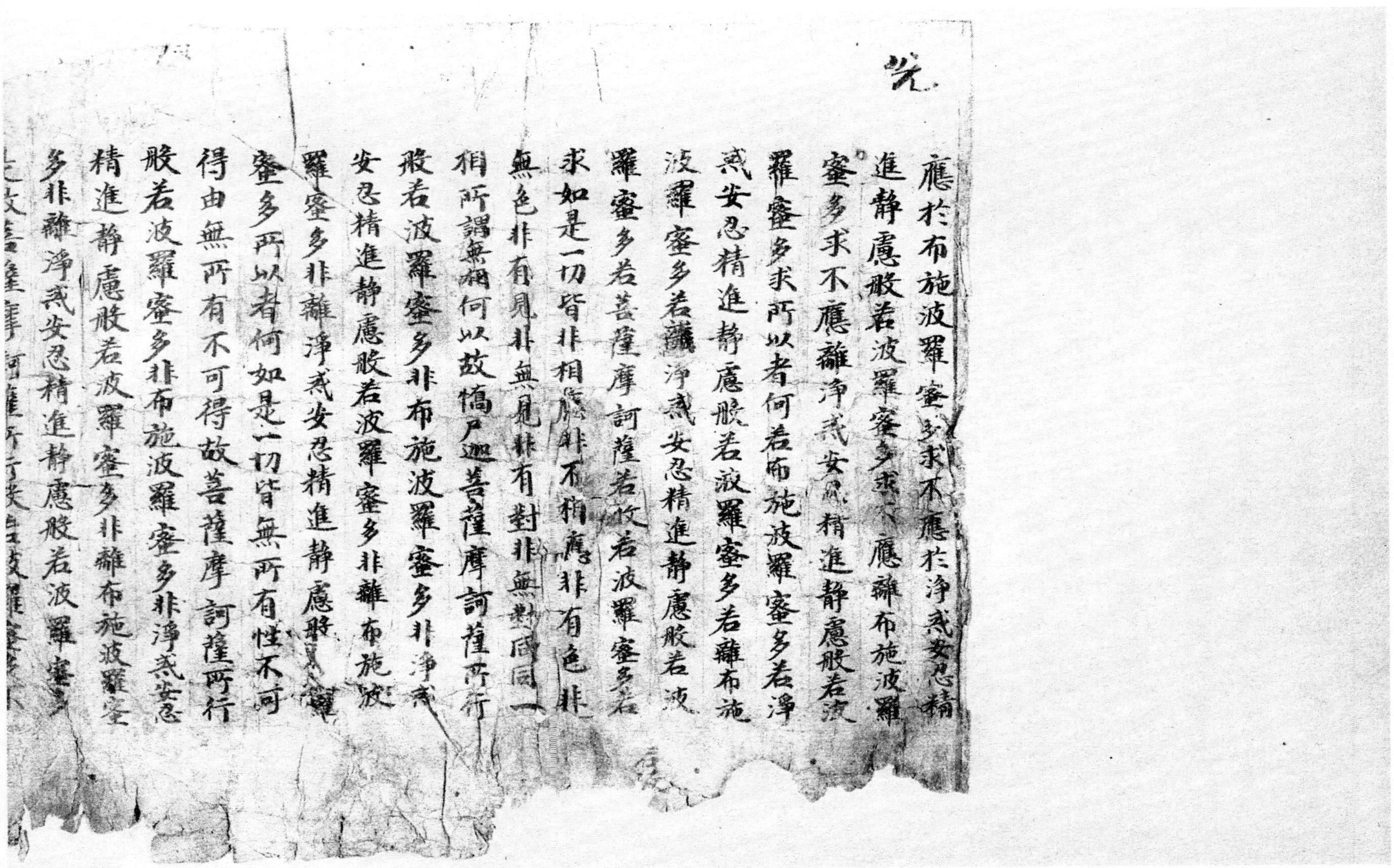

兑
應於布施波羅蜜多求不應於淨戒安忍精
進靜慮般若波羅蜜多求不應離布施波羅
蜜多求不應離淨戒安忍精進靜慮般若波
羅蜜多求所以者何若布施波羅蜜多若淨
戒安忍精進靜慮般若波羅蜜多若離布施
波羅蜜多若離淨戒安忍精進靜慮般若波
羅蜜多若菩薩摩訶薩若彼若波羅蜜多若
求如是一切皆非相應非不相應非有色非
無色非有見非無見非有對非無對咸同一
相所謂無相何以故憍尸迦菩薩摩訶薩所行
般若波羅蜜多非布施波羅蜜多非淨戒
安忍精進靜慮般若波羅蜜多非離布施波
羅蜜多非離淨戒安忍精進靜慮般若波羅
蜜多所以者何如是一切皆無所有性不可
得由無所有不可得故菩薩摩訶薩所行
般若波羅蜜多非布施波羅蜜多非淨戒安忍
精進靜慮般若波羅蜜多非離布施波羅蜜
多非離淨戒安忍精進靜慮般若波羅蜜多

BD09688 號　大般若波羅蜜多經（兑廢稿）卷九七　　（2–1）

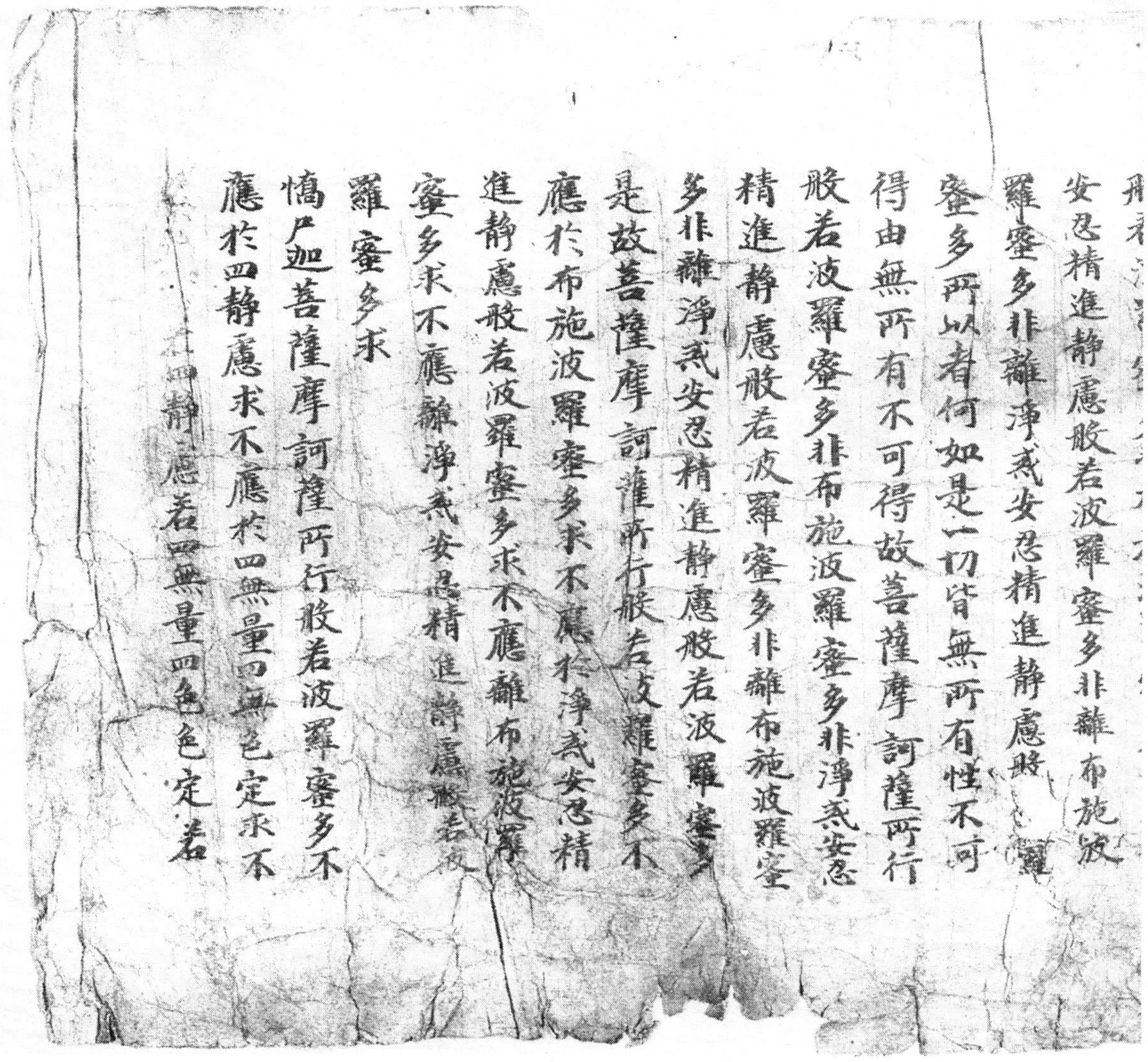

般若[illegible]
安忍精進靜慮般若波羅蜜多非離布施波
羅蜜多非離淨戒安忍精進靜慮般
蜜多所以者何如是一切皆無所有性不可
得由無所有不可得故菩薩摩訶薩所行
般若波羅蜜多非布施波羅蜜多非淨戒安忍
精進靜慮般若波羅蜜多非離布施波羅蜜
多非離淨戒安忍精進靜慮般若波羅蜜多
是故菩薩摩訶薩所行般若波羅蜜多不
應於布施波羅蜜多求不應於淨戒安忍精
進靜慮般若波羅蜜多求不應離布施波羅
蜜多求不應離淨戒安忍精進靜慮般若波
羅蜜多求
憍尸迦菩薩摩訶薩所行般若波羅蜜多不
應於四靜慮求不應於四無量四無色定求不
[illegible]靜慮若四無量四無色定若

BD09688 號　大般若波羅蜜多經（兑廢稿）卷九七　（2–2）

BD09688 號背　雜寫　（2–1）

BD09688 號背　雜寫

（2–2）

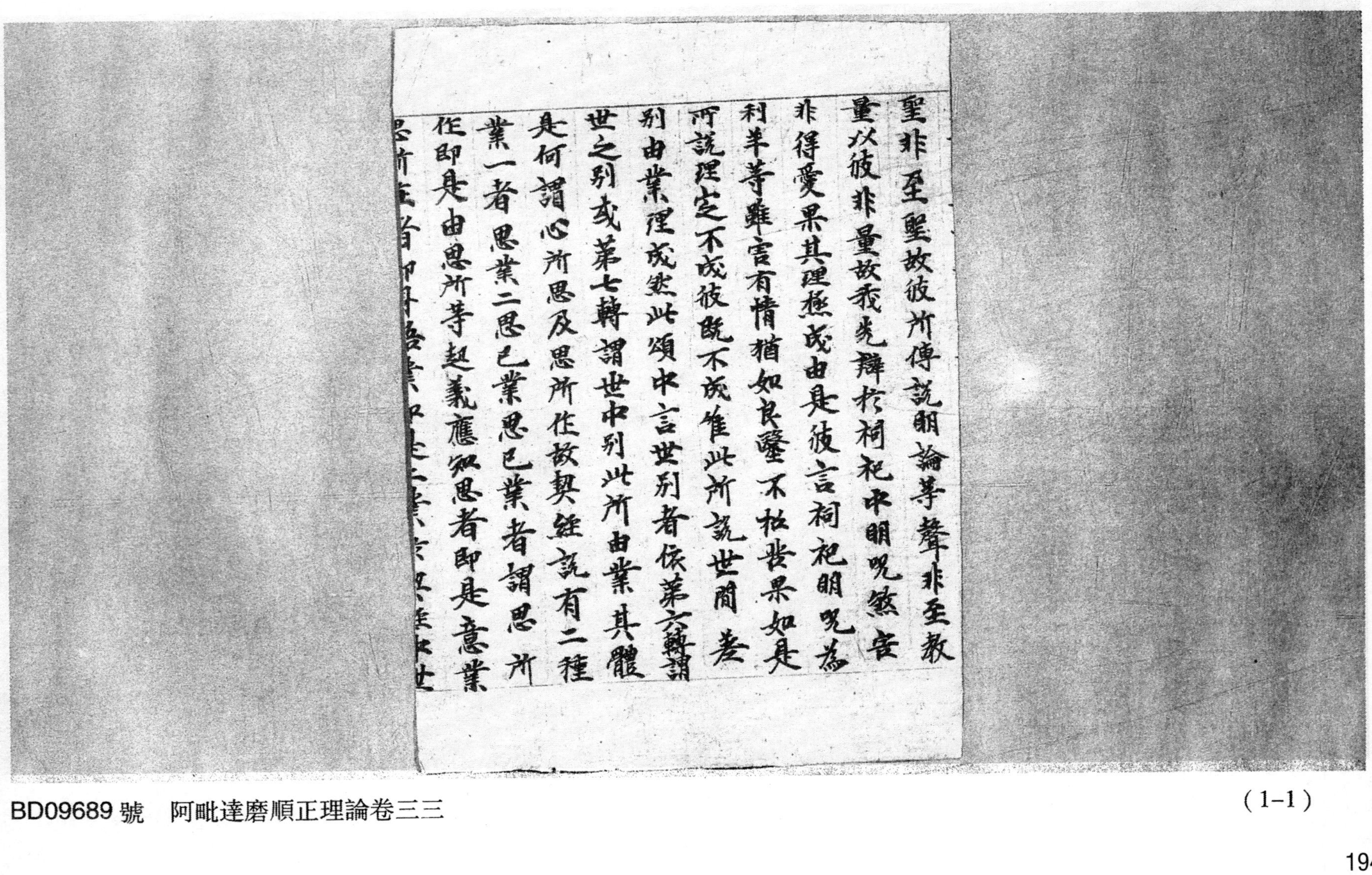

聖非至聖故彼所傳說明論等聲非至教
量以彼非量故我先辯於祠祀中明呪殺害
非得愛果其理極成由是彼言祠祀明呪為
利羊等雖害有情猶如良醫不招苦果如是
所說理定不成彼既不成唯此所說世間差
別由業理成然此頌中言世別者依第六轉謂
世之別或第七轉謂世中別此所由業其體
是何謂心所思及思所作故契經說有二種
業一者思業二思已業思已業者謂思所
作即是由思所等起義應知思者即是意業
思所[illegible]

BD09689 號　阿毗達磨順正理論卷三三

（1–1）

□在云

无妄

云何稱有□　答曰汝本來

如人食莨蕩子於空中覓針

問曰本來既无妄令一切行人斷何物而求

畢斷一物亦无道可求　問曰既无道可求

云何世尊經文說斷妄想　答曰世尊實不遣斷妄

想若斷妄想者即不離妄想一切衆生妄有所得妄

有所斷妄見有妄想法世尊隨衆生意說假立妄相

法世尊實不說一字妄想法譬如良醫對病說藥

若无有病即不說藥　問曰既是世尊不說妄想法其

妄想何誰造作　答曰衆生自造作　問曰云何不造作

正智偏造作妄想　答曰為不識正智即有□

識正智即无妄想　問曰既有正智即合有□

□□衆生□无妄想亦无正□

□凡夫亦无□

□是凡

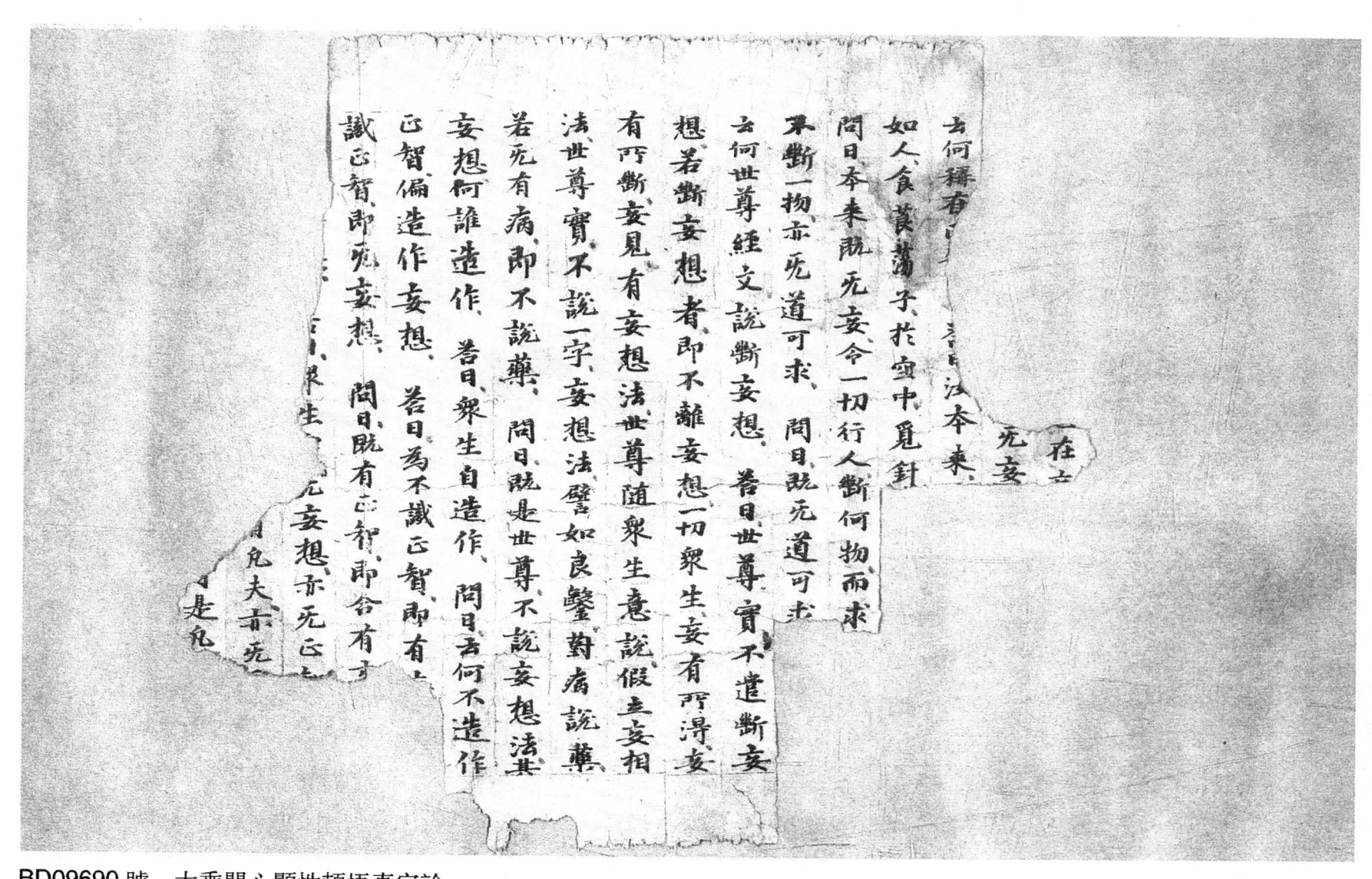

BD09690號　大乘開心顯性頓悟真宗論　（1–1）

大寶積經卷第七袟十二卷
外道諦聽彼人若從地獄終來生人中者當有是相智者應知其走行嘶破騾聲怱怱忙
怖畏交行高聲淺行小心常怖數數戰慄其毛數豎夢中多見大火熾然或見山崖或
火聚或見釜鑊沸湯或見有人執杖而走或見已身為鋒稍所刺或見羅剎女或
見群狗或見群烏來逐己身或見己身馳走四方而無歸處其心小鎮無有親友好遊有
如是等無量衆相我今略說等相是名從地獄終來生人間此智非知非愚能測外道諦聽
彼人若從畜生終來生人中者當有是相智者應知闇鈍少智懈怠多貪樂食泥土其性
怯弱言語難樂與癡人而為知友喜黑闇處雲霧樂濁水喜齧草木喜以脚指剜掘於地喜樂
動頭狂蠅虱常喜昂頭欠款空噍常喜拳脚隨宜臥地不避穢汙常喜空嗅喜樂裸形常
憘虛詐異言異作多喜綺語夢泥塗身或夢見己身於田野食草或夢見己身為衆蛇經
繞或夢見己身入於山谷叢林之中外道有如是[redacted]等無量衆相我今略說如是等相是
名從畜生終來生人中智者知非愚能測外道諦聽彼人若從餓鬼終來生[redacted]生人中者當有是
相智者應知其頭髮黃眼目直視常憘飢渴慳貪嫉妒憘讒飲食喜背說人身體饒毛眼精
光赤多思衆食貪樂積聚不欲割捨不樂見善人邪見財物其心有欲盜至得其小許財物
即便歡喜常求財利樂不淨食見他資產便生嫉妒復於他財生己想[redacted]見他受用便生憎
惜聞說好食心生不樂乃至巷路見遺落果及以五穀便生貪心採取收斂外道有如是
等無量衆相我今略說如是等相是名從餓鬼中終來生人間智者能知非愚能測
外道諦聽若從阿脩羅終來生人中者當有是相智者應知高心我慢常憘忿怒
好樂鬪諍積怨不忘起增上慢其身洪壯眼白如大齒長多路勇健大力常樂戰陣
亦憘兩舌破壞他人踈齒高心輕蔑他人邪違書論他人雖知語切復密亦有智力
及煩惱力樂自養身外道有如是等相是名從阿脩羅終來生人間智者能知
非愚所測外道諦聽若從人終還生人中者當有是相智者應知其人賢直
親近善人毀呰惡人好惜乃望尊守信樂好名聞及以稱譽受樂工巧敬重
智慧具慚愧者恥心性柔軟識知恩養於善友所心順無違好憘捨施知人高下
善觀前人有益無益善能答對領其宗義善能和合亦能乖離能作使宜
侍立語於種種語能善通達憶持不忘亦復能知是處非處外道有如是等無
量衆相我今略說如是等相是名從人中還生人間智者能知非愚能測外
道諦聽若從天中終生人間者當有是相智者應知為人端正樂好清淨憘
著華鬘及以香薰樂香塗身常憘洗浴所樂五欲商擇好者不憘於惡憘樂
音聲及以歌舞樂與上人而為交友不與下人而為朋黨好憘樓閣高
寢室樂髮為首含笑不瞋吐言柔美言語善巧令人喜悅憘樂瓔珞及好
衣服嚴身之具常樂出入行來暢步所作精勤終不懈怠外道有
如是等無量衆[redacted]相我今略說如是等相是名從天人中終生於人間
此智能知非愚能測[redacted]
外道若善男子善女人欲趣此相應近善知識順彼人意彼所作者即隨作
之彼善知識令彼越度為其說法外道從地獄終生人間者地獄以前作人身時
造諸過惡起瞋恚故便作殺害以其彼業牽墮地獄彼在地獄受種種苦後生
人間猶有習氣是人既知如是相已必須自知我從地獄來生人間是人為捨
地獄

BD09691號　大寶積經卷七二鈔（擬）

（1-1）

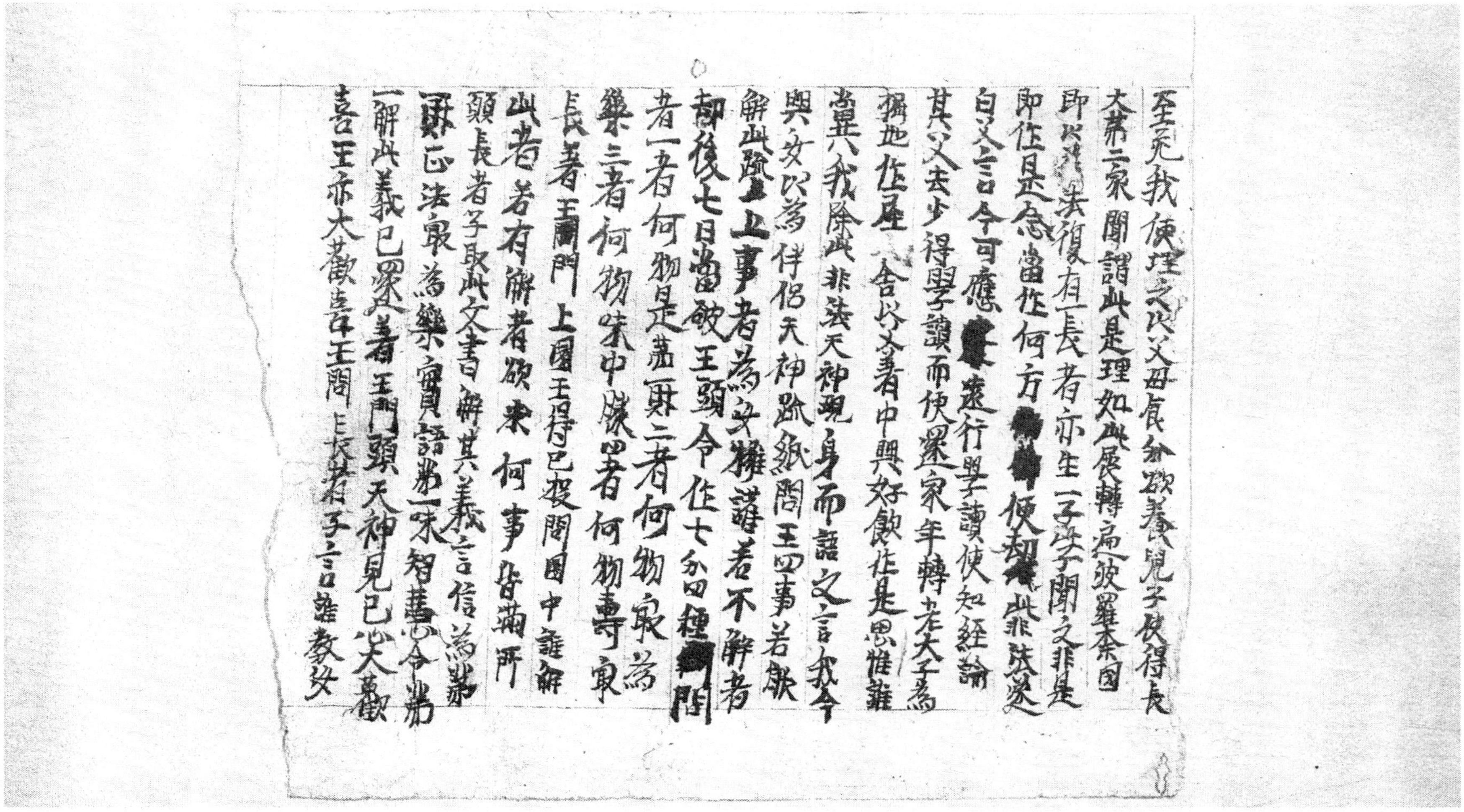

至死我便埋之以父母年老欲養兒子使得長
大第二家聞謂此是理如此展轉遍波羅奈国
即以為法復有一長者亦生一子其子聞父之非是
即作是念當作何方[illegible]便却[illegible]此非法迷
白父言今可應[illegible]遠行學讀使知經論
其父又去少得學讀而使還家年轉老大子為
掘地作屋舍以父著中興好飲作是思惟雖
當是八我除此非法天神現身而語之言我今
與汝以為伴侶天神踊躍問王四事若能
解此我當上事者為文擁護若不解者
却後七日當斲王頭令作七分四種[illegible]問
者一者何物是最財二者何物最為
樂三者何物味中勝四者何物壽最長
長者王聞門上國王得已投問國中誰解
此者若有解者欲求何事皆滿所
願長者子取此文書解其義言信為第
一財正法最為樂實語第一味智慧命最第
一解此義已以是答王聞頭天神見已心大歡
喜王亦大歡喜王問長者子言誰教汝

BD09692 號 A　雜寶藏經卷二　（1–1）

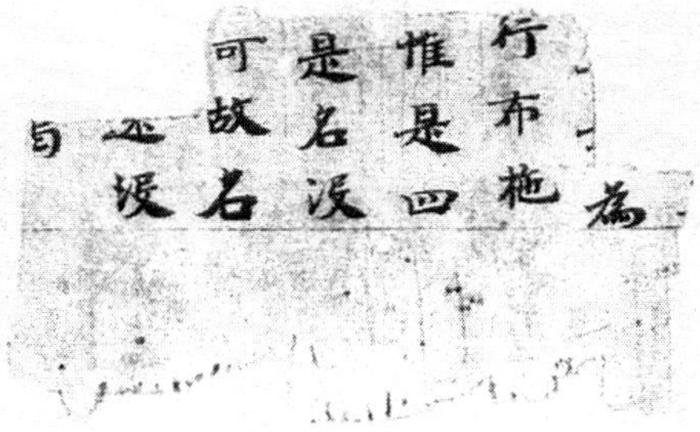

爲
行布施
惟是四
是名涅
可故名
还涅
旬

BD09692 號 B　大般涅槃經（北本）卷三六　（1–1）

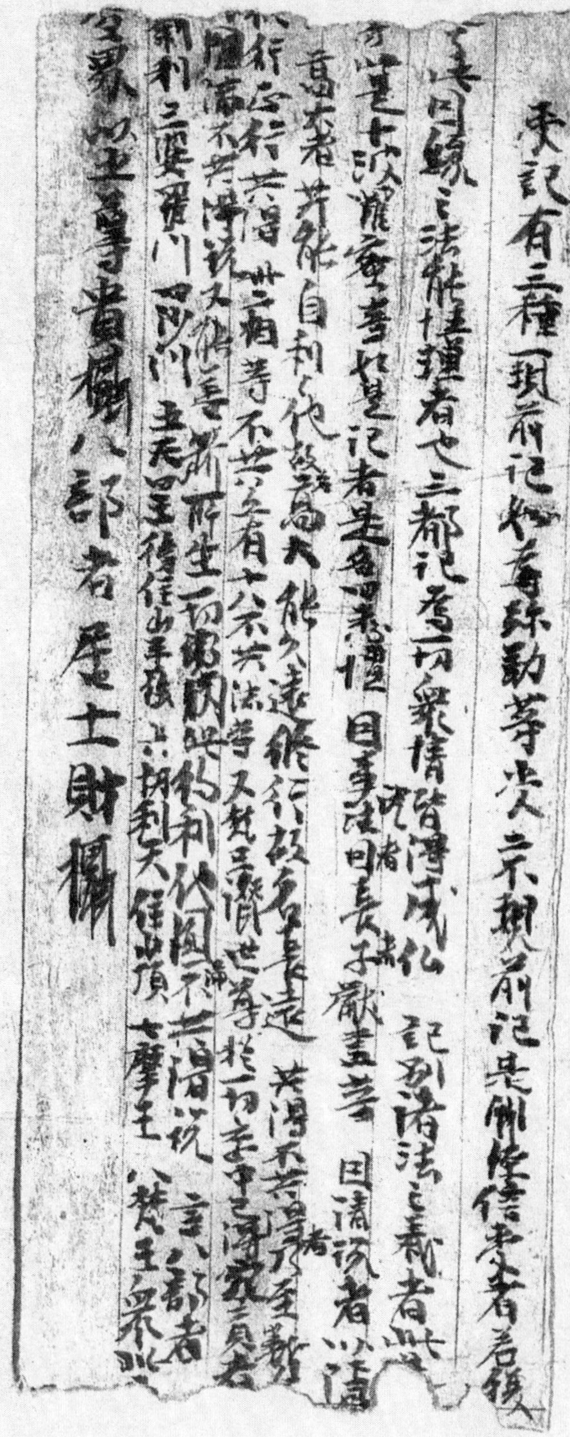

受記有三種一現前記如舍利弗等二不現前記是佛滅後信受者若後
了義因緣之法能灌頂者也三都記為一切衆情皆得成佛 記别諸法之義者此
方世尊十號[illegible]等如是記者是名[illegible] 目事[illegible]日長子[illegible]等 因請說者以請
意大者菩薩自利利他故名為大能久遠修行故名長遠 共得不共得者乃至數
八行[illegible]行共得[illegible]等不共六有十八不共法等又[illegible]世尊於一切[illegible]
[illegible]不共[illegible]說大悲善巧所生一切[illegible]利他[illegible]不共[illegible]說 言八部者
剎利二[illegible]四[illegible]天四王天[illegible]住山頂 七摩王 八梵王衆
[illegible]以上[illegible]等者[illegible]八部者居士財[illegible]

BD09693號 大乘百法明門論開宗義決疏（擬） （1–1）

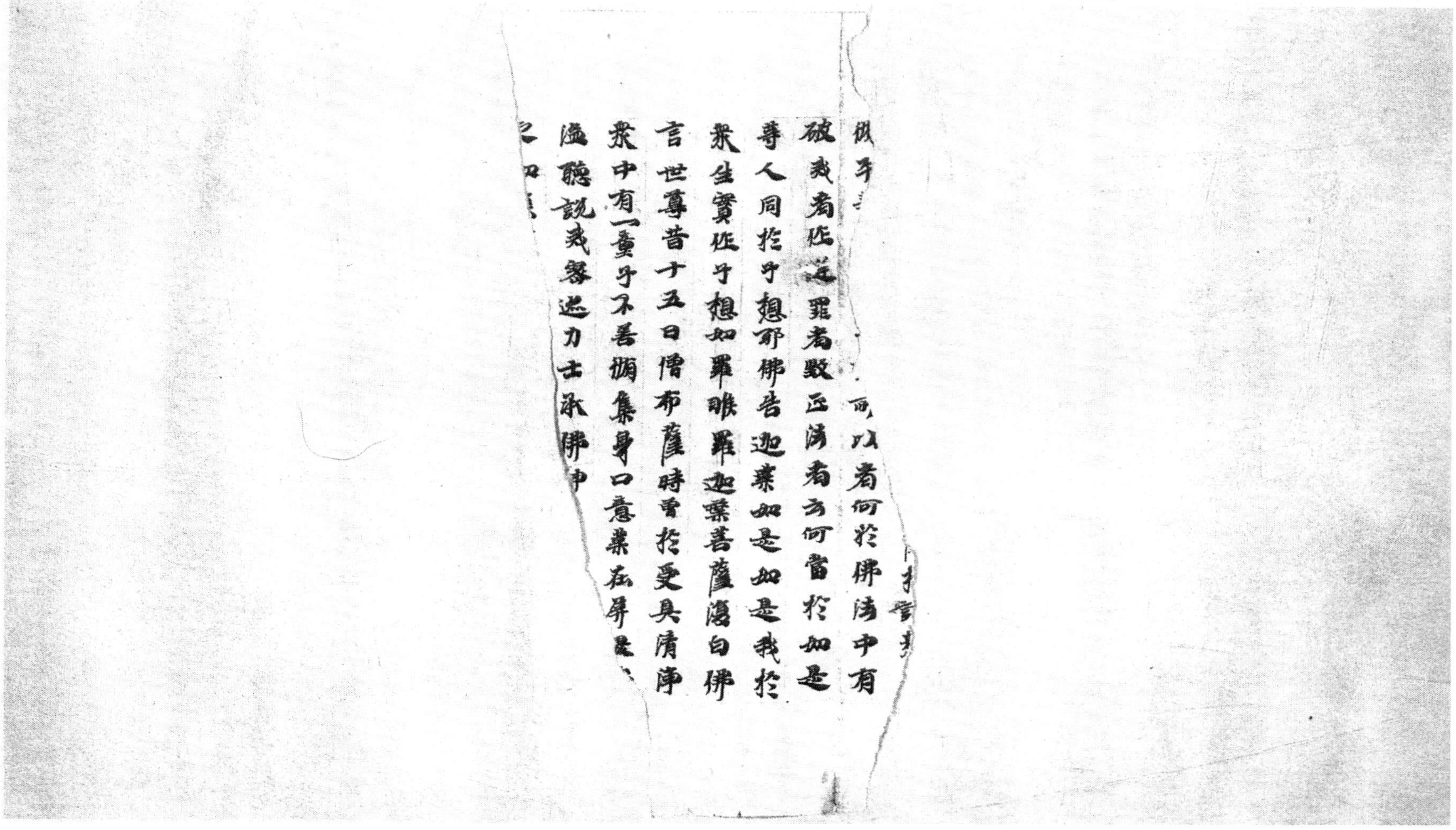
所以者何於佛法中有
破戒者作逆罪者毀正法者云何當於如是
等人同於子想耶佛告迦葉如是如是我於
衆生實作子想如羅睺羅迦葉菩薩白佛
言世尊昔十五日僧布薩時於受具清淨
衆中有一童子不善調集身口意業在屏處
盜聽說戒密迹力士承佛神

BD09694 號　大般涅槃經（北本）卷三

（1–1）

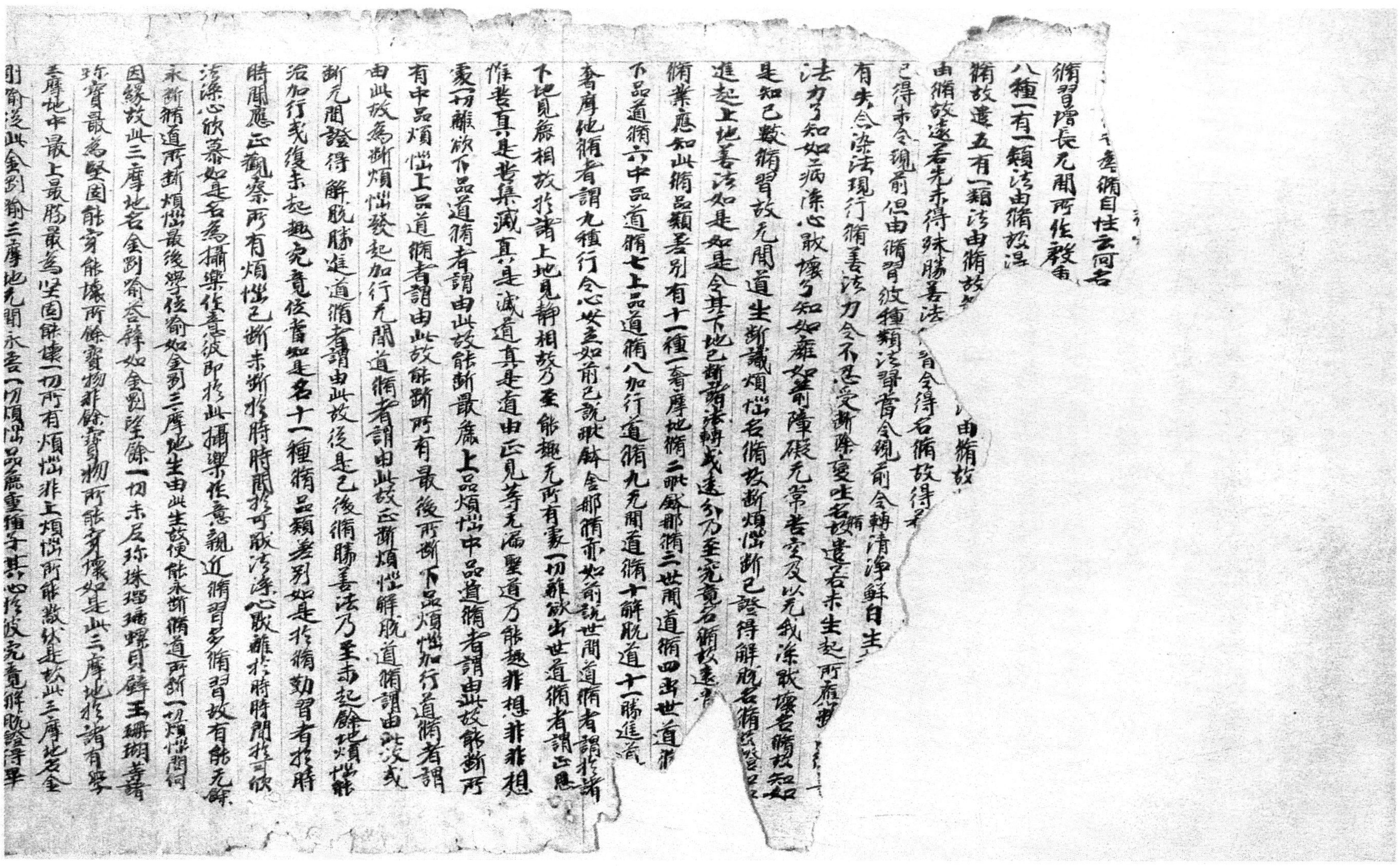
脩自性云何名
脩習增長无間所作殷重
八種一有一類法由脩故得
脩故遣五有一類法由脩故
由脩故遠若先未得殊勝善法……由脩故
已得未令現前但由脩習彼種類法習當令得名脩故得
有失令染法現行脩善法力令不忍受斷除變吐名脩故遣若未生起所應
法力了知如病染心厭壞了知如癰如箭障礙无常苦空及以无我深厭壞名脩
是知已數脩習故无間道生斷識煩惱名脩故斷煩惱斷已證得解脫名脩故知如
進起上地善法如是如是令其下地已斷諸法轉成遠分乃至究竟名脩故遠
脩業應知此脩品類差別有十一種一奢摩他脩二毗鉢舍那脩三世間道脩四出世道脩
下品道脩六中品道脩七上品道脩八加行道脩九无間道脩十解脫道十一勝進道
奢摩他脩者謂九種行令心安住如前已說毗鉢舍那脩亦如前說世間道脩者謂於諸
下地見麁相故於諸上地見靜相故乃至能趣无所有處一切離欲出世道脩者謂正見
作苦真是苦集真是集滅真是滅道真是道由正見等无漏聖道乃能趣非想非非想
處一切離欲下品道脩者謂由此故能斷最麁上品煩惱中品道脩者謂由此故能斷所
有中品煩惱上品道脩者謂由此故能斷所有最後所斷下品煩惱加行道脩者謂
由此故爲斷煩惱發起加行无間道脩者謂由此故正斷煩惱解脫道脩謂由此後或
斷无間證得解脫勝進道脩者謂由此故從是已後脩勝善法乃至未起餘地煩惱能
治加行或復未起趣究竟位當知是名十一種脩品類差別如是於脩勤習者於時
時間應正觀察所有煩惱已斷未斷於時時間於可厭法深心厭離於時時間於可欣
法深心欣慕如是名爲攝樂作意彼即於此攝樂作意親近脩習多脩習故有能无餘
永斷脩道所斷煩惱最後學位喻金剛三摩地生由此生故便能永斷脩道所斷一切煩惱問何
因緣故此三摩地名金剛喻答譬如金剛望餘一切末尼珠寶瑠璃螺貝璧玉珊瑚等諸
珍寶最爲堅固能穿能壞所餘寶物非餘寶物能穿能壞如是此三摩地於諸有學
三摩地中最上最勝最爲堅固能壞一切所有煩惱非上煩惱所能穿壞是故此三摩地名金
剛喻從此金剛喻三摩地无間永害一切煩惱品麁重種子其心於彼究竟解脫證得畢

BD09695 號　瑜伽師地論卷三四

（2–1）

斷无間證得解脫勝進道修者謂由此故從是已後修勝善法乃至未起餘地煩惱能
治加行或復未起趣究竟位當知是名十一種修品類差別如是於修勤習者於時
時間應正觀察所有煩惱已斷未斷於時時間於可厭法深心厭離於時時間於可欣
法深心欣慕如是名為攝樂作意彼即於此攝樂作意親近修習多修習故有能无餘
永斷修道所斷煩惱最後學後喻如金剛三摩地生由此生故便能永斷修道所斷一切煩惱問何
因緣故此三摩地名金剛喻答譬如金剛望餘一切末尼珠瑠璃螺貝璧玉珊瑚等諸
珍寶最為堅固能穿能壞所餘寶物非餘寶物所能穿壞如是此三摩地於諸有學
三摩地中最上最勝最為堅固能壞一切所有煩惱非上煩惱所能撚伏是故此三摩地名金
剛喻後此金剛喻三摩地无間永害一切煩惱品麁重種子其心於彼究竟解脫證得畢
竟種姓清淨於諸煩惱究竟盡中發起盡智由因盡故當來苦果畢竟不生
即於此中起无生智彼於今時成阿羅漢諸漏已盡所作已辦无復所作證得自義盡
諸有結已正奉行如來聖教心善解脫已具成就十无學法謂无學正見正思惟乃
至无學正解脫正智於諸住中及作意中能隨己心自在而轉隨所樂住或聖或天或
梵住中即能安住隨樂思惟所有正法引世間或出世間諸善義利即能思惟言聖住者
謂空住无願住无相住滅盡定住言天住者謂諸靜慮諸无色住言梵住者謂慈悲
喜捨住於今時堅證究竟畢竟无垢畢竟證得梵行邊際離諸關鍵已出深坑已度
深塹已能摧伏彼伊師迦是為真聖棄捨憍慢高幢已斷五支成就六支一向守護四所依止最
極遠離獨一諦實棄捨希求无濁思惟身行猗息心善解脫慧善解脫獨一无侶
正行已立名已親近无上丈夫具足成就六恒住法謂眼見色已无喜无憂……
念正知如是耳聞聲已鼻嗅香已舌嘗味已身覺觸已意了法已无……
正念正知彼於今時領受貪愛无餘永盡領受瞋恚无餘……
貪瞋癡皆永盡故不造諸惡習近諸善其心……
帝天王恭敬供養住有餘依般涅槃界處生……
業煩惱所引諸蘊自然滅故餘取无故不相續……
无般涅槃者如於生死无流轉者唯有眾苦……
為寂靜謂棄捨一切所依愛盡離欲永滅涅槃……
漏永盡不能習近五種處所一者不能故思……

BD09695 號　瑜伽師地論卷三四　　（2–2）

亦乃至識
無明乃至老死布施……
波羅蜜多內空乃至無……
不思議界斷界乃至無……
四念住乃至八聖道支四靜慮四
定八解脫九次第定空無相無願解
觀地乃至如來地極喜地乃至法雲
六神通如來十力乃至十八佛不共
二大士相八十隨好無忘失法恒住
切陁羅尼門三摩地門一切智道相
相智預流向預流果乃至菩薩摩訶……
佛無上正等菩提預流一來不還阿羅漢
覺菩薩及諸如來應正等覺應知亦尒時天
帝釋竊作是念尊者善現智慧甚深不壞假
名而說法性佛知其意便即彼言如憍尸迦
心之所念具壽善現智慧甚深不壞假名
說諸法性時天帝釋即白佛言尊者善現於
何等法不壞假名而說法性尒時佛告天帝釋
言憍尸迦色乃至識但是假名如是假名不離
法性具壽善現不壞如是色等假名而說色
等法性所以者何色等法性無壞無不壞

BD09696 號　大般若波羅蜜多經卷五〇〇　　（2–1）

二大士相八十隨好無忘失法恒住
切陁羅尼門三摩地門一切智道相
相智預流向預流果乃至菩薩摩訶[illegible]
佛無上正等菩提預流一來不還阿羅漢獨
覺菩薩及諸如來應正等覺應知亦尒時天
帝釋竊作是念尊者善現智慧甚深不壞假
名而說法性佛知其意便即彼言如憍尸迦
心之所念具壽善現智慧甚深不壞假名
說諸法性時天帝釋即白佛言尊者善現於
何等法不壞假名而說法性尒時佛告天帝釋
言憍尸迦色乃至識但是假名如是假名不離
法性具壽善現不壞如是色等假名而說色
等法性所以者何色等法性無壞無不壞
是故善現所說亦無壞無不壞如是乃至一
切如來應正等覺應知亦尒憍尸迦具壽善
現於如是法不壞假名而說法性尒時善現
語帝釋言憍尸迦如是如是如佛所說諸所有
法無非假名憍尸迦諸菩薩摩訶薩知一
切法但假名已應學般若波羅蜜多憍尸迦
諸菩薩摩訶薩如是學時不於色學亦不於
受想行識[illegible]何是菩薩摩訶薩不見

BD09696號　大般若波羅蜜多經卷五〇〇　（2–2）

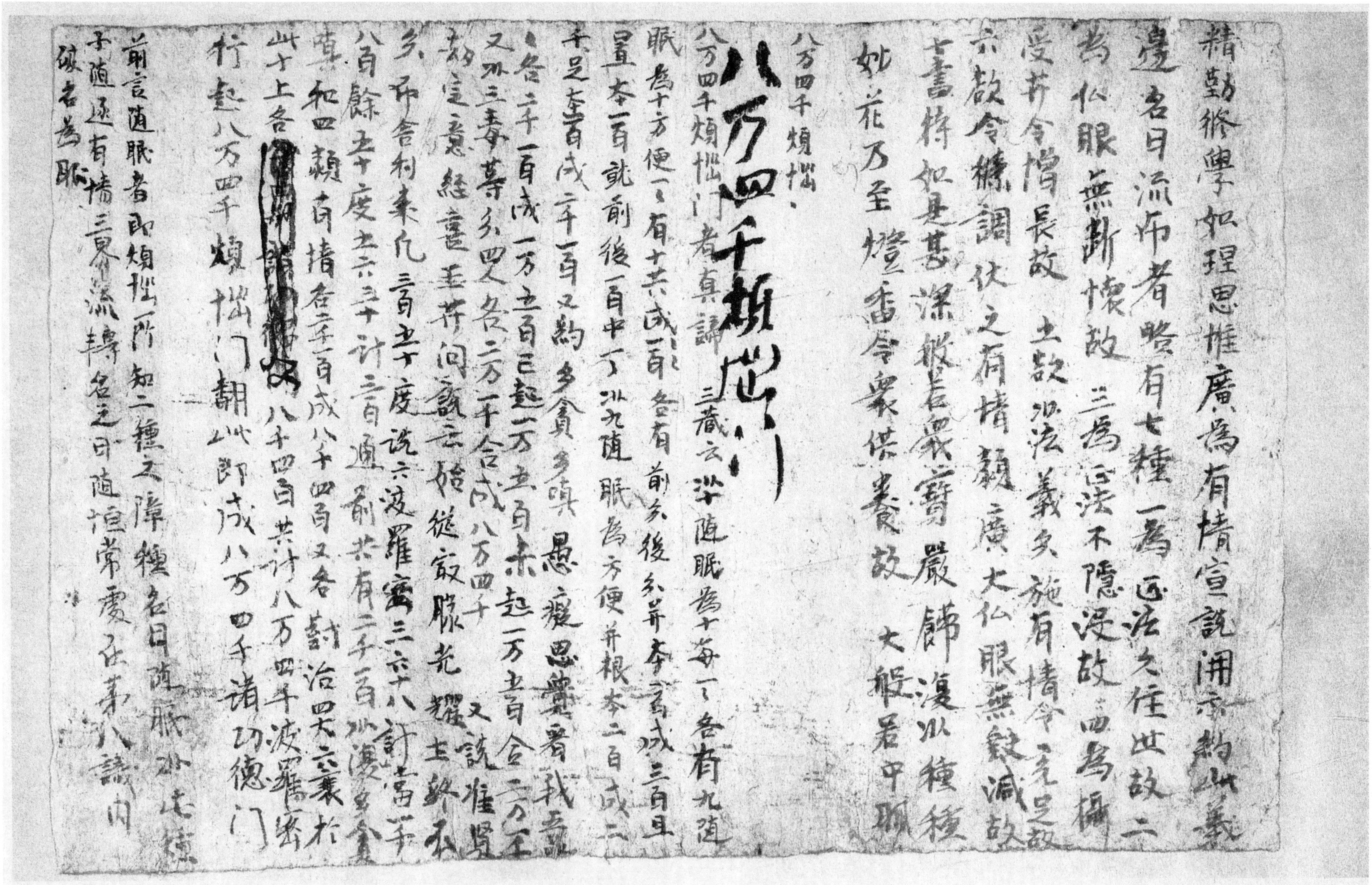
精勤修學如理思惟廣為有情宣說開示於此義
邊名曰流布者略有七種一為正法久住世故二
為佛眼無斷壞故　三為正法不隱沒故　四為攝
受菩令增長故　五報以法義多施有情令充足故
六報令調伏之有情類廣大佛眼無缺減故
七書持如是甚深般若衆寶嚴飾復以種種
妙花乃至燈香令衆供養故　大般若中聊

八万四千煩惱
八万四千煩惱門
八万四千煩惱門者眞諦三藏云　從隨眠為十每一各有九隨
眠為十方便一一有十共成一百　各有前多後多并本合成三百旦
置本一百就前後一百中下以九隨眠為方便并根本二百成二
千足本百成二千一百又約多貪多嗔愚癡思覺我慢
等各二千一百成一万五百已起一万五百未起一万五百合二万一千
又以三毒等分四人各二万一千合成八万四千
初定意經云　菩薩問該云始從寂眼光耀至終不　又說准賢
多　舍利弗凡三百五十度說六波羅蜜三六十八計當一千
八百餘五十度五六三十計三百通前共有二千一百以復多貪
等和四類有情各二千一百成八千四百又各對治四大六衰於
此十上各　八千四百共計八万四千波羅蜜
對起八万四千煩惱門翻此即成八万四千諸功德門
前言隨眠者即煩惱所知二種之障種名曰隨眠以此種
子隨逐有情三界流轉名之曰隨恒常處在第八識內
彼名為眠

BD09697號　諸經摘抄（擬）　　（1-1）

訶薩不依般若波
…至般若及餘種種諸佛法
…伎善巧故雖脩諸善而起高心不能
迴求一切智智若菩薩摩訶薩依上般若波
羅蜜多脩行布施乃至般若及餘種種諸佛
法時有方便善巧故所脩諸善調伏高心迴
向所求一切智智尒時佛告天帝釋言如是
如是如汝所說憍尸迦若善男子善女人等
能於般若波羅蜜多至心聽聞受持讀誦精
勤脩學如理思惟書寫解說廣令流布是善
男子善女人等身心安樂不為一切灾横侵
惱若在軍旅交戰陣時至心念誦如是般若
波羅蜜多於諸有情慈悲讙念不為刀仗之
所傷殺所對怨敵皆起慈心設起惡心自然
退敗是善男子善女人等若在軍振刀箭所
傷失命亦身欲元是處何以故憍尸迦是善
男子善女人等脩行般若波羅蜜多自能除
伏煩惱悲業種種刀仗亦能除他煩惱悲業
諸刀仗故傷汝憍尸迦若善男子善女人等

BD09698號　大般若波羅蜜多經卷五四〇　（1–1）

所以敎
…地獄願佛衛護…
天上此婆秀仙在閻浮提与六百廿万
爲作商主將諸人等入海採寶往到深
諸舩舫漸漸深入而取珎寶得諸寶已
舩舫欲還本國於其中路而值摩竭魚口
波之難大風之難又值夜叉之難
廿万人即時許摩醯首羅天人
諸人便離四難還到本國到本
一羊欲往天寺尒時婆秀每作是言我今去
何作衆商主教諸商人作不善行我今當設
方便濟如是命即時化作二人一者古出家
沙門二者在家婆羅門時婆羅門於諸衆中
作是唱言天主与六百廿万人欲往天寺尒
時沙門於其中路遇見此婆羅門沙門問言
汝与是大衆欲往何方在家人言我欲往天
寺而求大利沙門言吾觀汝等而得大衰去
何大利如是汝弟諍訟不止尒時衆人聞婆
羅門言此是何人形狠如是婆羅…
古時沙門諸人聞言沙門何言婆羅門言
如是[illegible]

BD09699號　大方等陀羅尼經卷一　（2–1）

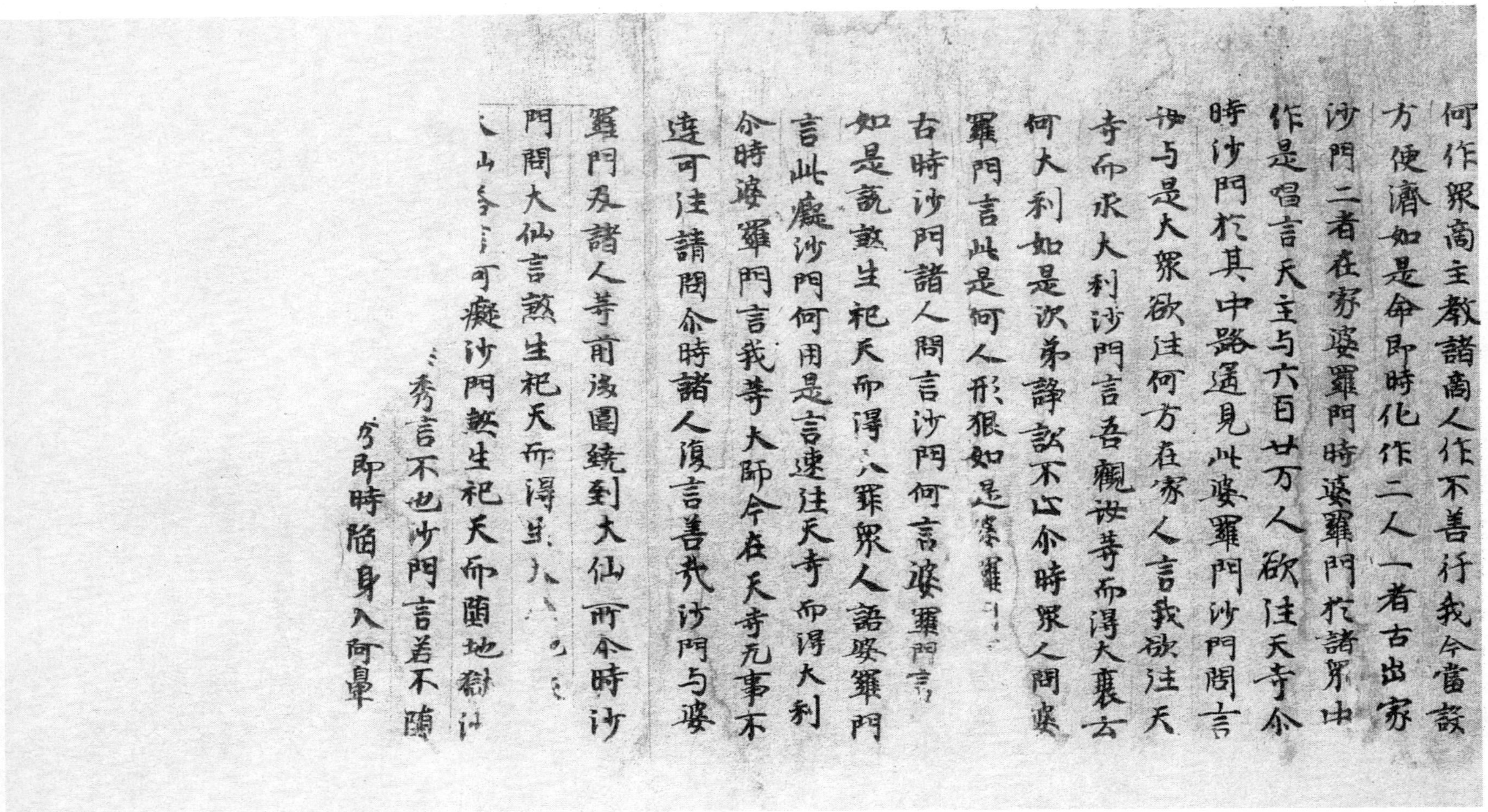
何作衆商主教諸商人作不善行我今當設
方便濟如是命即時化作二人一者古出家
沙門二者在家婆羅門時婆羅門於諸衆中
作是唱言天主与六百廿万人欲往天寺尒
時沙門於其中路遥見此婆羅門沙門問言
汝与是大衆欲往何方在家人言我欲往天
寺求大利沙門言吾觀汝等求得大衰去
何大利如是次第諍訟不已尒時衆人問婆
羅門言此是何人形狠如是婆羅門言
古時沙門諸人問言沙門何言婆羅門言
如是衆生祀天而得入罪衆人語婆羅門
言此癡沙門何用是言速往天寺而得大利
尒時婆羅門言我等大師今在天寺无事不
達可往請問尒時諸人復言善哉沙門与婆
羅門及諸人等前後圍繞到大仙所尒時沙
門問大仙言煞生祀天而得生天……
……山……言可癡沙門煞生祀天而墮地獄……
……秀言不也沙門言若不墮
……方即時陷身入阿鼻

BD09699號　大方等陀羅尼經卷一　（2–2）

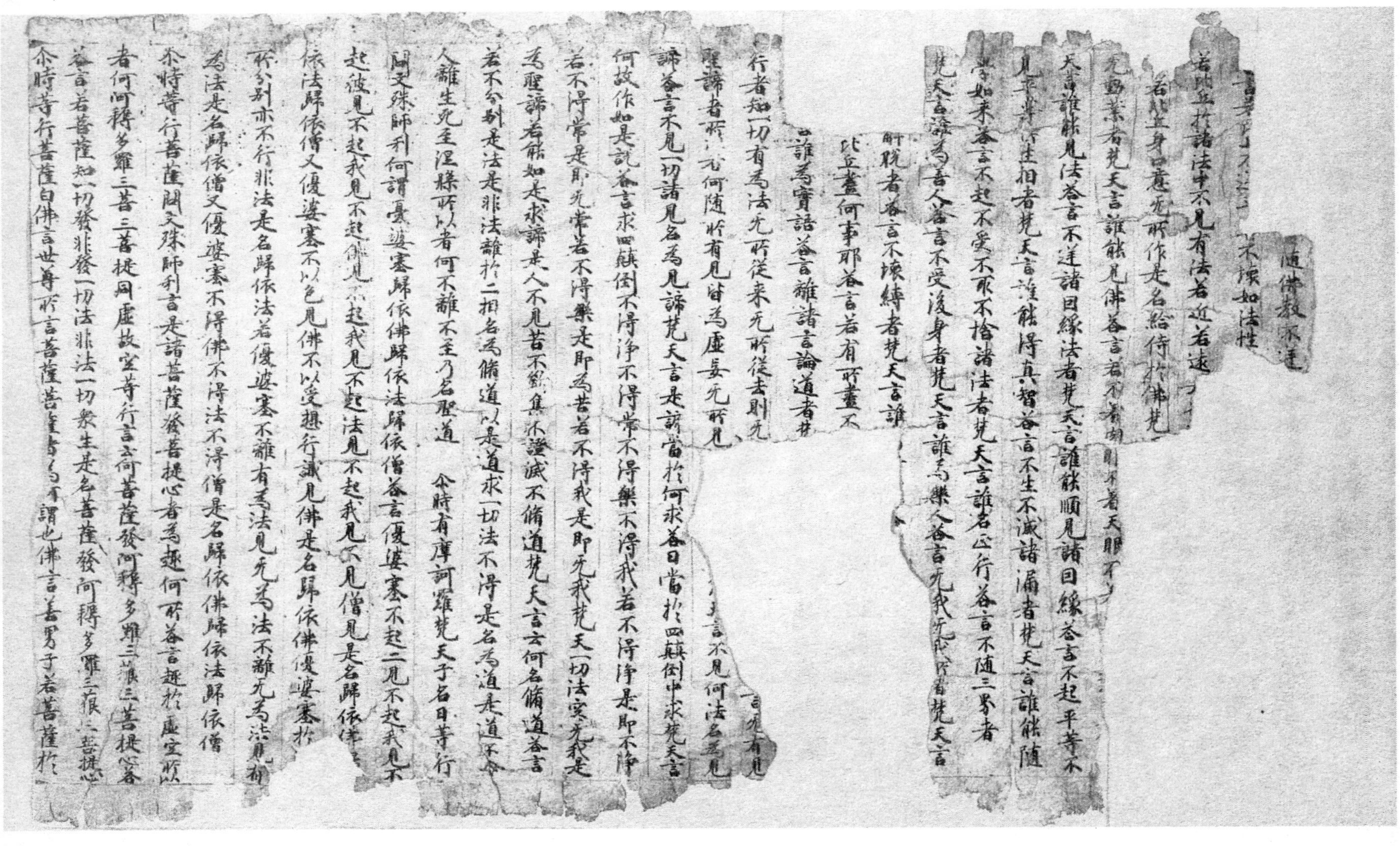
隨佛教不違
……不壞如法性
若比丘於諸法中不見有法若近若遠……
若比丘身口意无所作是名給侍於佛梵……
无身業者梵天言誰能見佛答言若不著肉眼不著天眼不……
天言誰能見法答言不逆諸因緣法者梵天言誰能順見諸因緣答言不起平等不
見平等……生相者梵天言誰能得真智答言不生不滅諸漏者梵天言誰能隨
學如來答言不起不受不取不捨諸法者梵天言誰名正行答言不隨三界者
梵天言誰為善人答言不受後身者梵天言誰為樂人答言无我无我所者梵天言
……所說者答言不壞縛者梵天言誰……
比丘盡何事耶答言若有所盡不……
……誰為實語答言離諸言論道者梵……
行者知一切有為法无所從来无所從去則无……无有見
聖諦者所……何隨所有見皆為虛妄无所見……言不見何法名為見
諦答言不見一切諸見名為見諦梵天言是諦當於何求答曰當於四顛倒中求梵天言
何故作如是說答言求四顛倒不得淨不得常不得樂不得我若不得淨是即不淨
若不得常是即无常若不得樂是即為苦若不得我是即无我梵天一切法實无我是
為聖諦若能如是求諦是人不見苦不斷集不證滅不脩道梵天言云何名脩道答言
若不分別是法是非法離於二相名為脩道以是道求一切法不得是名為道是道不令
人離生死至涅槃所以者何不離不至乃名聖道　尒時有摩訶羅梵天子名曰等行
問文殊師利何謂優婆塞歸依佛歸依法歸依僧答言優婆塞不起二見不起我見不
起彼見不起我見不起佛見不起我見不起法見不起我見不見僧見是名歸依佛……
依法歸依僧又優婆塞不以色見佛不以受想行識見佛是名歸依佛優婆塞於……
所分別亦不行非法是名歸依法若優婆塞不離有為法見无為法不離无為法見有
為法是名歸依僧又優婆塞不得佛不得法不得僧是名歸依佛歸依法歸依僧
尒時等行菩薩問文殊師利言是諸菩薩發菩提心者為趣何所答言趣於虛空所以
者何阿耨多羅三藐三菩提同虛故空等行言云何菩薩發阿耨多羅三藐三菩提心答
言若菩薩知一切發非發一切法非法一切衆生是名菩薩發阿耨多羅三藐三菩提心
尒時等行菩薩白佛言世尊所言菩薩菩……者……謂也佛言善男子若菩薩於……

BD09700號　思益梵天所問經卷三　（1–1）

兑
巧會入法性不見一事出法性者設有不與
法性相應亦能方便會入般若波羅蜜多
甚深理趣由斯不見出法性者復次善現是諸
菩薩設有惡魔現前化作八大地獄二 獄中
化作無量百千菩薩皆被猛焰交徹燒燃
告菩薩言此諸菩薩皆由受得不退轉記故
墮如是大地獄中恒受如斯猛利大苦汝等
既受不退轉記當如此類受斯大苦是故汝
等應疾捨弃大菩提心可脫斯苦當生天上
或生人中富貴自在受諸快樂時諸菩薩見
聞此事其心不動亦不驚疑但作是念若諸
菩薩已受菩提不退轉記更墮惡趣受諸
苦惱如愚異生必無是處今見聞者定是惡魔
所作所說皆非實有復次善現是諸菩薩
設有惡魔作沙門像來至其所說如是言
汝先有惡魔作沙門像來至其所說如是
不
寫經非是作看本眼睛落頂骨將欲折不得二升
努力精心寫金經万代傳不時今生福開眼得生天

BD09701 號 1　大般若波羅蜜多經（兑廢稿）卷五六二　（1–1）
BD09701 號 2　寫經五言詩二首（擬）

BD09701 號背　雜寫　（1–1）

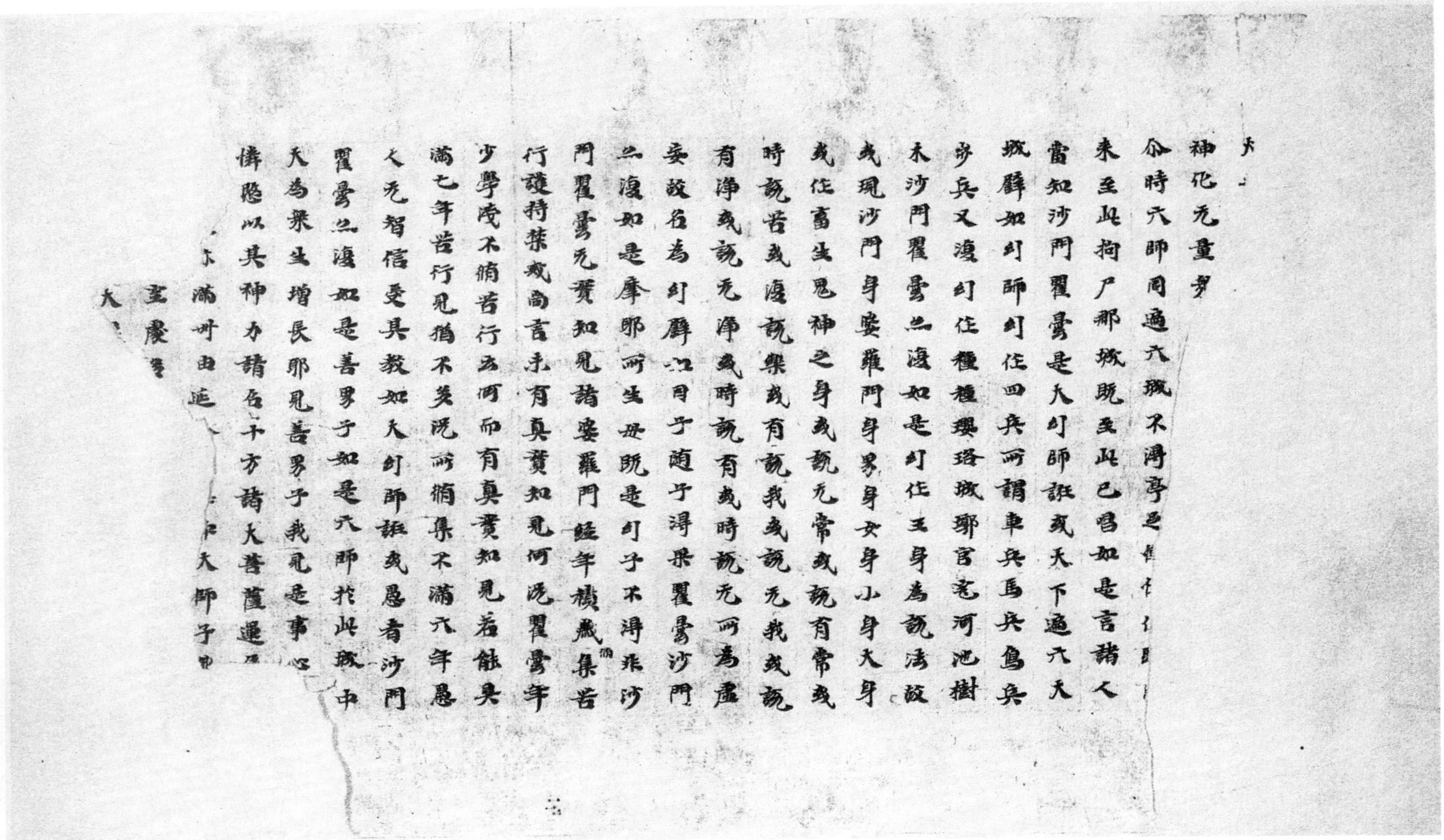

大
神化无量多
尒時六師周遍六城不淂亭足……
来至此拘尸那城既至此已唱如是言諸人
當知沙門瞿曇是大幻師誑惑天下遍六大
城辟如幻師幻作四兵所謂車兵馬兵象兵
步兵又復幻作種種瓔珞城郭宮宅河池樹
木沙門瞿曇亦復如是幻作王身為說法故
或現沙門身婆羅門身男身女身小身大身
或作畜生鬼神之身或說无常或說有常或
時說苦或復說樂或有說我或說无我或說
有淨或說无淨或時說有或時說无所為虛
妄故名為幻辟如因子隨子淂果瞿曇沙門
亦復如是摩耶所生母既是幻子不淂非沙
門瞿曇无實知見諸婆羅門經年積歲脩集苦
行護持禁戒尚言未有真實知見何況瞿曇年
少學淺不脩苦行而有真實知見若能具
滿七年苦行見猶不多況所脩集不滿六年愚
人无智信受其教如大幻師誑惑愚者沙門
瞿曇亦復如是善男子如是六師於此城中
大為衆生增長邪見善男子我見是事心
憐愍以其神力請召十方諸大菩薩還……
……亦滿卅由延……中大師子中……
聖慶……
大……

BD09702號　大般涅槃經（北本）卷三〇　（1–1）

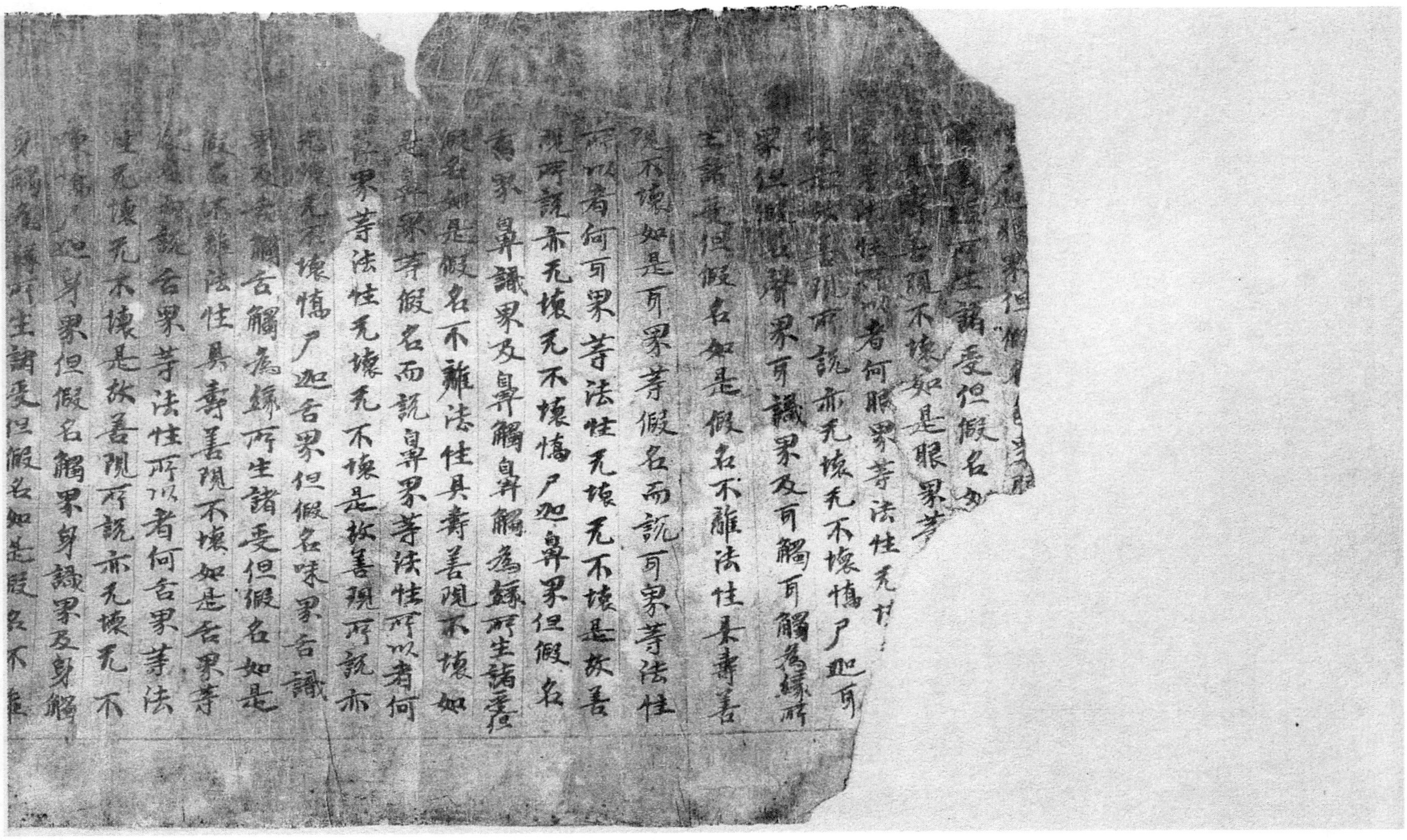

……但……
……所生諸受但假名如
……不壞如是眼界等
……者何眼界等法性无……
……亦无壞无不壞憍尸迦耳
界但……耳識界及耳觸耳觸為緣所
生諸受但假名如是假名不離法性具壽善
現不壞如是耳界等假名而說耳界等法性
所以者何耳界等法性无壞无不壞是故善
現所說亦无壞无不壞憍尸迦鼻界但假名
香界鼻識界及鼻觸鼻觸為緣所生諸受
假名如是假名不離法性具壽善現不壞如
是鼻界等假名而說鼻界等法性所以者何
鼻界等法性无壞无不壞是故善現所說亦
无壞无不壞憍尸迦舌界但假名味界舌識
界及舌觸舌觸為緣所生諸受但假名如是
假名不離法性具壽善現不壞如是舌界等
假名而說舌界等法性所以者何舌界等法
性无壞无不壞是故善現所說亦无壞无不
壞憍尸迦身界但假名觸界身識界及身觸
身觸為緣所生諸受但假名如是假名不離

BD09703號　大般若波羅蜜多經卷八五　（2–1）

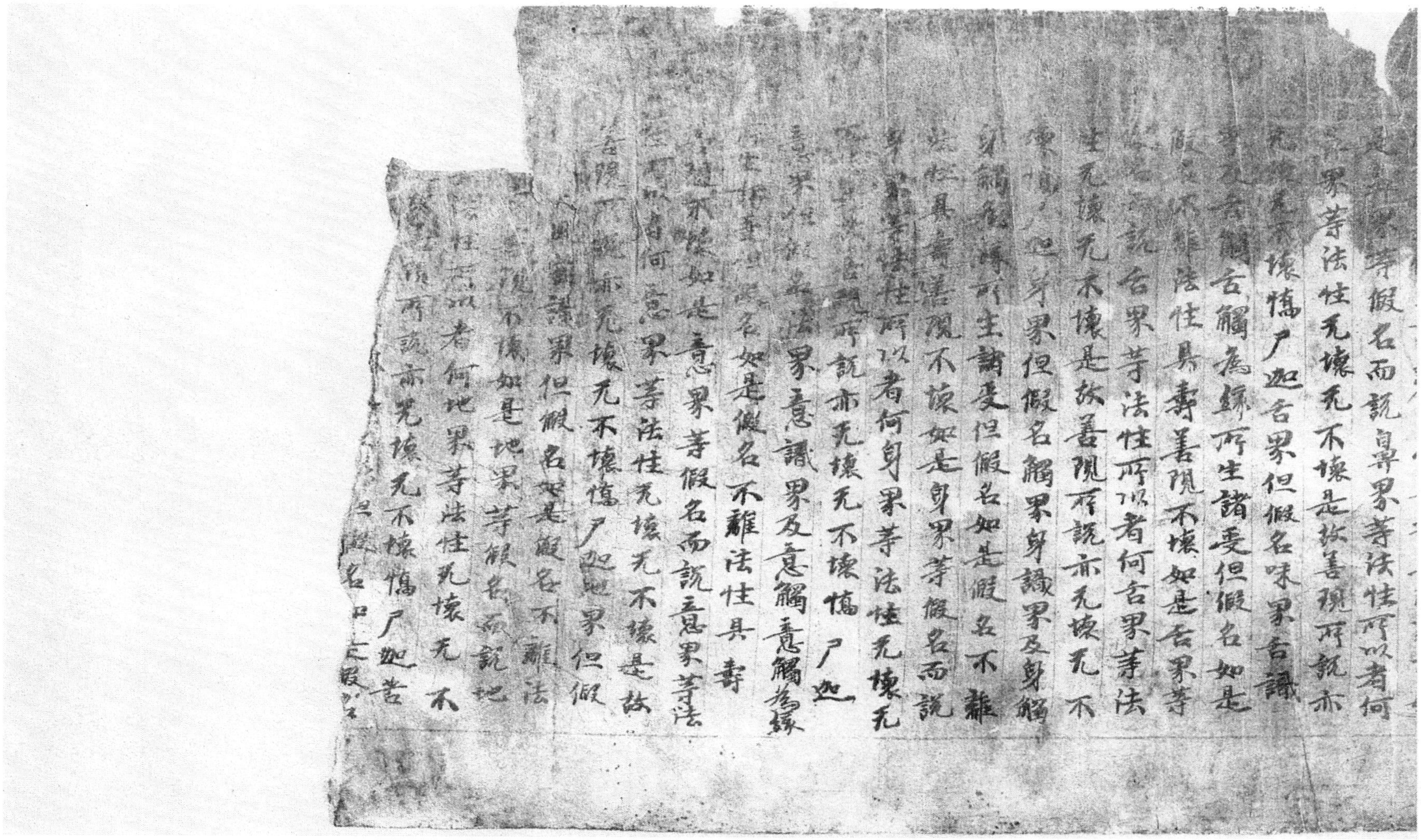

…等假名而說鼻界等法性所以者何
…界等法性无壞无不壞是故善現所說亦
…壞憍尸迦舌界但假名味界舌識
…舌觸舌觸為緣所生諸受但假名如是
…法性具壽善現不壞如是舌界等
…說舌界等法性所以者何舌界等法
…无壞无不壞是故善現所說亦无壞无不
…身界但假名觸界身識界及身觸
…所生諸受但假名如是假名不離
…具壽善現不壞如是身界等假名而說
身界等法性所以者何身界等法性无壞无
…所說亦无壞无不壞憍尸迦
意界…意識界及意觸意觸為緣
…名如是假名不離法性具壽
…如是意界等假名而說意界等法
…意界等法性无壞无不壞是故
…无壞无不壞憍尸迦地界但假
…界但假名如是假名不離法
…不壞如是地界等假名而說地
…者何地界等法性无壞无不
…所說亦无壞无不壞憍尸迦若
…名…

BD09703號　大般若波羅蜜多經卷八五　（2–2）

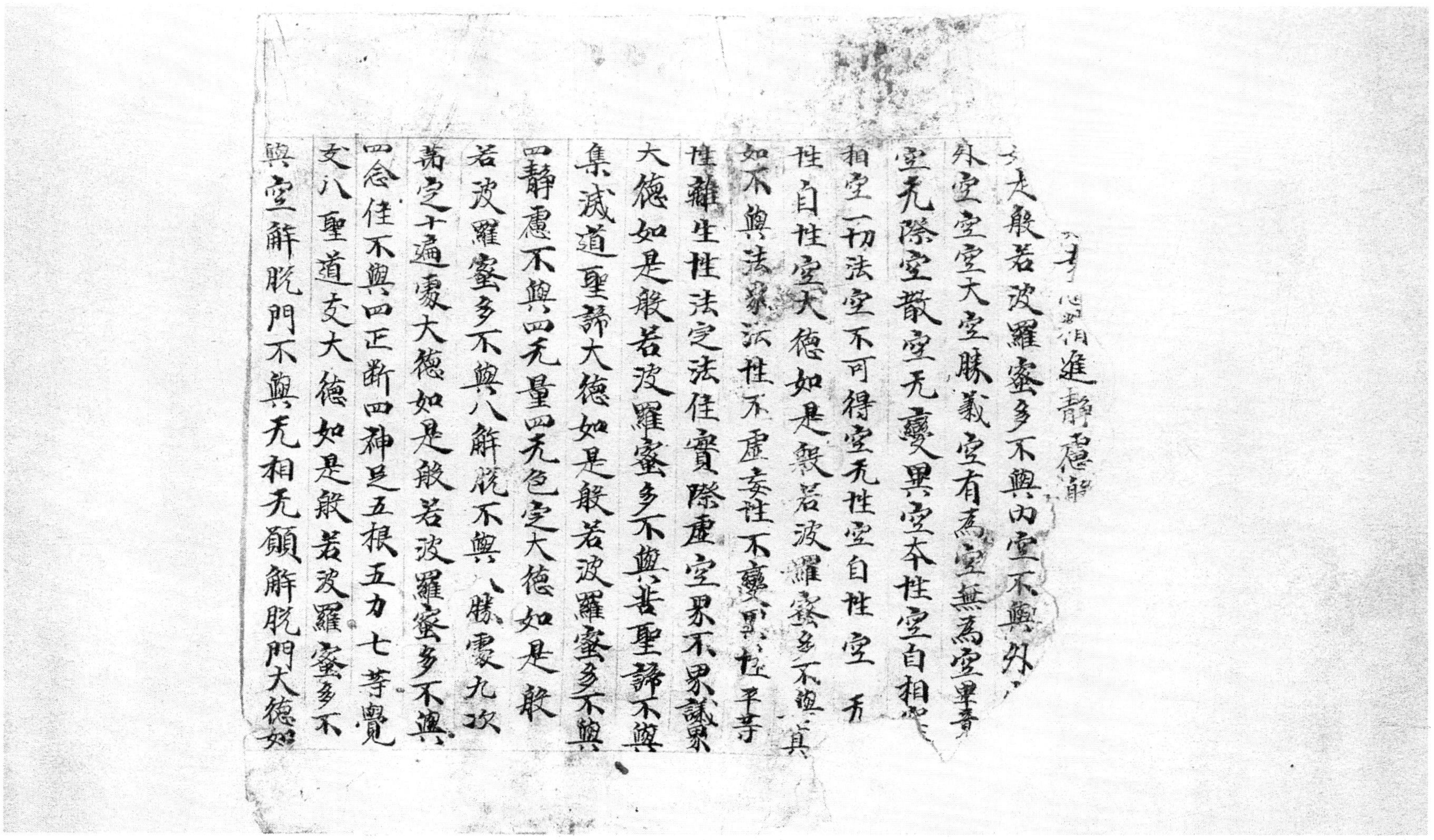

…相進靜慮般
大般若波羅蜜多不與內空不與外
外空空空大空勝義空有爲空無爲空畢竟
空无際空散空无變異空本性空自相空
相空一切法空不可得空无性空自性空　无
性自性空大德如是般若波羅蜜多不與真
如不與法界法性不虛妄性不變異性平等
性離生性法定法住實際虛空界不思議界
大德如是般若波羅蜜多不與苦聖諦不與
集滅道聖諦大德如是般若波羅蜜多不與
四靜慮不與四无量四无色定大德如是般
若波羅蜜多不與八解脫不與八勝處九次
第定十遍處大德如是般若波羅蜜多不與
四念住不與四正斷四神足五根五力七等覺
支八聖道支大德如是般若波羅蜜多不
與空解脫門不與无相无願解脫門大德如

BD09704號　大般若波羅蜜多經卷一二七　（1–1）

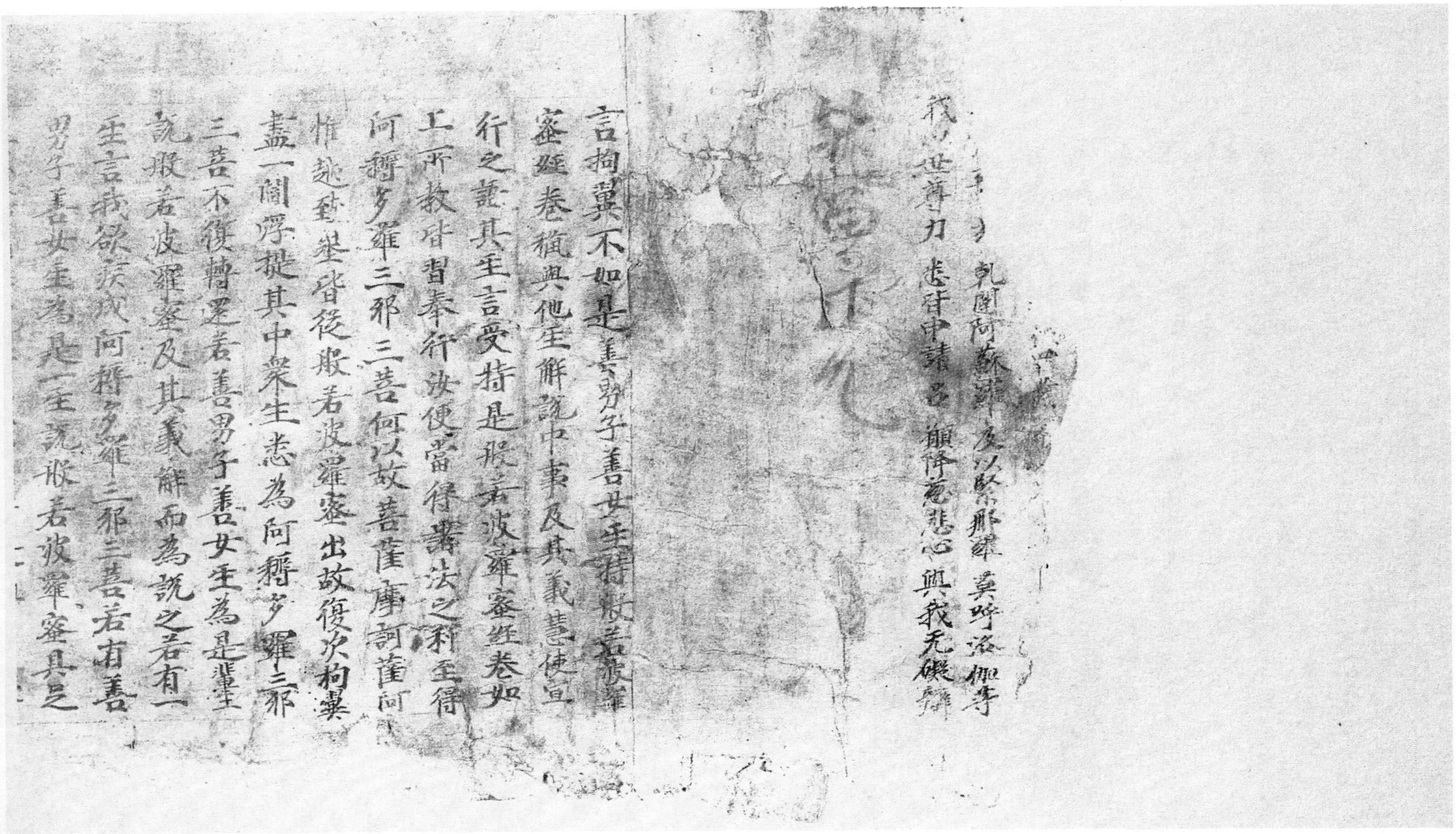

乾闥阿蘇羅　及以緊那羅　莫呼洛伽等
我以世尊力　悉皆申請召　願降慈悲心　與我无礙辯

言拘翼不如是善男子善女人持般若波羅
蜜經卷持與他人解說中事及其義慧使宣
行之語其人言受持是般若波羅蜜經卷如
上所教皆習奉行汝便當得諸法之利人得
阿耨多羅三耶三菩何以故菩薩摩訶薩阿
惟越致學皆從般若波羅蜜出故復次拘翼
盡一閻浮提其中衆生悉為阿耨多羅三耶
三菩不復轉還若善男子善女人為是輩人
說般若波羅蜜及其義解而為說之若有一
人言我欲疾成阿耨多羅三耶三菩若有善
男子善女人為是一人說般若波羅蜜具足

BD09705號1　金光明最勝王經（兑廢稿）卷八

BD09705號2　放光般若經（兑廢稿）卷八

（2–1）

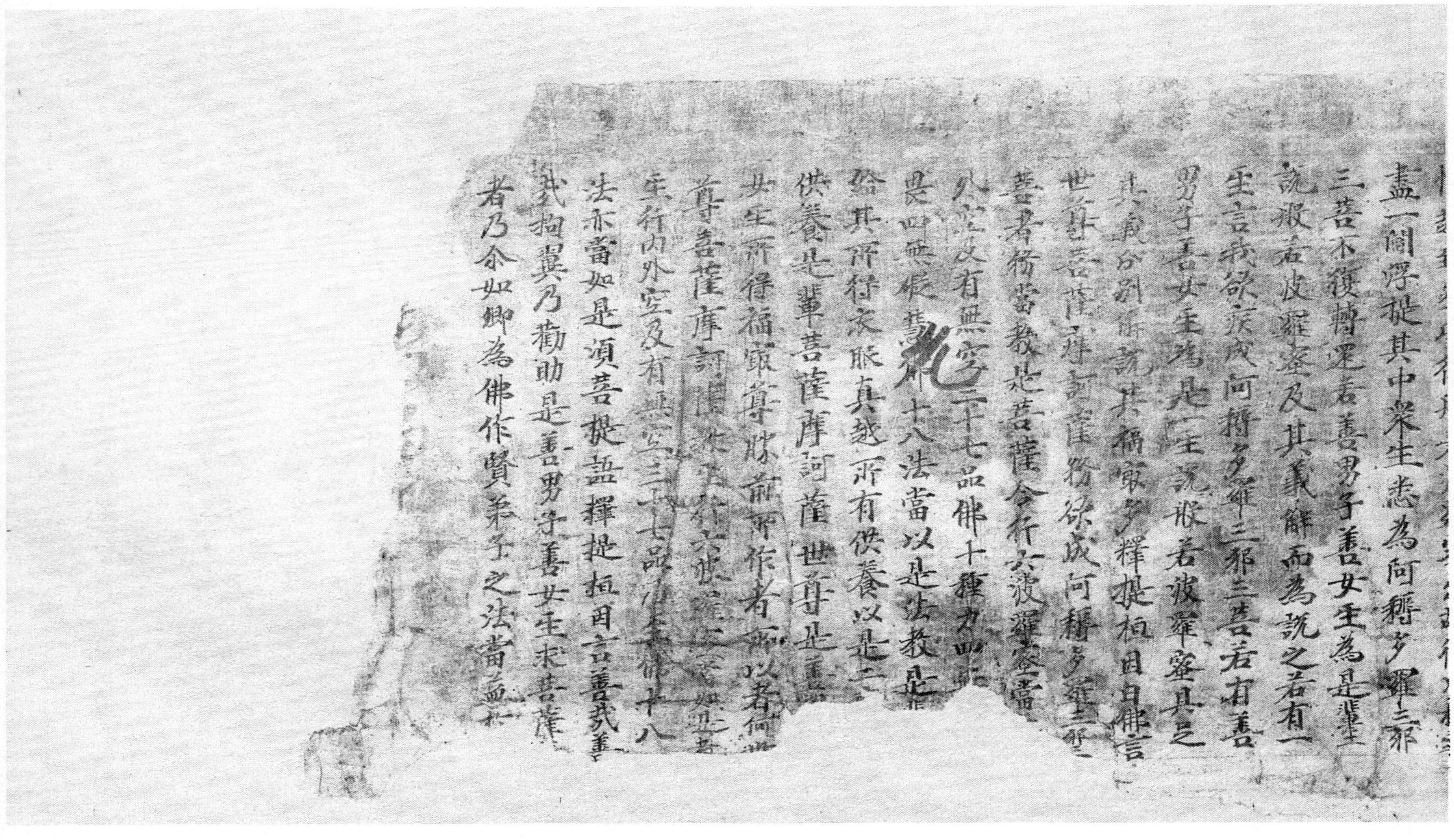

盡一閻浮提其中衆生悉為阿耨多羅三耶
三菩不復轉還若善男子善女人為是輩人
說般若波羅蜜及其義解而為說之若有一
人言我欲疾成阿耨多羅三耶三菩若有善
男子善女人為是一人說般若波羅蜜具足
其義分別解說其福最多釋提桓因白佛言
世尊菩薩摩訶薩欲疾成阿耨多羅三耶
菩者務當教是菩薩令行六波羅蜜當
外空及有無空二十七品佛十種力四無
是四無礙慧佛十八法當以是法教是
給其所待衣服具越所有供養以是
供養是輩菩薩摩訶薩世尊是
女人所得福寧多不[illegible]以者何
尊菩薩摩訶[illegible]如是
人行內外空及有無空三十七品佛十八
法亦當如是須菩提語釋提桓因言善哉善
哉拘翼乃勸助是善男子善女人求菩薩
者乃令如卿為佛作賢弟子之法當益

BD09705號2　放光般若經（兑廢稿）卷八

（2–2）

BD09705 號背　題記、雜寫　　（1–1）

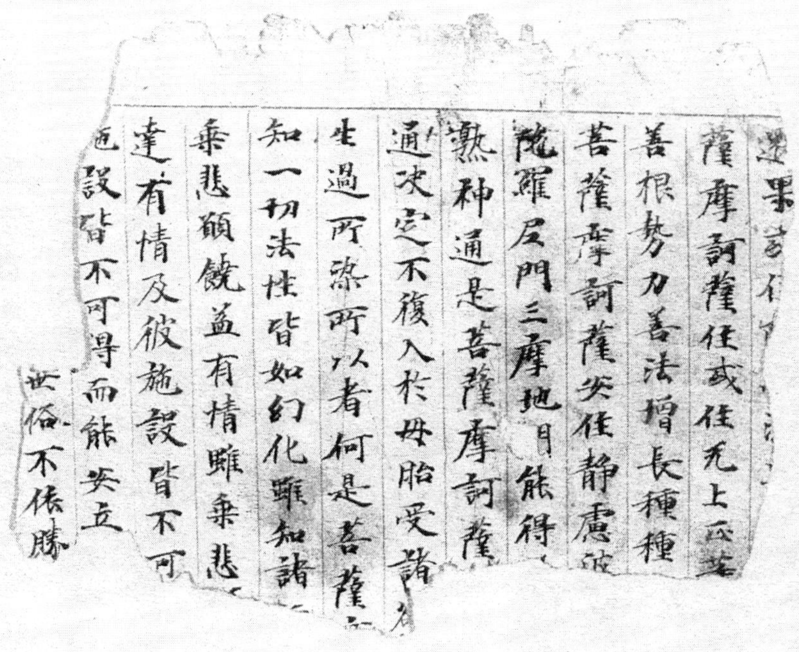

還果菩
薩摩訶薩住或住无上正等
善根勢力善法增長種種
菩薩摩訶薩安住靜慮發
陁羅尼門三摩地門能得
熟神通是菩薩摩訶薩
通決定不復入於母胎受諸
生過所染所以者何是菩薩
知一切法性皆如幻化雖知諸
乘悲願饒益有情雖乘悲
達有情及彼施設皆不可
施設皆不可得而能安立
世俗不依勝

BD09706 號　大般若波羅蜜多經卷四六七　　（1–1）

薩句義亦復如
無所有善現譬如夢境實無所有善
亦復如是實無所有善現譬如幻事
有菩薩句義亦復如是實無
陽焰實無所有菩薩句義亦
有善現譬如光影響像變化實無所有
句義亦復如是實無所有善現譬如真如句
義實無所有菩薩句義亦復如是實無所
善現譬如法界句義實無所有菩薩句義亦
復如是實無所有善現譬如法性句義實無
所有菩薩句義亦復如是實無所有善現譬
如不虛妄性不變異性平等性離生性法定
法住實際句義實無所有菩薩句義亦
是實無所有善現譬如幻士色句義乃至識
句義實無所有菩薩句義亦復如是實無所
有善現譬如幻士眼處句義乃至意處句義
實無所有菩薩句義亦復如是實無所有善
現譬如幻士色處句義乃至意處句義實無
所有菩薩句義亦復如是實無所有善
如幻士眼界句義乃至意界句義實

BD09707 號 A　大般若波羅蜜多經卷四八六　（3–1）

有善現譬如幻士眼處句義乃至意處句義
實無所有菩薩句義亦復如是實無所有善
現譬如幻士色處句義乃至意處句義實無
所有菩薩句義亦復如是實無所有善
如幻士眼界句義乃至意界句義實
菩薩句義亦復如是實無所有善現譬
士色界句義乃至法界句義實無所有
句義亦復如是實無所有善現譬如幻
識界句義乃至意識界句義實無所有
句義亦復如是實無所有善現譬如幻士眼
觸句義乃至意觸句義實無無有菩薩句義
亦復如是實無所有善現譬如幻士眼觸為
緣所生諸受句義乃至意觸為緣所生諸受
句義實無所有菩薩句義亦復如是實無所
有善現譬如幻士地界句義乃至識界句義
實無所有菩薩句義亦復如是實無所有善
現譬如幻士無明句義乃至老死句義實無
所有菩薩句義亦復如是實無所有善現譬
如幻士行內空句義乃至無性自性空句義
實無所有菩薩句義亦復如是實無所有善
現譬如幻士行四念住句義乃至十八佛不
共法句義實無所有菩薩句義亦復如是實
無所有善現譬如如來應正等覺色相句義
乃至識相句義實無所有諸菩薩摩訶薩行
深般若波羅蜜多時菩薩句義亦復如是實
無所有善現譬如如來應正等覺眼處相句
義乃至意處相句義實無所有菩薩摩訶

BD09707 號 A　大般若波羅蜜多經卷四八六　（3–2）

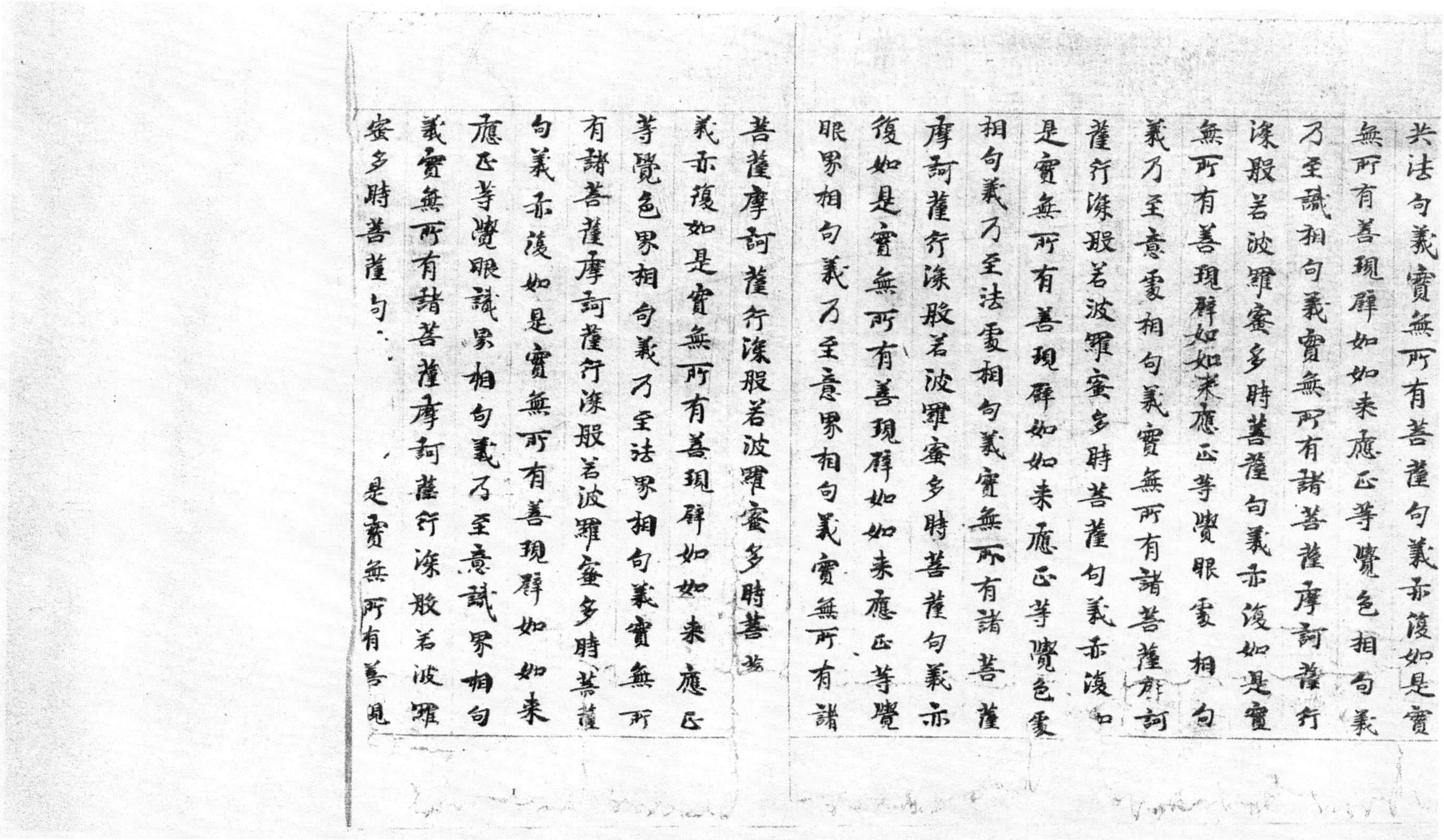

共法句義實無所有菩薩句義亦復如是實
無所有善現譬如如來應正等覺色相句義
乃至識相句義實無所有諸菩薩摩訶薩行
深般若波羅蜜多時菩薩句義亦復如是實
無所有善現譬如如來應正等覺眼處相句
義乃至意處相句義實無所有諸菩薩摩訶
薩行深般若波羅蜜多時菩薩句義亦復如
是實無所有善現譬如如來應正等覺色處
相句義乃至法處相句義實無所有諸菩薩
摩訶薩行深般若波羅蜜多時菩薩句義亦
復如是實無所有善現譬如如來應正等覺
眼界相句義乃至意界相句義實無所有諸
菩薩摩訶薩行深般若波羅蜜多時菩薩
義亦復如是實無所有善現譬如如來應正
等覺色界相句義乃至法界相句義實無所
有諸菩薩摩訶薩行深般若波羅蜜多時菩薩
句義亦復如是實無所有善現譬如如來
應正等覺眼識界相句義乃至意識界相句
義實無所有諸菩薩摩訶薩行深般若波羅
蜜多時菩薩句 是實無所有善現

BD09707 號 A　大般若波羅蜜多經卷四八六　（3–3）

不應成

BD09707 號 B　佛經殘片（擬）　（1–1）

利子菩薩所發大菩提心威力殊
習疾證无上正等菩薩能𢟍有情无顛倒
謂記如是如是有情於當來世經介所劫流
轉生死脩菩薩行當證无上正等菩提具諸
有情作大饒益或記如是如是有情於當來
世經介所劫流轉生死脩獨覺行於人天中
過縁證得獨覺菩提具六神通自在安樂或
記如是如是有情於當來世經介所劫流轉
生死脩聲聞行於人天中得聲聞果或記如
是如是有情於當來世作善惡業經介所時
生人天趣或墮惡趣生死流轉非諸獨覺能
𢟍有情无顛倒記謂不能記諸菩薩言汝
未來經介所劫當得作佛号某名等亦不
記如是有情於當來世經介所劫决定
獨覺菩提或聲聞果或善惡趣受諸苦樂亦
非聲聞能𢟍他記設有能記皆從佛聞是謂初
心勝後心義又舍利子菩薩既發大菩提
心欲盡未來饒益一切介時大地諸山大
六返變動魔王驚怖諸天龍神皆大

BD09708號　大般若波羅蜜多經卷五八三　（2–1）

生死脩聲聞行於人天中得聲聞果或記如
是如是有情於當來世作善惡業經介所時
生人天趣或墮惡趣生死流轉非諸獨覺能
𢟍有情无顛倒記謂不能記諸菩薩言汝
未來經介所劫當得作佛号某名等亦不
記如是有情於當來世經介所劫决定
獨覺菩提或聲聞果或善惡趣受諸苦樂亦
非聲聞能𢟍他記設有能記皆從佛聞是謂初
心勝後心義又舍利子菩薩既發大菩提
心欲盡未來饒益一切介時大地諸山大
六返變動魔王驚怖諸天龍神皆大
言菩薩當證无上正等菩提救濟我
大苦今得安樂聲聞獨覺安住最後
時无如是事是謂初心勝後心義
假使教化一切有情皆住獨覺阿
能攝受波羅蜜多及一切智智
菩薩令發无上正等覺心取
或安忍精進靜慮般若波羅
以者何聲聞獨覺不能成辦
發心極羸劣故要諸菩薩

BD09708號　大般若波羅蜜多經卷五八三　（2–2）

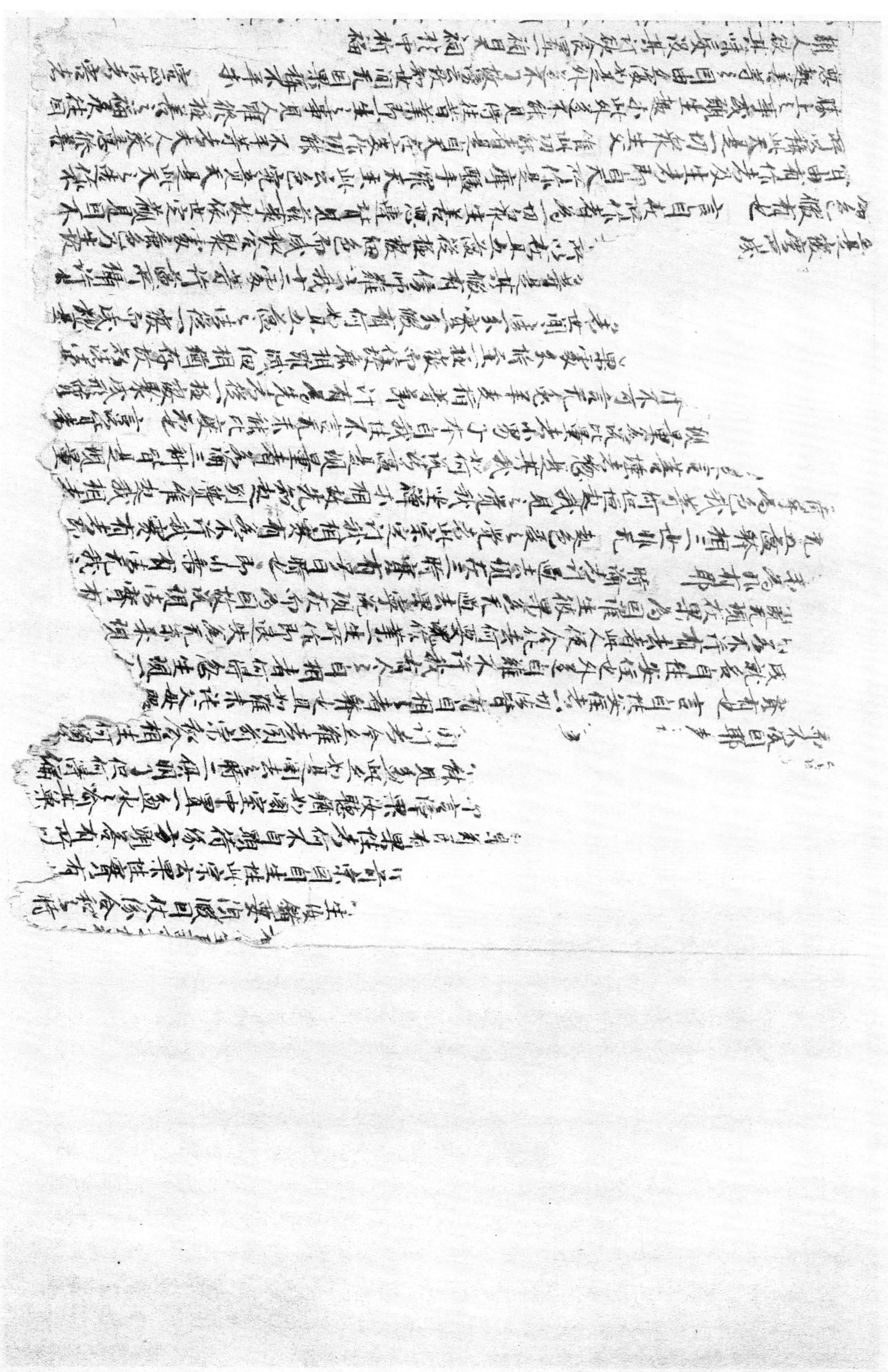

BD09709號　大乘百法明門論開宗義記疏（擬）

（2–1）

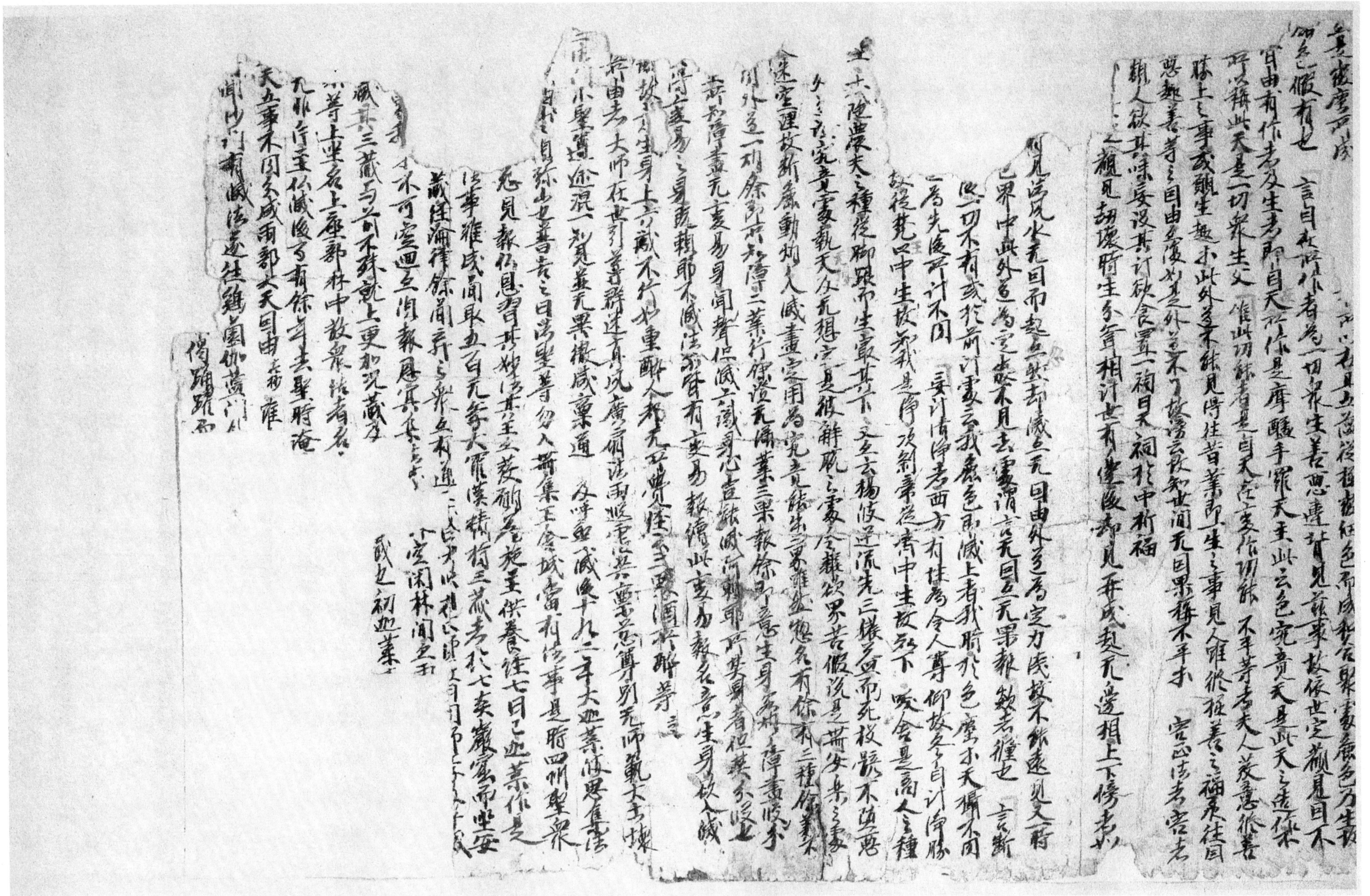

BD09709號　大乘百法明門論開宗義記疏（擬）　（2-2）

意所行无能
訶薩亦復如是一切生處若欲
生者隨意往生善男子菩薩摩訶薩若見地
獄一切衆生有可得令住善根者菩薩即往
而生其中菩薩雖生非本業果菩薩摩訶
薩住自在地力因緣故而生其中善男子菩薩
摩訶薩雖在地獄不受熾然碎身等苦善男
子菩薩摩訶薩所可成就如是功德无量无
邊百千万億尚不可說何況諸佛所有功德
而當可說尒時衆中有一菩薩名住无垢藏
王有大威德成就神通得大捴持三昧具足
得无所畏即從坐起偏袒右肩右膝著地長
跪合掌白佛言世尊如佛所說諸佛菩薩所
可成就功德智慧无量无邊百千万億實不
可說我意猶謂故不如是大乘經典何以故
因是大乘方等經力故能出生諸佛世尊阿
耨多羅三藐三菩提時佛讚言善哉善哉善男
子如是如是如汝所說是諸大乘方等經典
復成就无量功德欲比是經不得為喻百
筭數譬喻所不能及
從酪出生

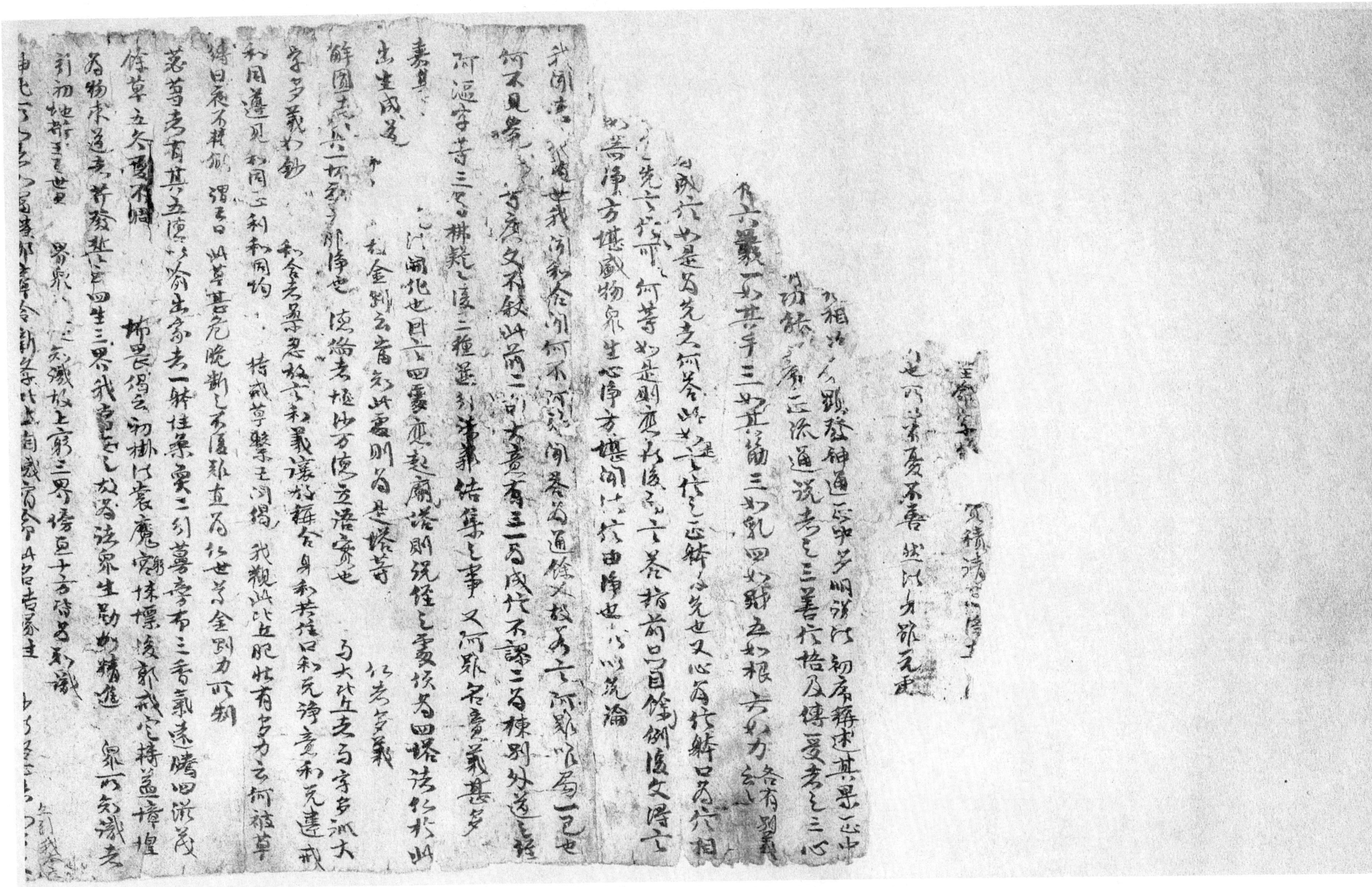

BD09711 號　注維摩詰經釋（擬）　　（2–1）

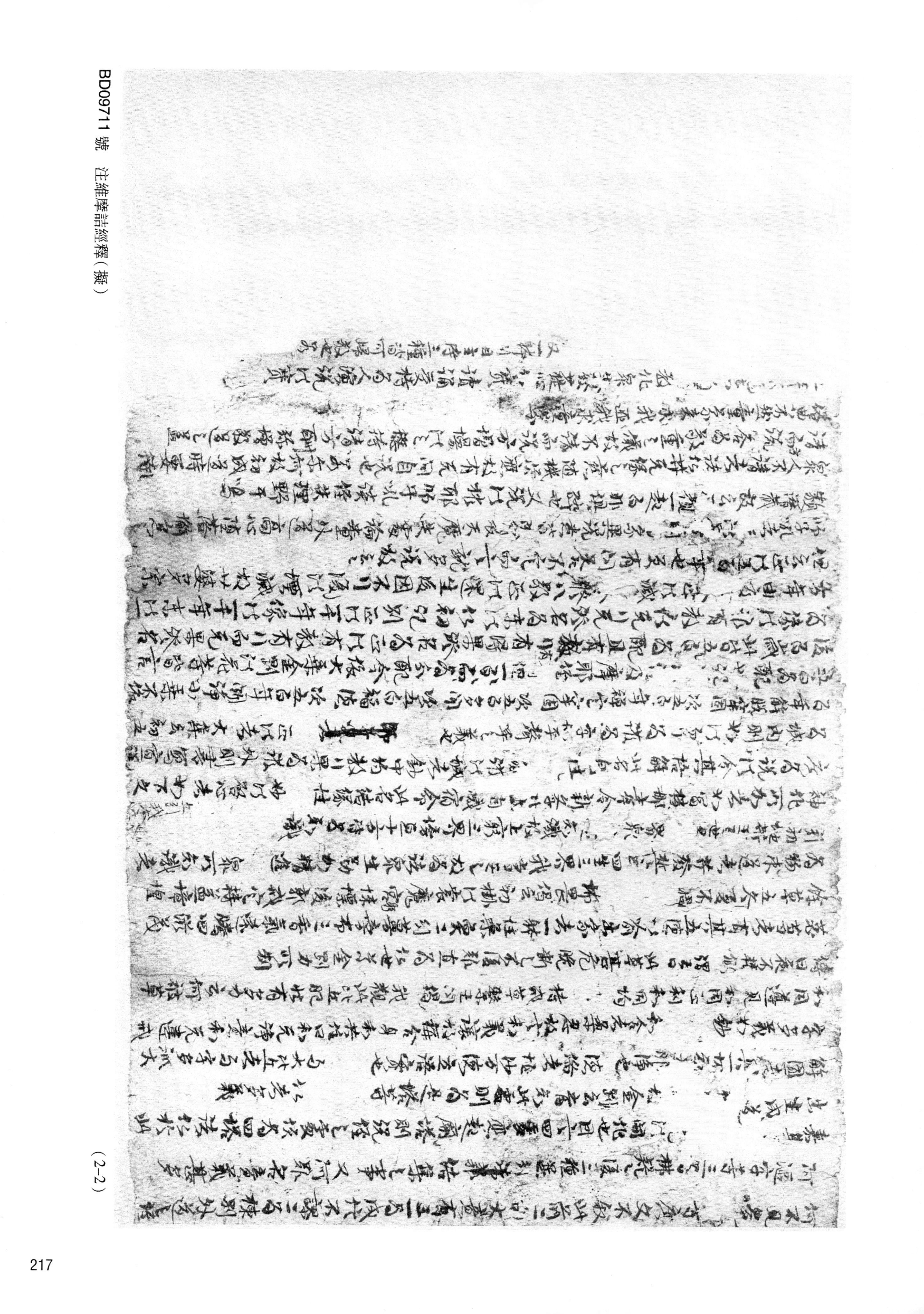

BD09711號背　比丘發露錄（擬）

（2–1）

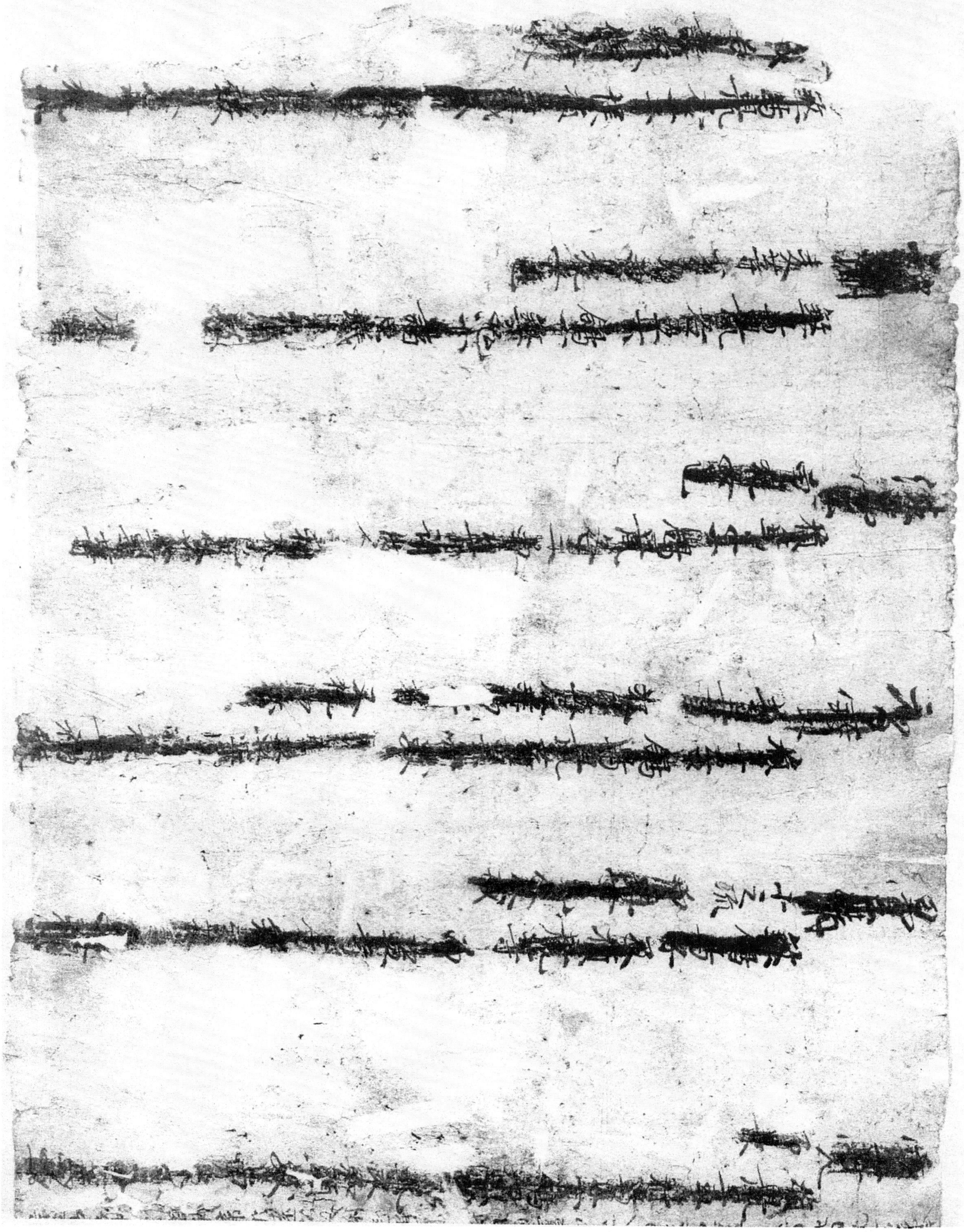

BD09711號背　比丘發露錄（擬）　（2–2）

有生老死愁歎苦憂惱攝受壞滅故學
善現菩薩摩訶薩如是學時不為內空攝
受壞滅故學不為外空內外空空空大空勝
義空有為空無為空畢竟空無際空散空
無變異空本性空自相空共相空一切法空不
可得空無性空自性空無性自性空攝受壞
滅故學邪善現菩薩摩訶薩如是學時不為
真如攝受壞滅故學不為法界法性不虛妄
性不變異性平等性離生性法定法住實
際虛空界不思議界攝受壞滅故學邪
善現菩薩摩訶薩如是學時不為布施波羅
蜜多攝受壞滅故學不為淨戒安忍精進靜
慮般若波羅蜜多攝受壞滅故學邪善現菩
薩摩訶薩如是學時不為四靜慮攝受壞滅
故學不為四無量四無色定攝受壞滅故學
邪善現菩薩摩訶薩如是學時不為八解脫
攝受壞滅故學不為八勝處九次第定十遍
處攝受壞滅故學邪善現菩薩摩訶薩如是
學時不為四念住攝受壞滅故學不為四正
斷四神足五根五力七等覺支八聖道支攝受壞
滅故學邪善現菩薩摩訶薩如是學時不為
空解脫門攝受壞滅故學不為無相無願解
脫門攝受壞滅故學邪善現菩薩摩訶薩如

BD09712號　大般若波羅蜜多經卷八七　（2–1）

處攝受壞滅故學邪善現菩薩摩訶薩如是
學時不為四念住攝受壞滅故學不為四正
斷四神足五根五力七等覺支八聖道支攝受壞
滅故學邪善現菩薩摩訶薩如是學時不為
空解脫門攝受壞滅故學不為無相無願解
脫門攝受壞滅故學邪善現菩薩摩訶薩如
是學時不為五眼攝受壞滅故學不為六神通
攝受壞滅故學邪善現菩薩摩訶薩如是學時
不為佛十力攝受壞滅故學不為四無所畏四無
礙解大慈大悲大喜大捨十八佛不共法攝受
壞滅故學邪善現菩薩摩訶薩如是學時
不為無忘失法攝受壞滅故學不為恒住捨
性攝受壞滅故學邪善現菩薩摩訶薩
如是學時不為一切智攝受壞滅故學不為道
相智一切相智攝受壞滅故學邪善現菩薩摩
訶薩如是學時不為一切陀羅尼門攝受壞
滅故學不為一切三摩地門攝受壞滅故學
邪善現菩薩摩訶薩如是學時不為預流攝
受壞滅故學不為一來不還阿羅漢攝受壞
滅故學邪善現菩薩摩訶薩如是學時不為
預流向預流果攝受壞滅故學不為一來向一
來果不還向不還果阿羅漢向阿羅漢果攝
受壞滅故學邪善現菩薩摩訶薩如是學
時不為獨覺攝受壞滅故學不為獨覺向獨
覺果攝受壞滅故學邪

BD09712號　大般若波羅蜜多經卷八七　（2–2）

……法久住　十二頭陀法（頭者……煩惱……）
衣　二持三衣　三持衲衣　四常乞食　五一
食法　八樹下坐　九冢間坐　十露地坐　十一
臥（此十二者持衣有三　食法有四　處所有五　行人於　十二
衣食所心无染著積緣進道更不思酒）
一施比丘僧物（唯屬比丘現前人分）　二施比丘尼物（唯屬現前尼數人分之）
莫問人數多少分物作二分　一分僧汲一分付尼衆於當部自數
人分之　四施四方得施物來者皆得應作羯磨分之不得与
尼同作羯磨若招提僧不須作法　五者界内僧得施物唯屬
住處僧入界皆得但取施主為定　六施同羯磨僧得施物屬
唯一處同作法者分之　七施稱名字僧得施若言施禪師法師
律師咒願師者病僧等不問親疎　八衆中一人得施物從上坐
行之若取者与　隨越擅所有捨施依八法分之若无定分上坐應
於何等施若不依此八法則不得施僧之福若不依此八法而
則輕損信施　此犯罪深應是五德分之好惡相參令不見
者趣寄餘人不得亂語剗眷難消負留不在此莫生嫌恨
蓋人皇行世……之人不得迴施入己若欲迴者其罪甚重應
如法施　如法受　如法用　如法与　如法住
問律以何為宗以何為體　答以戒為宗　諸說不同依東塔疏
戒為宗　律以何為體者　答合是語業為體任意取捨十
一處中以法為體依經部以不相應為體依有部以色為體但
是法處攝　問律儀有幾種　答有四種　一靜慮律儀是色
界尸羅　二無漏律儀為無漏身中所起尸羅　三斷律儀為
斷煩惱名斷律儀　四別解脫律儀為欲界尸羅為別人

律師呪願師差病僧者不問親疎　八衆中一人得施物從上座
行之所守者与　隨意□□□捨施依八法分之若无定分上坐處
彼何等施若不依此八法則不得施僧之福若不依此八法而
則輕慢信施□犯罪深應差五德分之好惡相參令不見
若擲等餘人□□亂諍刹春難消貧富不在此莫生嫌恨
蓋人至行之□□之人不得迴施入己若欲迴者其罪甚重應
如法施　如法受　如法用　如法与　如法住
問律以何為宗以何為體　荅以戒為宗　諸說不同依東塔疏
以戒為宗　律以何為體者　荅合是語業為體任意耳擇十
一處中以□為體依經部以不相應為體依有部以色為體依
是法處攝　問律儀有幾種　荅有四種　一靜慮律儀是色
界尸羅　二無漏律儀為無漏身中所起尸羅　三斷律儀為
斷煩惱名斷律儀　四別解脫律儀為欲界尸羅為別
防非名別解脫律儀　客舊相遇　昔大師在日親為
教主客慈善至自唱善來又復西方寺衆多為制法凡見
親來無論客舊及弟子門人舊人即迎前唱莎揭哆譯
曰善來客乃□□□即去□莎揭哆□□善□如不說
者違寺制二准律有犯無問大小意皆如是□□□□
莊壁牙隨處安坐令其□□□向□□□□□□
敬上而□□其跪後乃□□□□不而頞□□□
胥齊□之頡事無間□□解□□□□□□所
中其禮敬但為一□
問□

不屋則不墮山河樹木因大地
故而得住立內有四大无量煩惱眾生得住
是名住因云何增長因因緣衣服飲食等故
令眾生增長如外種子火所不燒鳥所不食
則得增長如諸沙門婆羅門等依因知上善
知識等而得增長如因父母子得增長是名
增長因云何遠因譬如因呪鬼不能害毒不
能中依憑國王无有盜賊如牙依因地水火
風等如水攢人為穌遠因如明色等為識遠
因父母精血為眾生遠因如時節等悉名遠
因善男子涅槃之體非是如是五因所成云
何當言是无常即復大言男子復有二
一者作因二者
如燈燭等

BD09714號　大般涅槃經（北本）卷二一　（1–1）

故色處清淨色處清淨故十遍處清淨何以
故若一切智智清淨若色處清淨若十遍處
清淨无二无二分无別无斷故一切智智清
淨故聲香味觸法處清淨聲香味觸法處清
淨故十遍處清淨何以故若一切智智清淨若
聲香味觸法處清淨若十遍處清淨无二无
二分无別无斷故善現一切智智清淨故眼
界清淨眼界清淨故十遍處清淨何以故若
一切智智清淨若眼界清淨若十遍處清淨
无二无二分无別无斷故一切智智清淨故

BD09715號　大般若波羅蜜多經卷二六八　（1–1）

非現見諸聖諦中如其次第有无分別決定智現見智生由此生故三界所繫見道所斷
所依諸煩惱品一切麁重皆悉永斷此永斷故若先已離欲界貪者彼於今時既入如是諦現
觀已得不還果彼與前說離欲者相當知无異然於此中少有差別謂當受化生即於彼處
當般涅槃不復還來生此世間若先未離欲界貪者彼於今時既入如是諦現觀已麁重
永息得預流果由能知智與所知境和合无乖現前觀察故名現觀如剎帝利與剎帝
利和合无乖現前觀察名為現觀婆羅門等當知亦尒此亦成就衆多相狀謂如是諦
現觀故獲得四智謂於一切若行若住諸作意中善推求故得唯法智得非斷智得非
常智緣生行如幻事智若境界由失念故雖起猛利諸煩惱纏暫作意時速疾除遣
又能畢竟不墮惡趣終不故思違越所學及傍生亦不害命終不退轉棄捨所學
不復能造五无間業定知苦樂非自所作非他所作非非自他无因而生終不求
請外道為師亦不於彼起福田想於他沙門婆羅門等終不觀瞻口及顏面唯自
見法得法知法證法源底越度疑惑不由他緣於大師教非他所引於諸法中得无
所畏終不妄計世瑞吉祥以為清淨終不更受第八有生具足成就四種證淨如
是行者乃至世第一法已前名勝解作意於諸聖諦現觀已後乃至永斷見道
所斷一切煩惱名遠離作意　復從此後為欲進斷脩所斷惑如所得道更數脩
習永斷欲界上品中品諸煩惱已得一來果如預流果所有諸相今於此中當知亦尒然少差
別謂若行境界於餘隨順上品纏利煩惱纏處由失念故暫起微劣諸煩惱纏尋能作
意速疾除遣唯一度來生此世間便能究竟作苦邊際得不還果及不還相如前
已說當知此中由觀察作意[illegible]　脩道數數觀察已斷未斷如所得道而正脩習又於
此中云何[illegible]　脩品類差別謂由定地作意於世出世善有為
彼體性如是名為脩之自性當知脩業略有
[illegible]習三有一類法由脩故淨四有一類法由
斷七有一類法由脩故證八有一類法
若先已得今轉現前名脩故習又先
起者脩故淨若
[illegible]法脩[illegible]

BD09716 號　瑜伽師地論卷三四　（1–1）

十二因緣所作善惡皆因受時是故我為阿
難說言阿難一切衆生所作善惡皆是受時
是故智者先當觀受既觀受已復當更觀如
是受者何因緣生若因緣生如是因緣復從
何生若无因生无因何故不生无受復觀是
受不因自在天生不因士夫生不因微塵生
非時節生不因想生不因性生不從自生不
從他生非自他生非无因生是受皆緣合而
生因緣者即是愛也是和合中非有受非无
受是故我當斷是和合斷和合故則不生受
善男子智者觀因已次觀果報衆生因受受
於地獄餓鬼畜生乃至三界无量苦惱受因
緣故受无常樂受因緣故斷於善根受因緣
故獲得解脫作是觀時不作受因云何名為
不作受因謂分別受何等能作愛何等能
作受善男子衆生若能如是深觀愛因受因
則便能斷我及我所善男子若人能作如是
等觀則應分別愛之與受在何處滅即見愛
受有少滅處當知亦應有畢竟滅尒時即於
解脫生信生信心已是解脫處何由而得知
從八正即便脩集云何名為八正道耶是道
觀受有三種相一者苦二者樂三者不苦不
樂如是三種俱能增長身之與心何因緣故
能增長耶集因緣也是集三種一者无明

BD09717 號　大般涅槃經（北本）卷三七　（1–1）

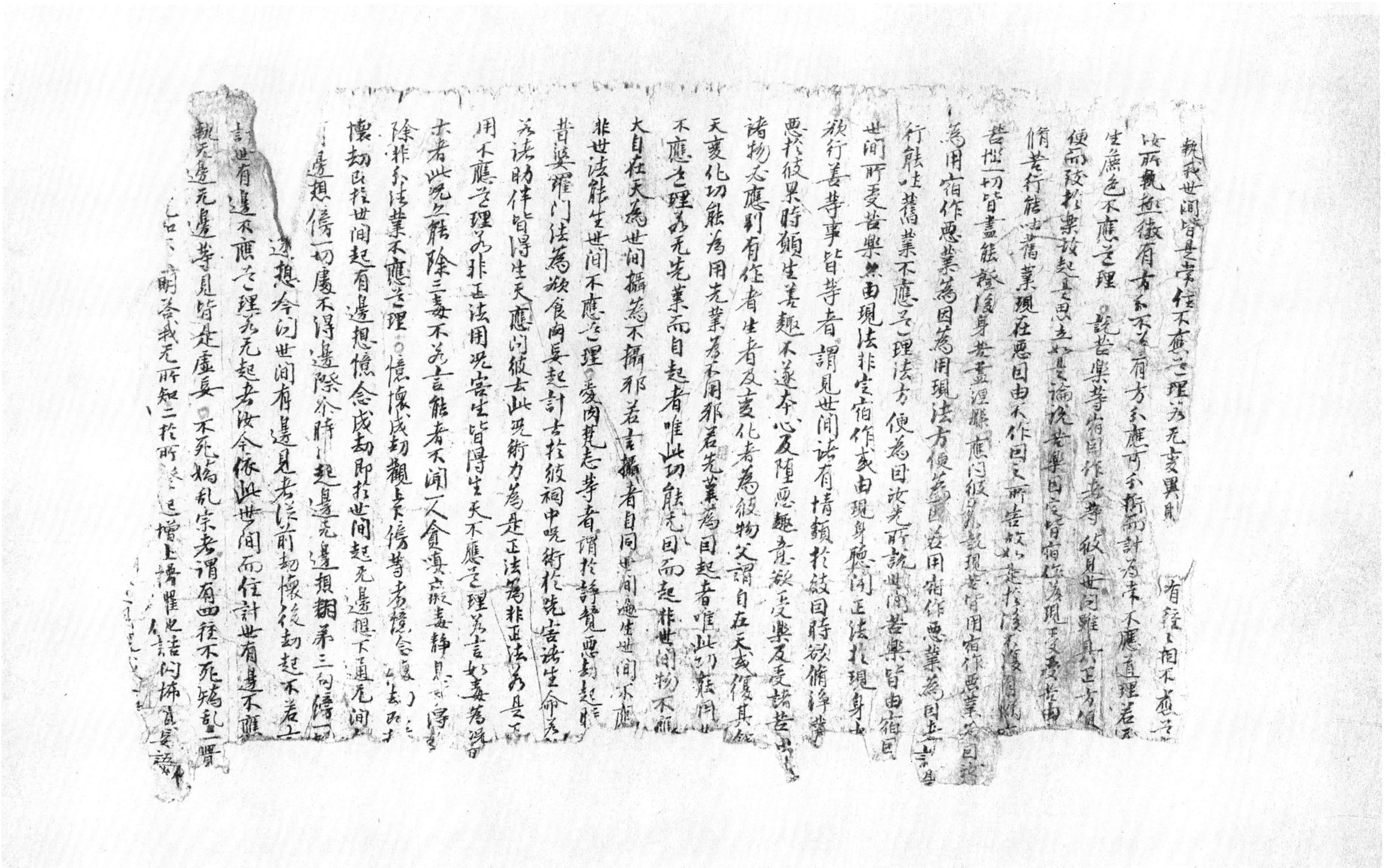

執我世間皆是常住不應之理為无變異故　有經々相不應之
汝所執極微有方分不有方分應可分析而許為常不應道理若不
生麁色不應之理　說苦樂等宿因作者等　彼見世間雖具士方便
便而致於樂故起是思立如是論說苦樂因皆宿作為現士夫果皆由
脩善行能吐舊業現在惡因由不作因又所害故如是於後[illegible]
苦惱一切皆盡能證後身無盡涅槃　應問彼見設現苦皆用宿作惡業為因
為用宿作惡業為因為用現法方便為因若用宿作惡業為因是言
行能吐舊業不應之理法方便為因汝先所說世間苦樂皆由宿因
世間所受苦樂無由現法非皆宿作或由現身聽聞正法於現身上
發行善等事皆等者　謂見世間諸有情類於彼因時欲脩淨業
惡於彼果時頓生善趣不遂本心反墮惡趣意欲受樂反受諸苦[illegible]
諸物不應則有住者生者及變化者為彼物父謂自在天或復其餘
天變化功能為用先業為不用耶若先業為因起者唯此功能[illegible]
不應之理若无先業而自起者唯此功能无因而起非世間物不應
大自在天為世間攝為不攝耶若言攝者自同世間遍生世間不應
非世法能生世間不應之理　受肉梵志等者　謂於諍競惡劫起時
昔婆羅門法為欲食肉妄起計去於彼祠中呪術於彼害諸生命為
為法助伴皆得生天　應問彼去此呪術力為是正法為非正法若是正
用不應之理若非正法用呪害生皆得生天不應之理若言如毒為呪
亦者此呪亦能除三毒不若言能者不聞一人貪嗔癡毒靜[illegible]
除非法業不應之理　憶懷成劫觀去傍等者[illegible]
懷劫及於世間起有邊想憶念成劫即於世間起无邊想下遍无間
邊想傍一切處不得邊際[illegible]時起邊无邊想捌第三句傍一
邊想今問世間有邊見者從前劫壞後劫起不[illegible]
計世有邊不應之理若无起者汝今依此世間而住計世有邊不應
執無邊无邊等見皆是虛妄　不死矯亂宗者謂有四種不死矯亂一謂
[illegible]明答我无所知二於所[illegible]三[illegible]增上驕慢也諸問悕直妄語

BD09718 號　大乘百法明門論開宗義決　　（1–1）

BD09719號　法門名義集

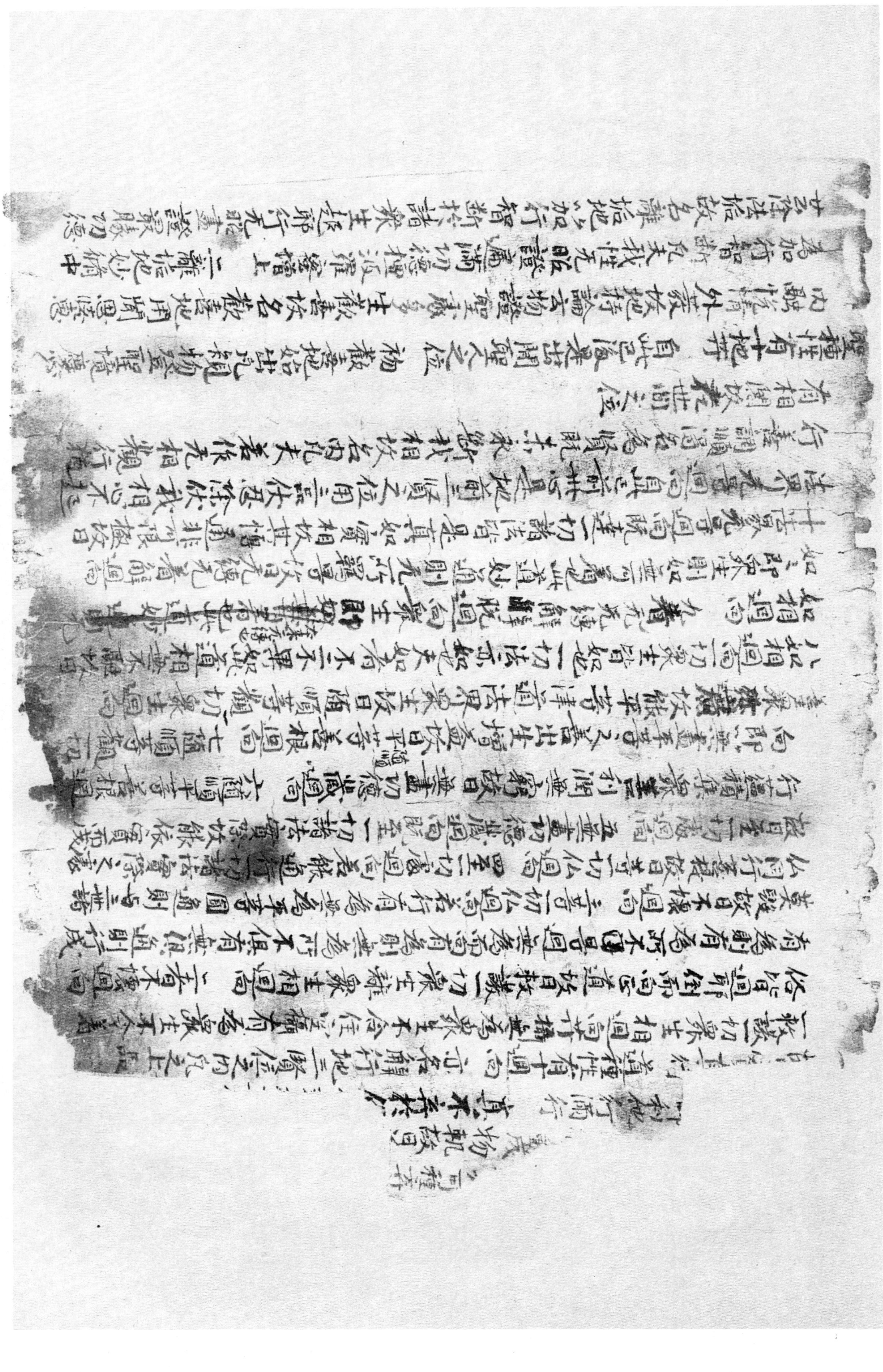

（1-1）

BD09719號背　釋小乘部派(擬)

(1-1)

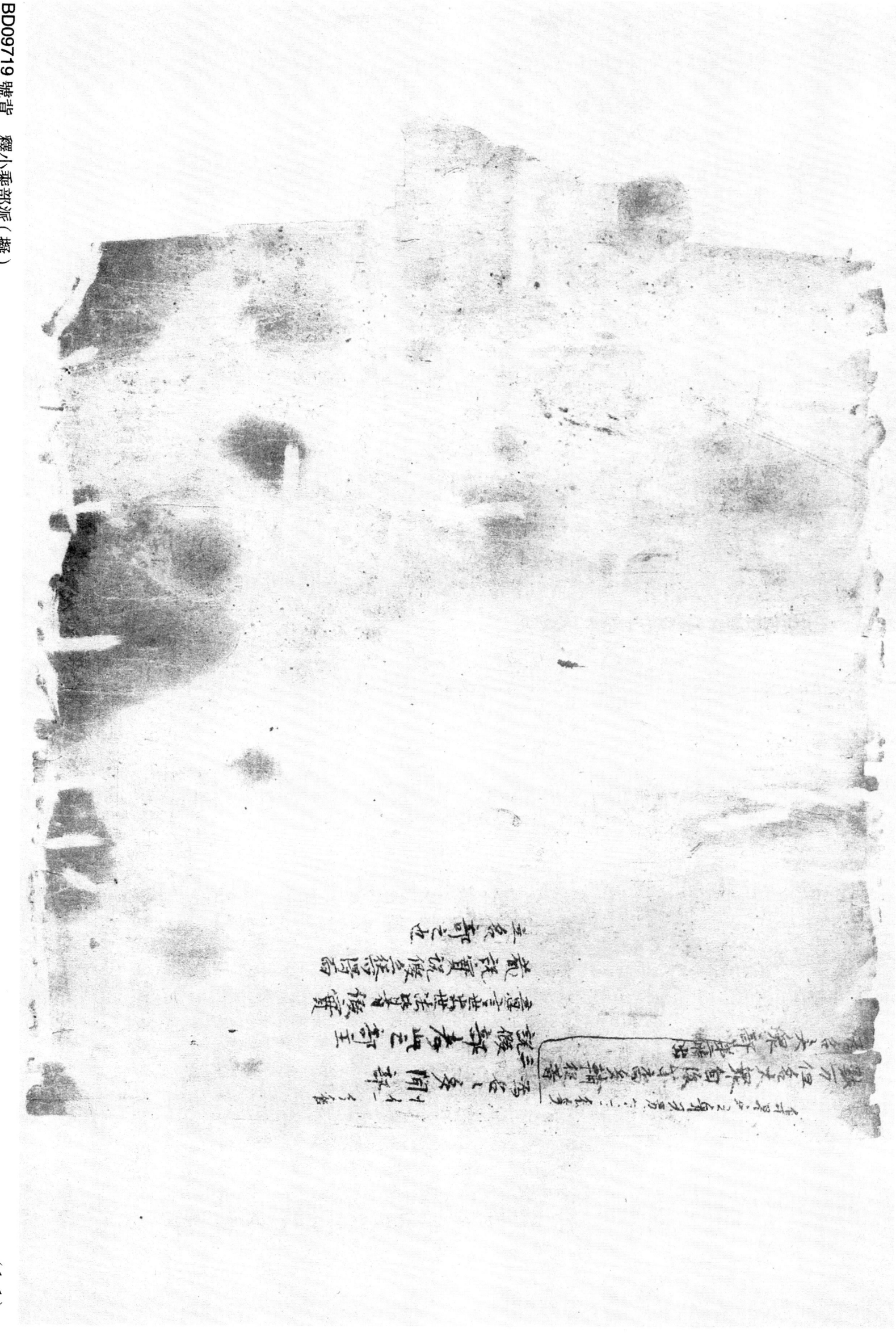

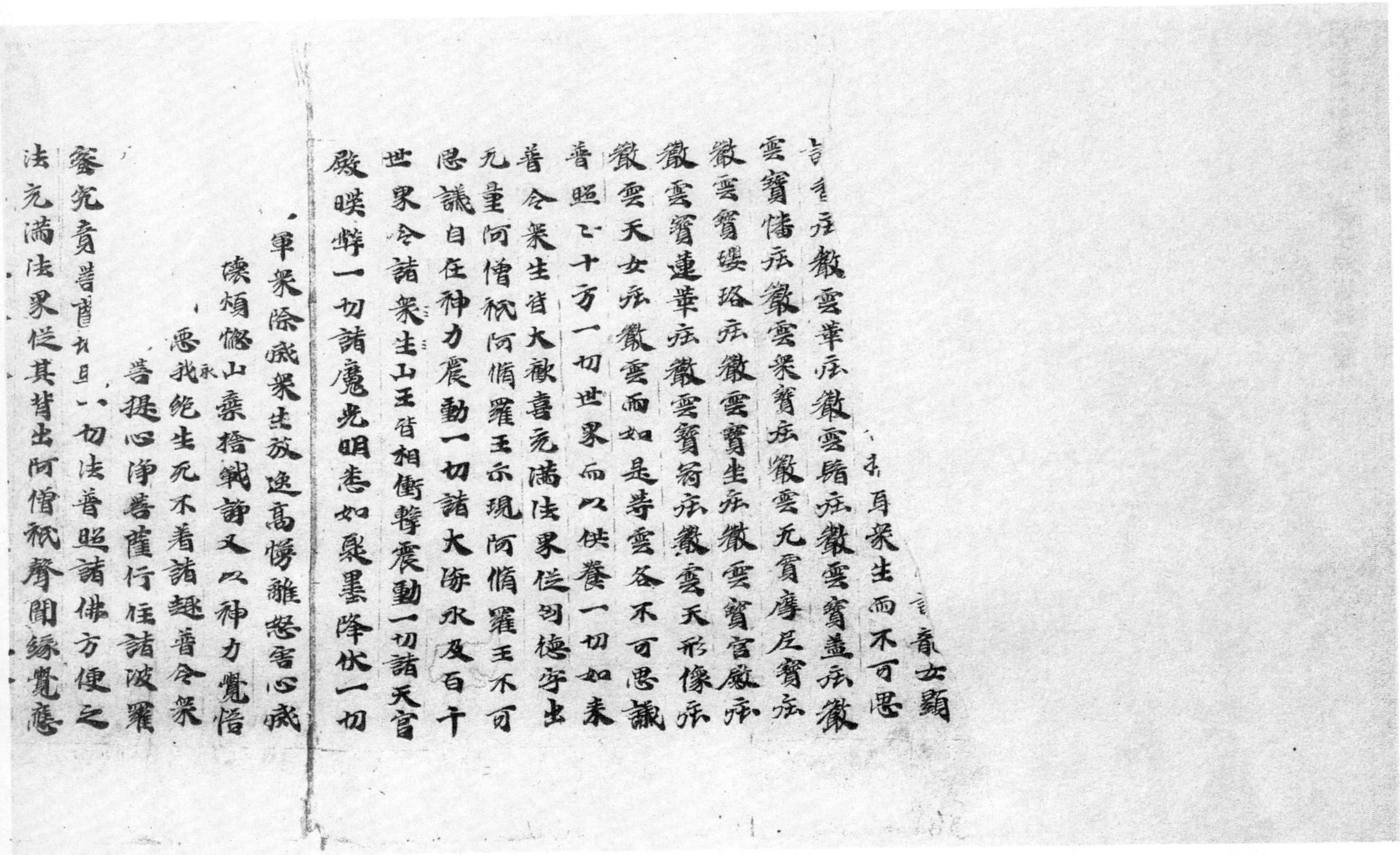

BD09720號　大方廣佛華嚴經（晉譯五十卷本）卷三九　（2–1）

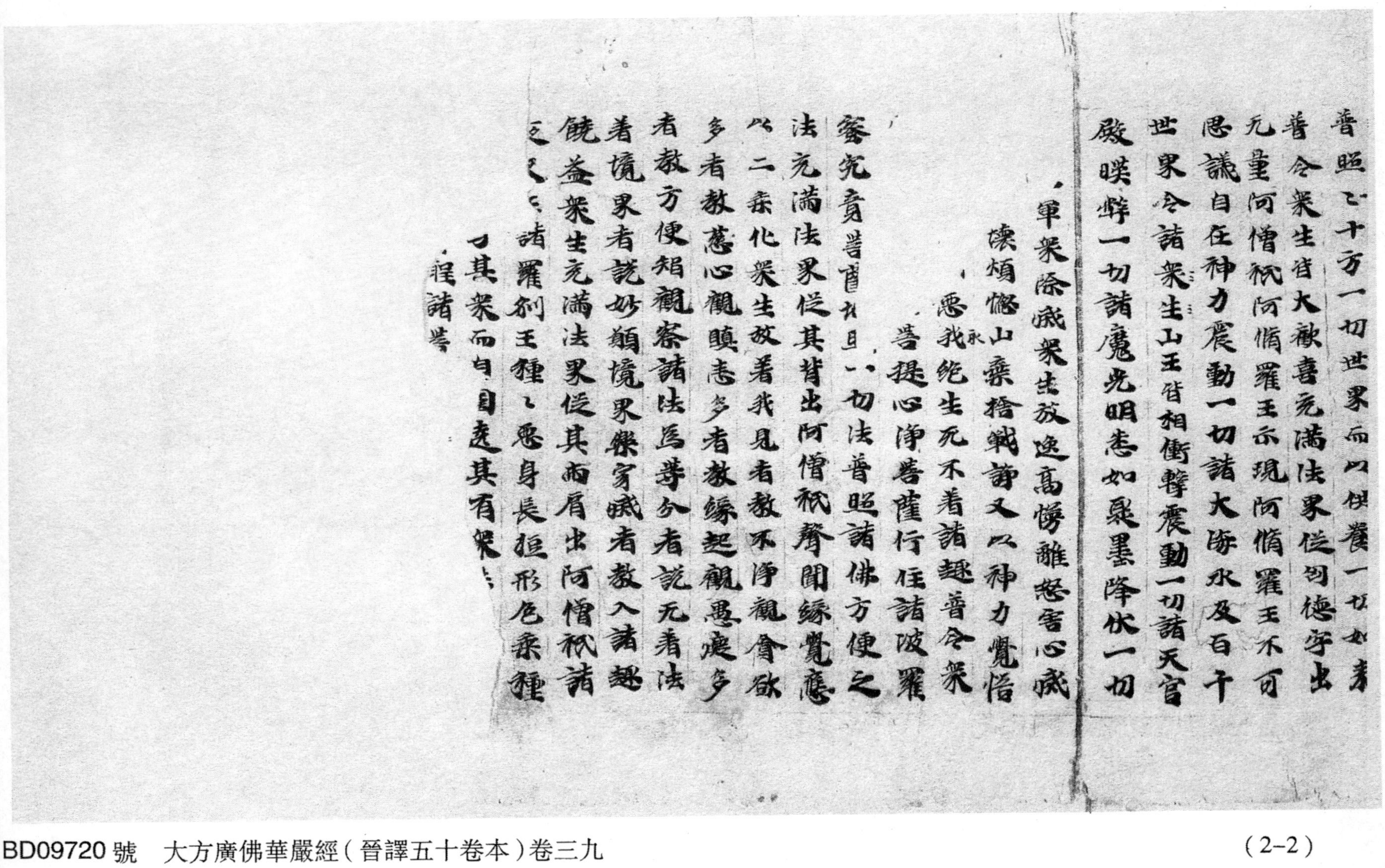

BD09720號　大方廣佛華嚴經（晉譯五十卷本）卷三九　（2–2）

薩白佛言世尊我今始知如來至處為无有
盡處若无盡當知壽命亦應无盡佛言善哉
善哉善男子汝今善能護持正法若有善男
子善女人欲斷煩惱諸結縛者當作如是護
持正法

BD09721 號　大般涅槃經（北本）卷五　（1–1）

善男子應作
覺菩提若我若無我何以故一切
一切獨覺菩提自性空是一切獨
性即非自性若非自性即是般若波羅蜜多
於此般若波羅蜜多一切獨覺菩提不可得
彼我無我亦不可得所以者何此中尚無一
切獨覺菩提可得何況有彼我與無我汝若
能脩如是般若是脩般若波羅蜜多復作是
言汝善男子應脩般若波羅蜜多不應觀一
切獨覺菩提若淨若不淨何以故一切獨覺
菩提一切獨覺菩提自性空是一切獨覺菩
提自性即非自性若非自性即是般若波羅
蜜多於此般若波羅蜜多一切獨覺菩提不
可得彼淨不淨亦不可得所以者何此中尚
無一切獨覺菩提可得何況有彼淨與不淨
汝若能脩如是般若是脩般若波羅蜜多憍
尸迦是善男子善女人等作此等說是為宣
說真正般若波羅蜜多
復次憍尸迦若善男子善女人等為發無上
菩提心者宣說般若波羅蜜多作如是言汝
善男子應脩般若波羅蜜多不應觀一切菩

BD09722 號　大般若波羅蜜多經卷一四九　（2–1）

可得彼淨不淨亦不可得所以者何此中尚
無一切獨覺菩提可得何況有彼淨與不淨
汝若能修如是般若波羅蜜多憍
尸迦是善男子善女人等作此等說是為宣
說真正般若波羅蜜多
復次憍尸迦若善男子善女人等為發無上
菩提心者宣說般若波羅蜜多作如是言汝
善男子應修般若波羅蜜多不應觀一切菩
薩摩訶薩行若常若無常何以故一切菩薩
摩訶薩行一切菩薩摩訶薩行自性空是一
切菩薩摩訶薩行自性即非自性若非自性
即是般若波羅蜜多於此般若波羅蜜多一
切菩薩摩訶薩行不可得彼常無常亦不可
得所以者何此中尚無一切菩薩摩訶薩行
可得何況有彼常與無常汝若能修如是般
若是修般若波羅蜜多復作是言汝善男子
應修般若波羅蜜多不應觀一切菩薩摩訶
薩行若樂若苦何以故一切菩薩摩訶薩行
一切菩薩摩訶薩行自性空是一切菩薩摩
訶薩行自性即非自性若非自性即是般若波
羅蜜多於此般若波羅蜜多一切菩薩摩訶

BD09722號　大般若波羅蜜多經卷一四九　（2–2）

兌

聞說精進波羅蜜多作是思惟如是功德我
皆具有我定應修令至彼岸當知名為精進
菩薩若菩薩摩訶薩有來乞手或足或頭便
作是念我若施彼便為無手無足無頭當知
名為懈怠菩薩若菩薩摩訶薩有來乞手或
足或頭便作是念我捨與彼當得天人阿素
洛等無上微妙手足及頭當知名為精進菩
薩若菩薩摩訶薩有乞眼耳便作是念我施
與之便無眼耳當知名為懈怠菩薩若菩薩
摩訶薩有乞眼耳便作是念我施與彼當得
天人阿素洛等無上眼耳猶如勝智當知名
為精進菩薩遠離二乘近一切智若菩薩摩
訶薩有乞身分種種支節便作是念我若施
彼便闕身分種種支節當知名為懈怠菩薩
若菩薩摩訶薩有乞身分種種支節便作是
念我若施彼當得天人阿素洛等無上佛法
一切智法身分支節當知名為精進菩薩若
菩薩摩訶薩諸乞者來種種求索便作是念
乞者甚多如何皆令意願滿足當知名為懈
便作是念此未為多假使殑伽沙數世界諸
有情類於一日中俱至我所種種求索我當
方便求覓珍財普施與之皆令滿足況今尒
能施當知名為精進菩薩所以者何
次引顯無量佛法一切智
無量佛法

BD09723號　大般若波羅蜜多經（兌廢稿）卷五九〇　（1–1）

□故□□退轉於眼觸□□□至意觸□
轉故名不退轉於眼觸為緣所生諸受想乃
至意觸為緣所生諸受想有退轉故名不退
轉於地界想乃至識界想有退轉故名不退
轉於因緣想乃至增上緣想有退轉故名不
退轉於無明想乃至老死想有退轉故名不
退轉於布施波羅蜜多想乃至般若波羅蜜
多想有退轉故名不退轉於內空想乃至無
性自性空想有退轉故名不退轉於真如想
乃至不思議界想有退轉故名不退轉於四
聖諦想有退轉故名不退轉於四念住想乃
至八聖道支想有退轉故名不退轉於四靜
慮四無量四無色定想有退轉故名不退轉
於空無相無願解脫門想有退轉故名不退
轉於八解脫想乃至十遍處想有退轉故名
不退轉於淨觀地想乃至如來地想有退轉

BD09724號　大般若波羅蜜多經（兌廢稿）卷五一四

（1–1）

甚深般若波羅蜜多於真如不思惟一切相
亦不思惟一切所緣如是不思惟真如於法
界法性不虛妄性不變異性平等性離生
性法定法住實際虛空界不思議界不思惟一
切相亦不思惟一切所緣如是不思惟法界乃
至不思議界甚深般若波羅蜜多於苦聖
諦不思惟一切相亦不思惟一切所緣如是不
思惟苦聖諦於集滅道聖諦不思惟一切相
亦不思惟一切所緣如是不思惟集滅道聖
諦甚深般若波羅蜜多於四靜慮不思惟一
切相亦不思惟一切所緣如是不思惟四靜慮
於四無量四無色定不思惟一切□不

BD09725號　大般若波羅蜜多經（兌廢稿）卷三五二

（1–1）

淨

BD09725 號背　勘記　　(1–1)

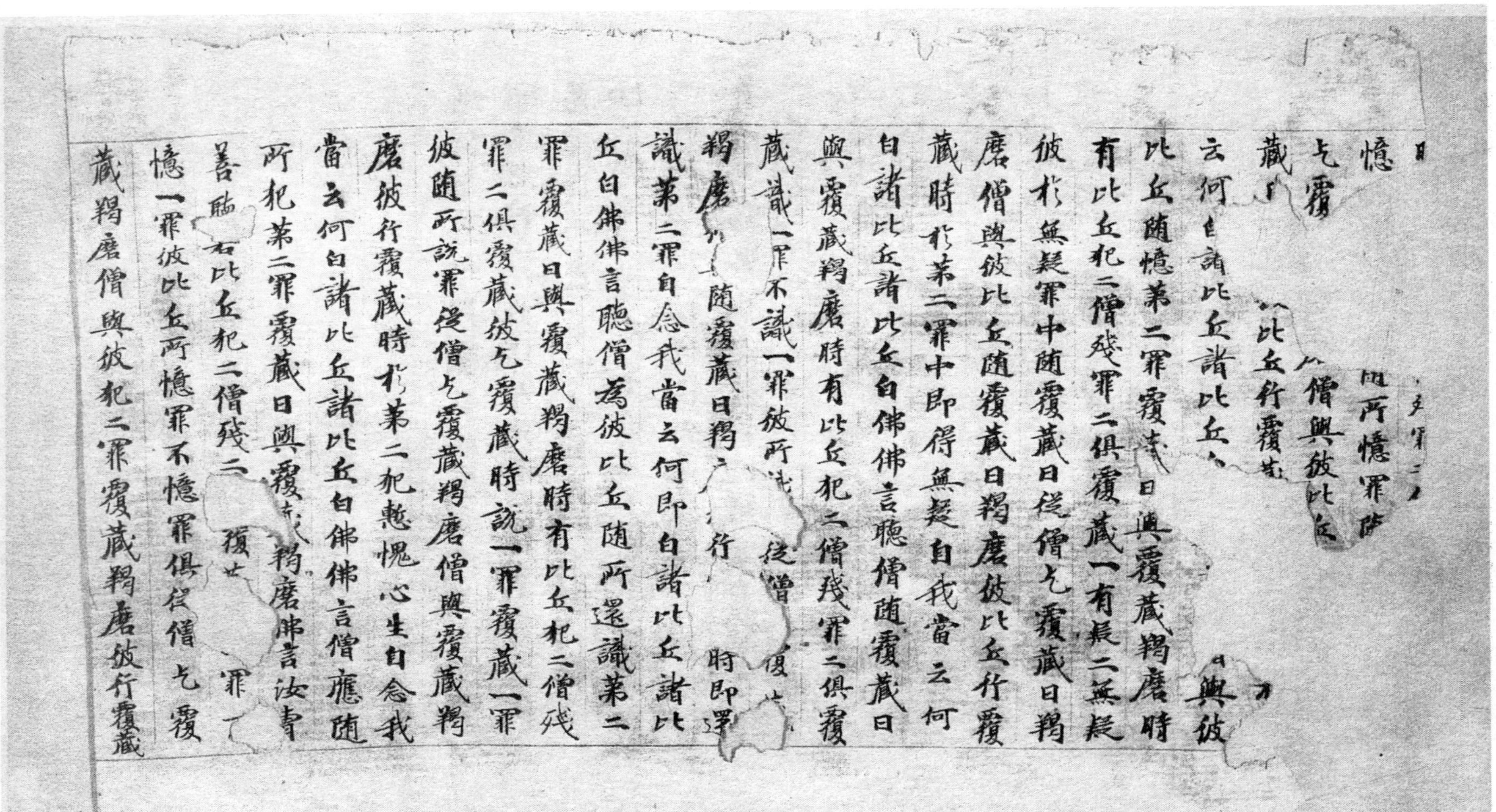

……罪二
憶……所憶罪隨
乞覆……僧與彼比丘
藏……比丘行覆藏……與彼
云何白諸比丘諸比丘……
比丘隨憶第二罪覆藏……與覆藏羯磨時
有比丘犯二僧殘罪二俱覆藏一有疑二無疑
彼於無疑罪中隨覆藏日從僧乞覆藏日羯
磨僧與彼比丘隨覆藏日羯磨彼比丘行覆
藏時於第二罪中即得無疑自我當云何
白諸比丘諸比丘白佛佛言聽僧隨覆藏日
與覆藏羯磨時有比丘犯二僧殘罪二俱覆
藏識一罪不識一罪彼所……從僧……復……
羯磨……隨覆藏日羯……行……時即還
識第二罪自念我當云何即白諸比丘諸比
丘白佛佛言聽僧為彼比丘隨所還識第二
罪覆藏日與覆藏羯磨時有比丘犯二僧殘
罪二俱覆藏彼乞覆藏時說一罪覆藏一罪
彼隨所說罪從僧乞覆藏羯磨僧與覆藏羯
磨彼行覆藏時於第二犯慚愧心生自念我
當云何白諸比丘諸比丘白佛佛言僧應隨
所犯第二罪覆藏日與覆藏……羯磨佛言汝等
善臨……若比丘犯二僧殘二……覆……罪
憶一罪彼比丘所憶罪不憶罪俱從僧乞覆
藏羯磨僧與彼犯二罪覆藏羯磨彼行覆藏

BD09726 號　四分律卷四五　　(1–1)

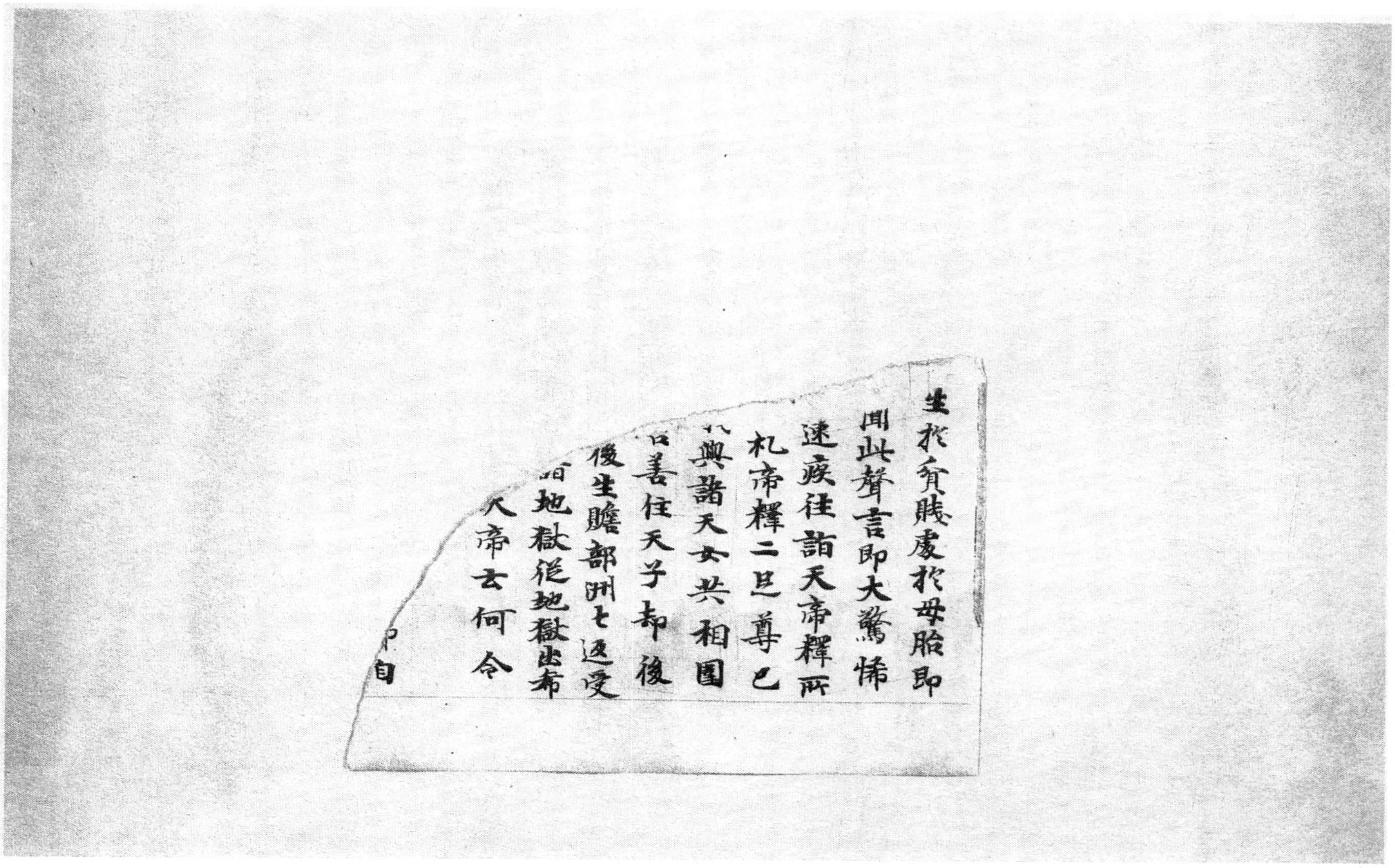
生於貧賤處於母胎即
聞此聲言即大驚怖
速疾往詣天帝釋所
礼帝釋二足尊已
…與諸天女共相圍
…善住天子却後
後生贍部洲七返受
…地獄從地獄出希
…天帝云何令
…自

BD09727 號　佛頂尊勝陀羅尼經（佛陀波利本）　　（1–1）

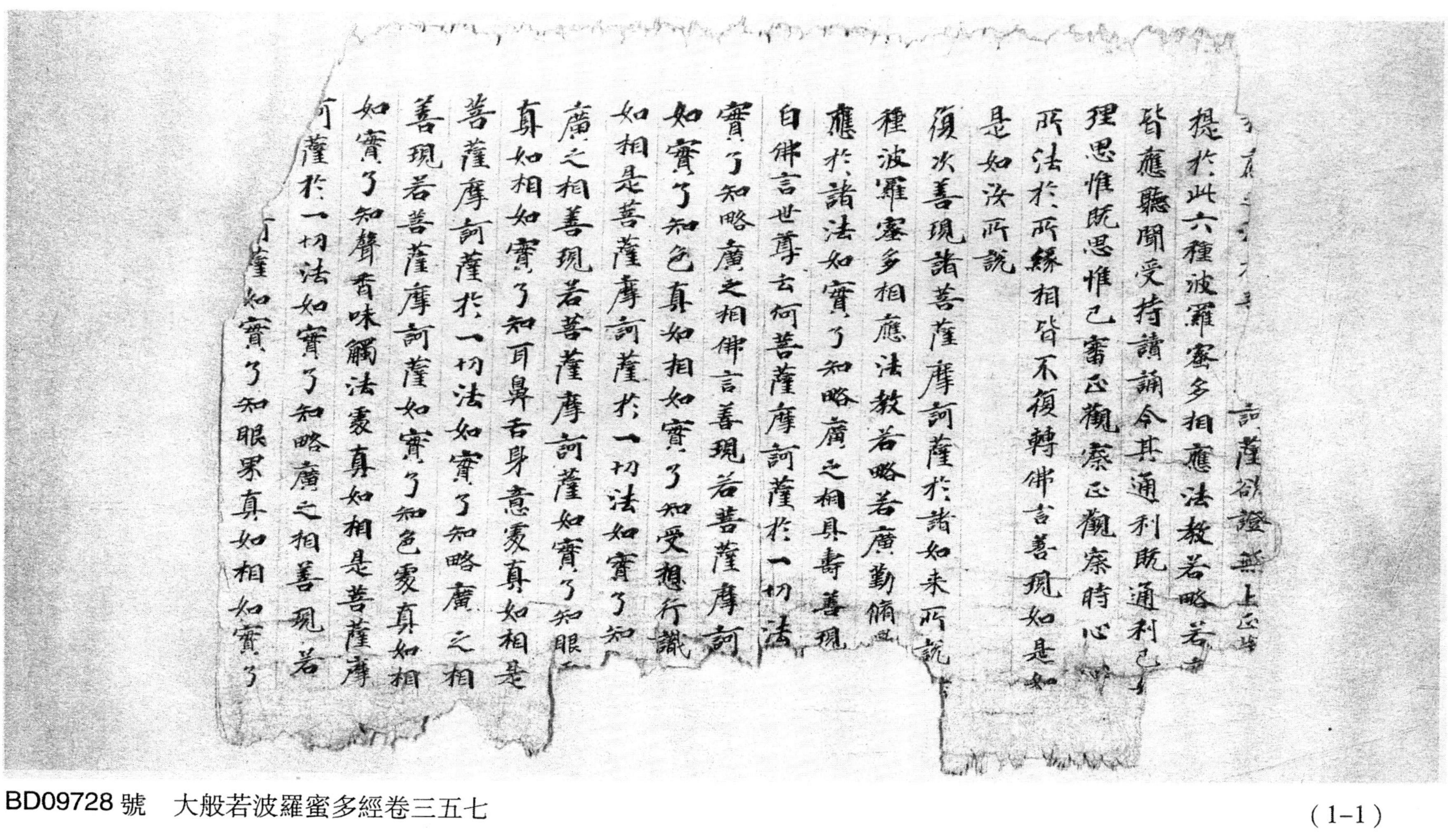
…訶薩欲證無上正等
提於此六種波羅蜜多相應法教若略若廣
皆應聽聞受持讀誦令其通利既通利已
理思惟既思惟已審正觀察正觀察時心
所法於所緣相皆不復轉佛言善現如是如
是如汝所說
復次善現諸菩薩摩訶薩於諸如來所說
種波羅蜜多相應法教若略若廣勤脩學
應於諸法如實了知略廣之相具壽善現
白佛言世尊云何菩薩摩訶薩於一切法
實了知略廣之相佛言善現若菩薩摩訶
如實了知色真如相如實了知受想行識
如相是菩薩摩訶薩於一切法如實了知
廣之相善現若菩薩摩訶薩如實了知眼
真如相如實了知耳鼻舌身意處真如相是
菩薩摩訶薩於一切法如實了知略廣之相
善現若菩薩摩訶薩如實了知色處真如相
如實了知聲香味觸法處真如相是菩薩摩
訶薩於一切法如實了知略廣之相善現若
薩如實了知眼界真如相如實了

BD09728 號　大般若波羅蜜多經卷三五七　　（1–1）

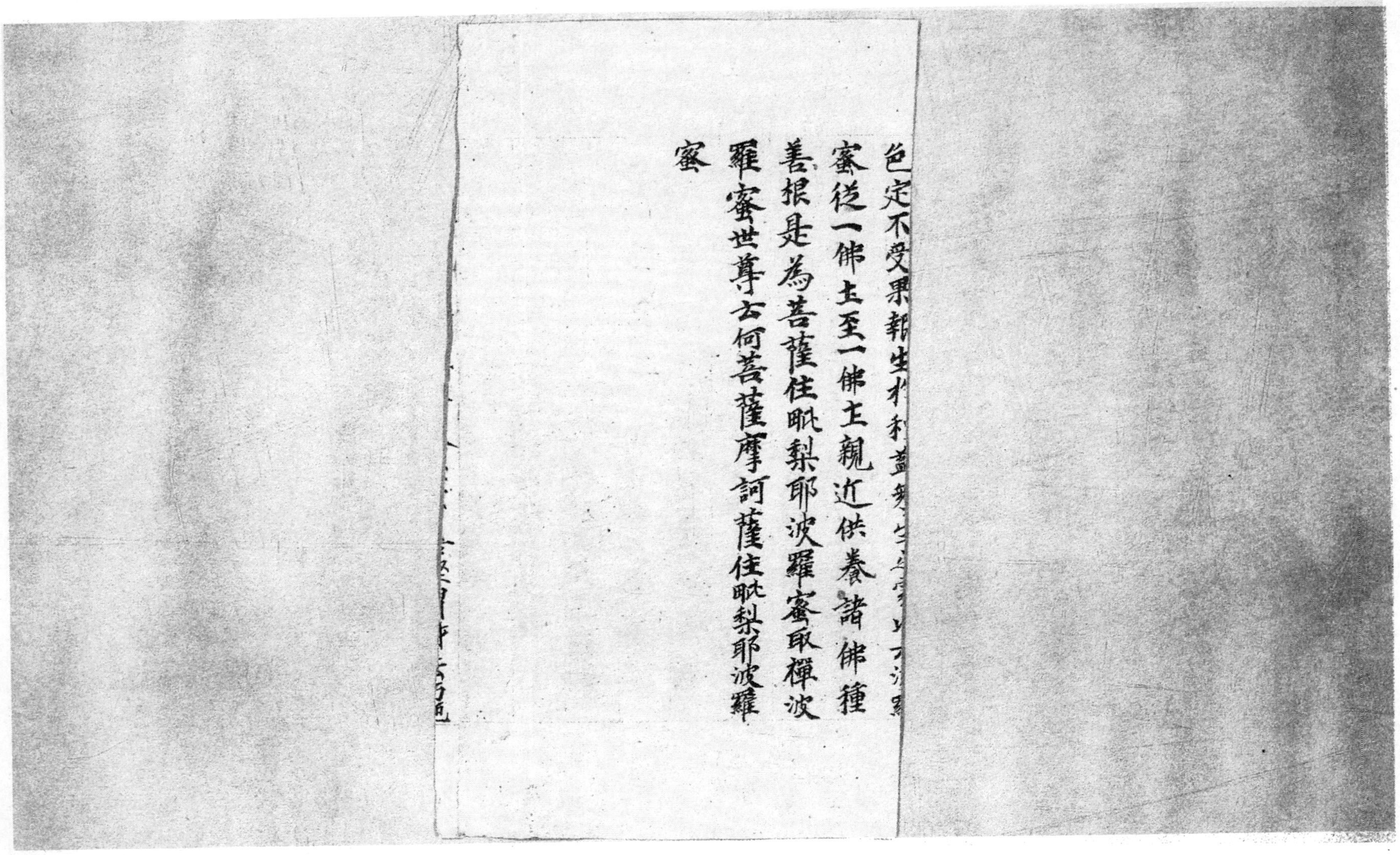

色定不受果報生於利益[illegible]
蜜從一佛土至一佛土親近供養諸佛種
善根是為菩薩住毗梨耶波羅蜜取禪波
羅蜜世尊云何菩薩摩訶薩住毗梨耶波羅
蜜

BD09729號　摩訶般若波羅蜜經（兌廢稿）卷二〇　（1–1）

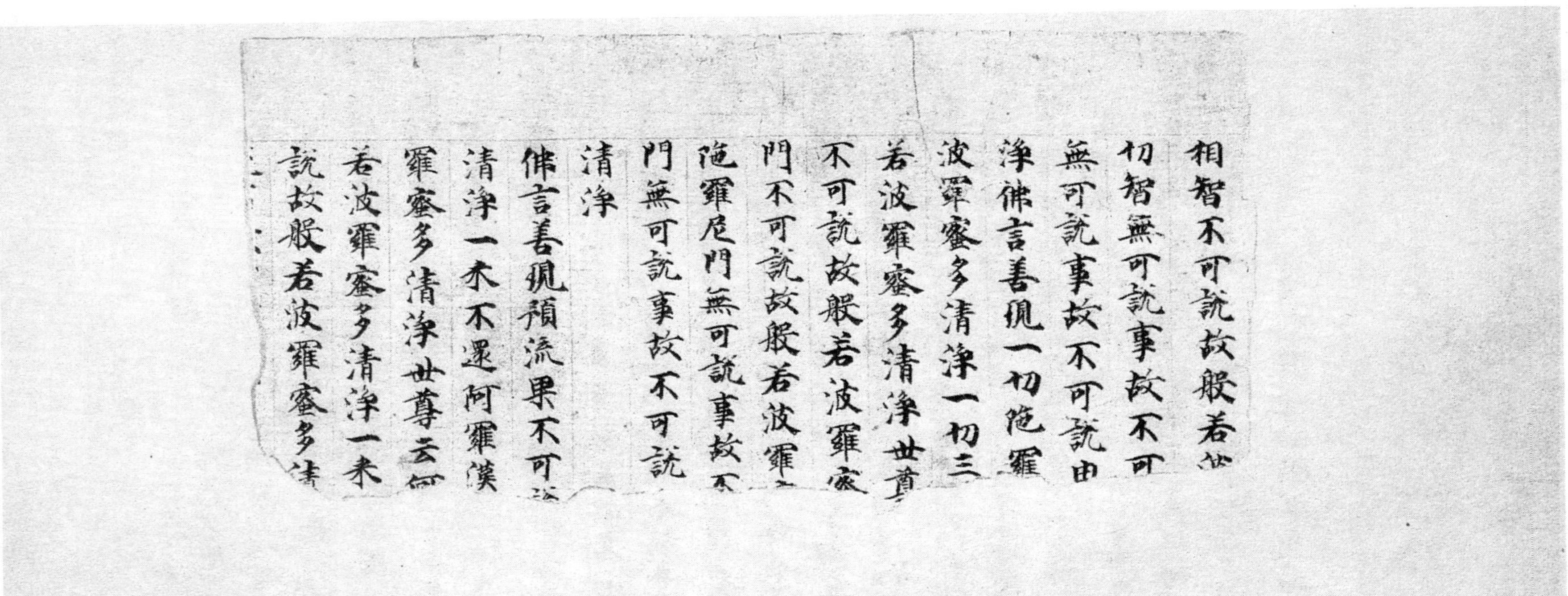

相智不可說故般若波
切智無可說事故不可
無可說事故不可說由
淨佛言善現一切陁羅
波羅蜜多清淨一切三
若波羅蜜多清淨世尊
不可說故般若波羅蜜
門不可說故般若波羅
陁羅尼門無可說事故不
門無可說事故不可說
清淨
佛言善現預流果不可
清淨一來不還阿羅漢
羅蜜多清淨世尊云何
若波羅蜜多清淨一來
說故般若波羅蜜多清

BD09730號　大般若波羅蜜多經卷二九五　（1–1）

言至
如五法又復應受於六重如優婆
塞法捨惡律儀又受食時莫觀女色但自念
言我心中毒箭當云何拔何觀色為我從无
始世界生以女色至於三途无有出期應作
是念觀諸六塵亦應如是我諸弟子不應著
此如是諸賊壞人善功阿難吾故語汝勑我
弟子莫共六賊而作因緣唐喪其功
尒時阿難白佛言世尊世尊何者所說謂為
放者若有父母妻子不放此人至於道場當
肰阿難趣向道場佛告阿難此人應父母前
燒種種香應作是言我今欲至道場良懸聽
許亦應種種諫饒亦應隨宜說法亦應三請
若不聽者此人應於舍宅裡自思惟誦此經
典尒時阿難白佛言當以何行阿難此人行
阿難此人行時亦應淨其室內亦應燒香供
養阿難白佛此人行處女人得到不佛告阿
无所患阿難白佛復得授此衣不佛告
无所患但語我弟子勿著女色繫心
道場人法若如是淨行者於七
音現其人前而為說法若於
大人前道場无異也若如
羅尼典若以散亂心者
希乙有出期敝

BD09731號　大方等陀羅尼經卷二

(1-1)

……聲聞……
乎除无知之攤名宿命通者論如來宿命盡知十住
仏但明昧有異自下菩薩所脩勝故皆過八万随解所及
殊異智者明菩薩一念遍知過去之事二乘不能一念中
云何菩薩昔所不知界明他通心大士一念能知六
性二乘不能一念中知又不能知有心有性是以異
第四功德是梵行家果言捨慈者捨於世諦
第一義深勝之慈三相平等名不從因緣慈
若及以性空令物脩行名世諦慈得第
慈心之中而為人說令其生解終得安、
相之慈理合可捨三相之慈行合於理
无緣慈從雖見自悲界不……衆生

世尊偈……
彼一闡提亦復如是燒燃善根當於
得除罪善男子若生善心是則不名
也善男子以是義故一切所施所得
无差別何以故施諸聲聞所得報異
佛得報亦異唯施如來獲无上果是
一切所施非无差別純陀復言何故
說此偈佛言純陀有因緣故我說此
城中有優婆塞心无淨信奉事
我布施之義以是因緣……
摩訶薩等說秘密……
一切者少分一……
雄猛承持……
復次善男……
一切工……

BD09733號　大般涅槃經（北本）卷一〇　（1–1）

彼衆生心不亂心不外向心第一正念乃至
久時所作之時所說終不忘失將護彼意而
成熟之彼所成熟衆生建立正法是名禪波
羅蜜應以智慧成熟者彼諸衆生問一切義
以无畏心而為演說一切論一切工巧究竟
明處乃至種種工巧諸事將護彼意而成熟
之彼所成熟衆生建立正法是名般若波羅
……異波羅蜜无異攝受正法攝

BD09734號　勝鬘師子吼一乘大方便方廣經　（1–1）

也長壽。前生[illegible]廣行布施，敬重佛僧。今世之
中。浮者留妻自死。就上更須努力。早覓佛身。
若感一念慚心。万劫消滅莫地獄。如今長者積財
无限。並是若空之因。若能布施一針，來生
七寶具足。昔說㪽利王節節支解，忍辱心堅。
慈力王件件捨身布施，龍重。今此長壽亦同
世人。好生為佛為僧，求覓後時果報。

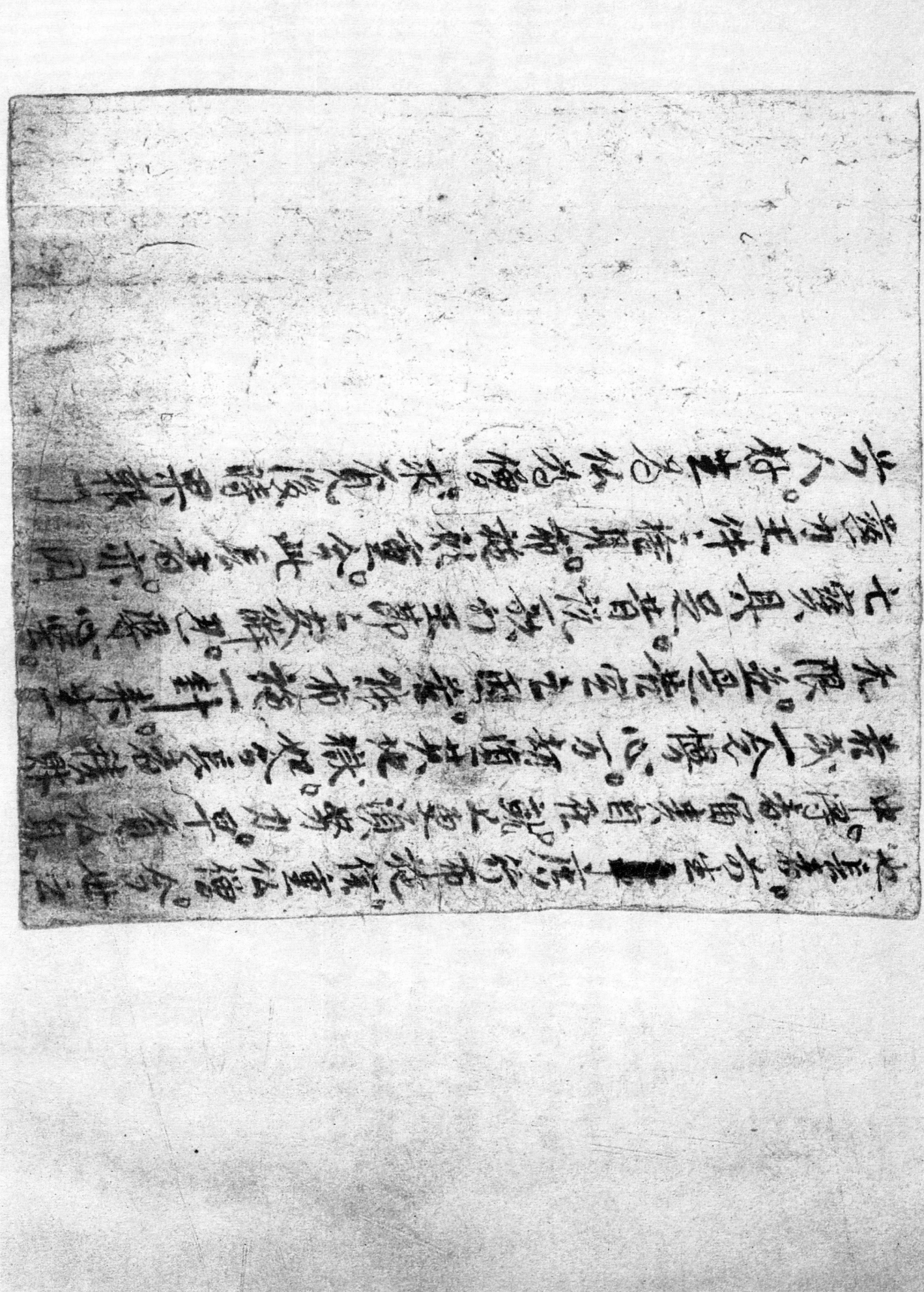

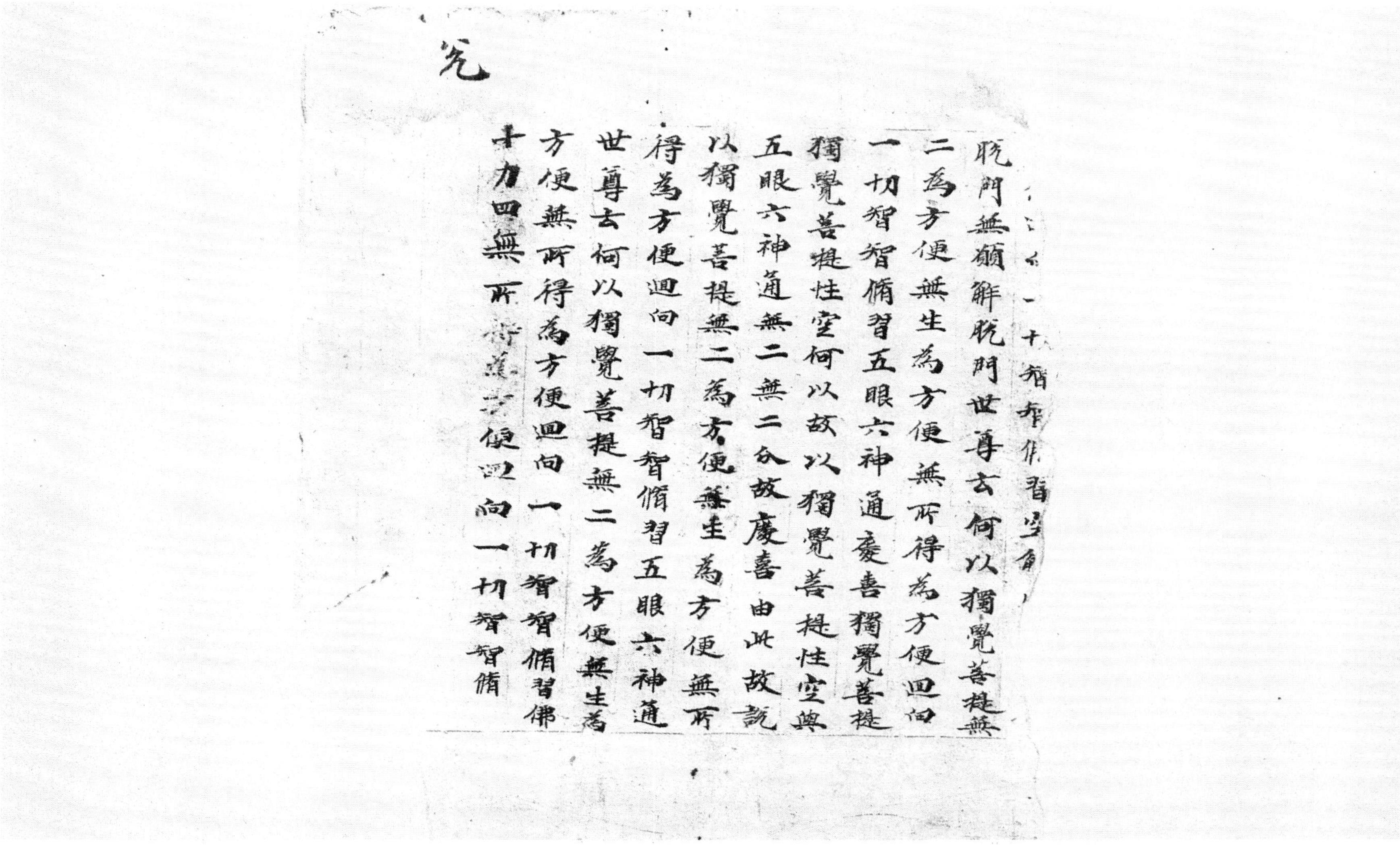

兊

脫門無願解脫門世尊云何以獨覺菩提無
二為方便無生為方便無所得為方便迴向
一切智智脩習五眼六神通慶喜獨覺菩提
獨覺菩提性空何以故以獨覺菩提性空與
五眼六神通無二無二分故慶喜由此故說
以獨覺菩提無二為方便無生為方便無所
得為方便迴向一切智智脩習五眼六神通
世尊云何以獨覺菩提無二為方便無生為
方便無所得為方便迴向一切智智脩習佛
十力四無所得為方便迴向一切智智脩

BD09736 號　大般若波羅蜜多經（兊廢稿）卷一二五　（1–1）

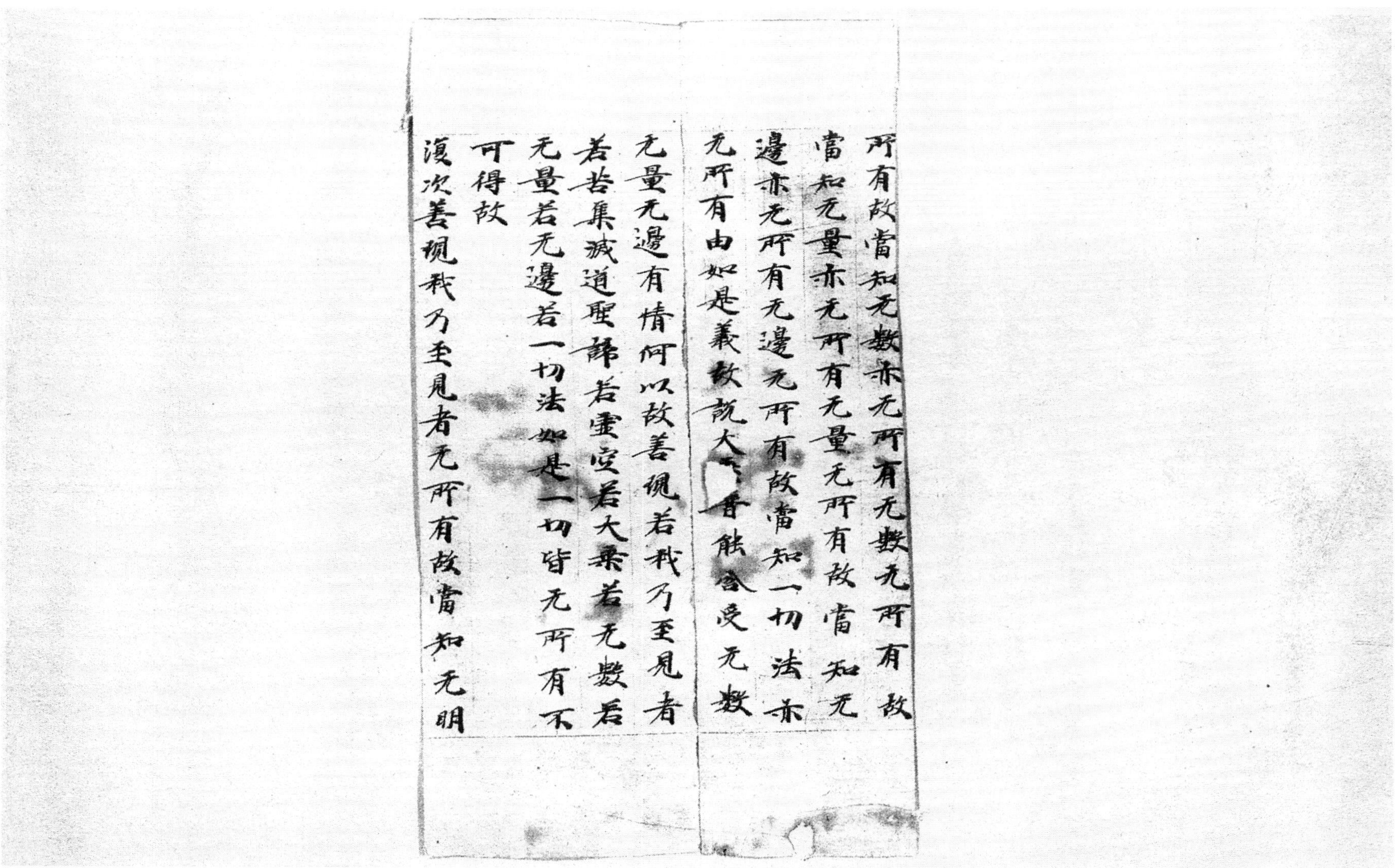

所有故當知无數亦无所有无數无所有故
當知无量亦无所有无量无所有故當知无
邊亦无所有无邊无所有故當知一切法亦
无所有由如是義故說大乘普能含受无數
无量无邊有情何以故善現若我乃至見者
若苦集滅道聖諦若虛空若大乘若无數若
无量若无邊若一切法如是一切皆无所有不
可得故
復次善現我乃至見者无所有故當知无明

BD09737 號　大般若波羅蜜多經卷五七　（1–1）

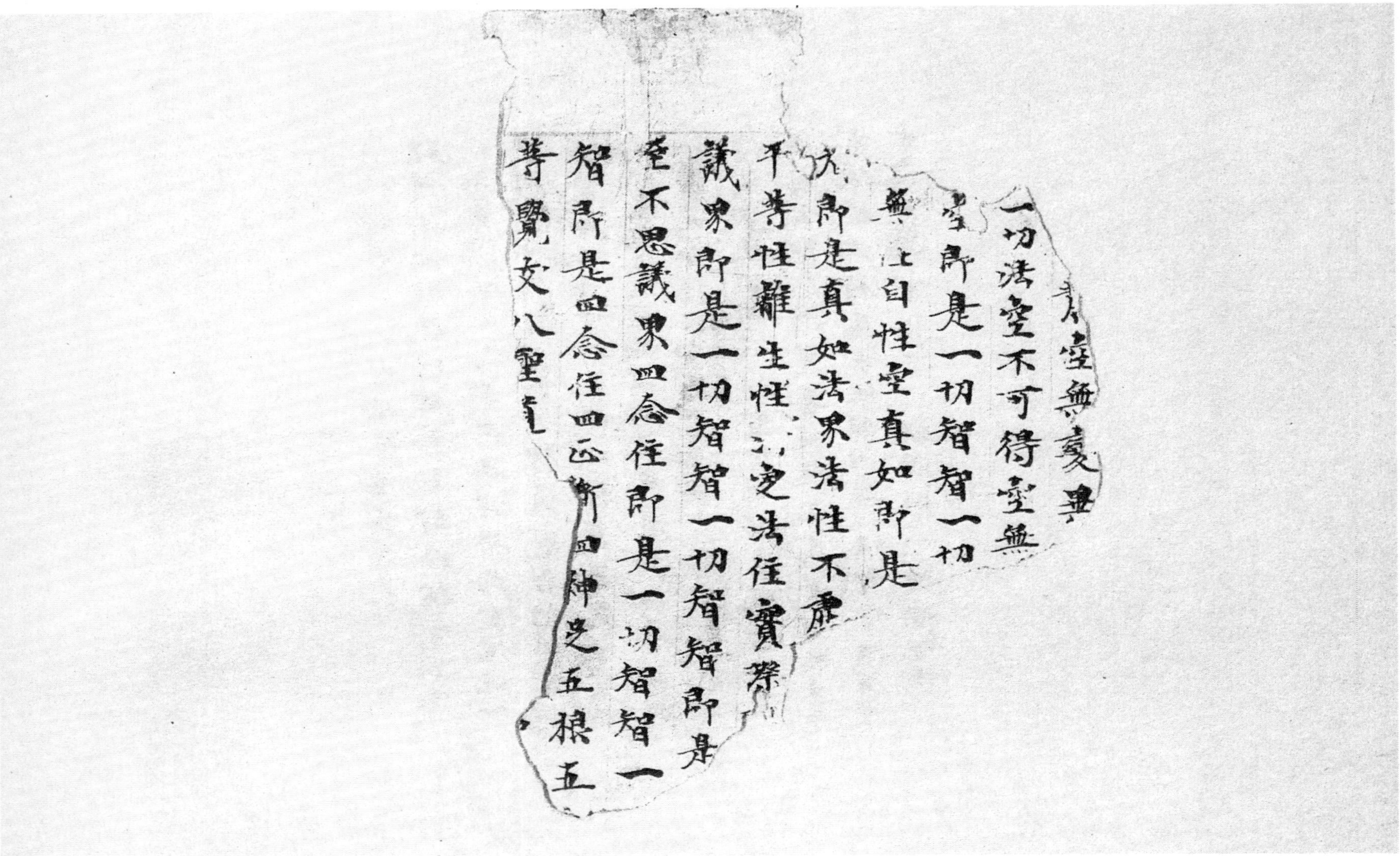

者空無變異
一切法空不可得空無
空即是一切智智一切
無性自性空真如即是
無即是真如法界法性不虛
平等性離生性法定法住實際
議界即是一切智智一切智智即是
空不思議界四念住即是一切智智一
智即是四念住四正斷四神足五根五
等覺支八聖道

BD09738號　大般若波羅蜜多經卷三一八　（1-1）

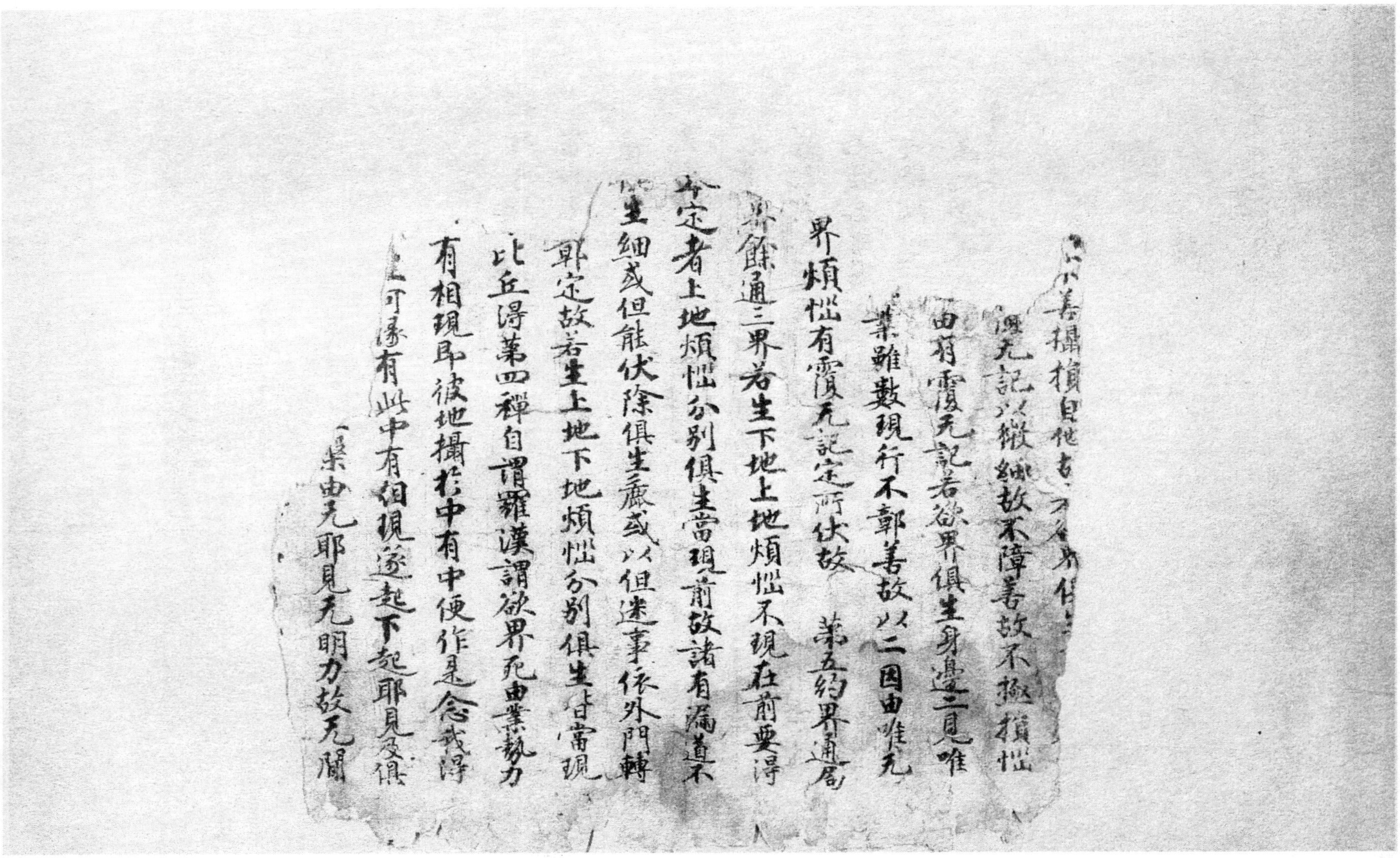

善攝損自他故
無記以微細故不障善故不攝損惱
由前覆無記若欲界俱生身邊二見唯
業雖數現行不鄣善故以二因由唯無
界煩惱有覆無記定所伏故　第五約界通局
界餘通三界若生下地上地煩惱不現在前要得
定者上地煩惱分別俱生當現前故諸有漏道不
生細惑但能伏除俱生麁惑以但迷事依外門轉
鄣定故若生上地下地煩惱分別俱生皆當現
比丘得第四禪自謂羅漢謂欲界死由業勢力
有相現即彼地攝於中有中便作是念我得
可緣有此中有相現遂起下趣邪見及俱
槃由無邪見無明力故無間

BD09739號　論三界煩惱（擬）　（1-1）

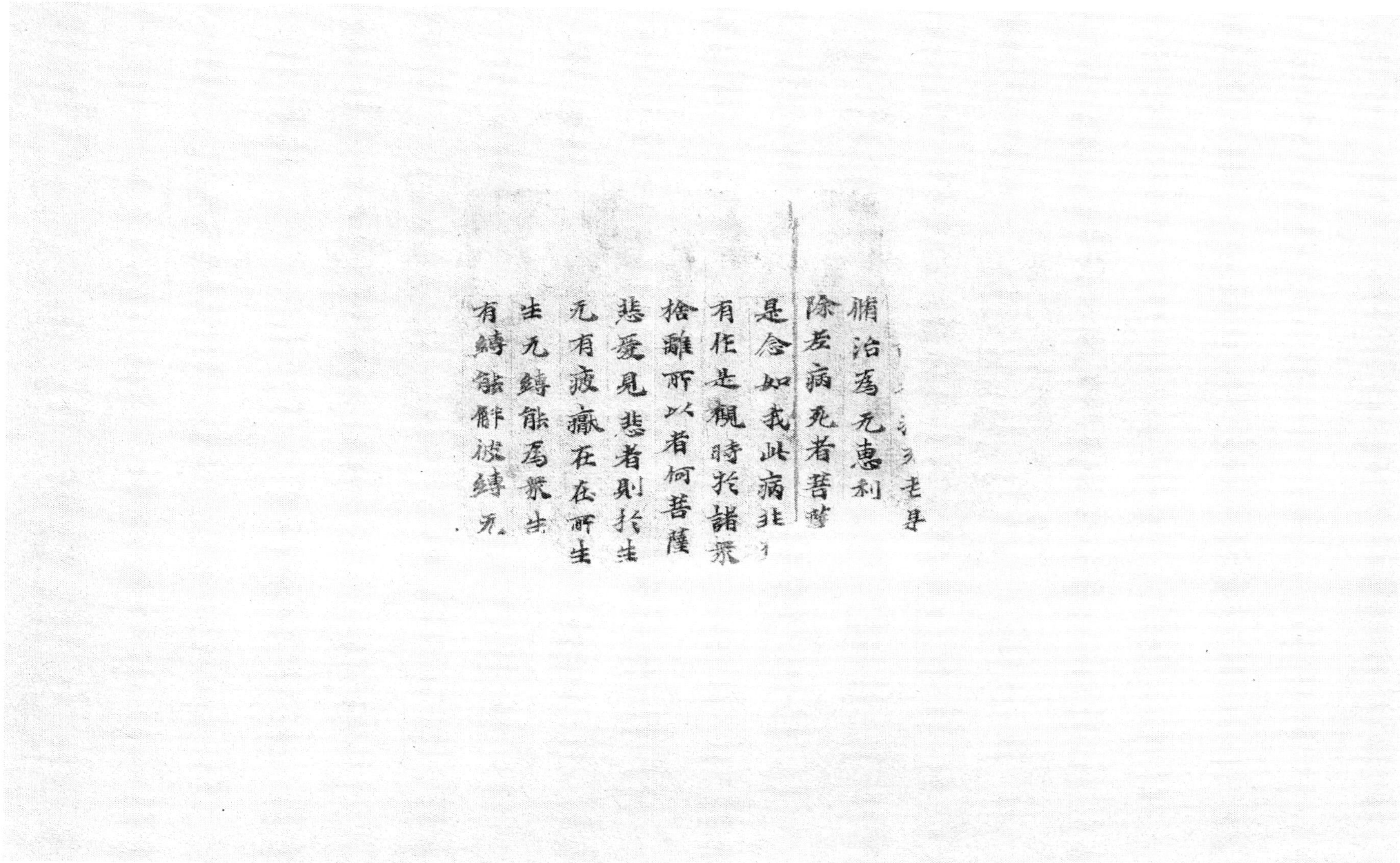

脩治為无惠利
除去病死者菩薩
是念如我此病非
有作是觀時於諸衆
捨離所以者何菩薩
悲愛見悲者則於生
无有疲厭在在所生
生无縛能為衆生
有縛能解彼縛无

BD09740 號　維摩詰所說經卷中　　（1–1）

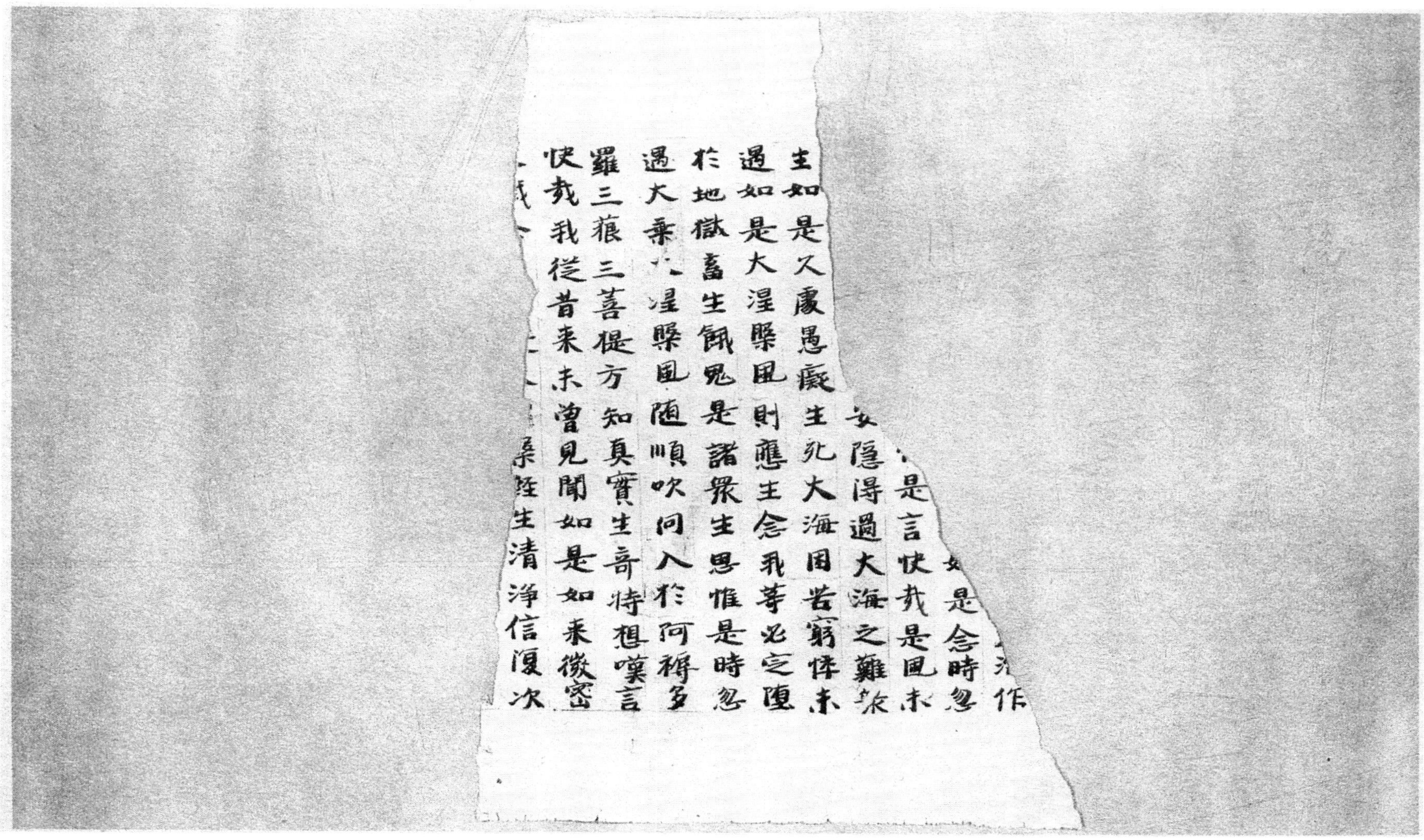

如是念時忽
是言快我是風未
安隱得過大海之難
生如是又處愚癡生死大海困苦窮悴未
過如是大涅槃風則應生念我等必定墮
於地獄畜生餓鬼是諸衆生思惟是時忽
過大乘大涅槃風隨順吹向入於阿耨多
羅三藐三菩提方知真實生奇特想嘆言
快哉我從昔來未曾見聞如是如來微密
……槃經生清淨信復次

BD09741 號　大般涅槃經（北本）卷九　　（1–1）

法身前二種
有為前二身而作
無分別智一切諸佛
慧具足一切煩惱究竟
故法如如如如智攝一切
復次善男子一切諸佛
自利益者是法如如利
於自他益之事而得自
用故是故分別一切佛
差別善男子譬如依
惱說種種業因種種果
如智說種種佛法說種種獨
聞法依法如如依如如智一切
就是為第一不可思議譬如
是難思議如是依法如

BD09742號　金光明最勝王經卷二　（1–1）

无二无二分故慶喜由此
无二為方便无生為方便
向一切智智脩習无忘失法
云何以八解脫无二為方便
所得為方便迴向一切智智
相智一切相智慶喜八解脫
以故以八解脫性空與一切
相智无二无二分故世尊
次第定十遍處

BD09743號　大般若波羅蜜多經卷一二一　（1–1）

如來□□□覺知一
煩惱上煩惱所攝受一切集
一切苦滅作證世尊非壞法故名□□
苦滅者名无始无作无起不盡離盡常住自性
清淨離一切煩惱藏世尊過於恒沙不離不脫
不異不思議佛法成就說如來法身世尊如是
如來法身不離煩惱藏名如來藏世尊如來藏
智是如來空智世尊如來藏者一切阿羅漢辟
支佛大力菩薩本所不見本所不得
世尊有二種如來藏空智世尊空如來藏若離
若脫若異一切煩惱藏世尊不空如來藏過於
恒沙不離　脫不異不思議佛法世尊此二空
智諸大聲聞能信如來一切阿羅漢辟支佛空
智於四不顛倒境界轉是故一切阿羅漢辟支
佛本所不見本所不得一切苦滅唯佛得證壞
一切煩惱藏脩一切滅苦道
世尊此四聖諦三是无常一是常何以故三諦
入有為相入有為相者是无常无常者是虛妄
法虛妄法者非諦非常非依是故苦諦集諦道
諦非第一義諦非常非依一苦滅諦離有為相

BD09744 號　勝鬘師子吼一乘大方便方廣經　（2–1）

若脫若異一切煩惱藏世尊不空如來藏過於
恒沙不離　脫不異不思議佛法世尊此二空
智諸大聲聞能信如來一切阿羅漢辟支佛空
智於四不顛倒境界轉是故一切阿羅漢辟支
佛本所不見本所不得一切苦滅唯佛得證壞
一切煩惱藏脩一切滅苦道
世尊此四聖諦三是无常一是常何以故三諦
入有為相入有為相者是无常无常者是虛妄
法虛妄法者非諦非常非依是故苦諦集諦道
諦非第一義諦非常非依一苦滅諦離有為相
離有為相者是常常者非虛妄法非虛妄者是
諦是常是依是故滅諦是第一義不思議是滅
諦過一切衆生心識所緣亦非一切阿羅漢辟
支佛智慧境界譬如生盲不見衆色七日嬰兒
不見日輪苦滅諦者亦復如是非一切
識所緣亦非二乘智慧境界凡夫
倒一切阿羅漢辟支佛智者則是
凡夫於五受陰我見妄想計著生
見所謂常見斷見諸行无常
涅槃常是常見非
身諸根分別思
於斷見妄

BD09744 號　勝鬘師子吼一乘大方便方廣經　（2–2）

BD09746號　正法念處經卷四一　　（1–1）

BD09746號背　佛為心王菩薩說投陀經續（擬）　　（1–1）

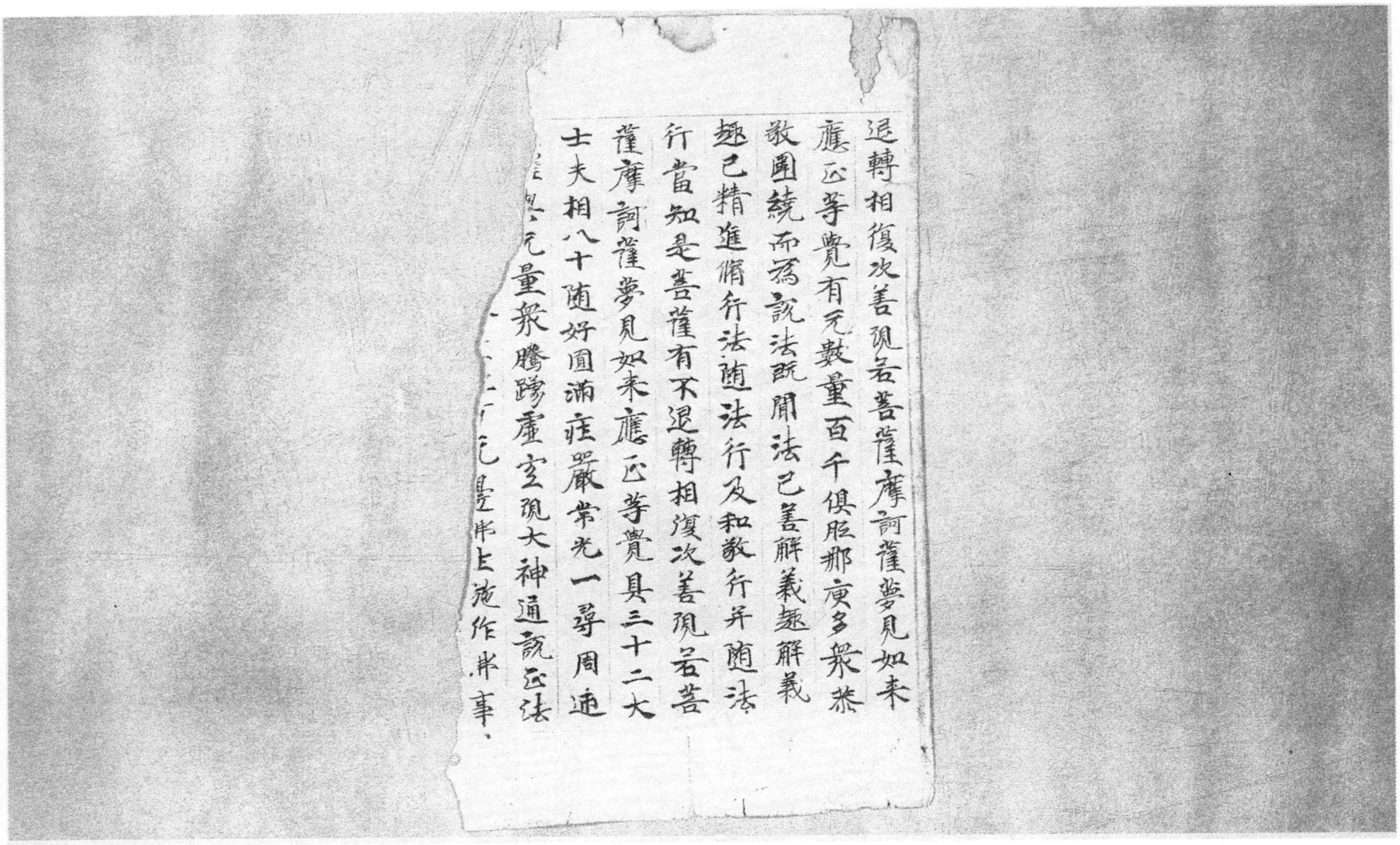

退轉相復次善現若菩薩摩訶薩夢見如来
應正等覺有无數量百千俱胝那庾多衆恭
敬圍繞而爲說法既聞法已善解義趣解義
趣已精進脩行法隨法行及和敬行并隨法
行當知是菩薩有不退轉相復次善現若菩
薩摩訶薩夢見如来應正等覺具三十二大
士夫相八十隨好圓滿莊嚴常光一尋周通
……无量衆騰躍虛空現大神通說正法
……施作佛事

BD09747 號　大般若波羅蜜多經卷四五二　（1–1）

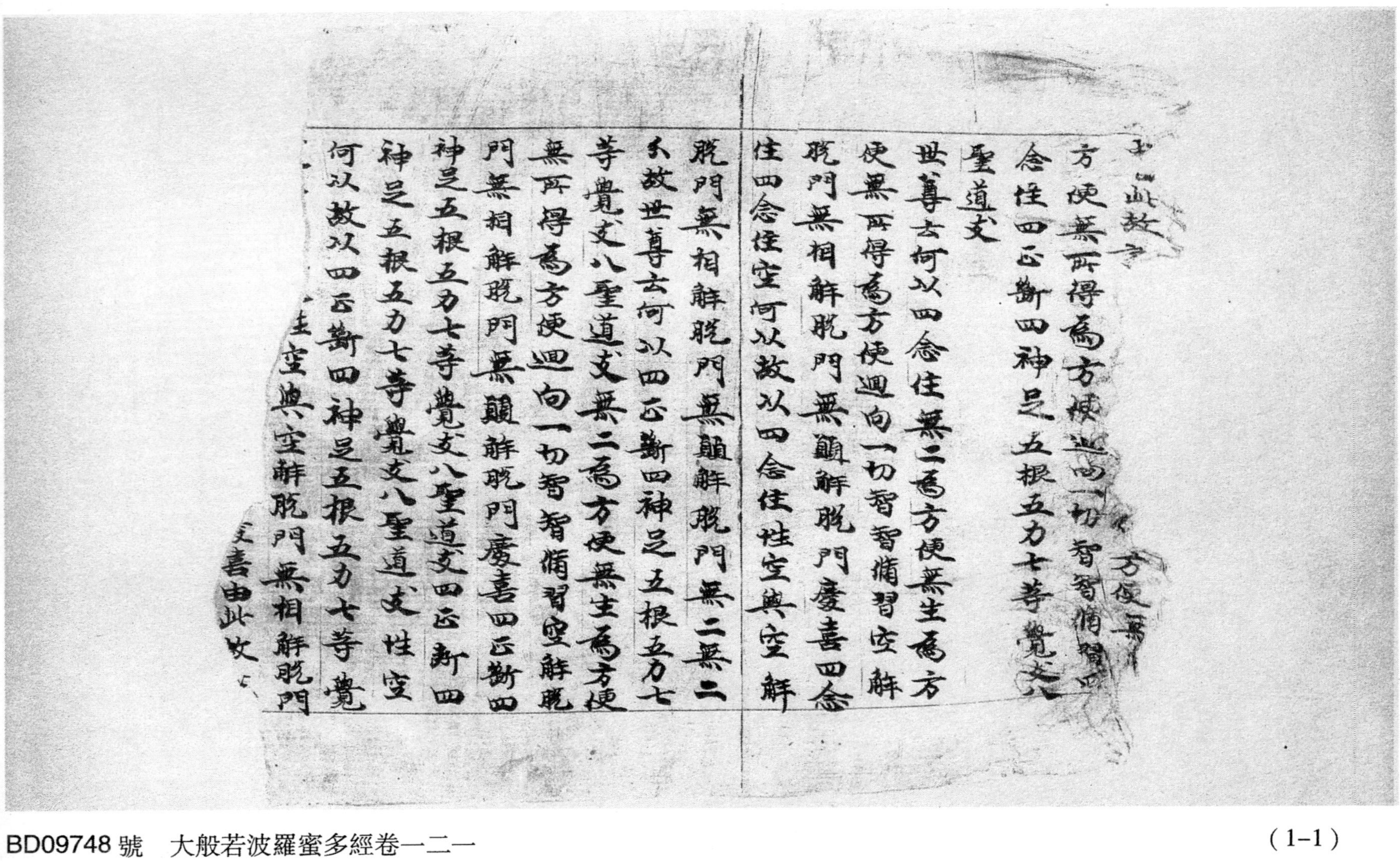

……由此故……
方便無所得爲方便迴向一切智智脩習四
念住四正斷四神足五根五力七等覺支八
聖道支
世尊云何以四念住無二爲方便無生爲方
便無所得爲方便迴向一切智智脩習空解
脫門無相解脫門無願解脫門慶喜四念
住四念住空何以故以四念住性空與空解
脫門無相解脫門無願解脫門無二無二
分故世尊云何以四正斷四神足五根五力七
等覺支八聖道支無二爲方便無生爲方便
無所得爲方便迴向一切智智脩習空解脫
門無相解脫門無願解脫門慶喜四正斷四
神足五根五力七等覺支八聖道支四正斷四
神足五根五力七等覺支八聖道支性空
何以故以四正斷四神足五根五力七等覺
……性空與空解脫門無相解脫門
……喜由此故……

BD09748 號　大般若波羅蜜多經卷一二一　（1–1）

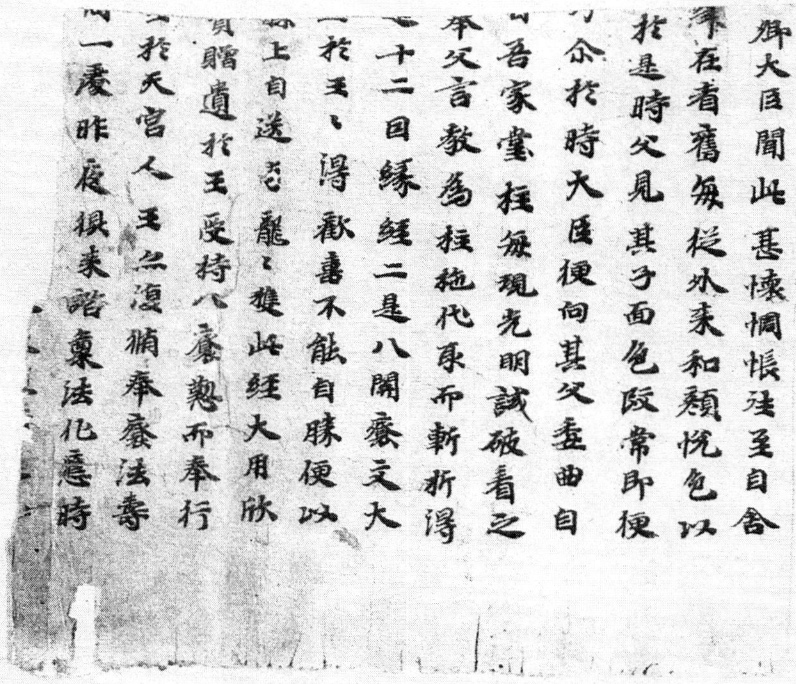

BD09749 號　賢愚經卷一　　　　（1-1）

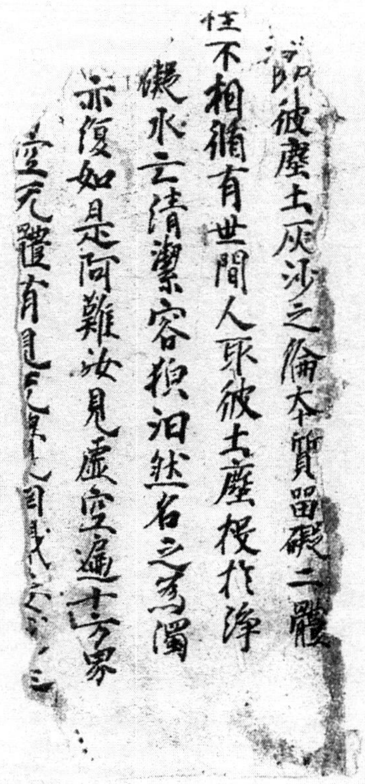

BD09750 號　大佛頂如來密因修證了義諸菩薩萬行首楞嚴經卷四　　　　（1-1）

法者僧
近佛地者積聚功德
大…恩須勝令施清淨為
勝者何故世尊讚嘆福田若福田
田而果不等耶答恩須勝故施清
故先說恩須及眷屬名布施福以淨
求隨智慧行如是施者則獲大果若異
施勝福田不非大人施若以因力生罪
福者不成男等應得无間等而不得故當知恩須力
也功德福田能起勝恩須是世故尊讚嘆福田問已知長
養生身施長養法身施復云何答
若說諸經法　遠離諸顛倒　不謗於牟尼　是說為法施
於脩玉羅比尼阿毗曇真實分別不著名利廣攝衆生是
名法施彼雜无想著而顛倒說誹謗如来真實因緣
而住異想當知此則亂心因緣雖說不顛倒而心染著如
彼商人是故偈說
牟尼說　如刀火及毒　於此善分別　猶如食甘露

BD09751 號　雜阿毗曇心論卷八　（2–1）

於脩玉羅比尼阿毗曇真實分別不著名利廣攝衆生是
名法施彼雜无想著而顛倒說誹謗如来真實因緣
而住異想當知此則亂心因緣雖說不顛倒而心染著如
彼商人是故偈說
牟尼說　如刀火及毒　於此善分別　猶如食甘露
復次三種顛倒謂法顛倒人顛倒時顛倒法顛倒者如有說
脩梵淨想斷貪欲人顛倒者謂貪欲者而為說慈時顛
倒者人根未熟而說真諦如是比与此相違者名不顛
倒說法已說法施无畏施今當說
以離等受說　安慰諸恐懼　是名无畏施　能拔貧窮怖
若見衆生今世後世及與恐怖以離受戒說慈心安慰
言衆生勿怖我當為汝所作令得无畏是名无畏施
彼恐怖如貧窮与彼真實對治名无畏施已說无畏
施大施今當說
普於群生類　等受戒律儀　功德流増廣　是則為大施
世尊說五戒為大施攝无量衆生故起无量樂故財
施者不能攝一切衆生唯受戒則能受持五戒於一
切衆生盡壽念念得十二未曾得律儀彼戒流注相續
不斷問已知四種施前說四種戒云何答
戒果及禪生　无漏戒律儀　斷律儀從二　是說律儀種
四種律儀謂別解脫律儀禪律儀无漏律儀斷律儀
別解脫律儀者謂七衆所受戒禪律儀者謂有漏
无漏律儀者謂學无學戒斷律
道生戒者有

BD09751 號　雜阿毗曇心論卷八　（2–2）

一法 緣得 亦

身无遮難 三結界成就 四界內盡集 五羯磨成就 三三人作法

六緣得名如法 闕一不成 問界有幾種 答一者作法界 二者自然界 作法

有三 一者攝僧界 二者攝衣 三者攝食界 僧界有三種 一者大界 二者界

三者小界 今就大界之內又有三種 謂人法二同界 法食二同界 法同食別

界中者則有四別 一者謂聚落界 二蘭若界 三王

問羯磨有幾種 答有一百卅四種 單白羯磨有卅九 白二羯磨

羯磨卅八 此三羯磨攝一切羯磨皆盡 問五篇法 一波羅夷篇 若犯此戒永棄眾外故曰无餘不得

僧中住 二僧伽婆尸沙篇 此云僧殘 若犯此戒行所殘缺不應在布薩

磨衆 又與 類其 三波逸提篇 此方云墮 若犯此戒墮落地獄燒煮 覆障故云墮也 四波羅提提舍尼篇

與僧 亦故名僧殘 此云向彼悔 若犯此戒事合可呵 對手懺悔故云向彼悔

五名式叉迦羅尼篇 此方云應當學 威儀律行動 智方成故云應當學 此明七聚法

一波羅夷聚 二僧伽婆尸沙聚 三偷蘭遮聚 此是見諸麁言麁惡亦云遮障 偷言遮 蘭言障 若犯此罪大遮障聖道

故云遮障 然偷蘭有四 一五逆偷蘭應殯不可除 二初篇下重偷蘭應八僧中悔 三初篇下輕偷蘭 二篇

下重偷蘭應四僧中懺 四獨頭偷蘭遮及餘篇下偷蘭應三僧中悔

四波逸提聚 五波羅提提舍尼聚 六突吉羅聚 身為三身惡作 二口惡說 突吉羅者

義翻云惡作 突者名惡 吉羅名作 作惡不正故名突羅 亦云跋蹤 身作惡 口作名說 故云

惡作惡說 突吉羅此聚罪若故犯者應對手懺 若悞犯應責心懺 問發戒具

此云向彼悔若犯此戒事合奇呵對手懺悔故云向彼悔

五名式叉迦羅尼篇 此云應當學威儀條行勤習方成故云應當學 此明七聚法

一波羅夷聚 二僧伽婆尸沙聚 三偷蘭遮聚 此是見諦麁言麁惡亦云遮障偷言遮蘭言障若犯此罪大遮障聖道

故云遮障然偷蘭有四一五逆偷蘭應殯不可除二初篇下重偷蘭應八僧中悔三初篇下輕偷蘭二篇下重偷蘭應四僧中懺四獨頭偷蘭遮及餘篇下偷蘭應三僧中悔

四波逸提聚 五波羅提提舍尼聚 六突吉羅聚 身為三身惡作口言惡說 突吉羅者

義翻云惡作突者名惡吉羅者名作作惡不正故名突吉羅亦云跌跌身作惡口作名說故云惡作惡說突吉羅此聚罪若故犯者應對手懺若悞犯應責心懺

問婬戒具幾緣成犯 答具四緣 一前境是人女 二興染 三起方便 四与境合便犯

問盜戒具幾緣成犯 答具六緣成犯 一有主物 二有主想 三有盜心 四重物 五興方便 六離本處便犯

問煞戒具幾緣 答具五緣 一是人 二人想 三興煞心 四起方便 五斷命根

問大妄語戒具幾緣 答具八緣成犯 一前境是人 二人想 三事虛 四知是虛事 五有誑他 六自言已 七言辭了了 八前人知解

問僧有幾種 答四種 一者四人僧 除授戒自恣出罪餘一切羯磨應作 二者五人僧 除中國授戒出罪餘法得作 三者十人僧 除出罪餘法作 四者廿人僧 一切羯磨得作況復更多

問菩薩戒中煞先婬後 何故聲聞戒中婬先煞後 答菩薩為大慈為本是以煞戒為初 聲聞以梵行為機是以婬戒為首

受衣法 若不持三衣入聚落者得無量罪 世世裸形無有衣服 若不串鈎紐入俗人家 得罪 若食飲時咽得罪

問云何名為三衣六物 一安多會 有四種一割截二攝葉三襟葉四縵作 長一短割截衣持三累此改持 二名欝多羅僧 有二種一割截二襟葉二長一短即是七條衣受割截衣持若餘衣准此 三名僧伽梨 此衣有八種謂割截襟葉各九品若受上衣廿五條 四長一短割截衣持若是襟葉條數准上襟葉衣持 是下品三長一短是名具下品二長一短

授衣文 大德一心念我比丘某甲此欝多羅僧七條衣受兩長一短割截衣持 三說若是餘衣及襟葉編葉等隨事准改受文同上

捨衣文 大德一心念我比丘某甲此僧伽梨是我三衣數先受持今捨 一說下二衣及五衣等須捨亦爾

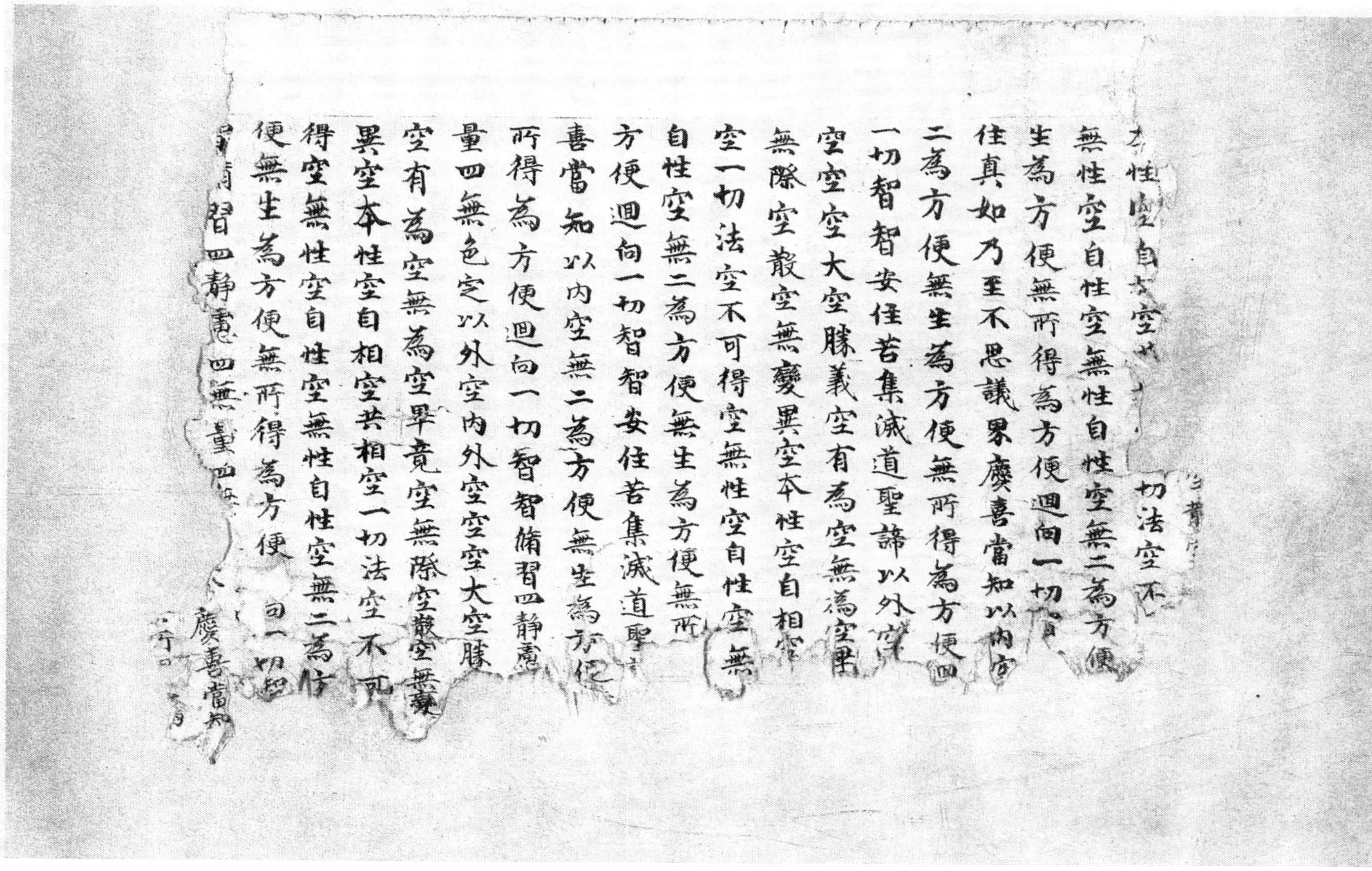

本性空自共空
切法空不
無性空自性空無性自性空無二為方便
生為方便無所得為方便迴向一切智
住真如乃至不思議界慶喜當知以內空
二為方便無生為方便無所得為方便四
一切智智安住苦集滅道聖諦以外空
空空空大空勝義空有為空無為空畢
無際空散空無變異空本性空自相空
空一切法空不可得空無性空自性空無
自性空無二為方便無生為方便無所
方便迴向一切智智安住苦集滅道聖
喜當知以內空無二為方便無生為方便
所得為方便迴向一切智智脩習四靜慮
量四無色定以外空內外空空空大空勝
空有為空無為空畢竟空無際空散空無變
異空本性空自相空共相空一切法空不可
得空無性空自性空無性自性空無二為作
便無生為方便無所得為方便　回一切智
脩習四靜慮四無量四無　慶喜當知

BD09753號　大般若波羅蜜多經卷一〇九　（1–1）

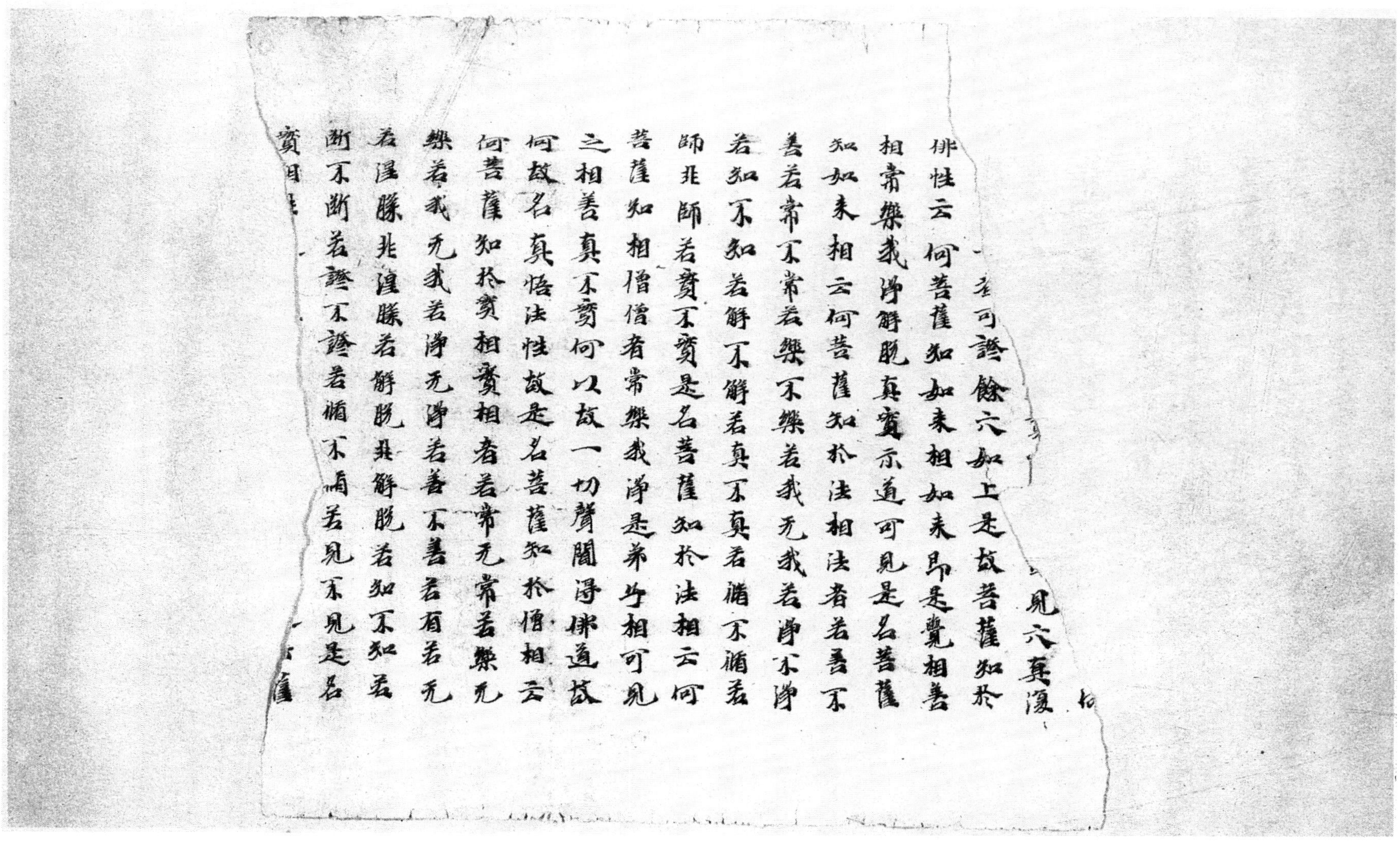

見六真復
者可讚餘六如上是故菩薩知於
佛性云何菩薩知如來相如來即是覺相善
相常樂我淨解脫真實示道可見是名菩薩
知如來相云何菩薩知於法相法者若善不
善若常不常若樂不樂若我无我若淨不淨
若知不知若解不解若真不真若脩不脩若
師非師若實不實是名菩薩知於法相云何
菩薩知相僧僧者常樂我淨是弟子相可見
之相善真不實何以故一切聲聞得佛道故
何故名真悟法性故是名菩薩知於僧相云
何菩薩知於實相實相者若常无常若樂无
樂若我无我若淨无淨若善不善若有若无
若涅槃非涅槃若解脫非解脫若知不知若
斷不斷若證不證若脩不脩若見不見是名
實相是　菩薩

BD09754號　大般涅槃經（北本）卷二五　（1–1）

臨終无……
佛与諸大衆現其人前即隨化佛往生其國
住不退轉功德智慧次如上輩者也
佛告阿難其下輩者十方世界諸天人民其
有至心欲生彼國假使不能作諸功德當發
无上菩提之心一向專意乃至十念念无量
壽佛願生其國若聞深法歡喜信樂不生疑
惑乃至一念念於彼佛以至誠心願生其國
此人臨終夢見彼佛亦得往生功德智慧次
如中輩者也
佛告阿難无量壽佛威神无極十方世界无
量无邊不可思議諸佛如來莫不稱歎於彼
東方恒沙佛國无量无數諸菩薩衆皆悉往
詣无量壽佛所恭敬供養及諸菩薩聲聞之
衆聽受經法宣布道化南西北方四維上下
亦復如是尒時世尊而說頌曰
東方諸佛國　其數如恒沙　彼土菩薩衆　往覲无量覺
南西北四維　上下亦復然　彼土菩薩衆　往覲无量覺
一切諸菩薩　各齎天妙華　寳香无價衣　供養无量覺
咸然奏天樂　暢發和雅音　歌嘆最勝尊　供養无量覺
究達神通慧　遊入深法門　具足功德藏　妙智无等倫
慧日朗世間　消除生死雲　恭敬遶三帀　稽首无上尊
見彼嚴淨土　微妙難思議　因發无[illegible]……
應時无[illegible]……

BD09755 號　無量壽經卷下　（1–1）

無對一相所謂無
便善巧建立種種
是隨信行此是
……一來此是不
菩薩摩訶
善現如是如是
巧能於無相法……
復次善現於吾
證無上正等菩提設證
有情施設諸法差別之相
自知此是地獄此是傍生此是
是四大王衆天此是三十三天
此是覩史多天此是樂變化……
在天此是梵衆天此是梵輔
此是大梵天此是光天此是……
量光天此是極光淨天此是……
天此是無量淨天此是遍淨
是少廣天此是無量廣天此……
……

BD09756 號　大般若波羅蜜多經卷三九七　（2–1）

是四大王衆天此是三十三天
此是覩史多天此是樂變
在天此是梵衆天此是梵輔
此是大梵天此是光天此是
量光天此是極光淨天此是
天此是無量淨天此是遍淨
是少廣天此是無量廣天此是
想天此是無繁天此是無熱
此是善見天此是色究竟天
處天此是識無邊處天此是
是非想非非想處天此是色
此是眼處此是耳鼻舌身意處此是
是聲香味觸法處此是眼界此是耳
意界此是色界此是聲香味觸法界
識界此是耳鼻舌身意識界此是眼
耳鼻舌身意觸此是眼觸為緣所生
是耳鼻舌身意觸為緣所生諸受此是
此是水火風空識界此是因緣此是等
緣此是所緣緣此是增上緣此是從緣
諸法此是無明此是行識名色六處
取有生老死愁歎苦憂惱此是世間
出世間法此是有漏法此是無漏法此
為法此是無為法此是布施波羅蜜

BD09756號　大般若波羅蜜多經卷三九七　（2–2）

之應尊重等 如上
三者比丘尼不應爲比丘作舉作憶念作自言不應遮他覓罪
遮自恣比丘尼不應呵比丘比丘應呵比丘尼如此法應尊重 如上
四者式叉摩那二歲學戒已從比丘僧乞受大戒如此法應尊重 如上
五者比丘尼犯僧殘罪半月在應二部僧中行摩那埵如此法應尊重等
六者比丘尼半月從僧乞受教誡如此法應尊重等 如上
七者比丘尼不應在无比丘處夏安居如此法應尊重等 如上
比丘僧中求三事自恣見聞疑如此法應
來僧中自恣中阿含八尊師
那者犯等五尊師

字諸道道　能脫脩
還果修八智彼中要
餘智如前說遠離非
欲時一切九解脫道
地禪思學諸通解脫
大眼天耳一切九解
八智所以者何攝根本禪故
學道中　及滅第一有　彼八解脫道　說者修習七
七地離欲時一切无學道中修七智餘他心
智所以者何此无學道修滅結智他心智非
滅結以故不修非想非非想處第一有彼離
欲時八解脫道中修七智除等智所以者何
等智非非想非非想處轉還以非敵故
離非第一有　六修无學道　禁上應當知　修習非八下地
離於第一有六修无學道者第一有離欲時九无
學道中修六智除他心智及等智禁上應當知修
習於下地者此修一切地當知修自地諸智及下
地所攝謂依初禪離欲彼修二地功德自地所攝
三至无所有處

BD09758 號　阿毗曇心論卷三　（1–1）

五佛 五〻卄五佛亦名二百五十輩〻五百佛亦名五百
子 答曰若并出於眼不見一切色不見一法内外中間備
如虛空是名檀波羅蜜 若并出於耳根聞一切聲塵亦
性清淨猶如虛空是名尸波羅蜜 若根當一切味不舍
着如虛空是毗梨耶波羅蜜 若并出於身根觸一切法
本性清淨是名禪波羅蜜 若并出於意根見一切
无所分別不念妄想即 菩提是名般若波羅蜜
答曰如者不異之義來者无所從來故名如來 又名
不二名曰如來 答曰五根為世 心者為尊 答曰心无分
別故曰比丘 答曰心清淨名曰比丘 答曰心中饒煩惱
故名優婆塞 答曰心饒妄想无有斷故名優婆
答曰禪者不亂空者不動故名坐禪 問曰何名三昧
答曰三昧者无分別无學无求无〻 不〻內外
盡空入於性是名三昧 答曰體性凝然不生
可覩見无刹无相猶如〻 已〻
若智也 若者惠也仗 一羅者彼也 蜜者
答曰阿之言无稱之言上 多之言正 藐之言 菩
提之言道也 答曰无上能是心 无人是四大 无躭至是
壽者是意 答曰宅身大煩惱天女散花 答曰天之言
佛之言覺 稱若法界
請誦之勿妄

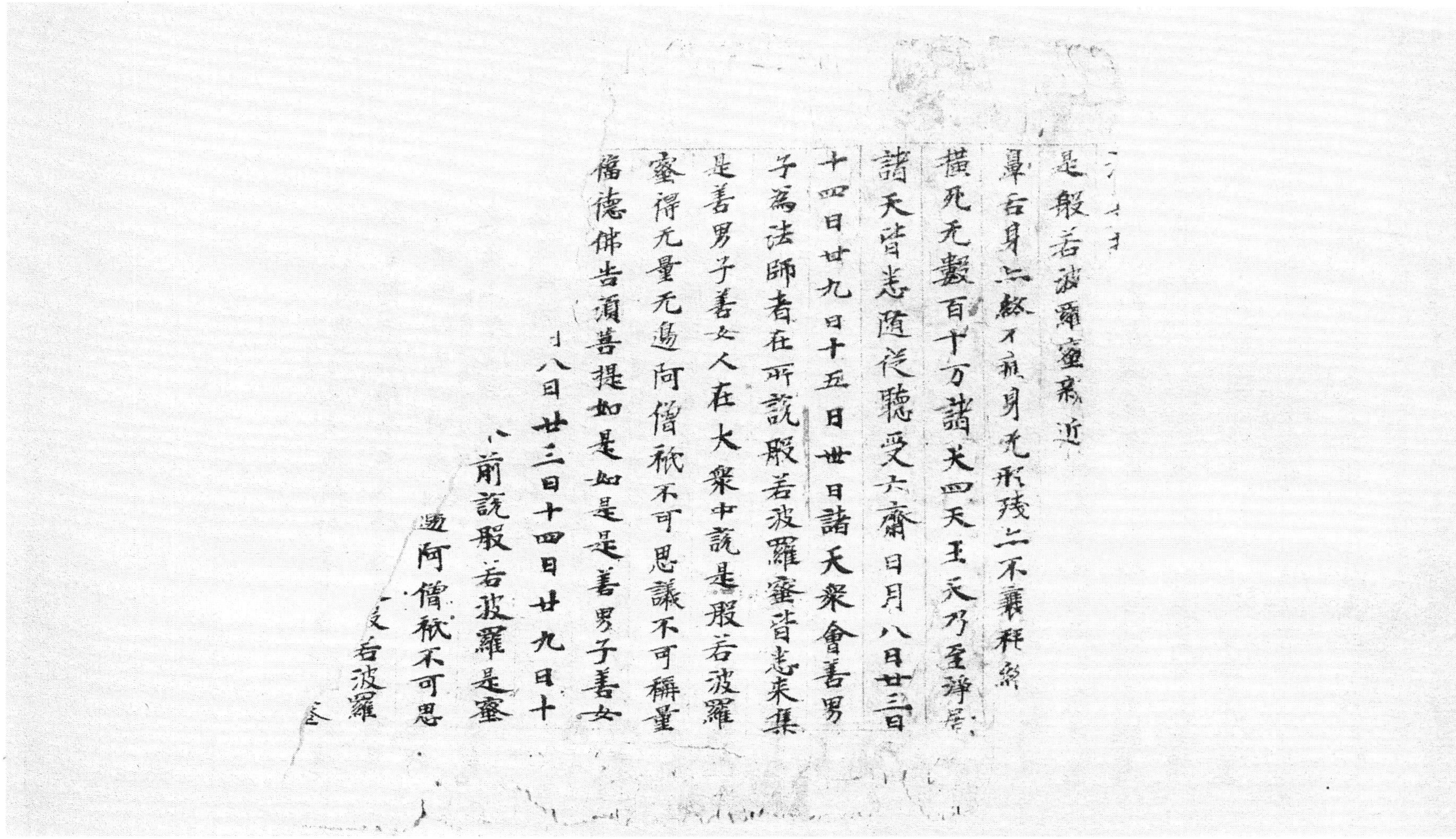

法學九部經法令

是般若波羅蜜最近
鼻舌身亦然不應身无形殘亦不襄稱絲
攝无无數百千万諸天四天王天乃至淨居
諸天皆悉隨從聽受六齋日月八日廿三日
十四日廿九日十五日卅日諸天衆會善男
子爲法師者在所說般若波羅蜜皆悉來集
是善男子善女人在大衆中說是般若波羅
蜜得无量无邊阿僧祇不可思議不可稱量
福德佛告須菩提如是如是是善男子善女
八日廿三日十四日廿九日十
前說般若波羅是蜜
邊阿僧祇不可思
文若波羅

BD09760 號　摩訶般若波羅蜜經卷一二　　（1–1）

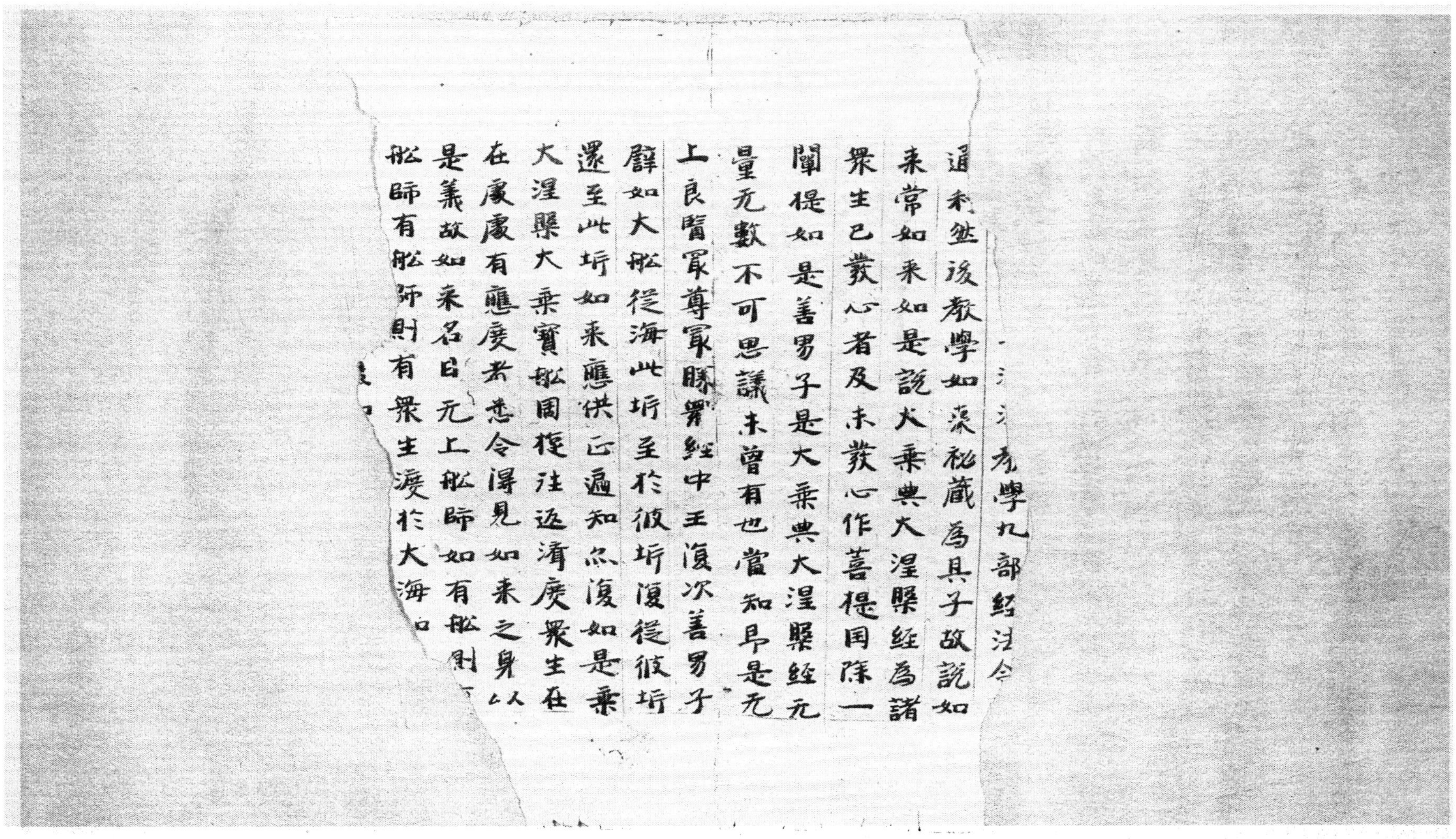

法學九部經法令
通利然後敎學如來祕藏爲其子故說如
來常如來如是說大乘典大涅槃經爲諸
衆生已發心者及未發心作菩提因除一
闡提如是善男子是大乘典大涅槃經无
量无數不可思議未曾有也當知是是无
上良醫最尊最勝經中之王復次善男子
譬如大船從海此岸至於彼岸復從彼岸
還至此岸如來應供正遍知亦復如是乘
大涅槃大乘寶船周旋往返濟度衆生在
在處處有應度者悉令得見如來之身以
是義故如來名曰无上船師如有船則
船師有船師則有衆生渡於大海如

BD09761 號　大般涅槃經（北本）卷九　　（1–1）

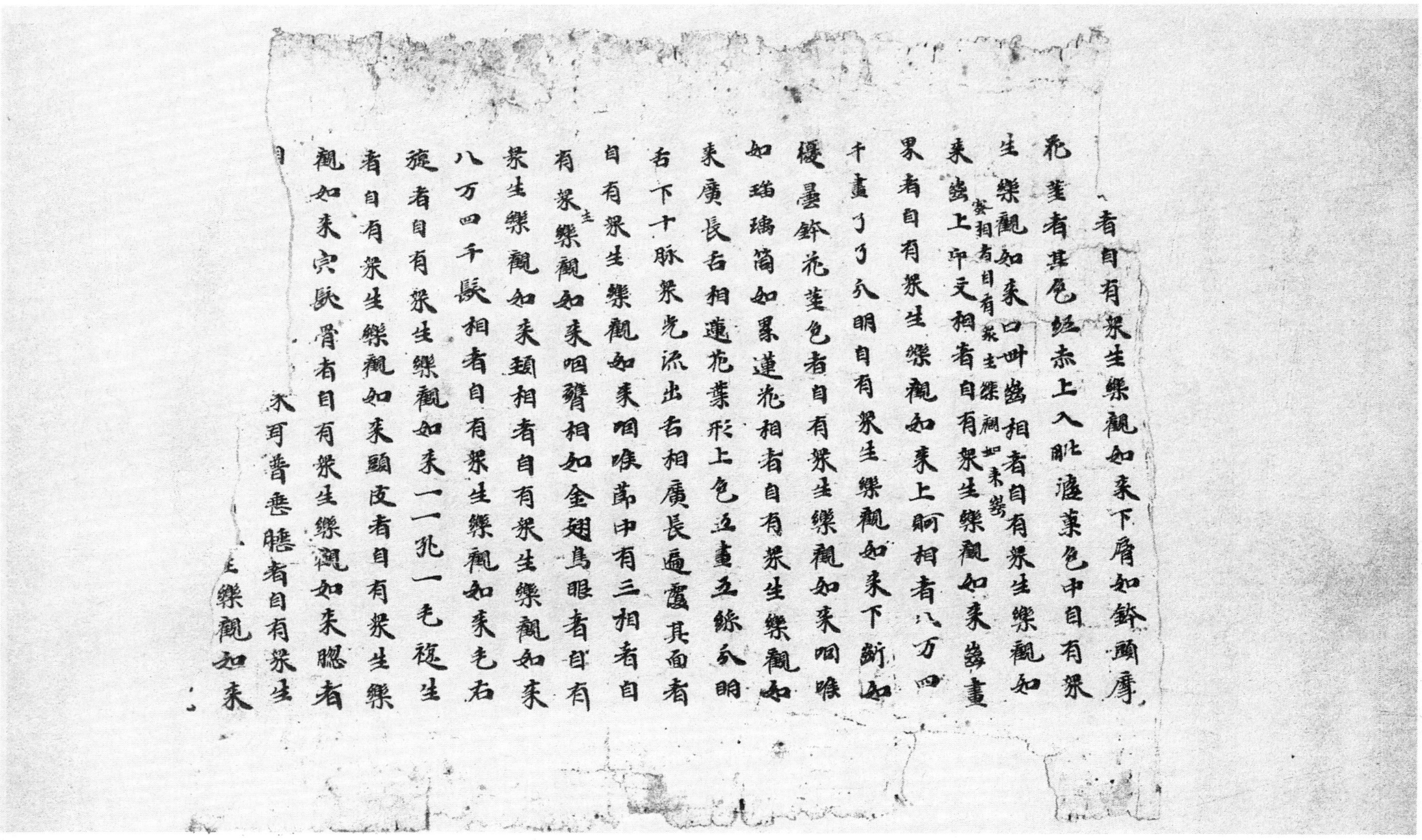

者自有衆生樂觀如來下脣如鉢頭摩
花莖者其色紅赤上入眦瀘葉色中自有衆
生樂觀如來口丗齒相者自有衆生樂觀如
安相者自有衆生樂觀如來齒
來齒上印文相者自有衆生樂觀如來齒畫
界者自有衆生樂觀如來上腭相者八万四
千畫了了分明自有衆生樂觀如來下齗如
優曇鉢花莖色者自有衆生樂觀如來咽喉
如瑠璃筒如累蓮花相者自有衆生樂觀如
來廣長舌相蓮花葉形上色五畫五絲分明
舌下十脉衆光流出舌相廣長遍覆其面者
自有衆生樂觀如來咽喉節中有三相者自
有衆生樂觀如來咽臂相如金翅鳥眼者自有
衆生樂觀如來頸相者自有衆生樂觀如來
八万四千髮相者自有衆生樂觀如來毛右
旋者自有衆生樂觀如來一一孔一毛旋生
者自有衆生樂觀如來頭皮者自有衆生樂
觀如來宍髮骨者自有衆生樂觀如來腦者
自
不可普悉聽者自有衆生
生樂觀如來

BD09762 號　觀佛三昧海經卷一　（1–1）

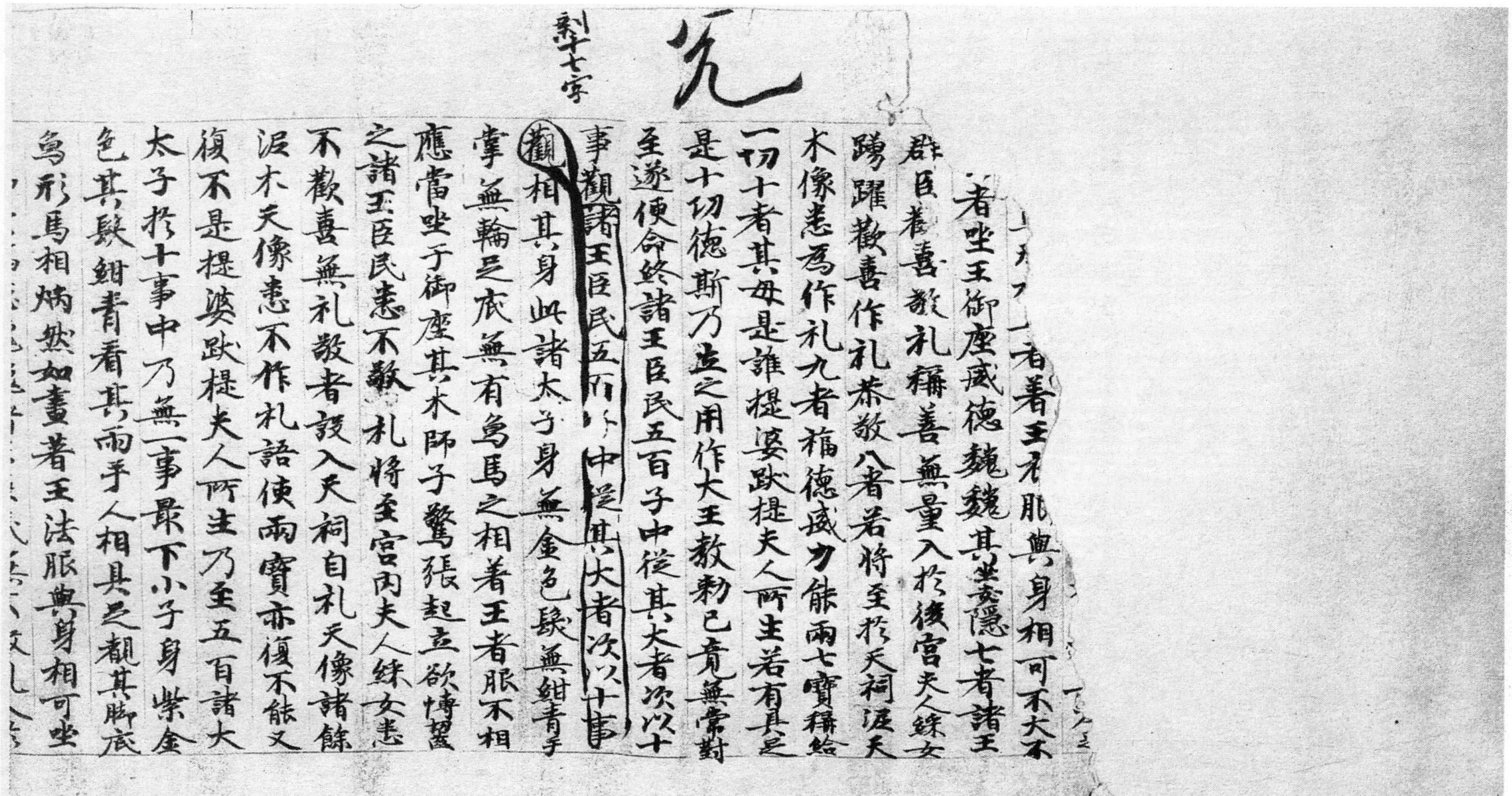

剺十七字　兊

者著王衣服與身相可不大不
者坐王御座威德巍巍其坐安隱七者諸王
群臣養善敬礼稱善無量入於後宮夫人綵女
踴躍歡喜作礼恭敬八者若將至於天祠泥天
木像悉爲作礼九者稱德威力能雨七寶稱給
一切十者其母是誰提婆跋提夫人所生若有具足
是十切德斯乃𨒂之用作大王教勅已竟無常對
至遂便命終諸王臣民五百子中從其大者次以十
事觀諸王臣民五百子中從其大者次以十事
觀相其身此諸太子身無金色髮無紺青手
掌無輪足底無有烏馬之相著王者服不相
應當坐于御座其木師子驚張起立欲博摑
之諸王臣民悉不敬礼將至宮內夫人綵女悉
不歡喜無礼敬者設入天祠自礼天像諸餘
泥木天像悉不作礼語使雨寶亦復不能又
復不是提婆跋提夫人所生乃至五百諸大
太子於十事中乃無一事最下小子身紫金
色其髮紺青看其兩手人相具足覩其脚底
烏形馬相炳然如畫著王法服與身相可坐

BD09763 號　賢愚經（兊廢稿）卷九　（2–1）

剝十七字
事觀諸王臣民五百以中從其大者次以十事
觀相其身此諸太子身無金色驗無紺青手
掌無輪足底無有象馬之相著王者服不相
應當坐于御座其木師子驚張起立欲博齧
之諸王臣民悉不敬礼將至宮內夫人綵女悉
不歡喜無礼敬者設入天祠自礼天像諸餘
泥木天像悉不作礼語使雨寶亦復不能又
復不是提婆跋提夫人所生乃至五百諸大
太子於十事中乃無一事最下小子身紫金
色其驗紺青看其兩手人相具足觀其腳底
象形馬相炳然如畫著王法服與身相可坐
於御坐福德巍巍諸王臣民無不敬礼入於
後宮夫人綵女敬奉作礼將至天祠泥木天
像悉皆為礼敬使雨寶如語即雨問是誰生
提婆跋提夫人所生十事具足諸王臣民即
拜為王至十五日日初出時有金輪寶從東方
來輪有千輻縱廣一由旬王即下坐右膝著
地跪而言曰若我福德應為王者輪當稱
在殿前住虛空中白象寶者

BD09763號　賢愚經（兌廢稿）卷九　（2–2）

空不行行乃至老死愁歎苦憂惱空不空相
是行般若波羅蜜多不行無明無相有相不
行無明無相有相相是行般若波羅蜜多不
行行識名色六處觸受愛取有生老死愁歎
苦憂惱無相有相不行行乃至老死愁歎苦
憂惱無相有相相是行般若波羅蜜多不行
無明無願有願不行無明無願有願相是行
般若波羅蜜多不行行識名色六處觸受愛
取有生老死愁歎苦憂惱無願有願不行行
乃至老死愁歎苦憂惱無願有願相是行般

BD09764號　大般若波羅蜜多經卷四〇　（1–1）

財童子一心正念法光法
諸佛不斷三寶嘆離欲性
世念諸大願究竟一切法界衆生於一切
爲心无所著觀察一切諸法无常悉能嚴淨
一切佛刹心无懈怠於一切佛及其眷屬心
无所着漸至彼國入祝藥城求良醫彌伽
在何所尒時童子見彼良醫處正法堂
子坐与一万大衆前後圍遶爲說
光經時善財童子詣醫彌伽頭面
畢退住一面合掌白言大
多羅三藐三菩提心而

BD09765號　大方廣佛華嚴經（晉譯五十卷本）卷三九　（1-1）

離虛妄分別山 如眼初如牙
華宮殿者以下正明奉佛華殿請如
已即皆乘者明如來受施乘殿昇山
者明在路供養如經及諸夜叉衆種種
自下三偈明到城已更設勝供養請佛及
諸佛及菩薩皆受供養者同受供請然
察所說法者觀真如理供養如來等二偈是
三請如經從供養大慧士數數而請言以下有
為主為我等請佛說法故致供養如經數數
佛及菩薩受請說法雖不言大慧名然意
佛者大慧第十地菩薩見解同佛識機
界者是十地證智境界者謂第一義諦非是
降我与夜叉衆及諸佛子等一行偈舉大衆
衆俱請推為閻主如經士說法勝者明說真如
二見不同外道二乘唯心計有斷常外境妄說
出勝行具十地妙行離虛妄分別如經我尊重大
清辭離諸外道過亦離二乘過者更重出勝法行明真如證智
外道常過遠二斷過如經說內法清淨者正出勝法解何者
究竟如來地者是如來地者果中第一義諦

BD09766號　入楞伽經疏（擬）

（2–1）

言言亼下有
為主為我等請佛說法故致殃養如經數數
佛及菩薩更請說法雖不言大慧名無意
佛者大慧第十地菩薩見解同佛議機
界者是十地證智境界者謂第一義諦非是
降我与彼又衆及諸佛子等一行偈舉大衆
衆俱請椎為問主如經士說法勝者明說真如
二見不同外道二乘唯心計有斷常外境妄謬
出勝行具十地妙行離虛妄分別如經我尊重大士
青辭離諸外道邊亦離二乘過者更重出勝法行明真如語智
外道常邊遠二斷過如經說內法清淨者已出勝法解何者
究竟如來地者是如來地者果中第一義諦如經從尒時佛
已作山城者以下至一切隱不現有七行半偈正明第四化分
明
未為說內證境界今明楞伽
楞伽王作證无生法忍因
山城宮殿淨妙第一更
得真如實解心平等知諸
故化作山城分來陵訖中有二第一
殊者是是伏緣楞之心第二有
早是諸法无體如化唯嵬亘

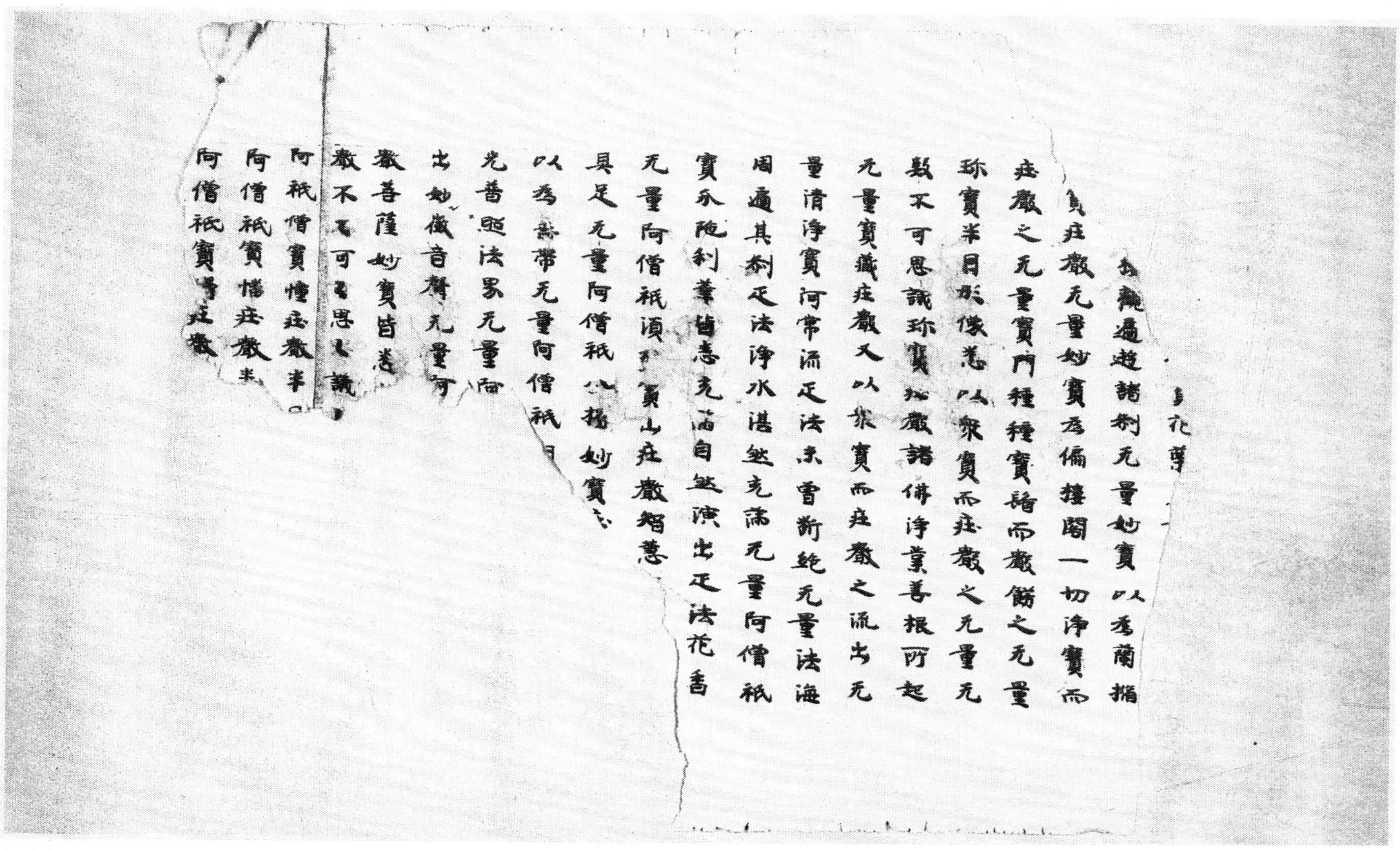

BD09767 號　大方廣佛華嚴經（晉譯五十卷本）卷一八　（1–1）

BD09768 號　摩訶般若波羅蜜經卷七　（1–1）

墮落何以故阿難隨諸菩薩衆除如來衆於
餘淨衆若有漏若無漏為最為勝為尊為
高為妙為微妙為上時舍利子承佛神力
故便見東方有一佛土[illegible]此佛土過百千界
其中如來現為無量人天尊衆宣說正法尒
時佛告舍利子言汝見東方過百千界有一
佛土現有如來為無量衆說正法不舍利子
言唯然已見未知彼界彼佛何名尒時世尊

BD09769號　大般若波羅蜜多經（兑廢稿）卷五八六　（1-1）

隨
一不二
於菩薩能女
見惡色終不聞惡
味終不觸惡觸終无
從一佛國至一佛國親近
故善男子善女人為无量阿僧
薩諸善根隨喜迴向為无量阿僧祇第二
第三地乃至第十地一生補處諸菩薩摩訶
薩善根隨喜迴向阿耨多羅三藐三菩提以
是善根因緣故疾近阿耨多羅三藐三菩提
是諸菩薩得阿耨多羅三藐三菩提已度无
量无邊阿僧祇衆生憍尸迦以是因緣故善
男子善女人於初發意菩薩善根應隨喜迴
向阿耨多羅三藐三菩提非心非離心於久
發意阿毗拔致一生補處善根隨喜迴向阿
耨多羅三藐三菩提非心非離心須菩提白
佛言世尊是心如幻云何能得阿耨多羅三
藐三菩提佛告須菩提於汝意云何汝見是
心如幻不不也世尊我不見幻不見心如
幻須菩提於汝意云何若无幻若无心如幻
汝見是心不不也世尊須菩提於汝意云何
離幻離心如幻汝見更有法得阿耨多羅

BD09770號　摩訶般若波羅蜜經卷一九　（1-1）

[illegible]綫池
日是時、无号尊鎮所、徒弟子與諸真人等同
來詣座散花燒香擎珠獻寶來到道前羅
列供養夜寶光珠書寶光珠素秋明月瑯
玕寶珠玄冬慧日連錢寶珠青陽繡藻清淨
寶珠神虎驪龍无價寶珠如是寶珠數千方
億光明照曜鄣翳日月以、此供養遠繞天
尊張諸幢蓋幡花亂眼精光煒燁非可目詺
次有明珠寶幢曜日寶幢連辟寶幢淨月寶
幢瓊瑶寶幢定水寶幢迎風寶幢散花寶幢浮
香寶幢分布既竟次至七曜靈幡十絶靈幡孔
雀靈幡師子靈幡金華靈幡玉蘂靈幡飛龍
靈幡儛鶴幡如是諸幡施安復畢乃至飛香
寶蓋垂蓮寶蓋霜羅寶蓋雲錦寶蓋[illegible]
蓋繡藻寶蓋如是幢蓋一時[illegible]
以用供養乃至不[illegible]

BD09771號　太玄真一本際經卷一〇　（1–1）

是者十……悔小見之比丘後若犯者多匠
得戒後度……名義若以前後名以是以戒形似
若過三洞太煩合衆疲極若減三洞恐急者不看已過多諸撥亂是
故三洞合其中道　以五篇中何名性戒何名遮戒若論麁細戒各有遮
性就五篇中初篇一遮者以殺戒遮僧不遮俗餘三性　十三中二唐悔嫁三戒遮
餘十性　卅中一性過僧物入已是性餘廿九遮　九十中廿性壞生惡罵等　餘六十遮下論
篇並是遮戒　又就五篇辯開遮者初篇開增上慢不犯无漏聖法出
過想有名曰增上慢此皆□未得為得名爲慢此人久在山藪不見色壞伏
得言永……生此慢……遮戒市見法色目……□□□之
刑罰等……

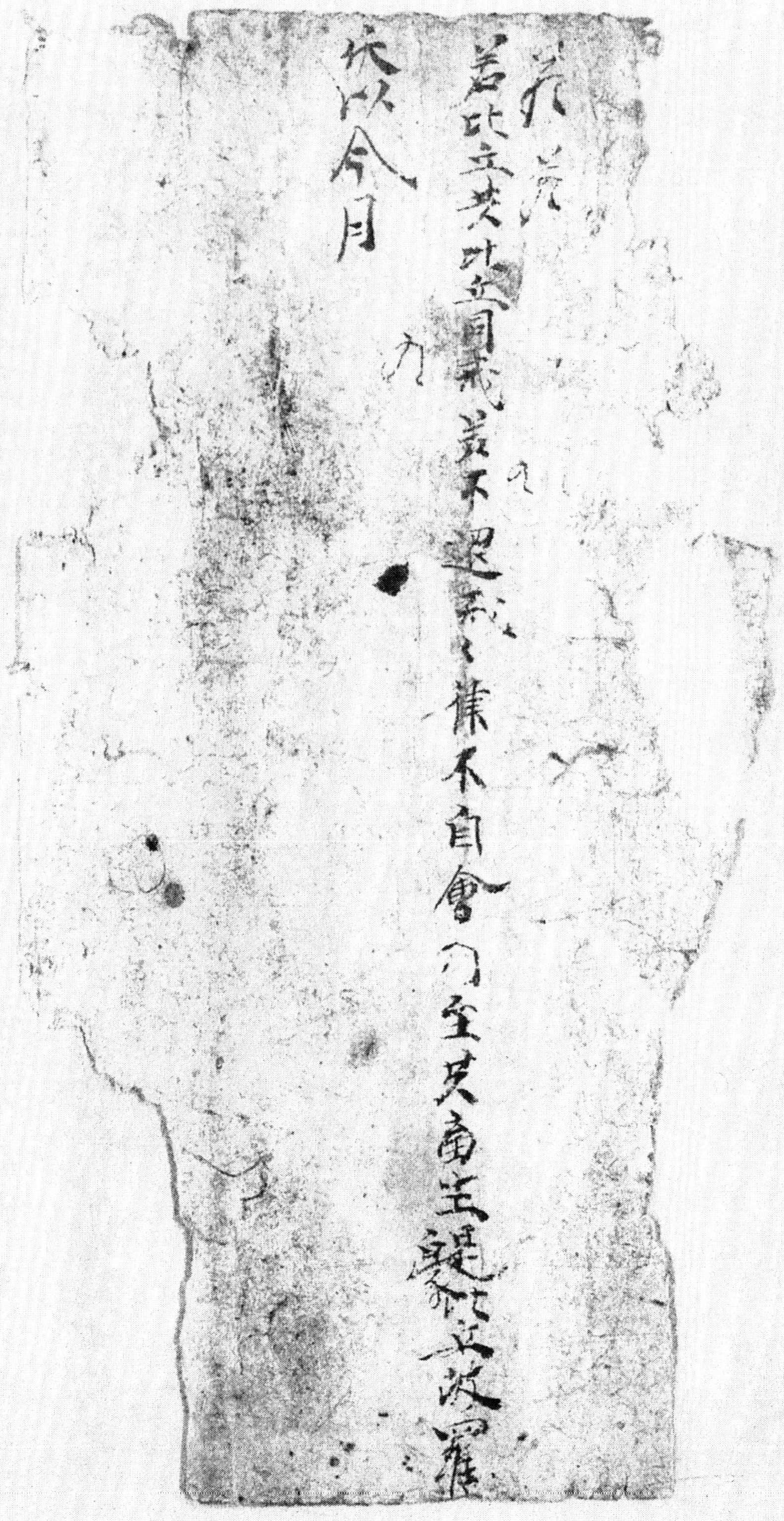

BD09772號背　雜寫　（1-1）

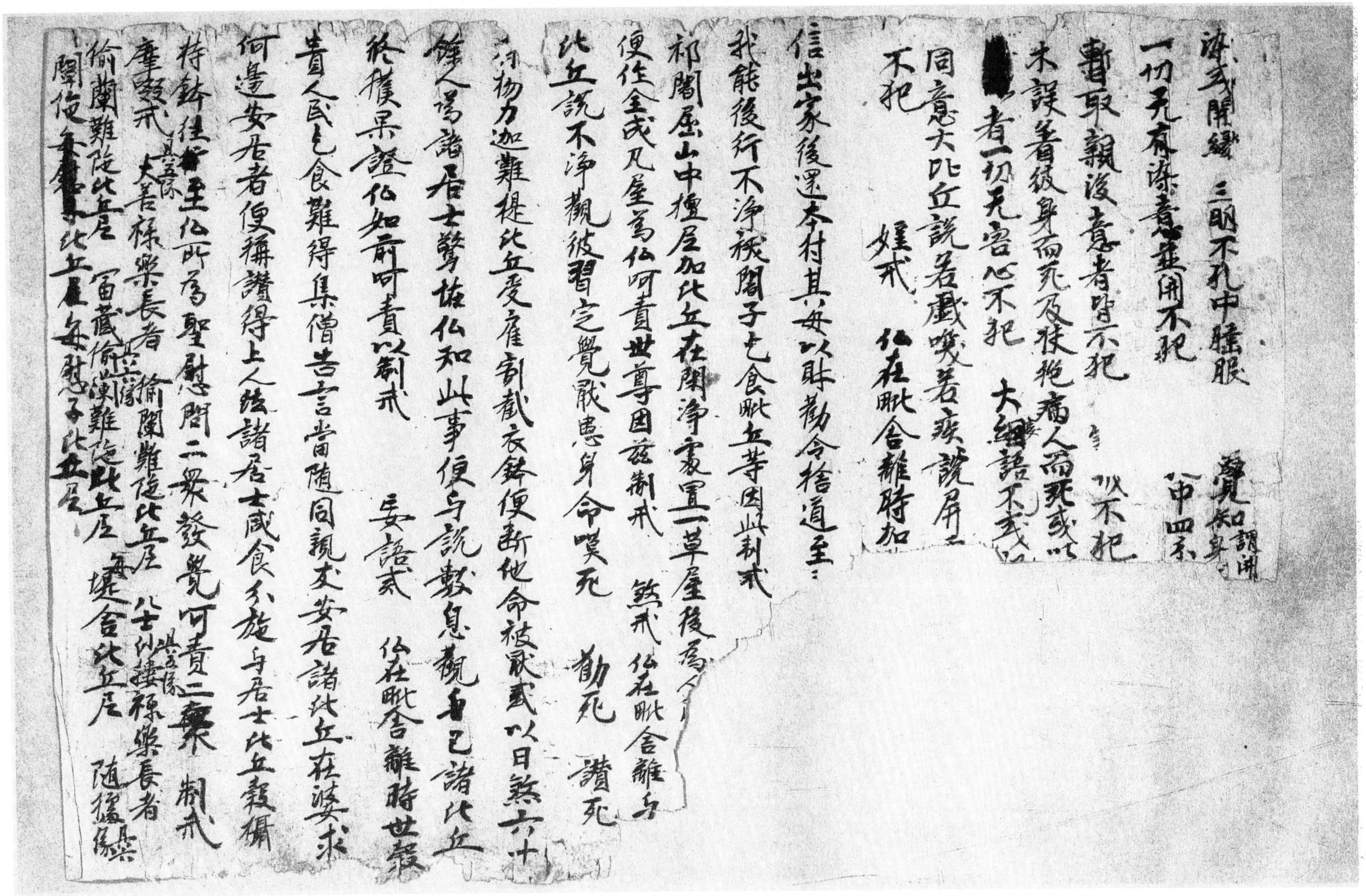

BD09773 號　釋尼戒初篇八波羅夷義決鈔（擬）　　（1–1）

藥上若衆生聞如來
利益藥上譬如有人
千人衆生擔負金寶授人
菩薩聽此金寶者是他之物汝好守護
三失其人持寶未經多時自縱放逸而
寶悉皆散失是時彼人憂箭射心
不能歸家時彼父母聞已憂愁悲
言我等生此惡子但有子名生我家內財物
悉皆散失令我等貧皆為他奴僕絕望而死
子聞父母既喪亡已亦絕望死如是如是藥
上佛說此法於我法中无淨信者彼无所望
臨命終時為憂惱箭射心而死如彼父母為
彼金寶絕望憂惱如是藥上住我法中无淨

BD09774 號　僧伽吒經卷三　（1–1）

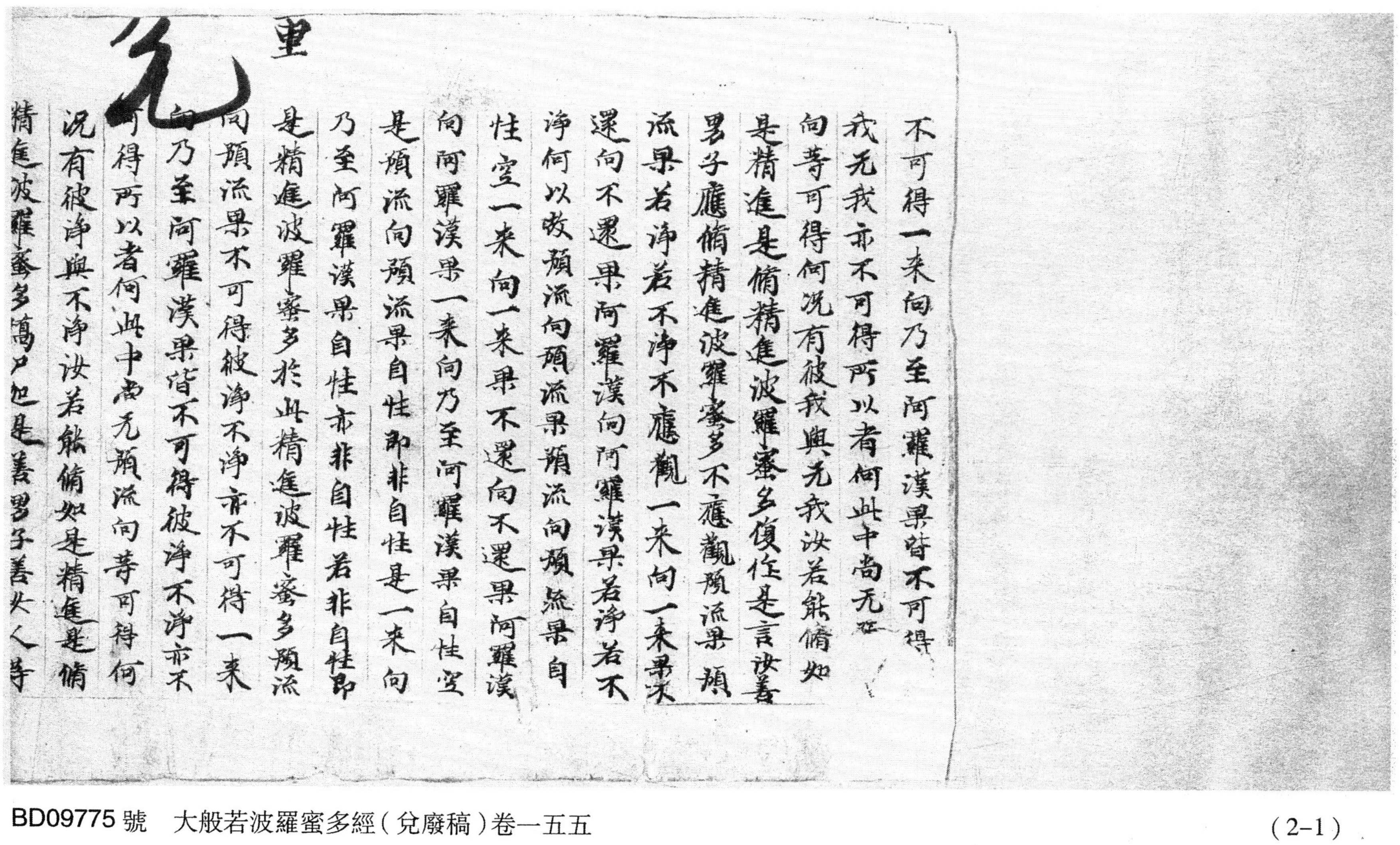

兑　重

不可得一來向乃至阿羅漢果皆不可得
我无我亦不可得所以者何此中尚无我
向等可得何況有彼我與无我汝若能脩如
是精進是脩精進波羅蜜多復作是言汝善
男子應脩精進波羅蜜多不應觀預流果預
流果若淨若不淨不應觀一來向一來果不
還向不還果阿羅漢向阿羅漢果若淨若不
淨何以故預流向預流果預流向預流果自
性空一來向一來果不還向不還果阿羅漢
向阿羅漢果一來向乃至阿羅漢果自性空
是預流向預流果自性即非自性是一來向
乃至阿羅漢果自性亦非自性若非自性即
是精進波羅蜜多於此精進波羅蜜多預流
向預流果不可得彼淨不淨亦不可得一來
向乃至阿羅漢果皆不可得彼淨不淨亦不
可得所以者何此中尚无預流向等可得何
況有彼淨與不淨汝若能脩如是精進是脩
精進波羅蜜多憍尸迦是善男子善女人等

BD09775 號　大般若波羅蜜多經（兑廢稿）卷一五五　（2–1）

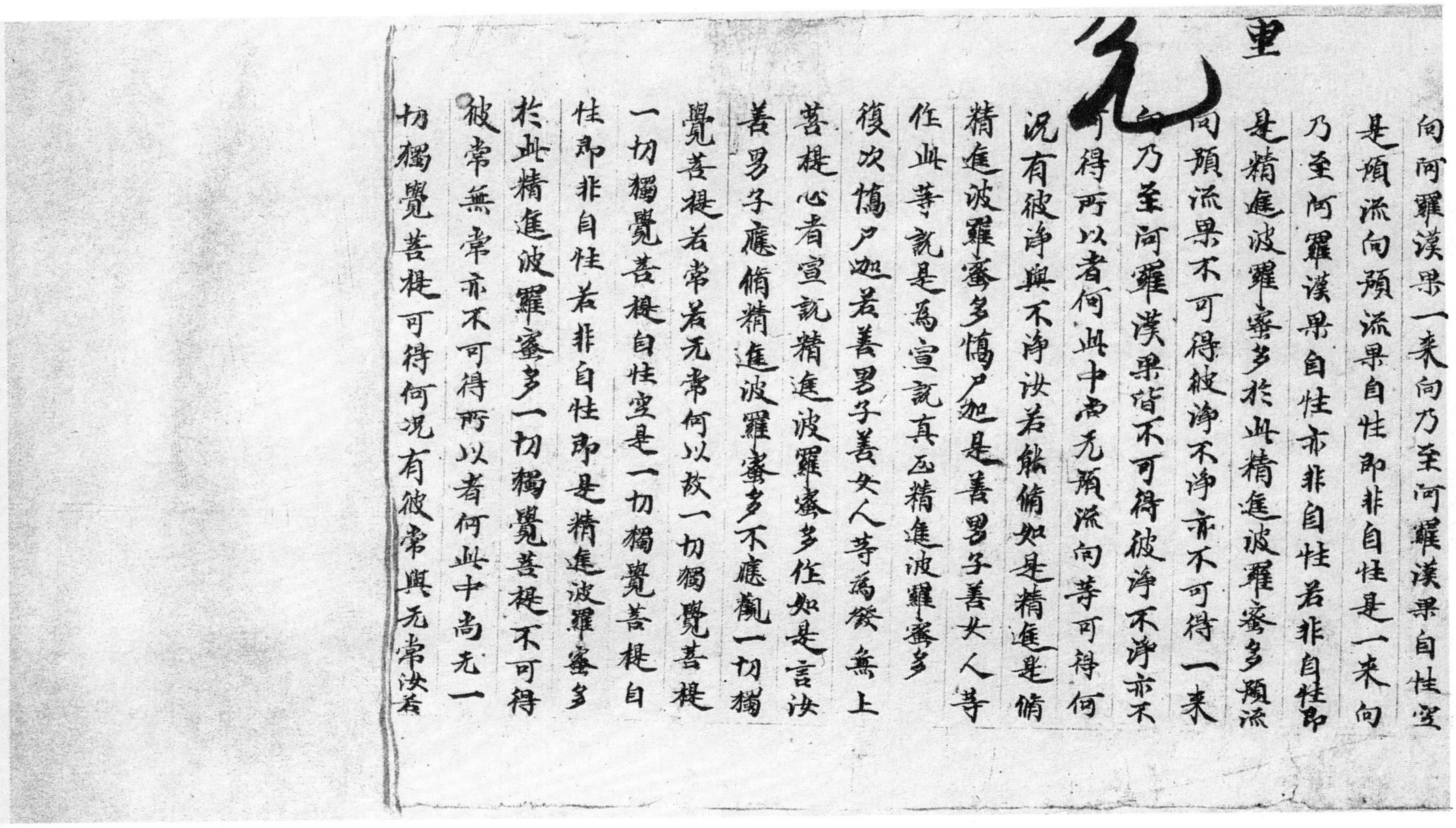

BD09775 號　大般若波羅蜜多經（兑廢稿）卷一五五　　　（2–2）

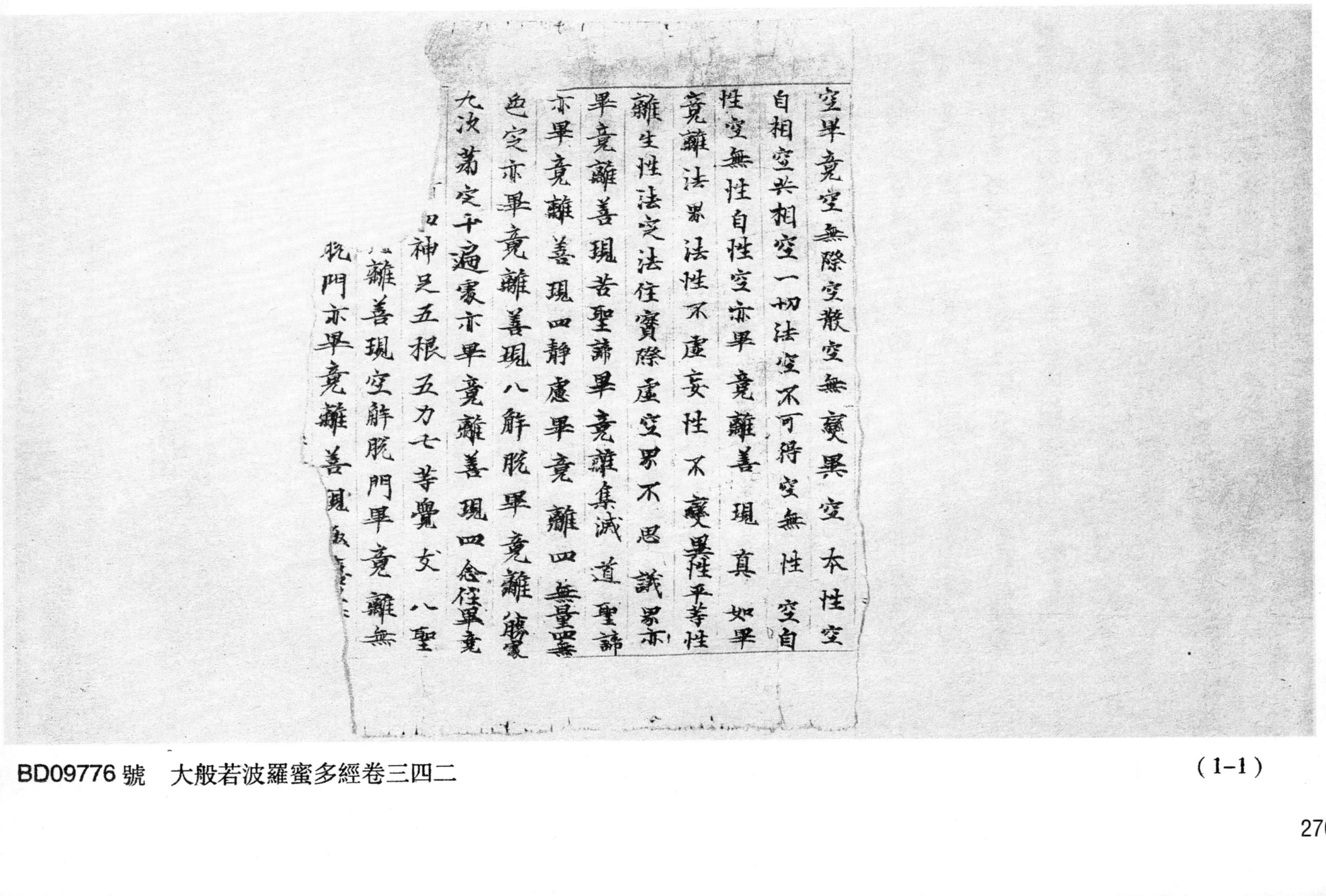

空畢竟空無際空散空無變異空本性空
自相空共相空一切法空不可得空無性空自
性空無性自性空亦畢竟離善現真如畢
竟離法界法性不虛妄性不變異性平等性
離生性法定法住實際虛空界不思議界亦
畢竟離善現苦聖諦畢竟離集滅道聖諦
亦畢竟離善現四靜慮畢竟離四無量四無
色定亦畢竟離善現八解脫畢竟離八勝處
九次第定十遍處亦畢竟離善現四念住畢竟
神足五根五力七等覺支八聖
離善現空解脫門畢竟離無
脫門亦畢竟離善現

BD09776 號　大般若波羅蜜多經卷三四二　　　（1–1）

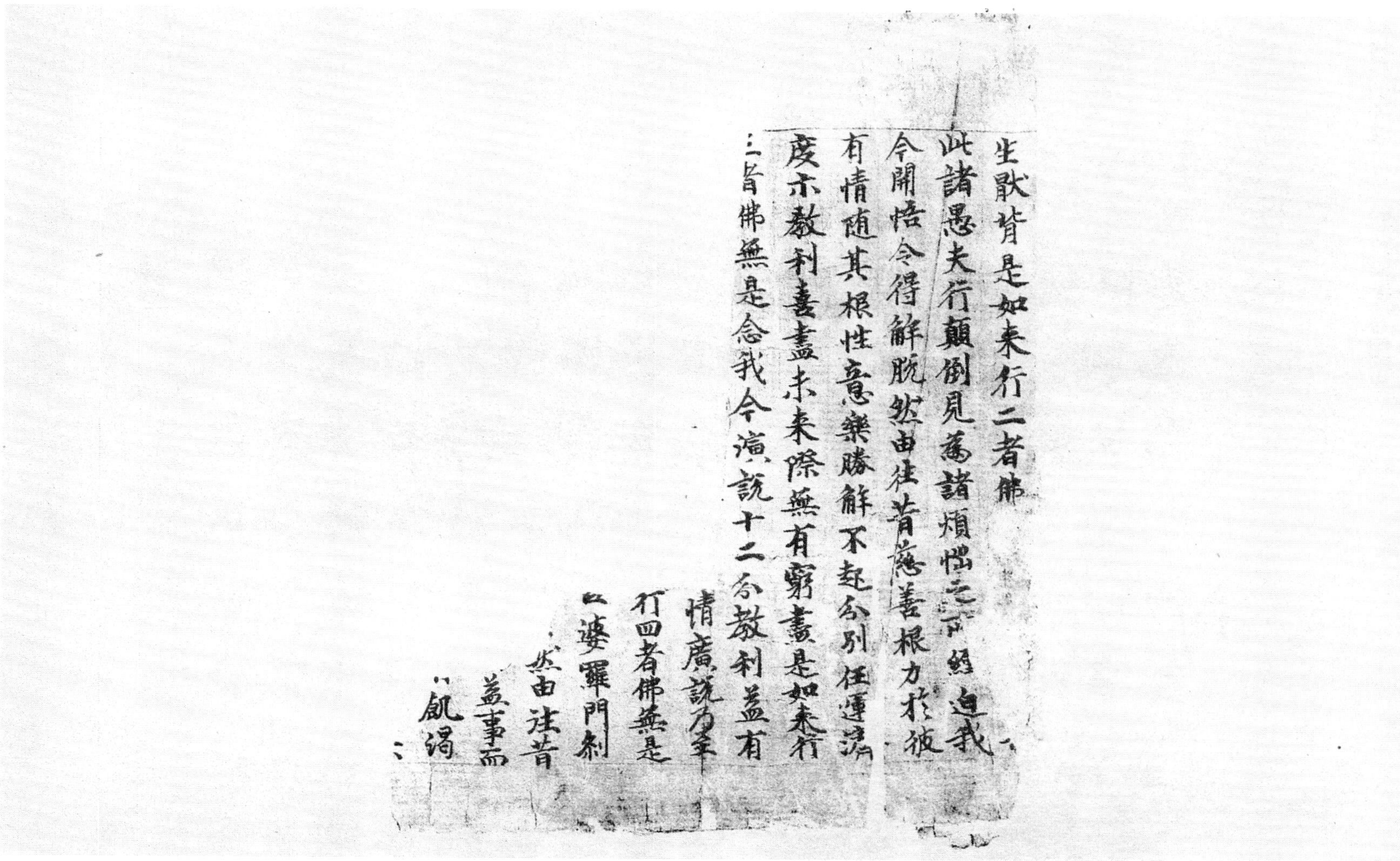

BD09777 號　金光明最勝王經卷一　（1–1）

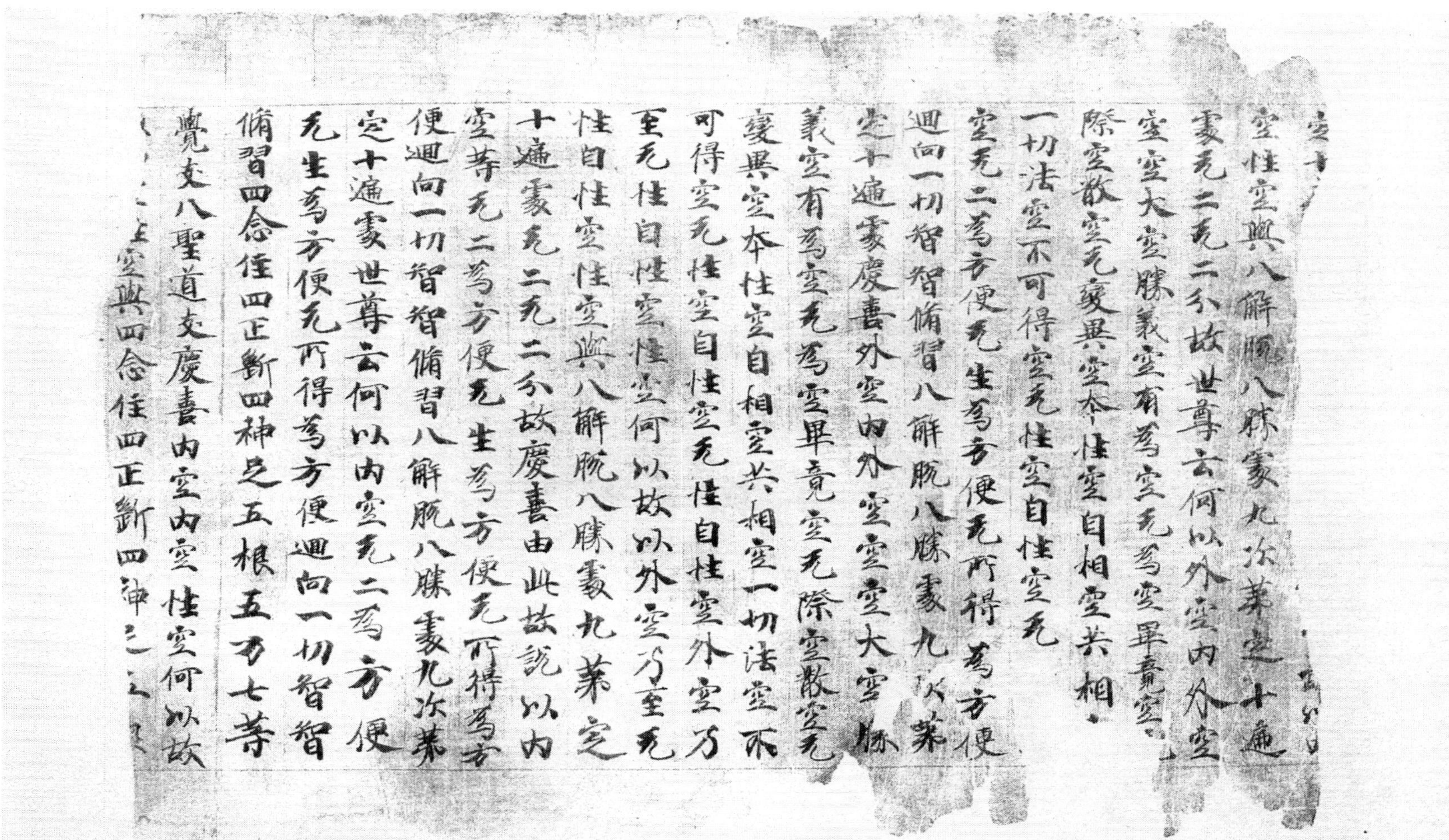

BD09778 號　大般若波羅蜜多經卷一一八　（1–1）

[illegible]彳　普來只愛網
已來五欲羅網籠
也不能自拔何能
[illegible]民不見本來故曰不能自拔佛
民不顯現煩惱云何能遣故曰不能救他
今日何緣復作斯語誑惑於我心開悟道
却語无實事云何誑我我者佛性是佛性
者无來无去无住无著无為无相无生滅由
如虛空湛然不動幸者住持勞心住持像法
令講不絕住在甚處住在世間持得甚持
得一念心甚是持甚是持不動名為住不犯名
為持忘生不動名為住不犯名持像者諸法
故名說法忘生像者諸法故名說法勞繫
身心不令賊入聲香不觸甚是行甚是者
識法名為行會法名為者靜意身心故名行
者何者為大何者名為乘談談名為大運載
名為乘天乘及地乘聲聞緣覺乘於彼心留
住故名說大乘甚是五法答第一心法第二心
所有法第三色法第四心不想應行法第五
无為[illegible]息名分別正智如如是　五法
二法

合
彼寶園山又[illegible]
未至山謂彼山[illegible]
鼻樂彼寶園山
彼寶園山又復能與第四於音聲[illegible]
根得樂色香味觸能令豐足種種美葉皆[illegible]
飽滿
彼寶園山又復能令天身皆得无纖衣觸无
量衣服皆甚柔濡復有冷風隨念樂觸以吹
其身
彼大寶山如是能與天之快樂彼天五根如
是受樂如五根樂意亦如是得第一樂山寶
園山於一切根皆令得樂如是饒益一切天
衆
尒時彼天既到如是寶園山已彼寶園山光
炎園遶出无量種炎光明園匝有无量百
千蓮華流水河池以為莊嚴金毗瑠璃青
寶白銀寶等種種雜雜百千莊嚴彼天既見
如是山已本性自樂見彼山故百倍受樂共
諸天女迭手各各更相愛樂生歡喜心賬賬
悕望意甚欲見彼寶園山窟窟谷谷處處
皆有蓮華池林從一山峰至一山峰[illegible]至河
穢陁之處從一寶木
種[illegible]

願必多得莫令尠少亦願速得莫令遲晚如
是比丘不名於食得厭離想所修善法日夜
衰耗不善之法漸當增長善男子若有比丘
欲乞食時先當願言令諸乞者悉得飽滿其
施食者得无量福我若得食爲療毒身修集
善法利益施主作是願時所修善法日夜增
長不善之法漸當消滅善男子若有比丘能
如是修當知是人不空食於國中信施善男
作是念言一切世間无處不有生老病死而
我此身无處不生若世間中无有一處當得
離於生老病死我當云何樂於世間一切世
間无有進得而不退失是故世間定是无常
若是无常云何智人而樂於世一一衆生周
遍經歷一切世間具受苦樂雖復得受梵天
之身乃至非想非非想而命終還墮三惡道
發心畢竟二不別　如是二心先心難　自未得度先度他　是故我禮初發心　初發已爲人天師　勝出聲聞及緣覺
如是發心過三界　是故得名最无上　世救要求然後得　如來无請而爲歸

BD09780號　大般涅槃經（北本　兌廢稿）卷三八　　（2–2）

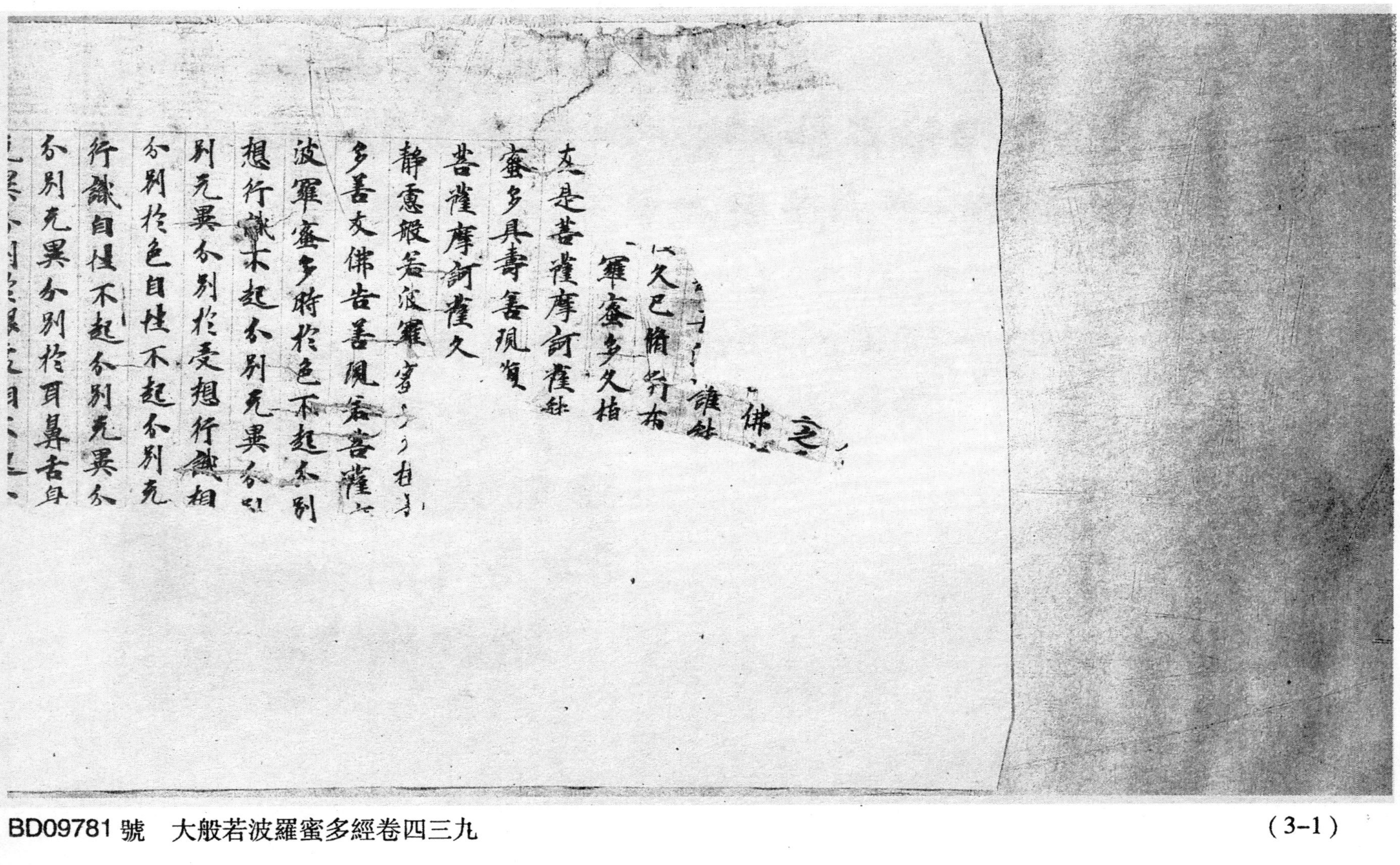
支是菩薩摩訶薩久已脩行布
羅蜜多久植
蜜多具壽善現復
菩薩摩訶薩久
靜慮般若波羅
多善支佛告善現若菩薩
波羅蜜多時於色不起分別
想行識不起分別无異分別
別无異分別於受想行識相
分別於色自性不起分別无
行識自性不起分別无異分
分別无異分別於耳鼻舌身

BD09781號　大般若波羅蜜多經卷四三九　　（3–1）

想行識不起分別无異分
別无異分別於受想行識相
分別於色自性不起分別无
行識自性不起分別无異分
分別无異分別於耳鼻舌身
无異分別於眼處相不起分
耳鼻舌身意處相不起分別
自性不起分別无異分別於
自性不起分別无異分別於色
无異分別於聲香味觸法處不
分別於色處相不起分別无異
味觸法處相不起分別无異分別於
性不起分別无異分別於聲香味
性不起分別无異分別於眼界不起分別无
異分別於耳鼻舌身意界不起分別无異分
別於眼界相不起分別无異分別於耳鼻
舌身意界相不起分別无異分別於眼界自
性不起分別无異分別於耳鼻舌身意界自
性不起分別无異分別於色界不起分別无
異分別於聲香味觸法界不起分別无異分
別於色界相不起分別无異分別於聲香味
觸法界相不起分別无異分別於色界自性
不起分別无異分別於聲香味觸法界自性
不起分別无異分別於眼識界不起分別无
異分別於耳鼻舌身意識界不起分別无異
分別於眼識界相不起分別无異分別於耳
鼻舌身意識界相不起分別无異分別於眼

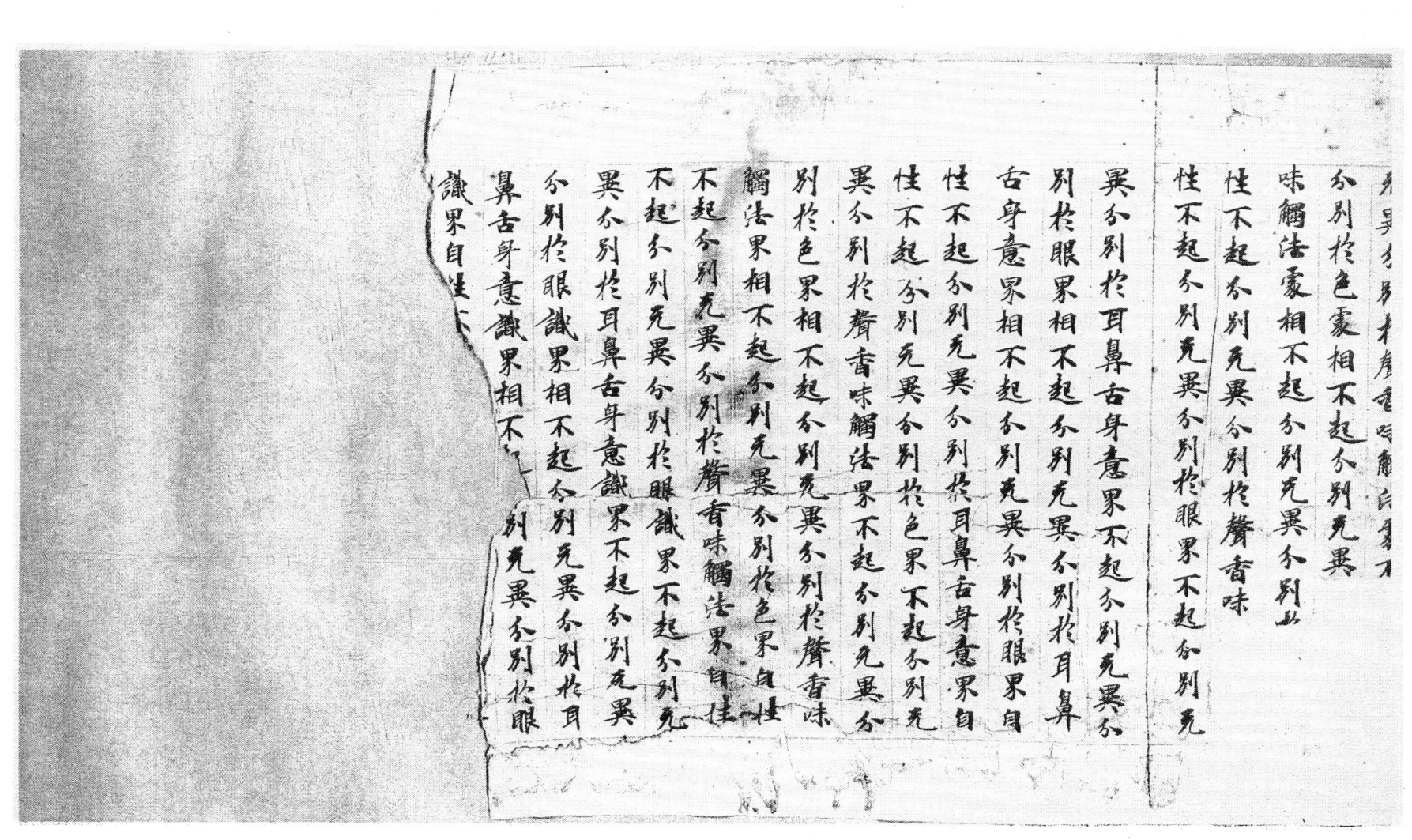

BD09781 號　大般若波羅蜜多經卷四三九　（3–2）

无異分別於聲香味觸法處不
分別於色處相不起分別无異
味觸法處相不起分別无異分別於
性不起分別无異分別於聲香味
性不起分別无異分別於眼界不起分別无
異分別於耳鼻舌身意界不起分別无異分
別於眼界相不起分別无異分別於耳鼻
舌身意界相不起分別无異分別於眼界自
性不起分別无異分別於耳鼻舌身意界自
性不起分別无異分別於色界不起分別无
異分別於聲香味觸法界不起分別无異分
別於色界相不起分別无異分別於聲香味
觸法界相不起分別无異分別於色界自性
不起分別无異分別於聲香味觸法界自性
不起分別无異分別於眼識界不起分別无
異分別於耳鼻舌身意識界不起分別无異
分別於眼識界相不起分別无異分別於耳
鼻舌身意識界相不起分別无異分別於眼
識界自性不

BD09781 號　大般若波羅蜜多經卷四三九　（3–3）

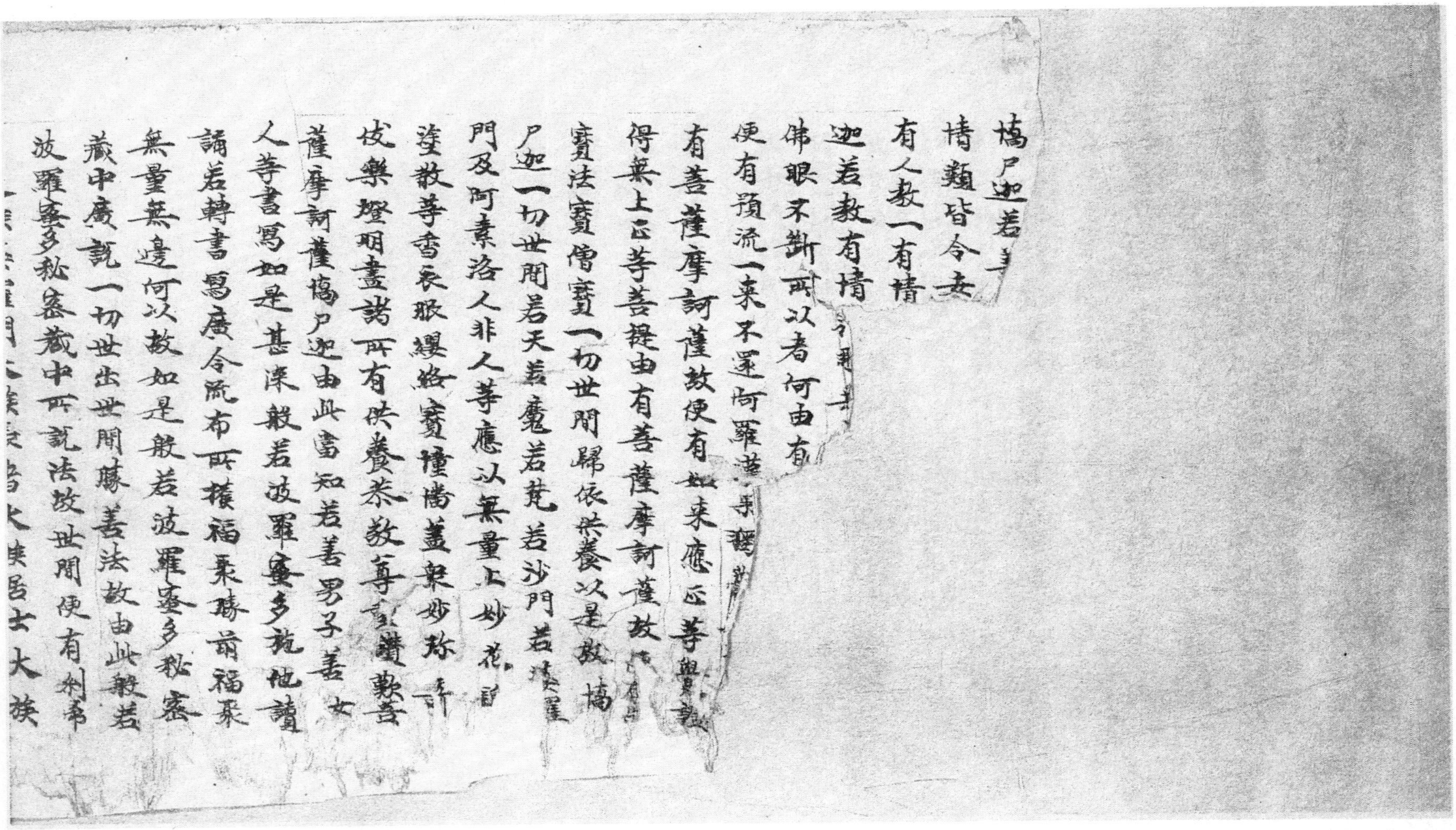
憍尸迦若善…
情類皆令安…
有人教一有情…
迦若教有情…
佛眼不斷所以者何由有…
便有預流一來不還阿羅漢…
有善薩摩訶薩故便有如來應正等覺…
得無上正等菩提由有菩薩摩訶薩故…
寶法寶僧寶一切世間歸依供養以是故憍
尸迦一切世間若天若魔若梵若沙門若婆羅
門及阿素洛人非人等應以無量上妙花…
塗散等香衣服纓絡寶幢幡蓋衆妙珎…
伎樂燈明盡諸所有供養恭敬尊重讚歎善
薩摩訶薩憍尸迦由此當知若善男子善女
人等書寫如是甚深般若波羅蜜多施他讀
誦若轉書寫廣令流布所獲福聚勝前福聚
無量無邊何以故如是般若波羅蜜多秘密
藏中廣說一切世出世間勝善法故由此般若
波羅蜜多秘密藏中所說法故世間便有刹帝
…居士大族

BD09782 號　大般若波羅蜜多經卷一三二　（2–1）

寶法寶僧寶一切世間歸依供養以是故憍
尸迦一切世間若天若魔若梵若沙門若婆羅
門及阿素洛人非人等應以無量上妙花…
塗散等香衣服纓絡寶幢幡蓋衆妙珎…
伎樂燈明盡諸所有供養恭敬尊重讚歎善
薩摩訶薩憍尸迦由此當知若善男子善女
人等書寫如是甚深般若波羅蜜多施他讀
誦若轉書寫廣令流布所獲福聚勝前福聚
無量無邊何以故如是般若波羅蜜多秘密
藏中廣說一切世出世間勝善法故由此般若
波羅蜜多秘密藏中所說法故世間便有刹帝
利大族婆羅門大族長者大族居士大族
施設可得由此般若波羅蜜多秘密藏中
所說法故世間便有四大王衆天三十三天
夜魔天覩史多天樂變化天他化自在天施
設可得由此般若波羅蜜多秘密藏中所說
法故世間便有梵衆天梵輔天梵會天大梵
天施設…

BD09782 號　大般若波羅蜜多經卷一三二　（2–2）

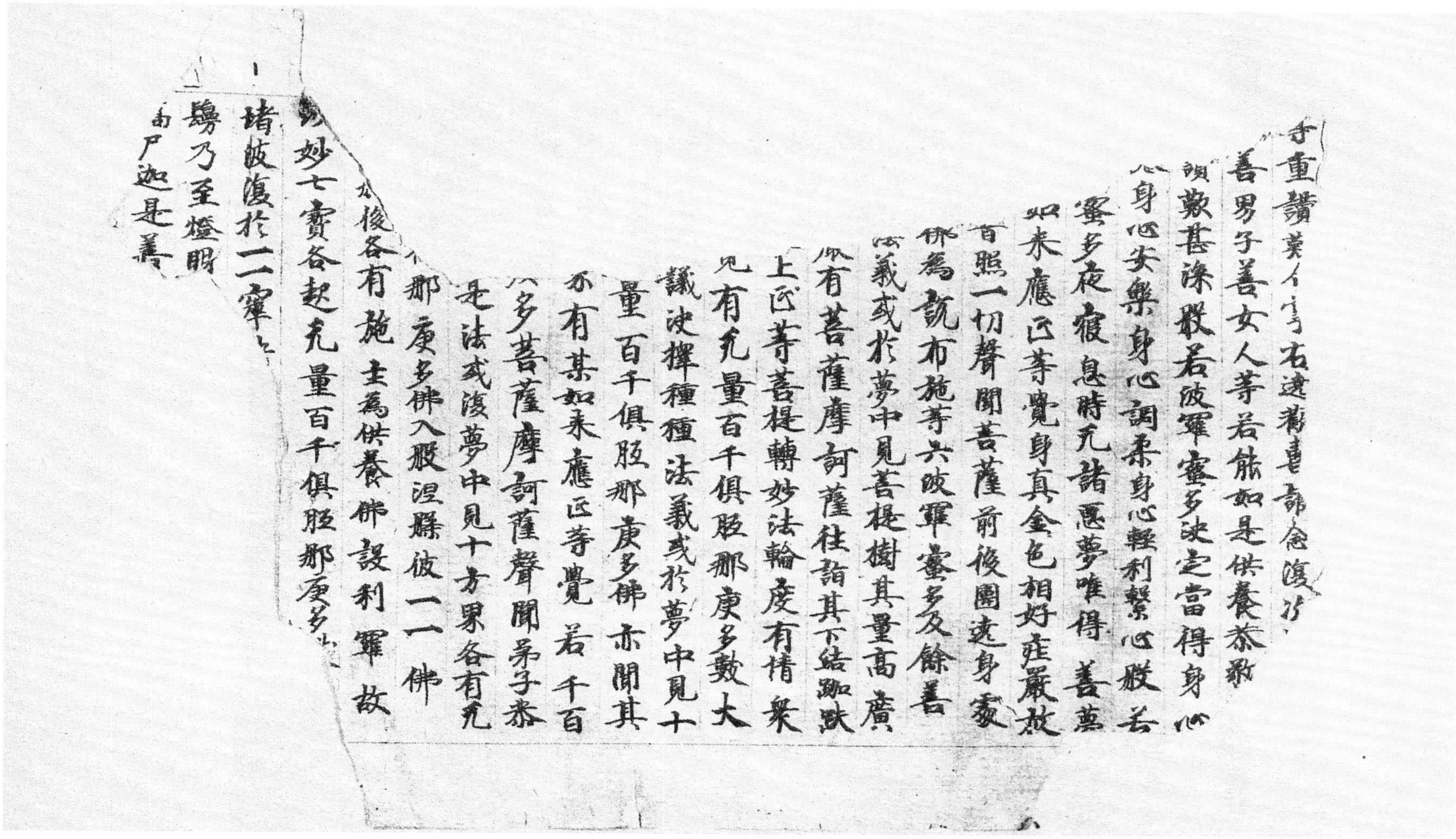

子重讚歎右遶禮畢却住復於
善男子善女人等若能如是供養恭敬
歎甚深般若波羅蜜多決定當得身心
身心安樂身心調柔身心輕利繫心般若
蜜多夜寢息時無諸惡夢唯得善夢
如來應正等覺身真金色相好莊嚴放
照一切聲聞菩薩前後圍遶身處
佛為說布施等六波羅蜜多及餘善
義或於夢中見菩提樹其量高廣
有菩薩摩訶薩往詣其下結跏趺
上正等菩提轉妙法輪度有情衆
有無量百千俱胝那庾多數大
議決擇種種法義或於夢中見十
量百千俱胝那庾多佛亦聞其
有某如來應正等覺若干百
多菩薩摩訶薩聲聞弟子恭
是法或復夢中見十方界各有無
那庾多佛入般涅槃彼一一佛
後各有施主為供養佛設利羅故
妙七寶各起無量百千俱胝那庾多
堵波復於一一窣
鬘乃至燈明
尸迦是善

BD09783 號　大般若波羅蜜多經卷五四一　　（1–1）

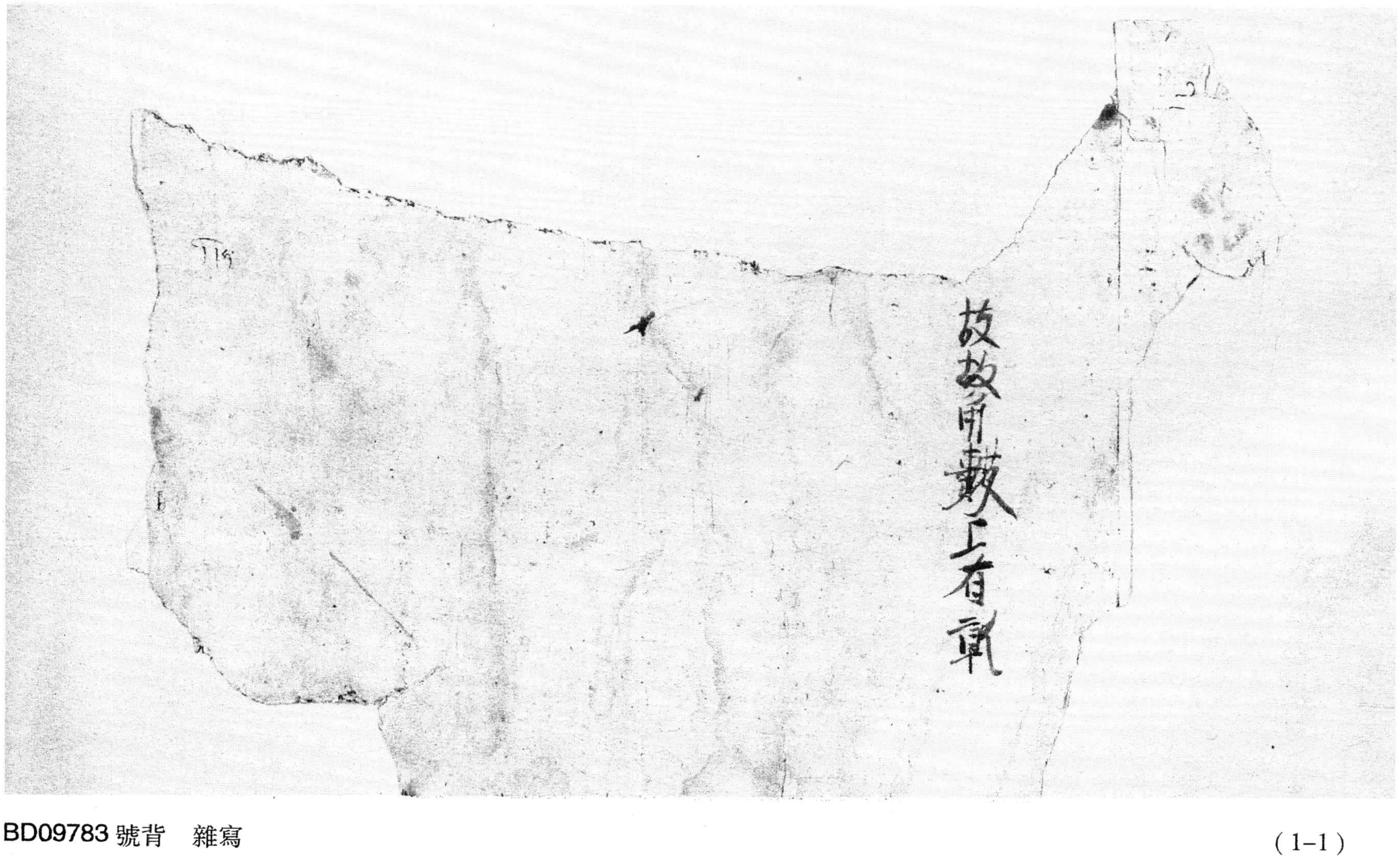

故故前藪上有氣

BD09783 號背　雜寫　　（1–1）

如□月面如滿月目類青蓮脣口赤好如頻
婆果色鼻高脩直如截金鋌齒白齊密如拘物
頭花身光普照如百千日光彩映徹如贍部
金□□言詞皆無謬失示三解脫門開三菩
提路心常清淨意樂亦然佛所住處及所行
境亦常清淨離非威儀進止無謬六年苦行
三轉法輪度苦衆生令歸彼岸身相圓滿如
拘陁樹六度薰修三業無失具一切智自他
利滿所有宣說常為衆生言不虛設於釋種
中為大師子堅固勇猛具八解脫我今隨力
稱讚如來少分功德猶如蚊子飲大海水願
以此福廣及有情永離生死成无上道
尒時世尊告大辯天曰善哉善哉汝久修習
具大辯才今復於我廣陳讚歎令汝速證無
上法門相好圓明普利一切
尒時世尊普告無量菩薩及諸人天一切大
衆汝等當知我於無量無量大劫勤修苦行
獲甚深法菩提正因已為汝說汝等誰能發
勇猛心恭敬守護我涅槃後於此法門廣宣

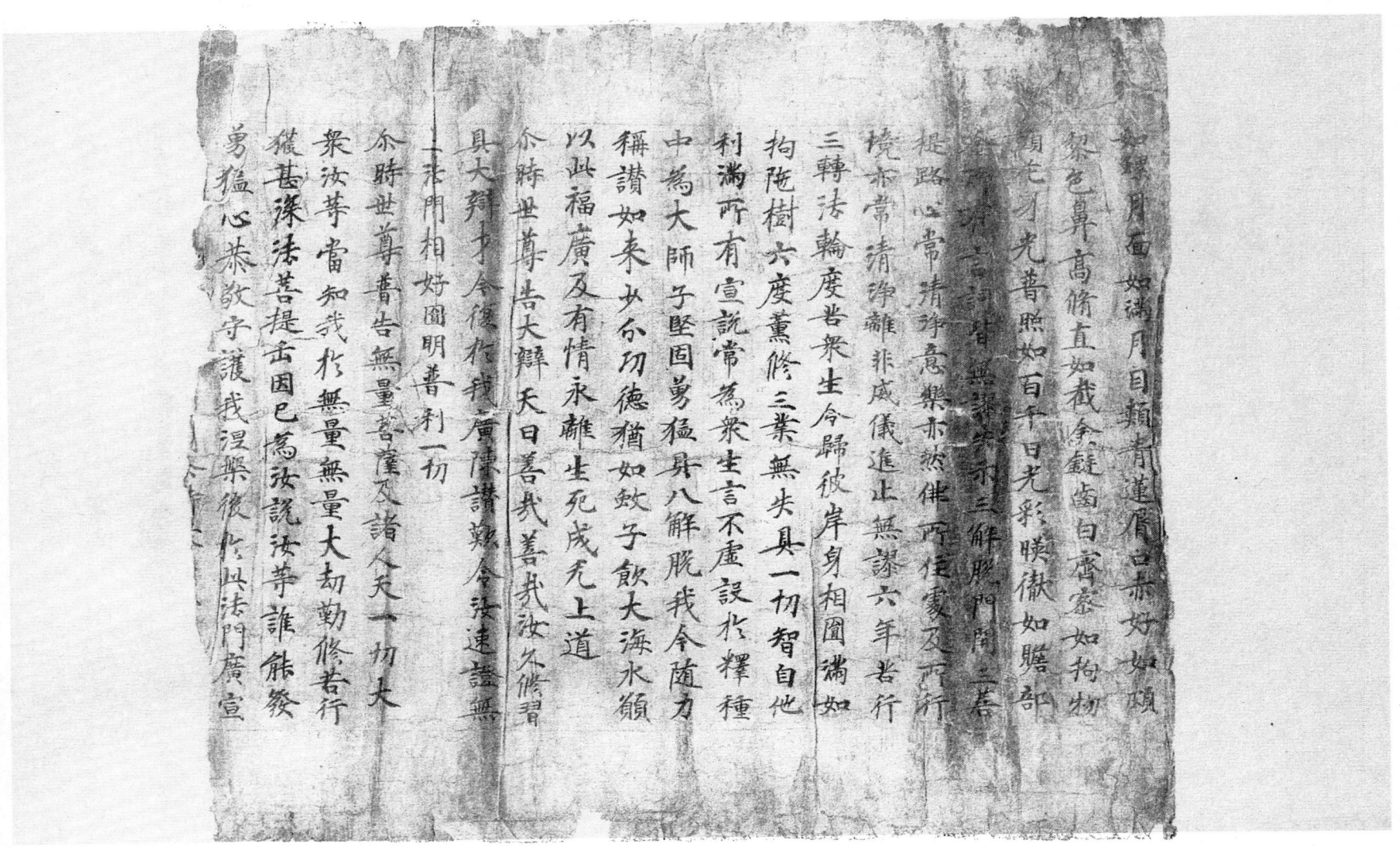

BD09784號　金光明最勝王經卷一〇　（1-1）

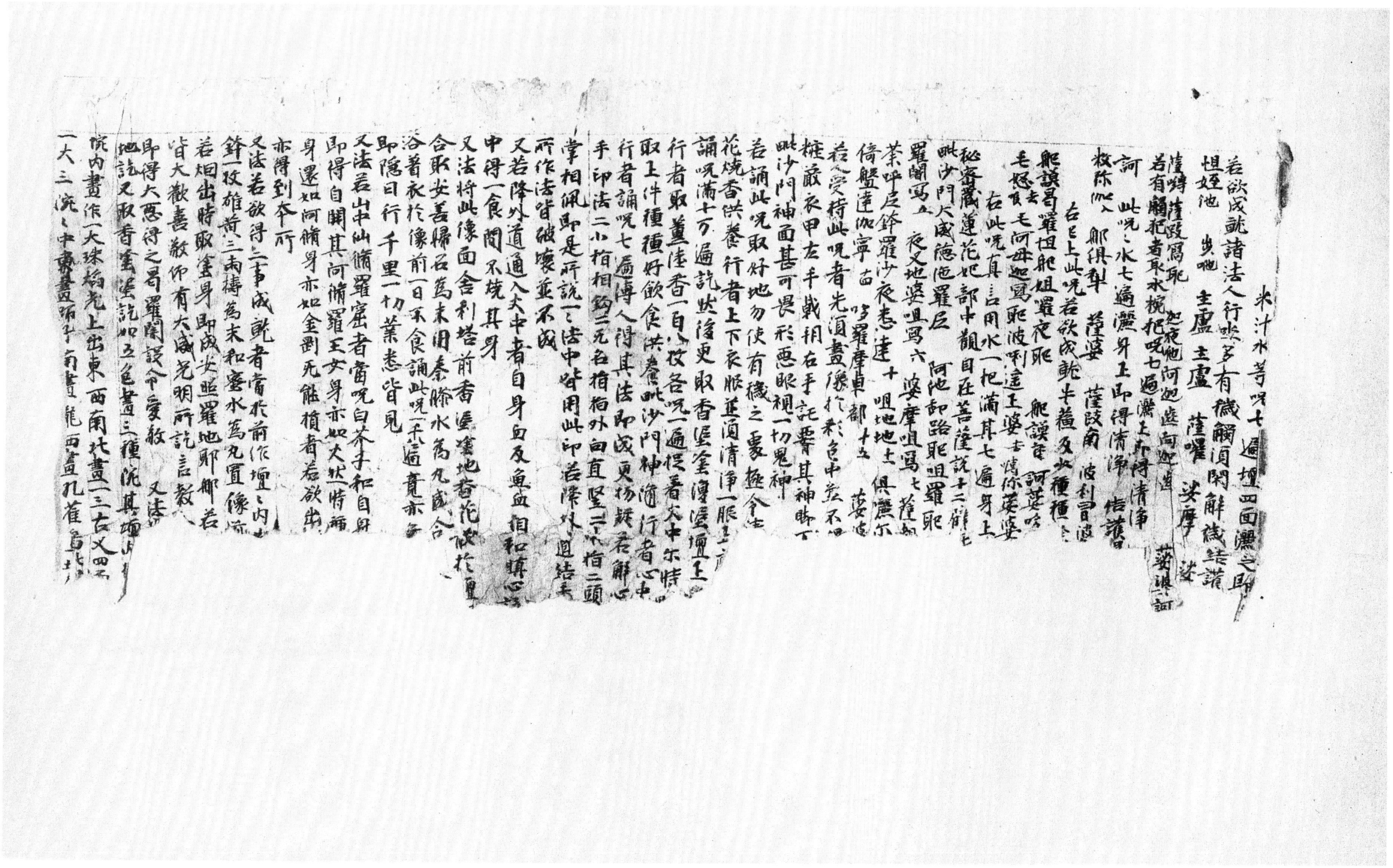

BD09785號　北方毗沙門天王隨軍護法真言鈔（擬）

（1–1）

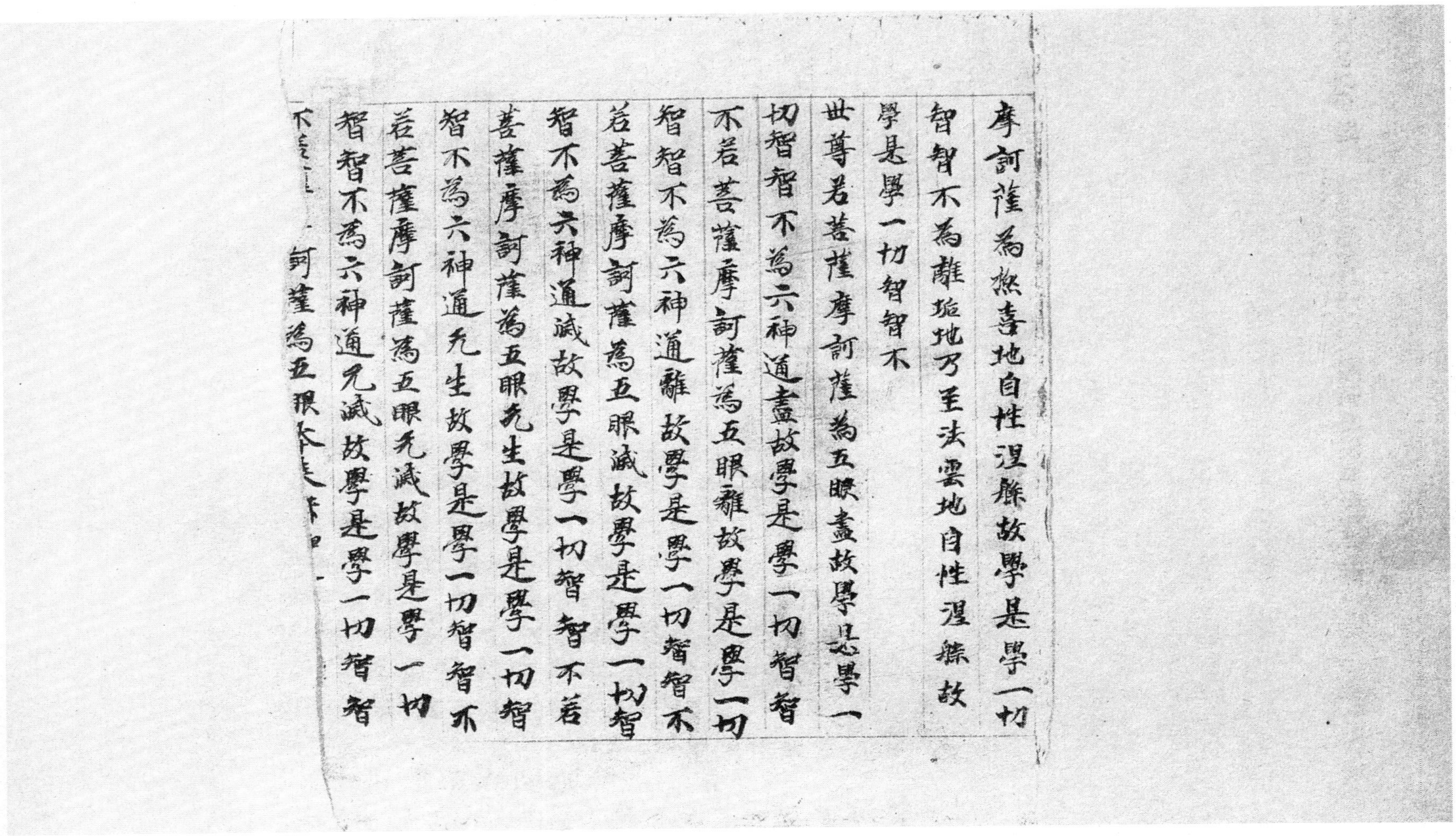

摩訶薩為極喜地自性涅槃故學是學一切
智智不為離垢地乃至法雲地自性涅槃故
學是學一切智智不
世尊若菩薩摩訶薩為五眼盡故學是學一
切智智不為六神通盡故學是學一切智智
不若菩薩摩訶薩為五眼離故學是學一切
智智不為六神通離故學是學一切智智不
若菩薩摩訶薩為五眼滅故學是學一切智
智不為六神通滅故學是學一切智智不若
菩薩摩訶薩為五眼无生故學是學一切智
智不為六神通无生故學是學一切智智不
若菩薩摩訶薩為五眼无滅故學是學一切
智智不為六神通无滅故學是學一切智智
不若[illegible]訶薩為五眼[illegible]

BD09786號　大般若波羅蜜多經卷三三九　　（1–1）

三百卌九

BD09786號背　勘記　　（1–1）

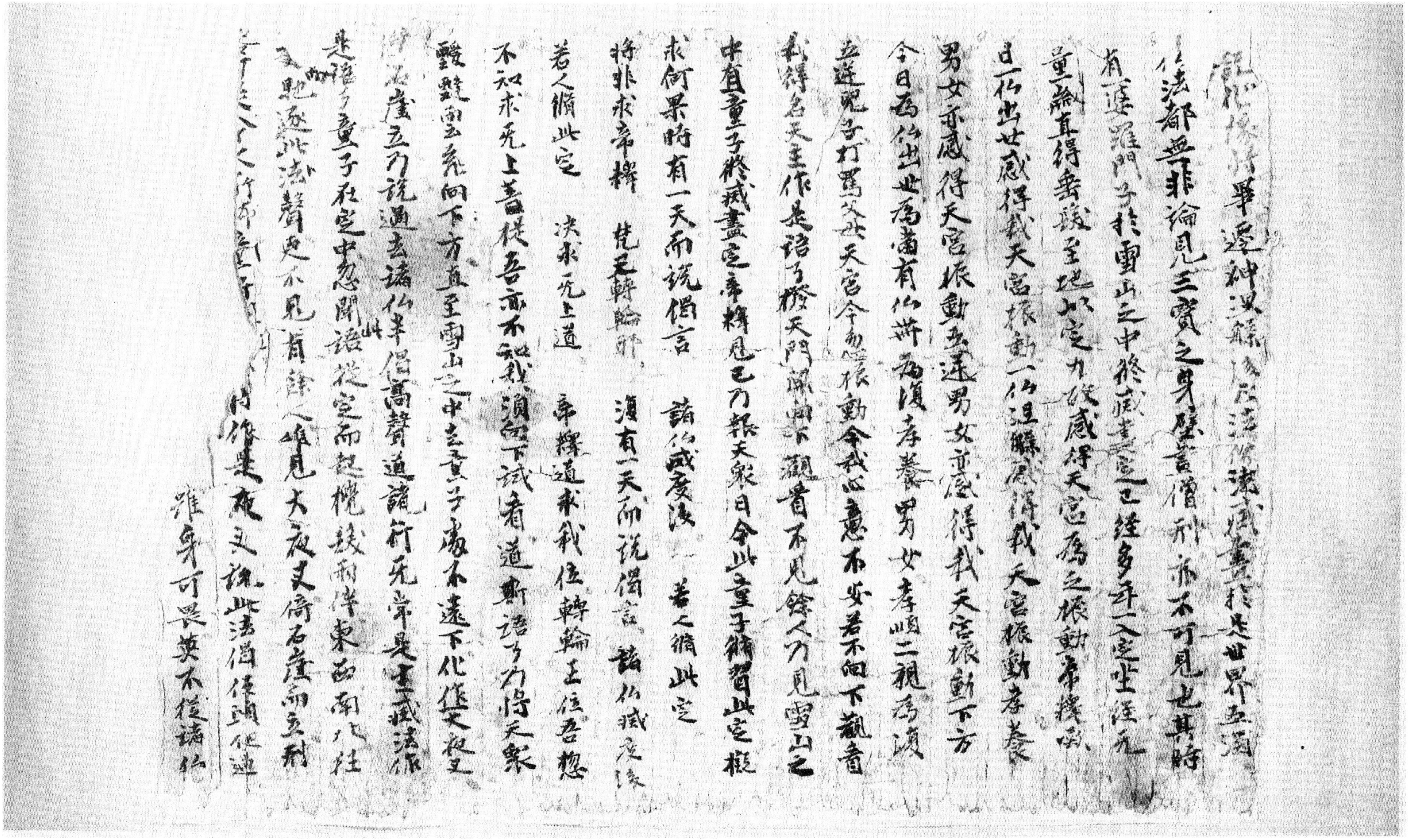

說和修行畢遷神涅槃後佛法僧衆滅盡於是世界五濁
佛法都無非論見三寶之身壁畫僧形亦不可見也其時
有婆羅門子於雪山之中修藏盡定已經多年入定坐禪无
量劫真得無數至地如定力故感得天宮爲之振動帝釋
日佛出世感得我天宮振動一佛涅槃感得我天宮振動孝養
男女亦感得天宮振動五逆男女亦感得我天宮振動下方
今日爲佛出世爲當有仙㳟爲復孝養男女孝順二親爲復
五逆咒呂打罵父母天宮令動振動令我心意不安若不向下觀看
我得名天主作是語了撥天門閣中下觀看不見餘人乃見雪山之
中有童子修藏盡定帝釋見已乃報天衆日今此童子猶習此定極
求何果時有一天而説偈言　諸佛滅度後　若人猶此定
將非求帝釋　梵王轉輪耶　復有一天而説偈言　諸佛滅度後
若人猶此定　決求无上道　帝釋道我我位轉輪王位吾想
不知求无上菩提吾亦不知我須向下試看道斷語了乃將天衆
䨥鬘而去飛向下方直至雪山之中去童子處不遠下化作丈夜叉
於石崖立乃說過去諸佛半偈高聲道諸行无常是生滅法作
是語了童子在定中忽聞語從定而起槐顧兩畔東西南北往
來馳逐此流聲更不見有餘人唯見大夜叉倚石崖而立利
付作是夜叉說此法偈便頭便逆
正□之人行布□□□
雖身可畏莫不從諸仏

BD09787號　雪山童子因緣（擬）　（1–1）

BD09787號背　成唯識論筆記（擬）

（1-1）

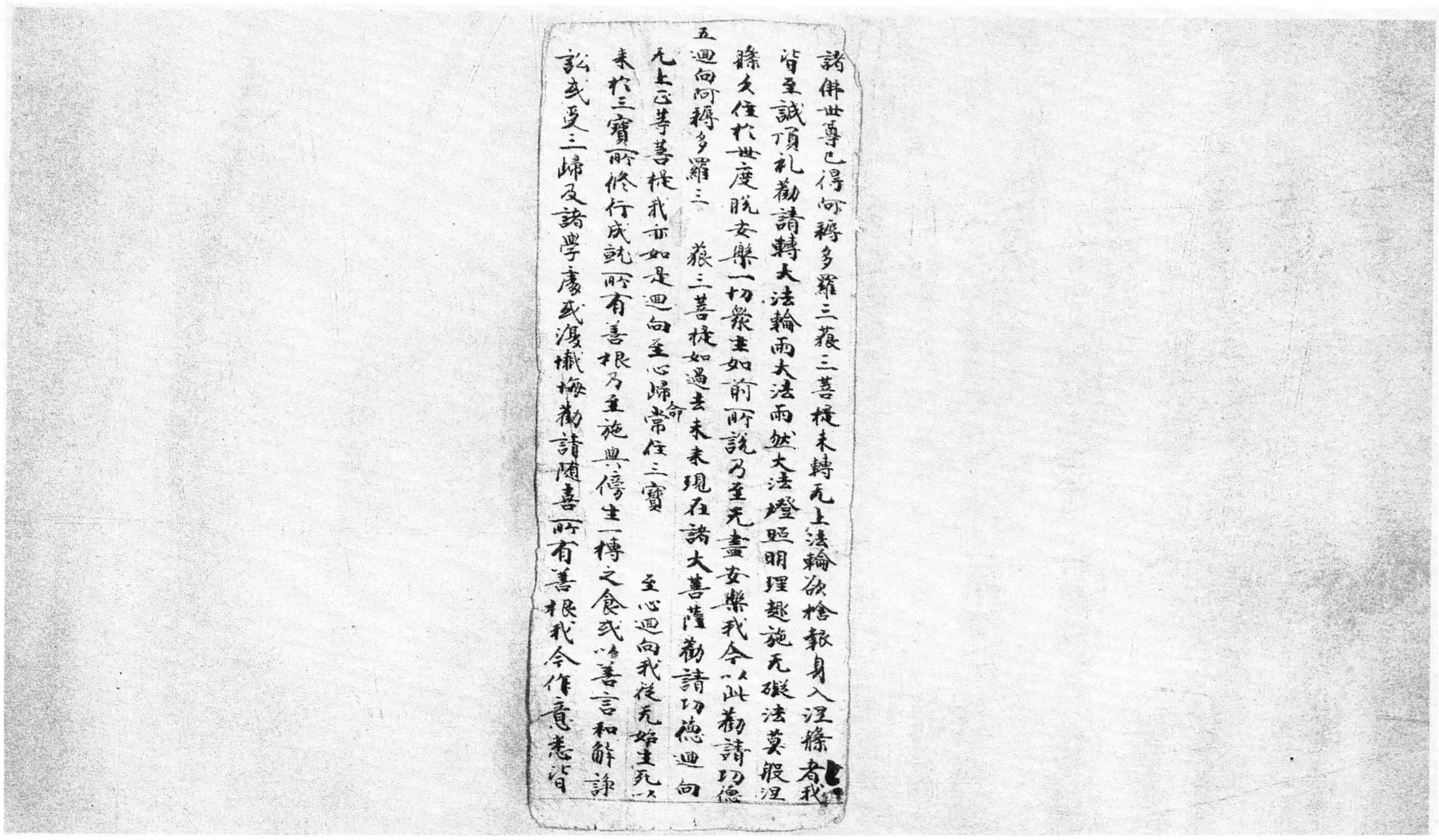

五

諸佛世尊已得阿耨多羅三藐三菩提未轉无上法輪欲捨報身入涅槃者我
皆至誠頂礼勸請轉大法輪雨大法雨然大法燈照明理趣施无礙法莫般涅
槃久住於世度脫安樂一切衆生如前所說乃至无盡安樂我今以此勸請功德
迴向阿耨多羅三藐三菩提如過去未來現在諸大菩薩勸請功德迴向
无上正等菩提我亦如是迴向至心歸命常住三寶　至心迴向我從无始生死以
來於三寶所修行成就所有善根乃至施與傍生一摶之食或以善言和解諍
訟或受三歸及諸學處或復懺悔勸請隨喜所有善根我今作意悉皆

BD09788 號　金光明最勝王經卷三鈔（擬）　（2–1）

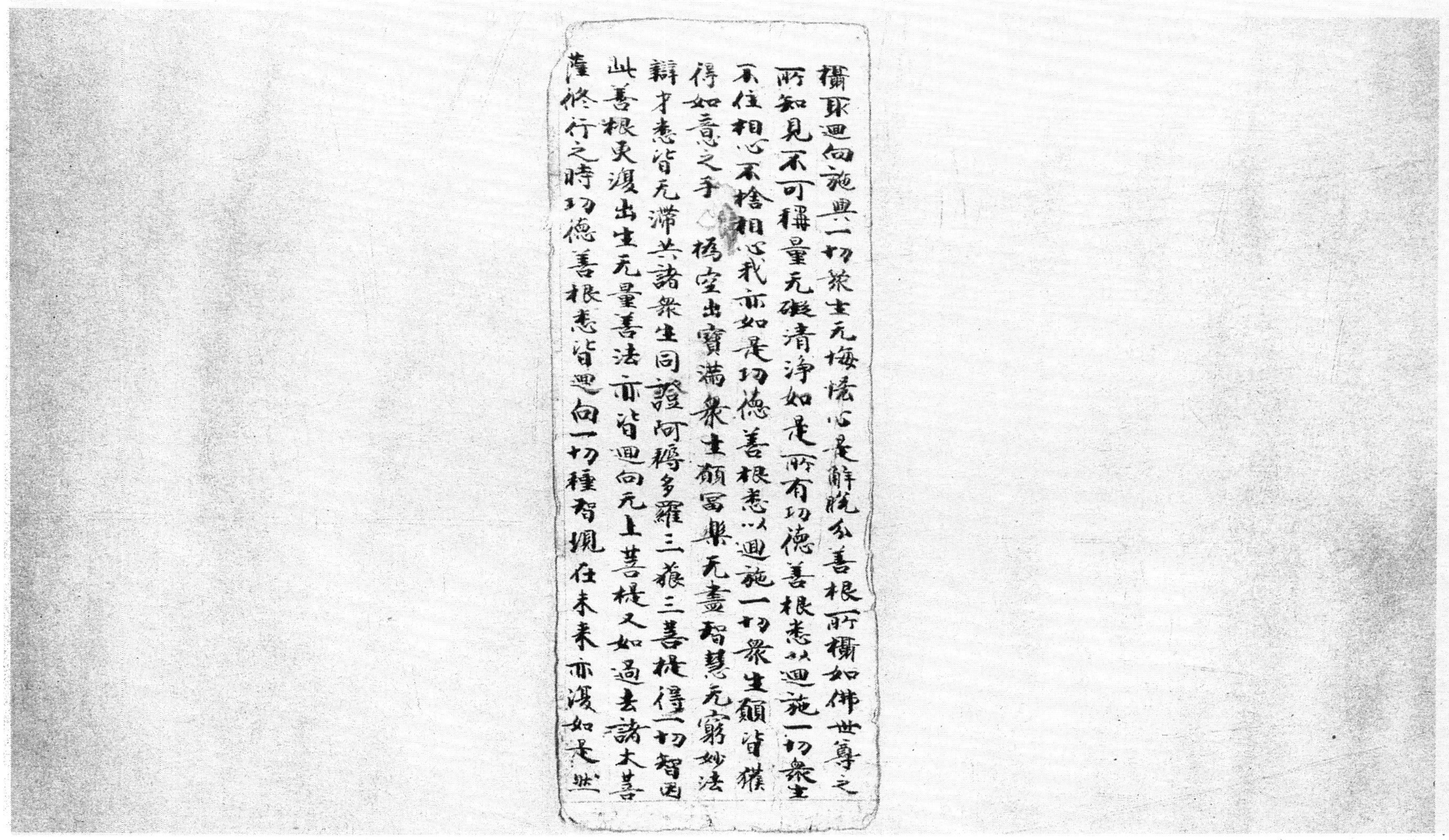

攝取迴向施與一切衆生无悔悋心是解脫分善根所攝如佛世尊之
所知見不可稱量无礙清淨如是所有功德善根悉以迴施一切衆生
不住相心不捨相心我亦如是功德善根悉以迴施一切衆生願皆獲
得如意之手　撝空出寶滿衆生願富樂无盡智慧无窮妙法
辯才悉皆无滯共諸衆生同證阿耨多羅三藐三菩提得一切智因
此善根更復出生无量善法亦皆迴向无上菩提又如過去諸大菩
薩修行之時功德善根悉皆迴向一切種智現在未來亦復如是然

BD09788 號背　金光明最勝王經卷三鈔（擬）　（2–2）

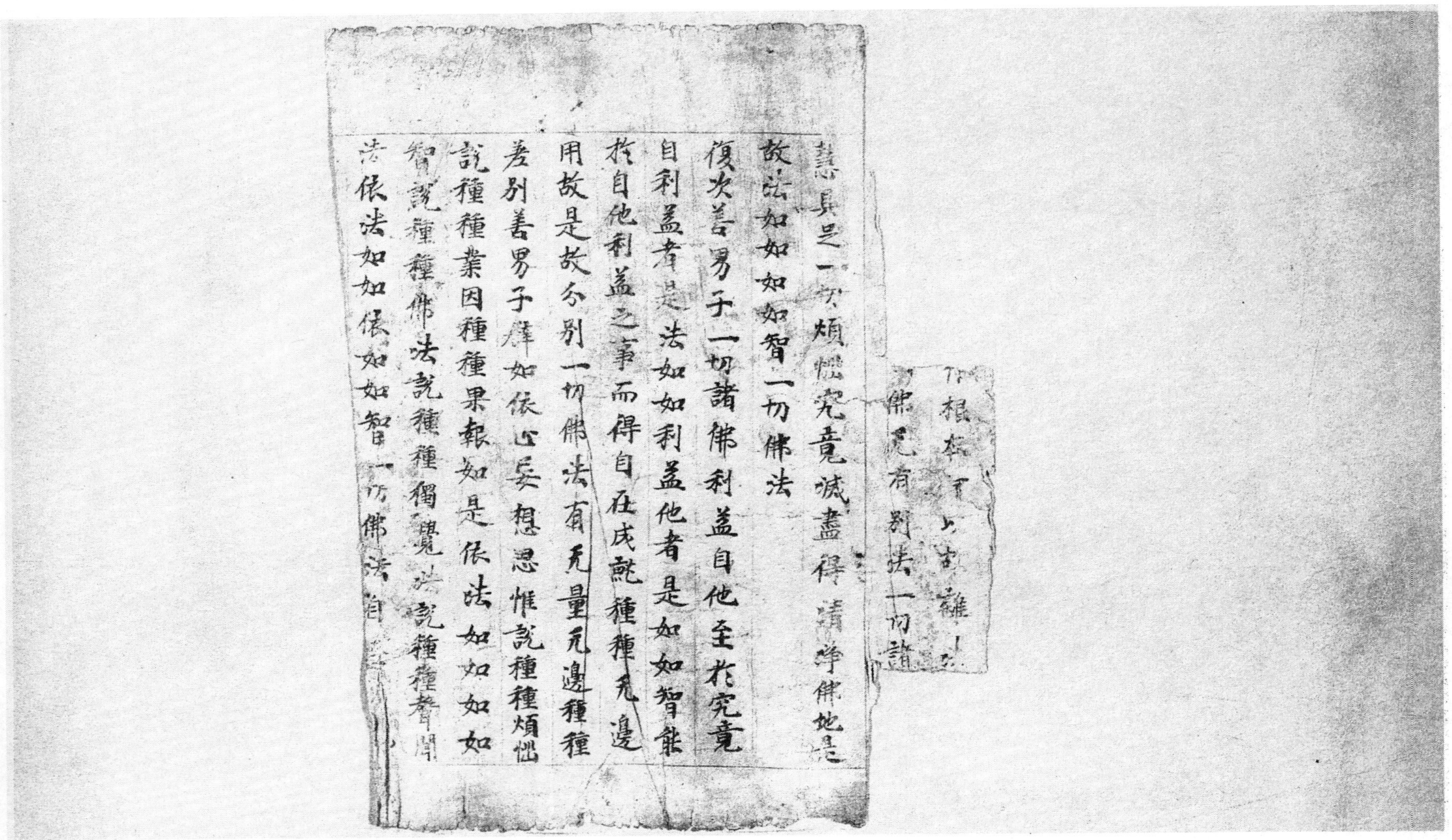
根本[illegible]
佛無有別法一切諸

慧具足一切煩惱究竟滅盡得清淨佛地是
故法如如如如智一切佛法
復次善男子一切諸佛利益自他至於究竟
自利益者是法如如利益他者是如如智能
於自他利益之事而得自在成就種種無邊
用故是故分別一切佛法有無量無邊種種
差別善男子譬如依止妄想思惟說種種煩惱
說種種業因種種果報如是依法如如如如
智說種種佛法說種種獨覺法說種種聲聞
法依法如如依如如智一切佛法自在

BD09789 號　金光明最勝王經卷二　(1–1)

耶ム於草木之ゝ內所答曰夫道者无所
不遍又問道若遍者何故煞人有罪煞
草木无罪答曰夫言罪不罪者皆是就
情約事非正道也但為人不達理者妄
立我身煞即有心ゝ結於業即云罪業
世草木本來无情本來合道理无我故
故煞者不許即不論罪与罪夫无我故
合道者視刑如草木被斫如樹林故文殊執
劍於瞿曇鴦掘持刀於釋氏此皆合道同
證无生了知幻化虛无故不論罪与非罪
問曰若草木久來合道者經中何故不記
草木成佛偏記人也答曰非獨記人亦記草
木經云於微塵中具含一切法又云一
切法亦如也一切眾生亦如也如无二无差別
於是緣門復起問曰畢竟空理當於
何求當於何證入理答曰當於一切色中
求當於一切自語中證問曰云何當於一
切色中求當於自語中證答曰空色合
證不二問曰若一切法空者何為聖通凡
隔答曰妄動故隔真靜故通問曰既
實通者何為受熏若既受熏豈成空
也答曰夫言妄者不覺不知忽而起不
[illegible]

BD09790號　達摩和尚絕觀論　（4–1）

於色中求觀於自許中證。答曰空色合
證不二。問曰若一切法空者何爲聖通凡
據。答曰妄動故權真靜故通。問曰既
實通者何爲愛薰若既愛薰豈成空
也。答曰夫言妄者不覺不知忽而起不
覺忽而言其實空中並无有一法而
有薰者。問曰若實空者一切衆生即
不備道何以故自然性是故。答曰一切衆
生解空理者實不假備道只爲於空
不空生於有惑。問曰若此者應離惑
有道云何言一切非道。答曰不然非道
惑即是道非離惑是道何以故如人醉時
非醒醒時非醉時然不離醉有醒亦不離
問曰若人醒時致醉何在。答曰如手翻
覆若手翻時不應更問覆手何在如是
緣門復起。問曰若人不達此理者得於
化衆生不入理。答曰不得何以故自眼未
明焉治他目。問曰隨其智力方便化之不
得耶。答曰若達道理了者名智力若不
達道理者名爲无明力何以故助己煩惱
業力故胡。問曰雖不能如是化人者且教
衆生行十善戒安處人天豈不益善哉
答曰至理无益更招二損何以故自陷之他故
自陷者何謂自防於道陷他者所謂不免
愛輪迴六趣。問曰聖人豈不說五乘有差
別耶。答曰聖人无心說善別法但彼衆生
自心悕望現故之經云若彼心滅盡无奇及
亦者我說爲一乘於是緣門復起。問曰何
爲有爲真等是道爲他之所知不爲他所
識者何爲也。答曰如其奇好爲非貪窮之
所識真人非群爲之所知。問曰世有爲人不

别耶 ●答曰聖人无心說善别法但彼衆生
自心悕望現故ㄣ經云若彼心滅盡无餘及
亦者我說為一亦於是緣門渡起 ●問曰何
為有為真導是道為地ㄣ所知不為他所
識者何為也 ●答曰如其奇珎為非貪窮ㄣ
所識真人非群篤ㄣ所知 ●問曰世有篤人不
閑正理外現威儀專精事業多為男女
親近者何也 ●答如婬女招群男兒穴來
衆蠅此為名相ㄣ𢿱於是緣門渡起
問曰云何菩薩行於非道通達佛道 ●答曰
善惡无分别 ●問曰何為无分别 ●答曰於法
不生心 ●問曰可无作者无乎 ●答曰非有无
作者 ●問曰可不覺知乎 ●答曰雖知无我也
問曰无我何有知 ●答曰知亦自无性 ●問曰道
我有妨 ●答曰若云不妨只如心中有事有何
妨 ●答曰无妨即无事 ●問何妨 ●問曰若簡有
事取无者云何名行非道也 ●答曰其實无
事汝强遣他生子作何物 ●問曰正有因緣
得煞生不 ●答曰野火燒山猛風折樹崖崩
壓獸流水漂蟲心同如此然合併當得若有
猶豫見生見煞中有心不盡者乃至蟻子
亦係汝命業 ●問曰正有因緣得偷盜不
●答曰蜂採池蓮雀銜庭粟牛飡澤豆馬噉
原禾畢竟不作他物解者合山盤石亦
取得若不如此者乃至針鏁縷葉亦係
作奴婢 ●問曰正有因緣得行婬不 ●答曰天
覆於地陽合陰齊泉上漏泉柳依潔心同
如此一切无鄣礙若生情分别乃至自家婦
亦污你心 ●問曰正有因緣得妄語不 ●答曰語
而无主言而无心聲同鍾響氣類風音
心同如此佛道亦无若不知心此者乃至稱

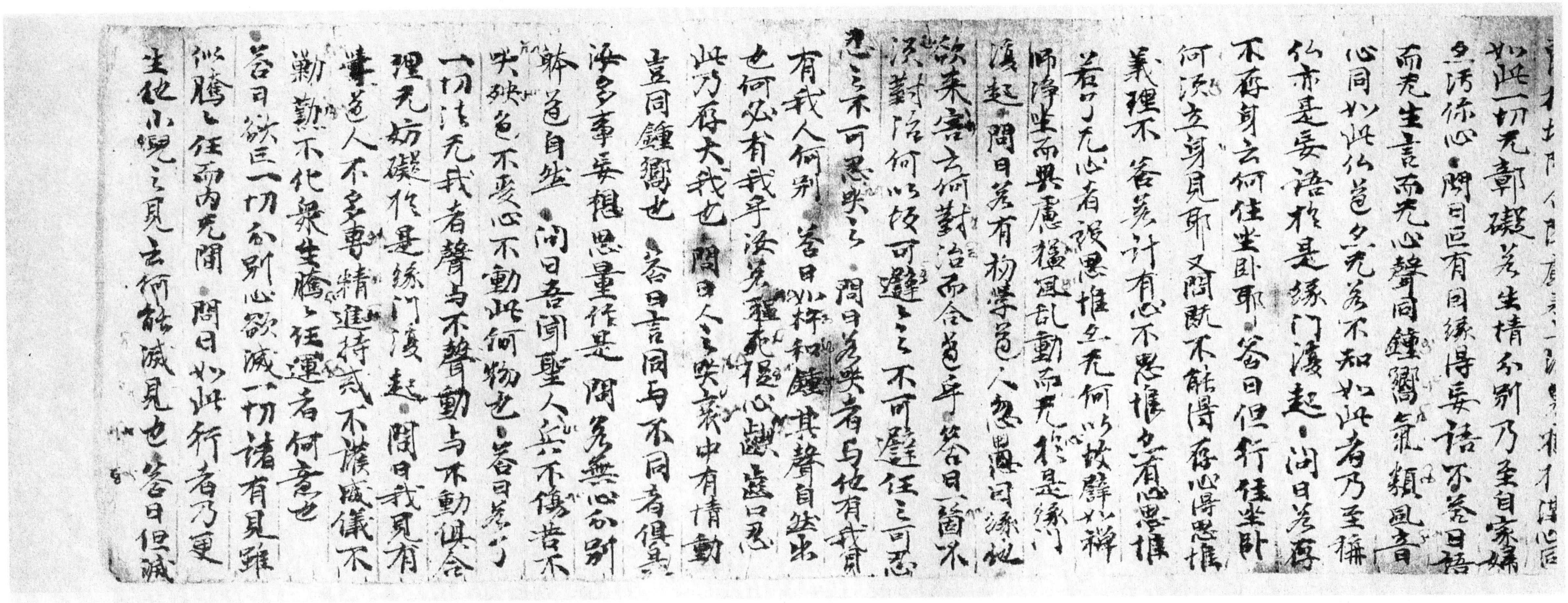
如此一切无鄣礙若生情分別乃至自家嫌
無濟依心 ● 問曰若有因緣得妄語不 答曰語
而无生言而无心聲同鐘響氣類風音
心同如此佛道亦无若不知如此者乃至稱
佛亦是妄語於是緣門復起 ● 問曰若存
不存身云何住坐臥耶 ● 答曰但行住坐臥
何須立身見耶 又問既不能得存心得思推
義理不 答若計有心不思推亦有心思推
若了了无心者設思推亦无何以故辟如禪
師淨坐而興慮攝風乱動而无於是緣門
復起 ● 問曰若有初學道人忽[illegible]
欲來害云何對治而合道乎 ● 答曰一箇不
須對治何以故可避避之不可避任之可忍
忍之不可忍哭之 ● 問曰若哭者与他有我
有我人何別 答曰以杵和鐘其聲自然出
也何必有我乎[illegible]心豁蕩口忍
此乃存大我也 ● 問曰人之哭哀中有情動
豈同鐘響也 答曰言同与不同者俱是
汝多事妄想思量作是 問若無心分別
体道自然 ● 問曰吾聞聖人亦不傷害不
失狹色不變心不動此何物也 ● 答曰若了
一切法无我者聲与不聲動与不動俱合
理无妨礙作是緣門復起 ● 問曰我見有
事道人不專精進持戒不攝威儀不
勤勤不化衆生騰騰任運者何意也
答曰欲臣一切分別心欲滅一切諸有見雖
似騰騰任而內无間 ● 問曰如此行者乃更
生彼小兒之見云何能滅見也 ● 答曰但滅

BD09790號　達摩和尚絕觀論　　　　（4–4）

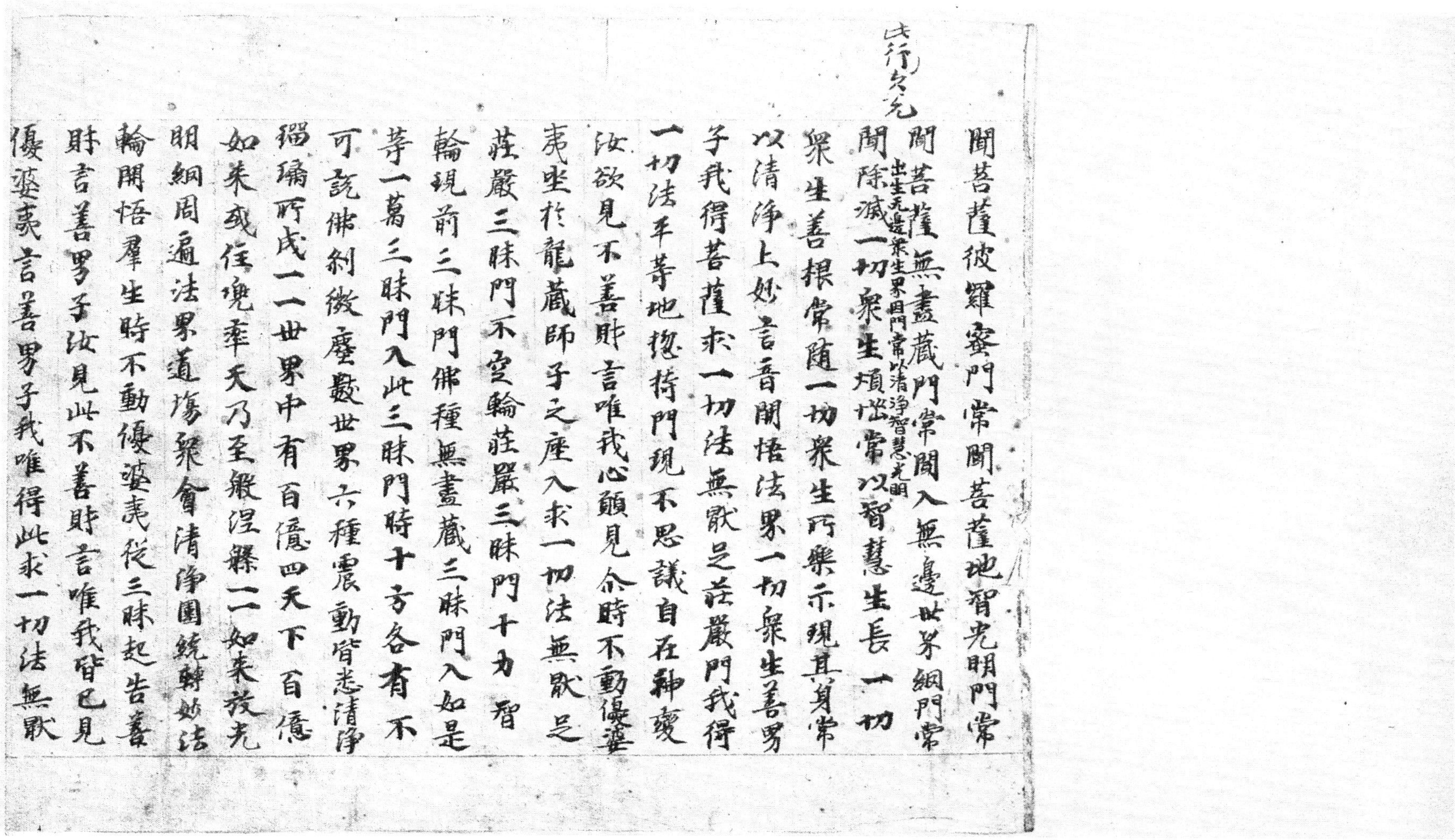

聞菩薩彼羅蜜門常聞菩薩地智光明門常
此行欠允
聞菩薩無盡藏門常聞入無邊世界網門常
聞出生無邊眾生界因門常以清淨智慧光明除滅一切眾生煩惱常以智慧生長一切
眾生善根常隨一切眾生所樂示現其身常
以清淨上妙言音開悟法界一切眾生善男
子我得菩薩求一切法無猒足莊嚴門我得
一切法平等地總持門現不思議自在神變
汝欲見不善財言唯我心願見爾時不動優婆
夷坐於龍藏師子之座入求一切法無猒足
莊嚴三昧門不空輪莊嚴三昧門十力智
輪現前三昧門佛種無盡藏三昧門入如是
等一萬三昧門入此三昧門時十方各有不
可說佛剎微塵數世界六種震動皆悉清淨
琉璃所成一一世界中有百億四天下百億
如來或住兜率天乃至般涅槃一一如來放光
明網周遍法界道場眾會清淨圍遶轉妙法
輪開悟群生時不動優婆夷從三昧起告善
財言善男子汝見此不善財言唯我皆已見
優婆夷言善男子我唯得此求一切法無猒

BD09791 號　大方廣佛華嚴經（唐譯八十卷本　兑廢稿）卷六六　（2–1）

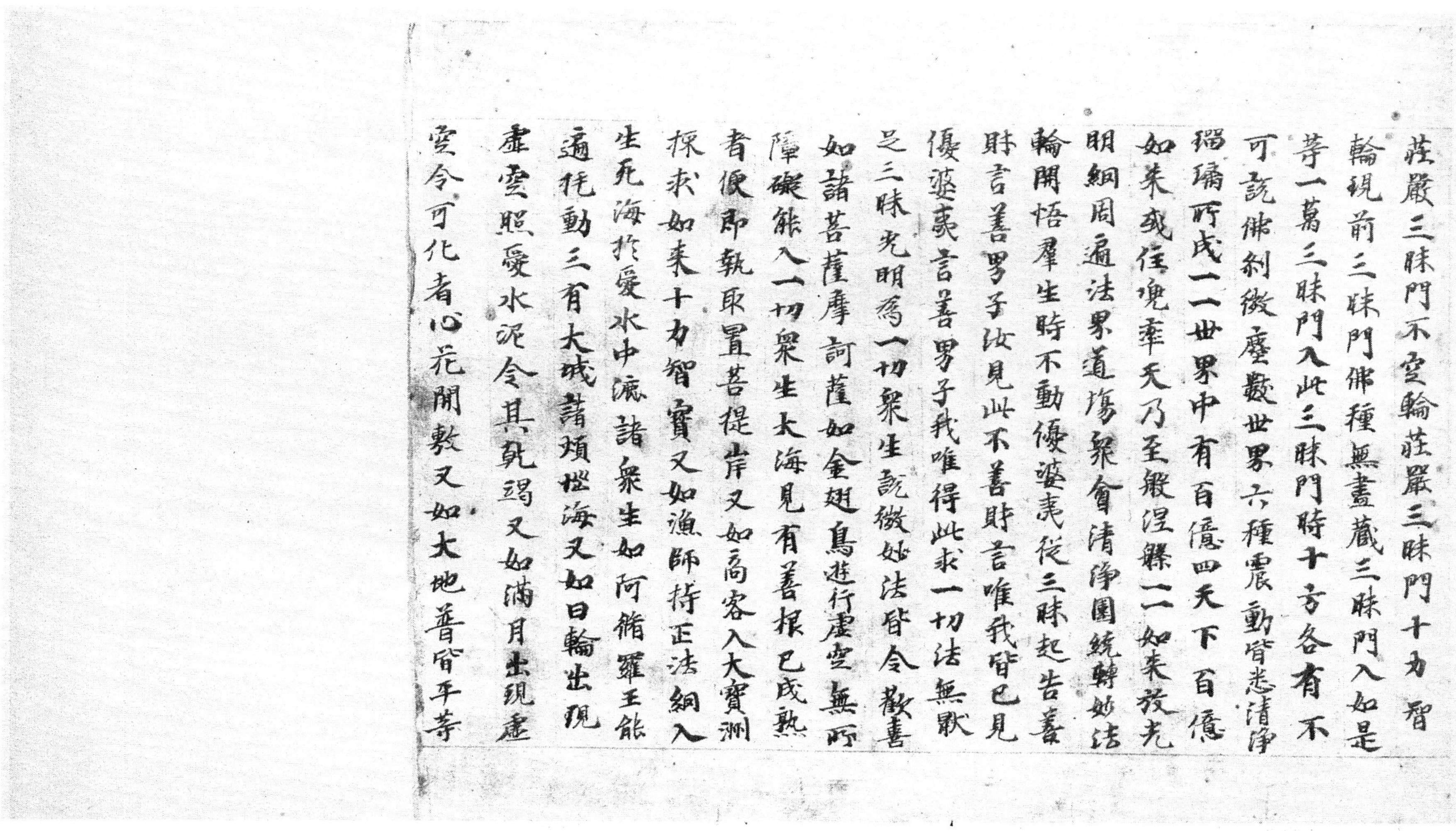

莊嚴三昧門不空輪莊嚴三昧門十力智
輪現前三昧門佛種無盡藏三昧門入如是
等一萬三昧門入此三昧門時十方各有不
可說佛剎微塵數世界六種震動皆悉清淨
琉璃所成一一世界中有百億四天下百億
如來或住兜率天乃至般涅槃一一如來放光
明網周遍法界道場眾會清淨圍遶轉妙法
輪開悟群生時不動優婆夷從三昧起告善
財言善男子汝見此不善財言唯我皆已見
優婆夷言善男子我唯得此求一切法無猒
足三昧光明為一切眾生說微妙法皆令歡喜
如諸菩薩摩訶薩如金翅鳥遊行虛空無所
障礙能入一切眾生大海見有善根已成熟
者便即執取置菩提岸又如商客入大寶洲
採求如來十力智寶又如漁師持正法網入
生死海於愛水中漉諸眾生如阿脩羅王能
遍撓動三有大城諸煩惱海又如日輪出現
虛空照愛水泥令其乾竭又如滿月出現虛
空令可化者心花開敷又如大地普皆平等

BD09791 號　大方廣佛華嚴經（唐譯八十卷本　兑廢稿）卷六六　（2–2）

果无為果安隱果寂靜果本无實際究竟涅
槃如虛空所以者何舍利子如虛空前際不
可得後際不可得中際不可得以彼中邊不
可得故說為虛空真如乃至究竟涅槃亦如
是前際不可得後際不可得中際不可得何
以故真如性空故法界乃至究竟涅槃性空
故空中前際不可得後不可得中際不可得
以故真如性空故法界乃至究竟涅槃性空
故空中前際不可得後際不可得中際不可得
亦以中邊俱不可得故說為空舍利子由此
緣故我作是說真如无邊故當知菩薩摩
訶薩亦无邊法界乃至究竟涅槃无邊故當
知菩薩摩訶薩亦无邊
舍利子聲聞乘如虛空獨覺乘大乘如虛空
所以者何舍利子如虛空前際不可得後際
不可得中際不可得以彼中邊不得可故說
為虛空聲聞乘獨覺乘大乘亦如前際不
可得後際不可得中際不可得何以故聲聞
乘性空故獨覺乘大乘性空故空中前際不
可得後際不可得中際不可得亦以中邊俱
可得後際不可說為空舍利子由此緣故我作是
說聲聞乘无邊故當知菩薩摩訶薩亦无

BD09792 號　大般若波羅蜜多經（兌廢稿）卷六三　（1-1）

不
尊
調伏
不捨諸等
復次善男子
如是三昧何等等
者具足四无量心三
具足四攝之法復有五法
昧何等為五一者具足五神通二者
根三者具足五力四者具足真智觀於五陰
五者具足五根復有六法菩薩具足淨是三
昧何等為六一者具足六波羅蜜二者具足
六念三者具足智慧觀於六入四者具足遠
離六道五者具足六通六者具足六和敬法
菩薩具足淨是三昧何等為七一
者於衆生所无有瞋恚
淨智无

BD09793 號　大方等大集經卷七　（1-1）

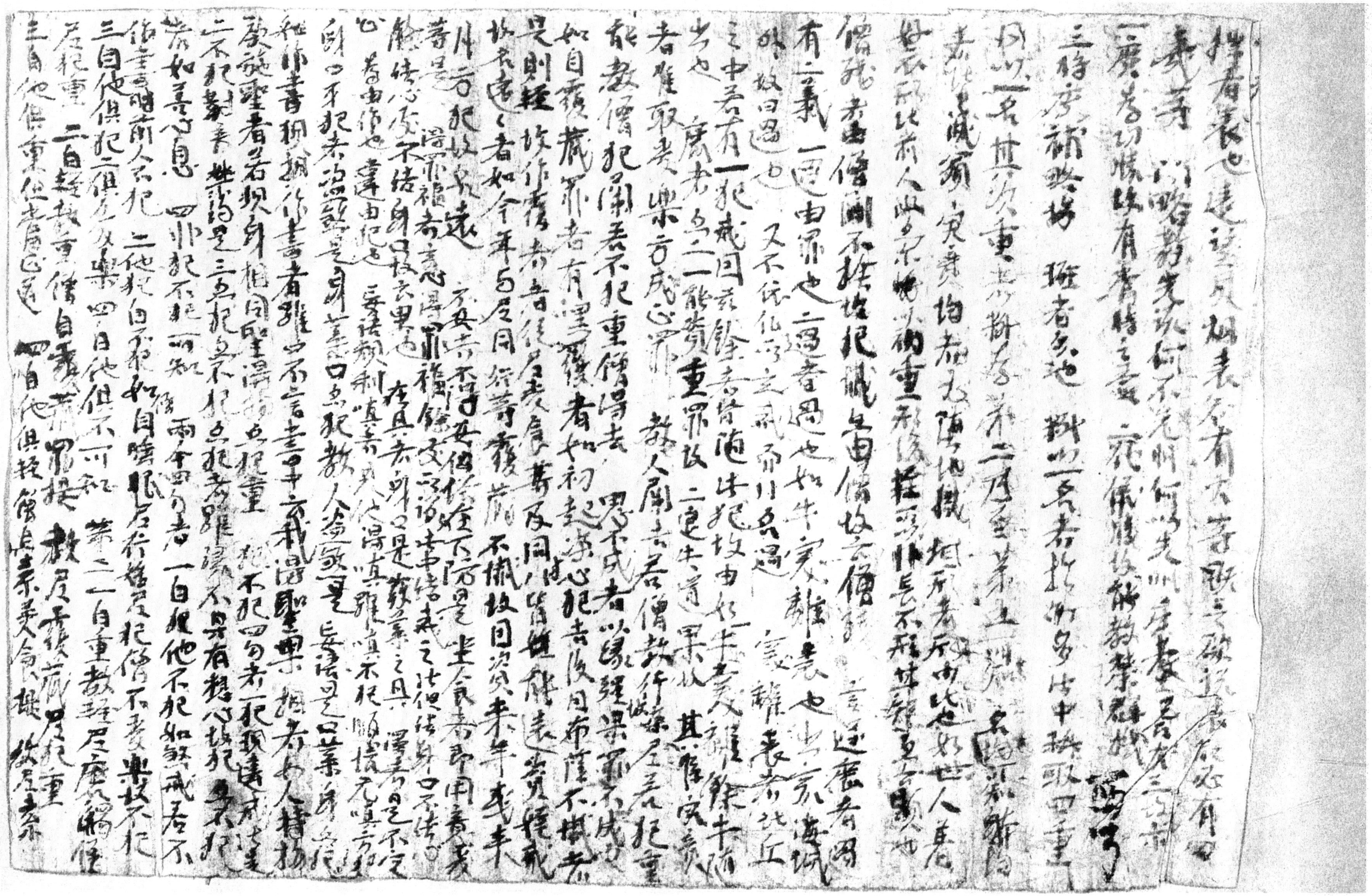

BD09794號　四分律疏義解鈔（擬）　（2–1）

BD09794號背　四分律疏義解鈔（擬）

（2–2）

去
已為
…有能信解甚深般…羅蜜
世尊假使三千大千世界諸有情類一切皆
成隨信行隨法行第八預流一來不還阿羅
漢獨覺彼所成就若智若斷不如有生一日
於此甚深般若波羅蜜多忍樂思惟稱量觀
察是人於此甚深般若波羅蜜多所成就忍
勝彼智斷無量無邊何以故世尊諸隨信行
所有智斷皆是已得無生法忍菩薩摩訶薩
忍少分故世尊諸隨法行第八預流一來不
還阿羅漢獨覺所有智斷皆是已得無生法
忍菩薩摩訶薩忍少分故
爾時佛告諸天子言如是如是如汝所說諸
隨信行若隨法行第八預流一來不還阿羅
漢獨覺所有智斷皆是已得无生法忍菩薩
摩訶薩忍之少分天子當知若善男子善女
人等暫聽如是甚深般若波羅蜜多聞已書
寫讀誦受持思惟脩習是善男子善女人等
速出生死得涅槃勝餘欣求聲聞獨覺諸
善男子善女人等遠離般若波羅蜜多覺餘
經典若經一劫若一劫餘何以故諸天子於此
般若波羅蜜多甚深經中廣說一切微妙勝
法諸隨信行若隨法行第八預流一來不還
阿羅漢獨覺菩薩摩訶薩皆應於此精勤脩
學當…

BD09795號　大般若波羅蜜多經卷三一一　（1–1）

八者措
阿難…
經令惡世中一切眾生無有病
…邪蠱毒悉皆消滅
阿難我所囑法者唯有此經若有
無女有能讀誦此經一句一偈者衆
得悉近若在曠野中若在急難中
火中若在大水中常當讀誦是經能…斷
除何以故此經有大威神力故常當讀之若
不能讀者但當書寫安著懷中至心受持是
經者則持過去未來現在諸佛神力若欲遠
行常當持去諸惡毒獸无能近者若到處處
村落一心為人演說有能須臾聽者所願為
得阿難佛不虛言此經佛所秘要甚難可得
辟如妙藥能愈毒病能辟毒氣能斷惡毒
有人將行者諸惡毒蟲眾邪蠱毒欲來侵害
聞此藥氣回向散去不敢迴視此經亦復如
…當淨

BD09796號　護身命經　（1–1）

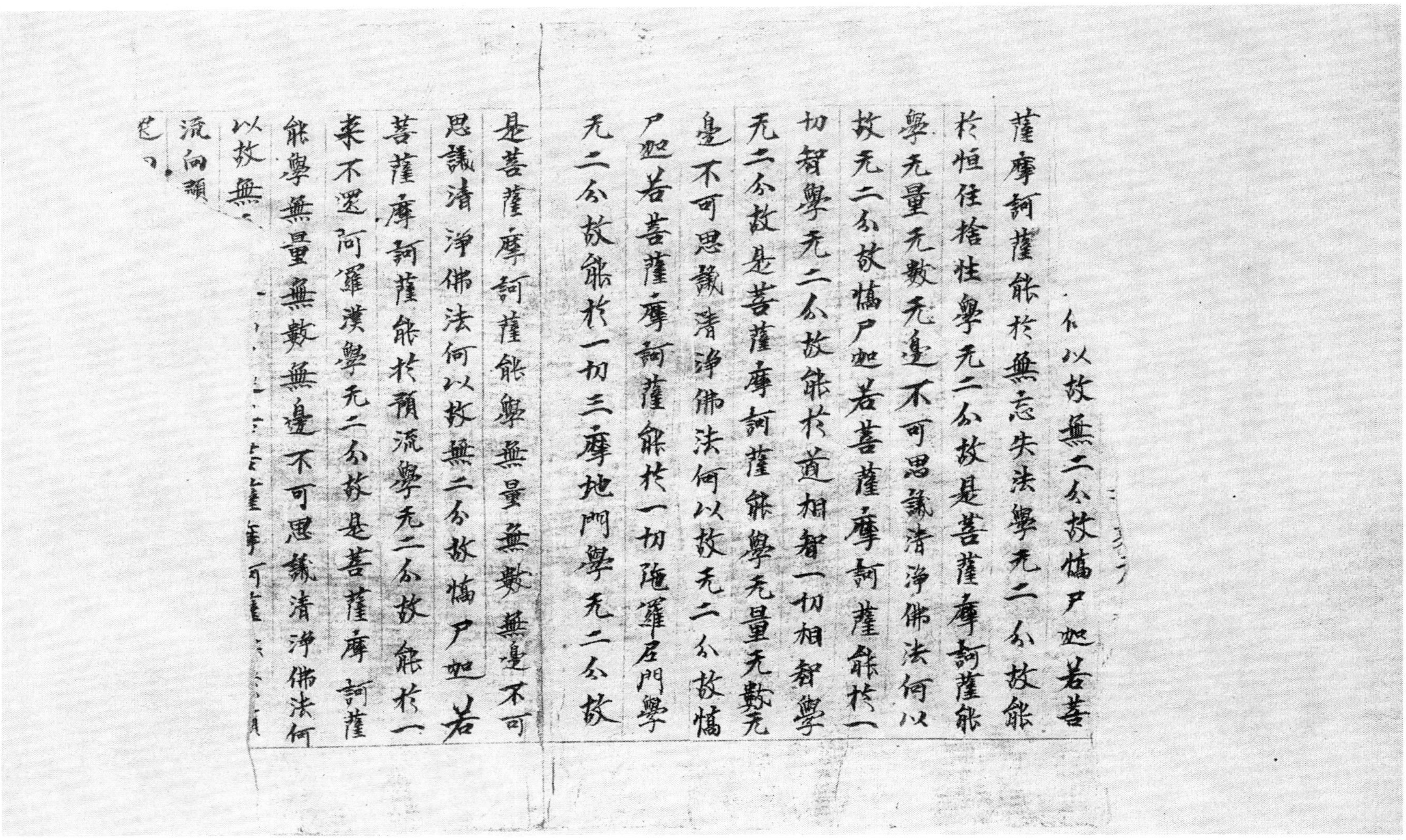
何以故無二分故憍尸迦若菩
薩摩訶薩能於無忘失法學无二分故能
於恒住捨性學无二分故是菩薩摩訶薩能
學无量无數无邊不可思議清淨佛法何以
故无二分故憍尸迦若菩薩摩訶薩能於一
切智學无二分故能於道相智一切相智學
无二分故是菩薩摩訶薩能學无量无數无
邊不可思議清淨佛法何以故无二分故憍
尸迦若菩薩摩訶薩能於一切陁羅尼門學
无二分故能於一切三摩地門學无二分故
是菩薩摩訶薩能學無量無數無邊不可
思議清淨佛法何以故無二分故憍尸迦若
菩薩摩訶薩能於預流學无二分故能於一
來不還阿羅漢學无二分故是菩薩摩訶薩
能學無量無數無邊不可思議清淨佛法何
以故無[illegible]
流向預[illegible]
[illegible]

BD09797號　大般若波羅蜜多經卷八七　（1-1）

言捉我丸右手作拳
十如是慳貪諸遍患故不肯施故而命終生餓
鬼道中問生畜生道有何相貌答彼經中說有五
種相貌一於妻子所愛心所牽二手足指等悉皆捲
縮三腹上汗出四作白羊鳴口五涂出臨命終時此五
相現當知決定生畜生道 問造何業故生二趣中
答以慳貪故生餓鬼中以愚癡故生畜生中問何
故不生地獄中答不起重瞋損惱他故不生地獄
中 經由昔人間生暫得現前四聞名從彼昔日在人
間曾得暫聞藥師佛号後遇惡友造元施業雖生

美女月美…忌行者自念我若
寶於我爲无所益又如導師指示
不用導師无咎以是故我應念戒
、切善法之所住處譬如百穀草
生持戒清淨能生長諸深禪定實
是出家人之初門一切出家人之
涅槃之初因地如說持戒故心不
解脫涅槃行者念清淨戒不缺戒
穿戒不雜戒自在戒不著戒智者
讚戒隨[illegible]者[illegible]清淨戒云何名不缺戒
中除四重戒犯諸餘重…
…受之

BD09799號　大智度論卷二二

（1–1）

奉行說功勳无限族姓子族姓女若以七寶滿此三千大千世
界隨時布施如是比類於百千歲其聞此經歡喜
信持功德踰彼阿難白佛此經名何云何奉持佛言名
日菩薩淨行寶髻所問當奉持之佛說如是寶髻及十
方諸會菩薩賢者阿難天龍鬼神揵沓和阿須

BD09800號　大寶積經卷一一七

（1–1）

斯頌前白佛言唯然世尊此妙頌義爲從何出佛言
東方去此九百廿萬土界名善憂佛号淨住如来至
真等正覺現在說法其佛左右有菩薩名寶髻
與八千菩薩俱到此忍界欲来見佛稽首問訊咨受
經典并欲見十方諸會菩薩故住梵天說此頌耳斯

BD09800 號背　大寶積經卷一一八　（1–1）

復次憍尸迦若善
菩提心者宣說
善男子應脩安忍
常若無常不應觀
爲緣所生諸受若
界自性空色界眼觸
生諸受色界乃至眼
空是眼界自性即非
爲緣所生諸受自性
是安忍波羅蜜多於此
不可得彼常无常亦不
爲緣所生諸受皆不
得所以者何此中尚
彼常與無常汝若能脩如是
波羅蜜多復作是言汝善男
羅蜜多不應觀眼界若常若
眼識界及眼觸眼觸爲緣所
苦何以故眼界眼界自性空色界眼
眼觸眼觸爲緣所生諸受色界乃至眼觸
緣所生諸受自性空是眼界自性即非

BD09801 號　大般若波羅蜜多經卷一五六　（3–1）

羅蜜多不應觀眼界若樂若
眼識界及眼觸眼觸為緣所
苦何以故眼界眼界自性空色界眼
眼觸眼觸為緣所生諸受色界乃至眼觸
緣所生諸受自性空是眼界自性即非
是色界乃至眼觸為緣所生諸受自
自性若非自性即是安忍波羅蜜多於
忍波羅蜜多眼界不可得彼樂與苦亦
得色界乃至眼觸為緣所生諸受皆不
彼樂與苦亦不可得所以者何此中尚無眼
界等可得何況有彼樂之與苦汝若能脩如
是安忍是脩安忍波羅蜜多復作是言汝
男子應脩安忍波羅蜜多不應觀眼界
若无我不應觀色界眼識界及眼觸眼
緣所生諸受若我若无我何以故眼界
自性空色界眼識界及眼觸眼觸為緣
諸受色界乃至眼觸為緣所生諸受自
是眼界自性即非自性是色界乃至眼
緣所生諸受自性亦非自性若非自性即
安忍波羅蜜多於此安忍波羅蜜多眼
可得彼我无我亦不可得色界乃至眼
緣所生諸受皆不可得彼我无我亦不
所以者何此中尚無眼界等可得何
我與无我汝若能脩如是安忍是脩安
羅蜜多復作是言汝善男子應脩安忍
蜜多不應觀眼界若淨若不淨不應觀
識界及眼觸為緣所生諸受若

BD09801號　大般若波羅蜜多經卷一五六　（3–2）

是安忍是脩安忍波羅蜜多復作是言汝
男子應脩安忍波羅蜜多不應觀眼界
若无我不應觀色界眼識界及眼觸眼
緣所生諸受若我若无我何以故眼界
自性空色界眼識界及眼觸眼觸為緣
諸受色界乃至眼觸為緣所生諸受自
是眼界自性即非自性是色界乃至眼
緣所生諸受自性亦非自性若非自性即
安忍波羅蜜多於此安忍波羅蜜多眼
可得彼我无我亦不可得色界乃至眼
緣所生諸受皆不可得彼我无我亦不
所以者何此中尚無眼界等可得何
我與无我汝若能脩如是安忍是脩安
羅蜜多復作是言汝善男子應脩安忍
蜜多不應觀眼界若淨若不淨不應觀
眼識界及眼觸眼觸為緣所生諸受若
不淨何以故眼界眼界自性空色界眼
及眼觸眼觸為緣所生諸受色界乃至眼觸
為緣所生諸受自性空是眼界自性即非自
性是色界乃至眼觸為

BD09801號　大般若波羅蜜多經卷一五六　（3–3）

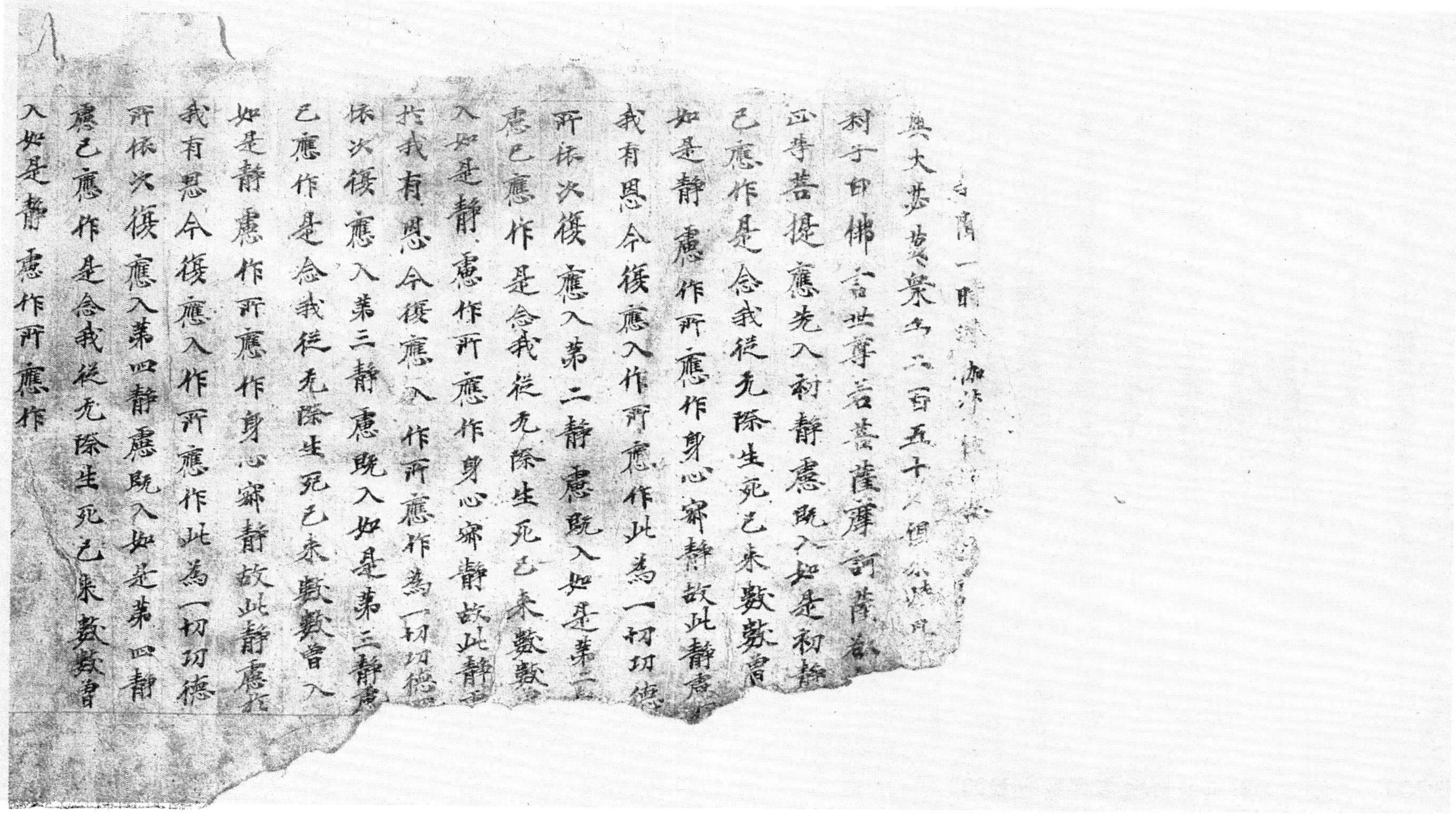

與大苾芻衆
利子白佛言世尊若菩薩摩訶薩欲
正等菩提應先入初靜慮既入如是初靜
已應作是念我從无際生死已來數數曾
如是靜慮作所應作身心寂靜故此靜慮
我有恩今復應入作所應作此為一切功德
所依次復應入第二靜慮既入如是第二
慮已應作是念我從无際生死已來數數
入如是靜慮作所應作身心寂靜故此靜
於我有恩今復應入作所應作為一切功德
依次復應入第三靜慮既入如是第三靜慮
已應作是念我從无際生死已來數數曾入
如是靜慮作所應作身心寂靜故此靜慮於
我有恩今復應入作所應作此為一切功德
所依次復應入第四靜慮既入如是第四靜
慮已應作是念我從无際生死已來數數曾
入如是靜慮作所應作

BD09802 號 1　大般若波羅蜜多經（兌廢稿）卷五九一　（2–1）

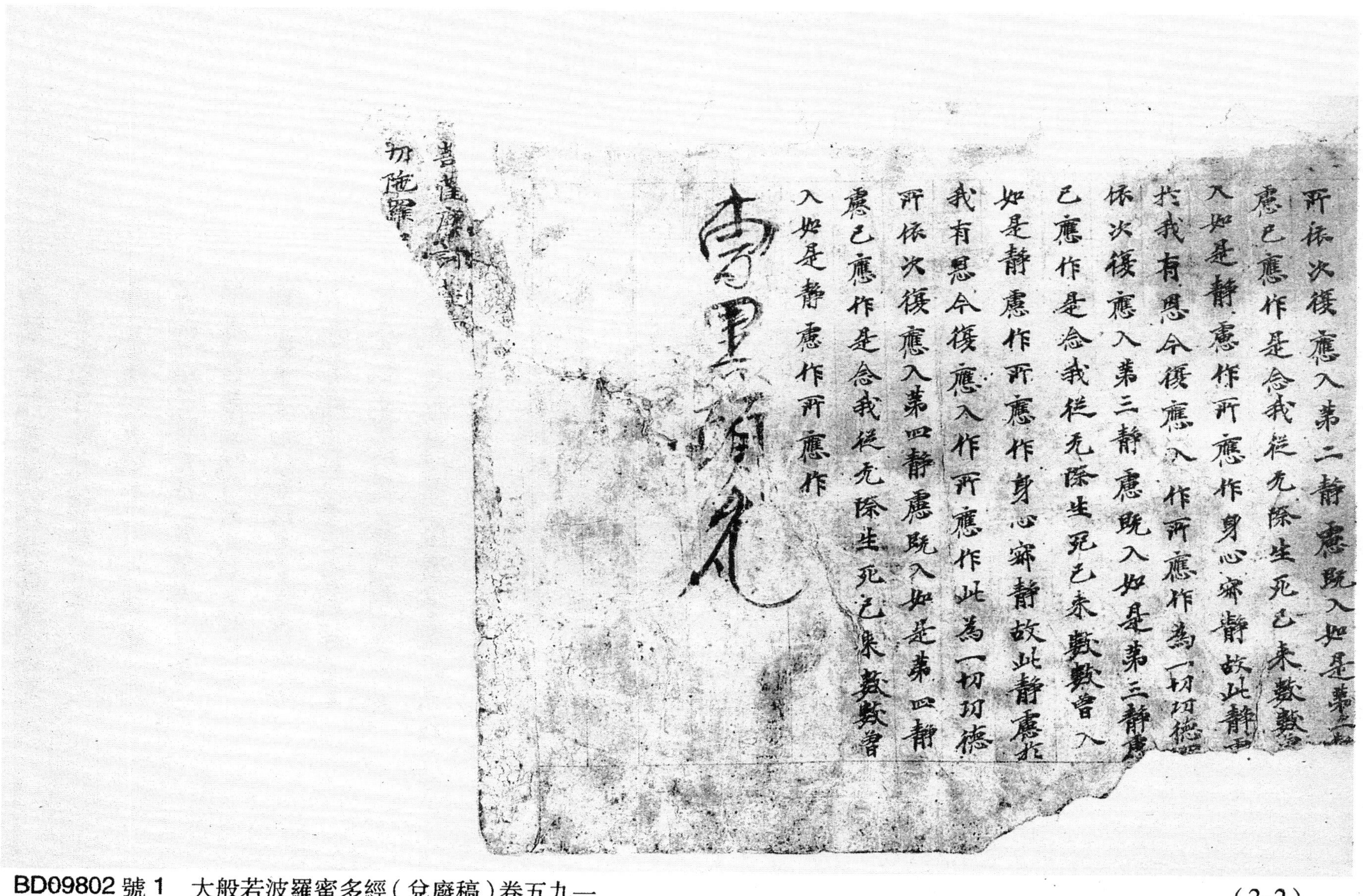

所依次復應入第二靜慮既入如是第二
慮已應作是念我從无際生死已來數數
入如是靜慮作所應作身心寂靜故此靜
於我有恩今復應入作所應作為一切功德
依次復應入第三靜慮既入如是第三靜慮
已應作是念我從无際生死已來數數曾入
如是靜慮作所應作身心寂靜故此靜慮於
我有恩今復應入作所應作此為一切功德
所依次復應入第四靜慮既入如是第四靜
慮已應作是念我從无際生死已來數數曾
入如是靜慮作所應作

BD09802 號 1　大般若波羅蜜多經（兌廢稿）卷五九一　（2–2）
BD09802 號 2　大般若波羅蜜多經卷七

相功德善現當知有菩薩
正等菩提德不退轉行深
便善巧是菩薩摩訶薩當
為衆宣說甚深般若波羅
自然歎喜稱揚讚歎名字
壽善現復白佛言頗有
無上正等菩提得不退轉
覺為衆宣說甚深般若波
中自然歡喜稱揚讚歎名
耶佛言亦有謂有菩薩
上正等菩提未得不退而脩
便善巧是菩薩摩訶薩亦
為衆宣說甚深般若波羅蜜多
自然歎喜稱揚讚歎名字種姓色
壽善現復白佛言此所說者是
薩耶佛告善現有諸菩薩摩訶
佛為菩薩時所脩而學所行而
羅蜜多方便善巧是菩薩摩訶
正等菩提未得不退而蒙如來正
衆宣說甚深般若波羅蜜多時

BD09803號　大般若波羅蜜多經卷五五四　（2–1）

為衆宣說甚深般若波羅蜜多
自然歎喜稱揚讚歎名字種姓色
壽善現復白佛言此所說者是
薩耶佛告善現有諸菩薩摩訶
佛為菩薩時所脩而學所行而
羅蜜多方便善巧是菩薩摩訶
正等菩提未得不退而蒙如來正
衆宣說甚深般若波羅蜜多時
然歡喜稱揚讚嘆名字種姓色相
菩薩摩訶薩衆隨實憧菩薩摩訶
而學所行而住脩行般若波羅蜜多亦
巧是菩薩摩訶薩雖於無上正等菩
不退而蒙如來應正等覺為衆宣
若波羅蜜多時在大衆中自然歡
歎名字種姓色相功德復次善現若
訶薩行深般若波羅蜜多於一切
中雖深信解而未證得無生法忍
皆寂靜性雖深信解而未得入不
菩薩摩訶薩已

BD09803號　大般若波羅蜜多經卷五五四　（2–2）

兌

慠八者應遠離顛倒九者應遠離猶豫十者
應遠離貪瞋癡善現當知諸菩薩摩訶薩
住第五地時於此十法常應遠離復次善現諸
菩薩摩訶薩住第六地時應圓滿六法應遠
離六法云何名為圓滿六法謂應圓滿布施
等六波羅蜜多云何名為遠離六法諸應遠
離六下劣心何為六一者應遠離聲聞心二
者應遠離獨覺心三者應遠離熱惱心四
離捨所有物追戀憂悔心六者應遠離於來
求者方便矯誑心善現當知諸菩薩摩訶
薩住第六地時常應圓滿前說六法及應遠
離後說六法復次善現諸菩薩摩訶薩住第
七地時於二十法常應遠離於二十法常應圓

BD09804號　大般若波羅蜜多經（兌廢稿）卷四九〇　（1–1）

身之慧為大威勢无邊身[illegible]住三乘得不
退轉尒時長老舍利子白佛言世尊云何菩
薩摩訶薩行舍利耶波羅蜜多時精勤修獲
法身之相唯然世尊願為解說佛告舍利
子菩薩摩訶薩法身之相无生无死堅固難
壞猶如金剛不可[illegible]壞而諸法身菩薩摩訶
薩為欲[illegible]衆生故假壞身又欲化諸
身不壞者[illegible]不壞身然此法身圓成具足非
火所燒非刀能割如彼剛堅固難壞舍利
子安住法身菩薩摩訶薩行舍利耶波羅蜜
多故无倦精進非有功用但以其身能成熟
无量衆生不倣其心思量分别即此菩薩身
自能知了諸身相隨入自身真如法性自身真
如隨入諸法真如諸法真如隨入自身真如
諸法真如諸法真如隨入自

BD09805號　大寶積經（兌廢稿）卷四八　（1–1）

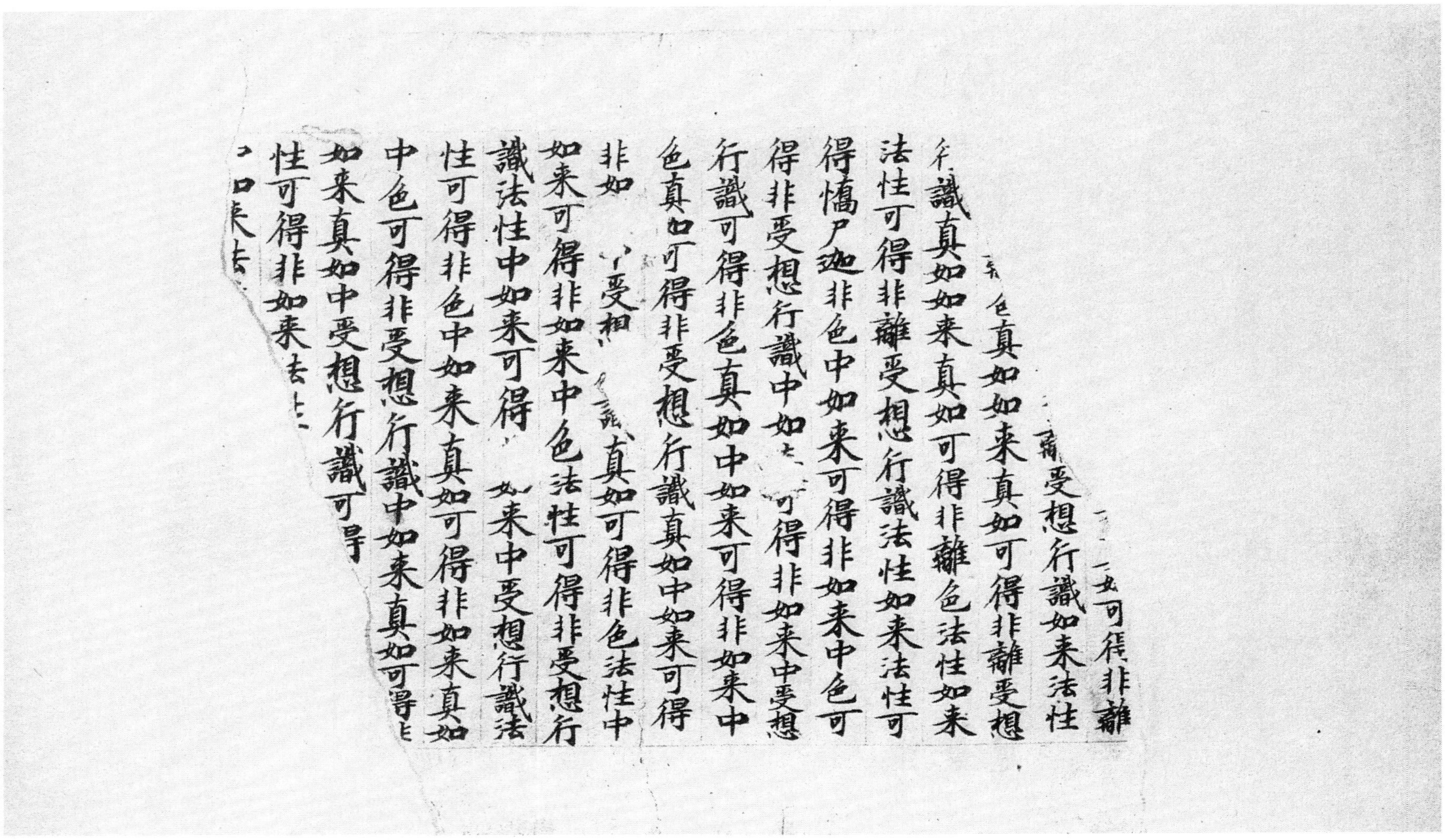

……如可得非離
離受想行識如來法性
……色真如如來真如可得非離受想
……識真如如來真如可得非離色法性如來
法性可得非離受想行識法性如來法性可
得憍尸迦非色中如來可得非如來中色可
得非受想行識中如……可得非如來中受想
行識可得非色真如中如來可得非如來中
色真如可得非受想行識真如中如來可得
非如……受想……識真如可得非色法性中
如來可得非如來中色法性可得非受想行
識法性中如來可得……如來中受想行識法
性可得非色中如來真如可得非如來真如
中色可得非受想行識中如來真如可得……
如來真如中受想行識可得
性可得非如來去……
……如來去……

BD09806號　大般若波羅蜜多經卷四二六　（1-1）

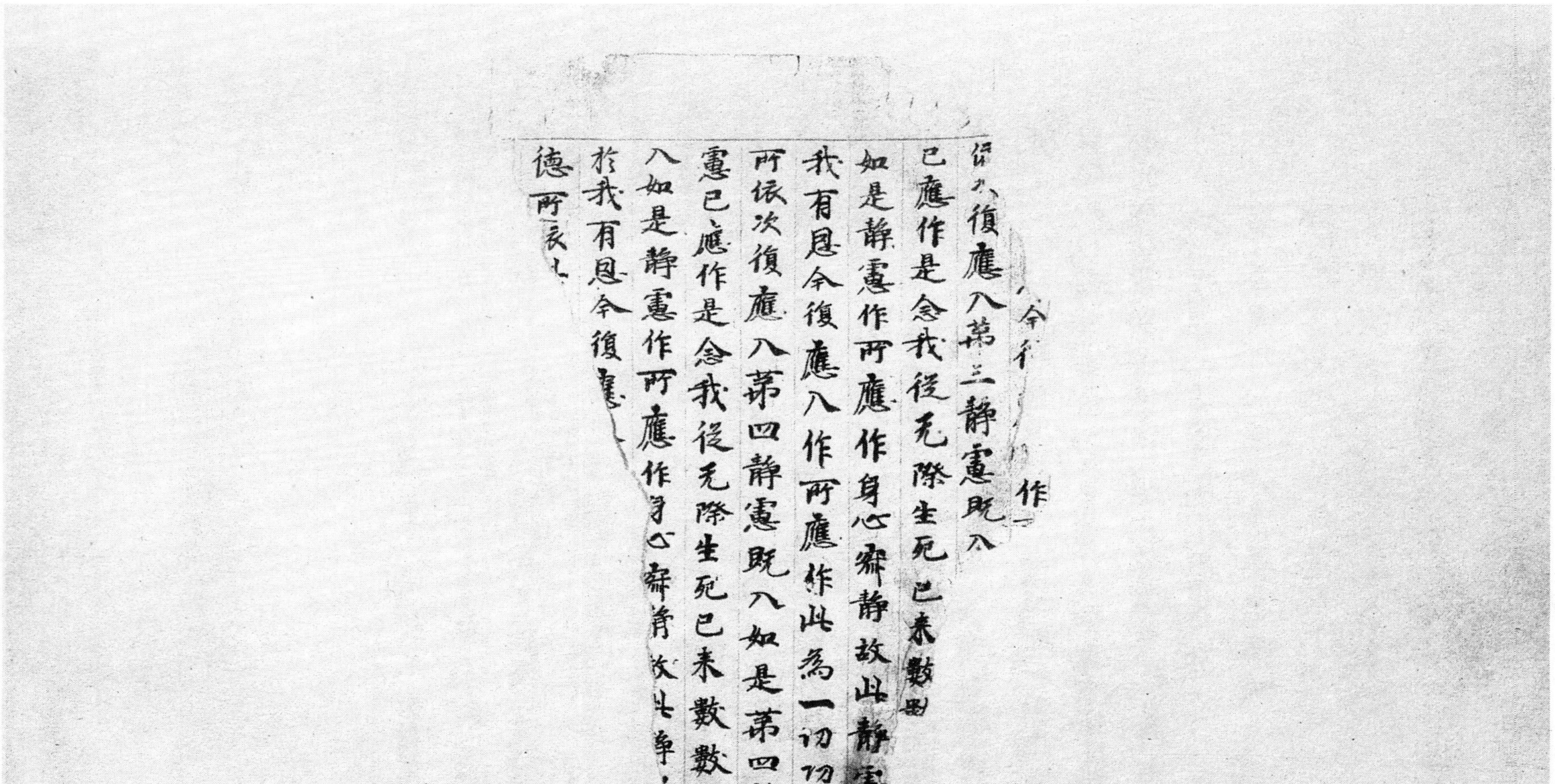

……今……作……
……復應入第三靜慮既入
已應作是念我從无際生死已來數數
如是靜慮作所應作身心寂靜故此靜慮……
我有恩今復應入作所應作此為一切功德
所依次復應入第四靜慮既入如是第四靜
慮已應作是念我從无際生死已來數數曾
入如是靜慮作所應作身心寂靜故此靜……
於我有恩今復應……
德所依……

BD09807號　大般若波羅蜜多經卷五九一　（1-1）

光

尒時佛告四大王衆天三十三天夜魔天覩史
多天樂變化天他化自在天梵衆天梵輔
天梵會天大梵天光天少光天無量光天极
光淨天淨天少淨天無量淨天遍淨天廣天
光淨天淨天少淨天無量淨天

BD09808號　大般若波羅蜜多經（兑廢稿）卷一七一　（1–1）

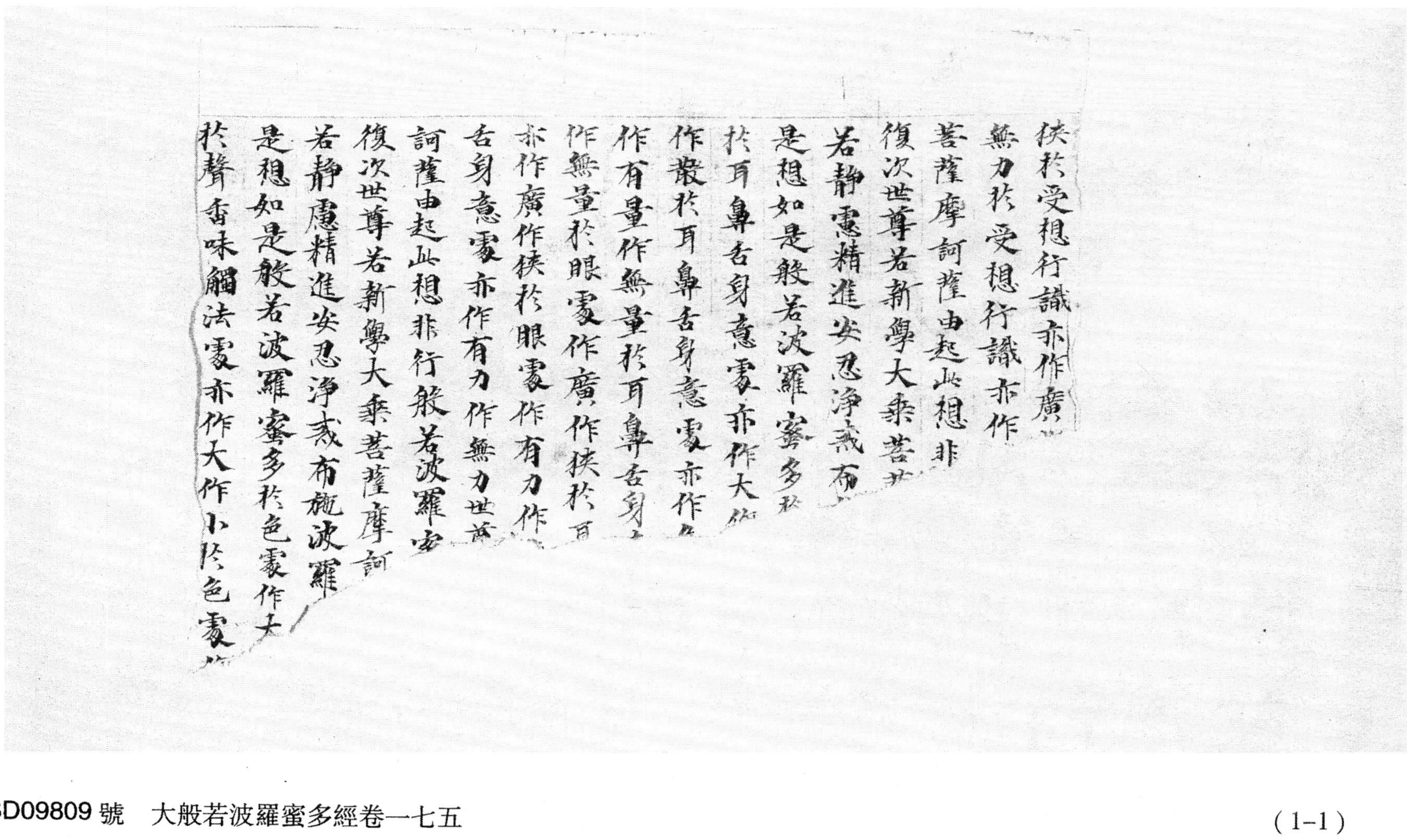

挾於受想行識亦作廣
無力於受想行識亦作
菩薩摩訶薩由起此想非
復次世尊若新學大乘菩
若靜慮精進安忍淨戒布
是想如是般若波羅蜜多於
於耳鼻舌身意處亦作大作
作散於耳鼻舌身意處亦作
作有量作無量於耳鼻舌身
作無量於眼處作廣作挾於耳
亦作廣作挾於眼處作有力作
舌身意處亦作有力作無力世尊
訶薩由起此想非行般若波羅蜜
復次世尊若新學大乘菩薩摩訶
若靜慮精進安忍淨戒布施波羅
是想如是般若波羅蜜多於色處作大
於聲香味觸法處亦作大作小於色處

BD09809號　大般若波羅蜜多經卷一七五　（1–1）

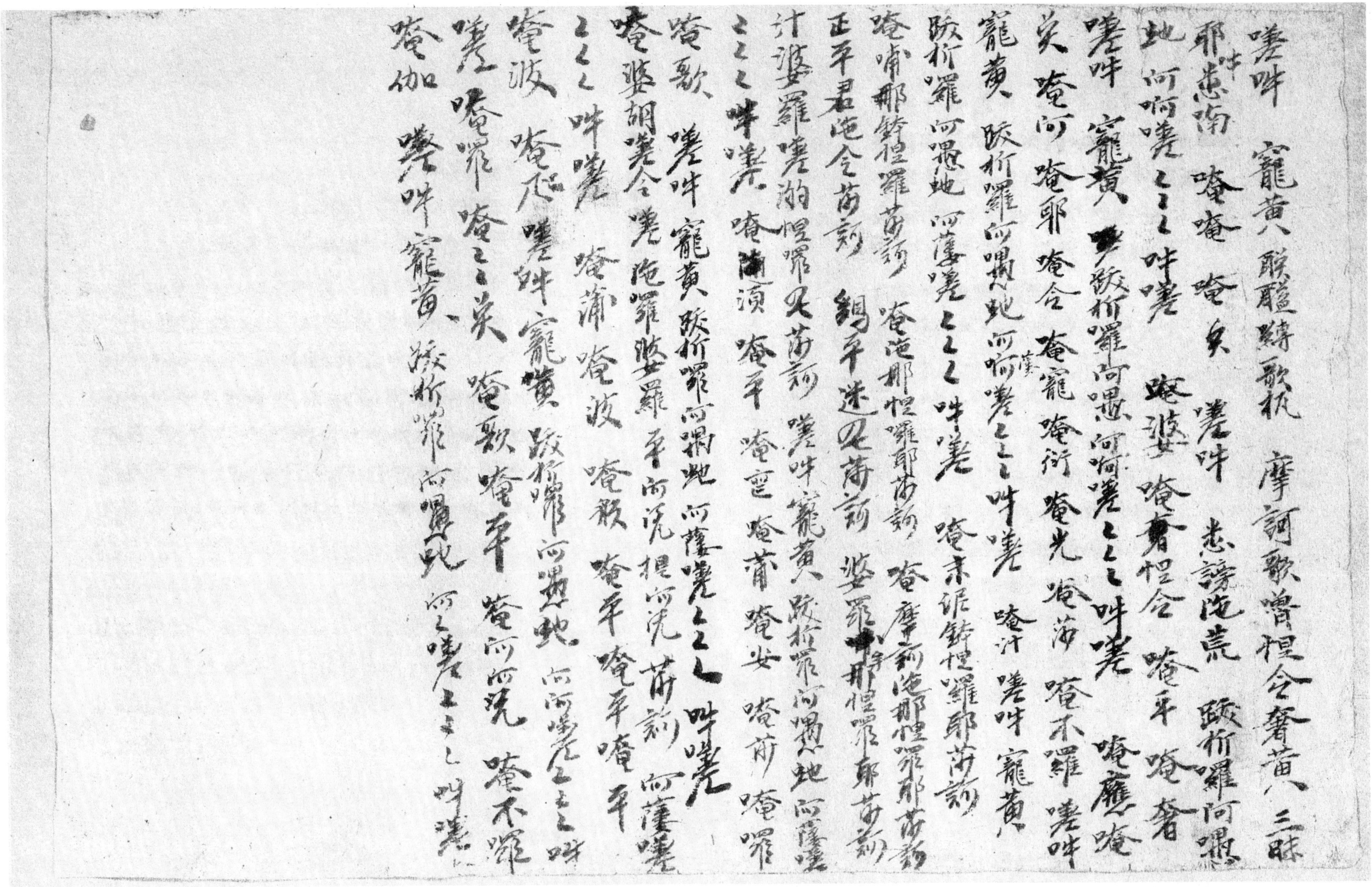
嗟吽 寵黄八 䏁𦝫䟽歌枕 摩訶歌曾怛令奢黄八 三昧
耶悉洳 唵唵 唵炎 嗟吽 悉謗陁荒 跋折羅阿嘿
地 阿㖿嗟ㄑㄑㄑ吽嗟 唵婆 唵奢怛令 唵平 唵奢
嗟吽 寵黄 ■跋折囉阿嘿悉 阿㖿嗟ㄑㄑㄑ吽嗟 唵麽唵
炎 唵阿 唵耶 唵合 唵寵 唵衍 唵光 唵菿 唵不羅 嗟吽
寵黄八 跋折囉羅阿嘿悉地 阿㖿嗟ㄑㄑㄑ吽嗟 唵汁 嗟吽 寵黄八
跋折囉羅阿嘿悉地 阿薩嗟ㄑㄑㄑ吽嗟 唵赤泥鉢怛囉耶菩薩
唵㖿耶鉢怛羅羅菩薩 唵陁那怛囉耶菩薩 唵摩訶陁那怛囉耶那菩薩
正平君陁令菩薩 錫平迷乙菩薩 婆羅■耶怛羅耶菩薩
汁婆羅嗟㴝怛羅乙菩薩 嗟吽寵黄八跋折羅阿嘿悉地 阿薩嗟
ㄑㄑㄑ吽嗟八 唵㴝須 唵平 唵亶 唵蒲 唵安 唵前 唵羅
唵歎 嗟吽 寵黄八 跋折羅阿嘿悉地 阿薩嗟ㄑㄑㄑ 吽嗟
唵婆胡嗟令 嗟陁羅婆羅 平阿沉 提阿沉 菩薩 阿薩嗟
ㄑㄑㄑ 吽嗟 唵蒲 唵波 唵歎 唵平 唵平唵平
唵波 唵悉 嗟吽 寵黄 跋折羅阿嘿悉地 阿㖿嗟ㄑㄑㄑ吽
嗟 唵羅 唵ㄑㄑ炎 唵歎 唵平 唵阿沉 唵不羅
唵伽 嗟吽 寵黄 跋折羅阿嘿悉地 阿ㄑ嗟ㄑㄑㄑ 吽嗟

BD09810號　佛教真言（擬）　（1-1）

言……世尊外道說因
无因緣能生果如來說法由亦依果果亦依
因若尒因緣无因无果世尊若尒彼此因果
展轉无窮世尊說言從此法生彼法若尒无
因生法佛告聖者大慧菩薩摩訶薩言大慧
我今當說因此法生彼法不同外道所立因
果□目之法亦從因生我不如是我說諸法
從因緣……无因緣亦不雜亂亦无展轉无
窮之過何以故以无能取可取法故大慧外
道不知自心見故執著能取可取之法不知
不覺唯自心見内外法故大慧彼諸外道不
知自心内境界故見有无物是故外道有如
是過非我過也我常說言因緣和合而生諸
法……大慧復言世尊有言語說應有
諸法世尊若无諸法者應不說言語世尊是
故依言語說應有諸法佛告大慧亦无所說
言語謂龜毛兔角石女兒等於世間中所
有言說大慧彼兔角非有非无而說言語大
慧汝言以有言說應有諸法者此義已破大
慧々一切佛國土言語說法何以故以諸言
語唯是人心分別說故是故大慧有佛國土
直視不瞬口无言語名為說法有佛國土直
尒示相名為說法有佛國土但動眉相名為
說法有佛國土唯動眼相名為說法有佛國
土咲名說法有佛國土欠名說法有佛國土
……佛國土念名說法有佛……

BD09811 號　入楞伽經卷四　（1-1）

有取有……
……取无捨自相空故諸法亦
尒自相皆空非於餘法有取有捨云何可說
菩提分法能取菩提佛言善現如是如是如汝
所說以一切法自相皆空无取无捨然諸有
情於一切法自相空義不能解了哀愍彼故
方便宣說菩提分法能取菩提復次善現
若色若受想行識若眼處若耳鼻舌身意處
若色處若聲香味觸法處若眼界若耳鼻舌身
意界若色界若聲香味觸法界若眼識界若
耳鼻舌身意識界若眼觸若耳鼻舌身意
觸若眼觸為緣所生諸受若耳鼻舌身意觸為
緣所生諸受若地界若水火風空識界若无
明若行識名色六處觸受愛取有生老死
愁歎苦憂惱若布施波羅蜜多若淨戒安忍
精進靜慮般若波羅蜜多若内空若外空
内外空空空大空勝義空有為空无為
空畢竟空无際空散空无變異空大性空
自相空共相空一切法空不可得空无性空

BD09812 號　大般若波羅蜜多經卷三七〇　（1-1）

BD09812 號背　勘記　　（1–1）

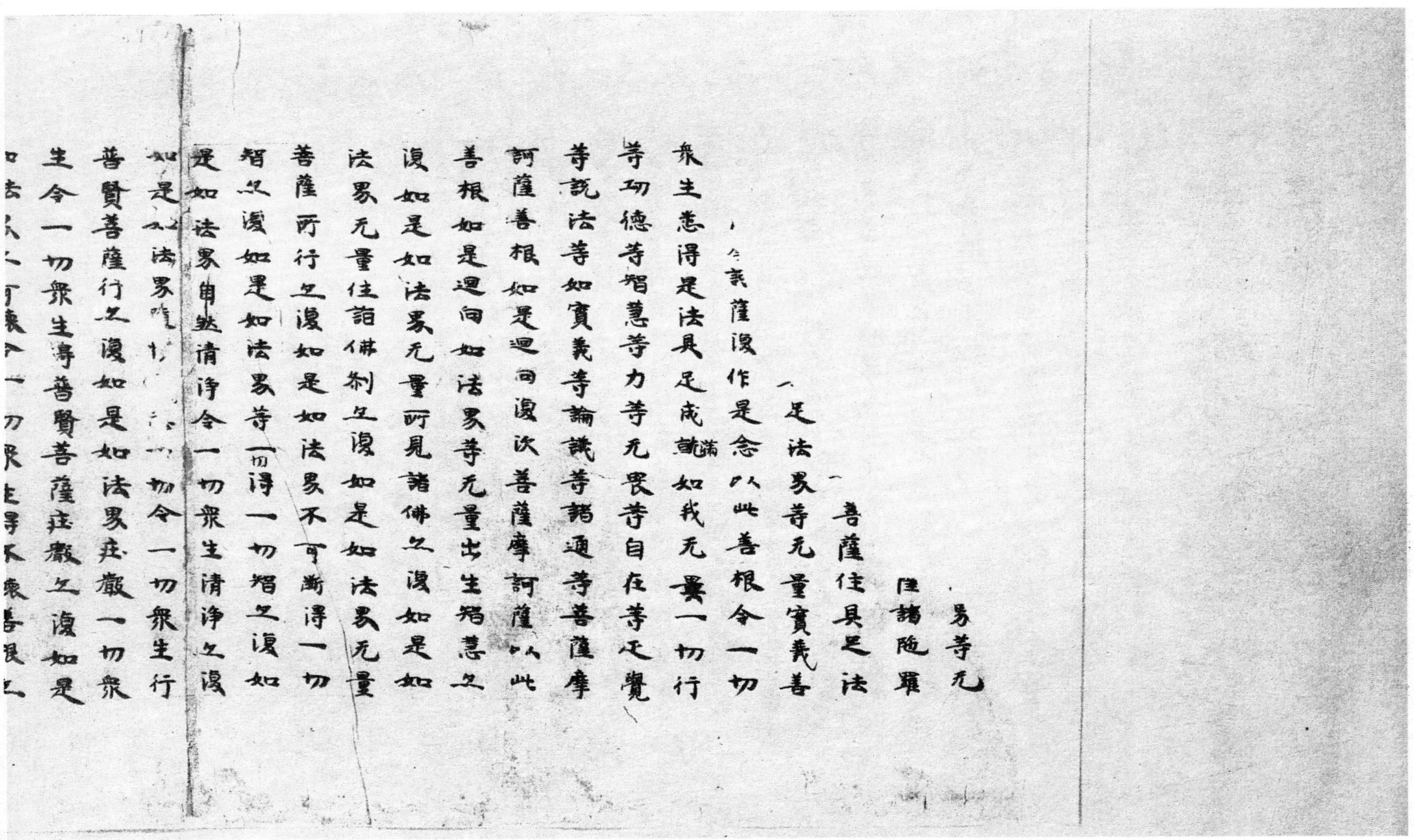
界等无
住諸隨羅
善薩住具足法
足法界等无量寶義善
義薩復作是念以此善根令一切
衆生悉得是法具足成就滿如我无異一切行
等功德等智慧等力等无畏等自在等正覺
等說法等如實義等論議等諸通等善薩摩
訶薩善根如是迴向復次善薩摩訶薩以此
善根如是迴向如法界等无量出生智慧之
復如是如法界无量所見諸佛之復如是如
法界无量住諸佛刹之復如是如法界无量
善薩所行之復如是如法界不可斷得一切
智之復如是如法界等一切得一切智之復如
是如法界自然清淨令一切衆生清淨之復
如是如法界[illegible]切令一切衆生行
善賢善薩行之復如是如法界莊嚴一切衆
生令一切衆生等善賢善薩莊嚴之復如是
如法[illegible]

BD09813 號　大方廣佛華嚴經（晉譯五十卷本）卷一八　　（3–1）

智又復如是如法界等一切智又復如
是如法界自然清淨令一切衆生清淨又復
如是如法界□□□切令一切衆生行
普賢菩薩行又復如是如法界莊嚴一切衆
生令一切衆生等普賢菩薩莊嚴又復如是
如法界不可壞令一切衆生得不壞善根又
復如是復次菩薩摩訶薩以此善根如是迴
向令一切諸佛菩薩皆悉歡喜令諸善根趣
薩婆若迴向善根趣一切智至一切道令一
切衆生常見諸佛菩薩摩訶薩以此善根如
是迴向見一切佛能作佛事故迴向見一切
佛不於佛事生信着心故迴向見一切佛悉
令衆生普得清淨故迴向見一切佛悉能了
知故迴向見一切佛悉无所著故迴向見一切
佛悉能分別无尋法故迴向見一切佛具普
賢行故迴向見一切佛未曾失時故迴向見
一切佛出生菩薩无量諸力故迴向見一切
佛不妄其法故迴向以此善根如是迴向解
法界无有生解法界无自性解法界如了解
法界无依解法界无妄解法界離相解法界
寂靜解法界无處所解法界无去无集解法
界无壞復次善薩摩訶薩善根如是迴向以
此法施所攝善根令一切衆生成大法師信
一切佛无量自在令一切衆生作无上法師
安立衆生於一切智令一切衆生成无壞法
師一切問難无能窮盡令一切衆生作无尋

BD09813號　大方廣佛華嚴經（晉譯五十卷本）卷一八　（3–2）

一切佛无量自在令一切衆生作无上法師
安立衆生於一切智令一切衆生成无壞法
師一切問難无能窮盡令一切衆生作无尋
法師具足諸法无尋照明令一切衆生作智
藏法師、方便說一切佛法令一切衆生成
就如來自在法師能善巧說諸如來智令一
切衆生作淨眼法師廣說實法不由他教令
一切衆生作正持佛法法師具足說法不失
一味令一切衆生作離相法師以諸妙相而
自莊嚴放无量光廣說諸法令一切衆生作
大身法師一身充滿无量佛剎興大法雲普雨
佛法令一切衆生作不失佛法大海法師一
切世間无能壞者令一切衆生作具足圓滿
日光法師放佛慧光悉能顯照一切諸法令
一切衆生作隨順問荅法師善巧方便廣說
諸法令一切衆生作究竟衆行到彼岸法師
善巧方便開无量法藏令一切衆生作建立
正法法師分別演說如來道智令一切衆生
作了達諸法法師讚嘆功德不可窮盡令一
切衆生作不虛誑法師入深真妙諸方便
令一切衆生作善覺魔事法師悉能
諸魔令一切衆生作諸佛攝
起我我所心令一切衆

BD09813號　大方廣佛華嚴經（晉譯五十卷本）卷一八　（3–3）

訶薩耶世尊若四念住遠離不遠離若四
斷乃至八聖道支遠離不遠離尚畢竟不
可得性非有故況有四念住遠離不遠離增語
及四正斷乃至八聖道支遠離不遠離增語
此增語既非有如何可言即四念住若遠離
若不遠離增語是菩薩摩訶薩即正斷乃
乃遠離若不遠離增語是菩薩
〻〻、
摩訶薩善現汝復觀何義即四念住若有
為若无為增語非菩薩摩訶薩即四正斷乃
至八聖道支若有為若無為增語非菩薩
訶薩耶世尊若四念住有為无為若四正斷
乃〻〻八聖〻〻支有為无為尚畢竟不可得性
非有故況有四念住有為无為增語及四正
斷乃至八聖道支有為无為增語此增語既
非有如何可言即四念住若有為若无為增
語是菩薩摩訶薩即四正斷乃至八聖道支
〻〻〻〻〻〻〻〻為增語是菩薩摩訶薩善現汝
復觀何義言即四念住若有漏若无漏增語
非菩薩摩訶薩即四正斷乃至八聖道支若
有漏若无漏增語非菩薩摩訶薩耶世尊
若四念住有漏无漏若四正斷乃至八聖道支

BD09814 號　大般若波羅蜜多經（兑廢稿）卷二九　（2–1）

摩訶薩善現汝復觀何義即四念住若有
為若无為增語非菩薩摩訶薩即四正斷乃
至八聖道支若有為若無為增語非菩薩
訶薩耶世尊若四念住有為无為若四正斷
乃〻〻八聖〻〻支有為无為尚畢竟不可得性
非有故況有四念住有為无為增語及四正
斷乃至八聖道支有為无為增語此增語既
非有如何可言即四念住若有為若无為增
語是菩薩摩訶薩即四正斷乃至八聖道支
〻〻〻〻〻〻為增語是菩薩摩訶薩善現汝
復觀何義言即四念住若有漏若无漏增語
非菩薩摩訶薩即四正斷乃至八聖道支若
有漏若无漏增語非菩薩摩訶薩耶世尊
若四念住有漏无漏若四正斷乃至八聖道支
有漏无漏尚畢竟不可得性非有故況有四
四念住有漏无漏若四正斷乃至八聖道支
有漏无漏尚畢竟不可得性非有故況有四
念住有漏无漏增語及四正斷乃至八聖道

BD09814 號　大般若波羅蜜多經（兑廢稿）卷二九　（2–2）

天無量淨天遍淨天廣天少廣天無量廣天
廣果天無繁天無熱天善現天善見天色究
竟天富貴快樂能與無量無邊有情空無邊
處天識無邊處天無所有處天非想非非想
處天富貴快樂能與無量無邊有情預流果
一來果不還果阿羅漢果獨覺菩提富貴安
樂能與無量無邊有情無上正等菩提富貴
大樂所以者何如是般若波羅蜜多大寶藏
中廣說開示十善業道四靜慮四無量四無
色定廣說開示四念住四正斷四神足五根
五力七等覺支八聖道支三解脫門八解脫
八勝處九次第定十遍處四聖諦佛法僧寶
廣說開示布施淨戒安忍精進靜慮般若巧
便力智波羅蜜多菩薩十地一切菩薩摩訶
薩行內空外空內外空空空大空勝義空有為
空無為空畢竟空無際空散空無變異空本
性空自相空共相空一切法空不可得空無
性空自性空無性自性空真如法界法性不
虛妄性不變異性平等性離生性法定法住
實際虛空界不思議界廣說開示五眼六神

BD09815號　大般若波羅蜜多經卷二九六　（2–1）

色定廣說開示四念住四正斷四神足五根
五力七等覺支八聖道支三解脫門八解脫
八勝處九次第定十遍處四聖諦佛法僧寶
廣說開示布施淨戒安忍精進靜慮般若巧
便力智波羅蜜多菩薩十地一切菩薩摩訶
薩行內空外空內外空空空大空勝義空有為
空無為空畢竟空無際空散空無變異空本
性空自相空共相空一切法空不可得空無
性空自性空無性自性空真如法界法性不
虛妄性不變異性平等性離生性法定法住
實際虛空界不思議界廣說開示五眼六神
通佛十力四無所畏四無礙解大慈大悲大
喜大捨十八佛不共法無忘失法恒住捨性
一切智道相智一切相智一切陀羅尼門一
切三摩地門如是無量大法珍寶無數有情
於中脩學生剎帝利大族婆羅門大族長者
大族居士大族無數有情於中脩學生四大
王眾天乃至他化自在天無數有情於中脩
學生梵眾天乃至色究竟天無數有情於中

BD09815號　大般若波羅蜜多經卷二九六　（2–2）

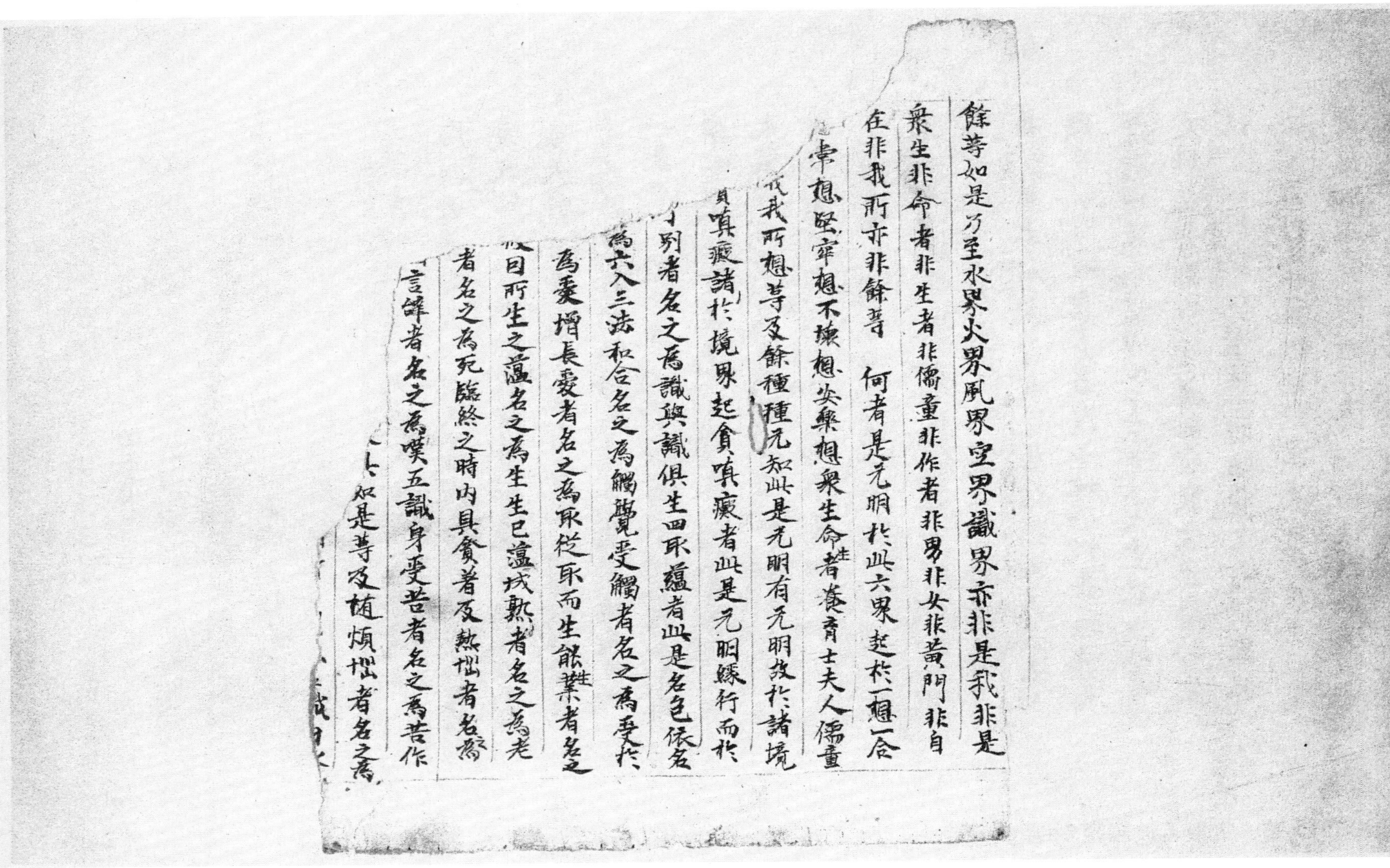
餘等如是乃至水界火界風界空界識界亦非是我非是
衆生非命者非生者非儒童非作者非男非女非黃門非自
在非我所亦非餘等　何者是无明於此六界起於一想一合
常想堅牢想不壞想安樂想衆生命者生養育士夫人儒童
作我我所想等及餘種種无知此是无明有无明故於諸境
貪嗔癡諸於境界起貪嗔癡者此是无明緣行而於
分別者名之爲識與識俱生四取蘊者此是名色依名
爲六入三法和合名之爲觸覺受觸者名之爲受於
爲愛增長愛者名之爲取從取而生能生業者名之
緣曰所生之蘊名之爲生生已蘊成熟者名之爲老
者名之爲死臨終之時内具貪著及熱惱者名爲
言辭者名之爲嘆五識身受苦者名之爲苦作
如是等及隨煩惱者名之爲

BD09816 號　大乘稻竿經　（1–1）

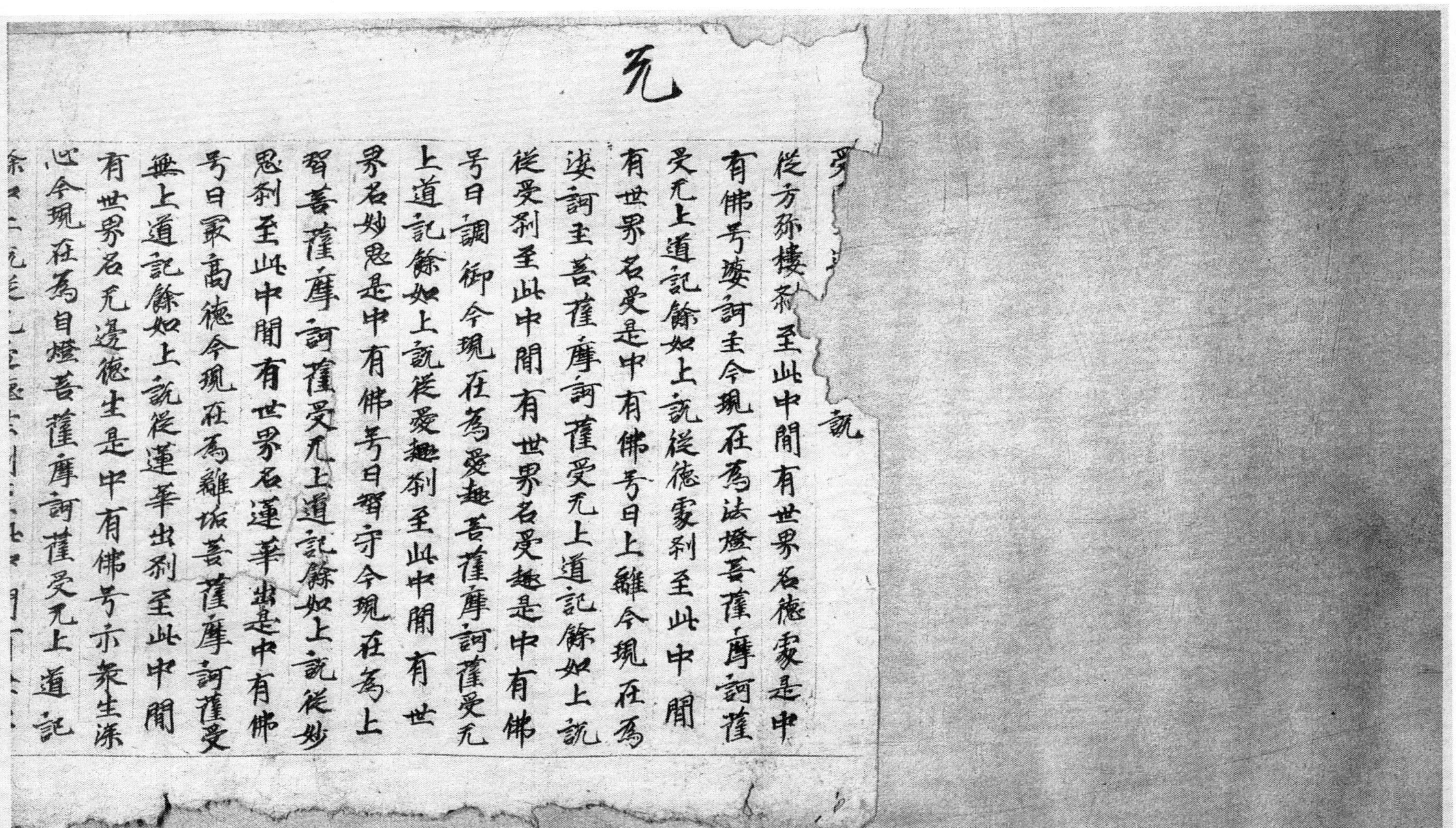
无
從方弥樓剎至此中間有世界名德處是中
有佛號娑訶主今現在爲法燈菩薩摩訶薩
受无上道記餘如上說從德處剎至此中間
有世界名愛是中有佛號曰上離今現在爲
娑訶主菩薩摩訶薩受无上道記餘如上說
從愛剎至此中間有世界名愛趣是中有佛
號曰調御今現在爲愛趣菩薩摩訶薩受无
上道記餘如上說從愛趣剎至此中間　有世
界名妙思是中有佛號曰智守今現在爲上
智菩薩摩訶薩受无上道記餘如上說從妙
思剎至此中間有世界名蓮華出是中有佛
號曰最高德今現在爲離垢菩薩摩訶薩受
無上道記餘如上說從蓮華出剎至此中間
有世界名无邊德生是中有佛號亦衆生深
心今現在爲自燈菩薩摩訶薩受无上道記

BD09817 號　華手經（兌廢稿）卷四　（2–1）

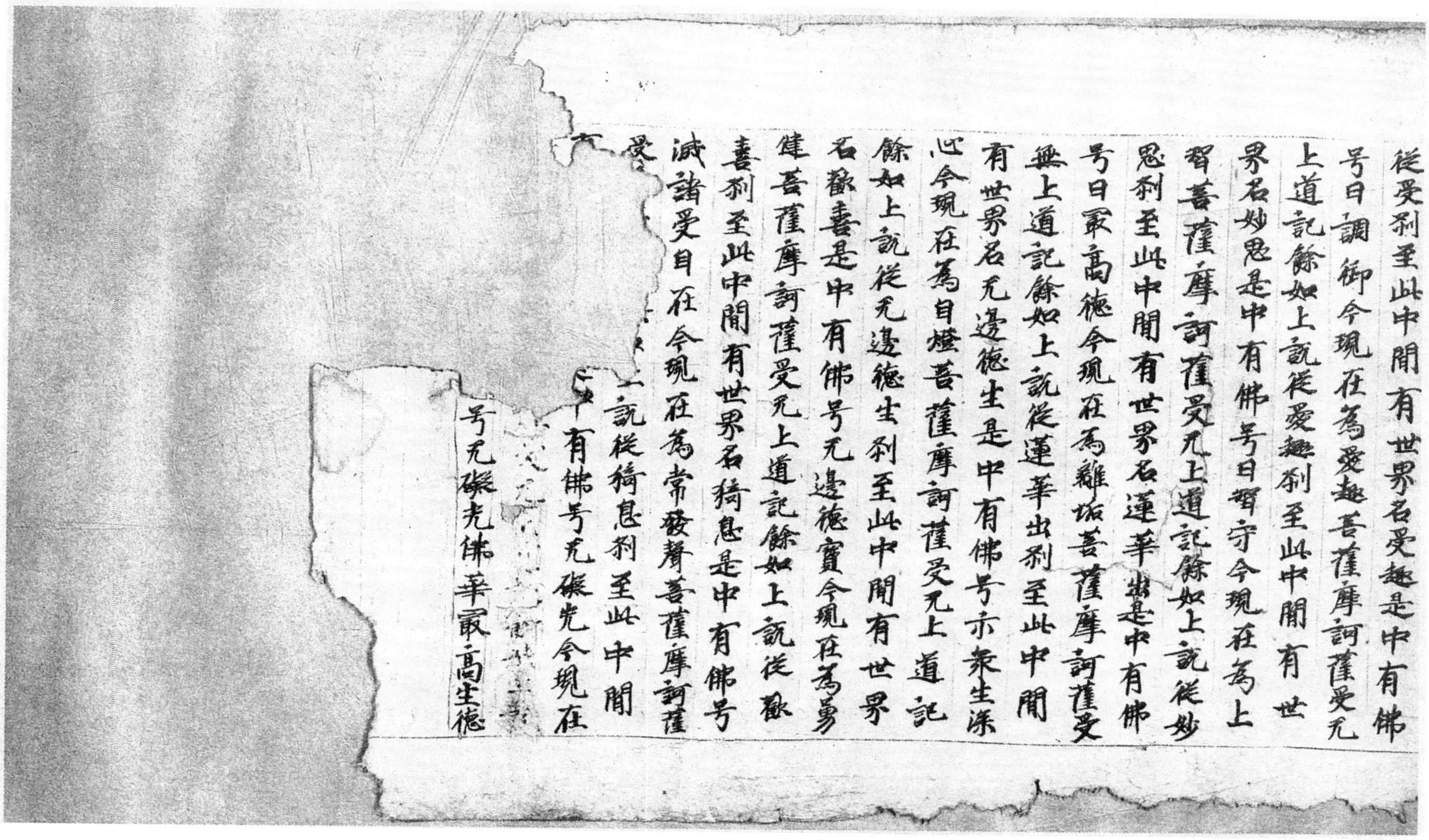
從愛剎至此中間有世界名愛趣是中有佛
号曰調御今現在為愛趣菩薩摩訶薩受无
上道記餘如上說從愛趣剎至此中間有世
界名妙思是中有佛号曰智守今現在為上
智菩薩摩訶薩受无上道記餘如上說從妙
思剎至此中間有世界名蓮華出是中有佛
号曰最高德今現在為離垢菩薩摩訶薩受
無上道記餘如上說從蓮華出剎至此中間
有世界名无邊德生是中有佛号亦衆生深
心今現在為自燈菩薩摩訶薩受无上道記
餘如上說從无邊德生剎至此中間有世界
名歡喜是中有佛号无邊德寶今現在為勇
健菩薩摩訶薩受无上道記餘如上說從歡
喜剎至此中間有世界名猗息是中有佛号
滅諸愛自在今現在為常發聲菩薩摩訶薩
受[illegible]上說從猗息剎至此中間
六[illegible]有佛号无礙光今現在
号无礙光佛華最高生德

BD09817 號　華手經（兌廢稿）卷四　　（2–2）

諸尖符

BD09817 號背　雜寫　　（1–1）

兊

善男子汝不應以空解脫門而取无上正等
菩提亦不應以无相无願解脫門而取无上
正等菩提所以者何若不取空解脫門便得
无上正等菩提不取无相无願解脫門便得
地而取无上正等菩提所以者何若不取菩
薩十地便得无上正等菩提故善男子汝不
應以五眼而取无上正等菩提亦不應以六
神通而取无上正等菩提所以者何若不取
五眼便得无上正等菩提不取六神通便得
无上正等菩提故善男子汝不應以佛十力
而取无上正等菩提亦不應以四无所畏四
无礙解大慈大悲大喜大捨十八佛不共法
以者何若不取佛十

BD09818號　大般若波羅蜜多經（兊廢稿）卷三一三　（1–1）

當知般若波羅蜜亦无邊諸法无　當知
若波羅蜜亦无生諸法无滅故當知波
波羅蜜亦无滅虛空无邊故當知般若
羅蜜亦无邊大海水无邊故當知般若波
蜜亦无邊須弥山莊嚴故當知般若
蜜亦无莊嚴虛空无分別故當知般若
蜜亦无分別色无邊故當知般若波
亦无邊受想行識无邊故當知般若
蜜亦无邊地種无邊故當知般若波
亦无邊水種火種風種无邊故當知般
羅蜜亦无邊空種无邊故知般若波
亦无邊如金剛等故當知般若波羅蜜
諸法无分別故當知般若波羅蜜亦无分
諸法性不可得故當知般若波羅蜜性亦
得諸法无所有等故當知般若波羅蜜亦

BD09819號　摩訶般若波羅蜜經卷二七　（2–1）

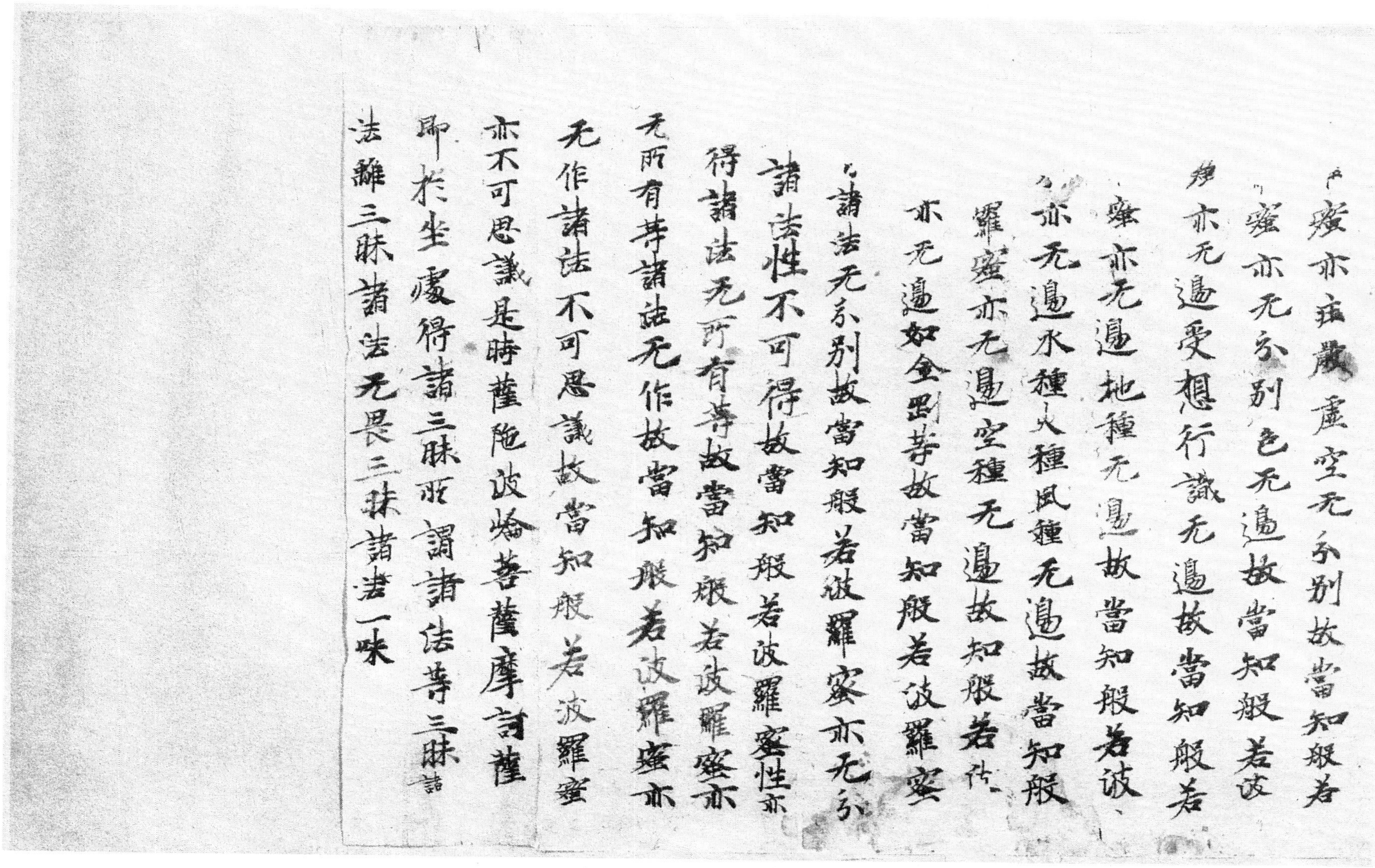

瘂亦莊嚴虛空无分別故當知般若
蜜亦无分別色无邊故當知般若波
亦无邊受想行識无邊故當知般若
蜜亦无邊地種无邊故當知般若波
亦无邊水種火種風種无邊故當知般
羅蜜亦无邊空種无邊故知般若
亦无邊如金剛等故當知般若波羅蜜
諸法无分別故當知般若波羅蜜亦无分
諸法性不可得故當知般若波羅蜜性亦
得諸法无所有等故當知般若波羅蜜亦
无所有等諸法无作故當知般若波羅蜜亦
无作諸法不可思議故當知般若波羅蜜
亦不可思議是時薩陀波崙菩薩摩訶薩
即於坐處得諸三昧所謂諸法等三昧
法離三昧諸法无畏三昧諸法一味

BD09819 號　摩訶般若波羅蜜經卷二七

（2–2）

安忍精進靜慮般若波羅蜜多菩薩摩訶薩
無所有不可得離淨戒安忍精進靜慮般若波
羅蜜多菩薩摩訶薩無所有不可得世尊
即四念住菩薩摩訶薩無所有不可得離四
念住菩薩摩訶薩無所有不可得即四正斷
四神足五根五力七等覺支八聖道支菩薩
摩訶薩無所有不可得離四正斷乃至八聖
道支菩薩摩訶薩無所有不可得世尊即空
解脫門菩薩摩訶薩無所有不可得離空
解脫門菩薩摩訶薩無所有不可得即無相無
願解脫門菩薩摩訶薩無所有不可得離無
相無願解脫門菩薩摩訶薩無所有不可得
世尊即佛十力菩薩摩訶薩無所有不可得
離佛十力菩薩摩訶薩無所有不可得即四
無所畏四無礙解大慈大悲大喜大捨十八
佛不共法菩薩摩訶薩無所有不可得離四
無所畏乃至十八佛不共法菩薩摩訶薩無
所有不可得世尊即內空菩薩摩訶薩無所
有不可得離內空菩薩摩訶薩無所有不可
得即外空內外空空空大空勝義空有為空
無為空畢竟空無際空散空無變異空本性空自
共相空一切法空不可得空無性空自性空
無性自性空菩薩摩訶薩無所有不可得離

BD09820 號　大般若波羅蜜多經卷四二〇

（2–1）

即四念住菩薩摩訶薩無所有不可得離四
念住菩薩摩訶薩無所有不可得即四正斷
四神足五根五力七等覺支八聖道支菩薩
摩訶薩無所有不可得離四正斷乃至八聖
道支菩薩摩訶薩無所有不可得世尊即空
解脫門菩薩摩訶薩無所有不可得離空
解脫門菩薩摩訶薩無所有不可得離空解
脫門菩薩摩訶薩無所有不可得即無相無
願解脫門菩薩摩訶薩無所有不可得離無
相無願解脫門菩薩摩訶薩無所有不可得
世尊即佛十力菩薩摩訶薩無所有不可得
離佛十力菩薩摩訶薩無所有不可得即四
無所畏四無礙解大慈大悲大喜大捨十八
佛不共法菩薩摩訶薩無所有不可得離四
無所畏乃至十八佛不共法菩薩摩訶薩無
所有不可得世尊即內空菩薩摩訶薩無所
有不可得離內空菩薩摩訶薩無所有不可
得即外空內外空空空大空勝義空有為空
無為空畢竟空無際空散無散空本性空自
共相空一切法空不可得空無性空自性空
無性自性空菩薩摩訶薩無所有不可得離
外空乃至無性自性空菩薩摩訶薩無所有
不可得世尊即法界菩
可得離法界菩薩摩
真如實際不思議界

BD09820號　大般若波羅蜜多經卷四二〇　（2–2）

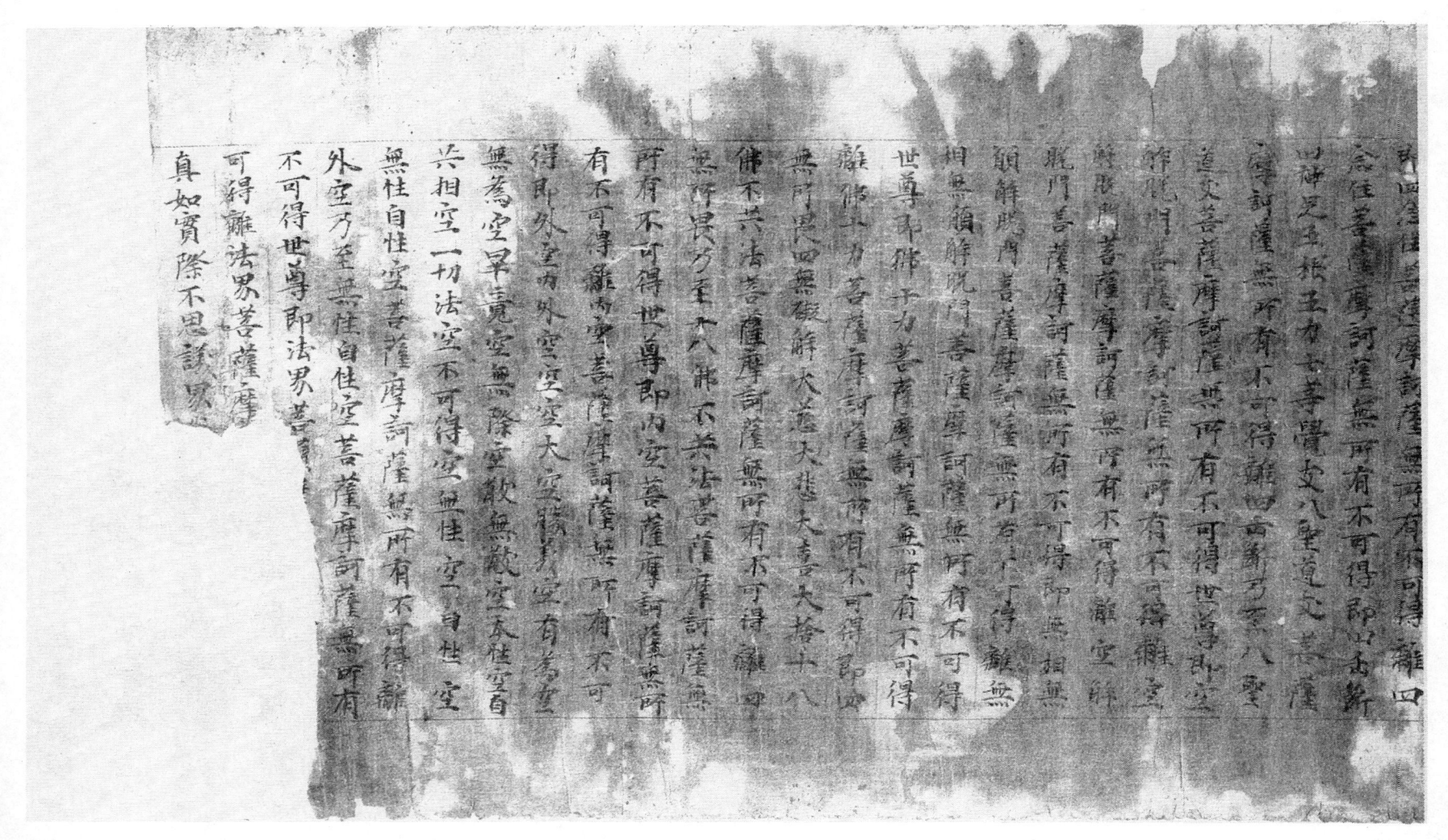

婆囉嵾也湯陁(泥護反)喟盧迷 底襄湯陁(泥護反)喟盧迷 湯襄
𣗥陁(泥護反)喟嚧迷 怛姪他 阿那今 阿那今 嵾奢底 嵾奢底
𠰒囉𠰒囉 䟽折囉 那囉 湯他底 䟽折囉婆泥 吽吽叭叭莎訶
[illegible] 吽𠰒隴 盤陁叭莎訶 唵 吽𠰒隴 盤
怛姪他 唵 𠰒𠴫吽 盤陁 盤陁 洛叉洛叉莎訶 唵 怛他揭都
陁盤陁 洛叉洛叉 䟽折囉婆你 吽吽叭莎訶 唵 怛他揭都
烏瑟你沙 阿那婆盧吉埵 怛㗚他 帝襄那尸 唵 𠰒囉
𠰒囉 謎囉謎囉 尾謎囉尾謎囉 那囉那囉 尾那囉尾那
囉嗔那嗔那 頻那頻那 吽吽叭莎訶 唵 薩䟽怛他揭都
烏瑟尼沙 吽叭莎訶 怛那底他 阿那今 阿那今 謁迷謁
迷迷 尾囉尾囉 嚧迷嚧迷 薩䟽多儸 泥迷又那 泥
悉耻底 薩䟽怛他揭都 烏瑟尼沙 尸多𠹳 舒怛今吽叭 唵
麼麼 吽你莎訶 南无那麼薩䟽多儸(泥護反) 唵 怛他揭
那烏瑟尼沙 阿那婆盧吉多 芭哩那 阿芭怯 𠰒囉婁囉
薩䟽尾乜他罷 揭蒿罷 䟽底吽登

水□
轉堅牢□
薩行尒時尒時所脩布
多漸善成熟堪能證得一
如新凡瓶盛滿□由如
服漸潤由斯堅牢
若時久處生死脩菩
佛及佛弟子信敬供養若時若時漸
及佛弟子信敬供養尒時尒時漸家
及佛弟子教誡教受若時若時漸家多佛
弟子教誡教受尒時尒時漸得聞説布施
忍精進靜慮般若波羅蜜多若時若時
説布施淨戒安忍精進靜慮般若波
羅蜜多尒時尒時漸能脩習布施淨戒安忍
精進靜慮般若波羅蜜多若時若時漸能脩
習布施淨戒安忍精進靜慮般若波羅蜜
尒時尒時漸復圓滿布施淨戒安忍精進靜
慮般若波羅蜜多若時若時漸復圓滿布施
淨戒安忍精進靜慮般若波羅蜜多尒時尒
時漸得隣近一切智智若時若時漸得隣近
一切智智尒時尒時漸斷諸障證无上正
等菩提

BD09822 號　大般若波羅蜜多經卷五八四　（2–1）

弟子教誡教受尒時尒時漸得聞説布施
忍精進靜慮般若波羅蜜多若時若時
説布施淨戒安忍精進靜慮般若波
羅蜜多尒時尒時漸能脩習布施淨戒安忍
精進靜慮般若波羅蜜多若時若時漸能脩
習布施淨戒安忍精進靜慮般若波羅蜜
尒時尒時漸復圓滿布施淨戒安忍精進靜
慮般若波羅蜜多若時若時漸復圓滿布施
淨戒安忍精進靜慮般若波羅蜜多尒時尒
時漸得隣近一切智智若時若時漸得隣近
一切智智尒時尒時漸斷諸障證无上正
等菩提
又滿慈子諸菩薩摩訶薩若時若時起一切
智相應之心尒時尒時无容間起緣餘境心
若時若時无容間起緣餘境心尒時尒時布
施淨戒安忍精進靜慮般若波□蜜多重
心相續漸得圓滿由心相續漸□□故名能引
發一切智心此心相續无間无斷乃至證得
一切智智如持蘇瓶如如經久如是如是蘇
□重著如是菩薩摩

BD09822 號　大般若波羅蜜多經卷五八四　（2–2）

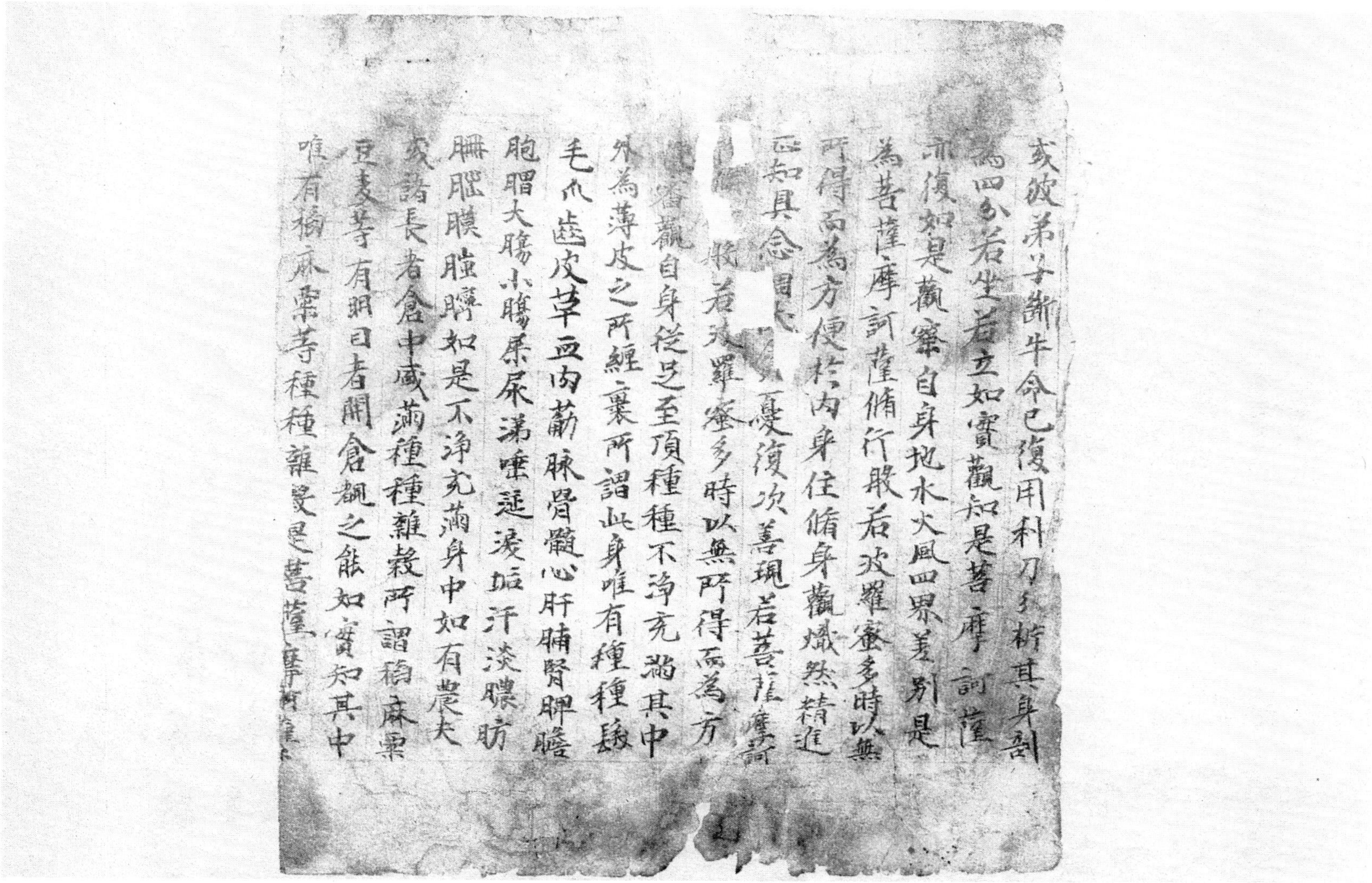
或彼弟子斷牛命已復用利刀分析其身剖
為四分若坐若立如實觀知是菩薩摩訶薩
亦復如是觀察自身地水火風四界差別是
為菩薩摩訶薩脩行般若波羅蜜多時以無
所得而為方便於內身住循身觀熾然精進
正知具念[illegible]憂復次善現若菩薩摩訶
[illegible]般若波羅蜜多時以無所得而為方
便審觀自身從足至頂種種不淨充滿其中
外為薄皮之所纏裹所謂此身唯有種種髮
毛爪齒皮革血肉筋脈骨髓心肝肺腎脾膽
胞胃大腸小腸屎尿洟唾涎淚垢汗痰膿肪
𦙶腦膜䐩聹如是不淨充滿身中如有農夫
或諸長者倉中盛滿種種雜穀所謂稻麻粟
豆麥等有明目者開倉覩之能如實知其中
唯有稻麻粟等種種雜穀是菩薩摩訶薩

BD09823號　大般若波羅蜜多經卷四一四　　（1-1）

吽唎嚧儀那 鉢囉诶米多祀 怛他蘖都引 烏瑟尼舍迷多去聲
多鉢怛㘑 吽吽嚕 瞻婆那葛囉 吽吽嚕 迷㲲伴那葛囉 吽吽嚕
甘訶那葛囉 吽吽嚕 摩訶尾娜女都 三薄叉那葛囉 吽吽嚕 婆羅尾
娜 三薄叉那葛囉 吽吽嚕 薩婆𡚒瑟吒喃 迷那執盤那葛
囉 吽吽嚕 薩婆藥叉羅退叉婆 呵羅訶喃尾 那婆那葛囉㘑 吽
吽嚕 揚都囉 尸底喃 呵囉訶 素訶 婆囉喃尾 那婆那葛
囉 吽吽嚕 阿吒尾㗚 薩底喃 諾叉 怛囉喃 鉢囉婆難那葛囉
吽吽嚕 阿瑟吒喃 摩訶 呵囉訶引 喃尾那 婆那葛囉 吽吽嚕
咯叉咯叉 麼麼 薄伽梵底

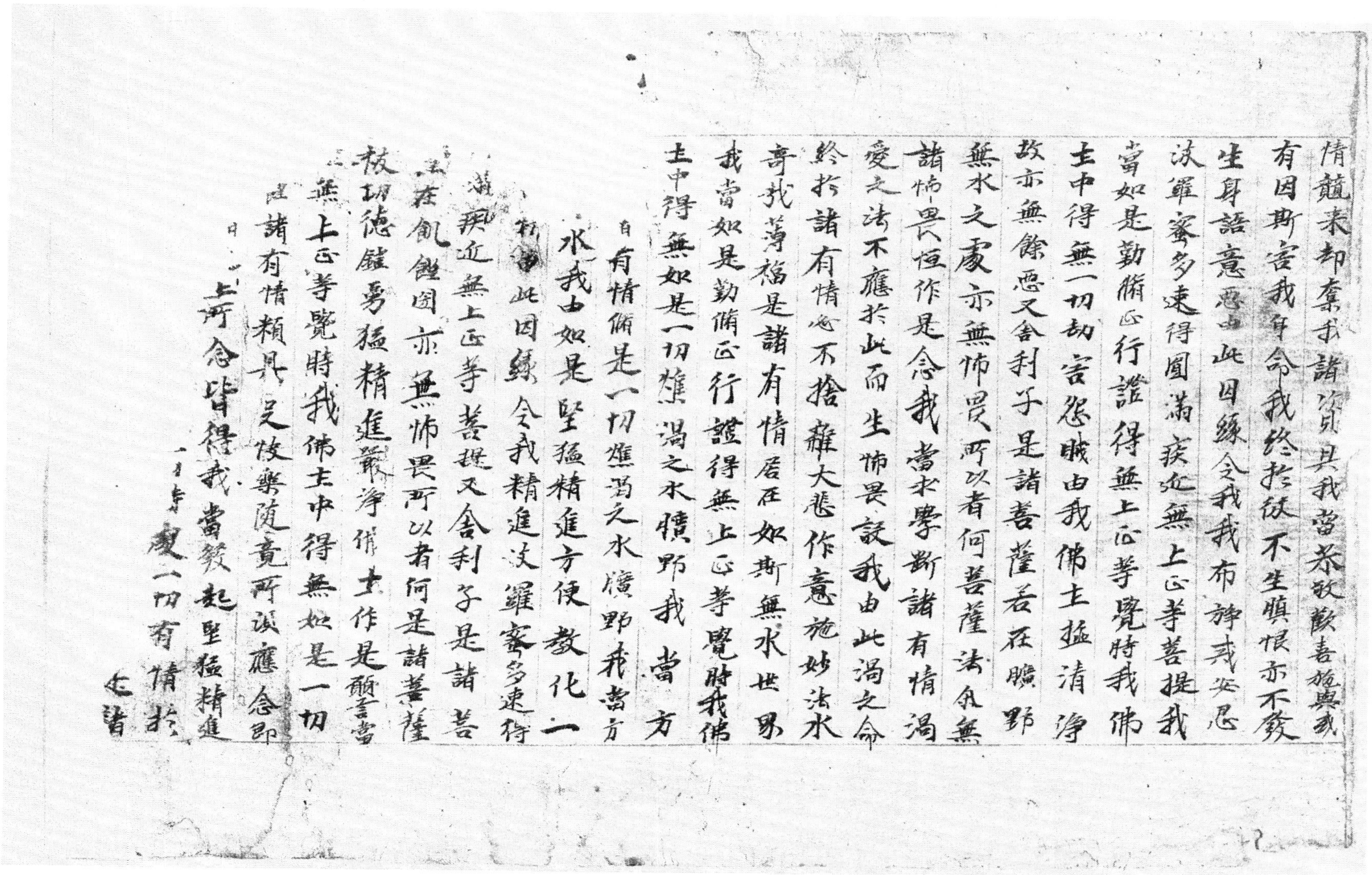
情饒來劫棄我諸資具我當恭敬歡喜施與或
有因斯害我身命我終於彼不生瞋恨亦不發
生身語意惡由此因緣令我布施或安忍
波羅蜜多速得圓滿疾近無上正等菩提我
當如是勤脩正行證得無上正等覺時我佛
土中得無一切劫害怨賊由我佛土極清淨
故亦無餘惡又舍利子是諸菩薩若在曠野
無水之處亦無怖畏所以者何菩薩法爾無
諸怖畏恒作是念我當求學斷諸有情渴
愛之法不應於此而生怖畏設我由此渴之命
終於諸有情必不捨離大悲作意施妙法水
竒我薄福是諸有情居在如斯無水世界
我當如是勤脩正行證得無上正等覺時我佛
土中得無如是一切燋渴之水曠野我當方
有情脩是一切燋渴之水曠野我當方
水我由如是堅猛精進方便教化一
由此因緣令我精進波羅蜜多速得
疾近無上正等菩提又舍利子是諸菩
在飢饉國亦無怖畏所以者何是諸菩薩
披功德鎧勇猛精進嚴淨佛土作是願言當
無上正等覺時我佛土中得無如是一切
諸有情類具足妙樂隨意所欲應念即
上所念皆得我當發起堅猛精進
處一切有情於
之諸

BD09825 號　大般若波羅蜜多經卷五五〇　　(1–1)

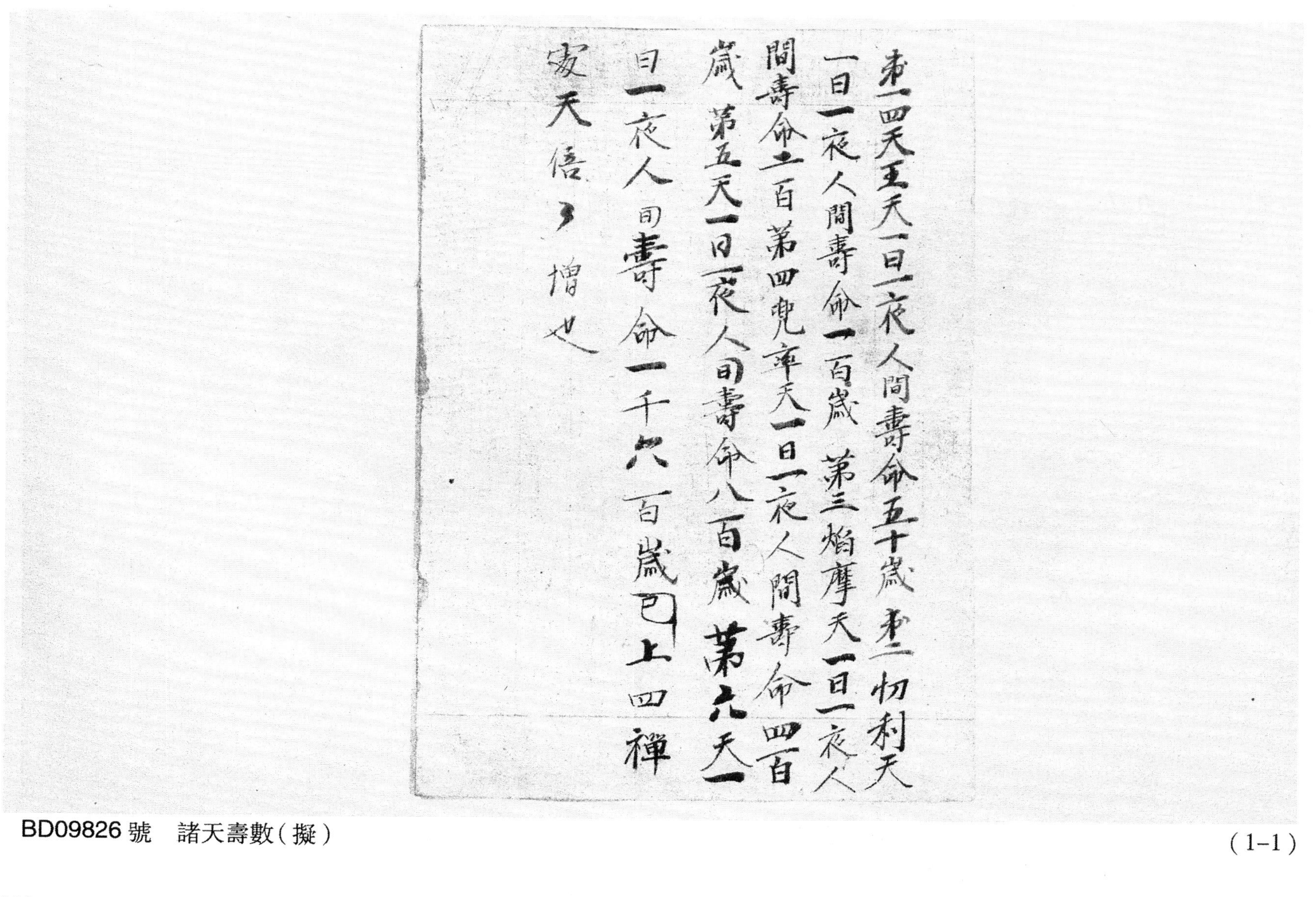
第一四天王天一日一夜人間壽命五十歲 第二忉利天
一日一夜人間壽命一百歲 第三焰摩天一日一夜人
間壽命二百 第四兜率天一日一夜人間壽命四百
歲 第五天一日一夜人間壽命八百歲 第六天一
日一夜人間壽命一千六百歲已上四禪
次天倍倍增也

BD09826 號　諸天壽數（擬）　　(1–1)

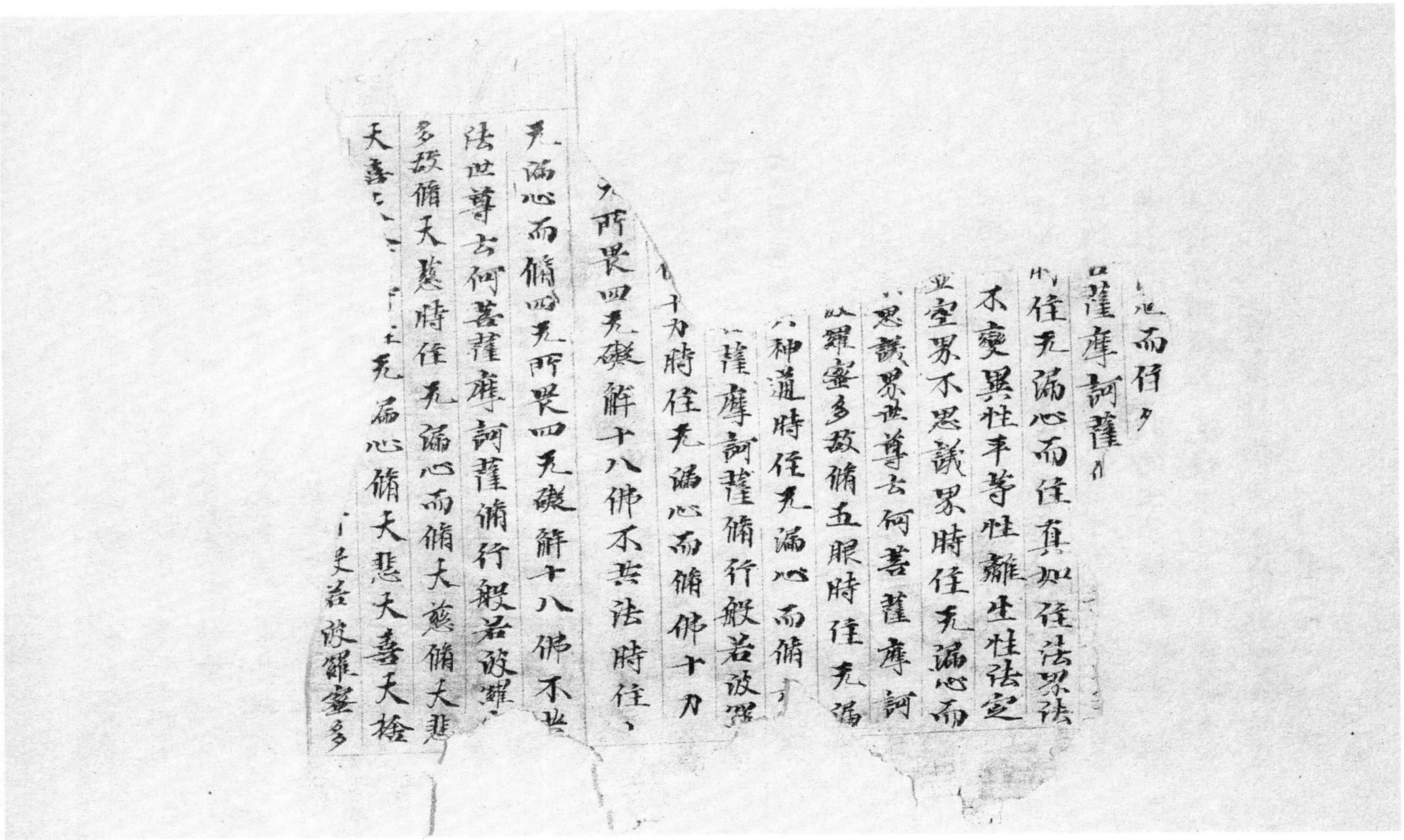

BD09827 號　大般若波羅蜜多經卷三七六　（1–1）

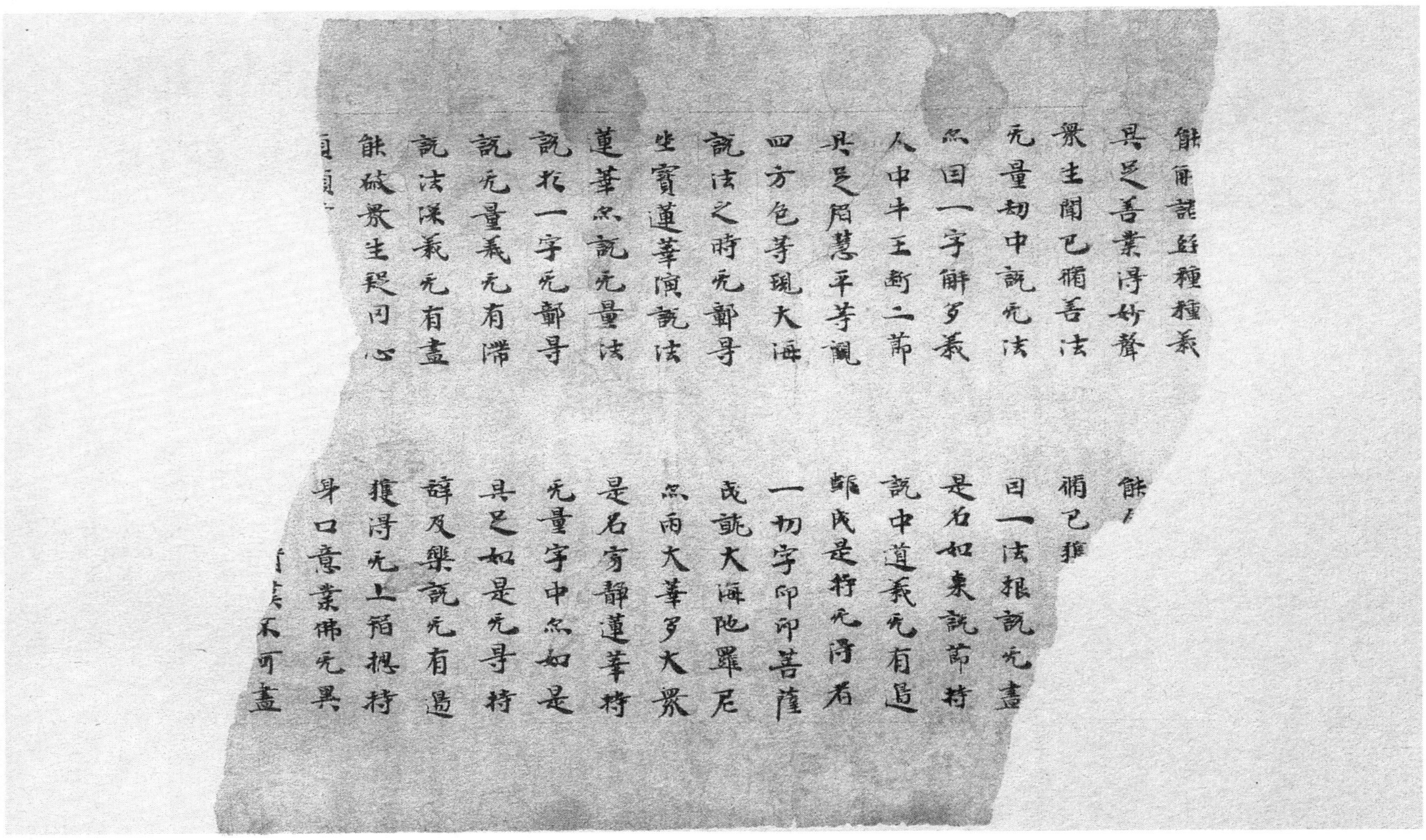

BD09828 號　大方等大集經卷四　（1–1）

觀樂功德
累久居猶如火宅有身皆苦誰得而安
有息想无求經云有求皆苦无求則樂
行　第四稱法行者性淨之理目之為法
染〻著无此无彼經云法无衆生離
我離我垢故智者若能信解此理應當
慳於身命財行檀捨施心无悋惜達解
為去垢攝化衆生而不取相此為自
在嚴菩提之道檀施既尔餘五亦然
而无所行是為稱法行吾恒仰慕前哲廣讚言千
淨土謁仰遺風得逢釋迦證大道者巨億獲四果者无數
實謂天堂別國地獄他方得道獲果殊體異披經求福
潔淨行因荼〻繞〻隨心作業同修多載未遑有息始復端
居幽寂之境心王但妄相久循隨情見相其中變化略欲
難窮未乃洞監法性粗練真如始知方寸之內无所不有
明珠朗徹玄達深趣上至諸仏下及蠢動莫非妄想別名隨
汩訂故寫幽懷聊顯入道方便偈等用蕑緣有同悟之
會也融心令使淨覺起即傳

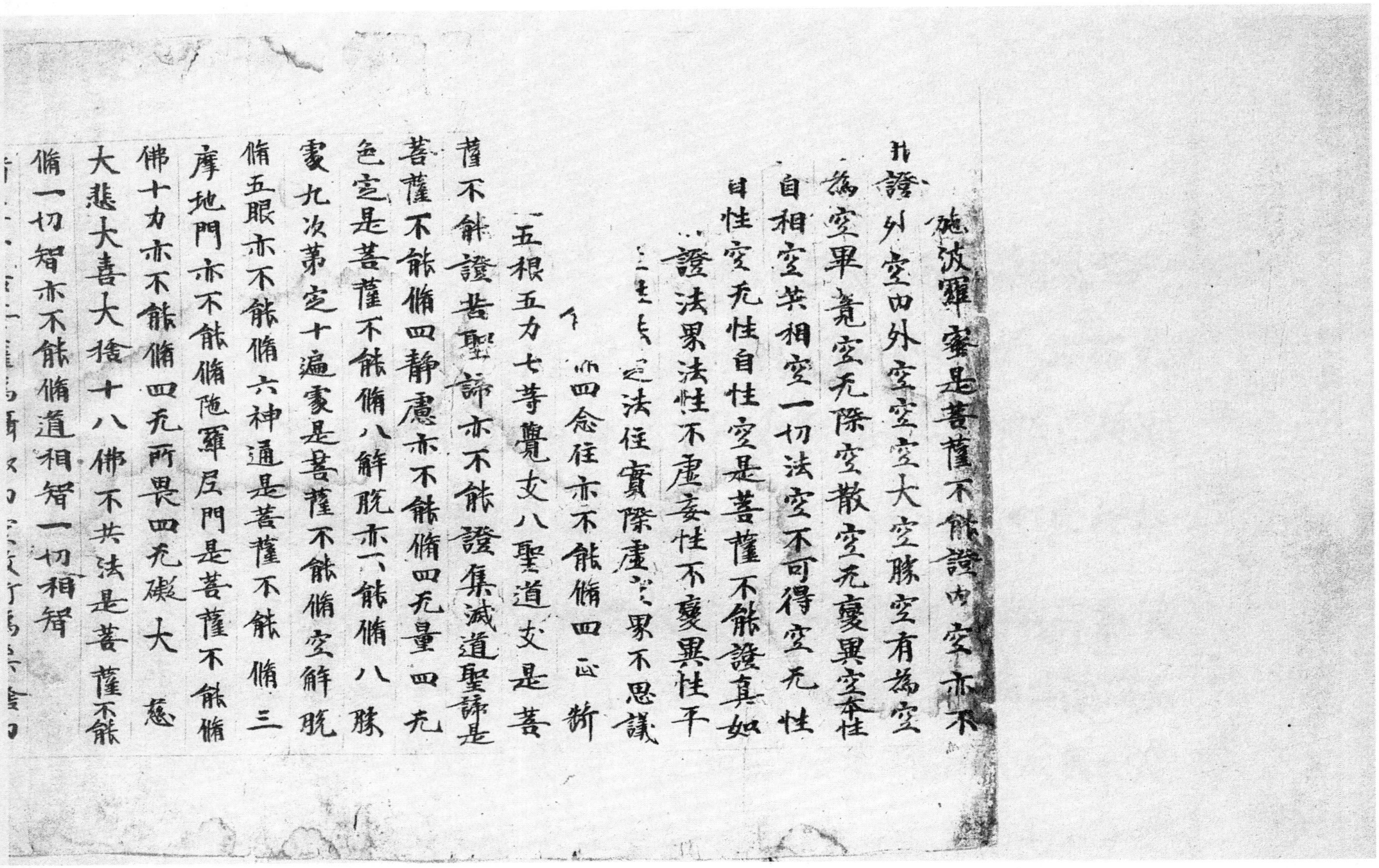

施波羅蜜是菩薩不能證內空亦不
能證外空空空大空勝義空有為空
為空畢竟空无際空散空无變異空本性
自相空共相空一切法空不可得空无性
自性空无性自性空是菩薩不能證真如
證法界法性不虛妄性不變異性平
〻生〻定法住實際虛〻界不思議
亦四念住亦不能脩四正斷
一五根五力七等覺支八聖道支是菩
薩不能證苦聖諦亦不能證集滅道聖諦是
菩薩不能脩四靜慮亦不能脩四无量四无
色定是菩薩不能脩八解脫亦不能脩八勝
處九次第定十遍處是菩薩不能脩空解脫
脩五眼亦不能脩六神通是菩薩不能脩三
摩地門亦不能脩陁羅尼門是菩薩不能脩
佛十力亦不能脩四无所畏四无礙大慈
大悲大喜大捨十八佛不共法是菩薩不能
脩一切智亦不能脩道相智一切相智

BD09830號　大般若波羅蜜多經（兑廢稿）卷三二〇　（2-1）

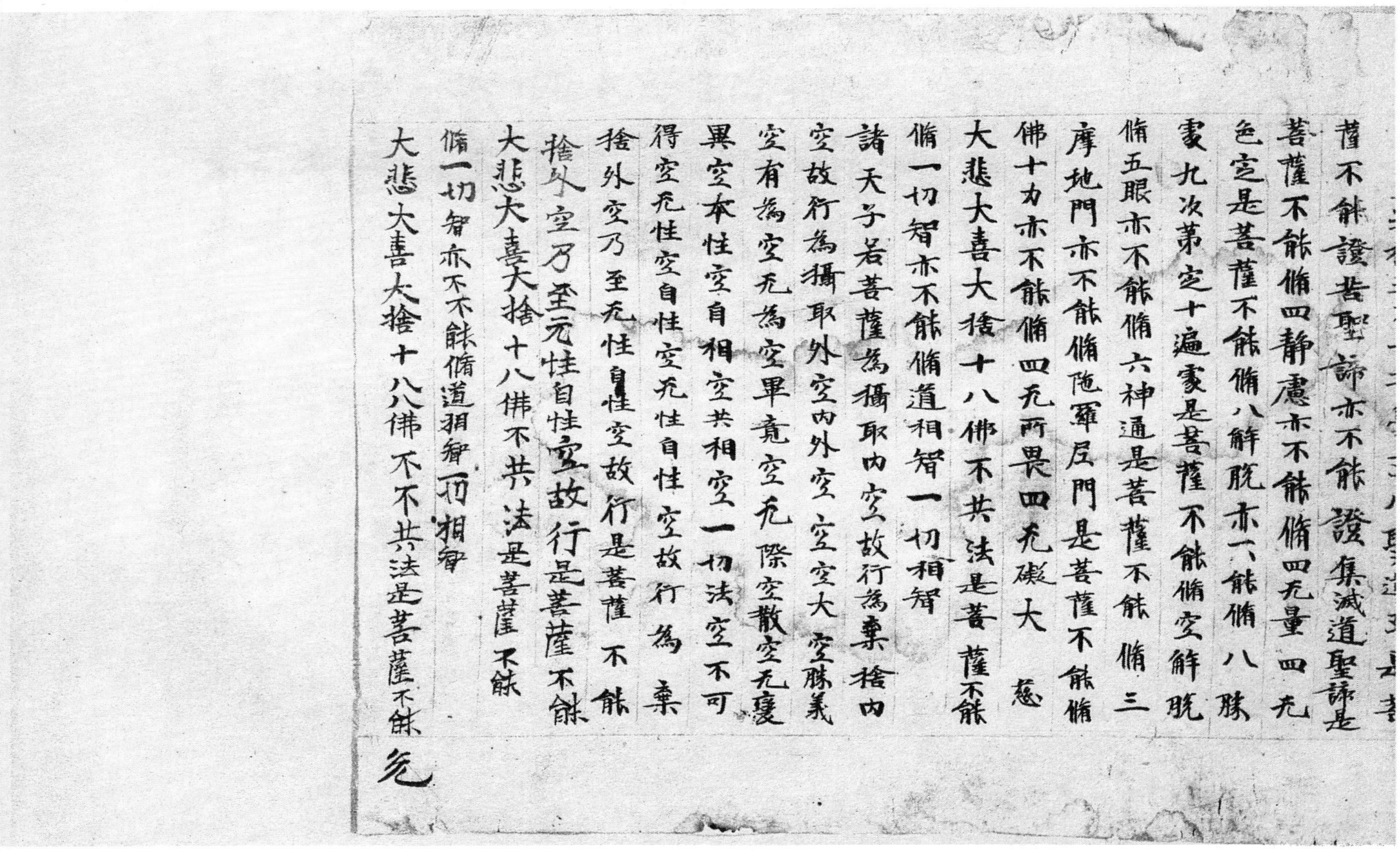

薩不能證苦聖諦亦不能證集滅道聖諦是
菩薩不能脩四靜慮亦不能脩四无量四无
色定是菩薩不能脩八解脫亦不能脩八勝
處九次第定十遍處是菩薩不能脩空解脫
脩五眼亦不能脩六神通是菩薩不能脩三
摩地門亦不能脩陁羅尼門是菩薩不能脩
佛十力亦不能脩四无所畏四无礙大慈
大悲大喜大捨十八佛不共法是菩薩不能
脩一切智亦不能脩道相智一切相智
諸天子若菩薩為攝取內空故行為棄捨內
空故行為攝取外空內外空空空大空勝義
空有為空无為空畢竟空无際空散空无變
異空本性空自相空共相空一切法空不可
得空无性空自性空无性自性空故行為棄
捨外空乃至无性自性空故行是菩薩不能
捨外空乃至无性自性空故行是菩薩不能
大悲大喜大捨十八佛不共法是菩薩不能
脩一切智亦不不能脩道相智一切相智
大悲大喜大捨十八佛不不共法是菩薩不能
兑

BD09830號　大般若波羅蜜多經（兑廢稿）卷三二〇　（2-2）

利根能受唯願為說佛言梵王諦聽諦聽我
今當為一切衆生開甘露門即於波羅㮈國
轉正法輪宣說中道一切衆生不破諸結非
不能破非破非不破故名中道不度衆生非
不度是名中道非一切成亦非不成是名
道凡有所說不自言師不言弟子是名中
不為利非不得果是名中道正語實語
真語言不虛發微妙第一如是等法是
見善男子如來心相實不可見若有善
[illegible]善女人欲見如來應當依是二種因緣
[illegible]菩薩摩訶薩白佛言世尊如先

BD09831號　大般涅槃經（北本　思溪本）卷二八　（1–1）

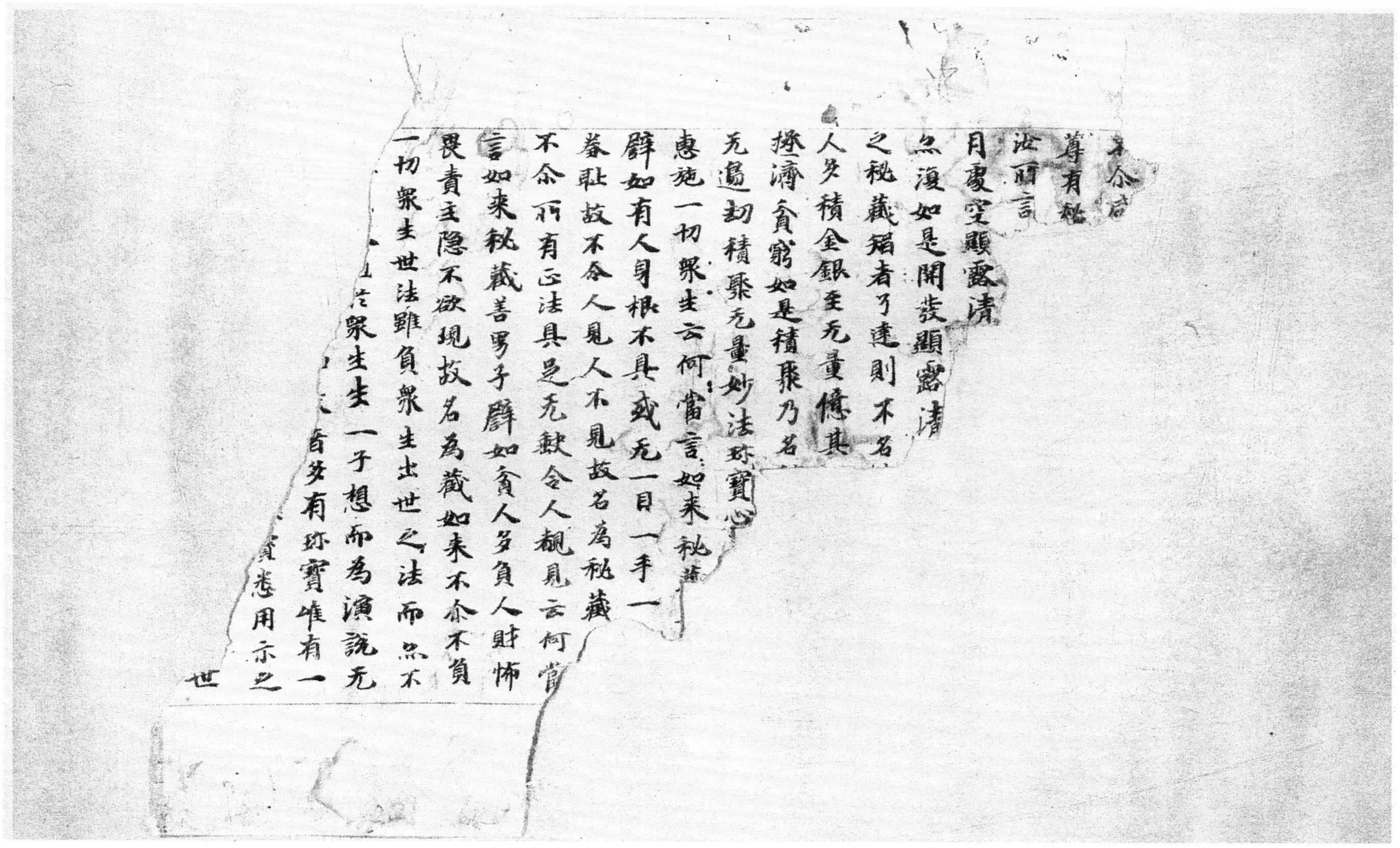

[illegible]尒啟
尊有秘
汝所言
月處空顯露清
亦復如是開發顯露清
之秘藏猶者了達則不名
人多積金銀至无量億其
拯濟貧窮如是積聚乃名
无邊劫積聚无量妙法珍寶心
惠施一切衆生云何當言如來秘藏
譬如有人身根不具或无一目一手一
眷耻故不令人見人不見故名為秘藏
不尒所有正法具足无缺令人覩見云何當
言如來秘藏善男子譬如貧人多負人財怖
畏責主隱不欲現故名為藏如來不尒不負
一切衆生世法雖負衆生出世之法而亦不
[illegible]於衆生生一子想而為演說无
[illegible]舍多有珍寶唯有一
[illegible]寶悉用示之
世

BD09832號　大般涅槃經（北本）卷五　（1–1）

三十七
疾近薩云然復次須菩提菩薩
時見四種生卵生濕生胎生化生
我當勤力行六波羅蜜教化衆生
我作佛時令我國中无有三生等一化
如是爲具足六波羅蜜疾近薩
菩提菩薩行六波羅蜜時見諸
通无有光明復發願言我作佛
盡得五通皆有光明速有所照菩
羅蜜時若見衆生有大小便利發意
作佛時令我國人等如天身
菩薩行六波羅蜜時發大願言
我國土无有一日一月一歲十出
菩薩行六波羅蜜時若見衆生短命
言我作佛時令我國中人壽命
數菩薩如是便具足六波羅蜜
三耶三菩阿惟三佛菩薩行六
見衆生无有相著發大願言我

BD09833號　放光般若經卷一三　（2–1）

盡得五通皆有光明速有所照菩
羅蜜時若見衆生有大小便利發意
作佛時令我國人等如天身
菩薩行六波羅蜜時發大願言
我國土无有一日一月一歲十出
菩薩行六波羅蜜時若見衆生短命
言我作佛時令我國中人壽命
數菩薩如是便具足六波羅蜜
三耶三菩阿惟三佛菩薩行六
見衆生无有相著發大願言我
波羅蜜我作佛時令我國人普得具
二大人之相菩薩如是爲具足
云然菩薩行六波羅蜜時若見
本我成阿惟三佛時令我國人具
如如來无所著等正覺作是念者
疾近薩云然復次須菩提菩薩行六
時言我當勤力疾成阿耨多羅
我國中无有三姤四病菩
波羅蜜

BD09833號　放光般若經卷一三　（2–2）

之門擅破貪口　忌道極為涅
之初緣入善人中之要法稱譽讚歎之渕存入
衆無難之功德心不悔恨之屋宅善法行道之根
本種種歡樂之林藪富貴安隱之福田得道門
槃之津梁聖人大士智者之所行餘人險德宜
識之所知　經復次至破於正見
二治破戒文分為八一常脩清淨二不願多聞三持己
陵他四緣茲遇難五殊神長劫六由昔聞名七願遂惡
時八勤脩勝業此釗初也謂先於如來法中白四
羯磨受別解脫戒名受持學句破戒者新翻名尸
羅舊譯為清涼謂身語業有數有穿為名破
戒破行者依瑜伽論廿二說謂威儀路或所作事或
善品加行處所不成就軌則不隨順世間違越世間
不隨順毗奈耶違越毗奈耶立合名為於威儀路不
成就軌則乃至違越毗柰耶謂所不應行即如是行
為諸世間之所譏毀名為自良善士謂持律者之所
訶責如行既然於行住坐卧亦尒云何名為於所作

BD09835號　諸星母陀羅尼咒（擬）　（5–1）

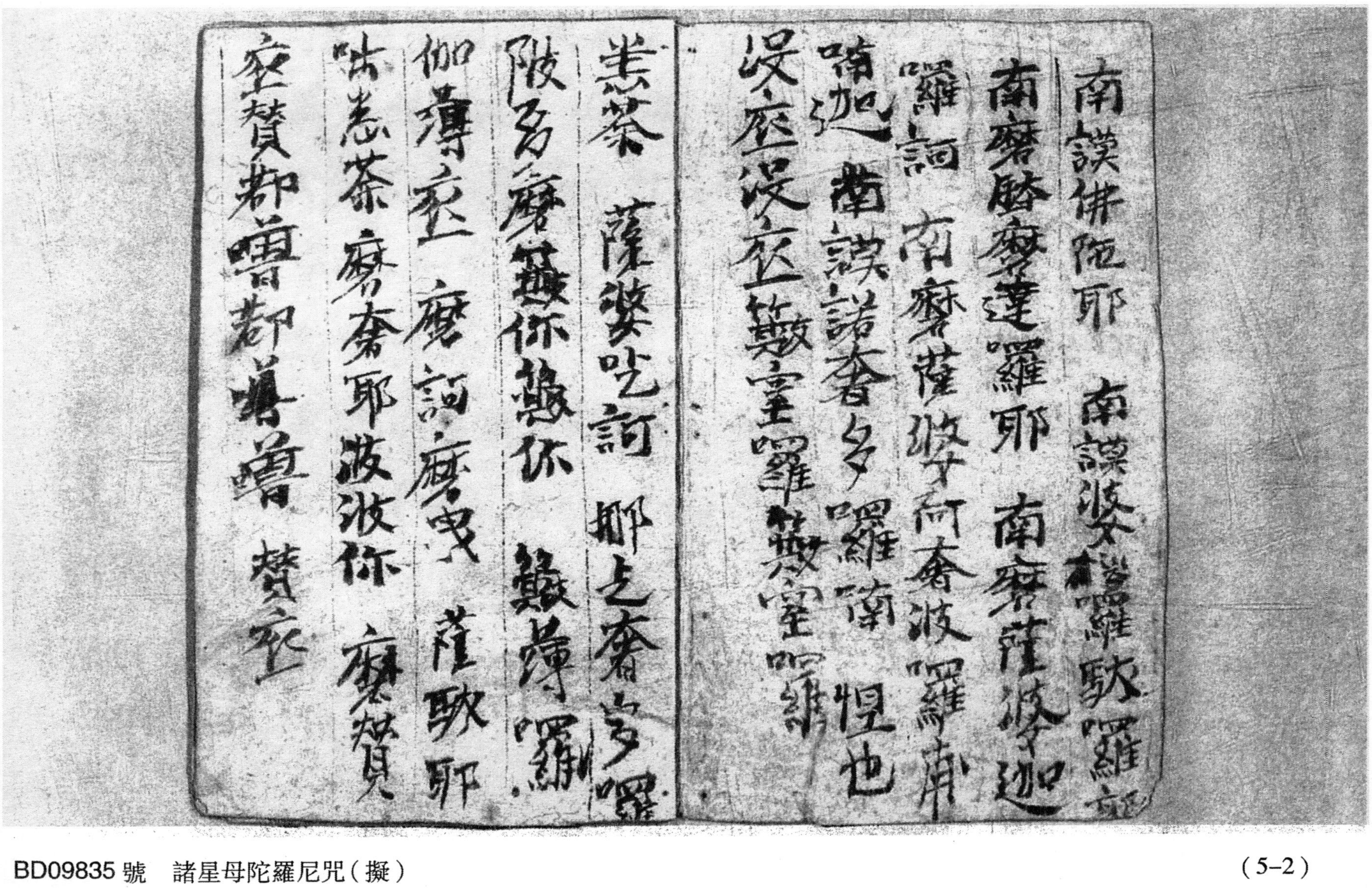

南謨佛陁耶　南謨婆[illegible]囉馱囉[illegible]
南摩[illegible]達囉耶　南摩薩婆迦
囉訶　南摩薩婆何奢波囉羅南
喃迦　南謨諸奢多囉羅喃　怛也
没[illegible]没[illegible][illegible]室囉[illegible]室[illegible]囉
恙茶　薩婆吒訶　那[illegible]奢多囉
陂多摩[illegible]你[illegible]你　[illegible][illegible]囉
伽[illegible][illegible]　摩訶摩曳　薩馱耶
咕恚茶　摩奢耶波波你　摩[illegible][illegible]
室贊都嚕都[illegible]嚕　贊[illegible]

BD09835號　諸星母陀羅尼咒（擬）　（5–2）

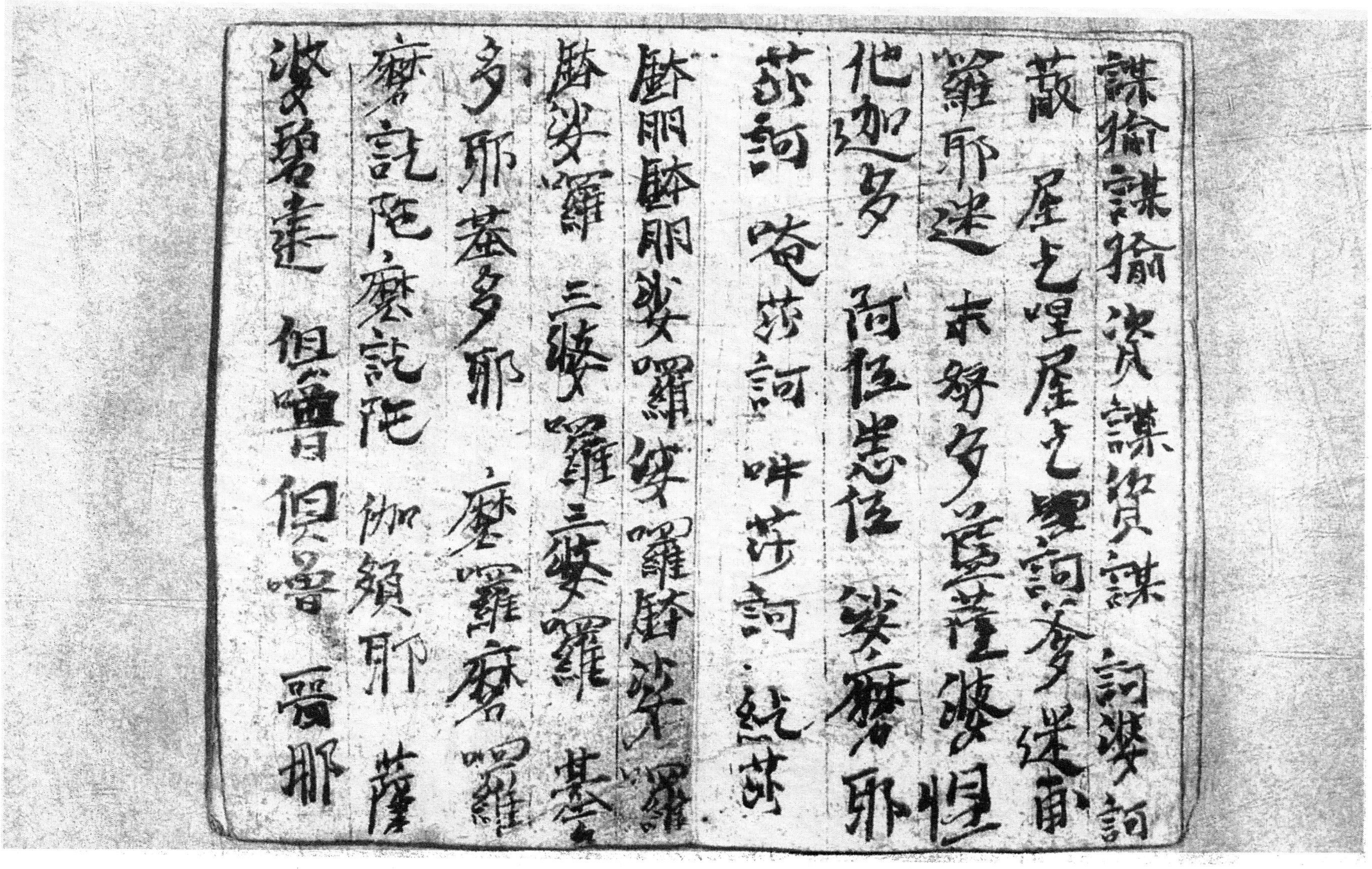

諜揄諜揄資諜資諜 訶婆訶
蔽 屋乞哩屋乞哩訶爹迷甫
羅耶迷 末努多菩薩婆怛
他迦多 阿怛恚怛 婆磨耶
莎訶 唵莎訶 吽莎訶 紇莎
跢朋跢朋婆囉羅婆囉羅跢婆囉羅
跢婆囉 三婆囉三婆囉 基
多耶基多耶 磨囉羅磨囉羅
磨訖陁磨訖陁 伽頞耶 薩
婆碧達 但噜但噜 晋耶

BD09835 號　諸星母陀羅尼咒（擬）　（5–3）

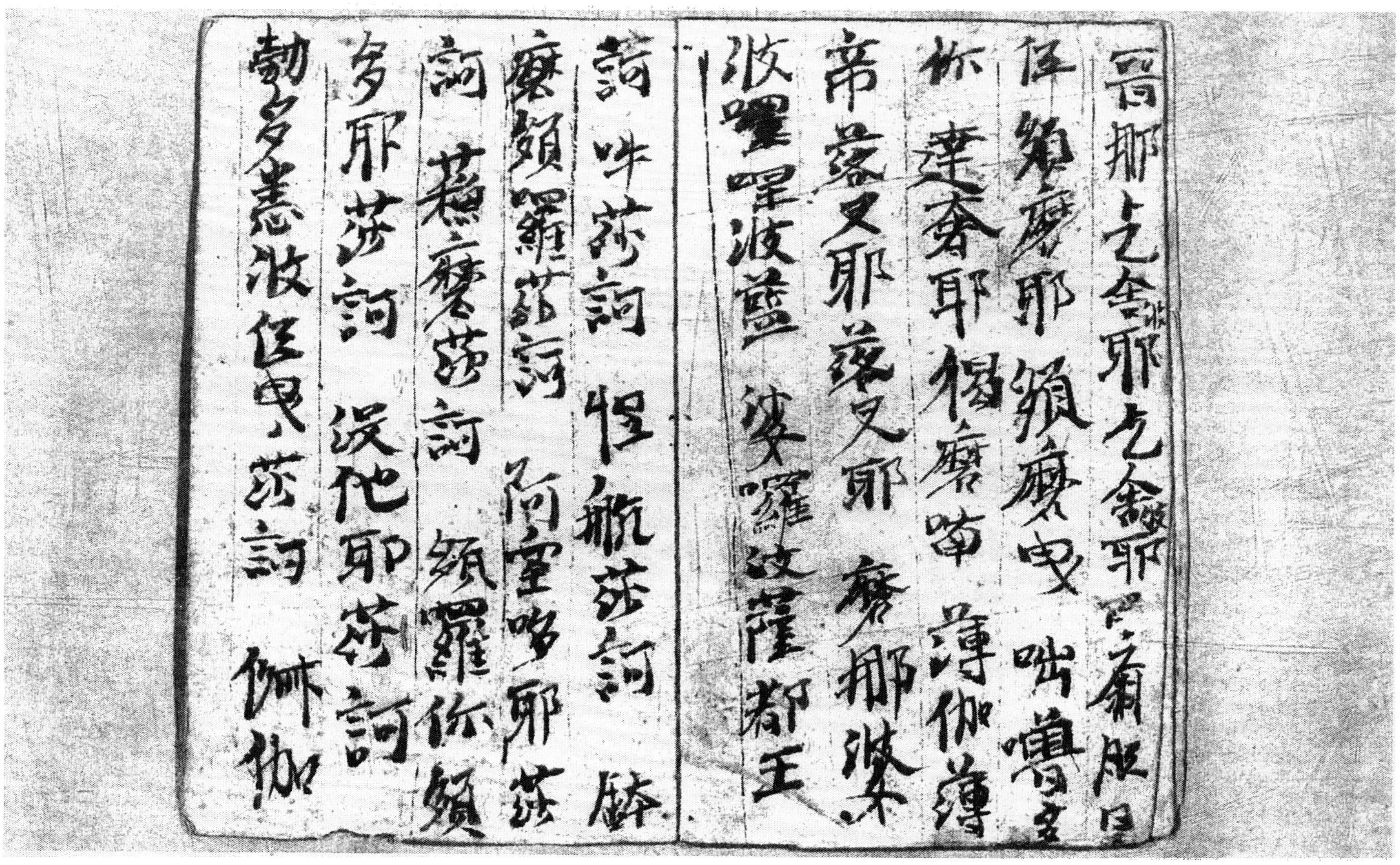

晋耶乞舍耶乞舍耶 肩服日
怛鉢磨耶 頞磨曳 咄嚕多
祢 達奢耶 偈磨啼 薄伽薄
帝 落叉耶 落叉耶 磨那婆
波嚧哩波藍 婆囉波薩都王
訶 吽莎訶 怛纈莎訶 跢
磨頞囉羅莎訶 阿室哆耶莎
訶 蘇磨莎訶 頞囉羅你頞
多耶莎訶 沒他耶莎訶
勃多恚波怛曳 莎訶 伽伽

BD09835 號　諸星母陀羅尼咒（擬）　（5–4）

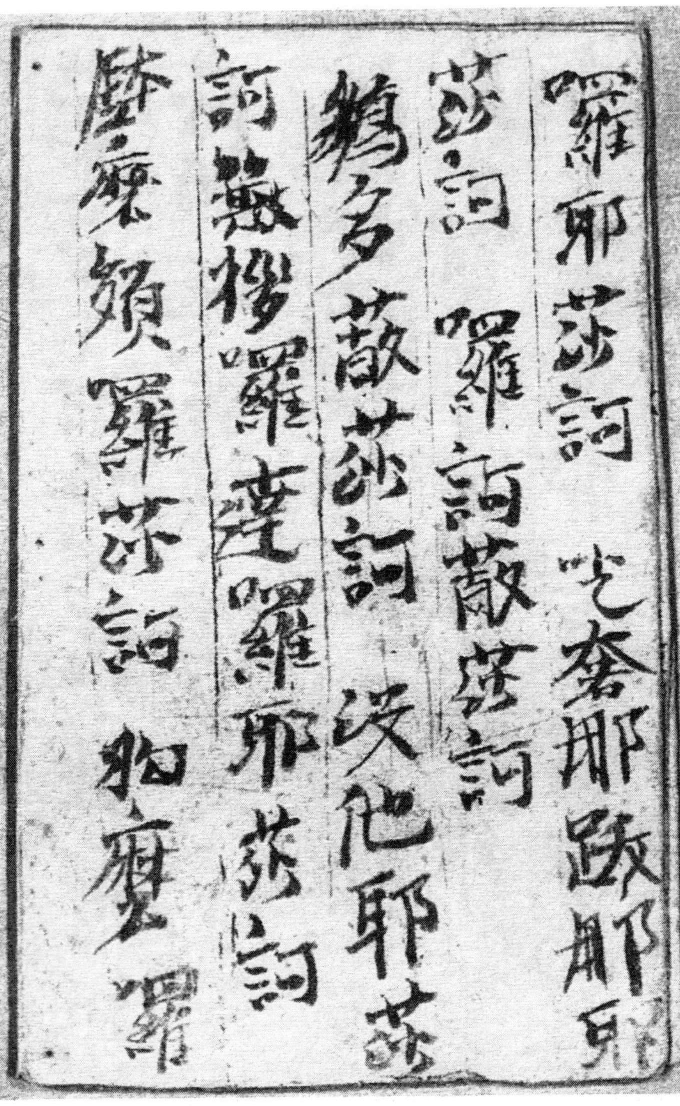

囉耶莎訶　吒奢那跛那
莎訶　囉訶薩嚩訶
鵝多薩莎訶　波他耶莎
訶數穆囉達囉耶莎訶
蘇摩頞囉莎訶　狗瘦囉

BD09835 號　諸星母陀羅尼咒（擬）　（5–5）

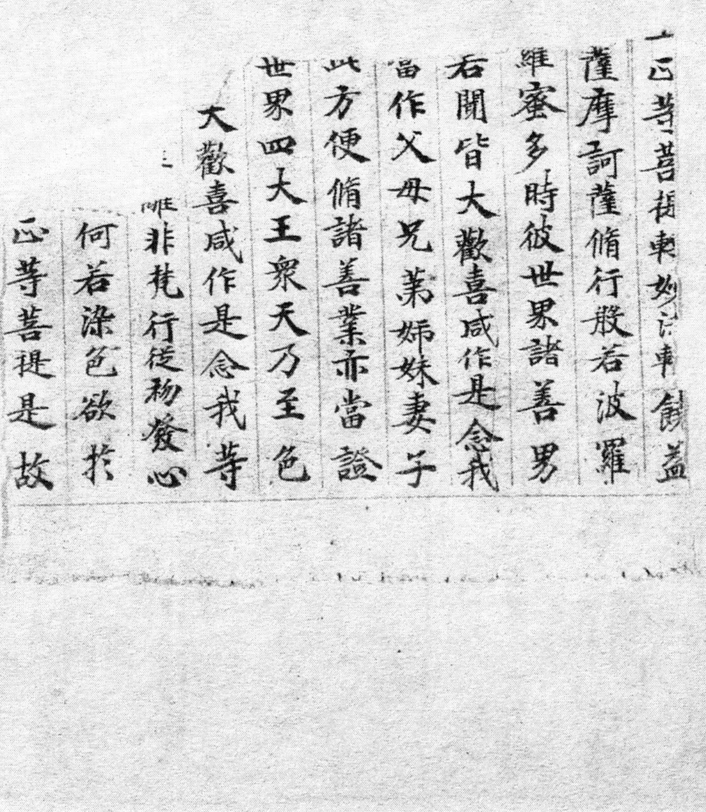

正等菩提乘妙法輪饒益
薩摩訶薩脩行般若波羅
羅蜜多時彼世界諸善男
若聞皆大歡喜咸作是念我
當作父母兄弟姊妹妻子
此方便脩諸善業亦當證
世界四大王衆天乃至色
大歡喜咸作是念我等
雖非梵行從初發心
何若染色欲於
正等菩提是故

BD09836 號　大般若波羅蜜多經卷四　（1–1）

及不還果
次憍尸迦
女人等教
於意云何
福多不天
憍尸迦若
蜜多以無
演顯了解
來善男子
心聽聞受持
法門應勤
德甚多於前
還果皆是般
尸迦置中千
等教化三千大
還果於意云何是善男
緣得福多不天帝釋言
佛言憍尸迦若善男子善

BD09837 號　大般若波羅蜜多經卷一六六　（2–1）

來善男子
心聽聞受持
法門應勤
德甚多於前
還果皆是般
尸迦置中千
等教化三千大
還果於意云何是善男
緣得福多不天帝釋言
佛言憍尸迦若善男子善
波羅蜜多以無量門巧妙文
示開演顯了解釋分別善
是言來善男子汝當於此甚
多至心聽聞受持讀誦令善
隨此法門應勤修學是善男
獲功德甚多於前何以故憍
及不還果皆是般若波羅蜜
次憍尸迦置此三千大千世
善男子善女人等教化十方
世界諸有情類皆令住不

BD09837 號　大般若波羅蜜多經卷一六六　（2–2）

無自性故前際諸菩薩摩訶薩無所有不可得色
性故前際諸菩薩摩訶薩無所有不可得受想行識無自
薩無所有不可得亦復如是舍利子眼處無所有故前際諸菩薩摩訶
訶薩無所有不可得耳鼻舌身意處無所有故前際諸菩薩摩
薩無所有不可得眼處空故前際諸菩薩摩訶薩無所有不可
舌身意處空故前際諸菩薩摩　薩無所有不可得眼處遠離故前
際諸菩薩摩訶薩無有所不可得耳鼻舌身意處遠離故前際
諸菩薩摩訶薩無所有不可得眼處無自性故前際諸菩薩摩訶薩無
有不可得耳鼻舌身意處無自性故前際諸菩薩摩訶薩無所有不可
得後際中際諸菩薩摩訶薩無所有不可得亦復如是舍利子色處
所有故前際諸菩薩摩訶薩無所有不可得聲香味觸法處無所
故前際諸菩薩摩訶薩無所有不可得色處空故前際諸菩薩摩
訶薩無所有不可得聲香味觸法處空
無所有不可得色處遠離故前際
得聲香味觸法處遠離故前際諸菩薩摩
得色處無自性故前際諸菩薩摩訶薩無所有不可得聲
法處無自性故前際諸菩薩摩訶薩無所有不可得後際中際諸菩
薩摩訶薩無所有不可得亦復如是舍利子眼界無所有故前際
諸菩薩摩訶薩無所有不可得耳鼻舌身意界無所有故前
際諸菩薩摩訶薩無所有不可得眼界空故前際諸菩薩摩訶

BD09838號　大般若波羅蜜多經卷四二一　（2–1）

得聲香味觸法處遠離故前際諸菩薩摩
得色處無自性故前際諸菩薩摩訶薩無所有不可得聲
法處無自性故前際諸菩薩摩訶薩無所有不可得後際中際諸菩
薩摩訶薩無所有不可得亦復如是舍利子眼界無所有故前際
諸菩薩摩訶薩無所有不可得耳鼻舌身意界無所有故前
際諸菩薩摩訶薩無所有不可得眼界空故前際諸菩薩摩訶薩
無所有不可得耳鼻舌身意界空故前際諸菩薩摩訶薩無
所有不可得眼界遠離故前際諸菩薩摩訶薩無所有不可得耳
鼻舌身意界遠離故前際諸菩薩摩訶薩無所有不可得眼界無
自性故前際諸菩薩摩訶薩無所有不可得耳鼻舌身意界無自性
故前際諸菩薩摩訶無所有不可得後際中際諸菩薩摩訶薩
所有不可得亦復如是舍利子色界無所有故前際諸菩薩摩訶
無所有不可得聲香味觸法界無所有故前際諸菩薩摩
訶薩無所有不可得色界空故前際諸菩薩摩訶薩無所有
得聲香味觸法界空故前際諸菩薩摩訶薩無所有不可得色界
離故前際諸菩薩摩訶薩無所有不可得聲香味觸法界遠離故前
際諸菩薩摩訶薩無所有不可得色界無自性故前際諸菩薩摩訶薩
無所有不可得聲香味觸法界　……薩故前際諸菩薩摩訶薩無所
有不可得後際中　……可得亦
舍利子眼識界
意識

BD09838號　大般若波羅蜜多經卷四二一　（2–2）

BD09838 號背　致和上書狀（擬）　　（1-1）

[illegible]
厭患此身欲求棄捨以自智惠從內化火焚其
燈矣滅衆苦俱滅猶如太虛空淨无一物名无餘
[illegible]多劉依涅槃此是二乘所得涅槃也 菩薩涅槃相
[illegible]別三賢菩薩菩薩障未三不得涅槃地上雖得自法
[illegible]證空空真如為化衆生起煩惱故不得名曰无餘依涅槃未捨
生死有藏苦故不得名曰无餘依涅槃由有下乘般涅槃障由此
未得无餘涅槃 菩薩得生第五地中方斷此障分證无住涅槃
之[illegible]速庭脩行方得仏果 言五性者聲聞緣覺菩薩不定无種性
等 言不定性者有一類人根性利故聞聲說三乘漸次脩學速證
无生名不定性 无種性者是一闡提人為不信善法廣造諸惡[illegible]
三乘性名无種性此是五種性 言五乘三性者三乘義如上第四人乘
第五天乘持戒故乘此善因得生人中脩十善故得生天中得名天乘
以合此人天乃為一乘五戒十善雖各不同皆是世間之法合為一乘[illegible]
[illegible]性為三乘五乘於隨三乘教脩行之時皆得出世間人天二乘乃為五乘

雜於苦若苦乃
諸法皆无有我即是
見若言一切行无常者
復是常見若言苦者即是斷見若言樂者復
是常見修一切法常者墮於斷見修一切法
斷者墮於常見如步屈虫要因前脚得移後
足修斷常者亦復如是要依斷常以是義故
修餘法苦者皆名不善修餘法樂者則名為
善修餘法无我者是諸煩惱分修餘法常者
是則名曰如來秘藏所謂涅槃无有窟宅修
餘无常法者即是財物修餘法常者謂佛法
僧及正解脫當知如是佛法中道遠離二邊
而說真法凡夫愚人於中无疑如羸病人服
食蘇已氣力輕便有无之法體性不定譬如
四大其性不同各各違反良醫善知隨其偏
發而消息之善男子如來亦尒於諸衆生猶
如良醫知諸煩惱體相差別而為除斷開示
如來秘密之藏清淨佛性常住不變若言有
者智不應染若言无者即是妄語若言有者
不應嘿然亦復不應戲論諍訟但求了知諸
法真性凡夫之人戲論諍訟不解如來微密

BD09840 號　大般涅槃經（北本）卷八　（2–1）

四大其性不同各各違反良醫善知隨其偏
發而消息之善男子如來亦尒於諸衆生猶
如良醫知諸煩惱體相差別而為除斷開示
如來秘密之藏清淨佛性常住不變若言有
者智不應染若言无者即是妄語若言有者
不應嘿然亦復不應戲論諍訟但求了知諸
法真性凡夫之人戲論諍訟不解如來微密
藏故若說於苦愚人便謂身是无常說一切
苦復不能知身有樂性說无常者凡夫之人
計一切身皆是无常譬如瓦坏有智之人應
當分別不應盡言一切无常何以故我身即
有佛性種子若說无我凡夫當謂一切佛法
悉无有我智者應當分別无我假名非實如
是智已不應生疑若言如來秘密空寂凡夫
聞之生斷滅見有智之人應當分別如來是
常无有變易若言解脫喻如幻化凡夫當謂
得解脫者即是磨滅有智之人應當分別人
中師子雖有去來常住无變若言无明因緣
諸行凡夫之人聞已分別生二法想明與无
明智者了達其性无二二之性即是實性
若言諸行因緣識者凡夫謂二二　与識智
者了達其性无二二

BD09840 號　大般涅槃經（北本）卷八　（2–2）

舍利子是菩薩
不見鼻界若
鼻觸鼻觸為
鼻界若取若捨
諸受若取若捨
界乃至鼻觸為
界若集若散不
主諸受若集
見香界乃至鼻觸為
故以鼻界性等空无所有不可得
是菩薩摩訶薩如是學般若波
成辯一切智智以无所學无所成辯
舍利子是菩薩摩訶薩行般若
不見舌界若生若滅不見味界舌識
觸舌觸為緣所生諸受若生若滅
若取若捨不見味界乃至舌觸為
受若取若捨不見舌界若染若淨
乃至舌觸為緣所生諸受若染若
界若集若散不見味界乃至舌觸
諸受若集若散不見舌界若增若減不
界乃至舌觸為緣所生諸受若增若減
故以舌界性等空无所有不可得故舍利
是菩薩摩訶薩如是學般若波羅蜜多
辯一切智智以无所學无所成辯為方便故

BD09841 號　大般若波羅蜜多經卷八九　　(1-1)

一者怙
心三者親近惡
八憍慢六者營務世
則能破壞菩提之心善男子有
佛世尊是人天師於諸眾生中最上无比勝
於聲聞緣覺佛等法眼明了見法无㝵能度
眾生於大苦海聞已即復發大誓願如其世
間有如是人我亦當得以是因緣發阿耨多
羅三藐三菩提心或復為他之所教誨發菩
提心或聞菩薩阿僧祇劫脩行苦行然後乃
得阿耨多羅三藐三菩提聞已思惟我今不
堪如是苦行云何能得是故有退善男子復
有五法退菩提心何等為五一者
出家二者不脩大慈之心三者好
罪四者常樂處在生死五者不熹
書寫解說十二部經是名五法
有二法退菩提心何等為
二者不能恭敬尊重三

BD09842 號　大般涅槃經（北本）卷二八　　(1-1)

等法一切常住以前後際物相續故六因宿作宗即離繫子等所說之果
苦果宿因作見行善惡倒受果故七自在所作宗如不平等論說欲行義
善等事皆遍從由世間事作者別故八害有正法宗克異梵志說於天祠中害生祠祀皆
得生天由呪力故九邊無邊等宗有為得世淨慮者憶壞成劫觀上下億治前所執有
邊等故十不死矯亂宗謂愚無智者計擢問失名敢不正對推不死天矯
亂等故十一諸法無因宗彼見欲尔大風卒起果何緣湧後見正息處人於無故
十二死後斷滅宗邪見論者所立若有後身可有作業我體既空業果故無
十三因果俱空宗得世定通者見行善惡得果皆善施行入定後身無故十
四妄計最勝宗即執梵志論者說婆羅門最勝白色梵王胤梵行故十
五妄計清淨宗如下劣夷見者執鷄狗等諸戒清淨四河水淨浴除
罪故十六妄計吉祥宗歷算論者所說於日月星辰行供養不失度時所
欲成設此十六種所執邪論皆依無明邪愚所起皆由真理皆名外道六師皆出此
十六宗故總說為九十六種次小乘宗有廿部今應總攝而為頌曰異部有二
十本二末十八本上座大眾末初從大眾有一說出世鷄胤及多聞說假制
多山西山北山住上座名雪山流出一切有犢子法賢胄量[illegible]林化地并法藏
飲光經量部雖所計殊分廿部於中類束以為六宗一我法俱有宗謂犢子
部等許有五蘊十二處等依蘊等別有我二有法無我宗所有部等
說三世蘊等而皆實有補特伽羅實我無故三法無去來宗大眾部等
說蘊處界等現法即有者來蘊等皆是無故四現通假實宗說假部等
說現在蘊實積聚法故處界即假細分諸故五俗妄真實宗說出世部等
執出世間實非虛妄故世間非實皆虛妄故六諸法但名宗一說部亦執
世出世間名皆非實但是假名無體相故此亦皆依稱時教起故所執宗為
亦矣後時亦而有二種一勝義皆空宗即十二門智度論中百般若燈論掌
珍論亦依般若亦無相空教說一切諸法不離二諦真世俗
新有[illegible]心境與諸[illegible]宗義无別為勝門略末
如目應理宗所說[illegible]雜其體不果故

文既道此身者六識心王既道此等心所相應章等不等頼耶与五遍行相
應末那唯与十心所相應第六具通一切眼等五識与三十四心所相應第
二心所相應門中既多少不同故知第三緣境門中又有寛狹等八
識之心所法何故相應門中從第八而論若无頼耶種子前七都無作用
前五無第六不得六无七又无作用所以先從第八本識而論
執受者謂即識心能持種子不壞故名執受　若八
執受處[illegible]器界
言外變所依者共變共依唯一切衆生業力共感　二共變不共依如角貓等
不要光自有三尺之光　三自變自依唯此頼耶　四他變他依謂他頼耶[illegible]
賄二種一者共變山河大地是有情共業變故又有二共變共受用即是
依世界等也共變不共受用者如諸野類晝伏夜行等不要日也或有
衆生不要水如魚鳥等或有衆生不要地如玄鳥等　二不共變即
五根身但隨自造善惡等因而變果也
言行相仗之者行者了別為義相者明了之體此八是於境界二種俱不能知也
又行者是因相者是果因緣相仗而得起故　又行即是心之能了別相則是
境所緣之境　八是无記善惡俱不能知如何辨釋　若由因緣力還能
知故
攝末與本者本是八中種子末是現行前七識種[illegible]末現行不隔剎那現行卻
熏本種類取攝現行[illegible]本識中之得緣也

速滅无餘緣捨身故即是大懺悔忘
十方三世一切諸佛皆共稱嘆善男子假
有人從无始已來作業偷僧祇物常住僧
見前僧物不淨說法大外重犯如是等罪
入捺洛迦傍生餓鬼多百千劫不得解脫
來苦即請召集娑訶世界三明六通
脫大阿羅漢若凡若聖一切僧衆
欲滅其罪亦不可滅何以故即有百千殑
娑訶世界一切衆僧清淨衆海即不來集
是因緣罪難除滅是故稱云常住僧物
法界上至諸佛下及沙彌悉皆有分
有人於一切生處願捨此身皮肉筋骨
續如上之罪悉皆消滅天曹地府所
自然除滅以是因緣我見是利故勸諸有
施身命必定獲得无上等覺命時
彌勒菩薩言慈氏如是
宣流布无令斷絕命時
後惡生

BD09845 號　要行捨身經　　（1–1）

兒身體
於母所
千眼口中出火有九百九十九
出聲号毗摩質多羅阿脩羅王
噉泄溟及諸藕根其兒長大見
周遍即白母言人皆伉儷我何
日香山有神名乾闥婆其神有
色喻白玉身諸毛孔出妙音聲甚
為汝娉適汝願不阿脩羅言善哉善哉
住求爾時其母行詣香山到香山已告彼
神我有一子威力自在於四天下而无等
汝有令女可適吾子其女聞已願樂隨從
阿脩羅時阿脩羅納彼女已心意泰然
成禮未久之間即便懷孕經八千歲乃
女其女儀容端正挺特天上天下无有
色中上色以自嚴飾面上並媚八万四
邊爾有八万四千前乙有八万四千
八万四千阿脩羅見已為壞異如月處
為持奇幡尸迦聞即遣使下詣阿脩羅
此女阿脩羅言汝天福德汝能我乘
宮以女妻汝帝釋聞此心生歡
持用供海十善報故命可自
阿脩羅踊躍歡喜
寶臺而住

BD09846 號　觀佛三昧海經卷一　　（1–1）

寂之心畢竟不起由此緣
等心亦永不起善現云
當知是為不退轉菩薩
不退轉位菩薩摩訶薩
聽聞正法恭敬信受隨
能方便會入般若波羅
造作世間事業亦以般若波羅蜜多
性不見一事出法性者設有不與法
亦能方便會入般若波羅蜜多甚
此不見出法性者善現若成就
相當知是為不退轉菩薩摩訶薩
復次善現若不退轉位菩薩摩訶
魔現前化作八大地獄復於一一大地
作多百菩薩多千菩薩多百千菩薩
菩薩多百俱胝菩薩多千俱胝菩薩
俱胝菩薩多百千俱胝那庾多菩
焰交徹燒然各受辛酸楚毒大苦
語不退轉諸菩薩言此諸菩薩皆受
正等覺不退轉記故生如是大地
[illegible]苦汝等菩薩既受如來

BD09847號　大般若波羅蜜多經卷三二六　（2–1）

此不見出法性者善現若成就
相當知是為不退轉菩薩摩訶薩
復次善現若不退轉位菩薩摩訶
魔現前化作八大地獄復於一一大地
作多百菩薩多千菩薩多百千菩薩
菩薩多百俱胝菩薩多千俱胝菩薩
俱胝菩薩多百千俱胝那庾多菩
焰交徹燒然各受辛酸楚毒大苦
語不退轉諸菩薩言此諸菩薩皆受
正等覺不退轉記故生如是大地
如斯種種劇苦汝等菩薩既受如來
覺不退轉記亦當墮此大地獄中受
佛授汝等大地獄中受無苦記非
等菩提不退轉記是故汝等應速棄
提心可得免脫大地獄苦生於天上或
中受諸富樂善現爾時不退轉菩薩摩
見聞此事其心不動亦不驚疑但作是
受不退轉記菩薩摩訶薩若墮地獄
阿素洛中終無是處何以故不退轉位菩
薩定無不善

BD09847號　大般若波羅蜜多經卷三二六　（2–2）

雜重心害畜生所以五逆品通輕重但言遠害最重故皆向阜可擬罵二
罵有智〻即能斷惑所以言斷〻只是惑斷可俗中之有此斷如只是不異以
法稱曰如所言法性者只此真即是諸法〻本性實際者際是際畔義
題出二乘〻外故曰菩薩家七住故斷習而緣覺已侵習則未越二乘
品等非想者故資无作則是資因之有遠資果義以資因勝故果勝
為色身者故以脩无色〻定故色緣空所以无色即資〻者只資合果報勝
名〻不論善〻是脩長因得〻長果可大略觀如三藏中仏只是欲界業識
界上界諸天皆來礼拜何惡欲界〻報等非想心耶資〻无上者此資有漏
带本心言有漏言有相可乃是心外善然後初带心生名為有漏
類之非是无作離心別有漏有相然是心上〻漏相可若不帶相則不能得
也資无作者只發初資仍令品高初本是欲界无作本無平品相生令
尚〻於心品之非轉者為勝只合於資仍高於心品可无兩无作亦是初
說資真仍生勝不得生者五種无作皆從心生非直標顯而從因等此別是作
可〻從用事等是无記不生无作亦是緣生不妨生无作然是心生无作乃是
須帶心而非与心作一群若一群則是心不謂為帶如人帶官號傳餘亦是帶
〻諦真理是天然本有俗諦出空入有是於有而言即真者若是本无
生法性若是天然於〻有〻即真之不生法性可法有〻与无生〻与
豈有一俗而離於真問曰本指有入真〻諦可能進為既入有因真〻諦无
是指有入真此自論觀行者指觀覓解〻心入有因真此是任理論境
逼指觀求空之不生法性任真論境之不生法性心〻与境皆同畫歸
名進俗〻名得即俗〻真以仏果无名進仏果名得俗外〻无名因中脩
滞果地圓常俱出二諦真境天然非脩習所得故无淺深智由習得所以有勝
金心智滿五眼是智理中已具有仏眼但就事不得呼為仏故以万德為仏不以智為仏金
心万德未圓不得呼為仏至仏万德皆圓常樂論德隱方得受名剎那不論斷以是實法假
皆是實法不論斷除故以解与剎那時俱有同後義此論斷可定弟二剎那解名
解不論斷弟一剎那解更進更能斷除者此論斷可了義与不了義四時皆有
義分所明五義十善此則是了義若見有得道此是實相說因是不了餘例皆不以理約教故
有了不了理只是一約教有四時若有此道理則是了无道理是不了而 約文

无堅心
南无隨衆生心奮迅佛
南无過去稱法雨佛　南无功
南无智行佛　南无龍威德
南无離諸鄣无畏佛　南无智照聲佛
南无二成就佛　南无集妙行佛
南无樂莊嚴王佛　南无阿僧祇莊嚴王佛
南无師子坐善住佛　南无旃檀華王佛
舍利弗我於此坐以清淨无鄣身過人天眼
見東方多百佛多千佛多百千佛多百千万
佛多百千億佛多百千万億那由他佛无量
阿僧祇佛不可思議佛不可思議佛種種名
種種姓種種世界種種佛國土種種比丘比
丘尼優婆塞優婆夷達遠種種天龍夜叉乾
闥婆阿脩羅迦樓羅緊那羅摩睺羅伽人非
人等圍遶供養我悉現見如觀掌中菴摩

BD09849號　佛名經（十二卷本）卷九　　（1–1）

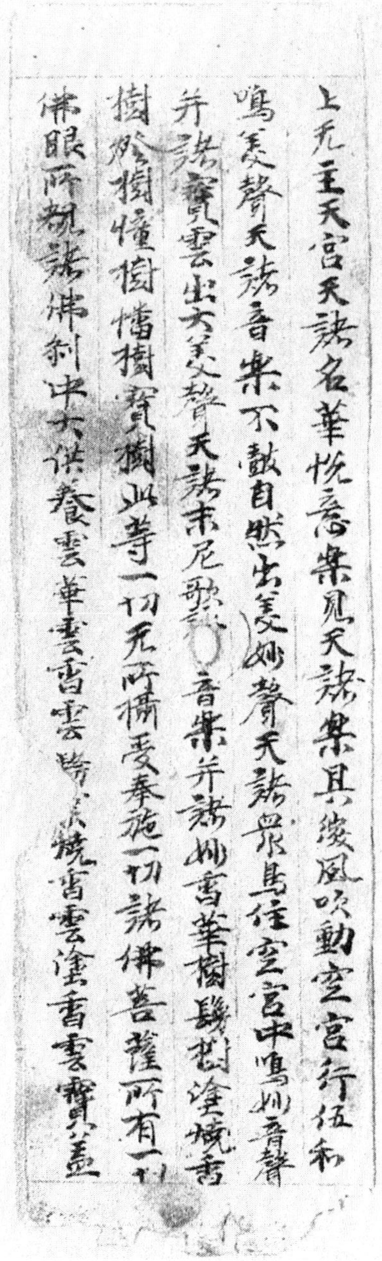
上无量天宮天諸名華悅意樂見天諸樂具微風吹動空宮行伍和
鳴美聲天諸音樂不鼓自然出美妙聲天諸衆鳥住空宮中鳴妙音聲
并諸寶雲出天美聲天諸末尼歌詠音樂并諸妙香華樹瓔珞塗燒香
樹鈴樹幢樹幡樹寶樹如是等一切无所攝受奉施一切諸佛菩薩所有一切
佛眼所見諸佛剎中大供養雲華雲香雲瓔珞燒香雲塗香雲寶蓋

BD09850號　迴向輪經

（2–1）

雲寶幢雲寶旛雲寶衣雲寶聚雲□雲大末尼聚雲種種微

妙大寶珠雲又以香油滿大燈器量等千界然以燈炷量百須弥奉施一切

諸佛世尊諸大菩薩由是供養所生勝福並將迴向无上菩提如過去佛

所脩諸善以无所得而為方便迴向菩提我亦如是將此功德迴向无上

正等菩提

勸請諸佛惟願往趣菩提道場降伏魔怨證大菩提

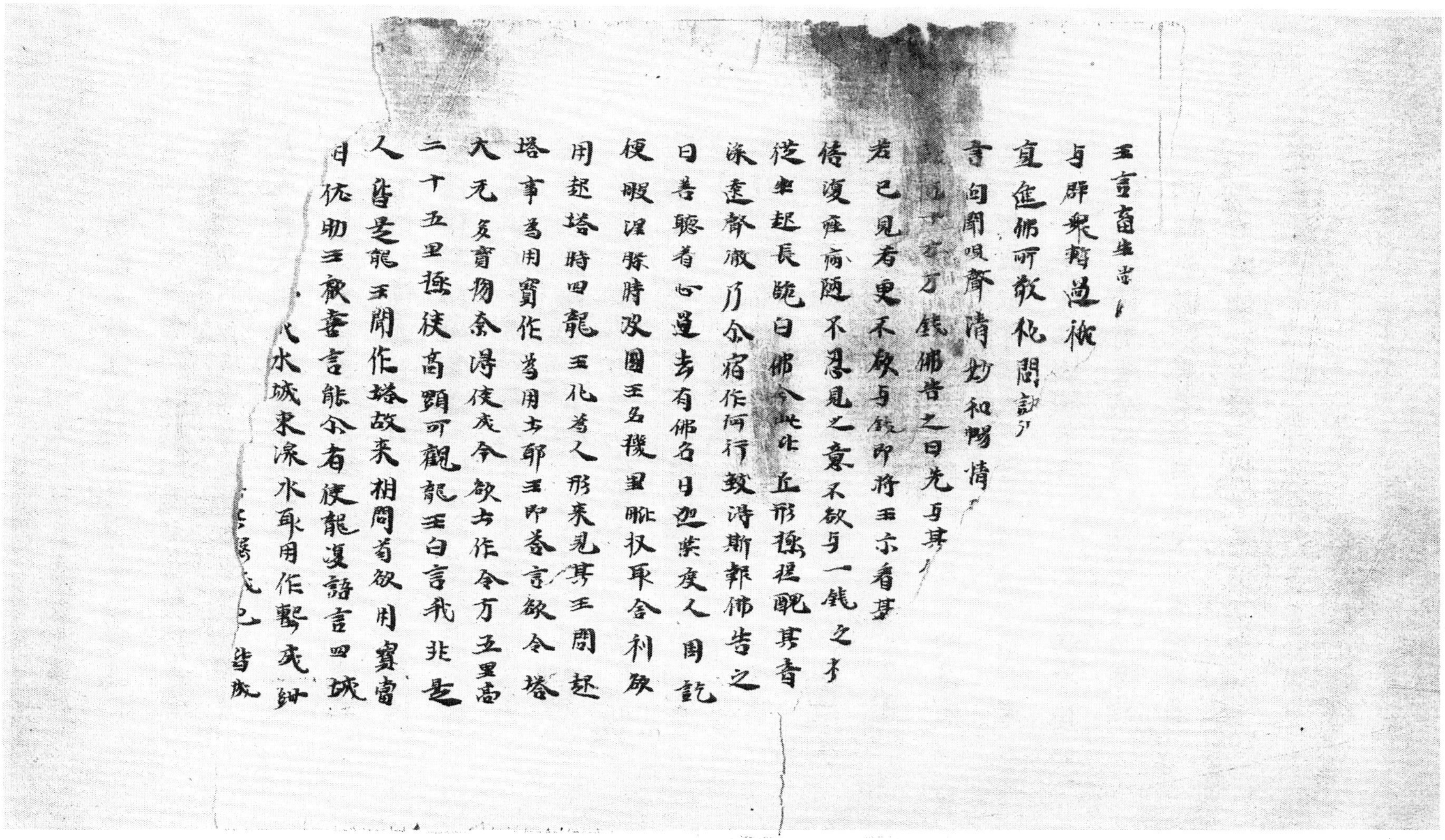

王言當生[illegible]
与辟衆齎過被
宜進佛所教化閻訖
言向聞唄聲清妙和暢情
[illegible]千万錢佛告之曰先与其
者已見者更不欲与錢即將王亦看其
倍復瘡痛随不忍見之意不欲与一錢之事
從坐起長跪白佛今此比丘形極醜其音
深遠徹乃尒宿作何行致得斯報佛告之
曰善聽着心當為有佛名曰迦葉度人周訖
便般涅槃時汲國王名機里毗収取舍利欲
用起塔時四龍王化為人形來見其王問起
塔事為用寶作為用土耶王即答言欲令塔
大无夏寶物奈得使成令欲土作令方五里高
二十五里極使高顯可觀龍王白言我非是
人皆是龍王聞作塔故來相問者欲用寶當
用佐助王欲審言能尒者使龍復語言四城
[illegible]水城東流水取用作墼成[illegible]
[illegible]己[illegible]皆成

BD09851 號　賢愚經卷一一　　(1–1)

[illegible]
行以自調伏心意柔軟次入真空了空不空
乃名善解若无衆行貴教正明无由能得暗
會真道若但脩習諸有功勤不學中道无實
智慧不能正趣往到道場如彼盲人弱喪之
者雖貴是力次[illegible]无由能達

BD09852 號　待考佛典（擬）　　(1–1)

…常法莫著常顛倒失干
追說諸佛上妙法所謂四真諦中苦諦為初
苦四行中无常行為初以是故菩薩行无常
想問曰有人見无常事至轉更堅著如國王
夫人寶女從地中生為十頭羅刹將度大海
王大憂愁智臣諫言王智力具足夫人還在
不久何以懷憂答曰我所憂者不慮我婦叵
可得但恐莊時易過久如人好華好果見時
欲過便大生著如是无常乃更生諸結使云
何言无常能令心猒破諸結使答曰如是見
无常是知无常少分為不具足與禽獸見无
常无異以是故佛告舍利弗當具足脩无常
想問曰何等是具足无常想答曰觀有為法
念念生滅如風吹塵如山上水流如火炎隨
滅一切有為法无牢无強不可取不可著為
如幻化誑惑凡夫因是无常得入空門是空
中一切法不可得故无常亦不可得所以者
何一念中生住滅相不可得生時不得有住
滅住時不得有生滅滅時不得有生住生住
滅相性相違故无是无故无常亦无問曰若
无无常佛何以苦諦中說无常答曰凡人生
耶見故謂世間是常為滅除是常見故說无
…人无復次佛未出世凡夫

BD09853號　大智度論卷二三　（1–1）

…亦名處但以
處者於根力覺道種處易也心者意識也
女人者母姊妹親理非親理若大若小在家出家手
捉者若捉手若捉袍乃至一指是名捉手纓者八種
何等八一者錢纓二者珠纓三者地纓四者華鬘纓
五者樹皮纓六者草纓七者毛纓八者髆纓若合錢
捉此八種纓者犯僧伽婆尸沙離錢捉七種纓者犯
七種偷蘭罪身相觸者身身相觸也餘身分者除錢
纓餘身分是也摩者逆順逼摩也若細滑者逆順
摩時身觸受細滑也僧伽婆尸沙者如上說若比丘
…若摩若推若抱若

BD09854號　摩訶僧祇律卷五　（1–1）

成熟一切衆生五者願求不退轉地善男
子是名菩薩摩訶薩成就勤策波羅蜜善
男子復依五法菩薩摩訶薩成就靜慮波羅
蜜云何爲五一者於諸善法攝令不散故二者
常願解脫不著二邊故三者願得神通成就
衆生諸善根故四者爲淨法界蠲除心垢故
五者爲斷衆生煩惱根本故善男子是名善
慮波羅蜜善男子復依

BD09855 號　金光明最勝王經卷四　（1–1）

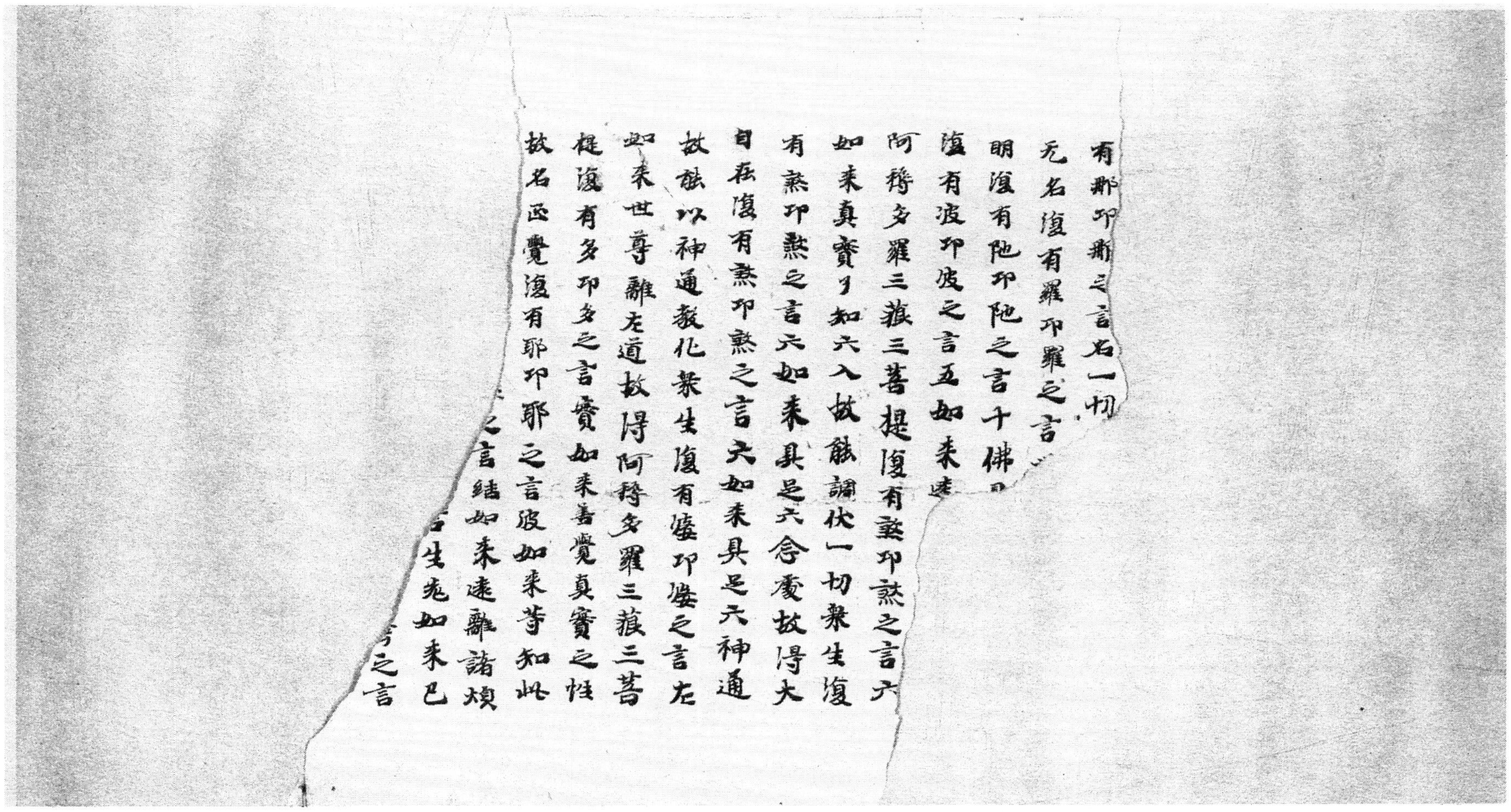

有聊叩斯之言名一切
无名復有羅叩羅之言
明復有陁叩陁之言十佛
復有波叩波之言五如来遠
阿耨多羅三藐三菩提復有藪叩藪之言六
如来真實了知六入故能調伏一切衆生復
有藪叩藪之言六如来具足六念處故得大
自在復有藪叩藪之言六如来具足六神通
故能以神通教化衆生復有婆叩婆之言左
如来世尊離左道故得阿耨多羅三藐三菩
提復有多叩多之言實如来善覺真實之性
故名正覺復有耶叩耶之言彼如来等知此
之言結如来遠離諸煩
生死如来已
之言

BD09856 號　大方等大集經卷四　（1–1）

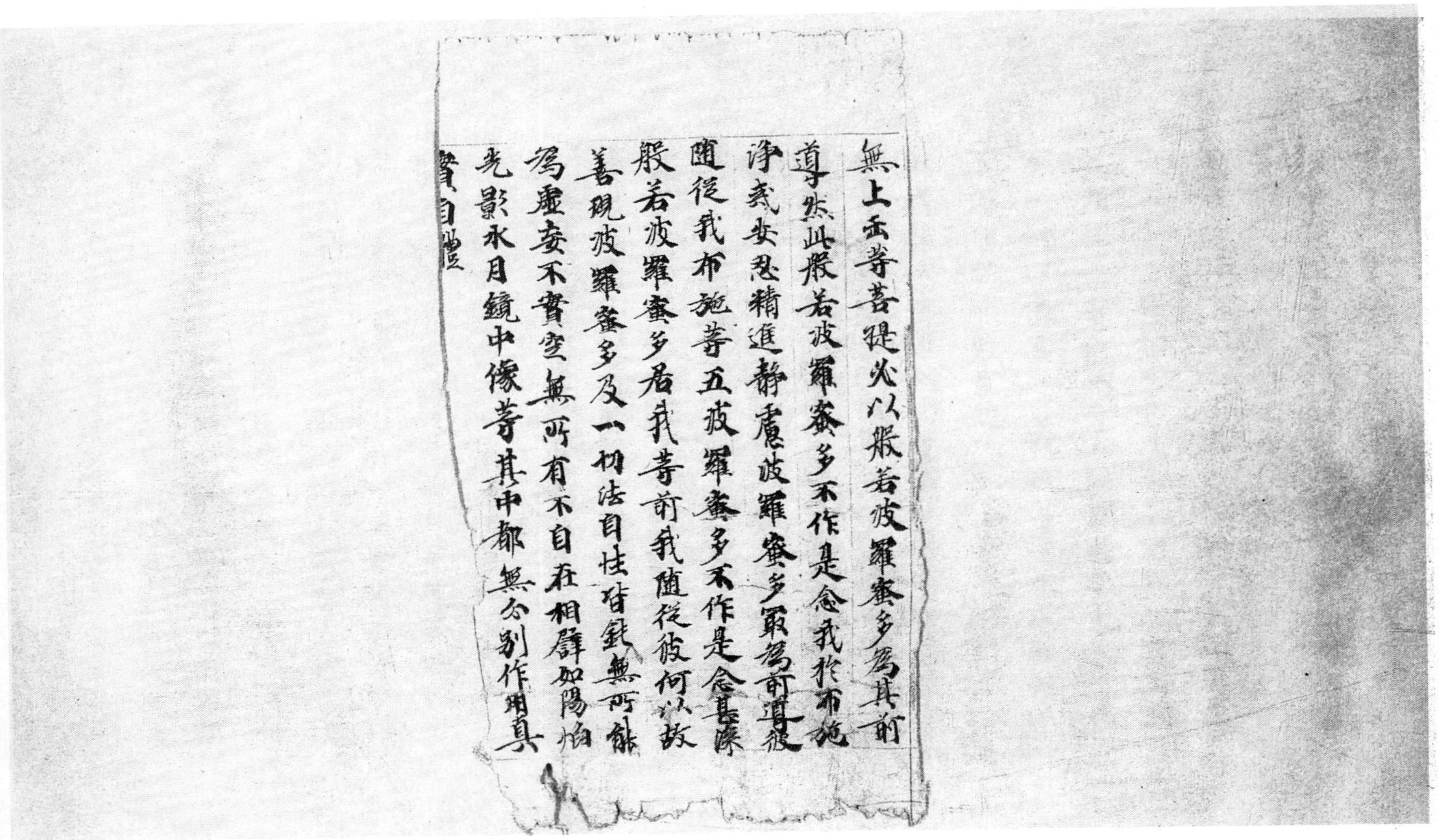

無上正等菩提故以般若波羅蜜多爲其前
導然此般若波羅蜜多不作是念我於布施
淨戒安忍精進静慮波羅蜜多最爲前導彼
隨從我布施等五波羅蜜多不作是念甚深
般若波羅蜜多居我等前我隨從彼何以故
善現波羅蜜多及一切法自性皆無所能
爲虚妄不實空無所有不自在相譬如陽焰
光影水月鏡中像等其中都無分别作用真
實自體

BD09857 號　大般若波羅蜜多經卷三五一　　（1–1）

卅
六

BD09857 號背　勘記　　（1–1）

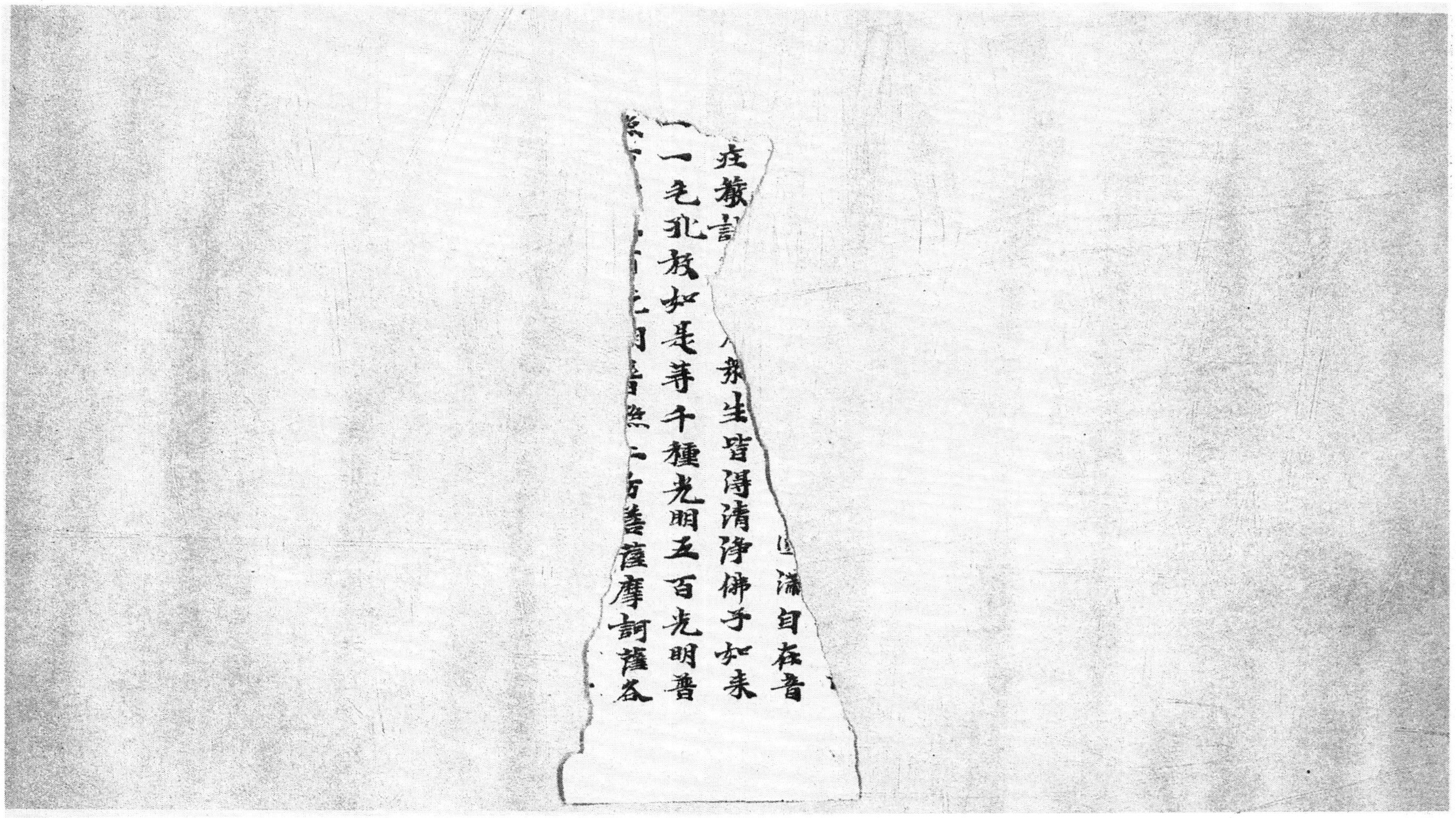
滿自在音
莊嚴詣　衆生皆得清淨佛子如來
一一毛孔放如是等千種光明五百光明普
方菩薩摩訶薩各

BD09858號　大方廣佛華嚴經（晉譯五十卷本）卷二九　（1–1）

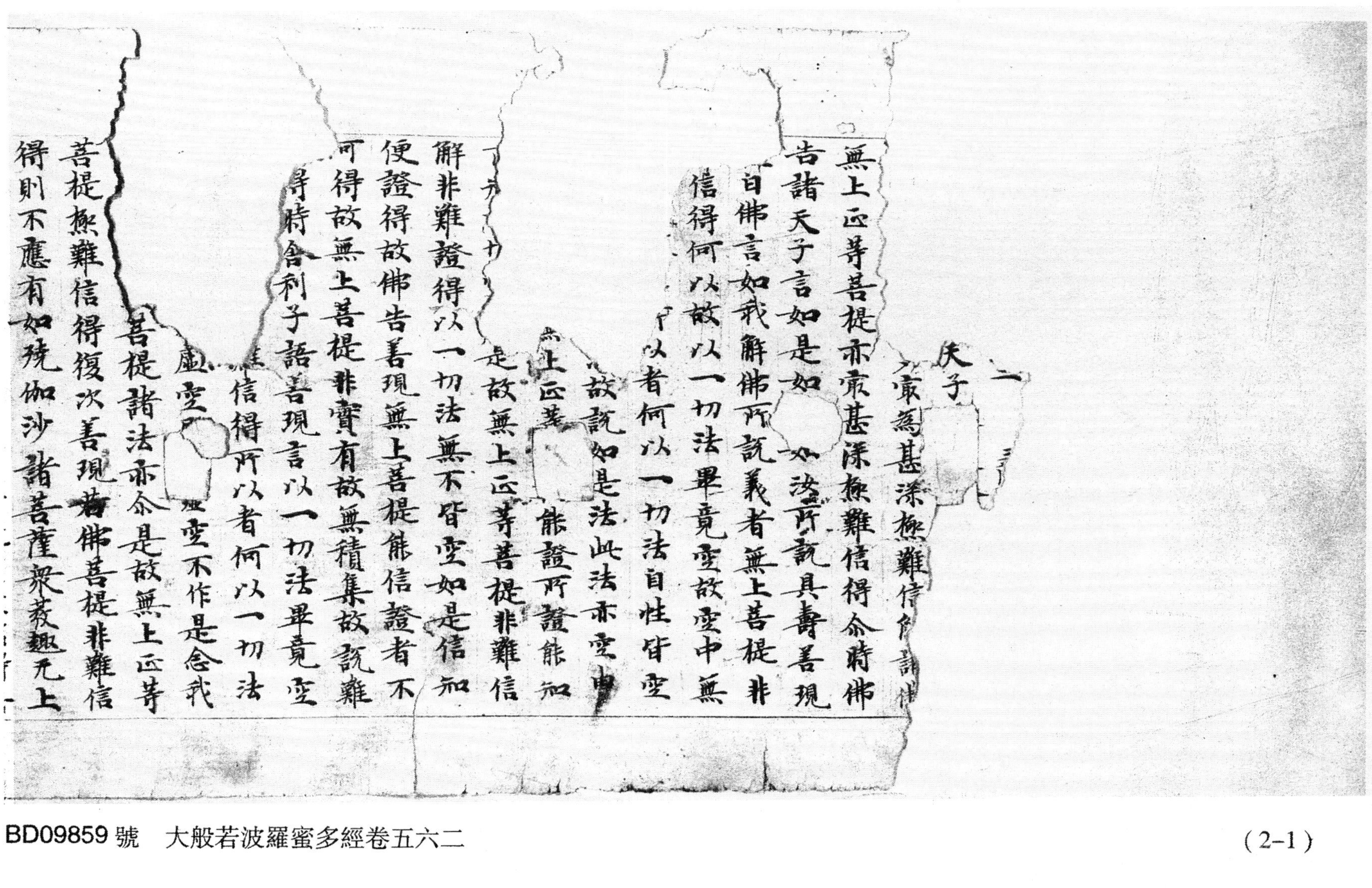
天子
甚為甚深極難信
無上正等菩提亦甚深極難信得爾時佛
告諸天子言如是如　如汝所說具壽善現
自佛言如我解佛所說義者無上菩提非
信得何以故以一切法畢竟空故空中無
以者何以一切法自性皆空
故說如是法此法亦空中
上正等　能證所證能知
是故無上正等菩提非難信
解非難證得以一切法無不皆空如是信知
便證得故佛告善現無上菩提能信證者不
可得故無上菩提非實有故無積集故說難
得時舍利子語善現言以一切法畢竟空
信得所以者何以一切法
處空　空不作是念我
菩提諸法亦爾是故無上正等
菩提極難信得復次善現若佛菩提非難信
得則不應有如殑伽沙諸菩薩衆發趣無上

BD09859號　大般若波羅蜜多經卷五六二　（2–1）

爾時舍利子語善現言以一切法畢竟空
信得所以者何以一切法
虛空□□空不作是念我
菩提諸法亦尒是故無上正等
菩提甚難信得復次善現若佛菩提非難信
得則不應有如殑伽沙諸菩薩衆發趣無上
正等菩提後還退轉故佛菩提甚難信得善
現對日於意云何色於菩提有退轉不舍利
□見受想行識於菩提有退轉不
善現離□有法於菩提有退
舍利□言不也善現離受想行識有法
於菩提有退轉不舍利子言不也善現色真
如於菩提有退轉不舍利子言不也善現受
想行識真如於菩提有退轉不舍利子言不
也善現離色真如有法於菩提有退轉不舍
□言不也善現離受想行識真如有法於
舍利子言不也善現真如於
□舍利□言不也善現離真如
於菩提有退轉不舍利子言不也善現時具
壽善現謂舍利子言若一切法諦故住故都
無所有皆不可得說何等法可於無
菩提而有退轉舍利子言如汝所
□法亦無有情可於菩提

BD09859號　大般若波羅蜜多經卷五六二　（2–2）

BD09860號　論比丘（擬）

（2–1）

德摧伏煩惱魔何故怖魔性　拓幹攝祇賤已
丁二名乞士既出家已无所貯積乞求自活　三名淨命
也所言邪命者以多度說一仰口比丘可謂爲觀星宿
資命也　二下口謂耕種作法生博易謂爲乞淨命
方往來因乞得食供身是也　四離口比丘謂占相卜問吉凶
一　五邪者一爲利養故改常威儀詐現異相
謂利養故種占相吉凶　四謂利養故高聲現威令人
言曰所得利養激動人心令他行施　四名淨持戒積精
斯部之清淨持禁戒善脩八聖道命終時生善趣猶如斫
故能遮諸過了惡性空名爲破非謂有所破故曰
名爲盡知諸漏空相乃名爲盡盡之與破其義一也
顯業論僧有五種　第一无恥僧謂禁戒而破法眼
无所了達猶如瘂羊无所分了　三名朋黨僧所謂
不諳戒立能詐非法　五勝義僧所謂學无學
所依正无學僧也　菩薩能住離道心眾生菩薩名道
內心求道　論有道可以道成人名道眾生名依住
勢約境者菩薩名覺菩薩者有情良以七人內求菩薩
情自利利他故云菩薩乞則從境爲名　二約心菩薩者覺是
根人良以七人有大道心無菩提覺果故名菩薩　故論

〻与緣合令彼從上文隨逸生　　亦如

是二部如是　十種義七門分別　釋名弁相一　對使論對相簡不同二　種依差別三　見論分別四　六識分並五　就界分別六　就道分別七

弟一門中先釋其名後弁其相所言纏者煩惱纏心故名為纏又纏行人令不出離名為纏以實通論一切
煩惱無非是纏今據一門且論十種十名是何如離心說無慚与無愧睡悔慳嫉掉眠忿及覆
是上煩惱內無羞恥故名無慚外無敬懼說為無愧眠之与睡論釋不同若依成實心重欲眠名
之為睡攝心離覺說以為眠若依毗曇一切煩惱令著境界不能忍說之為睡身心昏昧略緣境
界目之為眠五識身意識名心是二昏昧緣為眠心於作惡事追變名悔於他己身財悋
著名慳於他事好貞名嫉躁動名掉掉煩惱曰心隱過名覆名義如是就此十中無慚無愧是
不善地慳嫉忿覆是小煩惱地睡眠掉悔是別心數以此十種有為纏義故說為纏（此一釋名竟）
次對使諸判簡同異此之義廣釋如前六諸章中（此二門竟）次對十使明依不同如毗曇說無慚無愧睡与
眠此無明依掉慳無慚是從貪欲生覆從二使依悔從因猶豫忿嫉瞋恚依雜煩惱之所說論
之曰是以麁心不知羞恥作惡無愧又以麁故煩惱起時不自開曉無著境界不能堪忍說之為睡
眠故麁部覆心無所覺者說以為眠是故此三同依無明以有貪故退求五欲不能心息
亦之掉以有貪故慳惜己物不欲捨離說以為慳又以貪故於退求中無有羞恥說為無慚是
以此三同依貪欲以有愚癡貪欲心故作惡覆藏不欲發露說之為覆故說覆從二使
依心所謂依於貪欲無明以有疑故作善退變說之為悔故說悔心因於猶豫以有瞋故於憤
心說之為忿忽他勝己說以為嫉故說忿嫉依於瞋恚若成實說慳二纏是貪使忿嫉二
纏是其瞋使餘悉非使（此三門竟）次就見諦分別十種之中無慚無愧睡之与掉此四種通
鄣見諦餘之六種唯鄣脩道若依成實十纏煩惱通鄣見諦（此四門竟）次就六識分別諸
纏於六識毗曇無慚無愧睡掉及悔道在六識餘五在意以若依成實一切在意是義如

衣心所謂依於貪欲無明以有疑故從之善追悔説之為悔故説悔心田於猶豫以有瞋故於憒
心説之為忿惡他勝已説以為嫉故説忿嫉依於瞋恚若成實論瞋悭二纏是貪使忿嫉之
纏是其瞋使餘悉非使 [此三門竟] 次就見諦斷十種纏之中無慚無愧睡之與掉此之四種通
於見諦餘之六種唯修道斷道若依成實十纏相想道判見諦 [此四門竟] 次就六識分別諸
纏若依毗曇無慚無愧惛眠掉及悔通在六識餘五在意若依成實一切在意意識中
生 [此五門竟] 次就三界弁其通局依於毗曇睡掉二纏遍通三界彼説惛眠是著境
眠故上界有之自餘八纏唯在欲界成實論中雖無文説准義以求上界但無睡眠
有餘七彼宗上界有不善故有無慚愧彼有疑故之得有悔有瞋使故得有忿嫉有
悔得有覆纏不善亂心故得有掉 [此六門竟] 次就位弁依如毗曇凡夫乃至斯陀之人具足
為含之人但有睡掉無餘八種羅漢全無若依成實斯陀已前相同毗曇那含之人亦斷欲結
唯有餘七種羅漢全無問曰羅漢若無睡者何故經中説羅漢眠龍樹釋言眠有
兩種一異見二無學眠靜息已彼阿羅漢已捨異眠有無學眠何故有
此法但飲食眠息持養是故有之不為安隱著樂故眠論復釋言羅漢
以二退解脫者具得八禪以得禪故得色界地復妙田大乘在身中身則安樂是故
不得上禪不得上界勝妙田大乘入身中也故有眠羅漢如是似服復亦得
為化衆生示現有之十纏之義略弁如是
判 第一釋名 弁體第二
蓋是其名也言世諦者亦名俗諦亦名等世名為時事相言法實
小無為非是識法能非世諦釋言有名不盡諸法云何不盡於諦之中亦
以無為非世從有立稱故云世言亦前衆生微名相似可世者是其世人
故名世諦故涅槃云世人所知名為世諦問曰世法難之知何故但言世人所知
言是人雖知此法隨世故是故偏名世人所知又復解人識彼世人所知法知其虚
真是世法之實故名世諦亦不解人之識凡夫生死法中知其苦集所知苦集應名凡諦然彼
非見凡法解人知故得名解諦世諦似彼何須偏就世間之人為世諦釋言主從令得
言中為明苦集非解不知故名解諦世法虚微雖是解故理非情上相非之義亦言
言俗諦者俗謂世俗所知故名俗諦言亦諦者亦謂齊亦談揚之義世法非一
故亦等諸故云亦諦第一義者亦名真諦第一是其顯勝之目所以名義真者是
之稱世亦第一審實不謬故真名諦真則有實世法虚誑云何名諦言虚誑者
成非於世法事實不无故得稱諦又復世法實是虚微故名世諦非世諦名對者

言之人但有睡掉无餘八種羅漢全无亦後[illegible]斯他已前相同此[illegible]那含之人[illegible]結
睡有餘七種羅漢全无問曰羅漢並无睡者何故經中說羅漢眠龍樹釋言眠有
兩種一是見二无明眠靜息心已彼阿羅漢已捨[illegible]眠有无明眠何故[illegible]
身法須飲食眠息持養是故有之不為安隱着樂故眠論須釋言羅漢
二俱解脫者具得八禪以得禪故得色界地法妙四大來在身中身則安樂是故
得上禪一不得上界勝妙四大來入身中是故有眠羅漢如是[illegible]復云何
為化眾生示現有之十種之義略辨如是
判　第一釋名　[illegible]第二
第一是其名也言世帝者名俗帝之名亦帝世世名為時事相言法[illegible]
卜无為非皇賊法雖非世帝釋名有名一不盡諸法云何不盡亦帝之中[illegible]
以无為非世從有立稱故云世帝前[illegible]生滅名相似可世者是其世人
故名世帝故涅槃云世人所知名為世帝問曰世法雖人之知何故但言世人所知
人雖知法隨世故是故偏名世人所知又復雖人雖知彼世人所知法中知其虛
其是世法之實故名世帝亦不能人之識見夫生死法中知其善集所知是真應名見帝於彼
非見見法雖人知故得名雖帝世帝以彼何緣漏無世間之人為世帝釋言之從[illegible]得
中為明世集非雖不知故名雖帝世法虛假雖是雖故理非精上[illegible]
言俗帝者俗謂世俗所知故名俗帝言亦帝者亦謂有亦談[illegible]之義世法非一
亦帝者諸故云亦帝第一義者名真帝第一是其明勝之因所以名義真者是
之釋世為第一審實不謬故是名帝真則有對世法虛誑云何名帝言虛誑
義雖於世法事實不无故得稱帝又復世法假是虛假故名世帝世帝名對
時[illegible]名[illegible]第一義[illegible]

噉僧食都無慙愧餅菓菜菰懷挾歸家如此之人死
須鐵叉地獄云何名為善人若有衆生入寺之時見僧恭
敬見佛礼拜受戒懺悔捨於財物修營三寶不惜身命
護持大法如此之人舉足一步天堂自來受果如樹提
伽樹提伽則名為家上善人也 佛告大衆我向所論種種
因果此經一名殊別二名殊勝三名菩薩若有衆生聞

佛語普廣菩薩用我語者一偈或佛不信我者譬如海中
求針枉費功力無得見日　佛語諸菩薩令身盜他物者來
生為他作㾓牛令他苦打非時苦使受牛身以逕五百劫
與他作奴任他驅使心常逃避令被捉得苦刑印面非理苦
持　佛語菩薩伽藍中有二種心一者善心二者惡心云何
為惡人若有衆生入寺之時唯從衆僧乞索或求僧長短

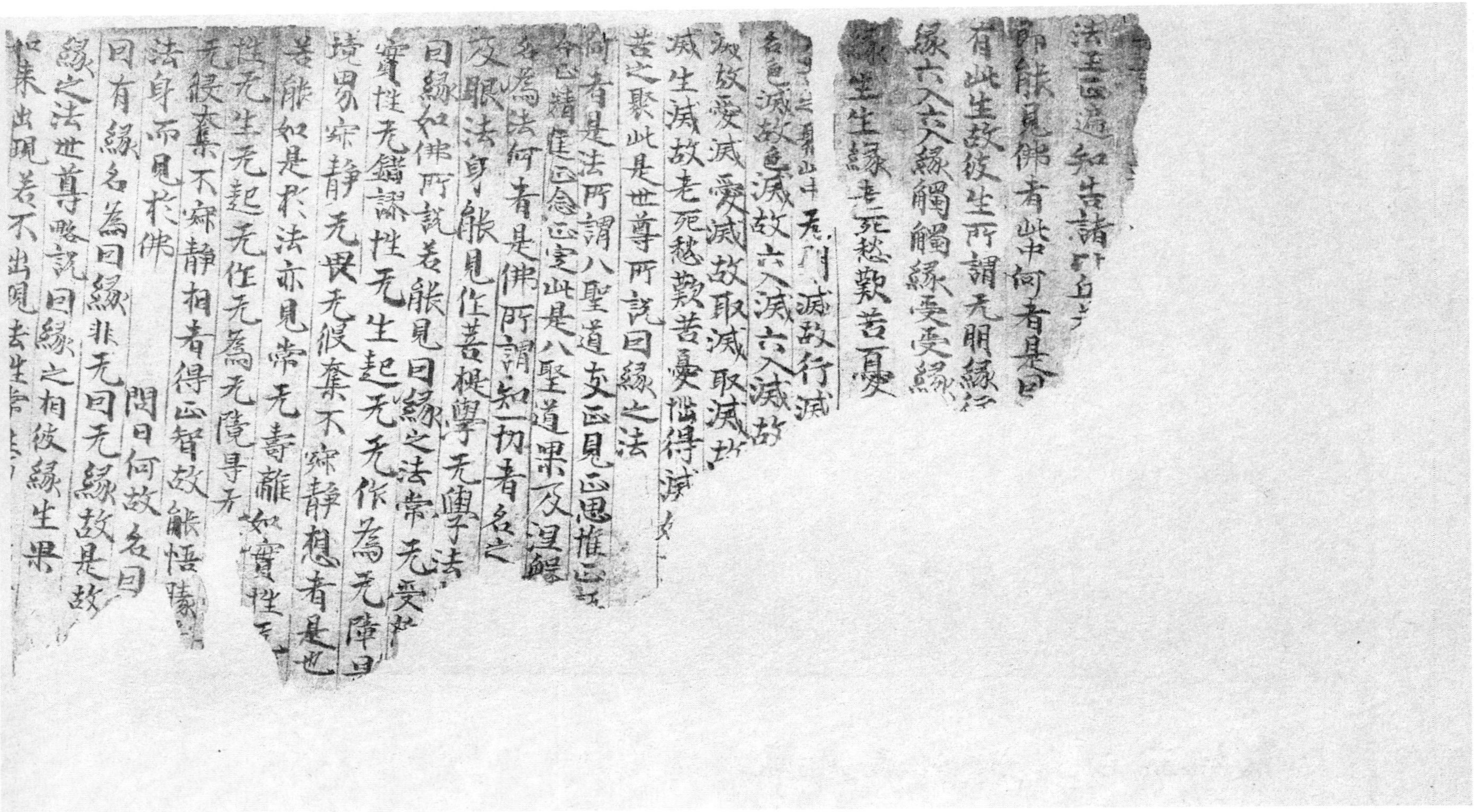

法王正遍知告諸比丘
即能見佛者此中何者是因
有此生故彼生所謂无明緣行
緣六入六入緣觸觸緣受受緣
緣生生緣老死愁歎苦憂
……无明滅故行滅
名色滅故名色滅故六入滅六入滅故
滅故愛滅愛滅故取滅取滅故
滅生滅故老死愁歎苦憂惱得滅如
苦之聚此是世尊所說因緣之法
何者是法所謂八聖道支正見正思惟正語
命正精進正念正定此是八聖道果及涅槃
名為法何者是佛所謂知一切者名之
及眼法身能見作菩提學无學法
因緣如佛所說若能見因緣之法常无受如
實性无錯謬性无生起无无作為无障
境界寂靜无畏无侵奪不寂靜想者是也
若能如是於法亦見常无壽離如實性无
性无生无起无作无為无障导无
无侵奪不寂靜相者得正智故能悟勝
法身而見於佛　問曰何故名因
因有緣名為因緣非无因无緣故是故
緣之法世尊略說因緣之相彼緣生果
如來出現若不出現去生者

BD09863號　大乘稻芉經　（2–1）

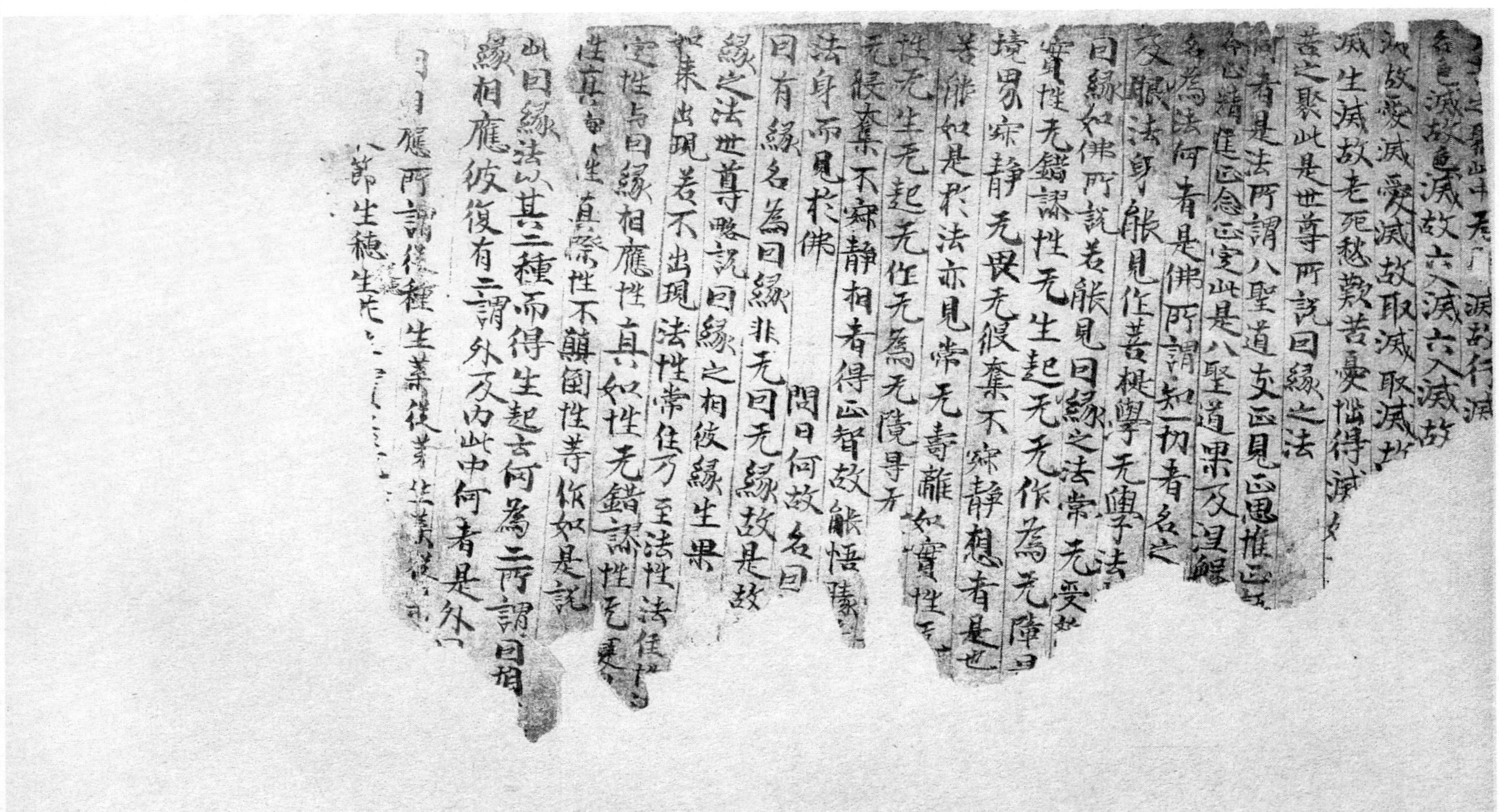

滅故愛滅愛滅故取滅取滅故
滅生滅故老死愁歎苦憂惱得滅如
苦之聚此是世尊所說因緣之法
何者是法所謂八聖道支正見正思惟正語
命正精進正念正定此是八聖道果及涅槃
名為法何者是佛所謂知一切者名之
及眼法身能見作菩提學无學法
因緣如佛所說若能見因緣之法常无受如
實性无錯謬性无生起无无作為无障
境界寂靜无畏无侵奪不寂靜想者是也
若能如是於法亦見常无壽離如實性无
性无生无起无作无為无障导无
无侵奪不寂靜相者得正智故能悟勝
法身而見於佛　問曰何故名因
因有緣名為因緣非无因无緣故是故
緣之法世尊略說因緣之相彼緣生果
如來出現若不出現法性常住乃至法性法住性
定性與因緣相應性真如性无錯謬性无變
性真實性實際性不顛倒性等作如是說
此因緣法以其二種而得生起云何為二所謂因相
緣相應彼復有二謂外及內此中何者是外
因緣應所謂從種生芽從芽生葉從葉
節生穗生花

BD09863號　大乘稻芉經　（2–2）

不得遶塔四邊嚼楊枝式叉迦羅尼 八十
不得塔下涕唾式叉迦羅尼
不得向塔涕唾式叉迦羅尼
不得遶塔四邊涕唾式叉迦羅尼
不得向佛塔舒脚坐式叉迦羅尼
不得安佛在下房己在上房住式叉迦羅尼
人坐己立不得為說法除病式叉迦羅尼
人卧己坐不得為說法除病式叉迦羅尼
人在坐己在非坐不得為說法除病式叉迦羅尼
人在高己在下坐不得為說法除病式叉迦羅尼
人在前己在後不得為說法除病式叉迦羅尼 九十
人在高經行處己在下經行處不得為說法除病式叉迦羅尼
人在道己在非道不得為說法除病式叉迦羅尼
不得攜手在道行式叉迦羅尼
不得上高過人樹除時因緣式叉迦羅尼
不得絡囊盛鉢貫杖頭置肩上行式叉迦羅尼
人持杖不應為說法除病式叉迦羅尼
人持劍不得為說法除病式叉迦羅尼
人持矛不應為說法除病式叉迦羅尼
人持刀不應為說法除病式叉迦羅尼
[illegible]除病式叉迦羅尼

BD09864 號　四分僧戒本　（1–1）

清淨故一切三摩地門清淨一切三摩地門
清淨故一切智智清淨何以故若無性自性
空清淨若一切三摩地門清淨若一切智智
清淨無二無二分無別無斷故
善現無性自性空清淨故預流果清淨預流
果清淨故一切智智清淨何以故若無性自
性空清淨若預流果清淨若一切智智清淨
無二無二分無別無斷故無性自性空清淨
故一來不還阿羅漢果清淨一來不還阿羅
漢果清淨故一切智智清淨何以故若無性
自性空清淨若一來不還阿羅漢果清淨若
自性空清淨若一來不還阿羅漢果清淨若
一切智智清淨無二無二分無別無斷故善
現無性自性空清淨故獨覺菩提清淨獨覺

BD09865 號　大般若波羅蜜多經卷二一七　（1–1）

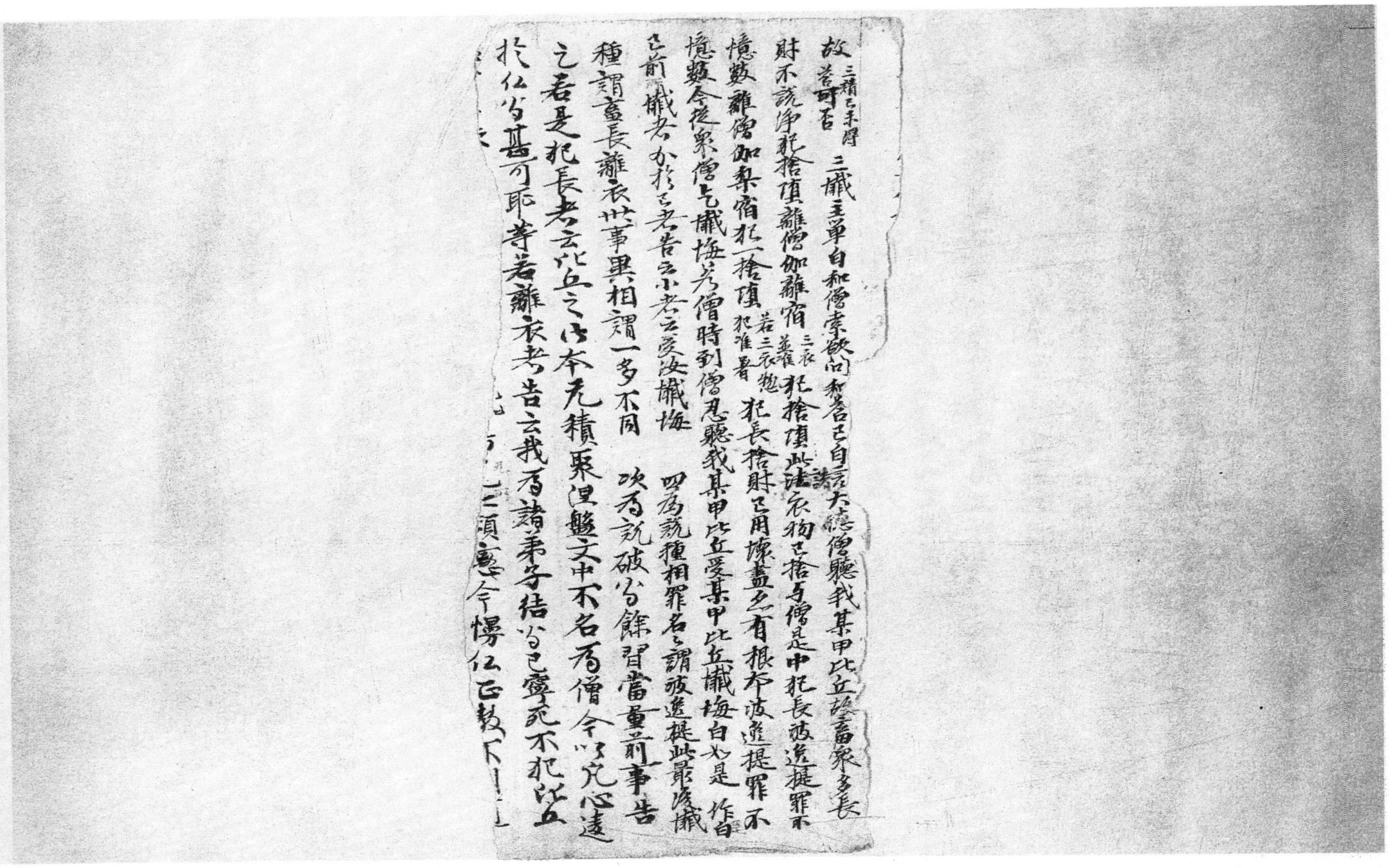

故三積已未得若可否
三懺主單白和僧索欲問和答已自云大德僧聽我某甲比丘故畜衆多長
財不說淨犯捨墮離僧伽梨宿三衣並准犯捨墮此法衣物已捨與僧是中犯長波逸提罪不
憶數離僧伽梨宿犯一捨墮若三衣總犯准著犯長捨財已用壞盡不有根本波逸提罪不
憶數今從衆僧乞懺悔若僧時到僧忍聽我某甲比丘受某甲比丘懺悔白如是作白
已前懺者亦於上座告云小者云受汝懺悔　四為說種相罪名謂波逸提此最後懺
種謂畜長離衣卅事異相謂一多不同　次為說破心餘習當量前事告
之若是犯長者云比丘之法本無積聚涅槃文中不名為僧今以究心遠
於仏心甚可恥等若離衣者告云我為諸弟子結心已寧死不犯比丘
……須慎令慢仏正教下……

BD09866 號　四分律刪繁補闕行事鈔卷中　　（1–1）

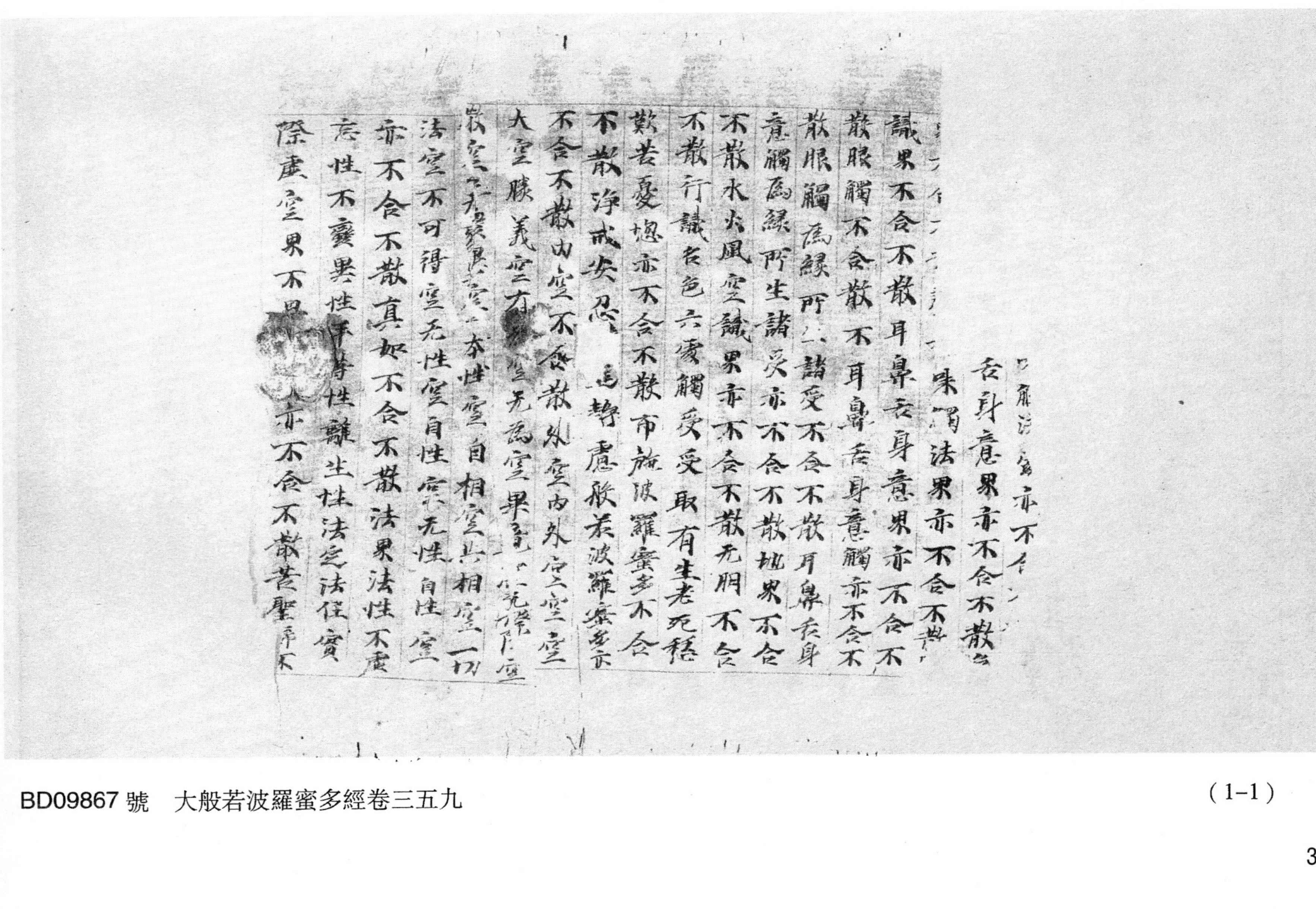

……亦不合……
舌身意界亦不合不散色
味觸法界亦不合不散
識界不合不散耳鼻舌身意界亦不合不
散眼觸不合不散耳鼻舌身意觸亦不合不
散眼觸為緣所生諸受不合不散耳鼻舌身
意觸為緣所生諸受亦不合不散地界不合
不散水火風空識界亦不合不散无明不合
不散行識名色六處觸受愛取有生老死愁
歎苦憂惱亦不合不散布施波羅蜜多不合
不散淨戒安忍精進靜慮般若波羅蜜多亦
不合不散內空不合不散外空內外空空空
大空勝義空有為空无為空畢竟空无際空
散空无變異空本性空自相空共相空一切
法空不可得空无性空自性空无性自性空
亦不合不散真如不合不散法界法性不虛
妄性不變異性平等性離生性法定法住實
際虛空界不思議界亦不合不散菩薩摩訶

BD09867 號　大般若波羅蜜多經卷三五九　　（1–1）

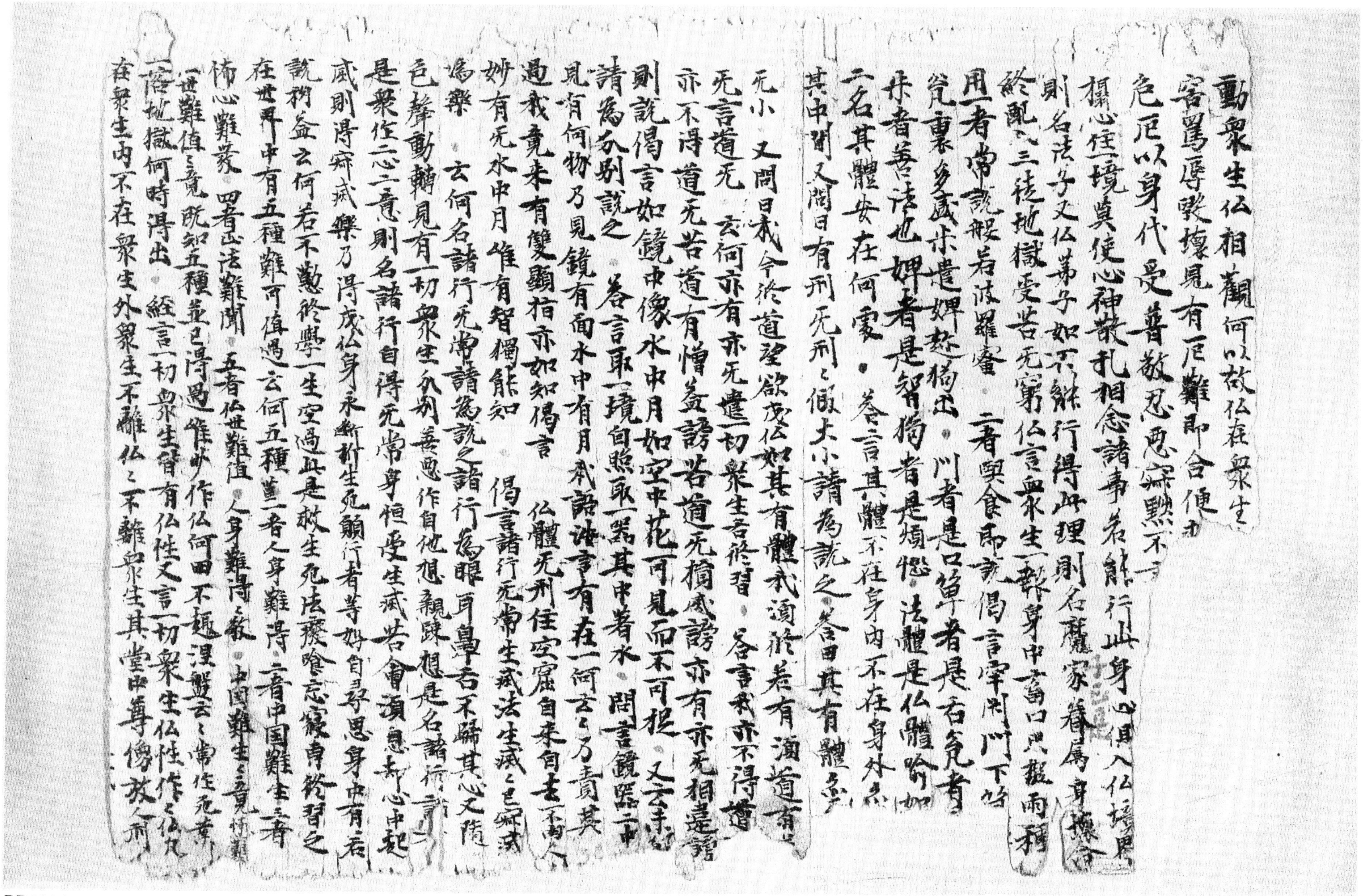
動衆生仏相觀何以故仏在衆生
容罵辱毀壞見有厄難即合便力
危厄以身代受普敬忍惡寂默不言
攝心住一境莫使心神散亂相念諸事若能行此身心俱入仏境界
則名法子又仏弟子如不能行得此理則名魔家眷屬身壞命
終亂入三徒地獄受苦无窮仏言衆生一報身中審口只擬雨稱
用一者常說般若波羅蜜 二者與食即說偈言牢閉門下咍
覺裏多藏求遣婢趁猶出 門者是口鼻者是舌兒者
朱者善法也婢者是智猶者是煩惱 法體是仏體喻如
二名其體安在何處 答言其體不在身內不在身外亦
其中間 又問曰有形无形〻假大小請為說之 答曰其有體多少
无小 又問曰我今欲道望欲成仏如其有體我須於者有滴道有
无言道无 云何亦有亦无遣一切衆生者於習 答言我亦不得道
亦不得道无若道有增益謗若道无損減謗亦有亦无相違謗
則說偈言如鏡中像水中月如空中花可見而不可捉 又云手
請為分別說之 答言取一境自照取一器其中著水 問言鏡器二中
見有何物乃見鏡有面水中有月我語汝言有在一何云〻乃責其
過我竟來有雙顯指亦如知偈言 仏體无形住空窟自來自去不
妙有无水中月唯有智獨能知 偈言諸行无常生滅法生滅〻已寂滅
為樂 云何名諸行无常請為說之諸行為眼耳鼻舌不歸其心又隨
色聲動轉見有一切衆生分別善惡作自他想親疏想是名諸行言二
是衆住二心二意則名諸行自得无常身恒受生滅若會須息去心中起
滅則得寂滅樂乃得成仏身永斷於生死願行者等好自尋思身中有若
說利益云何若不勤修學一生空過此是救生死法癡喰忘寢專修習之
在世界中有五種難可值遇云何五種 一者人身難得 二者中国難生 三者
佈心難發 四者正法難聞 五者仏世難值 人身難得〻敘 中国難生〻竟怖難
一世難值〻竟既知五種並已得遇唯少作仏何因不趣涅槃經云〻常住无華
一墮地獄何時得出 經言一切衆生皆有仏性又言一切衆生仏性作〻仏凡
在衆生內不在衆生外衆生不離仏〻不離衆生其堂中尊像放〻形

BD09868號　三階教殘文獻（擬）

（1–1）

善慶初校
寫經
卷九總
脫三行
兌了
校

無生無滅無染無淨無作無為皆無所有不
可得故乘大乘者亦不可得所以者何畢竟
淨故善現當知前後中際皆無所有不可得
故乘大乘者亦不可得所以者何畢竟淨故
善現當知若往若來若行若住皆無所有不
可得故乘大乘者亦不可得所以者何畢竟
淨故善現當知若死若生若增若減皆無所
有不可得故乘大乘者亦不可得所以者何
畢竟淨故善現當知嚴淨佛土成熟有情皆
無所有不可得故乘大乘者亦不可得所以
者何畢竟淨故復次善現此中何法不可得
故說不可得善現當知此中我性乃至見者
性不可得故說不可得所以者何以我性乃
至見者性非已可得非當可得非現可得畢
竟淨故善現當知此中真如性乃至不思議
界性不可得故說不可得所以者何以真如
性乃至不思議界性非已可得非當可得非
現可得畢竟淨故善現當知此中斷界性乃

BD09869號　大般若波羅蜜多經（兌廢稿）卷四九二　（2–1）

者何畢竟淨故復次善現此中何法不可得
故說不可得善現當知此中我性乃至見者
性不可得故說不可得所以者何以我性乃
至見者性非已可得非當可得非現可得畢
竟淨故善現當知此中真如性乃至不思議
界性不可得故說不可得所以者何以真如
性乃至不思議界性非已可得非當可得非
現可得畢竟淨故善現當知此中斷界性乃
至無為界性不可得故說不可得所以者何
以斷界性乃至無為界性非已可得非當可
得非現可得畢竟淨故善現當知此中色蘊
性乃至識蘊性不可得故說不可得所以者
何以故色蘊[redacted]性乃至識蘊性非已可得非當可
得非現可得畢竟淨故善現當知此中眼處
性乃至意處性不可得故說不可得所以者
何以眼處性乃至意處性非已可得非當可
得非現可得畢竟淨故善現當知此中色處
性乃至法處性不可得故說不可得所以者

BD09869號　大般若波羅蜜多經（兌廢稿）卷四九二　（2–2）

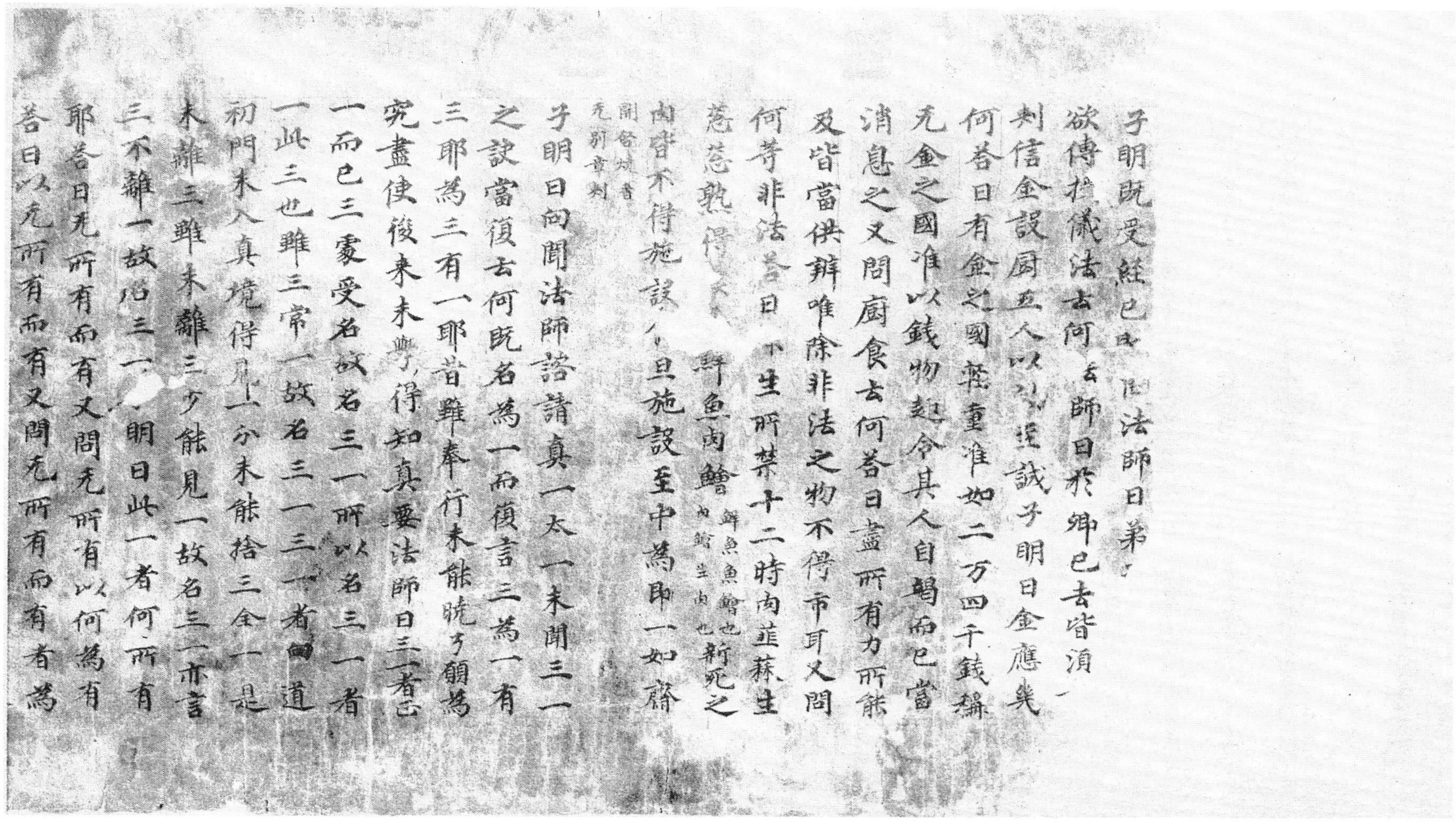

子明既受經已，白法師曰：弟子
欲傳授儀法云何？法師曰：於卿已去，皆須
剋信金誓，厨五人以上，[illegible]誡。子明曰：金應幾
何？答曰：有金之國，輕重准如二万四千錢，[illegible]
无金之國，准以錢物，起令其人自竭而已。當
消息之。又問：厨食云何？答曰：盡所有力所能
及，皆當供辨，唯除非法之物，不得市耳。又問：
何等非法？答曰：下生所禁，十二時內葷蘇生
葱，葱熟得[illegible] 鮮魚肉鱠（鮮魚魚鱠也，肉鱠生肉也）新死之
肉，皆不得施設。又且施設至中，為即一如齋
開啓燒香，无别章剋
子明曰：向聞法師語，請真一太一，未聞三一
之說，當復云何？既名為一，而復言三，為一有
三耶？為三有一耶？昔雖奉行，未能曉了，願為
究盡，使後來末學得知真要。法師曰：三一者，正
一而已，三處受名，故名三一。所以名三一者，
一此三也。雖三常一，故名三一。三一者，四道
初門，未入真境，得其一分，未能捨三全一，是
未離三。雖未離三，少能見一，故名三一。亦言
三不離一，故名三一。明曰：此一者何所有
耶？答曰：无所有而有。又問：无所有，以何為有？
答曰：以无所有而有。又問：无所有而有者，為

BD09870 號　太上洞玄靈寶昇玄內教經　（2–1）

何等非法？答曰：下生所禁，十二時內葷蘇生
葱，葱熟得[illegible] 鮮魚肉鱠（鮮魚魚鱠也，肉鱠生肉也）新死之
肉，皆不得施設。又且施設至中，為即一如齋
開啓燒香，无别章剋
子明曰：向聞法師語，請真一太一，未聞三一
之說，當復云何？既名為一，而復言三，為一有
三耶？為三有一耶？昔雖奉行，未能曉了，願為
究盡，使後來末學得知真要。法師曰：三一者，正
一而已，三處受名，故名三一。所以名三一者，
一此三也。雖三常一，故名三一。三一者，四道
初門，未入真境，得其一分，未能捨三全一，是
未離三。雖未離三，少能見一，故名三一。亦言
三不離一，故名三一。明曰：此一者何所有
耶？答曰：无所有而有。又問：无所有，以何為有？
答曰：以无所有而有。又問：无所有而有者，為
何所義？答曰：形聲虛偽故。又問：何為虛偽？答
曰：不住故。又問：云何不住？答曰：速變異故。又問
曰：雖速變異，非无所有，既云變異，果是有
物可變[illegible] 答曰：向言變異者，
亦不言都无，[illegible]空非但言一切有皆偽非
真生者[illegible] 有必壞滅者必衰

BD09870 號　太上洞玄靈寶昇玄內教經　（2–2）

體放光
君曰善哉善哉我之真子能紹
生啓方便門與我无異十方天
於是元始天尊化作百億黃
嚴法座妙麗齊等如前
天尊分身在十方界同
貌徒衆說法軌儀稱
分身天尊來到此土
說讚曰
元始无上第一尊　超踰十方无等倫　无數劫
具足清淨福慧因　煩惱結習皆已斷　畢竟故業不造新
神通威力无所畏　洞達三世了俗真　圓備智慧諸功德
集此妙法以為身　无量劫中忍諸苦　捨身頭目及支節
國城妻子无所悋　衣食寶貨皆能㪚　處在地獄代衆生
能受鑊湯爐炭熱　寒水氷泉體切傷　劍樹刀山身破裂
見他苦惱心憂悲　為物受報情懃惓　四等六度外不斷
陰德密行内无㪚　是故致得妙報身　虛圓淨滿无生滅

BD09871號　太玄真一本際經卷八　（2–1）

嚴法座妙麗齊等如前
天尊分身在十方界同
貌徒衆說法軌儀稱
分身天尊來到此土
說讚曰
元始无上第一尊　超踰十方无等倫　无數劫
具足清淨福慧因　煩惱結習皆已斷　畢竟故業不造新
神通威力无所畏　洞達三世了俗真　圓備智慧諸功德
集此妙法以為身　无量劫中忍諸苦　捨身頭目及支節
國城妻子无所悋　衣食寶貨皆能㪚　處在地獄代衆生
能受鑊湯爐炭熱　寒水氷泉體切傷　劍樹刀山身破裂
見他苦惱心憂悲　為物受報情懃惓　四等六度外不斷
陰德密行内无㪚　是故致得妙報身　虛圓淨滿无生滅
容受一切无鄣导　生育万物不窮竭　遊入三清法水中
心解傳化流无絕　我等稱揚微妙報　寄世言辞不能說
太微帝君見此十方天尊自然雲集并聞偈
頌懽喜踊躍首體投地礼拜太上叉手啓曰
不審此等百億天尊自然來會并乘國土宮
殿人物威儀相貌與今天尊等无有異我等
見已得未曾有不知何因願垂告示太上告

BD09871號　太玄真一本際經卷八　（2–2）

著　録　凡　例

本目錄採用條目式著錄法。諸條目意義如下：

1.1　著錄編號。用漢語拼音首字“BD”表示，意為“北京圖書館藏敦煌遺書”，簡稱“北敦號”。文獻寫在背面者，標註為“背”。一件遺書上抄有多個文獻者，用數字 1、2、3 等標示小號。一號中包括幾件遺書，且遺書形態各自獨立者，用字母 A、B、C 等區別。

1.2　著錄分類號。本條記目錄暫不分類，該項空缺。

1.3　著錄文獻的名稱、卷本、卷次。

1.4　著錄千字文編號。

1.5　著錄縮微膠卷號。

2.1　著錄遺書的總體數據。包括長度、寬度、紙數、正面抄寫總行數與每行字數、背面抄寫總行數與每行字數。如該遺書首尾有殘破，則對殘破部分單獨度量，用加號加在總長度上。凡屬這種情況，長度用括弧標註。

2.2　著錄每紙數據。包括每紙長度及抄寫行數或界欄數。

2.3　著錄遺書的外觀。包括：（1）裝幀形式。（2）首尾存況。（3）護首、軸、軸頭、天竿、縹帶，經名是書寫還是貼簽，有無經名號，扉頁、扉畫。（4）卷面殘破情況及其位置。（5）尾部情況。（6）有無附加物（蟲繭、油污、線繩及其他）。（7）有無裱補及其年代。（8）界欄。（9）修整。（10）其他需要交待的問題。

2.4　著錄一件遺書抄寫多個文獻的情況。

3.1　著錄文獻首部文字與對照本核對的結果。

3.2　著錄文獻尾部文字與對照本核對的結果。

3.3　著錄錄文。

3.4　著錄對文獻的說明。

4.1　著錄文獻首題。

4.2　著錄文獻尾題。

5　著錄本文獻與對照本的不同之處。

6.1　著錄本遺書首部可與另一遺書綴接的編號。

6.2　著錄本遺書尾部可與另一遺書綴接的編號。

7.1　著錄題記、題名、勘記等。

7.2　著錄印章。

7.3　著錄雜寫。

7.4　著錄護首及扉頁的內容。

8　著錄年代。

9.1　著錄字體。如有武周新字、合體字、避諱字等，予以說明。

9.2　著錄卷面二次加工的情況。包括句讀、點標、科分、間隔號、行間加行、行間加字、硃筆、墨塗、倒乙、刪除、兑廢等。

10　著錄敦煌遺書發現後，近現代人所加內容，裝裱、題記、印章等。

11　備註。著錄揭裱互見、圖版本出處及其他需要說明的問題。

上述諸條，有則著錄，無則空缺。

為避文繁，上述著錄中出現的各種參考、對照文獻，暫且不列版本說明。全目結束時，將統一編制本條記目錄出現的各種參考書目。

本條記目錄為農曆年份標註其公曆紀年時，未進行歲頭年末之換算，請讀者使用時注意自行換算。

條　記　目　錄

BD09480—BD09871

1.1　BD09480號
1.3　大般若波羅蜜多經（兑廢稿）卷九一
1.4　殷001
2.1　（1.3+26.7+17.6）×26.7厘米；2紙；24行，行17字。
2.2　01：01.3，護首；　　02：26.7+17.6，24。
2.3　卷軸裝。首全尾殘。有護首，被剪斷。卷面油污，下邊殘破。有烏絲欄。尾有餘空。已修整。
3.1　首全→大正0220，05/0504C02。
3.2　尾8行上殘→大正0220，05/0504C20～27。
4.1　大般若波羅蜜多經卷第九十一，/初分求般若品第廿七之三，三藏法師玄奘奉詔譯/（首）。
8　8～9世紀。吐蕃統治時期寫本。
9.1　楷書。

1.1　BD09481號
1.3　大般若波羅蜜多經卷六九
1.4　殷002
2.1　（15+32.5）×28厘米；1紙；26行，行17字。
2.3　卷軸裝。首全尾脱。卷首右上殘缺，卷面多油污、變色，上下邊殘破。有烏絲欄。已修整。
3.1　首7行上殘→大正0220，05/0388A09～17。
3.2　尾殘→大正0220，05/0388B08。
4.1　□…□經卷第六十九，/□…□品第十八之九，三藏法師玄奘奉詔譯/（首）。
8　8～9世紀。吐蕃統治時期寫本。
9.1　楷書。

1.1　BD09482號
1.3　大般若波羅蜜多經卷二四〇
1.4　殷003
2.1　27.5×27.4厘米；1紙；6行，行17～18字。
2.3　卷軸裝。首脱尾全。卷面有鳥糞。有烏絲欄。已修整。
3.1　首殘→大正0220，06/0214B23。
3.2　尾全→大正0220，06/0214B28。
4.2　大般若波羅蜜多經卷第二百卌（尾）。
8　8～9世紀。吐蕃統治時期寫本。
9.1　楷書。

1.1　BD09483號
1.3　大般若波羅蜜多經卷五一九
1.4　殷004
2.1　（43.1+1.9）×25.3厘米；2紙；14行，行17字。
2.2　01：19.7，護首；　　02：23.4+1.9，14。
2.3　卷軸裝。首全尾殘。有護首，已殘缺。有烏絲欄。已修整。
3.1　首全→大正0220，07/0653B16。
3.2　尾行下殘→大正0220，07/0653C03。
4.1　大般若波羅蜜多經卷第五百一十九，/第三分巧便品第廿三之三，三藏法師玄奘奉詔譯/（首）。
7.4　護首有殘经名，可辨“第五百一十九”。
8　8世紀。唐寫本。
9.1　楷書。

1.1　BD09484號
1.3　大般若波羅蜜多經卷二九二
1.4　殷005
2.1　（4.9+13.2+1.7）×25.8厘米；1紙；12行，行17字。
2.3　卷軸裝。首尾均殘。有烏絲欄。已修整。
3.1　首3行下殘→大正0220，06/0484A27～29。
3.2　尾行上殘→大正0220，06/0484B09。
8　8世紀。唐寫本。
9.1　楷書。

1.1　BD09485號
1.3　大般若波羅蜜多經卷五六九
1.4　殷006
2.1　（20.9+17+2.5）×26厘米；2紙；24行，行17字。

2.2　01：02.4，護首；　　02：18.5+17+2.5，24。
2.3　卷軸裝。首全尾殘。卷首上下殘缺，卷面有水漬及殘洞，下邊殘缺。有烏絲欄。已修整。
3.1　首11行上下殘→大正0220，07/0936C02~16。
3.2　尾行中殘→大正0220，07/0936C27~28。
4.1　□…□蜜多經卷第五百六十九，/第六分法性品第六，三藏法師玄奘奉詔譯/（首）。
8　8世紀。唐寫本。
9.1　楷書。
9.2　有行間校加字。

1.1　BD09486號
1.3　大般若波羅蜜多經卷五六五
1.4　殷007
2.1　（29.6+14.7）×25.5厘米；1紙；26行，行17字。
2.3　卷軸裝。首全尾脱。卷下部有殘缺。有烏絲欄。已修整。
3.1　首17行下殘→大正0220，07/0915B02~21。
3.2　尾殘→大正0220，07/0915C01。
4.1　大般若波羅蜜多經卷第五百六十五，/第五分根栽品第廿二之二，三藏法師玄奘奉［詔譯］/（首）。
8　8世紀。唐寫本。
9.1　楷書。

1.1　BD09487號
1.3　大般若波羅蜜多經卷一〇八
1.4　殷008
2.1　43.1×15厘米；1紙；26行。
2.3　卷軸裝。首尾均殘。通卷上殘。有烏絲欄。已修整。
3.1　首殘→大正0220，05/0594C15。
3.2　尾殘→大正0220，05/0595A13。
4.1　□…□一百八，/□…□三藏法師玄奘奉詔譯（首）。
8　8世紀。唐寫本。
9.1　楷書。

1.1　BD09488號
1.3　大般若波羅蜜多經卷五六八
1.4　殷009
2.1　（2.7+20.9+5.1）×26厘米；1紙；16行，行17字。
2.3　卷軸裝。首殘尾全。有殘洞。有烏絲欄。已修整。
3.1　首行上殘→大正0220，07/0936B13。
3.2　尾全→大正0220，07/0936B28。
4.2　大般若波羅蜜多經卷第五百六十八（尾）。
8　8~9世紀。吐蕃統治時期寫本。
9.1　楷書。

1.1　BD09489號1
1.3　大般若波羅蜜多經第十會般若理趣分序
1.4　殷010
2.1　42.8×25.9厘米；1紙；26行，行17字。
2.3　卷軸裝。首全尾脱。有殘洞，有古代褙補。有烏絲欄。已修整。
2.4　本遺書包括2個文獻：（一）《大般若波羅蜜多經第十會般若理趣分序》，18行，今編為BD09489號1。（二）《大般若波羅蜜多經》卷五七八，8行，今編為BD09489號2。
3.1　首全→大正0220，07/0986A02。
3.2　尾全→大正0220，07/0986A21。
4.1　大般若經第十會般若理趣分序，西明寺玄則法師製（首）。
7.1　卷背有勘記“下藏”。
8　8~9世紀。吐蕃統治時期寫本。
9.1　楷書。

1.1　BD09489號2
1.3　大般若波羅蜜多經卷五七八
1.4　殷010
2.4　本遺書由2個文獻組成，本文獻為第2個，8行。餘參見BD09489號1第2項。
3.1　首全→大正0220，07/0986A24。
3.2　尾殘→大正0220，07/0986B05。
4.1　大般若波羅蜜多經卷第五百七十八，/第十般若理趣分，三藏法師玄奘奉詔譯/（首）。
8　8~9世紀。吐蕃統治時期寫本。
9.1　楷書。

1.1　BD09490號
1.3　大般若波羅蜜多經卷二七六
1.4　殷011
2.1　（24.8+6.4）×26.3厘米；1紙；19行，行17字。
2.3　卷軸裝。首全尾殘。卷面有水漬及殘洞。有烏絲欄。已修整。
3.1　首全→大正0220，06/0398A02。
3.2　尾4行上中殘→大正0220，06/0398A20~24。
4.1　大般若波羅蜜多經卷第二百七十六，/初分難信解品第卅四之九十五，三藏法師玄奘奉詔譯/（首）。
8　8~9世紀。吐蕃統治時期寫本。
9.1　楷書。

1.1　BD09491號
1.3　大般若波羅蜜多經卷二六六
1.4　殷012
2.1　25.2×27厘米；1紙；13行，行17字。
2.3　卷軸裝。首全尾斷。有烏絲欄。已修整。
3.1　首全→大正0220，06/0345A10。
3.2　尾殘→大正0220，06/0345A25。
4.1　大般若波羅蜜多經卷第二百六十六，/初分難信解品第卅四

之八十五，三藏法師玄奘奉詔譯/（首）。
7.3 卷背有墨痕。
8 8～9世紀。吐蕃統治時期寫本。
9.1 楷書。

1.1 BD09492號
1.3 大般若波羅蜜多經卷二三九
1.4 殷013
2.1 （15.8＋18）×25.5厘米；1紙；19行，行17～18字。
2.3 卷軸裝。首全尾殘。卷面有油污及火灼殘洞。有烏絲欄。已修整。
3.1 首全→大正0220，06/0204A15。
3.2 尾10行下殘→大正0220，06/0204A27～B07。
4.1 大般若波羅蜜多經卷第二百卌九，/初分難信解品第卌四之五十八，三藏法師玄奘奉詔譯/（首）。
8 8～9世紀。吐蕃統治時期寫本。
9.1 楷書。

1.1 BD09493號
1.3 大般若波羅蜜多經卷八六
1.4 殷014
2.1 （9.2＋60.1）×25.4厘米；3紙；44行，行17字。
2.2 01：9.2＋3.6，07； 02：47.5，28； 03：15.7，09。
2.3 卷軸裝。首殘尾斷。第2紙下邊殘缺。背有古代裱補。有烏絲欄。已修整。
3.1 首5行上下殘→大正0220，05/0478C11～16。
3.2 尾殘→大正0220，05/0479A26。
7.1 第2紙背有勘記“八十六”。
8 8世紀。唐寫本。
9.1 楷書。
13 修整時後配《趙城藏》木軸。

1.1 BD09494號
1.3 大般若波羅蜜多經卷一〇九
1.4 殷015
2.1 40.8×20.3厘米；1紙；23行。
2.3 卷軸裝。首殘尾脫。通卷下殘。有烏絲欄。已修整。
3.1 首殘→大正0220，05/0603C28。
3.2 尾殘→大正0220，05/0406A22。
8 8世紀。吐蕃統治時期寫本。
9.1 楷書。

1.1 BD09495號
1.3 大般若波羅蜜多經卷二九六
1.4 殷016
2.1 （4.9＋74.5）×25厘米；2紙；47行，行17字。
2.2 01：4.9＋27，19； 02：47.5，28。
2.3 卷軸裝。首殘尾脫。卷下邊殘缺。背有古代裱補。有烏絲欄。後配《趙城藏》木軸。已修整。
3.1 首3行上下殘→大正0220，06/0504B10～12。
3.2 尾殘→大正0220，06/0504C28。
7.1 背面有勘记“二百九十六”。
8 8世紀。唐寫本。
9.1 楷書。

1.1 BD09496號
1.3 妙法蓮華經卷一
1.4 殷017
2.1 18×25.5厘米；1紙；11行，行16字。
2.3 卷軸裝。首尾均殘。殘片。有烏絲欄。
3.1 首殘→大正0262，09/0003B25。
3.2 尾殘→大正0262，09/0003C10。
8 5～6世紀。南北朝寫本。
9.1 楷書。

1.1 BD09497號
1.3 維摩詰所說經卷上
1.4 殷018
2.1 （7＋19＋8）×25.4厘米；2紙；19行，行17字。
2.2 01：7＋19，15； 02：08.0，04。
2.3 卷軸裝。首尾均殘。卷面多水漬，有殘洞。有烏絲欄。已修整。
3.1 首4行上中殘→大正0475，14/0543C01～04。
3.2 尾4行中下殘→大正0475，14/0543C18～20。
8 8～9世紀。吐蕃統治時期寫本。
9.1 楷書。

1.1 BD09498號
1.3 七階禮懺文（擬）
1.4 殷019
2.1 （2.4＋33.1）×26.2厘米；1紙；12行，行字不等。
2.3 卷軸裝。首尾均殘。已修整。
3.4 說明：
本文獻首行上殘，尾殘。為敦煌地區甚為流行的《七階禮懺文》之一。此類文獻隨著不同的禮拜目的及場合，形態變化較多，尚需進一步整理。
8 9～10世紀。歸義軍時期寫本。
9.1 楷書。

1.1 BD09499號
1.3 佛名經懺悔文鈔（擬）
1.4 殷020
2.1 36×30厘米；1紙；正面22行；背面21行，行字不等。
2.3 卷軸裝。首尾均斷。

2.4　本遺書包括2個文獻：(一)《佛名經懺悔文鈔》(擬)，22行，抄寫在正面，今編為BD09499號。(二)《習字雜寫》(擬)，21行，抄寫在背面，今編為BD09499號背。
3.4　説明：
本遺書所抄為《佛名經》(十六卷本）卷一的懺悔文。詳情如下：
第1～16行：相當於《七寺古逸經典研究叢書》，03/0036B05～0038B04。
第16行下～22行：相當於《七寺古逸經典研究叢書》，03/0057B11～0058B05。
8　9～10世紀。歸義軍時期寫本。
9.1　楷書。

1.1　BD09499號背
1.3　習字雜寫（擬）
1.4　殷020
2.4　本遺書由2個文獻組成，本文獻為第2個，21行，抄寫在背面。餘參見BD09499號的第2項。
3.4　説明：
本文獻為習字雜寫，所寫為諸普通雜字，每行或一字，或數字。
8　9～10世紀。歸義軍時期寫本。
9.1　楷書。

1.1　BD09500號
1.3　妙法蓮華經卷二
1.4　殷021
2.1　(23.5+21.5+7.9)×26厘米；2紙；31行，行17字。
2.2　01：23.5+19.7，25；　　02：1.8+7.9，06。
2.3　卷軸装。首尾均殘。卷面多水漬，上部殘缺。已修整。
3.1　首13行上下殘→大正0262，09/0012A07～20。
3.2　尾5行上下殘→大正0262，09/0012B10～15。
8　9～10世紀。歸義軍時期寫本。
9.1　楷書。

1.1　BD09501號
1.3　妙法蓮華經卷三
1.4　殷022
2.1　28.5×14厘米；1紙；15行。
2.3　卷軸装。首尾均殘。殘片。紙張砑光上蠟。通卷下殘。有烏絲欄。
3.1　首殘→大正0262，09/0021A19。
3.2　尾殘→大正0262，09/0021B05。
8　7～8世紀。唐寫本。
9.1　楷書。

1.1　BD09502號
1.3　妙法蓮華經卷五
1.4　殷023
2.1　27.5×24厘米；1紙；15行。
2.3　卷軸装。首殘尾脱。通卷下邊火燒殘缺。有烏絲欄。
3.1　首殘→大正0262，09/0044C01。
3.2　尾殘→大正0262，09/0044C25。
8　7～8世紀。唐寫本。
9.1　楷書。

1.1　BD09503號
1.3　金光明最勝王經卷一
1.4　殷024
2.1　18×18.5厘米；1紙；12行。
2.3　卷軸装。首尾均殘。殘片。有烏絲欄。卷面油污變色。已修整。
3.1　首殘→大正0665，16/0403B07。
3.2　尾殘→大正0665，16/0403B19。
8　8～9世紀。吐蕃統治時期寫本。
9.1　楷書。

1.1　BD09504號
1.3　維摩詰所說經卷上
1.4　殷025
2.1　(5.5+10)×26.4厘米；1紙；9行，行17字。
2.3　卷軸装。首斷尾殘。有烏絲欄。已修整。
3.1　首殘→大正0475，14/0538B13。
3.2　尾6行上下殘→大正0475，14/0538B16～22。
6.1　上→BD09506號。
6.2　尾→BD08912號。
8　8～9世紀。吐蕃統治時期寫本。
9.1　楷書。
13　本號尾部左上殘缺，可與BD09506號綴接。與BD09506號綴接以後，尾部整體可與BD08912號綴接。

1.1　BD09505號
1.3　維摩詰所說經卷上
1.4　殷026
2.1　(8.5+8.5+3)×24厘米；1紙；12行，行17字。
2.3　卷軸装。首尾均殘。殘片。經黄紙。已修整。
3.1　首5行下殘→大正0475，14/0538B17～22。
3.2　尾2行上下殘→大正0475，14/0538B27～29。
8　7～8世紀。唐寫本。
9.1　楷書。

1.1　BD09506號
1.3　維摩詰所說經卷上
1.4　殷027

2.1 (6.5)×13 厘米；1 紙；4 行。
2.3 卷軸裝。首尾均殘。小殘片。有烏絲欄。已修整。
3.1 首殘→大正 0475，14/0538B17。
3.2 尾殘→大正 0475，14/0538B20。
6.2 下→BD09504 號。
8 8～9 世紀。吐蕃統治時期寫本。
9.1 楷書。
13 本號為小殘片，下部可與 BD09504 號綴接。與 BD09504 號綴接以後，尾部整體可與 BD08912 號綴接。

1.1 BD09507 號
1.3 大般若波羅蜜多經卷三五四
1.4 殷 028
2.1 (3.9+16.8)×26 厘米；1 紙；12 行，行 17 字。
2.3 卷軸裝。首殘尾脫。卷面有殘洞。有烏絲欄。已修整。
3.1 首 2 行下殘→大正 0220，06/0820C23～25。
3.2 尾 1 行殘→大正 0220，06/0821A05～06。
7.1 背面有勘記“三百五十四”。
8 8 世紀。唐寫本。
9.1 楷書。

1.1 BD09508 號
1.3 大般若波羅蜜多經卷四一〇
1.4 殷 029
2.1 (11+18.7)×25.5 厘米；1 紙；17 行，行 17 字。
2.3 卷軸裝。首殘尾脫。有烏絲欄。已修整。
3.1 首 6 行上下殘→大正 0220，07/0051C29～0052A04。
3.2 尾殘→大正 0220，07/0052A16。
7.1 背有勘記“四百一十”。
8 8 世紀。唐寫本。
9.1 楷書。

1.1 BD09509 號
1.3 大般若波羅蜜多經卷四九三
1.4 殷 030
2.1 37×16.6 厘米；1 紙；23 行。
2.3 卷軸裝。首殘尾脫。通卷下殘。有烏絲欄。已修整。
3.1 首殘→大正 0220，07/0505B18。
3.2 尾殘→大正 0220，07/0505C11。
7.1 卷首背有勘記“四百九十三”。
8 7～8 世紀。唐寫本。
9.1 楷書。

1.1 BD09510 號
1.3 密教法會散食儀軌（擬）
1.4 殷 031
2.1 42.1×30.4 厘米；1 紙；19 行，行字不等。
2.3 卷軸裝。首尾均殘。卷面有殘洞。有折疊欄。已修整。
3.3 錄文：

（首全）
先出四身：一者化身，二者圓滿報身，三者/
生死轉輪涅槃身，四者合界作身。化身/
者，根位三金剛三者（身）。金剛根位三身者，如來/
便是一，金剛處根位二，造作為三。更有化/
身三者，護身根位、如來根位化者（身），大悲/
菩薩自身坐禪；蓮花者根位化身，文/
殊師利菩薩觀口坐禪；金剛化者（身），金剛/
藏菩薩觀自心。根位三者護身者，身/
口意觀坐禪。/
大悲觀世音菩薩心咒：唵鉢摩闍利菿。
文殊師利菩薩心咒：唵婆宜唅利菿。
金剛藏菩薩心咒：鉢斛囉菿。
出三盤散食，便有方便三般。先者一盤/
散食，護界善神得喫了願；中分散食/
輪回六道衆生，一切無分別平等，受者願。/
第三分散食，自使喚軍兵受者願。/
三盤散食，三界衆生無分別平等得/
受願。色界無色界欲界，色界身、/
無色界口、欲界心。/
（錄文完）

7.3 卷背有殘筆痕。
8 9～10 世紀。歸義軍時期寫本。
9.1 行楷。
9.2 有行間校加字。
13 與 BD09511 號爲同一人書寫，從内容看，亦為同一次法會的文書。

1.1 BD09511 號
1.3 密教法會轉經文（擬）
1.4 殷 032
2.1 33.3×29.9 厘米；1 紙；14 行，行 16～18 字。
2.3 卷軸裝。首尾均全。有折疊欄。已修整。
3.3 錄文：

（首全）
以此開讀大乘經典，伏願真身化佛常住世間。/
寳字金經恒流沙界，大悲菩薩擁護道場。/
小果聲聞主持法藏，唯願經聲朗朗，上徹梵/
天；讚響鈴鈴，下臨地獄。刀山落刃，劍樹摧峯；/
爐炭收煙，冰河息◇（浪?），雪景樓閣，日月恒明。萬里/
山河，煙塵不雜，惡星變怪，掃出天門。異獸靈/
禽，潛藏地穴。獄囚繫閉，枷鏁下脫。病患在床，/
速蒙除差。懷胎難月，母子平安。征客遠/
行，關山速達。針咽惡鬼，永絕飢虛。鱗甲畜/
生，莫相食噉。盲者、聾者，願見願聞；跛者、/

啞者，能行能語。邊地下賤，願捨惡業之身。/
債主怨家，歡心善意。金剛智水，灌注身心；/
般若威光，照臨心腑。舉足下足，常處道場；/
此世來生，恒同佛會。/
（錄文完）

7.3 卷背有殘筆痕。
8 9～10 世紀。歸義軍時期寫本。
9.1 行楷。
13 與 BD09510 號為同一人書寫，從內容看，亦為同一次法會的文書。

1.1 BD09512 號
1.3 密教最上乘法觀行法（擬）
1.4 殷 033
2.1 27.5×30.5 厘米；1 紙；14 行，行 30 字左右。
2.3 卷軸裝。首尾均殘。中間有殘洞。折疊欄。
3.4 說明：

本文獻首尾均全。內容為密教最上乘法觀行法。其次第大體為：安心淨住、念淨三業真言、觀想十方悉作諸佛菩薩、觀想諸種供養、觀自身為觀音菩薩、回向、觸身真言、取散。

本文獻是研究密教在敦煌流傳的重要資料。參見 BD09513 號 2。

8 9～10 世紀。歸義軍時期寫本。
9.1 行楷。
9.2 有倒乙、塗抹及行間校加字。

1.1 BD09513 號 1
1.3 施諸餓鬼飲食及水法
1.4 殷 034
2.1 11.2×31.2 厘米；1 紙 2 葉 4 個半葉，每半葉 6 至 7 行，共 27 行，行字不等。
2.3 縫繢裝。首尾均脫。上下書角處剪成圓口，中縫有 10 個針孔。有烏絲欄。
2.4 本遺書包括 2 個文獻：（一）《施諸餓鬼飲食及水法》，13 行，今編為 BD09513 號 1。（二）《密教最上乘法觀行法》（擬），14 行，今編為 BD09513 號 2。
3.1 首全→大正 1315，21/0466C16。
3.2 尾殘→大正 1315，21/0467A08。
3.4 說明：

本遺書為縫繢裝的夾紙，兩葉所抄文獻，文字不能連貫。但每葉兩個半葉的文字相連。

本文獻抄在第 1 葉上。

4.1 咒食施面燃餓鬼飲食水法（首）。
5 與《大正藏》本對照，文字略有不同。
8 9～10 世紀。歸義軍時期寫本。
9.1 楷書。

1.1 BD09513 號 2
1.3 密教最上乘法觀行法（擬）
1.4 殷 034
2.4 本遺書由 2 個文獻組成，本文獻為第 2 個，14 行，餘參見 BD09513 號 1 之第 2 項。
3.4 說明：

本文獻首尾均殘。內容為密教最上乘法觀行法，與 BD09512 號為同一文獻，但 BD09512 號直接論述觀行法，而本文獻首部另有若干前儀，尾部不如 BD09512 號完整。其次第從“安心淨住”起，到“觀想諸種供養”為止。

本文獻是研究密教在敦煌流傳的重要資料。

本遺書為縫繢裝的夾紙，兩葉所抄文獻，文字不能連貫。但每葉兩個半葉的文字相連。

本文獻抄在第 2 葉上。

8 9～10 世紀。歸義軍時期寫本。
9.1 楷書。

1.1 BD09514 號
1.3 自心印陀羅尼鈔（擬）
1.4 殷 035
2.1 （6.5+23.5）×31.5 厘米；1 紙；21 行，行 30 餘字。
2.3 卷軸裝。首殘尾脫。上下邊有殘缺。已修整。
3.4 說明：

本文獻首 4 行上下殘，尾殘。通卷反複抄寫《自心印陀羅尼》，現存咒語 6 道，第一道首殘，最後一道尾殘。該《自心印陀羅尼》可參見《無垢淨光大陀羅尼經》，見大正 1024，19/0719C27～0720A06。

8 9～10 世紀。歸義軍時期寫本。
9.1 行楷。

1.1 BD09515 號
1.3 慈氏真言附廻向功德文（擬）
1.4 殷 036
2.1 30.8×30.3 厘米；1 紙；20 行，行 21 字。
2.3 卷軸裝。首尾均全。有烏絲欄。
3.4 說明：

本文獻首尾均全。前為《慈氏真言》，可參見 BD09374 號 2。其後為《廻向功德文》。本文獻說明彌勒信仰在敦煌地區源遠流長。

4.1 慈氏菩薩真言（首）。
8 9～10 世紀。歸義軍時期寫本。
9.1 楷書。

1.1 BD09516 號
1.3 論女人婬慾經文鈔（擬）
1.4 殷 037
2.1 50.5×30 厘米；1 紙；14 行，行 20 餘字。

2.3　卷軸裝。首尾均全。上邊有殘缺。尾有餘空。已修整。
3.4　説明：
本卷抄寫兩段經文：
第1～10行上：相當於大正0374，12/0422A15～27，《大般涅槃經》卷九。
第10行下～14行：相當於大正0006，01/0179A23～29。《般泥洹經》卷上。
前一段經文論述女人婬慾旺盛，後一段經文論述佛告奈女：邪婬五自妨，不邪婬五增福。可知本文獻主題乃女人婬慾，故擬此名。
8　9～10世紀。歸義軍時期寫本。
9.1　行楷。

1.1　BD09517號
1.3　七祖法寶記卷下
1.4　殷038
2.1　（19.5+66+7）×29厘米；3紙；77行，行40字左右。
2.2　01：07.0，（素紙）；　02：12.5+30.5，37；
03：35.5+07.0，38。
2.3　卷軸裝。首尾均殘。上下邊有殘缺和碎損。中間有破裂。已修整。
3.1　首殘→《藏外佛教文獻》，02/0134A03。
3.2　尾殘→《藏外佛教文獻》，02/0145A09。
8　9世紀。歸義軍時期寫本。
9.1　楷書。

1.1　BD09518號
1.3　維摩詰因緣（擬）
1.4　殷039
2.1　（32.5+10）×29.5厘米；1紙；正面21行，行21字；背面21行，行約17字。
2.3　卷軸裝。首尾均脫。略有殘破。
2.4　本遺書包括2個文獻：（一）《維摩詰因緣》（擬），21行，抄寫在正面，今編為BD09518號。（二）《降魔變文》，21行，抄寫在背面，今編為BD09518號背。
3.4　説明：
本文獻首殘，尾5行上部略殘。從内容看，屬於《維摩詰經講經文》同類的文獻，且應為該文獻的前部文字。但本文獻與敦煌遺書中其他《維摩詰經講經文》文字不同，且文中有“維摩詰因緣”云云，故定此名。
本文獻抄寫時，與背面的《降魔變文》一樣，省略韻文部分，僅抄散文部分。
8　9～10世紀。歸義軍時期寫本。
9.1　楷書。
9.2　有點去。有硃筆間隔號。

1.1　BD09518號背
1.3　降魔變文
1.4　殷039
2.4　本遺書由2個文獻組成，本文獻為第2個，21行，抄寫在背面。餘參見BD09518號之第2項。
3.4　説明：
本文獻抄寫《降魔變文》，但僅抄散文，未抄韻文，且文序有顛倒。可參見《敦煌變文校注》，01/0562A12～0563A11。
與《敦煌變文校注》本對照，可資互校。
8　9～10世紀。歸義軍時期寫本。
9.1　楷書。
9.2　有間隔號。

1.1　BD09519號
1.3　絹畫（擬）
1.4　殷040
2.1　27.2×16.6厘米。
2.3　殘絹。
3.4　説明：
絹上並排工筆彩繪花卉兩朵。一朵青蓮色，下有一花蕾，並有綠葉。一朵紅色，形態如蓮花，亦有綠葉，但非荷葉。
8　7～8世紀。唐寫本。

1.1　BD09520號
1.3　木捺佛像（擬）
1.4　殷041
2.1　808.9×28.7厘米；23紙；正面木捺佛像227行，行4、5個不等；背面84行，行字不等。
2.2　01：36.7，10；　02：36.8，10；　03：36.6，10；
04：36.7，10；　05：36.9，10；　06：36.8，10；
07：36.9，10；　08：36.6，10；　09：36.8，10；
10：36.7，10；　11：36.6，10；　12：36.6，10；
13：36.7，10；　14：36.7，10；　15：36.7，09；
16：36.7，10；　17：36.5，10；　18：36.7，08；
19：36.3，10；　20：36.5，11；　21：36.4，10；
22：36.5，11；　23：02.5，00。
2.3　卷軸裝。首尾均殘。已修整。薄皮紙。
2.4　本遺書包括12個文獻：（一）《木捺佛像》（擬），227行，捺印在正面，今編為BD09520號。（二）《詩二首》（擬），23行，抄寫在背面，今編為BD09520號背1。（三）《癸未年三月王的敦貸生絹契稿》（擬），7行，抄寫在背面，今編為BD09520號背2。（四）《癸未年三月龍勒鄉□文德雇工契稿》（擬），8行，抄寫在背面，今編為BD09520號背3。（五）《癸未年四月平康百姓沈延慶貸緤契稿》（擬），7行，抄寫在背面，今編為BD09520號背4。（六）《癸未年四月張修造於王通通雇駝契稿》（擬），5行，抄寫在背面，今編為BD09520號背5。（七）《癸未年四月張修造於價延德雇駝契稿》（擬），9行，抄寫在背面，今編為BD09520號背6。（八）《行人轉帖稿》（擬），5行，抄寫在背

面，今編為 BD09520 號背 7。（九）《社司轉帖》，7 行，抄寫在背面，今編為 BD09520 號背 8。（十）《渠人轉帖稿》（擬），5 行，抄寫在背面，今編為 BD09520 號背 9。（十一）《社人張康三身亡轉帖稿》（擬），3 行，抄寫在背面，今編為 BD09520 號背 10。（十二）《癸未年五月平康鄉彭順子便麥粟契稿》（擬），5 行，抄寫在背面，今編為 BD09520 號背 11。

3.4　說明：

通卷共捺有 1124 尊木捺佛像。佛像有兩種，第一種為 4.3 公分 ×6.5 公分，袈裟通肩，散坐於蓮花座上，無背光。第二種 3.6 公分 ×5 公分，袒露右肩，結跏趺坐於蓮花座上，有背光。兩者手印亦不同。其餘大抵相似。從第 1 紙到第 17 紙前半，所捺為第一種。一般每紙橫捺 10 個，豎捺 5 個。從第 17 紙後半到第 18 紙，所捺為第二種。一紙橫捺 8 個，豎捺 4 個。從第 19 紙到卷尾，所捺又為第一種。存卷總計共捺第一種佛像 1080 尊，第二種佛像 44 尊。由於先粘接紙張，然後捺印，故多有佛像捺在兩紙接縫處者。

8　9～10 世紀。歸義軍時期寫本。

9.1　行楷。

1.1　BD09520 號背 1

1.3　詩二首（擬）

1.4　殷 041

2.4　本遺書由 12 個文獻組成，本文獻為第 2 個，23 行，抄寫在背面，餘參見 BD09520 號第 2 項。

3.1　首全→《敦煌詩集殘卷輯考》，01/0922A14。

3.2　尾全→《敦煌詩集殘卷輯考》，01/0923A04。

3.4　說明：

兩首詩，第一首為《因睹京使忽思家國忡時一絕》，第二首為《禹興立走》。首兩行為第一首雜寫，其後每首抄寫兩遍，故共計 23 行。

兩首詩的作者應為同一個人，係從内地來到敦煌，鬱鬱不得志，以詩詠懷。

背面文獻，均為張修造書寫。且 BD09520 號背 2、BD09520 號背 11 均有癸未（923）紀年，故背面文獻均應寫於該年。

8　923 年。歸義軍時期寫本。

9.1　行楷。

13　許國霖有録文，參見《敦煌叢刊初集》，10/0419A13～0420A05。

1.1　BD09520 號背 2

1.3　癸未年三月王的敦貸生絹契稿（擬）

1.4　殷 041

2.4　本遺書由 12 個文獻組成，本文獻為第 3 個，7 行，抄寫在背面，餘參見 BD09520 號第 2 項。

3.1　首全→《敦煌契約文書輯校》，01/0181A03。

3.2　尾全→《敦煌契約文書輯校》，01/0181A09。

3.4　說明：

無兩造簽押，非正式文書。為草稿或習字。

8　923 年。歸義軍時期寫本。

9.1　行楷。

1.1　BD09520 號背 3

1.3　癸未年三月龍勒鄉□文德雇工契稿（擬）

1.4　殷 041

2.4　本遺書由 12 個文獻組成，本文獻為第 4 個，8 行，抄寫在背面，餘參見 BD09520 號第 2 項。

3.1　首全→《敦煌契約文書輯校》，01/0260A03。

3.2　尾全→《敦煌契約文書輯校》，01/0260A10。

3.4　說明：

無兩造簽押，非正式文書。為草稿或習字。

8　923 年。歸義軍時期寫本。

9.1　行楷。

13　許國霖有録文，參見《敦煌叢刊初集》，10/0319A02～05。

1.1　BD09520 號背 4

1.3　癸未年四月平康百姓沈延慶貸緤契稿（擬）

1.4　殷 041

2.4　本遺書由 12 個文獻組成，本文獻為第 5 個，7 行，抄寫在背面，餘參見 BD09520 號第 2 項。

3.1　首全→《敦煌契約文書輯校》，01/0183A03。

3.2　尾全→《敦煌契約文書輯校》，01/0183A09。

3.4　說明：

無兩造簽押，非正式文書。為草稿或習字。

8　923 年。歸義軍時期寫本。

9.1　楷書。

13　許國霖有録文，參見《敦煌叢刊初集》，10/0331A02～05。

1.1　BD09520 號背 5

1.3　癸未年四月張修造於王通通雇駝契稿（擬）

1.4　殷 041

2.4　本遺書由 12 個文獻組成，本文獻為第 6 個，5 行，抄寫在背面，餘參見 BD09520 號第 2 項。

3.1　首全→《敦煌契約文書輯校》，01/0309A03。

3.2　尾全→《敦煌契約文書輯校》，01/0309A07。

3.4　說明：

無兩造簽押，非正式文書。為草稿或習字。

8　923 年。歸義軍時期寫本。

9.1　行楷。

13　許國霖有録文，參見《敦煌叢刊初集》，10/032A02～04

1.1　BD09520 號背 6

1.3　癸未年四月張修造於價延德雇駝契稿（擬）

1.4　殷 041

2.4　本遺書由 12 個文獻組成，本文獻為第 7 個，9 行，抄寫在

背面，餘參見 BD09520 號第 2 項。
3.1　首全→《敦煌契約文書輯校》，01/0310A03。
3.2　尾全→《敦煌契約文書輯校》，01/0310A11。
3.4　說明：
　　無兩造簽押，非正式文書。為草稿或習字。
8　923 年。歸義軍時期寫本。
9.1　行楷。
13　許國霖有錄文，參見《敦煌叢刊初集》，10/0323A02 ~ 06。

1.1　BD09520 號背 7
1.3　行人轉帖稿（擬）
1.4　殷 041
2.4　本遺書由 12 個文獻組成，本文獻為第 8 個，5 行，抄寫在背面，餘參見 BD09520 號第 2 項。
3.1　首全→《敦煌叢刊初集》，10/0409A01。
3.2　尾全→《敦煌叢刊初集》，10/0331A04。
3.3　錄文：
　　（首全）：
　　行人轉帖乞、乞、乞、乞、乞/
　　已上行人官有處分，今緣上三日，並弓箭槍排/
　　白棒不得欠少一色，帖至限今廿六日卯時於西/
　　門取齊，如有後到，決丈（杖）七下，令（?）□來錄名/
　　申上。/
　　（錄文完）。
3.4　說明：
　　無受帖人簽押，非正式文書。為草稿或習字。
4.1　行人轉帖（首）。
8　923 年。歸義軍時期寫本。
9.1　行楷。

1.1　BD09520 號背 8
1.3　社司轉帖
1.4　殷 041
2.4　本遺書由 12 個文獻組成，本文獻為第 9 個，7 行，抄寫在背面，餘參見 BD09520 號第 2 項。
3.1　首全→《敦煌社邑文書輯校》，01/0175A07。
3.2　尾全→《敦煌社邑文書輯校》，01/0176A02。
3.4　說明：
　　無受帖人簽押，非正式文書。為草稿或習字。
4.1　社司轉帖（首）。
8　923 年。歸義軍時期寫本。
9.1　行楷。
13　許國霖有錄文，參見《敦煌叢刊初集》，10/0407A01 ~ 04。

1.1　BD09520 號背 9
1.3　渠人轉帖稿（擬）
1.4　殷 041
2.4　本遺書由 12 個文獻組成，本文獻為第 10 個，5 行，抄寫在背面，餘參見 BD09520 號第 2 項。
3.1　首全→《敦煌社邑文書輯校》，01/0367A09。
3.2　尾全→《敦煌社邑文書輯校》，01/0368A02。
3.4　說明：
　　無受帖人簽押，非正式文書。為草稿或習字。
7.1　後有題記一行："修造身姓張，謕（號）妙甚相當。"
8　923 年。歸義軍時期寫本。
9.1　行楷。
9.2　有倒乙。

1.1　BD09520 號背 10
1.3　社人張康三身亡轉帖稿（擬）
1.4　殷 041
2.4　本遺書由 12 個文獻組成，本文獻為第 11 個，3 行，抄寫在背面，餘參見 BD09520 號第 2 項。
3.1　首全→《敦煌社邑文書輯校》，01/0088A03。
3.2　尾全→《敦煌社邑文書輯校》，01/0088A05。
3.4　說明：
　　無受帖人簽押，非正式文書。為草稿或習字。
8　923 年。歸義軍時期寫本。
9.1　行楷。

1.1　BD09520 號背 11
1.3　癸未年五月平康鄉彭順子便麥粟契稿（擬）
1.4　殷 041
2.4　本遺書由 12 個文獻組成，本文獻為第 12 個，5 行，抄寫在背面，餘參見 BD09520 號第二項。
3.1　首全→《敦煌契約文書輯校》，01/0164A03。
3.2　尾全→《敦煌契約文書輯校》，01/0164A07。
8　923 年。歸義軍時期寫本。
9.1　行楷。

1.1　BD09521 號
1.3　論語鄭註音義（擬）
1.4　殷 042
2.1　18.1 ×27 厘米；2 紙；8 行，行字不等。
2.2　01：01.8，素紙；　02：4.6 +4 +7.7，08。
2.3　卷軸裝。首尾均殘。殘片。薄皮紙。有烏絲欄。已修整。
3.1　首残→《敦煌吐魯番研究》，01/0339A01。
3.2　尾残→《敦煌吐魯番研究》，01/0339A08。
6.1　首→BD10610 號。
8　7 ~ 8 世紀。唐寫本。
9.1　楷書。
13　許國霖有錄文，參見《敦煌叢刊初集》，10/0253A02 ~ 09。《敦煌音義匯考》有錄文。

1.1　BD09522 號
1.3　禮記點勘録（擬）
1.4　殷 043
2.1　（4.2+6.5）×22.5 厘米；1 紙；正面 5 行，行字不等；背面 1 行，行 18 字。
2.3　單葉。首全尾殘。殘片。已修整。
2.4　本遺書包括 2 個文獻：（一）《禮記點勘録》（擬），5 行，抄寫在正面，今編為 BD09522 號。（二）《王鼎封筒》（擬），1 行，抄寫在背面，今編為 BD09522 號背。
3.1　首全→《敦煌叢刊初集》，10/0373A02。
3.2　尾殘→《敦煌叢刊初集》，10/0373A06。
3.3　録文：

（首全）

禮記：第一、月令。第二、曲禮。第三、檀弓。第四、檀□…□/

第六、曾子問。第七、官私並無。第八、郊特牲。第九、□…□/

喪服小記。第十一、學記。第十二、雜記。第□…□/

法。第十五、經解，欠尾。第十六、中庸，官無。□…□/

第十八、奔喪。第十九、投壺，官無。第廿、□…□/

（録文完）。

3.4　説明：

本文獻是敦煌點勘《禮記》的點勘録。從“官無”、“官私並無”之類記録來看，似乎這次點勘，涉及範圍甚廣。點勘録中《禮記》篇名的排列順序，與今本不同。詳情待考。

本遺書兩面的兩個文獻，到底哪個書寫在先，也需要研究。

8　9～10 世紀。歸義軍時期寫本。
9.1　楷書。
9.2　有行間校加字。

1.1　BD09522 號背
1.3　王鼎封筒（擬）
1.4　殷 043
2.4　本遺書由 2 個文獻組成，本文獻為第 2 個，1 行，抄寫在背面，餘參見 BD09522 號第 2 項。
3.3　録文：

（首全）

淨官告國信判官將節試□録事王鼎狀謹封/

（録文完）

8　9～10 世紀。歸義軍時期寫本。
9.1　楷書。

1.1　BD09523 號
1.3　經典釋文（禮記）
1.4　殷 044
2.1　（2+50.5）×28.9 厘米；2 紙；24 行，行字不等。
2.2　01：2+9，05；　02：41.5，19。
2.3　卷軸裝。首殘尾脱。卷面多水漬，有殘破及殘洞。有烏絲欄。已修整。
3.1　首殘→《敦煌文獻叢考》，01/0229A02。
3.2　尾殘→《敦煌文獻叢考》，01/0230A17。
8　7～8 世紀。唐寫本。
9.1　楷書。
13　許國霖有録文，參見《敦煌叢刊初集》，10/0251A02～0252A08。

參見許建平《敦煌經籍敘録》，考訂為陸德明《經籍釋文・禮記・檀弓》，相當於《經籍釋文》169 頁上欄 18 行到 170 頁下欄 3 行。

1.1　BD09524 號
1.3　老子道德經義疏（擬）
1.4　殷 045
2.1　（3.5+102.5+5.3）×28.2 厘米；3 紙；正面 63 行，行 26 字；背面 62 行，行約 30 字。
2.2　01：3.5+39.5，24；　02：42.0，24；　03：21+5.3，15。
2.3　卷軸裝。首尾均殘。薄皮紙。上部殘缺多處，首、尾紙下部有殘缺。已修整。
2.4　本遺書包括 2 個文獻：（一）《老子道德經義疏》（擬），63 行，抄寫在正面，今編為 BD09524 號。（二）《大乘稻芉經隨聽疏》，62 行，抄寫在背面，今編為 BD09524 號背。
3.4　説明：

本文獻首 2 行上下殘，尾殘。疏釋《老子道德經》，存文從第二十一章到第二十三章。行文時，每章先總括大意，然後將該章文字開為四重，再逐章解釋。現知敦煌遺書中沒有發現與這種形態相同的《老子》疏釋，暫擬此名。與成中英《老子道德經開題序決義疏》是何關係，待考。

8　7～8 世紀。唐寫本。
9.1　行楷。

1.1　BD09524 號背
1.3　大乘稻芉經隨聽疏
1.4　殷 045
2.4　本遺書由 2 個文獻組成，本文獻為第 2 個，62 行，抄寫在背面，餘參見 BD09524 號第 2 項。
3.1　首殘→大正 2782，85/0547B25。
3.2　尾殘→大正 2782，85/0549A01。
5　與《大正藏》本對照，文字略有不同。
8　8～9 世紀。吐蕃統治時期寫本。
9.1　行楷。有合體字“菩薩”、“涅槃”。
9.2　有行間校加字。

1.1　BD09525 號
1.3　仁王般若波羅蜜經卷上
1.4　殷 046

2.1　(13.5 + 13.5 + 12.4) ×26 厘米；2 紙；27 行，行 17 ~ 19 字。
2.2　01：02.8，02；　02：10.7 + 13.5 + 12.4，25。
2.3　卷軸裝。首全尾殘。卷上邊殘缺。已修整。
3.1　首 6 行下殘→大正 0245，08/0825A02 ~ 12。
3.2　尾 8 行上下殘→大正 0245，08/0825A22 ~ B03。
4.1　佛說仁王護國般若波羅蜜經序品（首）。
5　與《大正藏》本對照，文有不同。
7.1　卷首有 2 行題記："永安三年七月廿三日佛弟子元太榮為梵釋天王□…□/若經一百部，合三百部，並前立願（?），乞延年益□…□"。
8　530 年。南北朝寫本。
9.1　隸書。

1.1　BD09526 號
1.3　仁王般若波羅蜜經卷下
1.4　殷 047
2.1　(22 +52.1 +1.6) ×26.2 厘米；3 紙；47 行，行 17 字。
2.2　01：22 +12，21；　02：37.0，23；　03：3.1 +1.6，03。
2.3　卷軸裝。首尾均殘。前 2 紙中間有殘洞。有烏絲欄。已修整。
3.1　首 13 行上下殘→大正 0245，08/0830A01 ~ 14。
3.2　尾行下殘→大正 0245，08/0830B22。
8　5 ~ 6 世紀。南北朝寫本。
9.1　隸書。
9.2　有倒乙及重文號。

1.1　BD09527 號
1.3　賢愚經卷一一
1.4　殷 048
2.1　(1.7 + 18.5 +9) ×16.5 厘米；2 紙；18 行，行 17 字。
2.2　01：01.7，01；　02：18.5 +9，17。
2.3　卷軸裝。首尾均殘。
3.1　首 1 行下殘→大正 0202，04/0426B15 ~ 16。
3.2　尾 5 行中下殘→大正 0202，04/0426C04 ~ 08。
8　5 ~ 6 世紀。南北朝寫本。
9.1　隸書。
9.2　有點去號。

1.1　BD09528 號
1.3　善惡因果經
1.4　殷 049
2.1　(4.5 +35) ×26 厘米；2 紙；23 行，行 17 字。
2.2　01：4.5 +24.5，17；　02：10.5，06。
2.3　卷軸裝。首尾均殘。經黄紙，已變色。上下邊有破裂，中間有殘洞。有烏絲欄。已修整。
3.1　首 3 行上殘→大正 2881，85/1380C25 ~ 27。
3.2　尾殘→大正 2881，85/1381A19。
8　7 ~ 8 世紀。唐寫本。
9.1　楷書。

1.1　BD09529 號
1.3　維摩詰所說經卷中
1.4　殷 050
2.1　(2 +56) ×26 厘米；3 紙；36 行，行 17 字。
2.2　01：2 +13，09；　02：35.0，22；　03：08.0，05。
2.3　卷軸裝。首殘尾斷。卷面多油污，首紙上下均殘缺。第 2 紙後部繫有麻繩。有上下邊欄。已修整。
3.1　首 1 行中下殘→大正 0475，14/0548A17。
3.2　尾殘→大正 0475，14/0548B26。
6.3　與 BD09530 號原為同一遺書，但不能直接綴接。
8　8 ~ 9 世紀。吐蕃統治時期寫本。
9.1　楷書。
9.2　有重文號。

1.1　BD09530 號
1.3　維摩詰所說經卷中
1.4　殷 051
2.1　(11 +53 +3) ×26 厘米；3 紙；41 行，行 17 字。
2.2　01：03.0，02；　02：8 +28，22；　03：25 +3，17。
2.3　卷軸裝。首尾均殘。卷面多油污，前 2 紙上部殘損。有上下邊欄。已修整。
3.1　首 7 行上下殘→大正 0475，14/0547B18 ~ 24。
3.2　尾 2 行中下殘→大正 0475，14/0548A02。
6.3　與 BD09529 號原為同一遺書，但不能直接綴接。
8　8 ~ 9 世紀。吐蕃統治時期寫本。
9.1　楷書。

1.1　BD09531 號
1.3　妙法蓮華經卷二
1.4　殷 052
2.1　(66.5 +2.2) ×29.8 厘米；2 紙；正面 45 行，行 19 ~ 20 字；背面約 45 行，行字不等。
2.2　01：41.5，27；　02：25 +2.2，18。
2.3　卷軸裝。首尾均殘。中間有殘洞，上下邊殘缺；全卷油污嚴重，字迹不清。背面文字漫漶。有烏絲欄。已修整。
2.4　本遺書包括 2 個文獻：（一）《妙法蓮華經》卷二，45 行，抄寫在正面，今編為 BD09531 號。（二）《妙法蓮華經》卷二，45 行，抄寫在背面，今編為 BD09531 號背。
3.1　首殘→大正 0262，09/0012C28。
3.2　尾 2 行中下殘→大正 0262，09/0013B17 ~ 18。
3.4　說明：

本遺書正背兩面抄寫《妙法蓮華經》卷二，文字拙劣，錯訛較多，且有經文重複。故並非正式寫經，乃屬經文雜寫。

5　與《大正藏》本對照，卷中文字多有歧誤。正面第 26 ~ 33 為重複抄寫。
8　9 ~ 10 世紀。歸義軍時期寫本。
9.1　楷書。

1.1　BD09531 號背
1.3　妙法蓮華經卷二
1.4　殷 052
2.4　本遺書由 2 個文獻組成，本文獻為第 2 個，45 行，抄寫在背面，餘參見 BD09531 號第 2 項。
3.1　首殘→大正 0262，09/0015C17。
3.2　尾殘→大正 0262，09/0016B14。
3.4　説明：
本遺書正背兩面抄寫《妙法蓮華經》卷二，文字拙劣，錯訛較多，且有經文重複。故並非正式寫經，乃屬經文雜寫。
5　與《大正藏》本對照，尾 6 行為 09/0016B14 ~ 22 的經文雜寫。
8　9 ~ 10 世紀。歸義軍時期寫本。
9.1　楷書。

1.1　BD09532 號
1.3　金光明最勝王經卷八
1.4　殷 053
2.1　22.7 × 25.2 厘米；1 紙；14 行，行 17 字。
2.3　卷軸裝。首尾均斷。有烏絲欄。已修整。
3.1　首殘→大正 0665，16/0441C05。
3.2　尾殘→大正 0665，16/0441C18。
8　8 世紀。唐寫本。
9.1　楷書。

1.1　BD09533 號
1.3　四分律刪補隨機羯磨卷上
1.4　殷 054
2.1　(3 + 32) × 27.5 厘米；1 紙；18 行，行 33 字。
2.3　卷軸裝。首殘尾全。卷下部有殘損。有折疊欄。
3.1　首 1 行下殘→大正 1808，40/0497A24。
3.2　尾缺→大正 1808，40/0497B26。
5　與《大正藏》本對照，文字多有歧異。
8　9 ~ 10 世紀。歸義軍時期寫本。
9.1　楷書。
9.2　有校改。

1.1　BD09534 號
1.3　四分比丘尼戒本
1.4　殷 055
2.1　42.5 × 28.3 厘米；1 紙；33 行，行約 24 字。
2.3　卷軸裝。首尾均斷。上下邊殘損。中間多處破裂。有烏絲欄。已修整。
3.1　首殘→大正 1431，22/1031B26。
3.2　尾殘→大正 1431，22/1032A23。
8　8 ~ 9 世紀。吐蕃統治時期寫本。
9.1　楷書。

1.1　BD09535 號
1.3　大般若波羅蜜多經（兌廢稿）卷二七五
1.4　殷 056
2.1　(15.3 + 9.7) × 26.9 厘米；1 紙；15 行，行 17 ~ 18 字。
2.3　卷軸裝。首脫尾殘。卷面有油污。有烏絲欄。已修整。
3.1　首殘→大正 0220，06/0394A24。
3.2　尾 6 行下殘→大正 0220，06/0394B06 ~ 11。
7.1　上邊有“兌”字。
8　8 ~ 9 世紀。吐蕃統治時期寫本。
9.1　楷書。

1.1　BD09536 號
1.3　大般若波羅蜜多經（兌廢稿）卷三四五
1.4　殷 057
2.1　(6.3 + 38.8) × 27 厘米；1 紙；23 行，行 17 字。
2.3　卷軸裝。首殘尾脫。卷面有污穢及殘洞，下邊殘缺。有烏絲欄。尾有餘空。已修整。
3.1　首 4 行上下殘→大正 0220，06/0771A19 ~ 22。
3.2　尾缺→大正 0220，06/0771B13。
8　8 ~ 9 世紀。吐蕃統治時期寫本。
9.1　楷書。

1.1　BD09537 號
1.3　大般若波羅蜜多經卷二一一
1.4　殷 058
2.1　(5.5 + 23.5 + 11.7) × 24.6 厘米；2 紙；25 行，行 16 ~ 17 字。
2.2　01：5.5 + 23.5 + 9.9，24；　　02：01.8，01。
2.3　卷軸裝。首尾均殘。卷上部殘缺嚴重。有烏絲欄。已修整。
3.1　首 3 行上殘→大正 0220，06/0056B04 ~ 06。
3.2　尾 7 行上殘→大正 0220，06/0056B22 ~ 28。
8　8 ~ 9 世紀。吐蕃統治時期寫本。
9.1　楷書。

1.1　BD09538 號
1.3　大般若波羅蜜多經卷三〇三
1.4　殷 059
2.1　(3.1 + 25.9) × 25.9 厘米；1 紙；17 行，行 17 字。
2.3　卷軸裝。首殘尾脫。有烏絲欄。已修整。
3.1　首 2 行上下殘→大正 0220，06/0542A14 ~ 16。
3.2　尾殘→大正 0220，06/0542B04。

8　8 世紀。唐寫本。
9.1　楷書。
9.2　有行間校加字。

1.1　BD09539 號
1.3　大般若波羅蜜多經（兌廢稿）卷一九九
1.4　殷 060
2.1　（12.4 +59.6 +14.3）×25.4 厘米；2 紙；52 行，行 17 字。
2.2　01：12.4 +28.1，24；　02：31.5 +14.3，28。
2.3　卷軸裝。首尾均殘。尾紙下邊殘缺。背有殘筆痕及古代裱補。有烏絲欄。已修整。
3.1　首 7 行中上殘→大正 0220，05/1065B09 ~ 15。
3.2　尾 9 行下殘→大正 0220，05/1065C23 ~ 1066A02。
7.1　背面有殘字痕。
8　8 ~ 9 世紀。吐蕃統治時期寫本。
9.1　楷書。

1.1　BD09540 號
1.3　大般若波羅蜜多經（兌廢稿）卷一七〇
1.4　殷 061
2.1　24 ×25.4 厘米；1 紙；14 行，行 17 字。
2.3　卷軸裝。首脱尾斷。卷面有油污。有烏絲欄。已修整。
3.1　首殘→大正 0220，05/0916B12。
3.2　尾殘→大正 0220，05/0916B28。
5　與《大正藏》本對照，有缺文。參見：05/0916B15 “如四” ~ B17 “如是”。
7.1　天頭右角有“兌”字。
8　8 ~ 9 世紀。吐蕃統治時期寫本。
9.1　楷書

1.1　BD09541 號
1.3　阿彌陀經押座文（擬）
1.4　殷 062
2.1　（3.5 +19.4）×28.4 厘米；1 紙；9 行，行 14 字。
2.3　卷軸裝。首殘尾脱。殘片。有烏絲欄。已修整。
3.1　首殘→《敦煌叢刊初集》，10/0161A02。
3.2　尾殘→《敦煌叢刊初集》，10/0161A07。
3.3　錄文：
（首殘）
化生童子食大（天）廚，百味馨香［各自殊］。/
無限天人持寶器，瑠璃鉢飯似真珠。/
化生童子見飛仙，落花空中左右旋。/
微妙歌音雲外聽，盡言極樂勝諸天。/
化生童子問春冬，自到西方見未分。/
極樂國中無晝夜，花開花合辯（辨）朝昏。/
化生童子道心強，衣祴盛花供十方。/
恰到齋時還本國，聽經念佛亦無防（妨）。/
化生童子舞金田，鼓瑟蕭韶半在天。/
（錄文完）。
8　9 ~ 10 世紀。歸義軍時期寫本。
9.1　楷書。
13　《敦煌變文集》、《敦煌變文集校注》有錄文。

1.1　BD09542 號
1.3　金光明最勝王經（兌廢稿）卷三
1.4　殷 063
2.1　10.3 ×26.7 厘米；1 紙；6 行，行 17 字。
2.3　卷軸裝。首脱尾殘。有烏絲欄。已修整。
3.1　首殘→大正 0665，16/0414B11。
3.2　尾殘→大正 0665，16/0414B14。
5　與《大正藏》本對照，本件最後 2 行係重複前文。
8　8 ~ 9 世紀。吐蕃統治時期寫本。
9.1　楷書。

1.1　BD09543 號
1.3　妙法蓮華經卷一
1.4　殷 064
2.1　（3 +11 +2.5）×11 厘米；2 紙；9 行，行 18 字。
2.2　01：3 +11，08；　02：02.5，01。
2.3　卷軸裝。首尾均殘。通卷下殘。有烏絲欄。
3.1　首殘→大正 0262，09/0009B16。
3.2　尾殘→大正 0262，09/0009C04。
8　5 ~ 6 世紀。南北朝寫本。
9.1　楷書。

1.1　BD09544 號
1.3　妙法蓮華經卷三
1.4　殷 065
2.1　（4 +24）×25 厘米；1 紙；16 行，行 16 ~ 18 字。
2.3　卷軸裝。首殘尾脱。經黄紙。卷面有水漬及黴爛殘洞。有烏絲欄。
3.1　首 3 行上下殘→大正 0262，09/0019C03 ~ 05。
3.2　尾殘→大正 0262，09/0019C21。
8　7 ~ 8 世紀。唐寫本。
9.1　楷書。

1.1　BD09545 號
1.3　金光明最勝王經卷三
1.4　殷 066
2.1　26 ×25.2 厘米；2 紙；16 行，行 17 字。
2.2　01：01.5，01；　02：24.5，15。
2.3　卷軸裝。首尾均殘。卷面油污，上邊有殘缺。有烏絲欄。已修整。
3.1　首殘→大正 0665，16/0414A09。

3.2　尾殘→大正 0665，16/0414A26。
5　與《大正藏》本對照，文字略有參差。
8　8～9 世紀。吐蕃統治時期寫本。
9.1　楷書。

1.1　BD09546 號
1.3　金光明最勝王經卷四
1.4　殷 067
2.1　（9＋34.2＋5.9）×25.6 厘米；1 紙；29 行，行 17 字。
2.3　卷軸裝。首脫尾殘。卷面有水漬，上下邊有殘缺。有烏絲欄。已修整。
3.1　首 5 行上殘→大正 0665，16/0418A22～26。
3.2　尾 4 行上下殘→大正 0665，16/0418B19～23。
8　8～9 世紀。吐蕃統治時期寫本。
9.1　楷書。

1.1　BD09547 號
1.3　四分比丘尼戒本
1.4　殷 068
2.1　17×14.2 厘米；1 紙；8 行。
2.3　卷軸裝。首全尾殘。卷面污穢、油污，上半部殘缺。下有邊欄。已修整。
3.1　首殘→大正 1431，22/1031A05。
3.2　尾殘→大正 1431，22/1031A20。
8　8～9 世紀。吐蕃統治時期寫本。
9.1　楷書。

1.1　BD09548 號 1
1.3　入布薩堂說偈文等
1.4　殷 069
2.1　（36＋14＋2）×28.5 厘米；2 紙；34 行，行 20 字左右。
2.2　01：10.0，06；　　02：26＋14＋2，28。
2.3　卷軸裝。首尾均殘。卷面油污，上下邊殘缺，中間多處破裂。有烏絲欄。已修整。
2.4　本遺書包括 2 個文獻：（一）《入布薩堂說偈文等》，12 行，今編為 BD09548 號 1。（二）《四分律比丘戒本》，22 行，今編為 BD09548 號 2。
3.1　首殘→大正 2852，85/1301A14。
3.2　尾殘→大正 2852，85/1301B02。
8　9～10 世紀。歸義軍時期寫本。
9.1　行楷。
12　從該遺書背面揭下古代裱補紙 1 塊，今編為 BD16364 號。

1.1　BD09548 號 2
1.3　四分律比丘戒本
1.4　殷 069
2.4　本遺書由 2 個文獻組成，本文獻為第 2 個，22 行，餘參見 BD09548 號第 2 項。
3.1　首 10 行下殘→大正 1429，22/1015A21～B10。
3.2　尾行下殘→大正 1429，22/1015B26。
5　與《大正藏》本對照，經文略有不同。
8　9～10 世紀。歸義軍時期寫本。
9.1　行楷。
9.2　有行間校加字。有點圈刪除。

1.1　BD09549 號
1.3　大般涅槃經（北本）卷一四
1.4　殷 070
2.1　（2.5＋26＋2.5）×26 厘米；2 紙；26 行，行 17 字。
2.2　01：2.5＋11.5，08；　　02：14.5＋2.5，18。
2.3　卷軸裝。首尾均殘。通卷碎損，中間有殘洞。有烏絲欄。已修整。
3.1　首行下殘→大正 0374，12/0446C27～28。
3.2　尾 2 行下殘→大正 0374，12/0447A24～25。
8　6 世紀。南北朝寫本。
9.1　隸楷。
9.2　有重文號。

1.1　BD09550 號
1.3　大般涅槃經（北本）卷二七
1.4　殷 071
2.1　（1.5＋13.5＋4.5）×26.5 厘米；1 紙；11 行，行 17 字。
2.3　卷軸裝。首尾均殘。有烏絲欄。已修整。
3.1　首行下殘→大正 0374，12/0526C29～0527A01。
3.2　尾 2 行下殘→大正 0374，12/0527A10。
8　5～6 世紀。南北朝寫本。
9.1　隸楷。

1.1　BD09551 號
1.3　大般若波羅蜜多經卷一二四
1.4　殷 072
2.1　（1.6＋37.3＋1.8）×27 厘米；2 紙；24 行，行 17 字。
2.2　01：1.6＋22，14；　　02：15.3＋1.8，10。
2.3　卷軸裝。首尾均殘。卷面污穢。有烏絲欄。已修整。
3.1　首行上下殘→大正 0220，05/0677C19～20。
3.2　尾行上殘→大正 0220，05/0678A13～14。
8　8～9 世紀。吐蕃統治時期寫本。
9.1　楷書。

1.1　BD09552 號
1.3　大般若波羅蜜多經卷一九八
1.4　殷 073
2.1　（25.7＋14.9）×25.5 厘米；1 紙；23 行，行 17 字。
2.3　卷軸裝。首尾均殘。卷面有殘洞，上邊殘破，下部殘缺較

甚。有烏絲欄。已修整。
3.1　首 14 行下殘→大正 0220，05/1061A01～15。
3.2　尾殘→大正 0220，05/1061A24。
8　8～9 世紀。吐蕃統治時期寫本。
9.1　楷書。

1.1　BD09553 號
1.3　大般若波羅蜜多經卷二七三
1.4　殷 074
2.1　(4.1+20.3)×26 厘米；1 紙；15 行，行 17 字。
2.3　卷軸裝。首殘尾脫。上下邊殘破。有烏絲欄。已修整。
3.1　首 3 行下殘→大正 0220，06/0381C15～18。
3.2　尾殘→大正 0220，06/0382A01。
8　8～9 世紀。吐蕃統治時期寫本。
9.1　楷書。

1.1　BD09554 號
1.3　妙法蓮華經卷六
1.4　殷 075
2.1　13×25 厘米；1 紙；7 行，行 17 字。
2.3　卷軸裝。首脫尾斷。卷面有糨糊，上下殘破。有烏絲欄。
3.1　首殘→大正 0262，09/0050C23。
3.2　尾殘→大正 0262，09/0051A02。
8　8 世紀。唐寫本。
9.1　楷書。

1.1　BD09555 號
1.3　妙法蓮華經度量天地品
1.4　殷 076
2.1　24×19 厘米；1 紙；13 行。
2.3　卷軸裝。首尾均殘。麻紙，未入潢。卷面殘損。有烏絲欄。
3.1　首殘→大正 2872，85/1355C27。
3.2　尾殘→大正 2872，85/1356A11。
5　與《大正藏》本對照，本卷尾多 2 字。《大正藏》本尾殘。
8　7～8 世紀。唐寫本。
9.1　楷書。

1.1　BD09556 號
1.3　金光明最勝王經（兑廢稿）卷二
1.4　殷 077
2.1　(13.9+33.3)×26.7 厘米；1 紙；25 行，行 14 字。
2.3　卷軸裝。首尾均脫。卷面有油污，上邊殘缺。有烏絲欄。尾有餘空。已修整。
3.1　首 8 行上殘→大正 0665，16/0413A19～26。
3.2　尾缺→大正 0665，16/0413B15。
7.1　卷尾上方有勘記"兑"字。
8　8～9 世紀。吐蕃統治時期寫本。
9.1　楷書。

1.1　BD09557 號
1.3　金光明最勝王經卷六
1.4　殷 078
2.1　26.3×15.6 厘米；1 紙；14 行，行 11 字殘。
2.3　卷軸裝。首尾均殘。通卷下殘。有烏絲欄。已修整。
3.1　首殘→大正 0665，16/0428C18。
3.2　尾殘→大正 0665，16/0429A03。
8　8 世紀。唐寫本。
9.1　楷書。

1.1　BD09558 號
1.3　妙法蓮華經卷三
1.4　殷 079
2.1　(6+24)×27 厘米；2 紙；17 行，行 17 字。
2.2　01：06.0，03；　02：24.0，14。
2.3　卷軸裝。首尾均殘。上下邊有殘缺，中間有殘洞。有烏絲欄。已修整。
3.1　首殘→大正 0262，09/0020C09～12。
3.2　尾殘→大正 0262，09/0021A01。
8　8 世紀。唐寫本。
9.1　楷書。

1.1　BD09559 號
1.3　大般涅槃經（北本）卷一
1.4　殷 080
2.1　(9+12+6.5)×25.5 厘米；2 紙；16 行，行 17 字。
2.2　01：09.0，04；　02：12+6.5，12。
2.3　卷軸裝。首尾均殘。第 2 紙上邊有殘缺。中間有破裂和殘洞。有烏絲欄。有古代裱補。已修整。
3.1　首 4 行下殘→大正 0374，12/0371A10～15。
3.2　尾 4 行中上殘→大正 0374，12/0371A23～27。
8　5～6 世紀。南北朝寫本。
9.1　隸楷。

1.1　BD09560 號
1.3　大般涅槃經（北本）卷二二
1.4　殷 081
2.1　(6+27+8)×26.5 厘米；2 紙；30 行，行 17 字。
2.2　01：6+14，11；　02：13+8，19。
2.3　卷軸裝。首尾均殘。尾紙上下有殘缺。有烏絲欄。已修整。
3.1　首 3 行下殘→大正 0374，12/0494A04～07。
3.2　尾 5 行中上殘→大正 0374，12/0494A29～B05。
8　6 世紀。南北朝寫本。
9.1　隸書。

1.1　BD09561 號
1.3　大般涅槃經（北本）卷三六
1.4　殷 082
2.1　（7.5 + 33 + 13.5）×26.5 厘米；2 紙；31 行，行 17 字。
2.2　01：7.5 + 3.5，06；　　02：29.5 + 13.5，25。
2.3　卷軸裝。首尾均殘。打紙。尾紙上邊有殘缺。有烏絲欄。已修整。
3.1　首 3 行上殘→大正 0374，12/0576B07 ~ 09。
3.2　尾 7 行上殘→大正 0374，12/0576C01 ~ 09。
6.1　首→BD09578 號。
8　6 世紀。南北朝寫本。
9.1　隸書。

1.1　BD09562 號
1.3　金光明最勝王經卷一〇
1.4　殷 083
2.1　21.1 ×11.3 厘米；1 紙；12 行。
2.3　卷軸裝。首尾均殘。卷面有油污及硃筆污痕，通卷上殘。背有古代裱補。有烏絲欄。已修整。
3.1　首殘→大正 0665，16/0450C20。
3.2　尾殘→大正 0665，16/0451A04。
4.1　□…□制譯（首）。
6.1　首→BD08997 號。
8　8 ~ 9 世紀。吐蕃統治時期寫本。
9.1　楷書。

1.1　BD09563 號
1.3　金光明最勝王經卷一〇
1.4　殷 084
2.1　（13.3 + 11 + 6.5）×25.7 厘米；1 紙；19 行，行 17 字。
2.3　卷軸裝。首尾均殘。下邊有殘缺。背有鳥糞及古代裱補。有烏絲欄。已修整。
3.1　首 6 行上下殘→大正 0665，16/0450C24 ~ 0451A01。
3.2　尾 4 行下殘→大正 0665，16/0451A11 ~ 14。
8　8 ~ 9 世紀。吐蕃統治時期寫本。
9.1　楷書。

1.1　BD09564 號
1.3　金光明最勝王經卷三
1.4　殷 085
2.1　（7.8 + 13.7 + 9.2）×26 厘米；1 紙；17 行，行 17 字。
2.3　卷軸裝。首尾均殘。下邊有殘缺。中間碎損字迹模糊。有烏絲欄。已修整。
3.1　首 4 行下殘→大正 0665，16/0414A06 ~ 10。
3.2　尾殘→大正 0665，16/0414A20 ~ 24。
8　8 世紀。唐寫本。
9.1　楷書。

1.1　BD09565 號
1.3　阿彌陀經
1.4　殷 086
2.1　42.2 ×24.4 厘米；1 紙；23 行，行 15 字殘。
2.3　卷軸裝。首脱微殘。通卷上下殘。有烏絲欄。已修整。
3.1　首殘→大正 0366，12/0347B24。
3.2　尾殘→大正 0366，12/0348A02。
8　7 ~ 8 世紀。唐寫本。
9.1　楷書。

1.1　BD09566 號
1.3　佛垂般涅槃略說教誡經
1.4　殷 087
2.1　（12 + 22.6）×25.2 厘米；1 紙；21 行，行 17 字。
2.3　卷軸裝。首殘尾脱。卷面多水漬，下邊殘缺。有烏絲欄。已修整。
3.1　首 6 行上下殘→大正 0389，12/1110C20 ~ 26。
3.2　尾脱→大正 0389，12/1111A13。
5　與《大正藏》本對照，最後一字不同。
8　7 ~ 8 世紀。唐寫本。
9.1　楷書。

1.1　BD09567 號
1.3　賢愚經卷一一
1.4　殷 088
2.1　（20 + 1.5）×26 厘米；2 紙；14 行，行 17 字。
2.2　01：14.0，09；　　02：6 + 1.5，05。
2.3　卷軸裝。首斷尾殘。
3.1　首殘→大正 0202，04/0425B18。
3.2　尾 1 行中下殘→大正 0202，04/0425C04。
8　5 ~ 6 世紀。南北朝寫本。
9.1　隸書。
9.2　有倒乙。

1.1　BD09568 號
1.3　大般涅槃經（北本）卷二八
1.4　殷 089
2.1　28 ×17.3 厘米；2 紙；17 行。
2.2　01：18.5，11；　　02：09.5，06。
2.3　卷軸裝。首尾均殘。卷下邊殘缺，中間有殘洞。有烏絲欄。已修整。
3.1　首殘→大正 0374，12/0532B29。
3.2　尾殘→大正 0374，12/0532C17。
8　5 ~ 6 世紀。南北朝寫本。
9.1　隸書。

1.1　BD09569 號

1.3　大般涅槃經（北本）卷一〇
1.4　殷 090
2.1　（3 + 16.5）× 27 厘米；1 紙；12 行，行 17 字。
2.3　卷軸裝。首殘尾脱。有烏絲欄。
3.1　首 2 行下殘→大正 0374，12/0426B15 ~ 17。
3.2　尾殘→大正 0374，12/0426C01。
8　5 ~ 6 世紀。南北朝寫本。
9.1　隸書。

1.1　BD09570 號
1.3　大般涅槃經（北本）卷二五
1.4　殷 091
2.1　（3 + 24）× 26.3 厘米；1 紙；15 行，行 17 字。
2.3　卷軸裝。首殘尾脱。卷面有水漬，上下邊殘缺，中間有殘洞。有烏絲欄。已修整。
3.1　首行中下殘→大正 0374，12/0510C21。
3.2　尾殘→大正 0374，12/0511A09。
8　6 世紀。南北朝寫本。
9.1　楷書。

1.1　BD09571 號
1.3　梵網經盧舍那佛說菩薩心地戒品第十卷下
1.4　殷 092
2.1　（14 + 37 + 3）× 26.5 厘米；1 紙；27 行，行 20 餘字。
2.3　卷軸裝。首尾均殘。卷中間有殘洞及多處破裂。背有古代裱補。有烏絲欄。已修整。
3.1　首 6 行上殘→大正 1484，24/1007C20 ~ 1008A05。
3.2　尾行中殘→大正 1484，24/1008B14 ~ 16。
8　9 ~ 10 世紀。歸義軍時期寫本。
9.1　楷書。
9.2　有硃筆斷句。

1.1　BD09572 號
1.3　大般涅槃經（北本）卷二五
1.4　殷 093
2.1　（2 + 23 + 2）× 26.5 厘米；1 紙；16 行，行 17 字。
2.3　卷軸裝。首脱尾殘。有劃界欄針孔。有烏絲欄。已修整。
3.1　首行上殘→大正 0374，12/0511C07。
3.2　尾行上殘→大正 0374，12/0511C21 ~ 22。
8　6 世紀。南北朝寫本。
9.1　隸楷。

1.1　BD09573 號
1.3　大般涅槃經（北本）卷三〇
1.4　殷 094
2.1　13 × 20.5 厘米；1 紙；9 行。
2.3　卷軸裝。首尾均殘。卷下邊殘缺。有烏絲欄。已修整。
3.1　首殘→大正 0374，12/0544C08。
3.2　尾殘→大正 0374，12/0544C16。
8　5 ~ 6 世紀。南北朝寫本。
9.1　隸書。

1.1　BD09574 號
1.3　大般涅槃經（北本）卷三三
1.4　殷 095
2.1　30 × 23 厘米；1 紙；17 行，行 17 字。
2.3　卷軸裝。首尾均殘。上下邊殘缺。有烏絲欄。卷面有朱筆污痕。已修整。
3.1　首殘→大正 0374，12/0563A16。
3.2　尾殘→大正 0374，12/0563B02。
8　5 ~ 6 世紀。南北朝寫本。
9.1　隸書。有古字“恶”“友”“八”“渴”“疑”“異”“觀”“具”等。

1.1　BD09575 號
1.3　大般涅槃經（北本）卷二二
1.4　殷 096
2.1　（2.5 + 6.5 + 2）× 27 厘米；1 紙；6 行，行 17 字。
2.3　卷軸裝。首尾均殘。有烏絲欄。
3.1　首行上殘→大正 0374，12/0496C09。
3.2　尾行上下殘→大正 0374，12/0496C14。
8　6 世紀。南北朝寫本。
9.1　隸楷。有古字“恶”。

1.1　BD09576 號
1.3　大般涅槃經（北本）卷七
1.4　殷 097
2.1　（2 + 34.5 + 2.5）× 26 厘米；2 紙；22 行，行 17 字。
2.2　01：02.0，01；　　02：34.5 + 2.5，21。
2.3　卷軸裝。首尾均殘。打紙，砑光上蠟。尾紙上下邊有殘缺，中間有破裂。有烏絲欄。已修整。
3.1　首行中上殘→大正 0374，12/0405C02 ~ 03。
3.2　尾行中下殘→大正 0374，12/0405C23 ~ 24。
8　5 ~ 6 世紀。南北朝寫本。
9.1　隸楷。

1.1　BD09577 號
1.3　大般涅槃經（北本）卷三五
1.4　殷 098
2.1　（2 + 14 + 12.5）× 25 厘米；1 紙；16 行，行 17 字。
2.3　卷軸裝。首尾均殘。中間有破裂。有烏絲欄。已修整。
3.1　首行上下殘→大正 0374，12/0571C22。
3.2　尾 7 行上下殘→大正 0374，12/0572A02 ~ 08。
8　6 世紀。南北朝寫本。

9.1　隸書。

1.1　BD09578 號
1.3　大般涅槃經（北本）卷三六
1.4　殷 099
2.1　（5 +35.5 +6.5）×26 厘米；2 紙；28 行，行 17 字。
2.2　01：03.0，02；　　02：2 +35.5 +6.5，26。
2.3　卷軸裝。首尾均殘。尾紙有破裂及殘洞。有烏絲欄。已修整。
3.1　首 3 行上下殘→大正 0374，12/0576A11 ~12。
3.2　尾 3 行下殘→大正 0374，12/0576B07 ~09。
6.2　尾→BD09561 號。
8　6 世紀。南北朝寫本。
9.1　隸書。

1.1　BD09579 號
1.3　大般涅槃經（北本）卷二二
1.4　殷 100
2.1　（4.5 +10.5 +1.5）×27 厘米；2 紙；9 行，行 17 字。
2.2　01：4.5 +10.5，08；　　02：01.5，01。
2.3　卷軸裝。首尾均殘。上下邊有殘損。有烏絲欄。已修整。
3.1　首 2 行下殘→大正 0374，12/0497A25 ~27。
3.2　尾行下殘→大正 0374，12/0497B04。
8　5 ~6 世紀。南北朝寫本。
9.1　隸楷。字形較古。

1.1　BD09580 號
1.3　大般涅槃經（北本）卷一八
1.4　湯 001
2.1　（6.5 +43.5）×26 厘米；1 紙；31 行，行 17 字。
2.3　卷軸裝。首殘尾脫。卷面多水漬，上下邊有殘缺，中間有殘洞。有烏絲欄。已修整。
3.1　首 4 行上下殘→大正 0374，12/0471B12 ~15。
3.2　尾殘→大正 0374，12/0471C14。
8　6 世紀。南北朝寫本。
9.1　隸楷。

1.1　BD09581 號
1.3　大般涅槃經（北本）卷七
1.4　湯 002
2.1　（12 +21.5 +2）×25.5 厘米；1 紙；23 行，行 17 字。
2.3　卷軸裝。首尾均殘。卷面有水漬，上下邊和中間碎損。有烏絲欄。已修整。
3.1　首 8 行中下殘→大正 0374，12/0408A24 ~B03。
3.2　尾行上殘→大正 0374，12/0408B18 ~19。
8　6 世紀。南北朝寫本。
9.1　隸書。

1.1　BD09582 號
1.3　大般涅槃經（北本）卷二九
1.4　湯 003
2.1　（15.5 +32.5）×25.5 厘米；1 紙；28 行，行 17 字。
2.3　卷軸裝。首尾均脫。經黄紙。卷上部殘缺較甚，下邊有殘缺。有烏絲欄。已修整。
3.1　首殘→大正 0374，12/0536C25。
3.2　尾 19 行上殘→大正 0374，12/0537A05 ~24。
8　7 ~8 世紀。唐寫本。
9.1　楷書。

1.1　BD09583 號
1.3　金光明經卷一
1.4　湯 004
2.1　28.9 ×13.7 厘米；2 紙；16 行，行 8 字殘。
2.2　01：02.3，01；　　02：16.5，15。
2.3　卷軸裝。首尾均斷。打紙，砑光上蠟。卷面有水漬，通卷下殘。有烏絲欄。已修整。
3.1　首殘→大正 0663，16/0335B17。
3.2　尾殘→大正 0663，16/0335C07。
6.2　下→BD09021 號。
8　7 世紀。唐寫本。
9.1　楷書。

1.1　BD09584 號
1.3　金光明最勝王經卷四
1.4　湯 005
2.1　（3.8 +38.8）×26.5 厘米；2 紙；23 行，行 17 字。
2.2　01：03.8，02；　　02：38.8，21。
2.3　卷軸裝。首殘尾斷。尾紙下邊殘缺。有烏絲欄。已修整。
3.1　首行上下殘→大正 0665，16/0418A16。
3.2　尾殘→大正 0665，16/0418B10。
8　8 ~9 世紀。吐蕃統治時期寫本。
9.1　楷書。

1.1　BD09585 號
1.3　大般涅槃經（北本）卷一四
1.4　湯 006
2.1　（7 +21 +4.5）×26.5 厘米；2 紙；22 行，行 17 字。
2.2　01：07.0，05；　　02：21 +4.5，17。
2.3　卷軸裝。首尾均殘。通卷上邊有殘損，中間有破裂。有烏絲欄。已修整。
3.1　首 5 行下殘→大正 0374，12/0447B26 ~C02。
3.2　尾 3 行上下殘→大正 0374，12/0447C16 ~19。
8　6 世紀。南北朝寫本。
9.1　隸楷。
9.2　有重文號。

1.1 BD09586 號
1.3 金光明最勝王經卷四
1.4 湯 007
2.1 （8.5+46.2+2.1）×25.7 厘米；2 紙；33 行，行 17 字。
2.2 01：8.5+20，16；　　02：26.2+2.1，17。
2.3 卷軸裝。首尾均殘。紙質焦脆。有烏絲欄。已修整。
3.1 首 4 行上殘→大正 0665，16/0418A04～07。
3.2 尾行上殘→大正 0665，16/0418B08～09。
8 8～9 世紀。吐蕃統治時期寫本。
9.1 楷書。

1.1 BD09587 號
1.3 金光明最勝王經卷二
1.4 湯 008
2.1 27×26 厘米；1 紙；15 行，行 17～18 字。
2.3 卷軸裝。首尾均斷。背有古代裱補。有烏絲欄。已修整。
3.1 首殘→大正 0665，16/0409B06。
3.2 尾殘→大正 0665，16/0409B23。
8 8 世紀。唐寫本。
9.1 楷書。

1.1 BD09588 號
1.3 金光明最勝王經卷九
1.4 湯 009
2.1 （19.3+11）×26 厘米；1 紙；18 行，行 14 字（偈頌）。
2.3 卷軸裝。首殘尾脫。多處破損。有烏絲欄。已修整。
3.1 首 11 行上下殘→大正 0665，16/0444A20～B01。
3.2 尾殘→大正 0665，16/0444B08。
8 7～8 世紀。唐寫本。
9.1 楷書。

1.1 BD09589 號
1.3 金光明最勝王經卷一〇
1.4 湯 010
2.1 （4.5+27.2）×25.8 厘米；1 紙；19 行，行 17 字。
2.3 卷軸裝。首殘尾脫。卷面多水漬。有烏絲欄。已修整。
3.1 首 3 行下中殘→大正 0665，16/0450C28～0451A01。
3.2 尾殘→大正 0665，16/0451A18。
8 8 世紀。唐寫本。
9.1 楷書。

1.1 BD09590 號
1.3 金光明最勝王經卷七
1.4 湯 011
2.1 17.3×26 厘米；1 紙；10 行，行 14 字。
2.3 卷軸裝。首尾均斷。有烏絲欄。已修整。
3.1 首殘→大正 0665，16/0435A23。
3.2 尾殘→大正 0665，16/0435B04。
8 8 世紀。唐寫本。
9.1 楷書。

1.1 BD09591 號
1.3 妙法蓮華經卷四
1.4 湯 012
2.1 49×25 厘米；1 紙；19 行。
2.3 卷軸裝。首尾均殘。經黄紙。原紙 2 層，其中表層有字，但大部分被揭去。
3.1 首殘→大正 0262，09/0035A06。
3.2 尾殘→大正 0262，09/0035A27。
8 7～8 世紀。唐寫本。
9.1 楷書。

1.1 BD09592 號
1.3 無量大慈教經
1.4 湯 013
2.1 12.7×27.3 厘米；1 紙 1 葉 2 個半葉；半葉 6 行，共 12 行，行 22～24 字。
2.3 縫繢裝。首尾均全。兩面抄寫，文字相連。有烏絲欄。
3.1 首殘→大正 2903，85/1445B16。
3.2 尾殘→大正 2903，85/1445C03。
5 與《大正藏》本對照，卷中缺“爾時如來複語阿難日月普照盲看不見”一句。且文字略有不同。
8 9～10 世紀。歸義軍時期寫本。
9.1 楷書。

1.1 BD09593 號
1.3 善惡因果經
1.4 湯 014
2.1 33.5×18 厘米；2 紙；19 行。
2.2 01：30.0，17；　　02：03.5，02。
2.3 卷軸裝。首尾均殘。經黄打紙，研光上蠟。通卷下殘，有破裂。有烏絲欄。已修整。
3.1 首殘→大正 2881，85/1380B28。
3.2 尾殘→大正 2881，85/1380C17。
8 7～8 世紀。唐寫本。
9.1 楷書。

1.1 BD09594 號
1.3 大通方廣懺悔滅罪莊嚴成佛經卷中
1.4 湯 015
2.1 （12+5+42.5）×26 厘米；2 紙；35 行，行 17 字。
2.2 01：12+5+18.5，21；　　02：24.0，14。
2.3 卷軸裝。首尾均殘。卷面黴爛，通卷下殘。有烏絲欄。已修整。

3.1　首7行中下殘→大正2871，85/1346A09～15。
3.2　尾25行下殘→大正2871，85/1346A19～B14。
8　6世紀。南北朝寫本。
9.1　楷書。
13　《七寺古逸經典研究叢書》有錄文，參見02/0372A～0375A。

1.1　BD09595號
1.3　妙法蓮華經度量天地品
1.4　湯016
2.1　(9+29.5+2)×27厘米；2紙；24行，行17字。
2.2　01：9+5.5，08；　02：24+2，16。
2.3　卷軸裝。首尾均殘。卷面油污，上下邊有殘損，中間有破裂和殘洞。有烏絲欄。
3.4　説明：
　　本文獻為中國人所撰佛經。未為我國歷代大藏經所收。敦煌出土以後，日本《大正藏》依據斯01298號殘卷錄文收入第85卷。本號第1～12行相當於大正2872，85/1355C29～1356A11。第13～尾行《大正藏》無，可補缺漏。BD03917號亦為本文獻，且首尾完整，可以參看。
8　7～8世紀。唐寫本。
9.1　楷書。
9.2　有硃筆行間校加字。

1.1　BD09596號
1.3　瑜伽師地論卷一九
1.4　湯017
2.1　(5+20.5+4.5)×26.8厘米；1紙；19行，行17字。
2.3　卷軸裝。首尾均殘。有烏絲欄。已修整。
3.1　首3行中下殘→大正1579，30/0382A19～22。
3.2　尾3行中下殘→大正1579，30/0382B06～08。
8　9～10世紀。歸義軍時期寫本。
9.1　楷書。

1.1　BD09597號
1.3　大乘莊嚴經論卷八
1.4　湯018
2.1　9.2×29.8厘米；1紙1葉2個半葉；半葉7行，共147行，行37字。
2.3　梵夾裝。首尾均脱。背面經文中有4個字用紙張粘貼後改寫校訂。無穿綫孔洞。
2.4　本遺書包括2個文獻：(一)《大乘莊嚴經論》卷八，7行，抄寫在正面，今編為BD09597號。(二)《大乘莊嚴經論》卷九，7行，抄寫在背面，今編為BD09597號背。
3.1　首殘→大正1604，31/0632A19。
3.2　尾殘→大正1604，31/0632B05。
7.1　上邊有勘記編號“四”。
8　8～9世紀。吐蕃統治時期寫本。
9.1　楷書。

1.1　BD09597號背
1.3　大乘莊嚴經論卷九
1.4　湯018
2.4　本遺書由2個文獻組成，本文獻為第2個，7行，抄寫在背面，餘參見BD09597號第2項。
3.1　首殘→大正1604，31/0636B09。
3.2　尾殘→大正1604，31/0636B27。
8　9～10世紀。歸義軍時期寫本。
9.1　楷書。

1.1　BD09598號
1.3　大方便佛報恩經卷一
1.4　湯019
2.1　(5.7+16+3)×28厘米；2紙；15行，行17字。
2.2　01：04.0，02；　02：1.7+16+3，13。
2.3　卷軸裝。首尾均殘。卷背有鳥糞。有烏絲欄。已修整。
3.1　首3行上下殘→大正0156，03/0130A15～18。
3.2　尾2行下殘→大正0156，03/0130A29～B01。
8　9～10世紀。歸義軍時期寫本。
9.1　楷書。

1.1　BD09599號
1.3　大通方廣懺悔滅罪莊嚴成佛經卷下
1.4　湯020
2.1　(15.5+15+1)×27.5厘米；1紙；19行，行17字。
2.3　卷軸裝。首尾均殘。卷面有水漬。背有古代裱補。有烏絲欄。已修整。
3.1　首9行中下殘→大正2871，85/1353C19～28。
3.2　尾1行上殘→大正2871，85/1354A09。
8　5～6世紀。南北朝寫本。
9.1　隸書。

1.1　BD09600號
1.3　佛垂般涅槃略説教誡經
1.4　湯021
2.1　(5+28.2+13.5)×28.5厘米；3紙；24行，行20字。
2.2　01：05.0，02；　02：28.2+12，21；　03：01.5，01。
2.3　卷軸裝。首尾均殘。下邊殘缺。已修整。
3.1　首2行上殘→大正0389，12/1111A26～27。
3.2　尾7行上下殘→大正0389，12/1111B18～24。
5　與《大正藏》本對照，文字略有參差。
8　9～10世紀。歸義軍時期寫本。
9.1　楷書。
9.2　有校改。

1.1 BD09601 號
1.3 四分比丘尼戒本
1.4 湯 022
2.1 （9+1）×27 厘米；1 紙；6 行，行 18 字。
2.3 卷軸裝。首斷尾殘。卷面有油污。有烏絲欄。已修整。
3.1 首殘→大正 1431，22/1032A16。
3.2 尾行中殘→大正 1431，22/1032A21～22。
8 8～9 世紀。吐蕃統治時期寫本。
9.1 楷書。

1.1 BD09602 號
1.3 大般若波羅蜜多經卷五五七
1.4 湯 023
2.1 （4+33.2+2.1）×26.2 厘米；1 紙；23 行，行 17 字。
2.3 卷軸裝。首尾均殘。上邊有殘缺。有烏絲欄。已修整。
3.1 首 2 行上殘→大正 0220，07/0872B22～23。
3.2 尾行上殘→大正 0220，07/0872C15～16。
7.1 背有勘記"五百五十七"、"無頭尾"。
8 8～9 世紀。吐蕃統治時期寫本。
9.1 楷書。字品佳。
9.2 有行間校加字。

1.1 BD09603 號
1.3 比丘尼布薩文（擬）
1.4 湯 024
2.1 （8.5+3.5+12.5）×27.4 厘米；1 紙；13 行，行 25 字。
2.3 卷軸裝。首尾均殘。通卷殘破。已修整。
3.4 說明：

本遺書首尾均殘，現存文字為兩部分內容：詳情如下：

第 1～9 行：為教團布薩前說偈。內容相當於大正 1431，22/1031A07～28，《四分比丘尼戒本》。

第 10～14 行：有首題"尼八敬法"，內容相當於大正 1804，40/154C09～13，《四分律刪繁補闕行事鈔卷下》，但文字有不同。

從上文可知，本遺書所抄為比丘尼教團的布薩文書。故擬此名。

7.3 背有雜寫"稽首禮諸佛，及法"1 行。
8 9～10 世紀。歸義軍時期寫本。
9.1 楷書。
9.2 卷後半部有硃筆點標。

1.1 BD09604 號 1
1.3 四分比丘尼戒本序
1.4 湯 025
2.1 （5+12+5）×26.8 厘米；1 紙；13 行，行 21 字。
2.3 卷軸裝。首尾均殘。卷面有油污。有烏絲欄。已修整。
2.4 本遺書包括 2 個文獻：（一）《四分比丘尼戒本序》，8 行，今編為 BD09604 號 1。（二）《四分比丘尼戒本》，5 行，今編為 BD09604 號 2。
3.1 首 3 行上殘→大正 1431，22/1030C17～19。
3.2 尾全→大正 1431，22/1030C25。
5 與《大正藏》本對照，本文尾部多出如下小字雙行夾註："今除稽首頌者，為非本文。斯是律序，後德取來。又此戒經雖彰，律部頌旨既別，不可妄增。"
8 8～9 世紀。吐蕃統治時期寫本。
9.1 楷書。

1.1 BD09604 號 2
1.3 四分比丘尼戒本
1.4 湯 025
2.4 本遺書由 2 個文獻組成，本文獻為第 2 個，5 行，餘參見 BD09604 號 1 第 2 項。
3.1 首全→大正 1431，22/1031A05。
3.2 尾 3 行下殘→大正 1431，22/1031A10～13。
8 8～9 世紀。吐蕃統治時期寫本。
9.1 楷書。

1.1 BD09605 號
1.3 淨名經集解關中疏卷上
1.4 湯 026
2.1 21.5×22.2 號；1 紙；13 行，行 23 字。
2.3 卷軸裝。首尾均殘。通卷油污，殘損嚴重。有烏絲欄。已修整。
3.1 首殘→大正 2777，85/0462B10。
3.2 尾殘→大正 2777，85/0462C07。
6.2 尾→BD09249 號。
8 8～9 世紀。吐蕃統治時期寫本。
9.1 行楷。

1.1 BD09606 號
1.3 辯中邊論頌釋（擬）
1.4 湯 027
2.1 （7.8+47.3+3）×27 厘米；2 紙；正面 34 行，行 17 字。背面 10 行，行字不等。
2.2 01：7.8+18.5，15；　02：28.8+3，19。
2.3 卷軸裝。首尾均殘。已修整。
2.4 本遺書包括 2 個文獻：（一）《辯中邊論頌釋》，34 行，抄寫在正面，今編為 BD09606 號。（二）《戊年到子年沙州諸寺丁壯車牛役簿》（擬），10 行，抄寫在背面，今編為 BD09606 號背。
3.4 說明：

本文獻首 4 行中上殘，尾 2 行下殘。為對《辯中邊論頌》的疏釋。存文為從卷首第一頌（首殘）疏釋到第二頌。釋文甚爲委細。

6.2 尾→斯 00542 號。
8 8～9 世紀。吐蕃統治時期寫本。

9.1　行書。
9.2　有行間校加字、行間加行及校改。

1.1　BD09606 號背
1.3　戌年到子年沙州諸寺丁壯車牛役簿（擬）
1.4　湯 027
2.4　本遺書由 2 個文獻組成，本文獻為第 2 個，10 行，抄寫在背面，有的文字硃筆書寫。餘參見 BD09606 號第 2 項。
3.1　首殘→《英藏敦煌社會歷史文獻釋錄》，03/0136A05。
3.2　尾殘→《英藏敦煌社會歷史文獻釋錄》，03/0137A04。
3.4　説明：
　　《英藏敦煌社會歷史文獻釋錄》定名作《戌年沙州諸寺丁壯車牛役簿》，但指出本文獻人名下文字，墨色不同，間有硃筆，知非一次書寫而成。而本號所寫，包括子年的內容，故擬此名。
6.1　首→斯 00542 號背。
8　8～9 世紀。吐蕃統治時期寫本。
9.1　楷書。

1.1　BD09607 號
1.3　大方等陀羅尼經卷二
1.4　湯 028
2.1　（2+23+6）×26.4 厘米；2 紙；20 行，行 17 字。
2.2　01：2+23，16；　　02：06.0，04。
2.3　卷軸裝。首尾均殘。有烏絲欄。已修整。
3.1　首 2 行上下殘→大正 1339，21/0651A16～17。
3.2　尾 4 行上中殘→大正 1339，21/0651B02～06。
5　與《大正藏》本對照，經文互有參差。
8　5～6 世紀。南北朝寫本。
9.1　楷書。

1.1　BD09608 號
1.3　賢愚經卷一一
1.4　湯 029
2.1　（8.5+24.5+2）×26.5 厘米；2 紙；21 行，行 17 字。
2.2　01：08.5+9，10；　　02：15.5+2，11。
2.3　卷軸裝。首尾均殘。已修整。
3.1　首 4 行上中殘→大正 0202，04/0426C05～08。
3.2　尾 1 行中下殘→大正 0202，04/0426C27。
8　5～6 世紀。南北朝寫本。
9.1　隸書。

1.1　BD09609 號
1.3　金剛經（菩提留支本）疏（擬）
1.4　湯 030
2.1　（4.1+17+10.3）×28.5 厘米；2 紙；18 行，行 20 餘字。
2.2　01：04.1，02；　　02：17+10.3，16。
2.3　卷軸裝。首尾均殘。已修整。
3.4　説明：
　　本文獻首 2 行上殘，尾 7 行上下殘。為對菩提留支譯本《金剛經》的疏釋。存文乃對“佛告須菩提：‘諸菩薩生如是心：“所有一切衆生，衆生所攝，若卵生、若胎生、若濕生、若化生，若有色、若無色，若有想、若無想、若非有想非無想，所有衆生界，衆生所攝，我皆令入無餘涅槃而滅度之”’”（大正 236a，08/0753A01～0－5）的註釋。未為歷代大藏經所收。
8　7～8 世紀。唐寫本。
9.1　行書。
9.2　有倒乙。有刪除號。

1.1　BD09610 號 1
1.3　大方等大集月藏經（兑廢稿）卷五二
1.4　湯 031
2.1　21.7×25.2 厘米；2 紙；13 行，行 17 字。
2.2　01：16.0，09；　　02：05.7，04。
2.3　卷軸裝。首尾均斷。有烏絲欄。已修整。
2.4　本遺書包括 2 個文獻：（一）《大方等大集月藏經》（兑廢稿）卷五二，9 行，今編為 BD09610 號 1。（二）《阿毗達磨順正理論》（兑廢稿）卷三三，3 行，今編為 BD09610 號 2。
2.5　本遺書乃將《大方等大集月藏經》（兑廢稿）及《阿毗達磨順正理論》（兑廢稿）兩張兑廢稿綴接在一起，擬作他用。屬於兑廢綴稿。
3.1　首殘→大正 0397，13/0344B06。
3.2　尾殘→大正 0397，13/0344B17。
7.1　第 9 行下有題名“程法律”。
8　8 世紀。唐寫本。
9.1　楷書。有武周新字“人”、“星”、“月”。

1.1　BD09610 號 2
1.3　阿毗達磨順正理論（兑廢稿）卷三三
1.4　湯 031
2.4　本遺書由 2 個文獻組成，本文獻為第 2 個，3 行，餘參見 BD09610 號 1 第 2 項。
3.1　首殘→大正 1562，29/0531A28。
3.2　尾殘→大正 1562，29/0531B02。
8　8 世紀。唐寫本。
9.1　楷書。

1.1　BD09611 號
1.3　大般若波羅蜜多經卷二〇三
1.4　湯 032
2.1　（8.2+34.8+2.1）×26 厘米；2 紙；27 行，行 17 字。
2.2　01：8.2+27.9，22；　　02：6.9+2.1，05。
2.3　卷軸裝。首尾均殘。首紙下邊有等距離殘缺。有烏絲欄。已修整。
3.1　首 5 行下殘→大正 0220，06/0011A11～16。

3.2　尾行中殘→大正 0220，06/0011B09。
8　8～9 世紀。吐蕃統治時期寫本。
9.1　楷書。

1.1　BD09612 號
1.3　大般若波羅蜜多經卷二〇八
1.4　湯 033
2.1　(4.5＋28.7＋3.8)×27 厘米；2 紙；23 行，行 17 字。
2.2　01：45＋13.1，11；　　02：15.6＋3.8，12。
2.3　卷軸裝。首尾均殘。有烏絲欄。已修整。
3.1　首 3 行下殘→大正 0220，06/0038A01～04。
3.2　尾 2 行下殘→大正 0220，06/0038A22～23。
8　8～9 世紀。吐蕃統治時期寫本。
9.1　楷書。

1.1　BD09613 號
1.3　大般若波羅蜜多經卷二三三
1.4　湯 034
2.1　(1.3＋28.5＋7.8)×25.9 厘米；2 紙；23 行，行 17 字。
2.2　01：1.3＋10.5，07；　　02：18＋7.8，16。
2.3　卷軸裝。首尾均殘。卷面多油污。有烏絲欄。已修整。
3.1　首行上下殘→大正 0220，06/0172A01～02。
3.2　尾 5 行下殘→大正 0220，06/0172A20～23。
8　8～9 世紀。吐蕃統治時期寫本。
9.1　楷書。

1.1　BD09614 號
1.3　大般若波羅蜜多經卷二五八
1.4　湯 035
2.1　(4.7＋15.3)×25.5 厘米；1 紙；12 行，行 17 字。
2.3　卷軸裝。首殘尾脫。卷面有殘洞。有烏絲欄。已修整。
3.1　首 3 行上下殘→大正 0220，06/0304B08～10。
3.2　尾殘→大正 0220，06/0304B20。
8　8～9 世紀。吐蕃統治時期寫本。
9.1　楷書。

1.1　BD09615 號
1.3　大般若波羅蜜多經卷二二
1.4　湯 036
2.1　(2.1＋31.7)×26.9 厘米；1 紙；20 行，行 17 字。
2.3　卷軸裝。首殘尾斷。卷正、背面墨污嚴重。有烏絲欄。已修整。
3.1　首行中殘→大正 0220，05/0120A23。
3.2　尾殘→大正 0220，05/0120B13。
8　8～9 世紀。吐蕃統治時期寫本。
9.1　楷書。

1.1　BD09616 號
1.3　大通方廣懺悔滅罪莊嚴成佛經卷下
1.4　湯 037
2.1　(6＋13＋3)×27.3 厘米；2 紙；14 行，行 17 字。
2.2　01：6＋8，09；　　02：5＋3，05。
2.3　卷軸裝。首尾均殘。背有古代裱補。有烏絲欄。有劃界欄針孔。已修整。
3.1　首 4 行中下殘→大正 2871，85/1354A26～29。
3.2　尾 2 行上中殘→大正 2871，85/1354B08～10。
8　5～6 世紀。南北朝寫本。
9.1　隸書。

1.1　BD09617 號
1.3　大方等大集經卷三
1.4　湯 038
2.1　(1.3＋11＋1.6)×24.5 厘米；1 紙；9 行，行 17 字。
2.3　卷軸裝。首尾均殘。已修整。
3.1　首行上殘→大正 0397，13/0020A23。
3.2　尾行下殘→大正 0397，13/0020B02。
8　5 世紀。南北朝寫本。
9.1　隸書。

1.1　BD09618 號
1.3　斷三界見修煩惱之圖
1.4　湯 039
2.1　33×31.5 厘米；1 紙；19 行，行 30 餘字。
2.3　卷軸裝。首尾均斷。殘片。尾有餘空。已修整。
3.4　説明：

本文獻首殘尾缺。未為歷代大藏經所收。《大正藏》根據斯 02313 號收入第 85 卷，但斯 02313 號本身有竄亂、漏缺，《大正藏》錄文又有錯漏。與《大正藏》本對照，本件首 1 行半及尾 3 行為《大正藏》本所無。關於本文獻，可參見 BD01034 號背 6 與斯 02312 號。

8　8～9 世紀。吐蕃統治時期寫本。
9.1　楷書。
9.2　有行間加行、行間校加字、校改及倒乙。

1.1　BD09619 號
1.3　大般若波羅蜜多經卷一〇九
1.4　湯 040
2.1　(3.8＋8.3＋14.7)×24.5 厘米；1 紙；15 行，行 17 字。
2.3　卷軸裝。首尾均殘。有烏絲欄。已修整。
3.1　首 2 行上下殘→大正 0220，05/0602A08～10。
3.2　尾 8 行下殘→大正 0220，05/0602A15～22。
8　8 世紀。唐寫本。
9.1　楷書。

1.1 BD09620 號
1.3 大般若波羅蜜多經卷一一〇
1.4 湯 041
2.1 25.2×20 厘米；1 紙；14 行。
2.3 卷軸裝。首脱尾殘。通卷下殘。有烏絲欄。已修整。
3.1 首殘→大正 0220，05/0606A06。
3.2 尾殘→大正 0220，05/0606A19。
8 8 世紀。唐寫本。
9.1 楷書。

1.1 BD09621 號
1.3 大般若波羅蜜多經卷五六〇
1.4 湯 042
2.1 （8＋63.3＋1.8）×25.4 厘米；2 紙；43 行，行 17 字。
2.2 01：8＋33.5，24； 02：29.8＋1.8，19。
2.3 卷軸裝。首尾均殘。卷面黴爛，首紙上邊殘缺。有烏絲欄。有古代裱補。已修整。
3.1 首 4 行上殘→大正 0220，07/0889A11～14。
3.2 尾行殘→大正 0220，07/0889B23～24。
7.1 卷首背有勘記“五百六十”。
8 8～9 世紀。吐蕃統治時期寫本。
9.1 楷書。

1.1 BD09622 號
1.3 大般若波羅蜜多經卷一七二
1.4 湯 043
2.1 （9.4＋25.1）×26.2 厘米；1 紙；20 行，行 17 字。
2.3 卷軸裝。首殘尾斷。卷面有水漬及油污。有烏絲欄。已修整。
3.1 首 5 行上下殘→大正 0220，05/0923B03～07。
3.2 尾殘→大正 0220，05/0923B22。
7.1 背面有勘記“一百七十二，十八袟”。
8 8～9 世紀。吐蕃統治時期寫本。
9.1 楷書。

1.1 BD09623 號
1.3 大般若波羅蜜多經（兑廢稿）卷二二六
1:4 湯 044
2.1 （25.4＋4.8）×25.5 厘米；1 紙；正面 17 行，行 17～18 字；背面 1 行，行 8 字。
2.3 卷軸裝。首脱尾殘。有烏絲欄。已修整。
2.4 本遺書包括 2 個文獻：（一）《大般若波羅蜜多經》（兑廢稿）卷二二六，17 行，抄寫在正面，今編為 BD09623 號。（二）《經袟》（兑經）（擬），1 行，抄寫在背面，今編為 BD09623 號背。
3.1 首殘→大正 2220，06/0137C01。
3.2 尾 2 行上下殘→大正 2220，06/0137C17～18。
8 8～9 世紀。吐蕃統治時期寫本。
9.1 楷書。

1.1 BD09623 號背
1.3 經袟（兑經）（擬）
1.4 湯 044
2.4 本遺書由 2 個文獻組成，本文獻為第 2 個，1 行，抄寫在背面，餘參見 BD09623 號第 2 項。
3.3 錄文：
（首全）
廿二至廿四袟，兑經。/
（錄文完）
8 8～9 世紀。吐蕃統治時期寫本。
9.1 楷書。

1.1 BD09624 號
1.3 大般若波羅蜜多經卷二四〇
1.4 湯 045
2.1 （3.2＋9）×26.4 厘米；1 紙；13 行，行 17 字。
2.3 卷軸裝。首尾均殘。下邊殘缺。有烏絲欄。已修整。
3.1 首 2 行上殘→大正 0220，06/0213B26～27。
3.2 尾殘→大正 0220，06/0213C09。
8 9～10 世紀。歸義軍時期寫本。
9.1 楷書。

1.1 BD09625 號
1.3 大般若波羅蜜多經卷二二九
1.4 湯 046
2.1 19.2×13.2 厘米；1 紙；12 行。
2.3 卷軸裝。首尾均殘。通卷下殘。有烏絲欄。已修整。
3.1 首殘→大正 0220，06/0150A27。
3.2 尾殘→大正 0220，06/0150B10。
8 8～9 世紀。吐蕃統治時期寫本。
9.1 楷書。

1.1 BD09626 號
1.3 大般若波羅蜜多經卷二三五
1.4 湯 047
2.1 44.5×24.6 厘米；1 紙；24 行，行 17 字。
2.3 卷軸裝。首尾均殘。通卷上殘。有烏絲欄。已修整。
3.1 首殘→大正 0220，06/0183B04。
3.2 尾殘→大正 0220，06/0183B27。
8 8～9 世紀。吐蕃統治時期寫本。
9.1 楷書。

1.1 BD09627 號
1.3 大般若波羅蜜多經卷二一六

1.4　湯 048
2.1　46.7 ×19 厘米；1 紙；28 行。
2.3　卷軸裝。首尾均脫。全卷下殘。有烏絲欄。已修整。
3.1　首殘→大正 0220，06/0081C12。
3.2　尾殘→大正 0220，06/0082A10。
8　8 ~9 世紀。吐蕃統治時期寫本。
9.1　楷書。

1.1　BD09628 號
1.3　大般若波羅蜜多經（兑廢稿）卷二六〇
1.4　湯 049
2.1　(22.3 +7) ×25.9 厘米；1 紙；13 行，行 17 字。
2.3　卷軸裝。首殘尾脫。卷背有鳥糞。有烏絲欄。尾有餘空。已修整。
3.1　首殘→大正 0220，06/0315C13。
3.2　尾缺→大正 0220，06/0315C26。
8　8 ~9 世紀。吐蕃統治時期寫本。
9.1　楷書。

1.1　BD09629 號
1.3　大般若波羅蜜多經（兑廢稿）卷二四九
1.4　湯 050
2.1　16.4 ×25 厘米；1 紙；正面 5 行，行 16 ~17 字；背面 8 行，行字不等。
2.3　卷軸裝。首斷尾脫。上下邊略有殘缺。有烏絲欄。尾有餘空。已修整。
3.1　首殘→大正 0220，06/0257C20。
3.2　尾缺→大正 0220，06/0257C24。
7.3　背面有“增一阿含”、“大般若”、“敇”、“金剛”等雜寫 8 行。
8　8 ~9 世紀。吐蕃統治時期寫本。
9.1　楷書。

1.1　BD09630 號
1.3　大般若波羅蜜多經（兑廢稿）卷二八三
1.4　湯 051
2.1　(14.1 +14.7) ×27.3 厘米；1 紙；14 行，行 17 字。
2.3　卷軸裝。首尾均殘。有烏絲欄。尾有餘空。已修整。
3.1　首 8 行下殘→大正 0220，06/0436B03 ~10。
3.2　尾闕→大正 0220，06/0436B16。
8　8 ~9 世紀。吐蕃統治時期寫本。
9.1　楷書。

1.1　BD09631 號
1.3　大般若波羅蜜多經卷二七四
1.4　湯 052
2.1　(8.3 +35.1 +45.1) ×25.4 厘米；3 紙；52 行，行 17 字。
2.2　01：8.3 +12.1，12；　02：23 +25.4，28；
03：19.7，12。
2.3　卷軸裝。首尾均殘。卷面有殘洞。有古代裱補。有烏絲欄。已修整。
3.1　首 5 行上殘→大正 0220，06/0387B04 ~07。
3.2　尾 26 行下殘→大正 0220，06/0387B29 ~ C25。
8　8 ~9 世紀。吐蕃統治時期寫本。
9.1　楷書。有武周新字“正”。

1.1　BD09632 號
1.3　大般若波羅蜜多經（兑廢稿）卷四八七
1.4　湯 053
2.1　(7.5 +42.3) ×28.6 厘米；1 紙；11 行，行 17 字。
2.3　卷軸裝。首尾均脫。卷面有水漬。有烏絲欄。尾有餘空。已修整。
3.1　首 4 行上殘→大正 0220，07/0477A26。
3.2　尾缺→大正 0220，07/0477B07。
5　與《大正藏》本對照，尾行文字不同。
8　8 ~9 世紀。吐蕃統治時期寫本。
9.1　楷書。

1.1　BD09633 號
1.3　大般若波羅蜜多經（兑廢稿）卷一〇〇
1.4　湯 054
2.1　(64.9 +10.2) ×25.3 厘米；2 紙；正面 45 行，行 17 字；背面 3 行，行字不等。
2.2　01：28.1，17；　02：36.8 +10.2，28。
2.3　卷軸裝。首殘尾脫。下部殘破較甚。有烏絲欄。已修整。
2.4　本遺書包括 2 個文獻：（一）《大般若波羅蜜多經》（兑廢稿）卷一〇〇，45 行，抄寫在正面，今編為 BD09633 號。（二）《經袟》（兑經）（擬），1 行，抄寫在背面，今編為 BD09633 號背。
3.1　首 34 行下殘→大正 0220，05/0553B12 ~ C16。
3.2　尾殘→大正 0220，05/0553C27。
8　8 ~9 世紀。吐蕃統治時期寫本。
9.1　楷書。

1.1　BD09633 號背
1.3　經袟（兑經）（擬）
1.4　湯 054
2.4　本遺書由 2 個文獻組成，本文獻為第 2 個，1 行，抄寫在背面，餘參見 BD09633 號第 2 項。
3.4　説明：
背面依次寫有“十一袟”、“第十一袟，兑經”、“一百”、“十”、“十”（硃筆）、“一”。
上述“一百”、“十”、“十”（硃筆）為正面《大般若波羅蜜多經》（兑廢稿）卷一〇〇的勘記。因為兑廢，故其後用為包

裹《大般若波羅蜜多經》第十一袟兑廢稿的袟皮。"一"，或為雜寫。
8　8～9 世紀。吐蕃統治時期寫本。
9.1　楷書。

1.1　BD09634 號
1.3　藏文文獻（擬）
1.4　湯 055
2.1　22.3×30 厘米；1 紙；11 行，行字不等。
2.3　卷軸裝。首尾均殘。有烏絲欄。
3.4　説明：
藏文文獻，内容待考。
7.2　每條文字末尾有圓形硃印，1.5×1.5 厘米，印文不清。
8　8～9 世紀。吐蕃統治時期寫本。
9.1　草書。

1.1　BD09635 號
1.3　藏文文獻（擬）
1.4　湯 056
2.1　18×30 厘米；1 紙；8 行，行字不等。
2.3　梵夾裝。首尾均全。下有殘缺。卷背粘有其他文獻之殘字痕。
3.4　説明：
藏文文獻，内容待考。
7.2　每條文字末尾有圓形硃印，1.5×1.5 厘米，印文不清。
8　8～9 世紀。吐蕃統治時期寫本。
9.1　草書。

1.1　BD09636 號 A
1.3　藏文文獻（擬）
1.4　湯 057
2.1　8.3×30 厘米；1 紙；正面 6 行，行字不等；背面 4 行，行字不等。
2.3　卷軸裝。首尾均殘。上下有殘損。卷面多糨糊。有烏絲欄。
3.4　説明：
藏文文獻，内容待考。
7.3　有漢字雜寫"非"、"種"、"同"、"分"、"齊"。
8　8～9 世紀。吐蕃統治時期寫本。
9.1　草書。

1.1　BD09636 號 B
1.3　藏文文獻（擬）
1.4　湯 057
2.1　5×9.5 厘米；1 紙；正面 4 行，行字不等；背面 1 行，行字不等。
2.3　卷軸裝。首尾均殘。上下均殘。有烏絲欄。
3.4　説明：
藏文文獻，内容待考。
8　8～9 世紀。吐蕃統治時期寫本。
9.1　草書。

1.1　BD09637 號
1.3　藏文文獻（擬）
1.4　湯 058
2.1　39.6×30.7 厘米；2 紙；22 行，行字不等。
2.2　01：25.0，12；　　02：14.6，10。
2.3　卷軸裝。首尾均殘。卷面有糨糊。有烏絲欄。硃、墨筆雜寫。卷背有殘字痕。
3.4　説明：
藏文文獻，内容待考。
7.2　卷背騎縫處有 2 個圓形硃印，1.5×1.5 厘米，印文不清。
7.3　背有漢字雜筆痕。
8　8～9 世紀。吐蕃統治時期寫本。
9.1　草書。

1.1　BD09638 號
1.3　藏文文獻（擬）
1.4　湯 059
2.1　40×27.1 厘米；2 紙；26 行，行字不等。
2.2　01：01.2，01；　　02：38.8，25。
2.3　卷軸裝。首尾均殘。有烏絲欄。硃、墨筆雜寫。
3.4　説明：
藏文文獻，内容待考。
7.2　卷背騎縫處有 2 個圓形硃印，1.5×1.5 厘米，印文不清。
7.3　背有漢字雜筆痕。
8　8～9 世紀。吐蕃統治時期寫本。
9.1　草書。

1.1　BD09639 號
1.3　藏文文獻（擬）
1.4　湯 060
2.1　22.5×29.7 厘米；1 紙；8 行，行字不等。
2.3　卷軸裝。首尾均殘。上下殘損。有烏絲欄。硃、墨筆雜寫。
3.4　説明：
藏文文獻，内容待考。
7.2　正面有 7 處圓形硃印，其中 4 個在段落末尾，3 個在殘破處，1.5×1.5 厘米，印文不清。
8　8～9 世紀。吐蕃統治時期寫本。
9.1　草書。

1.1　BD09640 號
1.3　藏文大乘無量壽宗要經
1.4　湯 061
2.1　62.2×20 厘米；1 紙；分成 3 欄：第 1 欄 13 行，第 2 欄 12

行，第3欄11行，行字不等。
2.3 卷軸裝。首全尾殘。通卷下殘。卷面多油污。有烏絲欄。
3.4 説明：
藏文文獻。敦煌遺書中保存甚多。
8 8~9世紀。吐蕃統治時期寫本。
9.1 正書。

1.1 BD09641號
1.3 藏文文獻（擬）
1.4 湯062
2.1 40.5×27厘米；2紙；正面24行，行字不等；背面2行，行字不等。
2.2 01：07.5，03； 02：33.0，21。
2.3 卷軸裝。首殘尾脱。卷中間斷裂。有烏絲欄。硃、墨筆雜寫。
2.4 本遺書包括2個文獻：（一）《藏文文獻》（擬），24行，抄寫在正面，今編為BD09641號。（二）《經袟》（擬），2行，抄寫在背面，今編為BD09641號背。
3.4 説明：
藏文文獻，内容待考。
7.2 卷背騎縫處有一枚圓形硃印，1.5×1.5厘米，印文不清。
8 8~9世紀。吐蕃統治時期寫本。
9.1 草書。

1.1 BD09641號背
1.3 經袟（擬）
1.4 湯062
2.4 本遺書由2個文獻組成，本文獻為第2個，2行，抄寫在背面，餘參見BD09641號第2項。
3.4 説明：
寫有“四分律戒袟”、“花嚴”（硃筆書寫）、“二”（墨筆書寫），説明曾經先後做過《四分律》、《華嚴經》兩種經典的經袟。
8 8~9世紀。吐蕃統治時期寫本。
9.1 楷書。

1.1 BD09642號
1.3 藏文文獻（擬）
1.4 湯063
2.1 101.1×29.6厘米；3紙；48行，行字不等。
2.2 01：48.7，23； 02：46.5，22； 03：05.9，03。
2.3 卷軸裝。首尾均殘。有烏絲欄。硃、墨筆雜寫。通卷近代托裱。
3.4 説明：
藏文文獻，内容待考。
7.2 卷面每段文字後有一枚方形硃色花印，5.5×5.5厘米。
8 8~9世紀。吐蕃統治時期寫本。
9.1 草書。

1.1 BD09643號
1.3 大般若波羅蜜多經卷三六一
1.4 湯064
2.1 （16.5+110.1+3.2）×25.5厘米；4紙；70行，行17字。
2.2 01：09.3，03； 02：7.2+42.5，28； 03：49.8，28；
04：17.8+3.2，11。
2.3 卷軸裝。首尾均殘。經黄打紙，砑光上蠟。卷面有水漬及等距離黴爛大殘洞。有烏絲欄。已修整。
3.1 首7行中下殘→大正0220，06/0860A05~12。
3.2 尾行下殘→大正0220，06/0860C17。
8 7世紀。唐寫本。
9.1 楷書。

1.1 BD09644號
1.3 大般若波羅蜜多經卷五一五
1.4 湯065
2.1 （1.6+30.3+4.9）×25.7厘米；1紙；23行，行17字。
2.2 01：1.6+10，07； 02：20.3+4.9，16。
2.3 卷軸裝。首尾均殘。上邊有等距離殘缺。有烏絲欄。已修整。
3.1 首行上殘→大正0220，07/0631A03。
3.2 尾3行上下殘→大正0220，07/0631A22~25。
8 8世紀。唐寫本。
9.1 楷書。
9.2 有刮改。

1.1 BD09645號
1.3 大般若波羅蜜多經（兑廢稿）卷五七八
1.4 湯066
2.1 （4.7+25.4）×27.1厘米；1紙；18行，行17字。
2.3 卷軸裝。首殘尾脱。卷背有鳥糞。有烏絲欄。已修整。
3.1 首3行殘→大正0220，07/0989A02~04。
3.2 尾殘→大正0220，07/0989A19。
7.1 上邊有勘記“兑”字。
7.3 背有雜寫：“摩訶薩”、“及”。
8 7~8世紀。唐寫本。
9.1 楷書。有武周新字“正”。

1.1 BD09646號
1.3 大般若波羅蜜多經卷四九九
1.4 湯067
2.1 35.8×27.4厘米；1紙；26行，行17字。
2.3 卷軸裝。首尾均脱。卷面有油污。有烏絲欄。已修整。
3.1 首殘→大正0220，07/0540A13。
3.2 尾殘→大正0220，07/0540B10。

8　8～9 世紀。吐蕃統治時期寫本。
9.1　楷書。
9.2　有校改。

1.1　BD09647 號
1.3　大般若波羅蜜多經（兑廢稿）卷一二六
1.4　湯 068
2.1　21.8×25.5 厘米；1 紙；13 行，行 17 字。
2.3　卷軸裝。首脱尾斷。卷面多糨糊。有烏絲欄。已修整。
3.1　首殘→大正 0220，05/0692A21。
3.2　尾殘→大正 0220，05/0692B06。
5　與《大正藏》本對照，本件有缺文："善住內空。善住外空。善住內外空。善住空空。"
7.1　上、下邊各有 1 個勘記"兑"字。
8　8～9 世紀。吐蕃統治時期寫本。
9.1　楷書。

1.1　BD09648 號
1.3　佛本行集經鈔（擬）
1.4　湯 069
2.1　9.6×27.4 厘米；1 紙；6 行，行 17 字。
2.3　卷軸裝。首尾均殘。有烏絲欄。已修整。
3.4　説明：
本遺書抄寫《佛本行集經》卷五四經文兩段，詳情如下：
第 1～4 行：相當於大正 0190，03/0903B12～15；
第 5～6 行：相當於大正 0190，03/0903B24～25。
本文獻可能屬於經鈔，也可能是兑廢稿。暫定此名。
8　8 世紀。唐寫本。
9.1　楷書。

1.1　BD09649 號
1.3　禪門經
1.4　湯 070
2.1　29.9×28.7 厘米；1 紙；17 行，行 24 字。
2.3　卷軸裝。首尾均殘。有烏絲欄。已修整。
3.1　首 1 行下殘→《禪思想史研究》，03/0332A15。
3.2　尾 11 行下殘→《禪思想史研究》，03/0333A02～09。
6.1　首→BD12226 號。
8　8～9 世紀。吐蕃統治時期寫本。
9.1　楷書。

1.1　BD09650 號
1.3　佛本行集經卷五三
1.4　湯 071
2.1　48.4×26.4 厘米；1 紙；28 行，行 17 字。
2.3　卷軸裝。首尾均脱。卷尾下部有殘損。有烏絲欄。已修整。
3.1　首殘→大正 0190，03/0900A09。
3.2　尾殘→大正 0190，03/0900B07。
8　8 世紀。唐寫本。
9.1　楷書。

1.1　BD09651 號
1.3　大方等大集日藏經（兑廢稿）卷三四
1.4　湯 072
2.1　34.1×26.5 厘米；1 紙；20 行，行 17 字。
2.3　卷軸裝。首脱尾殘。有烏絲欄。
3.1　首殘→大正 0397，13/0233C25。
3.2　尾殘→大正 0397，13/0234A13。
5　與《大正藏》本對照，本件末 3 行重複。
7.1　卷面中部有勘記"兑"字。
7.3　卷前部天頭有雜寫"修羅乃至人非人等"8 字。
8　8 世紀。唐寫本。
9.1　楷書。

1.1　BD09652 號
1.3　大般若波羅蜜多經卷四九九
1.4　湯 073
2.1　49.5×28 厘米；1 紙；28 行，行 17 字。
2.3　卷軸裝。首尾均脱。卷面油污，上下邊殘損。有烏絲欄。已修整。
3.1　首殘→大正 0220，07/0539C14。
3.2　尾殘→大正 0220，07/0540A13。
8　8～9 世紀。吐蕃統治時期寫本。
9.1　楷書。
9.2　有刮改。

1.1　BD09653 號
1.3　大般若波羅蜜多經卷五一五
1.4　湯 074
2.1　13.6×25.8 厘米；1 紙；7 行，行 17 字。
2.3　卷軸裝。首尾均殘。有烏絲欄。已修整。
3.1　首殘→大正 0220，07/0630C24。
3.2　尾 3 行上殘→大正 0220，07/0630C28～0631A02。
8　8～9 世紀。吐蕃統治時期寫本。
9.1　楷書。

1.1　BD09654 號
1.3　十住斷結經卷八
1.4　湯 075
2.1　49×27.5 厘米；1 紙；正面 28 行，行 17 字；背面 1 行，7 字。
2.2　01：47.1，28；　02：01.9，素紙。
2.3　卷軸裝。首脱尾殘。卷面多油污，上下邊殘損。有烏絲欄。已修整。

3.1　首殘→大正 0309，10/1031A14。
3.2　尾殘→大正 0309，10/1031B13。
7.3　背面有經名雜寫"大寶積經卷第卅"。
8　8 世紀。唐寫本。
9.1　楷書。

1.1　BD09655 號
1.3　金光明最勝王經卷四
1.4　湯 076
2.1　(3 + 18.7 + 12.7) × 25.7 厘米；1 紙；18 行，行 17 字。
2.3　卷軸裝。首尾均殘。卷面油污，上下邊殘破。有烏絲欄。已修整。
3.1　首行中下殘→大正 0665，16/0417C29 ~ 0418A01。
3.2　尾 6 行下殘→大正 0665，16/0418A14 ~ 18。
8　8 ~ 9 世紀。吐蕃統治時期寫本。
9.1　楷書。
12　從該遺書背面揭下古代裱補紙 7 塊，今編為 BD16365 號、BD16366 號、BD16367 號、BD16368 號。

1.1　BD09656 號
1.3　彌勒下生成佛經（義淨本）
1.4　湯 077
2.1　37 × 25.1 厘米；1 紙；24 行，行 20 字（偈）。
2.3　卷軸裝。首尾均殘。麻紙，未入潢。卷下部殘缺嚴重。已修整。
3.1　首 13 行下殘→大正 0455，14/0426B18 ~ C14。
3.2　尾 3 行下殘→大正 0455，14/0427A02 ~ 06。
8　7 ~ 8 世紀。唐寫本。
9.1　楷書。

1.1　BD09657 號
1.3　佛名經（十六卷本）卷一
1.4　湯 078
2.1　28.3 × 28.5 厘米；1 紙；15 行，行字不等。
2.3　卷軸裝。首尾均殘。卷中部有殘缺。已修整。
3.1　首行中下殘→《七寺古逸經典研究叢書》，03/0058B10 ~ 11。
3.2　尾殘→《七寺古逸經典研究叢書》，03/0059B13。
8　9 ~ 10 世紀。歸義軍時期寫本。
9.1　楷書。
9.2　有硃筆斷句、校改、點去及行間校加字。

1.1　BD09658 號
1.3　諸經雜抄（擬）
1.4　湯 079
2.1　36.8 × 28.1 厘米；1 紙；24 行，行字不等。
2.3　卷軸裝。首尾均脫。卷上下有殘損、殘缺。有烏絲欄。已修整。
3.4　說明：
　　本件為諸經雜抄。詳情如下：
　　第 1 行至 6 行：大正 0374，12/0416A03 ~ 10，《大般涅槃經》卷八；
　　第 6 行至 16 行：大正 0223，08/0380B21 ~ C05，《摩訶般若波羅蜜經》卷二二；
　　第 17 行至 20 行：大正 0374，12/0403A11 ~ 14，《大般涅槃經》卷七；
　　第 20 行至 22 行：大正 0374，12/0404B04 ~ 06，《大般涅槃經》卷七；
　　第 22 行至 24 行：大正 0374，12/0404C04 ~ 06，《大般涅槃經》卷七。
　　所抄經文的主題為佛性。
8　9 ~ 10 世紀。歸義軍時期寫本。
9.1　楷書。

1.1　BD09659 號
1.3　摩訶般若波羅蜜經卷七
1.4　湯 080
2.1　26.4 × 26 厘米；1 紙；17 行，行 17 字。
2.3　卷軸裝。首尾均殘。薄皮紙。通卷殘破。有烏絲欄。已修整。
3.1　首殘→大正 0223，08/0274A12。
3.2　尾殘→大正 0223，08/0274B02。
8　7 ~ 8 世紀。唐寫本。
9.1　楷書。

1.1　BD09660 號
1.3　大般若波羅蜜多經卷一五〇
1.4　湯 081
2.1　(3 + 16.5 + 2.7) × 25.5 厘米；1 紙；13 行，行 17 字。
2.3　卷軸裝。首殘尾脫。有烏絲欄。已修整。
3.1　首 2 行中下殘→大正 0220，05/0809A01 ~ 03。
3.2　尾殘→大正 0220，05/0809A14。
8　8 世紀。唐寫本。
9.1　楷書。

1.1　BD09661 號
1.3　大般若波羅蜜多經卷一五六
1.4　湯 082
2.1　(20.9 + 18.8) × 27.5 厘米；1 紙；22 行，行 17 字。
2.3　卷軸裝。首殘尾脫。有烏絲欄。已修整。
3.1　首 9 行中上殘→大正 0220，05/0842C09 ~ 16。
3.2　尾殘→大正 0220，05/0842C30。
8　8 世紀。唐寫本。
9.1　楷書。

1.1 BD09662 號
1.3 大般若波羅蜜多經卷五二四
1.4 湯 083
2.1 (19.2 +7.1) ×27 厘米；1 紙；15 行，行 16 ~17 字。
2.3 卷軸裝。首脱尾殘。卷面有油污及 1 個蟲繭。有烏絲欄。已修整。
3.1 首殘→大正 0220，07/0688A10。
3.2 尾 3 行下殘→大正 0220，07/0688A23 ~25。
8 8 世紀。唐寫本。
9.1 楷書。
12 從該遺書背面揭下古代裱補一塊，今編為 BD16369 號。

1.1 BD09663 號
1.3 大般若波羅蜜多經卷五二二
1.4 湯 084
2.1 (1.5 +24.6 +5.3) ×26 厘米；1 紙；19 行，行 17 字。
2.3 卷軸裝。首尾均殘。有烏絲欄。已修整。
3.1 首行上殘→大正 0220，07/0674A02。
3.2 尾 3 行上下殘→大正 0220，07/0674A18 ~22。
5 與《大正藏》本對照，本件有缺文及文字不同，順序有顛倒。
8 8 世紀。唐寫本。
9.1 楷書。

1.1 BD09664 號
1.3 會真宗論（擬）
1.4 湯 085
2.1 (5.5 +22 +6.5) ×28 厘米；2 紙；29 行，行 20 餘字。
2.2 01：5.5 +10，08； 02：12 +6.5，21。
2.3 卷軸裝。首尾均殘。卷上下邊殘損，尾紙中間有殘洞。已修整。
3.4 説明：
本文獻首 3 行上下殘，尾 3 行上下殘。為中國人所撰佛教論著，未為歷代大藏經所收。存文採用自設問答的方法，論述凡聖、頓漸等。文中有“會真宗”云云，故擬此名。
8 7 ~8 世紀。唐寫本。
9.1 楷書。
9.2 有行間校加字。有重文號。

1.1 BD09665 號
1.3 瑜伽師地論卷二一
1.4 湯 086
2.1 (9.4 +13.7 +17.6) ×27 厘米；2 紙；25 行，行 17 字。
2.2 01：9.4 +1.6，06； 02：12.1 +17.6，19。
2.3 卷軸裝。首尾均殘。上邊殘缺。有烏絲欄。已修整。
3.1 首殘→大正 1579，30/0400C06。
3.2 尾 11 行上下殘→大正 1579，30/0400C21 ~0401A02。
8 9 ~10 世紀。歸義軍時期寫本。
9.1 楷書。
9.2 有硃筆科分。

1.1 BD09666 號
1.3 大智度論卷三〇
1.4 湯 087
2.1 (8.3 +11.8 +3.7) ×25.2 厘米；1 紙；14 行，行 17 字。
2.3 卷軸裝。首尾均殘。有烏絲欄。已修整。
3.1 首 5 行上殘→大正 1059，25/0277A07 ~10。
3.2 尾 2 行上殘→大正 1059，25/0277A19 ~21。
8 6 世紀。南北朝寫本。
9.1 楷書。

1.1 BD09667 號
1.3 維摩詰所說經卷中
1.4 湯 088
2.1 (23.5 +8 +22.5) ×26 厘米；2 紙；34 行，行 17 字。
2.2 01：23.5 +8 +6，24； 02：16.5，10。
2.3 卷軸裝。首尾均殘。通卷殘損嚴重。有烏絲欄。已修整。
3.1 首 15 行下殘→大正 0475，14/0545B22 ~C08。
3.2 尾 14 行上殘→大正 0475，14/0545C13 ~28。
8 5 ~6 世紀。南北朝寫本。
9.1 隸書。
9.2 有倒乙、刪除號。有硃筆點去及點標。

1.1 BD09668 號
1.3 大莊嚴經論卷八
1.4 湯 089
2.1 10.3 ×30.3 厘米；1 紙 1 葉 2 個半葉；半葉 8 行，共 16 行，行 37 ~39 字。
2.3 經折裝。首斷尾脱。天頭有一小洞。有硃絲欄。
2.4 本遺書包括 2 個文獻：（一）《大莊嚴經論》卷八，8 行，抄寫在正面，今編為 BD09668 號。（二）《大莊嚴經論》卷一三，8 行，抄寫在背面，今編為 BD09668 號背。
2.5 同一經折裝，兩面各抄寫一卷。
3.1 首殘→大正 0201，04/0299B16。
3.2 尾殘→大正 0201，04/0299C09。
8 8 世紀。唐寫本。
9.1 楷書。有武周新字“國”，但不周遍。
9.2 有行間加行。有行間校加字。

1.1 BD09668 號背
1.3 大莊嚴經論卷一三
1.4 湯 089
2.4 本遺書由 2 個文獻組成，本文獻為第 2 個，8 行，抄寫在背面，餘參見 BD09668 號第 2 項。

3.1 首殘→大正 0201，04/0326B21。
3.2 尾殘→大正 0201，04/0326C11。
8 9～10 世紀。歸義軍時期寫本。
9.1 楷書。

1.1 BD09669 號
1.3 大般若波羅蜜多經（兌廢稿）卷四二
1.4 湯 090
2.1 48.6×27.2 厘米；1 紙；25 行，行 16 字。
2.3 卷軸裝。首尾均脱。尾有餘空。有烏絲欄。已修整。
3.1 首殘→大正 0220，05/0238B03。
3.2 尾殘→大正 0220，05/0238B29。
8 8～9 世紀。吐蕃統治時期寫本。
9.1 楷書。

1.1 BD09670 號
1.3 大般若波羅蜜多經卷五〇三
1.4 湯 091
2.1 22.6×26.2 厘米；1 紙；14 行，行 17 字。
2.3 卷軸裝。首殘尾脱。有烏絲欄。已修整。
3.1 首行上下殘→大正 0220，07/0560C06。
3.2 尾殘→大正 0220，07/0560C19。
7.1 卷首背面上方有勘記“五十一”及硃筆“三”。
8 8 世紀。唐寫本。
9.1 楷書。

1.1 BD09671 號
1.3 金剛般若波羅蜜經論卷下
1.4 湯 092
2.1 （7.6＋22＋3.2）×28 厘米；2 紙；20 行，行 17 字。
2.2 01：01.1，素紙； 02：6.5＋22＋3.2，20。
2.3 卷軸裝。首尾均殘。殘片。已修整。
3.1 首 4 行下殘→大正 1511，25/0792A26～B01。
3.2 尾 2 行上下殘→大正 1511，25/0792B18～20。
8 5～6 世紀。南北朝寫本。
9.1 楷書。

1.1 BD09672 號
1.3 大般若波羅蜜多經卷四三
1.4 湯 093
2.1 （7.1＋38＋2.4）×26.3 厘米；2 紙；29 行，行 17 字。
2.2 01：7.1＋27.2，21； 02：10.8＋2.4，08。
2.3 卷軸裝。首尾均殘。上下邊有殘缺。有烏絲欄。已修整。
3.1 首 3 行中下殘→大正 0220，05/0239C02～04。
3.2 尾行下殘→大正 0220，05/0240A01。
8 8～9 世紀。吐蕃統治時期寫本。
9.1 楷書。

1.1 BD09673 號
1.3 大般若波羅蜜多經（兌廢稿）卷三二五
1.4 湯 094
2.1 23.8×26.2 厘米；1 紙；14 行，行 17 字。
2.3 卷軸裝。首尾均斷。下邊殘缺。有烏絲欄。已修整。
3.1 首殘→大正 0220，06/0663C16。
3.2 尾殘→大正 0220，06/0663C29。
5 與《大正藏》本對照，卷中“善現。是菩薩摩訶薩於中不住故名退轉”，係重複抄寫。
7.1 上邊有勘記“兌”字。
8 8～9 世紀。吐蕃統治時期寫本。
9.1 楷書。

1.1 BD09674 號
1.3 大般若波羅蜜多經卷四八一
1.4 湯 095
2.1 （13＋34）×27 厘米；1 紙；25 行，行 17 字。
2.3 卷軸裝。首尾均斷。卷中間有等距離殘洞。有烏絲欄。尾有餘空。已修整。
3.1 首 4 行中下殘→大正 0220，07/0441A26～B01。
3.2 尾殘→大正 0220，07/0441B23。
5 與《大正藏》本對照，卷中漏抄 1 行，相當於大正 0220，07/0441B09。
8 8～9 世紀。吐蕃統治時期寫本。
9.1 楷書。

1.1 BD09675 號
1.3 金光明最勝王經卷一
1.4 湯 096
2.1 （29＋3.9）×25.4 厘米；1 紙；19 行，行 17 字。
2.3 卷軸裝。首殘尾脱。有烏絲欄。已修整。
3.1 首殘→大正 0665，16/0403A12。
3.2 尾 2 行下殘→大正 0665，16/0403B02～03。
7.3 背面有雜寫 1 行。
8 8 世紀。唐寫本。
9.1 楷書。有武周新字“證”。

1.1 BD09676 號
1.3 大般若波羅蜜多經卷五三七
1.4 湯 097
2.1 （31.2＋5.6＋1.7）×25.4 厘米；1 紙；24 行，行 17 字。
2.3 卷軸裝。首尾均殘。卷面有水漬。有烏絲欄。已修整。
3.1 首 17 行中下殘→大正 0220，07/0756C06～24。
3.2 尾行上下殘→大正 0220，07/0756C29。
8 8～9 世紀。吐蕃統治時期寫本。
9.1 楷書。

1.1 BD09677 號
1.3 正法念處經（兑廢稿）卷四〇
1.4 湯 098
2.1 35.6×27.3 厘米；1 紙；正面 21 行，行 17 字；背面 4 行，行字不等。
2.3 卷軸裝。首脱尾斷。有烏絲欄。
2.4 本遺書包括 2 個文獻：（一）《正法念處經》（兑廢稿）卷四〇，21 行，今編為 BD09677 號。（二）《押牙韓願清到馬僧政院條記》（擬），4 行，抄寫在背面，今編為 BD09677 號背。
3.1 首殘→大正 0721，17/0237B29。
3.2 尾殘→大正 0721，17/0237C22。
5 與《大正藏》本對照，文字略有不同。
7.1 卷面經文上寫有勘記“兑”字，共 9 個。
8 8 世紀。唐寫本。
9.1 楷書。

1.1 BD09677 號背
1.3 押牙韓願清到馬僧政院條記（擬）
1.4 湯 098
2.4 本遺書由 2 個文獻組成，本文獻為第 2 個，4 行，抄寫在背面，餘參見 BD09677 號第 2 項。
3.3 錄文：
（首全）
今日到此大院内，恰到前頭，萬罪/
過之。/
（中間空多行）
押牙韓願清到此馬僧政院。/
押牙韓願清筆壹貫，頭憨。/
（錄文完）。
7.3 首尾各兩行條記之間，有雜寫“第”字 8 個。
8 8 世紀。唐寫本。
9.1 楷書。

1.1 BD09678 號
1.3 大般若波羅蜜多經（兑廢稿）卷六九
1.4 湯 099
2.1 24.3×25.8 厘米；1 紙；11 行，行 18 字。
2.3 卷軸裝。首斷尾脱。有烏絲欄。尾有餘空。已修整。
3.1 首殘→大正 0220，05/0389B22。
3.2 尾殘→大正 0220，05/0389C05。
8 8 世紀。唐寫本。
9.1 楷書。

1.1 BD09679 號
1.3 大般若波羅蜜多經卷一八二
1.4 湯 100
2.1 22.5×24.8 厘米；1 紙；14 行，行 17 字。
2.3 卷軸裝。首脱尾殘。有烏絲欄。已修整。
3.1 首殘→大正 0220，05/0981B08。
3.2 尾殘→大正 0220，05/0981B22。
8 8～9 世紀。吐蕃統治時期寫本。
9.1 楷書。

1.1 BD09680 號
1.3 大般若波羅蜜多經卷六六
1.4 坐 001
2.1 （29.4+6.5+1.2）×25.2 厘米；2 紙；22 行，行 17 字。
2.2 01：29.4+6.5，22； 02：01.2，素紙。
2.3 卷軸裝。首殘尾脱。有烏絲欄。已修整。
3.1 首 17 行上下殘→大正 0220，05/0371B15～C03。
3.2 尾殘→大正 0220，05/0371C08。
8 8～9 世紀。吐蕃統治時期寫本。
9.1 楷書。

1.1 BD09681 號
1.3 大般若波羅蜜多經卷八七
1.4 坐 002
2.1 （6.7+16.5+0.7）×26 厘米；2 紙；12 行，行 16～17 字。
2.2 01：6.7+16.5，12； 02：0.7，素紙。
2.3 卷軸裝。首尾均殘。砑光上蠟。上下邊殘缺。有烏絲欄。已修整。
3.1 首 2 行中下殘→大正 0220，05/0486B22～24。
3.2 尾殘→大正 0220，05/0486C04。
8 8～9 世紀。吐蕃統治時期寫本。
9.1 楷書。

1.1 BD09682 號
1.3 大般若波羅蜜多經卷六〇
1.4 坐 003
2.1 （10+9+11）×26 厘米；1 紙；17 行，行 17 字。
2.3 卷軸裝。首尾均殘。上下邊殘缺。有烏絲欄。已修整。
3.1 首 5 行中上殘→大正 0220，05/0338A17～21。
3.2 尾 6 行中上殘→大正 0220，05/0338A27～B03。
8 8～9 世紀。吐蕃統治時期寫本。
9.1 楷書。

1.1 BD09683 號
1.3 大般若波羅蜜多經卷四五
1.4 坐 004
2.1 （10.5+25+4.4）×26 厘米；1 紙；24 行，行 17 字。
2.3 卷軸裝。首尾均殘。下邊殘缺。有烏絲欄。已修整。
3.1 首 7 行中下殘→大正 0220，05/0251A26～B03。
3.2 尾殘→大正 0220，05/0251B20。
8 8～9 世紀。吐蕃統治時期寫本。

9.1　楷書。

1.1　BD09684 號
1.3　大般若波羅蜜多經卷四九四
1.4　坐 005
2.1　47.7×25.5 厘米；1 紙；28 行。
2.3　卷軸裝。首尾均殘。通卷下殘。有烏絲欄。已修整。
3.1　首殘→大正 0220，07/0510C23。
3.2　尾殘→大正 0220，07/0511A22。
8　8 世紀。唐寫本。
9.1　楷書。

1.1　BD09685 號
1.3　佛名經（十二卷本）卷七
1.4　坐 006
2.1　（4.5+47.1+2.4）×25.4 厘米；3 紙；29 行，行 17 字。
2.2　01：02.2，01；　02：2.3+47.1，27；　03：02.4，01。
2.3　卷軸裝。首尾均殘。卷面有等距離殘洞。背有古代裱補。有烏絲欄。已修整。
3.1　首 2 行上殘→大正 0440，14/0151A10。
3.2　尾行中殘→大正 0440，14/0151B09～10。
5　與《大正藏》本對照，本件第 4 行缺“南無薩婆毗浮佛”。
8　5～6 世紀。南北朝寫本。
9.1　楷書。

1.1　BD09686 號
1.3　大般若波羅蜜多經卷四二二
1.4　坐 007
2.1　（2.7+27.3+2.1）×26 厘米；2 紙；19 行，行 17 字。
2.2　01：2.7+27.3，18；　02：02.1，01。
2.3　卷軸裝。首尾均殘。首紙中有殘洞。有烏絲欄。已修整。
3.1　首行中下殘→大正 0220，07/0119C10。
3.2　尾殘→大正 0220，07/0119C28。
3.4　說明：
背後勘記與正面文獻卷次不合，可能寫錯，也可能背面曾經用作經袟。
7.1　卷背有勘記“卌二袟”和“無頭尾”。
8　8～9 世紀。吐蕃統治時期寫本。
9.1　楷書。

1.1　BD09687 號
1.3　摩訶僧祇律卷五
1.4　坐 008
2.1　20.6×26 厘米；1 紙；11 行，行 20 字。
2.3　卷軸裝。首尾均殘。有烏絲欄。已修整。
3.1　首 2 行上殘→大正 1425，22/0267B26。
3.2　尾殘→大正 1425，22/0267C11。
8　5～6 世紀。南北朝寫本。
9.1　行書。
9.2　有重文號。

1.1　BD09688 號
1.3　大般若波羅蜜多經（兌廢稿）卷九七
1.4　坐 009
2.1　（15.8+32）×28.2 厘米；1 紙；26 行，行 17 字。
2.3　卷軸裝。首尾均脫。卷面油污、變色，上下邊殘缺，中間有殘洞。有烏絲欄。尾有餘空。已修整。
3.1　首殘→大正 0220，05/0538C07。
3.2　尾殘→大正 0220，05/0539A05。
5　與《大正藏》本對照，卷中抄寫“波羅蜜多法性求”均缺“法性”二字。尾行抄寫相當於 05/0539A06～07，但亦缺“法性”二字。
7.1　卷首上邊有 1 個“兌”字。
7.3　卷背面有 2 處雜寫“顛大夫”。
8　8～9 世紀。吐蕃統治時期寫本。
9.1　楷書。
9.2　有刮改。

1.1　BD09689 號
1.3　阿毗達磨順正理論卷三三
1.4　坐 010
2.1　18.1×25.1 厘米；1 紙；10 行，行 17 字。
2.3　卷軸裝。首尾均斷。有烏絲欄。
3.1　首殘→大正 1562，29/0531B11。
3.2　尾殘→大正 1562，29/0531B21。
8　8 世紀。唐寫本。
9.1　楷書。

1.1　BD09690 號
1.3　大乘開心顯性頓悟真宗論
1.4　坐 011
2.1　（10.3+10.9+8.7）×28.8 厘米；2 紙；17 行，行 20 字。
2.2　01：10.3+10.9+2.7，14；　02：06.0，03。
2.3　卷軸裝。首尾均殘。有折疊欄。已修整。
3.1　首 6 行上下殘→大正 2835，85/1278C15～22。
3.2　尾 5 行上下殘→大正 2835，85/1279A01～06。
5　與《大正藏》本對照，文字略有不同。
8　8～9 世紀。吐蕃統治時期寫本。
9.1　楷書。
9.2　全卷有硃筆斷句。

1.1　BD09691 號
1.3　大寶積經卷七二鈔（擬）
1.4　坐 012

2.1　42.6×30.7 厘米；1 紙；39 行，行 27～35 字。
2.3　卷軸裝。首尾均全。
3.1　首殘→大正 0310，11/0411A29。
3.2　尾殘→大正 0310，11/0412A11。
4.1　大寶積經卷第七袟十二卷（首）。
5　與《大正藏》本對照，本遺書所抄為《大寶積經》卷七二之一段。
8　9～10 世紀。歸義軍時期寫本。
9.1　楷書。
9.2　有行間校加字，有塗改及點去。

1.1　BD09692 號 A
1.3　雜寶藏經卷二
1.4　坐 013
2.1　29.5×24.7 厘米；1 紙；19 行，行 18 字。
2.3　卷軸裝。首脫尾殘。卷首上方有 1 個殘洞。尾有餘空。有烏絲欄。已修整。
3.1　首殘→大正 0203，04/0455B26。
3.2　尾缺→大正 0203，04/0455C17。
8　9～10 世紀。歸義軍時期寫本。
9.1　楷書。
9.2　有塗抹。

1.1　BD09692 號 B
1.3　大般涅槃經（北本）卷三六
1.4　坐 013
2.1　10.8×6.8 厘米；1 紙；7 行。
2.3　卷軸裝。首尾均殘。通卷上殘。有烏絲欄。已修整。
3.1　首殘→大正 0374，12/0575B05。
3.2　尾殘→大正 0374，12/0575B10。
8　5～6 世紀。南北朝寫本。
9.1　楷書。

1.1　BD09693 號
1.3　大乘百法明門論開宗義決疏（擬）
1.4　坐 014
2.1　10.3×25.8 厘米；1 紙；8 行，行字不等。
2.3　卷軸裝。首斷尾脫。卷上下有殘損。有烏絲欄。
3.4　說明：
本文獻首尾均殘。內容為疏釋《大乘百法明門論開宗義決》，所疏釋有“記別”（參見《大正藏》，85/1073A13）、“記別諸法之義”（參見《大正藏》，85/1073A15）、“因請說”（參見《大正藏》，85/1073A19）、“高大長遠”（參見《大正藏》，85/1073A28～29）、“共不共德”（參見《大正藏》，85/1073B02）等。故擬此名。
8　9～10 世紀。歸義軍時期寫本。
9.1　行書。

1.1　BD09694 號
1.3　大般涅槃經（北本）卷三
1.4　坐 015
2.1　（2.5+6.2+4.3）×25.5 厘米；2 紙；7 行，行 17 字。
2.2　01：02.5，01；　02：6.2+4.3，06。
2.3　卷軸裝。首尾均殘。有烏絲欄。已修整。
3.1　首行上殘→大正 0374，12/0380C06。
3.2　尾 2 行下殘→大正 0374，12/0380C11～13。
8　5～6 世紀。南北朝寫本。
9.1　隸書。

1.1　BD09695 號
1.3　瑜伽師地論卷三四
1.4　坐 016
2.1　（9.9+39.2+13.7）×31 厘米；2 紙；45 行，行約 32～35 字。
2.2　01：9.9+10，13；　02：29.2+13.7，32。
2.3　卷軸裝。首尾均殘。首紙下有殘損。有烏絲欄。已修整。
3.1　首 7 行上下殘→大正 1579，30/0476B12～27。
3.2　尾 10 行下殘→大正 1579，30/0477A28～B17。
8　9～10 世紀。歸義軍時期寫本。
9.1　楷書。
9.2　通卷有硃點。

1.1　BD09696 號
1.3　大般若波羅蜜多經卷五〇〇
1.4　坐 017
2.1　（20+27.4+1.8）×25.6 厘米；2 紙；29 行，行 17 字。
2.2　01：02.3，01；　02：17.7+27.4+1.8，28。
2.3　卷軸裝。首尾均殘。有烏絲欄。已修整。
3.1　首 11 行上下殘→大正 0220，07/0543A29～B10。
3.2　尾殘→大正 0220，07/0543B28。
8　8～9 世紀。吐蕃統治時期寫本。
9.1　楷書。

1.1　BD09697 號
1.3　諸經摘抄（擬）
1.4　坐 018
2.1　40.5×27.1 厘米；1 紙；24 行，行字不等。
2.3　卷軸裝。首尾均全。已修整。
3.4　說明：
本文獻抄集經文，解釋名相，分為四段，詳情如下：
第 1～7 行解釋“流佈”：大致相當於大正 0220，07/0781C15～21，《大般若波羅蜜多經》卷五四一；
第 10～15 行解釋“八萬四千煩惱門”：大致相當於大正 1821，41/0032A23～B03，《俱舍論記》卷第一；
第 15～21 行解釋“八萬四千煩惱門”：大致相當於大正

1736，36/0561A22～B20，《大方廣佛華嚴經隨疏演義鈔》卷七十；

第22～24行解釋“隨眠”：大致相當於大正1864，45/0463B13～15，《大乘入道次第》。

抄集時，有些段落撮略文意而成。

從形態看，應為對某佛教文獻的疏釋，具體針對哪個文獻待考。暫擬此名。

7.3 卷面8～9行爲雜寫有“八萬四千煩惱門”。

8 9～10世紀。歸義軍時期寫本。

9.1 楷書。

9.2 有塗抹。

1.1 BD09698號

1.3 大般若波羅蜜多經卷五四〇

1.4 坐019

2.1 （6.4+25）×27.2厘米；1紙；19行，行17字。

2.3 卷軸裝。首殘尾脱。有烏絲欄。已修整。

3.1 首3行中上殘→大正0220，07/0774A12～14。

3.2 尾殘→大正0220，07/0774B01。

8 9～10世紀。歸義軍時期寫本。

9.1 楷書。

1.1 BD09699號

1.3 大方等陀羅尼經卷一

1.4 坐020

2.1 （16.1+29.6+7.4）×25.2厘米；2紙；29行，行17字。

2.2 01：16.1+27.2，24； 02：2.4+7.4，05。

2.3 卷軸裝。首尾均殘。全卷下部有等距殘損。有烏絲欄。已修整。

3.1 首9行上下殘→大正1339，21/0644A14～23。

3.2 尾4行上下殘→大正1339，21/0644B11～14。

5 與《大正藏》本對照，文字略有不同。

8 6世紀。南北朝寫本。

9.1 楷書。

1.1 BD09700號

1.3 思益梵天所問經卷三

1.4 坐021

2.1 （7.3+34.2）×26.9厘米；1紙；29行，行32字。

2.3 卷軸裝。首殘尾脱。卷上下有殘缺、殘損。有烏絲欄。已修整。

3.1 首5行上下殘→大正0586，15/0047C15～24。

3.2 尾殘→大正0586，15/0048B15。

8 8～9世紀。吐蕃統治時期時期寫本。

9.1 楷書。

9.2 有硃筆行間校加字。

1.1 BD09701號1

1.3 大般若波羅蜜多經（兑廢稿）卷五六二

1.4 坐022

2.1 （38+4.4）×27厘米；1紙；21行，行17字。

2.3 卷軸裝。首脱尾殘。上邊殘缺。中間有殘洞。有烏絲欄。已修整。

2.4 本遺書包括2個文獻：（一）《大般若波羅蜜多經》（兑廢稿）卷五六二，19行，今編為BD09701號1。（二）《寫經五言詩》二首（擬），2行，今編為BD09701號2。

3.1 首殘→大正0220，07/0901A28。

3.2 尾殘→大正0220，07/0901B13。

5 與《大正藏》本對照，尾行係前行重複抄寫。

7.1 上邊有勘記“兑”字。

8 8～9世紀。吐蕃統治時期寫本。

9.1 楷書。

1.1 BD09701號2

1.3 寫經五言詩二首（擬）

1.4 坐022

2.4 本遺書由2個文獻組成，本文獻為第2個，2行，餘參見BD09701號1第2項。

3.3 錄文：

（首全）

寫經非是作，看本眼晴洛（落）。項骨將欲折，不得二斟粟。/

努力精心寫，金經萬代榑（傳），不時（是）金（今）生福，閉眼得生天。/

（錄文完）。

7.3 卷背有雜寫“今年寫”。與《寫經五言詩》筆跡相同。

8 8～9世紀。吐蕃統治時期寫本。

9.1 楷書。

1.1 BD09702號

1.3 大般涅槃經（北本）卷三〇

1.4 坐023

2.1 （6+26+5.5）×26.5厘米；2紙；24行，行17字。

2.2 01：6+19.5，15； 02：6.5+5.5，09。

2.3 卷軸裝。首尾均殘。上下邊有殘損和破裂。有烏絲欄。已修整。

3.1 首2行中下殘→大正0375，12/0543C18～21。

3.2 尾5行上下殘→大正0374，12/0544A10～13。

8 5～6世紀。南北朝寫本。

9.1 隸書。

13 大般涅槃經（南本）卷二八亦有相同文字，參見大正0375，12/0789A28～B25。

1.1 BD09703號

1.3　大般若波羅蜜多經卷八五
1.4　坐 024
2.1　（7.4 +40.3 +6）×27 厘米；2 紙；34 行，行 17 字。
2.2　01：7.4 +4.1，07；　　02：36.2 +6，27。
2.3　卷軸裝。首尾均殘。卷面多油污、變色，上邊殘缺。有烏絲欄。已修整。
3.1　首 4 行中下殘→大正 0220，05/0473B24 ~27。
3.2　尾 4 行中上殘→大正 0220，05/0473C25 ~28。
8　8 ~9 世紀。吐蕃統治時期寫本。
9.1　楷書。

1.1　BD09704 號
1.3　大般若波羅蜜多經卷一二七
1.4　坐 025
2.1　（9.7 +17.7）×26.3 厘米；1 紙；16 行，行 17 字。
2.3　卷軸裝。首殘尾脱。有烏絲欄。已修整。
3.1　首 4 行上下殘→大正 0220，05/0696B04 ~08。
3.2　尾殘→大正 0220，05/0696B20。
8　8 ~9 世紀。吐蕃統治時期寫本。
9.1　楷書。

1.1　BD09705 號 1
1.3　金光明最勝王經（兑廢稿）卷八
1.4　坐 026
2.1　（3.7 +30.3 +26）×25.2 厘米；2 紙；26 行，行 17 字。
2.2　01：3.7 +10.2，02；　　2：20.1 +26，24。
2.3　卷軸裝。首殘尾缺。卷面油污嚴重，首紙中間有殘洞，下邊有殘缺。有烏絲欄。已修整。
2.4　本遺書包括 2 個文獻：（一）《金光明最勝王經》（兑廢稿）卷八，2 行，今編為 BD09705 號 1。（二）《放光般若經》（兑廢稿）卷八，24 行，今編為 BD09705 號 2。
2.5　本遺書為兑廢綴稿。
3.1　首殘→大正 0665，16/0438C04。
3.2　尾殘→大正 0665，16/0438C07。
7.1　經文後有“龍僧正兑”4 字。
8　8 世紀。唐寫本。
9.1　楷書。

1.1　BD09705 號 2
1.3　放光般若經（兑廢稿）卷八
1.4　坐 026
2.4　本遺書由 2 個文獻組成，本文獻為第 2 個，24 行，餘參見 BD09705 號 1 第 2 項。
3.1　首殘→大正 0221，08/0056C08。
3.2　尾殘→大正 0221，08/0057A03。
5　與《大正藏》本對照，卷中文字有錯抄處。
7.1　卷面有勘記“兑”字。
7.3　經文後有雜寫 3 字殘；背面有“張押牙”　“敕歸義軍”“節”8 字。
8　8 世紀。唐寫本。
9.1　楷書。有武周新字“人”、“初”、“地”，使用周遍。

1.1　BD09706 號
1.3　大般若波羅蜜多經卷四六七
1.4　坐 027
2.1　20.2 ×16.7 厘米；1 紙；13 行。
2.3　卷軸裝。首尾均殘。通卷下殘。有烏絲欄。已修整。
3.1　首殘→大正 0220，07/0362C15。
3.2　尾殘→大正 0220，07/0362C28。
8　8 ~9 世紀。吐蕃統治時期寫本。
9.1　楷書。

1.1　BD09707 號 A
1.3　大般若波羅蜜多經卷四八六
1.4　坐 028
2.1　（21.3 +72 +1.8）×25.7 厘米；3 紙；56 行，行 17 字。
2.2　01：21.3 +11.8，20；　　02：48.0，28；
　　03：12.2 +1.8，08。
2.3　卷軸裝。首尾均殘。有烏絲欄。已修整。
3.1　首 13 行上下殘→大正 0220，07/0466B19 ~C03。
3.2　尾行中下殘→大正 0220，07/0467A15 ~16。
8　8 世紀。唐寫本。
9.1　楷書。

1.1　BD09707 號 B
1.3　佛經殘片（擬）
1.4　坐 028
2.1　2.4 ×4.1 厘米；1 紙；1 行。
2.3　卷軸裝。首尾均殘。有烏絲欄。
3.4　説明：
　　僅存“不應成”3 個完整字。
8　6 世紀。南北朝寫本。
9.1　楷書。

1.1　BD09708 號
1.3　大般若波羅蜜多經卷五八三
1.4　坐 029
2.1　（2.3 +24 +22）×25.5 厘米；1 紙；28 行，行 17 字。
2.3　卷軸裝。首尾均脱。下邊殘缺。背有古代裱補。有烏絲欄。已修整。
3.1　首行下殘→大正 0220，07/1014B11 ~12。
3.2　尾 11 行中下殘→大正 0220，07/1014B29 ~C10。
8　8 ~9 世紀。吐蕃統治時期寫本。
9.1　楷書。

1.1 BD09709 號
1.3 大乘百法明門論開宗義記疏（擬）
1.4 坐 030
2.1 63×28.8 厘米；2 紙；52 行。
2.2 01：32.5，27； 02：30.5，25。
2.3 卷軸裝。首尾均殘。通卷上下有殘損，卷面有殘洞。已修整。
3.4 說明：
本文獻首尾均殘。所疏釋者為《大乘百法明門論開宗義記》關於十六宗、二十部的論述，可參見大正 2810，85/1047A07～B15。
8 8～9 世紀。吐蕃統治時期寫本。
9.1 楷書。
9.2 通卷有硃筆斷句、硃筆間隔號及硃筆行間校加字。

1.1 BD09710 號
1.3 大般涅槃經（北本）卷一四
1.4 坐 031
2.1 （3.3＋25.6＋4.3）×26.7 厘米；2 紙；21 行，行 17 字。
2.2 01：3.3＋4.3，04； 02：21.3＋4.3，17。
2.3 卷軸裝。首尾均殘。有烏絲欄。已修整。
3.1 首 2 行上殘→大正 0374，12/0448C14～15。
3.2 尾 3 行上殘→大正 0374，12/0449A03～06。
8 5～6 世紀。南北朝寫本。
9.1 隸楷。

1.1 BD09711 號
1.3 注維摩詰經釋（擬）
1.4 坐 032
2.1 （13.7＋33.8＋2.6）×27.5 厘米；2 紙；正面 37 行，行字不等；背面 9 行，行字不等。
2.2 01：13.7，08； 02：33.8＋2.6，29。
2.3 卷軸裝。首尾均殘。卷面有多處殘損。已修整。
2.4 本遺書包括 2 個文獻：（一）《注維摩詰經釋》（擬），正反面抄寫，其中正面 37 行，背面 1 行，今編為 BD09711 號。（二）《比丘發露錄》（擬），抄寫在背面，8 行，今編為 BD09711 號背。
3.4 說明：
本文獻首 8 行上下殘，尾 2 行上下殘。乃是對僧肇《注維摩詰經》的復疏，重點解釋《注維摩詰經》中的詞語。存文從《佛國品》第一之“如是我聞”（《大正藏》1775，38/0328A12）到“衆人不請友而安之”（《大正藏》1775，38/0328C25）。下接 BD07286 號。背面 1 行是對正面文字的補充。未為歷代大藏經所收。
6.2 尾→BD07286 號。
8 8～9 世紀。吐蕃統治時期寫本。
9.1 行書。
9.2 有重文號。有塗抹。有行間校加字。

1.1 BD09711 號背
1.3 比丘發露錄（擬）
1.4 坐 032
2.4 本遺書由 2 個文獻組成，本號為第 2 個，抄寫在背面，8 行。餘參見 BD09711 號之第 2 項。
3.4 說明：
本遺書為吐蕃統治敦煌時期，敦煌比丘發露罪孽的紀錄，所發露內容包括本人所犯殺、盜、婬等大戒。對研究敦煌教團具有重大價值。遺書首尾均殘，記錄發露比丘 8 人，首一人名稱殘缺，末一人名稱殘缺，現存 6 人。遺書上所存僧人名稱及發露記錄均被墨筆塗去。審察原卷，該卷最早抄寫此《比丘發露錄》，其後因用其背面白紙抄寫《注維摩詰經釋》，並需要在抄寫《比丘發露錄》的一面抄寫對《注維摩詰經釋》的補充文字，故將有關比丘發露的內容均用墨筆塗抹。此次編目，以《注維摩詰經釋》為正面，以《比丘發露錄》為背面。
本號尾與 BD07286 號背綴接。BD07286 號背記錄發露比丘 23 人，其中卷首“道◇”僅剩名稱，而其發露記錄，殘留在本號上，兩相綴合，記錄完整。故本號與 BD07286 號背兩號共記錄 30 人。由於本號首部及 BD07286 號背之尾部依然殘缺，故原卷著錄僧人的數目，應當多於 30 人。故此，本文獻中雖有龍興寺僧人，但文獻本身為龍興寺僧人發露記錄，還是敦煌僧團僧人發露記錄，尚需進一步研究。
6.2 尾→BD07286 號背。
8 8～9 世紀。吐蕃統治時期寫本。
9.1 行書。

1.1 BD09712 號
1.3 大般若波羅蜜多經卷八七
1.4 坐 033
2.1 （1.1＋61.9＋2.2）×26 厘米；2 紙；42 行，行 17 字。
2.2 01：1.1＋37.4，25； 02：24.5＋2.2，17。
2.3 卷軸裝。首尾均殘。上下邊殘缺。有烏絲欄。已修整。
3.1 首行上下殘→大正 0220，05/0488B02～03。
3.2 尾行中下殘→大正 0220，05/0488C15。
8 8～9 世紀。吐蕃統治時期寫本。
9.1 楷書。

1.1 BD09713 號
1.3 小鈔
1.4 坐 034
2.1 （9.1＋43.9＋3.3）×27.4 厘米；2 紙；32 行，行 25 字。
2.2 01：9.1＋31.1，23； 02：12.8＋3.3，09。
2.3 卷軸裝。首尾均殘。卷面油污，第 2 紙多有殘損。有烏絲欄。已修整。
3.1 首 5 行上下殘→《敦煌出土律典＜略抄＞の研究》（二），

01/0096A07～0098A01。
3.2　尾2行下殘→《敦煌出土律典<略抄>の研究》（二），01/0100A02。
8　9～10世紀。歸義軍時期寫本。
9.1　楷書。

1.1　BD09714號
1.3　大般涅槃經（北本）卷二一
1.4　坐035
2.1　23.1×25厘米；1紙；14行，行17字。
2.3　卷軸裝。首尾均殘。背有古代裱補。有烏絲欄。已修整。
3.1　首行上殘→大正0374，12/0492B20。
3.2　尾3行下殘→大正0374，12/0492C02～04。
8　5～6世紀。南北朝寫本。
9.1　隸楷。

1.1　BD09715號
1.3　大般若波羅蜜多經卷二六八
1.4　坐036
2.1　17.4×25.2厘米；1紙；10行，行17字。
2.3　卷軸裝。首斷尾脱。有烏絲欄。已修整。
3.1　首殘→大正0220，06/0356A01。
3.2　尾殘→大正0220，06/0356A11。
8　8～9世紀。吐蕃統治時期寫本。
9.1　楷書。

1.1　BD09716號
1.3　瑜伽師地論卷三四
1.4　坐037
2.1　（24.9＋11）×30.9厘米；1紙；26行，行36字。
2.3　卷軸裝。首斷尾殘。有烏絲欄。已修整。
3.1　首殘→大正1579，30/0475C29。
3.2　尾8行上殘→大正1579，30/0476B10～27。
8　8～9世紀。吐蕃統治時期寫本。
9.1　楷書。
9.2　有行間加行，寫到下邊。

1.1　BD09717號
1.3　大般涅槃經（北本）卷三七
1.4　坐038
2.1　（36.5＋2）×26.7厘米；2紙；24行，行17字。
2.2　01：30.1，19；　　02：6.4＋2，5。
2.3　卷軸裝。首尾均殘。有烏絲欄。已修整。
3.1　首殘→大正0374，12/0583C28。
3.2　尾行下殘→大正0374，12/0584A23。
8　5～6世紀。南北朝寫本。
9.1　隸楷。

1.1　BD09718號
1.3　大乘百法明門論開宗義決
1.4　坐039
2.1　34.5×23.1厘米；2紙；27行。
2.2　01：31.1，25；　　02：03.4，02。
2.3　卷軸裝。首尾均殘。首紙上有殘損，通卷下殘。背有古代裱補。已修整。
3.1　首殘→大正2812，85/1069C22。
3.2　尾殘→大正2812，85/1070B18。
8　8～9世紀。吐蕃統治時期寫本。
9.1　楷書。
9.2　有硃筆科分、校改、間隔號及行間校加字。

1.1　BD09719號
1.3　法門名義集
1.4　坐040
2.1　（5.2＋28.8）×29.3厘米；1紙；24行，行28字。
2.3　卷軸裝。首殘尾脱。卷面多油污。上下有刻劃邊欄。已修整。
2.4　本遺書包括2個文獻：（一）《法門名義集》，24行，抄寫在正面，今編為BD09719號。（二）《釋小乘部派》（擬），8行，抄寫在背面，今編為BD09719號背。
3.1　首4行上下殘→大正2124，54/0201C19～24。
3.2　尾殘→大正2124，54/0202B01。
8　9～10世紀。歸義軍時期寫本。
9.1　楷書。
9.2　有塗抹、校改及行間校加字。

1.1　BD09719號背
1.3　釋小乘部派（擬）
1.4　坐040
2.4　本遺書由2個文獻組成，本文獻為第2個，8行，抄寫在背面，分為上下列，原文或為列表。餘參見BD09719號第2項。
3.3　錄文：
（首殘，上列）
數萬，但名大衆。自後苗裔多輔，從昔/
為名，名大衆部。第二時出。/
（首殘，下列）
為名，名多聞部。/
三/
說假部者，此之部主/
意言世、出世法，皆有假實。/
藏說實說假，亦從所得而/
立名部之也。/
（錄文完）
8　9～10世紀。歸義軍時期寫本。
9.1　楷書。

1.1 BD09720 號
1.3 大方廣佛華嚴經（晉譯五十卷本）卷三九
1.4 坐 041
2.1 （6.8+33.8+4）×26.9 厘米；2 紙；27 行，行 17 字。
2.2 01：6.8+16.3，13； 02：17.5+4，14。
2.3 卷軸裝。首尾均殘。尾紙上有殘損。有烏絲欄。已修整。
3.1 首 3 行上殘→大正 0278，09/0695C08～10。
3.2 尾 3 行上下殘→大正 0278，09/0696A03～06。
8 5～6 世紀。南北朝寫本。
9.1 隸書。
9.2 有行間校加字。有刪節號。

1.1 BD09721 號
1.3 大般涅槃經（北本）卷五
1.4 坐 042
2.1 9.7×26.2 厘米；1 紙；5 行，行 17 字。
2.3 卷軸裝。首尾均殘。有烏絲欄。已修整。
3.1 首殘→大正 0374，12/0396C06。
3.2 尾殘→大正 0374，12/0396C10。
8 5～6 世紀。南北朝寫本。
9.1 隸楷。

1.1 BD09722 號
1.3 大般若波羅蜜多經卷一四九
1.4 坐 043
2.1 （5.3+52.6）×25 厘米；2 紙；34 行，行 17 字。
2.2 01：5.3+5.1，06； 02：47.5，28。
2.3 卷軸裝。首殘尾脫。卷上邊有油污，下邊有殘缺。有烏絲欄。已修整。
3.1 首 3 行中下殘→大正 0220，05/0804A25～28。
3.2 尾殘→大正 0220，05/0804C01。
8 8 世紀。唐寫本。
9.1 楷書。

1.1 BD09723 號
1.3 大般若波羅蜜多經（兌廢稿）卷五九〇
1.4 坐 044
2.1 （36+5.6）×26 厘米；1 紙；25 行，行 17 字。
2.3 卷軸裝。首脫尾殘。上下邊殘缺，中間有多個小殘洞，卷背有污穢。有烏絲欄。已修整。
3.1 首殘→大正 0220，07/1054A06。
3.2 尾 3 行中上殘→大正 0220，07/1054A29～B03。
5 與《大正藏》本對照。卷中經文漏抄 07/1054A25～26“怠菩薩。若菩薩摩訶薩諸乞者來種種求索”一句。
7.1 卷上邊有勘記“兌”字。
8 8 世紀。唐寫本。
9.1 楷書。

1.1 BD09724 號
1.3 大般若波羅蜜多經（兌廢稿）卷五一四
1.4 坐 045
2.1 29.7×27.3 厘米；1 紙；15 行，行 17 字。
2.3 卷軸裝。首殘尾脫。有烏絲欄。尾有餘空。
3.1 首殘→大正 0220，07/0630A01。
3.2 尾缺→大正 0220，07/0630A17。
5 與《大正藏》本對照，卷中經文漏抄 07/0630A07“於/貪嗔癡想諸見趣想有退轉故名不退轉”一句。
8 8 世紀。唐寫本。
9.1 楷書

1.1 BD09725 號
1.3 大般若波羅蜜多經（兌廢稿）卷三五二
1.4 坐 046
2.1 23.2×27.7 厘米；1 紙；12 行，行 17 字。
2.3 卷軸裝。首脫尾斷。中間有殘洞。尾有餘空。有烏絲欄。已修整。
3.1 首殘→大正 0220，06/0809A08。
3.2 尾殘→大正 0220，06/0809A19。
7.1 背面有勘記“淨”，應指敦煌淨土寺。
8 8～9 世紀。吐蕃統治時期寫本。
9.1 楷書。
9.2 有塗抹。

1.1 BD09726 號
1.3 四分律卷四五
1.4 坐 047
2.1 （9.1+31.7）×25.5 厘米；1 紙；24 行，行 17 字。
2.3 卷軸裝。首殘尾脫。卷內有等距殘洞。有烏絲欄。已修整。
3.1 首 5 行上下殘→大正 1428，22/0899B24～29。
3.2 尾殘→大正 1428，22/0899C20。
8 8～9 世紀。吐蕃統治時期寫本。
9.1 楷書。

1.1 BD09727 號
1.3 佛頂尊勝陀羅尼經（佛陀波利本）
1.4 坐 048
2.1 20.5×13.9 厘米；1 紙；10 行。
2.3 卷軸裝。首尾均殘。經黄打紙。通卷上殘。有烏絲欄。
3.1 首殘→大正 0967，19/0350A07。
3.2 尾殘→大正 0967，19/0350A15。
8 7～8 世紀。唐寫本。
9.1 楷書。

1.1 BD09728 號
1.3 大般若波羅蜜多經卷三五七

1.4　坐 049
2.1　（4.6＋25.6＋3.2）×24.7 厘米；1 紙；20 行。
2.3　卷軸裝。首尾均殘。卷下邊有殘缺。有烏絲欄。已修整。
3.1　首 3 行下殘→大正 0220，06/0836C10～13。
3.2　尾行上殘→大正 0220，06/0836C28～0837A01。
8　8 世紀。唐寫本。
9.1　楷書。

1.1　BD09729 號
1.3　摩訶般若波羅蜜經（兑廢稿）卷二〇
1.4　坐 050
2.1　15×27.1 厘米；2 紙；6 行，行 16 字。
2.2　01：01.0，01；　02：14.0，05。
2.3　卷軸裝。首尾均斷。有烏絲欄。尾有餘空。
3.1　首殘→大正 0223，08/0366C19。
3.2　尾殘→大正 0223，08/0366C24。
5　與《大正藏》本對照，有缺文："成就衆生。所謂檀那波羅蜜乃至般若波羅蜜。"
8　8 世紀。唐寫本。
9.1　楷書。

1.1　BD09730 號
1.3　大般若波羅蜜多經卷二九五
1.4　坐 051
2.1　29.1×14.5 厘米；1 紙；16 行。
2.3　卷軸裝。首尾均殘。通卷下殘。背有古代裱補。有烏絲欄。已修整。
3.1　首殘→大正 0220，06/0498C20。
3.2　尾殘→大正 0220，06/0499A06。
8　8～9 世紀。吐蕃統治時期寫本。
9.1　楷書。

1.1　BD09731 號
1.3　大方等陀羅尼經卷二
1.4　坐 052
2.1　（4＋24.5＋10.9）×26.4 厘米；2 紙；24 行，行 17 字。
2.2　01：4＋24.5，17；　02：10.9，07。
2.3　卷軸裝。首尾均殘。有烏絲欄。已修整。
3.1　首 2 行上殘→大正 1339，21/0650C19～20。
3.2　尾 7 行上殘→大正 1339，21/0651A06～13。
5　與《大正藏》本對照，有缺文及異文。
8　5～6 世紀。南北朝寫本。
9.1　隸書。
9.2　有重文號。

1.1　BD09732 號
1.3　大般涅槃經疏（擬）
1.4　坐 053
2.1　21.4×22.3 厘米；2 紙；12 行。
2.2　01：02.4，01；　02：19.0，11。
2.3　卷軸裝。首尾均殘。有烏絲欄。已修整。
3.4　説明：
　　本文獻存文乃對《大般涅槃經》（北本）卷二四經文的疏釋，文字大體在"云何菩薩昔所不知"（大正 0374，12/0505C09）前後。未為歷代大藏經所收。
8　5～6 世紀。南北朝寫本。
9.1　隸楷。
9.2　有行間校加字及倒乙。

1.1　BD09733 號
1.3　大般涅槃經（北本）卷一〇
1.4　坐 054
2.1　24.9×19.5 厘米；2 紙；15 行。
2.2　01：05.4，03；　02：19.5，12。
2.3　卷軸裝。首尾均殘。通卷下殘。有烏絲欄。已修整。
3.1　首殘→大正 0374，12/0425C27。
3.2　尾殘→大正 0374，12/0426A13。
8　5～6 世紀。南北朝寫本。
9.1　楷書。

1.1　BD09734 號
1.3　勝鬘師子吼一乘大方便方廣經
1.4　坐 055
2.1　（2＋10＋2.3）×26.6 厘米；1 紙；8 行，行 17 字。
2.3　卷軸裝。首尾均殘。有烏絲欄。已修整。
3.1　首行上殘→大正 0353，12/0218C16。
3.2　尾行上殘→大正 0353，12/0218C23～24。
3.4　説明：
　　存文均屬"攝受章第四"，難以判定原文獻是否分章。
8　5～6 世紀。南北朝寫本。
9.1　楷書。

1.1　BD09735 號
1.3　勸布施文（擬）
1.4　坐 056
2.1　23.8×25.7 厘米；1 紙；7 行，行 17 字。
2.3　卷軸裝。首斷尾全。尾有餘空。有折疊欄。
3.3　錄文：
　　（首殘）
　　也。長者前生廣行布施，信重佛僧，今世之/
　　中，得者富貴自在，就上更須努力，早覓佛身，/
　　若或一念慢心，萬劫墮其地獄。如今長者積財/
　　無限，並是苦空之因，若能布施一針，來生/
　　七寶具足。昔説歌利王節節支解，忍辱心堅；/

慈利王件件捨身，布施願重。今此長者，亦同/
前人，好生為佛為僧，求覓後時果報。 ┏/
（錄文完）
8　8～9 世紀。吐蕃統治時期寫本。
9.1　楷書。
9.2　有斷句及結束號。

1.1　BD09736 號
1.3　大般若波羅蜜多經（兌廢稿）卷一二五
1.4　坐 057
2.1　（20＋4.5）×28 厘米；1 紙；11 行，行 17 字。
2.3　卷軸裝。首殘尾脫。有烏絲欄。尾有餘空。已修整。
3.1　首殘→大正 0220，05/0683C04。
3.2　尾殘→大正 0220，05/0683C14。
5　與《大正藏》本對照，尾行第六字以後為重複抄寫。
7.1　上邊有勘記“兌”字。
8　8～9 世紀。吐蕃統治時期寫本。
9.1　楷書。
9.2　有刮改。

1.1　BD09737 號
1.3　大般若波羅蜜多經卷五七
1.4　坐 058
2.1　15.9×27.7 厘米；2 紙；9 行，行 17～18 字。
2.2　01：07.1，04；　　02：08.8，05。
2.3　卷軸裝。首尾均斷。首紙中間有火燒殘洞，下邊殘缺。有烏絲欄。已修整。
3.1　首殘→大正 0220，05/0326A23。
3.2　尾殘→大正 0220，05/0326B02。
8　8 世紀。唐寫本。
9.1　楷書。

1.1　BD09738 號
1.3　大般若波羅蜜多經卷三一八
1.4　坐 059
2.1　15.5×21 厘米；1 紙；10 行。
2.3　卷軸裝。首尾均殘。有烏絲欄。卷面有殘破。已修整。
3.1　首殘→大正 0220，06/0624B20。
3.2　尾殘→大正 0220，06/0624B29。
8　8～9 世紀。吐蕃統治時期寫本。
9.1　楷書。

1.1　BD09739 號
1.3　論三界煩惱（擬）
1.4　坐 060
2.1　26.4×22.6 厘米；1 紙；13 行。
2.3　卷軸裝。首尾均殘。通卷上殘。有烏絲欄。已修整。
3.4　說明：
本文獻首尾均殘。從內容看，為中國人所撰佛教典籍，論述三界煩惱的性質。未為歷代大藏經所收。敦煌遺書中是否收有同類文獻，尚需考證。
8　7～8 世紀。唐寫本。
9.1　楷書。

1.1　BD09740 號
1.3　維摩詰所說經卷中
1.4　坐 061
2.1　15.7×13 厘米；2 紙；9 行。
2.2　01：04.4，02；　　02：11.3，07。
2.3　卷軸裝。首尾均殘。通卷下殘。有烏絲欄。已修整。
3.1　首殘→大正 0475，14/0545A23。
3.2　尾殘→大正 0475，14/0545B03。
8　5～6 世紀。南北朝寫本。
9.1　隸書。

1.1　BD09741 號
1.3　大般涅槃經（北本）卷九
1.4　坐 062
2.1　（7.5＋9.3＋2.2）×26.2 厘米；1 紙；11 行，行 16 字。
2.3　卷軸裝。首尾均殘。有烏絲欄。已修整。
3.1　首 4 行上殘→大正 0374，12/0421A03。
3.2　尾行上殘→大正 0374，12/0421A13。
8　5～6 世紀。南北朝寫本。
9.1　隸楷。
13　大般涅槃經（南本）卷九亦有相同文字，參見大正 0375，12/0662A19～B01。

1.1　BD09742 號
1.3　金光明最勝王經卷二
1.4　坐 063
2.1　25.8×15.5 厘米；2 紙；15 行。
2.2　01：05.3，03；　　02：20.5，12。
2.3　卷軸裝。首尾均殘。有烏絲欄。通卷下殘。已修整。
3.1　首殘→大正 0665，16/0408B28。
3.2　尾殘→大正 0665，16/0408C15。
8　8～9 世紀。吐蕃統治時期寫本。
9.1　楷書。

1.1　BD09743 號
1.3　大般若波羅蜜多經卷一二一
1.4　坐 064
2.1　15×15.6 厘米；1 紙；9 行。
2.3　卷軸裝。首尾均殘。通卷下殘。有烏絲欄。已修整。
3.1　首殘→大正 0220，05/0661B24。

3.2　尾殘→大正 0220，05/0661C03。
8　8～9 世紀。吐蕃統治時期寫本。
9.1　楷書。

1.1　BD09744 號
1.3　勝鬘師子吼一乘大方便方廣經
1.4　坐 065
2.1　(5.2+35.2+16.2)×26.5 厘米；2 紙；32 行，行 18 字。
2.2　01：5.2+12.6，10；　　02：22.6+16.2，22。
2.3　卷軸裝。首尾均殘。第 2 紙前方有 1 殘洞。卷背面有古代褙補。有烏絲欄。已修整。
3.1　首 3 行上下殘→大正 0353，12/0221C03～07。
3.2　尾 9 行下殘→大正 0353，12/0222A07～15。
5　與《大正藏》本對照，《大正藏》本經文分章，本文獻不分章。存文相當於“法身章第八”（後部分）到“顛倒真實章第十二”（前部分）。
8　6 世紀。南北朝寫本。
9.1　楷書。

1.1　BD09745 號
1.3　三乘五性義（擬）
1.4　坐 066
2.1　(10.6+26)×29.1 厘米；1 紙；16 行，行 25 字。
2.3　卷軸裝。首全尾殘。卷面油污，有 1 個殘洞。已修整。
3.4　說明：
　　本文獻首 3 行下殘，尾殘。參見 BD00791 號 3。未為歷代大藏經所收。
8　9～10 世紀。歸義軍時期寫本。
9.1　楷書。
9.2　有校改。有行間校加字。有倒乙。

1.1　BD09746 號
1.3　正法念處經卷四一
1.4　坐 067
2.1　9.5×11.7 厘米；1 紙；正面 5 行，背面 5 行。
2.3　卷軸裝。首尾均殘。通卷上殘。小殘片。有烏絲欄。
2.4　本遺書包括 2 個文獻：（一）《正法念處經》卷四一，5 行，抄寫在正面，今編為 BD09746 號。（二）《佛為心王菩薩說投陀經續》卷上，5 行，抄寫在背面，今編為 BD09746 號背。
3.1　首殘→大正 0721，17/0246C05。
3.2　尾殘→大正 0721，17/0246C10。
6.2　尾→BD09779 號。
8　8～9 世紀。吐蕃統治時期寫本。
9.1　楷書。

1.1　BD09746 號背
1.3　佛為心王菩薩說投陀經續（擬）
1.4　坐 067
2.4　本遺書由 2 個文獻組成，本文獻為第 2 個，5 行，抄寫在背面，餘參見 BD09746 號第 2 項。
3.1　首殘→《藏外佛教文獻》，01/0270A09。
3.2　尾殘→《藏外佛教文獻》，01/0271A02。
3.4　說明：
　　參見 BD09779 號背《佛為心王菩薩說投陀經續》（擬）說明項。
6.2　尾→BD09779 號背。
8　9～10 世紀。歸義軍時期寫本。
9.1　楷書。

1.1　BD09747 號
1.3　大般若波羅蜜多經卷四五二
1.4　坐 068
2.1　(12.1+3.8)×27 厘米；1 紙；9 行，行 17 字。
2.3　卷軸裝。首脫尾殘。上邊殘缺。有烏絲欄。已修整。
3.1　首殘→大正 0220，07/0283A29。
3.2　尾 2 行中上殘→大正 0220，07/0283B07～09。
8　8～9 世紀。吐蕃統治時期寫本。
9.1　楷書。

1.1　BD09748 號
1.3　大般若波羅蜜多經卷一二一
1.4　坐 069
2.1　(2.3+26.3+3)×26 厘米；2 紙；18 行，行 16～17 字。
2.2　01：2.3+12.2，08；　　02：14.1+3，10。
2.3　卷軸裝。首尾均殘。卷首水浸皺蹙。有烏絲欄。已修整。
3.1　首行中下殘→大正 0220，05/0663B22～23。
3.2　尾 2 行中上殘→大正 0220，05/0663C09～10。
8　7～8 世紀。唐寫本。
9.1　楷書。

1.1　BD09749 號
1.3　賢愚經卷一
1.4　坐 070
2.1　20.4×17.8 厘米；1 紙；12 行。
2.3　卷軸裝。首尾均殘。通卷上殘。背有古代褙補。已修整。
3.1　首殘→大正 0202，04/0354A06。
3.2　尾殘→大正 0202，04/0354A19。
5　與《大正藏》本對照，文字略有出入。
8　5～6 世紀。南北朝寫本。
9.1　隸書。
9.2　有重文號。

1.1　BD09750 號
1.3　大佛頂如來密因修證了義諸菩薩萬行首楞嚴經卷四

1.4 坐 071
2.1 7.8×20.1，1 紙，5 行。
2.3 卷軸裝。首尾均殘。通卷上殘。有烏絲欄。已修整。
3.1 首殘→大正 0945，19/0122B10。
3.2 尾殘→大正 0945，19/0122B14。
8 9～10 世紀。歸義軍時期寫本。
9.1 楷書。

1.1 BD09751 號
1.3 雜阿毗曇心論卷八
1.4 坐 072
2.1 （16.3＋46.5＋4.1）×28.5 厘米；2 紙；36 行，行 20～22 字。
2.2 01：16.3＋19.5，19；　02：27＋4.1，17。
2.3 卷軸裝。首尾均殘。有烏絲欄。已修整。
3.1 首 8 行上殘→大正 1552，28/0932C17～25。
3.2 尾 2 行上下殘→大正 1552，28/0933B02～04。
8 5～6 世紀。南北朝寫本。
9.1 隸楷。
9.2 有行間校加字及校改。

1.1 BD09752 號
1.3 小鈔（異本）
1.4 坐 073
2.1 （5.5＋48.5）×28.8 厘米；3 紙；31 行，行字不等。
2.2 01：03.6，02；　02：1.9＋36.5，22；　03：12.0，07。
2.3 卷軸裝。首殘尾斷。第 2 紙上下有殘損。有烏絲欄。已修整。
3.4 説明：

本文獻首 3 行上下殘，尾殘。所抄文獻為《小鈔》，該文獻未為我國歷代經錄所收，敦煌遺書中所存該文獻各抄本形態複雜。與《敦煌出土律典<略抄>の研究》（二）整理本差異較大，屬於異本，故擬此名。本文獻存文情況如下：

第 1 行～第 16 行，相當於《敦煌出土律典<略抄>の研究》，01/0090A03～0092A01。但在回答“界有幾種”處有差別，僅答作法界中之大界。

第 16 行～第 23 行，相當於《敦煌出土律典<略抄>の研究》，01/0094A04～08。

第 23 行～第 25 行，相當於《敦煌出土律典<略抄>の研究》，01/0094A03～04。

第 25 行～第 27 行，“受衣法”，《敦煌出土律典<略抄>の研究》（二）整理本無，但從上下文看，應有此文，故恐為《敦煌出土律典<略抄>の研究》（二）整理本脱漏。

第 27 行～第 31 行，相當於《敦煌出土律典<略抄>の研究》，01/0092A02～05。

與《敦煌出土律典〈略抄〉の研究》（二）整理本相比，有脱漏、增補、前後互為竄亂等情，詳情有待進一步研究。

8 9～10 世紀。歸義軍時期寫本。
9.1 楷書。
9.2 有倒乙及行間校加字。

1.1 BD09753 號
1.3 大般若波羅蜜多經卷一〇九
1.4 坐 074
2.1 34.2×25 厘米；1 紙；19 行，行 17 字。
2.3 卷軸裝。首尾均殘。通卷下殘。有烏絲欄。已修整。
3.1 首殘→大正 0220，05/0601A14。
3.2 尾殘→大正 0220，05/0601B04。
8 8 世紀。唐寫本。
9.1 楷書。

1.1 BD09754 號
1.3 大般涅槃經（北本）卷二五
1.4 坐 075
2.1 27.5×26.6 厘米；1 紙；17 行，行 17 字。
2.3 卷軸裝。首尾均殘。已修整。
3.1 首 2 行上殘→大正 0374，12/0513A03～05。
3.2 尾行中殘→大正 0374，12/0513A21～22。
8 5～6 世紀。南北朝寫本。
9.1 隸書。
13 《大般涅槃經》（南本）卷二三亦有同樣的文字，參見大正 0375，12/0757A08～23。

1.1 BD09755 號
1.3 無量壽經卷下
1.4 坐 076
2.1 （2.9＋32.4＋2.7）×25.7 厘米；2 紙；24 行，行 17 字。
2.2 01：02.9，01；　02：32.4＋2.7，23。
2.3 卷軸裝。首尾均殘。卷面有多處殘洞。有烏絲欄。已修整。
3.1 首行下殘→大正 0360，12/0272B29～C01。
3.2 尾 2 行下殘→大正 0360，12/0272C29～0273A02。
8 5～6 世紀。南北朝寫本。
9.1 隸書。
9.2 有重文號。

1.1 BD09756 號
1.3 大般若波羅蜜多經卷三九七
1.4 坐 077
2.1 57×20 厘米；2 紙；34 行。
2.2 01：15.0，09；　02：42.0，25。
2.3 卷軸裝。首尾均殘。通卷下殘，上邊有殘缺。有烏絲欄。已修整。
3.1 首殘→大正 0220，06/1053C07。
3.2 尾殘→大正 0220，06/1054A12。

8　8 世紀。唐寫本。
9.1　楷書。有武周新字"正"，使用不周遍。

1.1　BD09757 號
1.3　比丘尼羯磨鈔（擬）
1.4　坐 078
2.1　17.6×26.6 厘米；2 紙；10 行，行約 26 字。
2.2　01：13.5，08；　　02：4.1，02。
2.3　卷軸裝。首尾均殘。有烏絲欄。已修整。
3.4　説明：
本文獻為敦煌當地流行的《比丘尼羯磨鈔》（擬），存文抄寫如下兩段文字：
第 1 至 8 行：大正 1810，40/0540C01～10；《尼羯磨卷上》
第 9 至 10 行：大正 1804，40/0154C20～22。《四分律刪繁補闕行事鈔卷下（之四）》
5　與《大正藏》本對照，文字有不同，如第 1 至 8 行中無序數詞一者、二者……；第 9 行殘句"□…□來僧中自恣中阿含八尊師□…□"，《大正藏》本作"來僧中自恣中含八尊師"。詳情待考。
8　9～10 世紀。歸義軍時期寫本。
9.1　楷書。
9.2　有硃筆點標。

1.1　BD09758 號
1.3　阿毗曇心論卷三
1.4　坐 079
2.1　（13.5+16.9+2.7）×26.8 厘米；2 紙；19 行，行 17 字。
2.2　01：01.5，01；　　02：12+16.9+2.7，18。
2.3　卷軸裝。首尾均殘。有烏絲欄。已修整。
3.1　首 8 行上下殘→大正 1550，28/0821C09～16。
3.2　尾行上殘→大正 1550，28/0821C29。
8　5～6 世紀。南北朝寫本。
9.1　楷書。
12　從本遺書背面揭下古代裱補 1 塊，今編為 BD16370 號。

1.1　BD09759 號
1.3　佛教名相釋（擬）
1.4　坐 080
2.1　35.8×25 厘米；1 紙；21 行，行 21 字。
2.2　01：07.1，04；　　02：28.7，17。
2.3　卷軸裝。首尾均殘。背有多層古代裱補。有烏絲欄。已修整。
3.4　説明：
本文獻首尾均殘。解釋"檀波羅蜜"至"般若波羅蜜"等六波羅蜜、"如來"、"世尊"、"比丘"、"優婆塞"、"坐禪"、"三昧"、……"無我"、"無人"、"無衆生"、"無壽者"等佛教名相。採用問答體，但問句基本被省略。到底是具體針對某個具體文獻的疏釋，還是一篇獨立的文獻，尚需考證。但通篇禪宗文獻的風格頗濃。暫擬此名。
8　7～8 世紀。唐寫本。
9.1　楷書。

1.1　BD09760 號
1.3　摩訶般若波羅蜜經卷一二
1.4　坐 081
2.1　（4.2+13+9.3）×25.5 厘米；1 紙；13 行，行 17 字。
2.3　卷軸裝。首尾均殘。有烏絲欄。已修整。
3.1　首 2 行下殘→大正 0223，08/0310C01～03。
3.2　尾 4 行上殘→大正 0223，08/0310C11～15。
8　6 世紀。南北朝寫本。
9.1　楷書。

1.1　BD09761 號
1.3　大般涅槃經（北本）卷九
1.4　坐 082
2.1　（1.8+14.4+6）×26.2 厘米；2 紙；16 行，行 16 字。
2.2　01：1.8+8.2，09；　　02：6.2+6，07。
2.3　卷軸裝。首尾均殘。卷面殘破。有烏絲欄。已修整。
3.1　首殘→大正 0374，12/0420C11。
3.2　尾殘→大正 0374，12/0420C23。
8　5～6 世紀。南北朝寫本。
9.1　隸楷。

1.1　BD09762 號
1.3　觀佛三昧海經卷一
1.4　坐 083
2.1　31×26.2 厘米；1 紙；19 行，行 17 字。
2.3　卷軸裝。首尾均殘。卷面有殘洞。有烏絲欄。已修整。
3.1　首行上殘→大正 0643，15/0648A13。
3.2　尾 2 行上殘→大正 0643，15/0648B02～04。
8　5～6 世紀。南北朝寫本。
9.1　隸書。
9.2　有行間加行及行間校加字。

1.1　BD09763 號
1.3　賢愚經（兑廢稿）卷九
1.4　坐 084
2.1　（5.2+39.5+1.8）×26.5 厘米；1 紙；27 行，行 18 字。
2.3　卷軸裝。首殘尾脱。卷中有 1 殘洞。有烏絲欄。已修整。
3.1　首 2 行上殘→大正 0202，04/0415C08～09。
3.2　尾行上殘→大正 0202，14/0406A07。
7.1　卷天頭有勘記"剩十七字"。天頭有 1 個"兑"字。
8　8 世紀。唐寫本。
9.1　楷書。

9.2 卷中有1處墨筆勾劃。

1.1 BD09764號
1.3 大般若波羅蜜多經卷四〇
1.4 坐085
2.1 16×27.2厘米；1紙；10行，行17字。
2.3 卷軸裝。首脱尾殘。卷面略有宿墨淋漓。有烏絲欄。
3.1 首殘→大正0220，05/0226A19。
3.2 尾殘→大正0220，05/0226A28。
8 8～9世紀。吐蕃統治時期寫本。
9.1 楷書。

1.1 BD09765號
1.3 大方廣佛華嚴經（晉譯五十卷本）卷三九
1.4 坐086
2.1 （5.3+4.9+8.2）×25.3厘米；1紙；11行，行17字。
2.3 卷軸裝。首尾均殘。有烏絲欄。已修整。
3.1 首3行下殘→大正0278，09/0692C13～15。
3.2 尾5行下殘→大正0278，09/0692C20～24。
8 5～6世紀。南北朝寫本。
9.1 隸書。

1.1 BD09766號
1.3 入楞伽經疏（擬）
1.4 坐087
2.1 46.9×27.6厘米；2紙；27行。
2.2 01：04.8，03； 02：42.1，24。
2.3 卷軸裝。首尾均殘。全卷上下有殘缺。已修整。
3.4 説明：

本文獻首尾均殘。乃對《入楞伽經疏》的疏釋。存文從“羅婆那夜叉，亦自乘華殿”註釋到“佛及諸佛子，一切隱不現”（參見大正0671，16/0516A02～B05）。未為歷代大藏經所收。

8 5～6世紀。南北朝寫本。
9.1 隸楷。
9.2 有行間校加字。

1.1 BD09767號
1.3 大方廣佛華嚴經（晉譯五十卷本）卷一八
1.4 坐088
2.1 （6.5+9.4+17.5）×26.8厘米；2紙；19行，行17字。
2.2 01：6.5+9.4+12.8，16； 02：04.7，03。
2.3 卷軸裝。首尾均殘。有上下邊欄。已修整。
3.1 首2行上殘→大正0278，09/0537B25～26。
3.2 尾10行中下殘→大正0278，09/0537C06～14。
8 5～6世紀。南北朝寫本。
9.1 隸書。

9.2 有重文號。

1.1 BD09768號
1.3 摩訶般若波羅蜜經卷七
1.4 坐089
2.1 （21.4+1.2）×25.5厘米；1紙；11行，行17字。
2.3 卷軸裝。首尾均殘。天頭有墨汙。有烏絲欄。已修整。
3.1 首殘→大正0223，08/0272B24。
3.2 尾殘→大正0223，08/0272C07。
8 5～6世紀。南北朝寫本。
9.1 楷書。

1.1 BD09769號
1.3 大般若波羅蜜多經（兑廢稿）卷五八六
1.4 坐090
2.1 25×27.5厘米；1紙；8行，行17字。
2.3 卷軸裝。首殘尾脱。尾有餘空。有烏絲欄。
3.1 首殘→大正0220，07/1033B28。
3.2 尾缺→大正0220，07/1033C07。
7.1 卷上邊有勘記“兑”字。
8 8世紀。唐寫本。
9.1 楷書。

1.1 BD09770號
1.3 摩訶般若波羅蜜經卷一九
1.4 坐091
2.1 （14.1+26.1）×26.3厘米；1紙；23行，行17字。
2.3 卷軸裝。首尾均殘。有烏絲欄。已修整。
3.1 首8行下殘→大正0223，08/0358C25～0359A04。
3.2 尾殘→大正0223，08/0359A20。
8 5～6世紀。南北朝寫本。
9.1 隸書。

1.1 BD09771號
1.3 太玄真一本際經卷一〇
1.4 坐092
2.1 24.8×25.7厘米；1紙；15行，行17字。
2.3 卷軸裝。首尾均殘。有烏絲欄。
3.1 首2行上殘→《中華道藏》，05/0262A21～22。
3.2 尾3行下殘→《中華道藏》，05/0262B15～17。
6.3 與斯05984號原為同卷。
8 7～8世紀。唐寫本。
9.1 楷書。

1.1 BD09772號
1.3 將釋僧戒初篇四波羅夷義決
1.4 坐093

2.1　14.2×29.4 厘米；1 紙；10 行，行字不等。
2.3　卷軸裝。首尾均殘。有上下邊欄。已修整。
3.4　説明：
本文獻首尾均殘。未為歷代大藏經所收。敦煌遺書中收藏有多號，可以參看。
7.3　卷背面有雜寫："若比丘共比丘同戒，若不還戒，戒律不自會，乃至共畜生，是比丘波羅"、"伏以今月"等。
8　9～10 世紀。歸義軍時期寫本。
9.1　行楷。
9.2　有行間校加字及硃筆科分。

1.1　BD09773 號
1.3　釋尼戒初篇八波羅夷義決鈔（擬）
1.4　坐 094
2.1　（22.1+18.8）×27.7 厘米；1 紙；21 行，行字不等。
2.3　卷軸裝。首殘尾斷。已修整。
3.4　説明：
本文獻首尾均殘。為《釋尼戒初篇八波羅夷義決鈔》（擬）。《釋尼戒初篇八波羅夷義決》為論述八波羅夷戒的文獻，未為歷代大藏經所收。該文獻與《將釋僧戒初篇四波羅夷義決》的區別是在比丘四波羅夷以後，多加關於比丘尼的論述。本文獻僅摘關於四波羅夷的若干內容，但末尾有長者與比丘尼名稱，故擬此名。
8　9～10 世紀。歸義軍時期寫本。
9.1　楷書。

1.1　BD09774 號
1.3　僧伽吒經卷三
1.4　坐 095
2.1　（12.8+10.9）×26.8 厘米；1 紙；21 行，行 17 字。
2.3　卷軸裝。首殘尾斷。卷面油污嚴重。有烏絲欄。已修整。
3.1　首 7 行下殘→大正 0423，13/0969A29～B07。
3.2　尾殘→大正 0423，13/0969B13。
8　7～8 世紀。唐寫本。
9.1　楷書。

1.1　BD09775 號
1.3　大般若波羅蜜多經（兌廢稿）卷一五五
1.4　坐 096
2.1　（3.8+45.1）×25.4 厘米；1 紙；28 行，行 17 字。
2.3　卷軸裝。首尾均脱。有烏絲欄。已修整。
3.1　首 2 行下殘→大正 0220，05/0837B26～28。
3.2　尾殘→大正 0220，05/0837C26。
7.1　卷上方有勘記"重"及"兌"字。
8　8～9 世紀。吐蕃統治時期寫本。
9.1　楷書。

1.1　BD09776 號
1.3　大般若波羅蜜多經卷三四二
1.4　坐 097
2.1　（142+5）×25.1 厘米；1 紙；12 行，行 16 字。
2.3　卷軸裝。首尾均殘。有烏絲欄。已修整。
3.1　首殘→大正 0220，06/0754B11。
3.2　尾 3 行上下殘→大正 0220，06/0754B19～22。
8　8～9 世紀。吐蕃統治時期寫本。
9.1　楷書。

1.1　BD09777 號
1.3　金光明最勝王經卷一
1.4　坐 098
2.1　20×26.7 厘米；1 紙；12 行，行 17 字。
2.3　卷軸裝。首尾均殘。背有多層古代裱補。有烏絲欄。已修整。
3.1　首 2 行下殘→大正 0665，16/0407C09～11。
3.2　尾 6 行上殘→大正 0665，16/0407C14～22。
8　9～10 世紀。歸義軍時期寫本。
9.1　楷書。

1.1　BD09778 號
1.3　大般若波羅蜜多經卷一一八
1.4　坐 099
2.1　（3.2+32+1.2）×25 厘米；2 紙；22 行，行 17 字。
2.2　01：3.2+29.5，20；　02：2.5+1.2，02。
2.3　卷軸裝。首尾均殘。卷面多油污。有烏絲欄。已修整。
3.1　首行中下殘→大正 0220，05/0646C16～17。
3.2　尾行上下殘→大正 0220，05/0647A08。
8　8～9 世紀。吐蕃統治時期寫本。
9.1　楷書。

1.1　BD09779 號
1.3　正法念處經卷四一
1.4　坐 100
2.1　（10.5+25.3+4.3）×27.2 厘米；1 紙；正面 22 行，行 16～18 字；背面 22 行，行約 17 字。
2.3　卷軸裝。首尾均殘。有烏絲欄。已修整。
2.4　本遺書包括 2 個文獻：（一）《正法念處經》卷四一，22 行，抄寫在正面，今編為 BD09779 號。（二）《佛為心王菩薩説頭陀經續》（擬），22 行，抄寫在背面，今編為 BD09779 號背。
3.1　首 5 行下殘→大正 0721，17/0246C10～14。
3.2　尾 2 行中下殘→大正 0721，17/0247A01～02。
6.1　首→BD09746 號。
8　8～9 世紀。吐蕃統治時期寫本。
9.1　楷書。

1.1　BD09779 號背
1.3　佛為心王菩薩說頭陀經續（擬）
1.4　坐 100
2.4　本遺書由 2 個文獻組成，本文獻為第 2 個，22 行，抄寫在背面，餘參見 BD09779 號第 2 項。
3.4　說明：
本文獻尾 6 行上殘、尾 2 行中上殘。現存文的第 1～9 行相當於《佛為心王菩薩說頭陀經》（《藏外佛教文獻》，01/0271A02～10），第 10～第 22 行文字與《佛為心王菩薩說頭陀經》完全不類。考察敦煌遺書已知的 5 號《佛為心王菩薩說頭陀經》，可知本文獻乃是敦煌當地僧人在伯 2052 號的基礎上續寫而成，故擬此名。
6.1　首→BD09746 號背。
8　9～10 世紀。歸義軍時期寫本。
9.1　楷書。注意"上"字寫法。

1.1　BD09780 號
1.3　大般涅槃經（北本　兌廢稿）卷三八
1.4　朝 001
2.1　28×27.3 厘米；1 紙；17 行，行 17 字。
2.3　卷軸裝。首殘尾脫。下邊殘缺。尾有餘空。有烏絲欄。
3.1　首殘→大正 0374，12/0589A28。
3.2　尾殘→大正 0374，12/0589B16。
7.3　卷末有雜寫偈頌 2 行："發心畢竟二不別，如是二心見心難。自未得度先度他，是故我禮初發心。初發已為天人師，勝出聲聞及緣覺。/如是發心過三界，是故得名最無上。世救要求然後得，如來無請而為佛。/"該偈頌亦為《大般涅槃經》（北本）卷三八之經文，參見大正 0374，12/0590A21～25。
8　8 世紀。唐寫本。
9.1　楷書。

1.1　BD09781 號
1.3　大般若波羅蜜多經卷四三九
1.4　朝 002
2.1　（39.5＋22.5＋3.5）×25.5 厘米；2 紙；39 行，行 17 字。
2.2　01：39.5＋2，25；　　02：20.5＋3.5，14。
2.3　卷軸裝。首尾均殘。下邊殘缺。有烏絲欄。已修整。
3.1　首 24 行上下殘→大正 0220，07/0209C06～29。
3.2　尾 2 行中下殘→大正 0220，07/0210A14～15。
8　8 世紀。唐寫本。
9.1　楷書。

1.1　BD09782 號
1.3　大般若波羅蜜多經卷一三三
1.4　朝 003
2.1　（9.8＋32.5＋3）×24.8 厘米；2 紙；27 行，行 17 字。
2.2　01：9.8＋32.5，25；　　02：03.0，02。
2.3　卷軸裝。首尾均殘。卷下部水浸皺蹙。有烏絲欄。已修整。
3.1　首 6 行下殘→大正 0220，05/0719A11～17。
3.2　尾 2 行下殘→大正 0220，05/0719B07～08。
8　8～9 世紀。吐蕃統治時期寫本。
9.1　楷書。

1.1　BD09783 號
1.3　大般若波羅蜜多經卷五四一
1.4　朝 004
2.1　37.3×25.6 厘米；2 紙；23 行。
2.2　01：32.1，20；　　02：05.2，03。
2.3　卷軸裝。首尾均殘。通卷上殘。有烏絲欄。已修整。
3.1　首殘→大正 0220，07/0780C23。
3.2　尾殘→大正 0220，07/0781A16。
7.3　卷背有雜寫"故故角數上有彰"。
8　8 世紀。唐寫本。
9.1　楷書。

1.1　BD09784 號
1.3　金光明最勝王經卷一〇
1.4　朝 005
2.1　32×27.3 厘米；1 紙；19 行，行 17 字。
2.3　卷軸裝。首脫尾殘。卷面污穢變色。已修整。
3.1　首殘→大正 0665，16/0455B26。
3.2　尾殘→大正 0665，16/0455C19。
5　與《大正藏》本對照，本件第 15 至 16 行之間無品名"金光明最勝王經付囑品第三十一"，《大正藏》本校注中指出："梵本無此品。"
8　8～9 世紀。吐蕃統治時期寫本。
9.1　楷書。有武周新字"正"。

1.1　BD09785 號
1.3　北方毗沙門天王隨軍護法真言鈔（擬）
1.4　朝 006
2.1　39.5×16.6 厘米；1 紙；46 行。
2.3　卷軸裝。首尾均殘。通卷下殘。有烏絲欄。已修整。
3.4　說明：
本號為《北方毗沙門天王隨軍護法真言》之節抄，詳情如下：
1 至 16 行：待考；
17 至 19 行：大正 1248，21/0225C09～13；
20 至 24 行：大正 1248，21/0225C16～25；
25 行：大正 1248，21/0225C29～0226A01；
26 至 27 行：大正 1248，21/0227B08～11；
27 至 28 行：大正 1248，21/0227A26～28；
29 至 30 行：大正 1248，21/0227A24～26；
31 至 34 行：大正 1248，21/0227A16～24；

35至38行：大正1248，21/0227A09～15；
39至43行：大正1248，21/0226C19～0227A06；
43至46行：大正1248，21/0226A07～13。
5　與《大正藏》本對照，有缺文，字句亦不盡同。
8　9～10世紀。歸義軍時期寫本。
9.1　楷書。

1.1　BD09786號
1.3　大般若波羅蜜多經卷三三九
1.4　朝007
2.1　(22+1.8)×25.2厘米；1紙；14行，行17字。
2.3　卷軸裝。首脫尾殘。有烏絲欄。已修整。
3.1　首殘→大正0220，06/0738A29。
3.2　尾行上下殘→大正0220，06/0738B13～14。
7.1　卷背有勘記"三百卅九"、"界"（敦煌三界寺簡稱）。
8　8～9世紀。吐蕃統治時期寫本。
9.1　楷書。

1.1　BD09787號
1.3　雪山童子因緣（擬）
1.4　朝008
2.1　35.7×25.5厘米；1紙；正面20行，背面15行，行字不等。
2.3　卷軸裝。首脫尾殘。有折疊欄。已修整。
2.4　本遺書包括2個文獻：（一）《雪山童子因緣》（擬），20行，抄寫在正面，今編為BD09787號。（二）《成唯識論筆記》（擬），15行，抄寫在背面，今編為BD09787號背。
3.4　說明：
本文獻首殘，尾3行上殘。所抄寫為雪山童子半偈捨身故事。該故事出於《大般涅槃經》（北本）卷一四，參見大正374，12/0449B02～0451B05。與《大正藏》本相比，本文獻有省略，有渲染，從一段佛經經文，改寫為一個故事。反映了從佛經到因緣故事乃至到變文的變化，值得注意。
8　9～10世紀。歸義軍時期寫本。
9.1　楷書。
9.2　有硃筆斷句。
12　從該遺書背面揭下古代裱補1塊，今編為BD16371號。

1.1　BD09787號背
1.3　成唯識論筆記（擬）
1.4　朝008
2.4　本遺書由2個文獻組成，本文獻為第2個，15行，抄寫在背面。餘參見BD09787號的第2項。
3.3　錄文：
（前殘）
於義門中，識最為細，未番（審）此識有/
幾種。第一句（錄文者按：旁註小字）。下至凡愚，上至諸佛，各具幾識？/
前◇緣可知，有何義故名末那、阿賴耶□/
◇◇◇識（?）。第三句（錄文者按：旁註小字）。◇◇◇四智，其義如何？第四句（錄文者按：旁註小字）。/
於八識四智◇網◇除◇◇此四智云何◇成三/
身。第五句（錄文者按：旁註小字）。◇◇◇為證真證真得名佛賓◇/
非證真云何◇名佛求（非?）賓身為賓智/
得名佛化身非賓智云何得名佛。/
（空一行）
□◇之人，此論廿二根，唯願陳說。第一句（錄文者按：旁註小字）。言根□
行（?）五義。第二句（錄文者按：旁註小字）。此廿二根，誰望於誰，名為塔□
第三句（錄文者按：旁註小字）。此廿二根，幾流轉？幾是還滅？第四句（錄文者按：旁註小字）。/
根幾是有漏？幾是無漏？第五句（錄文者按：旁註小字）。
賓（?）滅◇◇◇得兌三人/
（空行）
以為醫王時，名□…□/
何得名賓□…□/
（錄文完）
［錄文者按］：此文獻墨跡甚淡，且因背面揭下古代裱補紙及現代修整等原因，辨識甚爲困難。以上錄文，僅供參考。
3.4　說明：
本文獻首尾均殘。存文三段，其中主要的兩段，一段論述八識、四智、三身，一段論述二十二根。頗疑原為學習《成唯識論》的筆記或疏釋，但因文字辨識困難，不能遂定，暫擬此名，以待後考。
8　9～10世紀。歸義軍時期寫本。
9.1　行楷。

1.1　BD09788號
1.3　金光明最勝王經卷三鈔（擬）
1.4　朝009
2.1　10.1×26.1厘米；1紙1葉2個半葉；半葉7行，共14行，行27字。
2.3　梵夾裝。首尾均脫。兩面抄寫，文字相連。有烏絲欄。已修整。
3.4　說明：
本文獻為《金光明最勝王經》卷三節抄。
第1～5行上：相當於大正0665，16/0415B14～21。
第5行下～14行：相當於大正0665，16/0416A05～20。
5　與《大正藏》本對照，第五行文字有不同。多"迴向至心歸命常住三寶"等。
7.1　上邊有編號勘記"五"字。
8　8～9世紀。吐蕃統治時期寫本。

9.1 楷書。
9.2 有行間校加字。

1.1 BD09789 號
1.3 金光明最勝王經卷二
1.4 朝 010
2.1 （4 +14.5 +1.9）×26 厘米；2 紙；12 行，行 17 字。
2.2 01：04.0，02； 02：14.5 +1.9，10。
2.3 卷軸裝。首殘尾斷。卷面污穢。有烏絲欄。
3.1 首 2 行上下殘→大正 0665，16/0408C01 ~03。
3.2 尾行下殘→大正 0665，16/0408C13。
8 8 ~9 世紀。吐蕃統治時期寫本。
9.1 楷書。

1.1 BD09790 號
1.3 達摩和尚絕觀論
1.4 朝 011
2.1 153 ×16 厘米；4 紙；97 行，行 14 ~16 字。
2.2 01：07.0，05； 02：45.5，31； 03：45.5，31；
04：44.5，30。
2.3 卷軸裝。首殘尾脫。上下邊有撕裂。有烏絲欄。已修整。
3.1 首殘→《禪思想史研究》，02/0189A09。
3.2 尾 1 行下殘→《禪思想史研究》，02/0195A04。
3.4 說明：

本文獻為問答體，問答起頭處均有硃筆點標。但抄寫者將“於是緣門復起問曰”，抄寫成“於是緣門復起 問曰”，而硃筆點標點在“問曰”之前，說明抄寫、點標均不認真。

5 與《禪思想史研究》錄文對照，行文有差異，可資互校。
8 8 ~9 世紀。吐蕃統治時期寫本。
9.1 行楷。
9.2 有硃筆科分。有刪除號。
13 文中有多處藏文旁注，應為當時藏族僧侶讀經或翻譯時所加。

1.1 BD09791 號
1.3 大方廣佛華嚴經（唐譯八十卷本 兌廢稿）卷六六
1.4 朝 012
2.1 48.4 ×26.1 厘米；1 紙；28 行，行 17 字。
2.3 卷軸裝。首尾均脫。卷面有黴斑。有烏絲欄。已修整。
3.1 首殘→大正 0279，10/0359B16。
3.2 尾殘→大正 0279，10/0359C17。
7.1 卷前部加行上方有勘記“此行欠，兌”。
8 8 ~9 世紀。吐蕃統治時期寫本。
9.1 楷書
9.2 有行間加行及倒乙。

1.1 BD09792 號
1.3 大般若波羅蜜多經（兌廢稿）卷六三
1.4 朝 013
2.1 41.7 ×27.6 厘米；1 紙；22 行，行 17 字。
2.3 卷軸裝。首尾均脫。卷上部有殘破。尾有餘空。有烏絲欄。已修整。
3.1 首殘→大正 0220，05/0358B16。
3.2 尾殘→大正 0220，05/0358C08。
5 與《大正藏》本對照，尾倒數第 2 行首 5 字應為“不可得故說”。
8 8 ~9 世紀。吐蕃統治時期寫本。
9.1 楷書。

1.1 BD09793 號
1.3 大方等大集經卷七
1.4 朝 014
2.1 32.7 ×25.4 厘米；2 紙；16 行，行 17 字。
2.2 01：20.7，10； 02：12.0，06。
2.3 卷軸裝。首尾均殘。有烏絲欄。已修整。
3.1 首 8 行下殘→大正 0397，13/0043A04 ~11。
3.2 尾 3 行上殘→大正 0397，13/0043A17 ~20。
8 6 世紀。南北朝寫本。
9.1 楷書。

1.1 BD09794 號
1.3 四分律疏義解鈔（擬）
1.4 朝 015
2.1 39.6 ×26.9 厘米；1 紙；正面 30 行，背面 27 行，行字不等。
2.3 卷軸裝。首尾均斷。有折疊欄。卷兩面均有文字，內容相連。
3.4 說明：

本文獻首尾均殘。內容為對《四分律》某疏中文字、名相的疏解。故暫名“四分律疏義解”。但從形態看，僅摘抄該義解的若干內容，定名之為“鈔”。未為歷代大藏經所收，尚需進一步研究。

7.1 正面第 3 行下面有題記“寫了”二字，墨色與正文不同。
8 9 ~10 世紀。歸義軍時期寫本。
9.1 行書。硬筆書寫。

1.1 BD09795 號
1.3 大般若波羅蜜多經卷三一一
1.4 朝 016
2.1 （5.6 +35.1 +1.7）×25.5 厘米；2 紙；25 行，行 17 字。
2.2 01：5.6 +35.1，24； 02：01.7，01。
2.3 卷軸裝。首尾均殘。卷面多水漬。有烏絲欄。已修整。
3.1 首 3 行上下殘→大正 0220，06/0585C25 ~26。
3.2 尾行上殘→大正 0220，06/0586A20 ~21。

8　8 世紀。唐寫本。
9.1　楷書。有武周新字"證"、"日"、"人"，使用不周遍。

1.1　BD09796 號
1.3　護身命經
1.4　朝 017
2.1　(11.7 +15.3 +1.2) ×22.6 厘米；2 紙；17 行，行 17 字。
2.2　01：11.7 +15.3，16；　02：01.2，01。
2.3　卷軸裝。首尾均殘。有烏絲欄。已修整。
3.1　首 7 行上下殘→大正 2865，85/1325A12 ~19。
3.2　尾行上下殘→大正 2865，85/1325A28。
8　9 ~10 世紀。歸義軍時期寫本。
9.1　楷書。

1.1　BD09797 號
1.3　大般若波羅蜜多經卷八七
1.4　朝 018
2.1　(1.8 +24.2 +4.1) ×25.8 厘米；2 紙；17 行，行 17 字。
2.2　01：1.8 +15.8，10；　02：8.4 +4.1，07。
2.3　卷軸裝。首尾均殘。卷面有油污。有烏絲欄。已修整。
3.1　首行上殘→大正 0220，05/0484B01。
3.2　尾 2 行下殘→大正 0220，05/0484B15 ~17。
8　8 ~9 世紀。吐蕃統治時期寫本。
9.1　楷書。

1.1　BD09798 號
1.3　藥師經疏（擬）
1.4　朝 019
2.1　19 ×28 厘米；1 紙；10 行，行 19 字。
2.3　卷軸裝。首尾均殘。有折疊欄。已修整。
3.1　首行上殘→大正 2767，85/0312B19。
3.2　尾殘→大正 2767，85/0312C01。
6.3　與 BD09834 號原為同卷，但中間尚有殘缺，不能直接綴接。
8　7 ~8 世紀。唐寫本。
9.1　行楷。
9.2　有行間校加字。

1.1　BD09799 號
1.3　大智度論卷二二
1.4　朝 020
2.1　21.2 ×18.7 厘米；1 紙；12 行。
2.3　卷軸裝。首尾均殘。通卷下部殘缺。有烏絲欄。已修整。
3.1　首殘→大正 1509，25/0225C21。
3.2　尾殘→大正 1509，25/0226A03。
8　5 ~6 世紀。南北朝寫本。
9.1　隸楷。

1.1　BD09800 號
1.3　大寶積經卷一一七
1.4　朝 021
2.1　7.4 ×16.5 厘米；1 紙 1 葉 2 個半葉；半葉 5 行，共 10 行，行 20 字。
2.3　經折裝。首尾均斷。兩端有書口欄。有硃絲欄。
2.4　本遺書包括 2 個文獻：(一)《大寶積經》卷一一七，5 行，抄寫在正面，今編為 BD09800 號。(二)《大寶積經》卷一一八，5 行，抄寫在背面，今編為 BD09800 號背。
3.1　首殘→大正 0310，11/0657C22。
3.2　尾殘→大正 0310，11/0657C28。
8　8 世紀。唐寫本。
9.1　楷書。
9.2　有刮改。

1.1　BD09800 號背
1.3　大寶積經卷一一八
1.4　朝 021
2.4　本遺書由 2 個文獻組成，本文獻為第 2 個，5 行，抄寫在背面，餘參見 BD09800 號第 2 項。
3.1　首殘→大正 0310，11/0672C03。
3.2　尾殘→大正 0310，11/0672C09。
8　8 世紀。唐寫本。
9.1　楷書。

1.1　BD09801 號
1.3　大般若波羅蜜多經卷一五六
1.4　朝 022
2.1　(40 +33.5 +1.8) ×25.5 厘米；2 紙；35 行，行 17 字。
2.2　01：40.0，24；　02：33.5 +1.8，21。
2.3　卷軸裝。首尾均殘。卷下大部殘缺。有烏絲欄。已修整。
3.1　首 24 行下殘→大正 0220，05/0840C02 ~0841A07。
3.2　尾 2 行下殘→大正 0220，05/0841A28 ~29。
8　8 ~9 世紀。吐蕃統治時期寫本。
9.1　楷書。

1.1　BD09802 號 1
1.3　大般若波羅蜜多經（兑廢稿）卷五九一
1.4　朝 023
2.1　(21.2 +20.7 +3.7) ×25.5 厘米；2 紙；20 行，行 17 字。
2.2　01：21.2 +20.7，18；　02：03.7，02。
2.3　卷軸裝。首尾均殘。首紙有餘空。第 2 紙與第 1 紙卷次倒接，文字銜接。有烏絲欄。已修整。
2.4　本遺書包括 2 個文獻：(一)《大般若波羅蜜多經》(兑廢稿) 卷五九一，18 行，今編為 BD09802 號 1。(二)《大般若波羅蜜多經》卷七，2 行，今編為 BD09802 號 2。
3.1　首 5 行上下殘→大正 0220，07/1055C07 ~13。

3.2　尾殘→大正 0220，07/1055C26。
5　與《大正藏》本對照，本件第 3 至 4 行間缺文。參見：07/1055C10 “云何” ~C12 “菩提”。
7.1　第 1 紙末行後有題記 “曹黑碩兌”。
8　9~10 世紀。歸義軍時期寫本。
9.1　楷書。

1.1　BD09802 號 2
1.3　大般若波羅蜜多經卷七
1.4　朝 023
2.4　本遺書由 2 個文獻組成，本文獻為第 2 個，2 行，餘參見 BD09802 號 1 第 2 項。
3.1　首殘→大正 0220，05/0036B14。
3.2　尾殘→大正 0220，05/0036B15。
8　9~10 世紀。歸義軍時期寫本。
9.1　楷書。

1.1　BD09803 號
1.3　大般若波羅蜜多經卷五五四
1.4　朝 024
2.1　53.5×19.5 厘米；2 紙；31 行。
2.2　01：47.5，28；　　02：06.0，03。
2.3　卷軸裝。首尾均殘。通卷下邊殘缺。有烏絲欄。已修整。
3.1　首殘→大正 0220，07/0853B01。
3.2　尾殘→大正 0220，07/0853C02。
8　8~9 世紀。吐蕃統治時期寫本。
9.1　楷書。有武周新字 “正”，使用周遍。
9.2　有行間校加字。

1.1　BD09804 號
1.3　大般若波羅蜜多經（兌廢稿）卷四九〇
1.4　朝 025
2.1　24.7×26.3 厘米；1 紙；13 行，行 17 字。
2.3　卷軸裝。首斷尾脫。尾有餘空。有烏絲欄。已修整。
3.1　首殘→大正 0220，07/0491A04。
3.2　尾殘→大正 0220，07/0491A18。
5　與《大正藏》本對照，缺 “者應遠離見乞者來不喜愁惱心五者應遠”，相當於：07/0491A12~13。
7.1　上邊有勘記 “兌” 字。
8　9~10 世紀。歸義軍時期寫本。
9.1　楷書。

1.1　BD09805 號
1.3　大寶積經（兌廢稿）卷四八
1.4　朝 026
2.1　（2+19.8+1.9）×26.6 厘米；1 紙；15 行，行 17 字。
2.3　卷軸裝。首尾均脫。字跡水浸漫漶。有烏絲欄。
3.1　首行中殘→大正 0310，11/0282C11~12。
3.2　尾行上下殘→大正 0310，11/0282C26。
5　與《大正藏》本對照，末行重複，“□□諸法真如諸法真如隨入□□□□” 中 “法” 字似應是 “佛” 字。
7.1　卷面有勘記 “兌” 字。
8　8~9 世紀。吐蕃統治時期寫本。
9.1　楷書。

1.1　BD09806 號
1.3　大般若波羅蜜多經卷四二六
1.4　朝 027
2.1　（6.6+15.5+6.1）×25.6 厘米；1 紙；16 行，行 17 字。
2.3　卷軸裝。首尾均殘。卷面多殘洞。有烏絲欄。已修整。
3.1　首 4 行上殘→大正 0220，07/0143A10~12。
3.2　尾 4 行下殘→大正 0220，07/0143A25~28。
8　8 世紀。唐寫本。
9.1　楷書。

1.1　BD09807 號
1.3　大般若波羅蜜多經卷五九一
1.4　朝 028
2.1　（5.7+4.6+5.5）×24.8 厘米；1 紙；10 行，行 17 字。
2.3　卷軸裝。首尾均殘。有烏絲欄。已修整。
3.1　首 4 行上下殘→大正 0220，07/1055C19~23。
3.2　尾 3 行下殘→大正 0220，07/1055C26~28。
8　8~9 世紀。吐蕃統治時期寫本。
9.1　楷書。

1.1　BD09808 號
1.3　大般若波羅蜜多經（兌廢稿）卷一七一
1.4　朝 029
2.1　8.2×27 厘米；1 紙；5 行，行 17 字。
2.3　卷軸裝。首脫尾斷。有烏絲欄。
3.1　首殘→大正 0220，05/0922A24。
3.2　尾殘→大正 0220，05/0922A27。
5　與《大正藏》本對照，末行重複。
7.1　上邊有勘記 “兌” 字。
8　8~9 世紀。吐蕃統治時期寫本。
9.1　楷書。

1.1　BD09809 號
1.3　大般若波羅蜜多經卷一七五
1.4　朝 030
2.1　28.1×21.3 厘米；1 紙；17 行。
2.3　卷軸裝。首尾均殘。通卷下邊殘缺。有烏絲欄。已修整。
3.1　首殘→大正 0220，05/0941B09。
3.2　尾殘→大正 0220，05/0941B26。

8　8～9 世紀。吐蕃統治時期寫本。
9.1　楷書。

1.1　BD09810 號
1.3　佛教真言（擬）
1.4　朝 031
2.1　42.8×30.2 厘米；1 紙；17 行，行字不等。
2.3　卷軸裝。首尾均全。有折疊欄。已修整。
3.4　説明：
本文獻首尾均全。所寫均為佛教真言，故擬此名。真言内容待考。
8　9～10 世紀。歸義軍時期寫本。
9.1　行書。
9.2　有重文號、倒乙及行間校加字。

1.1　BD09811 號
1.3　入楞伽經卷四
1.4　朝 032
2.1　（1.3+38.6+1.3）×26.6 厘米；2 紙；26 行，行 17 字。
2.2　01：1.3+20.6，14；　　02：18+1.3，12。
2.3　卷軸裝。首尾均殘。卷面有殘洞。有烏絲欄。已修整。
3.1　首殘→大正 0671，16/0534B06。
3.2　尾殘→大正 0671，16/0534C03。
8　5～6 世紀。南北朝寫本。
9.1　隸書。

1.1　BD09812 號
1.3　大般若波羅蜜多經卷三七〇
1.4　朝 033
2.1　（3.5+29）×26 厘米；1 紙；19 行，行 17 字。
2.3　卷軸裝。首殘尾脱。有烏絲欄。已修整。
3.1　首 2 行上下殘→大正 0220，06/0906B04～05。
3.2　尾殘→大正 0220，06/0906B22。
7.1　卷首背有勘記“卅七”（本文獻所屬袟次）及硃筆“十”（袟内卷次）、“乘”（敦煌大乘寺簡稱）幾字。
8　8～9 世紀。吐蕃統治時期寫本。
9.1　楷書。

1.1　BD09813 號
1.3　大方廣佛華嚴經（晉譯五十卷本）卷一八
1.4　朝 034
2.1　（10+86+8.5）×27 厘米；3 紙；59 行，行 17 字。
2.2　01：10+17，15；　02：52.0，30；　03：17+8.5，14。
2.3　卷軸裝。首尾均殘。卷面有等距離水漬及殘爛。有烏絲欄。已修整。
3.1　首 5 行中上殘→大正 0278，09/0534C26～29。
3.2　尾 4 行中下殘→大正 0278，09/0535B26～29。
8　5～6 世紀。南北朝寫本。
9.1　隸書。

1.1　BD09814 號
1.3　大般若波羅蜜多經（兑廢稿）卷二九
1.4　朝 035
2.1　45×28.2 厘米；1 紙；25 行，行 16～18 字。
2.3　卷軸裝。首尾均脱。卷上部有等距離殘缺，下部有等距離殘洞。背有鳥糞。尾有餘空。有烏絲欄。已修整。
3.1　首殘→大正 0220，05/0164A16。
3.2　尾殘→大正 0220，05/0164B10。
8　8～9 世紀。吐蕃統治時期寫本。
9.1　楷書。

1.1　BD09815 號
1.3　大般若波羅蜜多經卷二九六
1.4　朝 036
2.1　47.3×25 厘米；1 紙；28 行，行 17 字。
2.3　卷軸裝。首尾均脱。有烏絲欄。已修整。
3.1　首殘→大正 0220，06/0504C28。
3.2　尾殘→大正 0220，06/0505A27。
8　8～9 世紀。吐蕃統治時期寫本。
9.1　楷書。

1.1　BD09816 號
1.3　大乘稻竿經
1.4　朝 037
2.1　23.1×27.5 厘米；1 紙；13 行，行 22 字。
2.3　卷軸裝。首脱尾殘。有烏絲欄。已修整。
3.1　首殘→大正 0712，16/0824C20。
3.2　尾 10 行上殘→大正 0712，16/0824C24～0825A09。
8　8～9 世紀。吐蕃統治時期寫本。
9.1　楷書。
9.2　有行間校加字及倒乙。

1.1　BD09817 號
1.3　華手經（兑廢稿）卷四
1.4　朝 038
2.1　（3.7+31.2+10.8）×26.2 厘米；1 紙；24 行，行 17 字。
2.3　卷軸裝。首尾均脱。尾有餘空。有烏絲欄。已修整。
3.1　首 2 行上殘→大正 0657，16/0155C02～03。
3.2　尾 4 行上殘→大正 0657，16/0155C26～0156A02。
7.1　卷前部上邊有勘記“兑”字。
7.3　卷背面有雜寫“諸大得（德）”3 字。
8　8～9 世紀。吐蕃統治時期寫本。
9.1　楷書。
9.2　有刮改。

1.1 BD09818 號
1.3 大般若波羅蜜多經（兑廢稿）卷三一三
1.4 朝 039
2.1 （18.7+3.9）×27.1 厘米；1 紙；13 行，行 17 字。
2.3 卷軸裝。首脱尾殘。有鳥糞。有烏絲欄。
3.1 首殘→大正 0220，06/0598B10。
3.2 尾 2 行上殘→大正 0220，06/0598B22～24。
7.1 卷上邊有勘記“兑”字。
8 8～9 世紀。吐蕃統治時期寫本。
9.1 楷書。

1.1 BD09819 號
1.3 摩訶般若波羅蜜經卷二七
1.4 朝 040
2.1 （34.2+11.3）×27.5 厘米；2 紙；20 行，行 17 字。
2.2 01：34.2+5，17； 02：06.3，03。
2.3 卷軸裝。首殘尾斷。尾有餘空。
3.1 首 15 行上殘→大正 0223，08/0423B04～18。
3.2 尾殘→大正 0223，08/0423B24。
5 與《大正藏》本對照，本文獻行文相當於《思溪藏》、《嘉興藏》、《普寧藏》等本。
8 7～8 世紀。唐寫本。
9.1 楷書。

1.1 BD09820 號
1.3 大般若波羅蜜多經卷四二〇
1.4 朝 041
2.1 （41.9+5.3）×26.4 厘米；1 紙；28 行，行 17 字。
2.3 卷軸裝。首尾均脱。卷面油污嚴重，卷尾左下殘缺。有烏絲欄。已修整。
3.1 首殘→大正 0220，07/0111C06。
3.2 尾 3 行下殘→大正 0220，07/0112A01～03。
8 8～9 世紀。吐蕃統治時期寫本。
9.1 楷書。

1.1 BD09821 號
1.3 佛教真言（擬）
1.4 朝 042
2.1 32.4×30.3 厘米；1 紙；15 行，行字不等。
2.3 卷軸裝。首尾均全。有折疊欄。
3.4 説明：
本文獻首尾均全。所抄寫為佛教真言，故擬此名。真言內容待考。
8 9～10 世紀。歸義軍時期寫本。
9.1 行書。
9.2 有塗抹。

1.1 BD09822 號
1.3 大般若波羅蜜多經卷五八四
1.4 朝 043
2.1 （21.3+24.9+1.8）×26 厘米；2 紙；30 行，行約 17 字。
2.2 01：21.3+17.1，24； 02：7.8+1.8，06。
2.3 卷軸裝。首尾均殘。卷面有殘洞。有烏絲欄。已修整。
3.1 首 13 上下殘→大正 0220，07/1022C13～25。
3.2 尾行上殘→大正 0220，07/1023A13。
8 8～9 世紀。吐蕃統治時期寫本。
9.1 楷書。

1.1 BD09823 號
1.3 大般若波羅蜜多經卷四一四
1.4 朝 044
2.1 （22.9+1.7）×27 厘米；1 紙；15 行，行 17 字。
2.3 卷軸裝。首脱尾殘。卷面油污、污穢，上邊殘破。有烏絲欄。已修整。
3.1 首殘→大正 0220，07/0078A27。
3.2 尾行下殘→大正 0220，07/0078B13。
8 9～10 世紀。歸義軍時期寫本。
9.1 楷書。

1.1 BD09824 號
1.3 佛教真言（擬）
1.4 朝 045
2.1 17.3×30.3 厘米；1 紙；9 行，行字不等。
2.3 卷軸裝。首尾均全。有折疊欄。
3.4 説明：
本文獻首尾均全。所寫均為佛教真言，故擬此名。真言內容待考。
8 9～10 世紀。歸義軍時期寫本。
9.1 楷書。

1.1 BD09825 號
1.3 大般若波羅蜜多經卷五五〇
1.4 朝 046
2.1 （23+17.2）×27.5 厘米；1 紙；24 行，行 17 字。
2.3 卷軸裝。首脱尾殘。有烏絲欄。已修整。
3.1 首殘→大正 0220，07/0833A03。
3.2 尾 11 行上殘→大正 0220，07/0833A17～28。
8 8～9 世紀。吐蕃統治時期寫本。
9.1 楷書。

1.1 BD09826 號
1.3 諸天壽數（擬）
1.4 朝 047
2.1 19×26.8 厘米；1 紙；6 行，行字不等。

2.3 卷軸裝。首尾均全。有烏絲欄。
3.3 録文：
（首全）
第一四天王天，一日一夜人間壽命五十歲。第二忉利天，／
一日一夜人間壽命一百［歲］。第三焰摩天，一日一夜人／
間壽命二百［歲］。第四兜率天，一日一夜人間壽命四百／
歲。第五天，一日一夜人間壽命八百歲。第六天，一／
日一夜人間壽命一千六百歲。┏已上四禪／
處天，倍倍增也。／
（録文完）
8 8～9世紀。吐蕃統治時期寫本。
9.1 楷書。
9.2 有間隔號。有重文號。

1.1 BD09827號
1.3 大般若波羅蜜多經卷三七六
1.4 朝048
2.1 （22.2+1.6+3.2）×25.7厘米；2紙；16行，行17字。
2.2 01：18.6，11；　02：3.6+1.6+3.2，05。
2.3 卷軸裝。首尾均殘。卷上下殘缺。有烏絲欄。已修整。
3.1 首13行上下殘→大正0220，06/0940C17～29。
3.2 尾2行上殘→大正0220，06/0941A02～04。
8 8～9世紀。吐蕃統治時期寫本。
9.1 楷書。

1.1 BD09828號
1.3 大方等大集經卷四
1.4 朝049
2.1 30.3×25厘米；1紙；17行，行14字（偈）。
2.3 卷軸裝。首尾均殘。已修整。
3.1 首3行下殘→大正0397，13/0024C07～09。
3.2 尾2行上殘→大正0397，13/0024C22～23。
8 5～6世紀。南北朝寫本。
9.1 隸書。

1.1 BD09829號
1.3 二入四行論長卷（擬）
1.4 朝050
2.1 34.6×28厘米；2紙；18行，行22字。
2.2 01：25.8，14；　02：08.8，04。
2.3 卷軸裝。首尾均殘。有烏絲欄。已修整。
3.1 首10行上下殘→《禪思想史研究》，02/0142A09～15。
3.2 尾1行上殘→《禪思想史研究》，02/0143A03～04。
8 7～8世紀。唐寫本。
9.1 楷書。抄寫工整。
9.2 有行間校加字。有重文號。

1.1 BD09830號
1.3 大般若波羅蜜多經（兑廢稿）卷三二〇
1.4 朝051
2.1 （16+32.7）×27.2厘米；1紙；24行，行17字。
2.3 卷軸裝。首殘尾脱。有烏絲欄。已修整。
3.1 首9行上殘→大正0220，06/0634C26～0635A04。
3.2 尾殘→大正0220，06/0635A21。
5 與《大正藏》本對照，有缺文。
7.1 下邊有勘記“兑”字。
7.3 尾4行為經文雜寫。
8 8～9世紀。吐蕃統治時期寫本。
9.1 楷書。

1.1 BD09831號
1.3 大般涅槃經（北本　思溪本）卷二八
1.4 朝052
2.1 （2+5.9+14.4）×26厘米；1紙；11行，行17字。
2.3 卷軸裝。首尾均殘。有烏絲欄。已修整。
3.1 首殘→大正0374，12/0528B28。
3.2 尾7行上殘→大正0374，12/0528C03～18。
5 與《大正藏》本對照，分卷不同。本文獻分卷與《思溪藏》本、《普寧藏》本相同。
8 7～8世紀。唐寫本。
9.1 楷書。

1.1 BD09832號
1.3 大般涅槃經（北本）卷五
1.4 朝053
2.1 （20.4+4.7+7）×27厘米；1紙；20行，行17字。
2.3 卷軸裝。首尾均殘。卷面多水漬，有鳥糞。有烏絲欄。已修整。
3.1 首13行下殘→大正0374，12/0390B19～C03。
3.2 尾4行上殘→大正0374，12/0390C06～10。
8 5～6世紀。南北朝寫本。
9.1 隸楷。

1.1 BD09833號
1.3 放光般若經卷一三
1.4 朝054
2.1 51.5×19.8厘米；2紙；27行。
2.2 01：33.0，17；　02：18.5，10。
2.3 卷軸裝。首尾均殘。有烏絲欄。卷下邊殘缺。已修整。
3.1 首殘→大正0221，08/0093A28。
3.2 尾殘→大正0221，08/0093B25。
8 6世紀。南北朝寫本。
9.1 隸楷。

1.1　BD09834 號
1.3　藥師經疏（擬）
1.4　朝 055
2.1　34.2×28.5 厘米；1 紙；17 行，行字不等。
2.3　卷軸裝。首殘尾脱。有折疊欄。已修整。
3.1　首行上殘→大正 2767，85/0313A01。
3.2　尾殘→大正 2767，85/0313A20。
6.3　與 BD09798 號原為同卷，但中間尚有殘缺，不能直接綴接。
8　7～8 世紀。唐寫本。
9.1　行楷。

1.1　BD09835 號
1.3　諸星母陀羅尼咒（擬）
1.4　朝 056
2.1　18×15.3 厘米；2 紙 4 葉 8 個半葉；半葉 5 行，共 35 行，行字不等。
2.2　01：18.0，0+5+5+5；　　02：18.0，5+5+5+5。
2.3　縫繢裝。首全尾脱。有 4 個針孔。有護首，空白無字。
3.1　首全→大正 1302，21/0420C08。
3.2　尾殘→大正 1302，21/0421A02。
8　9～10 世紀。歸義軍時期寫本。
9.1　楷書。

1.1　BD09836 號
1.3　大般若波羅蜜多經卷四
1.4　朝 057
2.1　17.5×14.3 厘米；1 紙；11 行。
2.3　卷軸裝。首尾均殘。通卷上殘。有烏絲欄。已修整。
3.1　首殘→大正 0220，05/0017A20。
3.2　尾殘→大正 0220，05/0017B02。
8　8 世紀。唐寫本。
9.1　楷書。

1.1　BD09837 號
1.3　大般若波羅蜜多經卷一六六
1.4　朝 058
2.1　47.3×15 厘米；1 紙；28 行。
2.3　卷軸裝。首尾均殘。通卷下殘。有烏絲欄。已修整。
3.1　首殘→大正 0220，05/0892A04。
3.2　尾殘→大正 0220，05/0892B02。
8　8～9 世紀。吐蕃統治時期寫本。
9.1　楷書。

1.1　BD09838 號
1.3　大般若波羅蜜多經卷四二一
1.4　朝 059
2.1　（1.3+42.2+6.5）×28.5 厘米；2 紙；正面 37 行，行 23～26 字；背面 6 行，行字不等。
2.2　01：1.3+17.2，14；　　02：25+6.5，23。
2.3　卷軸裝。首尾均殘。下邊殘缺，中間有殘洞。有烏絲欄。已修整。
2.4　本遺書包括 2 個文獻：（一）《大般若波羅蜜多經》卷四二一，37 行，抄寫在正面，今編為 BD09838 號。（二）《致和上書狀》（擬），6 行，抄寫在背面，今編為 BD09838 號背。
3.1　首行中上殘→大正 0220，07/0113B28。
3.2　尾 4 行殘→大正 0220，07/0114A18～22。
8　9～10 世紀。歸義軍時期寫本。
9.1　楷書。
9.2　有倒乙。

1.1　BD09838 號背
1.3　致和上書狀（擬）
1.4　朝 059
2.4　本遺書由 2 個文獻組成，本文獻為第 2 個，6 行，抄寫在背面，餘參見 BD09838 號第 2 項。
3.4　説明：

本文獻首全尾殘。為某人致和上的書狀。文中有“仲冬嚴寒，/伏惟和上尊體”云云。又有“重諮和上”、“和上照知勿憂”云云。

書狀墨跡較淡，所用紙張較薄，受正面文字墨跡干擾，較難辨識。個別字修整時被遮壓。

8　9～10 世紀。歸義軍時期寫本。
9.1　楷書。

1.1　BD09839 號
1.3　三乘五性義（擬）
1.4　朝 060
2.1　29×28.9 厘米；1 紙；14 行，行字不等。
2.3　卷軸裝。首尾均殘。已修整。
3.4　説明：

本文獻首 5 行上殘，尾殘。參見 BD00791 號 3。未為歷代大藏經所收。

6.3　與 BD09745 號原為同卷，但中間尚有殘缺，不能直接綴接。
8　9～10 世紀。歸義軍時期寫本。
9.1　楷書。

1.1　BD09840 號
1.3　大般涅槃經（北本）卷八
1.4　朝 061
2.1　（6+50.8+2.5）×25.5 厘米；2 紙；36 行，行 17 字。
2.2　01：6+16.3，13；　　02：34.5+2.5，23。
2.3　卷軸裝。首尾均殘。尾紙上邊殘缺。有烏絲欄。已修整。
3.1　首 3 行中下殘→大正 0374，12/0410B17～20。
3.2　尾 2 行中下殘→大正 0374，12/0410C23～24。

5　與《大正藏》本對照，文字略有不同。
8　5～6世紀。南北朝寫本。
9.1　隸書。
9.2　有行間校加字及重文號。

1.1　BD09841號
1.3　大般若波羅蜜多經卷八九
1.4　朝062
2.1　39.7×25.6厘米；1紙；24行，行17字。
2.3　卷軸裝。首殘尾脫。通卷下殘。有烏絲欄。已修整。
3.1　首殘→大正0220，05/0494A21。
3.2　尾殘→大正0220，05/0494B15。
8　8～9世紀。吐蕃統治時期寫本。
9.1　楷書。

1.1　BD09842號
1.3　大般涅槃經（北本）卷二八
1.4　朝063
2.1　（6.1+11+11.4）×26.8厘米；1紙；18行，行17字。
2.3　卷軸裝。首尾均殘。有烏絲欄。已修整。
3.1　首4行上下殘→大正0374，12/0533B27～C01。
3.2　尾7行下殘→大正0374，12/0533C09～14。
8　5～6世紀。南北朝寫本。
9.1　隸書。

1.1　BD09843號
1.3　大乘百法明門論開宗義記
1.4　朝064
2.1　（2.5+31.3+5.7）×30.8厘米；1紙；26行，行30字。
2.3　卷軸裝。首尾均殘。卷内多有殘洞。有上下邊欄。已修整。
3.1　首殘→大正2810，85/1047A16。
3.2　尾3行上下殘→大正2810，85/1047C02～05。
8　8～9世紀。吐蕃統治時期寫本。
9.1　楷書。
9.2　有行間校加字及校改。有倒乙。

1.1　BD09844號
1.3　大乘百法明門論開宗義記義解（擬）
1.4　朝065
2.1　37.2×28.8厘米；3紙；19行，行29字。
2.2　01：10.5，06；　02：12.2，07；　03：14.5，06。
2.3　卷軸裝。首尾均全。各條義解之間有空行。
3.4　説明：

本文獻首尾均全。為對《大乘百法明門論開宗義記》中一些重要論述的解釋。存文依次有"既隨此身"、"執受"、"外變所依"、"行相仗之"、"攝末歸本"五條，可參見《大乘百法明門論開宗義記》（大正2810，85/1052B02～27）。

8　8～9世紀。吐蕃統治時期寫本。
9.1　楷書。
9.2　有校改。有行間校加字。

1.1　BD09845號
1.3　要行捨身經
1.4　朝066
2.1　30.9×24.3厘米；1紙；18行。
2.3　卷軸裝。首脱尾殘。通卷下部殘損。有烏絲欄。年久已退色。已修整。
3.1　首殘→大正2895，85/1415B20。
3.2　尾殘→大正2895，85/1415C08。
8　7～8世紀。唐寫本。
9.1　楷書。

1.1　BD09846號
1.3　觀佛三昧海經卷一
1.4　朝067
2.1　38.7×21.2厘米；2紙；23行。
2.2　01：20.5，12；　02：18.2，11。
2.3　卷軸裝。首尾均殘。通卷下部殘損。有烏絲欄。有劃界欄針孔。已修整。
3.1　首殘→大正0643，15/0646C24。
3.2　尾殘→大正0643，15/0647A18。
8　5～6世紀。南北朝寫本。
9.1　隸書。

1.1　BD09847號
1.3　大般若波羅蜜多經卷三二六
1.4　朝068
2.1　50×23.2厘米；2紙；29行。
2.2　01：47.7，28；　02：02.3，01。
2.3　卷軸裝。首尾均殘。通卷下殘，上邊殘缺。有烏絲欄。已修整。
3.1　首殘→大正0220，06/0666C03。
3.2　尾殘→大正0220，06/0667A03。
8　8～9世紀。吐蕃統治時期寫本。
9.1　楷書。
9.2　有行間校加字。

1.1　BD09848號
1.3　成實論義疏（擬）
1.4　朝069
2.1　40.7×26.7厘米；1紙；28行。
2.3　卷軸裝。首脱尾殘。全卷上部殘缺。有烏絲欄。已修整。
3.4　説明：

本文獻首尾均殘。察其内容，似為對《成實論》的註疏，

故擬此名，詳情待考。
8　7～8世紀。唐寫本。
9.1　行楷。
9.2　有重文號。有行間校加字。

1.1　BD09849號
1.3　佛名經（十二卷本）卷九
1.4　朝070
2.1　26.5×27.6厘米；1紙；16行，行17字。
2.3　卷軸裝。首尾均殘。有烏絲欄。已修整。
3.1　首4行上下殘→大正0440，14/0167B27。
3.2　尾行下殘→大正0440，14/0167C13。
3.4　説明：
個別佛名的排列順序有不同。
8　5～6世紀。南北朝寫本。
9.1　隸楷。

1.1　BD09850號
1.3　迴向輪經
1.4　朝071
2.1　6.6×23.2厘米；1紙1葉2個半葉；半葉5行，總計10行，行26字。
2.3　梵夾裝。首尾均脱。卷面油污，有殘損。有穿綫孔洞。兩面抄寫，文字相連。有烏絲欄。
3.1　首殘→大正0998，19/0577C25。
3.2　尾殘→大正0998，19/0578A12。
8　8～9世紀。吐蕃統治時期寫本。
9.1　楷書。

1.1　BD09851號
1.3　賢愚經卷一一
1.4　朝072
2.1　(11.5+14.2+4.3)×26.2厘米；1紙；19行，行17字。
2.3　卷軸裝。首尾均殘。卷面有油污。已修整。
3.1　首7行下殘→大正0202，04/0424B16～23。
3.2　尾3行上殘→大正0202，04/0424C07。
8　5～6世紀。南北朝寫本。
9.1　隸書。

1.1　BD09852號
1.3　待考佛典（擬）
1.4　朝073
2.1　9.2×25.5厘米；1紙；5行，行17字。
2.3　卷軸裝。首尾均殘。卷面有油污。有烏絲欄。已修整。
3.3　錄文：
（首殘）
行，以自調伏，心意柔軟。次入真空，了空不空，/
乃名善解。若無衆行資發正明，無由能得暗/
會真道。若但修習諸有功勤，不學中道，無實/
智慧。不能正趣徑到道場。如彼盲人，弱喪之/
者，雖資足力，□□□□□□□□□，無由能達。/
（錄文完）
8　7～8世紀。唐寫本。
9.1　楷書。

1.1　BD09853號
1.3　大智度論卷二三
1.4　朝074
2.1　(1.8+39.1+2.3)×26.5厘米；2紙；23行，行17字。
2.2　01：1.8+19.9，12；　02：19.2+2.3，11。
2.3　卷軸裝。首尾均殘。有烏絲欄。已修整。
3.1　首2行上下殘→大正1509，25/0229B01～02。
3.2　尾行上殘→大正1509，25/0229B24～25。
8　5～6世紀。南北朝寫本。
9.1　隸楷。

1.1　BD09854號
1.3　摩訶僧祇律卷五
1.4　朝075
2.1　(3.1+13.1+11.8)×26.1厘米；1紙；11行，行20字。
2.3　卷軸裝。首尾均殘。有烏絲欄。已修整。
3.1　首2行上殘→大正1425，22/0265C24。
3.2　尾行上殘→大正1425，22/0266A06～07。
8　5～6世紀。南北朝寫本。
9.1　隸書。

1.1　BD09855號
1.3　金光明最勝王經卷四
1.4　朝076
2.1　(2.8+8.2+6.4)×26.8厘米；1紙；9行，行16～18字。
2.3　卷軸裝。首尾均殘。有烏絲欄。已修整。
3.1　首行上殘→大正0665，16/0418C04。
3.2　尾3行上殘→大正0665，16/0418C10～13。
8　9～10世紀。歸義軍時期寫本。
9.1　楷書。

1.1　BD09856號
1.3　大方等大集經卷四
1.4　朝077
2.1　(6.2+12.4+6.3)×24.8厘米；1紙；15行，行17字。
2.3　卷軸裝。首尾均殘。已修整。
3.1　首4行下殘→大正0397，13/0023C27～0024A02。
3.2　尾3行上殘→大正0397，13/0024A10～13。
8　5～6世紀。南北朝寫本。

9.1 隸書。

1.1 BD09857 號
1.3 大般若波羅蜜多經卷三五一
1.4 朝 078
2.1 14.8×25.5 厘米；1 紙；9 行，行 17 字。
2.3 卷軸裝。首脱尾殘。下邊殘缺。有烏絲欄。已修整。
3.1 首殘→大正 0220，06/0804A28。
3.2 尾殘→大正 0220，06/0804B07。
7.1 卷背有勘記“卅六”（本文獻所屬袟次）。
8 8 世紀。唐寫本。
9.1 楷書。有武周新字“正”。

1.1 BD09858 號
1.3 大方廣佛華嚴經（晉譯五十卷本）卷二九
1.4 朝 079
2.1 9.1×22 厘米；1 紙；4 行，行 17 字。
2.3 卷軸裝。首尾均殘。卷上部殘缺。
3.1 首殘→大正 0278，09/0616C19。
3.2 尾殘→大正 0278，09/0616C22。
8 5～6 世紀。南北朝寫本。
9.1 隸書。

1.1 BD09859 號
1.3 大般若波羅蜜多經卷五六二
1.4 朝 080
2.1 （4.8+51.5+8）×26 厘米；2 紙；34 行，行 17 字。
2.2 01：4.8+37.5，24；　　02：14+8，12。
2.3 卷軸裝。首尾均殘。上邊有等距離殘缺及殘洞。有烏絲欄。已修整。
3.1 首 2 行上下殘→大正 0220，07/0900A07～08。
3.2 尾 3 行中下殘→大正 0220，07/0900B11～13。
4.1 □…□二，三□…□（首）。
8 8～9 世紀。吐蕃統治時期寫本。
9.1 楷書。

1.1 BD09860 號
1.3 論比丘（擬）
1.4 朝 081
2.1 46.2×19.6 厘米；1 紙；27 行。
2.3 卷軸裝。首尾均殘。通卷上部殘缺，下有殘損。通卷油污嚴重。有烏絲欄。已修整。
3.4 說明：

本文獻首尾均殘。考察其内容，乃抄錄諸經律論中關於比丘的論述，彙集而成。故擬此名。未為歷代大藏經所收。

8 8～9 世紀。吐蕃統治時期寫本。
9.1 楷書。有合體字“菩薩”、“菩提”。
9.2 有行間校加字。

1.1 BD09861 號
1.3 大乘義章鈔（擬）
1.4 朝 082
2.1 （2+29.5+38.5）×28.7 厘米；2 紙；45 行，行 36 字。
2.2 01：2+28，19；　　02：1.5+38.5，26。
2.3 卷軸裝。首尾均殘。首紙上方殘損。已修整。
3.4 說明：

此件為《大乘義章》摘抄。詳情如下：

第 01 至 02 行：大正 1851，44/0564B25～27（《大乘義章》卷六）；

第 02 至 31 行：大正 1851，44/0589A27～0590A03（《大乘義章》卷八）；

第 32 至 45 行：大正 1851，44/0482C02～0483A01（《大乘義章》卷一）。

5 與《大正藏》本對照，文字略有不同。
8 8 世紀。唐寫本。
9.1 行楷。
9.2 有行間校加字。

1.1 BD09862 號
1.3 無量大慈教經
1.4 朝 083
2.1 11.7×27.3 厘米；1 紙 1 葉 2 個半葉；半葉 6 行，共 12 行；行 22 字。
2.3 粘葉裝（或縫繢裝）。首尾均脱。兩面鈔寫，文字相連。有烏絲欄。
3.1 首殘→大正 2903，85/1445C03。
3.2 尾殘→大正 2903，85/1445C18。
3.4 說明：

本遺書已殘，現為一張單葉，原來裝幀形式應為粘葉裝或縫繢裝，詳情待考。

8 9～10 世紀。歸義軍時期寫本。
9.1 楷書。
9.2 有刮改。

1.1 BD09863 號
1.3 大乘稻芉經
1.4 朝 084
2.1 46.2×22.8 厘米；2 紙；30 行。
2.2 01：43.2，29；　　02：03.0，01。
2.3 卷軸裝。首尾均殘。通卷油污，上邊殘破，下邊殘缺。背有近代裱補。有烏絲欄。已修整。
3.1 首殘→大正 0712，16/0823C04。
3.2 尾殘→大正 0712，16/0824A09。
8 8～9 世紀。吐蕃統治時期寫本。

9.1　楷書。
9.2　有行間校加字。

1.1　BD09864 號
1.3　四分僧戒本
1.4　朝 085
2.1　(34 +1.8) ×27.7 厘米；1 紙；21 行；行字不等。
2.3　卷軸裝。首脱尾殘。已修整。
3.1　首殘→大正 1430，22/1029B25。
3.2　尾行上殘→大正 1430，22/1029C18。
5　與《大正藏》本對照，本件中“式叉迦羅尼”《大正藏》為“應當學”。
8　7 ~8 世紀。唐寫本。
9.1　楷書。

1.1　BD09865 號
1.3　大般若波羅蜜多經卷二一七
1.4　朝 086
2.1　(22.7 +1.6) ×25.4 厘米；1 紙；14 行，行 17 字。
2.3　卷軸裝。首脱尾殘。有烏絲欄。已修整。
3.1　首殘→大正 0220，06/0087A15。
3.2　尾行中殘→大正 0220，06/0087A28。
8　8 ~9 世紀。吐蕃統治時期寫本。
9.1　楷書。

1.1　BD09866 號
1.3　四分律刪繁補闕行事鈔卷中
1.4　朝 087
2.1　(2.7 +10.2 +1.5) ×30.9 厘米；1 紙；9 行，行字不等。
2.3　卷軸裝。首尾均殘。有烏絲欄。已修整。
3.1　首行中殘→大正 1804，40/0102B13。
3.2　尾行上下殘→大正 1804，40/0102B28。
5　與《大正藏》本對照，本件第 4 行下及第 5 行上，文字不同。
8　8 世紀。唐寫本。
9.1　行楷。
9.2　有硃、墨筆行間校加字。有重文號及硃筆校改。

1.1　BD09867 號
1.3　大般若波羅蜜多經卷三五九
1.4　朝 088
2.1　(4.8 +20.8 +1.8) ×25.9 厘米；1 紙；18 行，行 17 字。
2.3　卷軸裝。首尾均殘。卷面有殘洞。背面有古代裱補。有烏絲欄。已修整。
3.1　首 3 行上下殘→大正 0220，06/0847C18 ~20。
3.2　尾行下殘→大正 0220，06/0848A07。
8　8 ~9 世紀。吐蕃統治時期寫本。
9.1　楷書。

1.1　BD09868 號
1.3　三階教殘文獻（擬）
1.4　朝 089
2.1　(4.2 +33.7) ×28.5 厘米；2 紙；29 行，行 24 字。
2.2　01：4.2 +11，11；　02：22.7，18。
2.3　卷軸裝。首尾均殘。卷上下有殘損。有折疊欄。已修整。
3.4　説明：

本文獻首 3 行下殘，尾殘。從内容考察，宣傳“普敬忍惡”，應屬三階教文獻。暫擬此名，以供進一步研究。從硃批“子正是”可知，敦煌遺書中雖然保留大量三階教文獻，但與三階教在全國受到打擊的情況相同，該教派在敦煌後來也受到壓抑。這可以解釋何以在敦煌遺書中保留這麽多的三階教文獻。

8　8 ~9 世紀。吐蕃統治時期寫本。
9.1　楷書。
9.2　有重文號。有硃筆科分及行間校加字。第 5 行句末旁有硃筆批註“子正是”。

1.1　BD09869 號
1.3　大般若波羅蜜多經（兑廢稿）卷四九二
1.4　朝 090
2.1　48.4 ×27. 2 厘米；1 紙；28 行，行 17 字。
2.3　卷軸裝。首尾均脱。有烏絲欄。已修整。
3.1　首殘→大正 0220，07/0502C09。
3.2　尾殘→大正 0220，07/0503A08。
7.1　卷首上邊有題記 7 行：“第一◇一經，/已後別/寫終/卷九紙。/脱三行，/兑了。/炫。/”
8　8 ~9 世紀。吐蕃統治時期寫本。
9.1　楷書。
9.2　有行間校加字。有塗抹。有校改。

1.1　BD09870 號
1.3　太上洞玄靈寶昇玄内教經
1.4　朝 091
2.1　45.3 ×25.7 厘米；1 紙；28 行，行 17 字。
2.3　卷軸裝。首尾均殘。卷面油污嚴重，有殘洞。背有近代裱補。有烏絲欄。已修整。
3.4　説明：

本文獻首 2 行下殘，尾 1 行中殘。所抄為《太上洞玄靈寶昇玄内教經》。該文獻傳世道藏已佚，僅存於敦煌遺書。《中華道藏》依據敦煌遺書及傳世殘簡整理收入，依然不完整。整理時未納入本號。

本號共 28 行，前 11 行文字《中華道藏》未録，後 17 行文字可見《中華道藏》，05/0110A03 ~ B04。故本號可補《中華道藏》之缺漏。

6.3　與斯 00107 號原為同卷，但中間尚有殘缺，不能直接綴接。

8　7～8 世紀。唐寫本。
9.1　楷書。

1.1　BD09871 號
1.3　太玄真一本際經卷八
1.4　朝 092
2.1　(18.7+26.1)×25.9 厘米；2 紙；24 行，行 17 字。
2.2　01：18.7+23.3，23；　02：02.8，01。
2.3　卷軸裝。首尾均殘。前 8 行下半斷損，卷上方有等距離殘洞。有烏絲欄。已修整。
3.1　首 11 行下殘→《中華道藏》，05/0252A06～19。
3.2　尾殘→《中華道藏》，05/0252B18。
3.4　説明：
本號為《本際經》卷八的開頭部分。比現知同為《本際經》卷八的伯 3674 號首部多出 3 個殘行。
8　7～8 世紀。唐寫本。
9.1　楷書。

新舊編號對照表

千字文號與北敦號對照表

千字文號	北敦號	千字文號	北敦號	千字文號	北敦號
殷 001	BD09480 號	殷 030	BD09509 號	殷 046	BD09525 號
殷 002	BD09481 號	殷 031	BD09510 號	殷 047	BD09526 號
殷 003	BD09482 號	殷 032	BD09511 號	殷 048	BD09527 號
殷 004	BD09483 號	殷 033	BD09512 號	殷 049	BD09528 號
殷 005	BD09484 號	殷 034	BD09513 號 1	殷 050	BD09529 號
殷 006	BD09485 號	殷 034	BD09513 號 2	殷 051	BD09530 號
殷 007	BD09486 號	殷 035	BD09514 號	殷 052	BD09531 號
殷 008	BD09487 號	殷 036	BD09515 號	殷 052	BD09531 號背
殷 009	BD09488 號	殷 037	BD09516 號	殷 053	BD09532 號
殷 010	BD09489 號 1	殷 038	BD09517 號	殷 054	BD09533 號
殷 010	BD09489 號 2	殷 039	BD09518 號	殷 055	BD09534 號
殷 011	BD09490 號	殷 039	BD09518 號背	殷 056	BD09535 號
殷 012	BD09491 號	殷 040	BD09519 號	殷 057	BD09536 號
殷 013	BD09492 號	殷 041	BD09520 號	殷 058	BD09537 號
殷 014	BD09493 號	殷 041	BD09520 號背 01	殷 059	BD09538 號
殷 015	BD09494 號	殷 041	BD09520 號背 02	殷 060	BD09539 號
殷 016	BD09495 號	殷 041	BD09520 號背 03	殷 061	BD09540 號
殷 017	BD09496 號	殷 041	BD09520 號背 04	殷 062	BD09541 號
殷 018	BD09497 號	殷 041	BD09520 號背 05	殷 063	BD09542 號
殷 019	BD09498 號	殷 041	BD09520 號背 06	殷 064	BD09543 號
殷 020	BD09499 號	殷 041	BD09520 號背 07	殷 065	BD09544 號
殷 020	BD09499 號背	殷 041	BD09520 號背 08	殷 066	BD09545 號
殷 021	BD09500 號	殷 041	BD09520 號背 09	殷 067	BD09546 號
殷 022	BD09501 號	殷 041	BD09520 號背 10	殷 068	BD09547 號
殷 023	BD09502 號	殷 041	BD09520 號背 11	殷 069	BD09548 號 1
殷 024	BD09503 號	殷 042	BD09521 號	殷 069	BD09548 號 2
殷 025	BD09504 號	殷 043	BD09522 號	殷 070	BD09549 號
殷 026	BD09505 號	殷 043	BD09522 號背	殷 071	BD09550 號
殷 027	BD09506 號	殷 044	BD09523 號	殷 072	BD09551 號
殷 028	BD09507 號	殷 045	BD09524 號	殷 073	BD09552 號
殷 029	BD09508 號	殷 045	BD09524 號背	殷 074	BD09553 號

殷 075	BD09554 號
殷 076	BD09555 號
殷 077	BD09556 號
殷 078	BD09557 號
殷 079	BD09558 號
殷 080	BD09559 號
殷 081	BD09560 號
殷 082	BD09561 號
殷 083	BD09562 號
殷 084	BD09563 號
殷 085	BD09564 號
殷 086	BD09565 號
殷 087	BD09566 號
殷 088	BD09567 號
殷 089	BD09568 號
殷 090	BD09569 號
殷 091	BD09570 號
殷 092	BD09571 號
殷 093	BD09572 號
殷 094	BD09573 號
殷 095	BD09574 號
殷 096	BD09575 號
殷 097	BD09576 號
殷 098	BD09577 號
殷 099	BD09578 號
殷 100	BD09579 號
湯 001	BD09580 號
湯 002	BD09581 號
湯 003	BD09582 號
湯 004	BD09583 號
湯 005	BD09584 號
湯 006	BD09585 號
湯 007	BD09586 號
湯 008	BD09587 號
湯 009	BD09588 號
湯 010	BD09589 號
湯 011	BD09590 號
湯 012	BD09591 號
湯 013	BD09592 號
湯 014	BD09593 號
湯 015	BD09594 號
湯 016	BD09595 號
湯 017	BD09596 號
湯 018	BD09597 號
湯 018	BD09597 號背
湯 019	BD09598 號
湯 020	BD09599 號
湯 021	BD09600 號
湯 022	BD09601 號
湯 023	BD09602 號
湯 024	BD09603 號
湯 025	BD09604 號 1
湯 025	BD09604 號 2
湯 026	BD09605 號
湯 027	BD09606 號
湯 027	BD09606 號背
湯 028	BD09607 號
湯 029	BD09608 號
湯 030	BD09609 號
湯 031	BD09610 號 1
湯 031	BD09610 號 2
湯 032	BD09611 號
湯 033	BD09612 號
湯 034	BD09613 號
湯 035	BD09614 號
湯 036	BD09615 號
湯 037	BD09616 號
湯 038	BD09617 號
湯 039	BD09618 號
湯 040	BD09619 號
湯 041	BD09620 號
湯 042	BD09621 號
湯 043	BD09622 號
湯 044	BD09623 號
湯 044	BD09623 號背
湯 045	BD09624 號
湯 046	BD09625 號
湯 047	BD09626 號
湯 048	BD09627 號
湯 049	BD09628 號
湯 050	BD09629 號
湯 051	BD09630 號
湯 052	BD09631 號
湯 053	BD09632 號
湯 054	BD09633 號
湯 054	BD09633 號背
湯 055	BD09634 號
湯 056	BD09635 號
湯 057	BD09636 號 A
湯 057	BD09636 號 B
湯 058	BD09637 號
湯 059	BD09638 號
湯 060	BD09639 號
湯 061	BD09640 號
湯 062	BD09641 號
湯 062	BD09641 號背
湯 063	BD09642 號
湯 064	BD09643 號
湯 065	BD09644 號
湯 066	BD09645 號
湯 067	BD09646 號
湯 068	BD09647 號
湯 069	BD09648 號
湯 070	BD09649 號
湯 071	BD09650 號
湯 072	BD09651 號
湯 073	BD09652 號
湯 074	BD09653 號
湯 075	BD09654 號
湯 076	BD09655 號
湯 077	BD09656 號
湯 078	BD09657 號
湯 079	BD09658 號
湯 080	BD09659 號
湯 081	BD09660 號
湯 082	BD09661 號
湯 083	BD09662 號
湯 084	BD09663 號
湯 085	BD09664 號
湯 086	BD09665 號
湯 087	BD09666 號
湯 088	BD09667 號
湯 089	BD09668 號
湯 089	BD09668 號背
湯 090	BD09669 號
湯 091	BD09670 號
湯 092	BD09671 號
湯 093	BD09672 號
湯 094	BD09673 號
湯 095	BD09674 號
湯 096	BD09675 號
湯 097	BD09676 號
湯 098	BD09677 號
湯 098	BD09677 號背
湯 099	BD09678 號
湯 100	BD09679 號
坐 001	BD09680 號
坐 002	BD09681 號
坐 003	BD09682 號
坐 004	BD09683 號
坐 005	BD09684 號

坐 006	BD09685 號	坐 047	BD09726 號	坐 093	BD09772 號
坐 007	BD09686 號	坐 048	BD09727 號	坐 094	BD09773 號
坐 008	BD09687 號	坐 049	BD09728 號	坐 095	BD09774 號
坐 009	BD09688 號	坐 050	BD09729 號	坐 096	BD09775 號
坐 010	BD09689 號	坐 051	BD09730 號	坐 097	BD09776 號
坐 011	BD09690 號	坐 052	BD09731 號	坐 098	BD09777 號
坐 012	BD09691 號	坐 053	BD09732 號	坐 099	BD09778 號
坐 013	BD09692 號 A	坐 054	BD09733 號	坐 100	BD09779 號
坐 013	BD09692 號 B	坐 055	BD09734 號	坐 100	BD09779 號背
坐 014	BD09693 號	坐 056	BD09735 號	朝 001	BD09780 號
坐 015	BD09694 號	坐 057	BD09736 號	朝 002	BD09781 號
坐 016	BD09695 號	坐 058	BD09737 號	朝 003	BD09782 號
坐 017	BD09696 號	坐 059	BD09738 號	朝 004	BD09783 號
坐 018	BD09697 號	坐 060	BD09739 號	朝 005	BD09784 號
坐 019	BD09698 號	坐 061	BD09740 號	朝 006	BD09785 號
坐 020	BD09699 號	坐 062	BD09741 號	朝 007	BD09786 號
坐 021	BD09700 號	坐 063	BD09742 號	朝 008	BD09787 號
坐 022	BD09701 號 1	坐 064	BD09743 號	朝 008	BD09787 號背
坐 022	BD09701 號 2	坐 065	BD09744 號	朝 009	BD09788 號
坐 023	BD09702 號	坐 066	BD09745 號	朝 010	BD09789 號
坐 024	BD09703 號	坐 067	BD09746 號	朝 011	BD09790 號
坐 025	BD09704 號	坐 067	BD09746 號背	朝 012	BD09791 號
坐 026	BD09705 號 1	坐 068	BD09747 號	朝 013	BD09792 號
坐 026	BD09705 號 2	坐 069	BD09748 號	朝 014	BD09793 號
坐 027	BD09706 號	坐 070	BD09749 號	朝 015	BD09794 號
坐 028	BD09707 號 A	坐 071	BD09750 號	朝 016	BD09795 號
坐 028	BD09707 號 B	坐 072	BD09751 號	朝 017	BD09796 號
坐 029	BD09708 號	坐 073	BD09752 號	朝 018	BD09797 號
坐 030	BD09709 號	坐 074	BD09753 號	朝 019	BD09798 號
坐 031	BD09710 號	坐 075	BD09754 號	朝 020	BD09799 號
坐 032	BD09711 號	坐 076	BD09755 號	朝 021	BD09800 號
坐 032	BD09711 號背	坐 077	BD09756 號	朝 021	BD09800 號背
坐 033	BD09712 號	坐 078	BD09757 號	朝 022	BD09801 號
坐 034	BD09713 號	坐 079	BD09758 號	朝 023	BD09802 號 1
坐 035	BD09714 號	坐 080	BD09759 號	朝 023	BD09802 號 2
坐 036	BD09715 號	坐 081	BD09760 號	朝 024	BD09803 號
坐 037	BD09716 號	坐 082	BD09761 號	朝 025	BD09804 號
坐 038	BD09717 號	坐 083	BD09762 號	朝 026	BD09805 號
坐 039	BD09718 號	坐 084	BD09763 號	朝 027	BD09806 號
坐 040	BD09719 號	坐 085	BD09764 號	朝 028	BD09807 號
坐 040	BD09719 號背	坐 086	BD09765 號	朝 029	BD09808 號
坐 041	BD09720 號	坐 087	BD09766 號	朝 030	BD09809 號
坐 042	BD09721 號	坐 088	BD09767 號	朝 031	BD09810 號
坐 043	BD09722 號	坐 089	BD09768 號	朝 032	BD09811 號
坐 044	BD09723 號	坐 090	BD09769 號	朝 033	BD09812 號
坐 045	BD09724 號	坐 091	BD09770 號	朝 034	BD09813 號
坐 046	BD09725 號	坐 092	BD09771 號	朝 035	BD09814 號

朝 036	BD09815 號
朝 037	BD09816 號
朝 038	BD09817 號
朝 039	BD09818 號
朝 040	BD09819 號
朝 041	BD09820 號
朝 042	BD09821 號
朝 043	BD09822 號
朝 044	BD09823 號
朝 045	BD09824 號
朝 046	BD09825 號
朝 047	BD09826 號
朝 048	BD09827 號
朝 049	BD09828 號
朝 050	BD09829 號
朝 051	BD09830 號
朝 052	BD09831 號
朝 053	BD09832 號
朝 054	BD09833 號
朝 055	BD09834 號
朝 056	BD09835 號
朝 057	BD09836 號
朝 058	BD09837 號
朝 059	BD09838 號
朝 059	BD09838 號背
朝 060	BD09839 號
朝 061	BD09840 號
朝 062	BD09841 號
朝 063	BD09842 號
朝 064	BD09843 號
朝 065	BD09844 號
朝 066	BD09845 號
朝 067	BD09846 號
朝 068	BD09847 號
朝 069	BD09848 號
朝 070	BD09849 號
朝 071	BD09850 號
朝 072	BD09851 號
朝 073	BD09852 號
朝 074	BD09853 號
朝 075	BD09854 號
朝 076	BD09855 號
朝 077	BD09856 號
朝 078	BD09857 號
朝 079	BD09858 號
朝 080	BD09859 號
朝 081	BD09860 號
朝 082	BD09861 號
朝 083	BD09862 號
朝 084	BD09863 號
朝 085	BD09864 號
朝 086	BD09865 號
朝 087	BD09866 號
朝 088	BD09867 號
朝 089	BD09868 號
朝 090	BD09869 號
朝 091	BD09870 號
朝 092	BD09871 號